TEATRO POPULAR MIRANDÊS

Textos de Cariz Profano

TEATRO POPULAR MIRANDÊS

Textos de Cariz Profano

Grupo de Etnografia e Folclore da Academia de Coimbra
GEFAC

ALMEDINA

Ficha Técnica:

Edição:
GEFAC [Grupo de Etnografia e Folclore da Academia de Coimbra] e Almedina
2002

GEFAC (Grupo de Etnografia e Folclore da Academia de Coimbra)
Paços da Academia, 3000-115, Coimbra, Portugal.
Tel./fax: + 351 239 826094
e-mail: gefac@ci.uc.pt
url: www.uc.pt/gefac

Livraria Almedina
Arco de Almedina, 15
Tel.: 239 851 900 – Fax: 239 851 901
3004-509 Coimbra – Portugal
e-mail: livraria@almedina.net
url: www.almedina.net

Design:
FBA. Ferrand, Bicker & Associados

ISBN: 972-40-2034-7
Depósito Legal: 202163/03
Impressão: G.C. – Gráfica de Coimbra, Lda.

Patrocínio: Fundação Calouste Gulbenkian
Apoios: Câmara Municipal de Coimbra, Universidade de Coimbra, Delegação Regional
da Cultura do Norte do MC, Delegação Regional da Cultura do Centro do MC, Inatel,
IPJ, Governo Civil de Coimbra, Região de Turismo do Nordeste Transmontano, Governo
Civil de Bragança.

© Créditos da imagem, pág. 38: Reprodução gentilmente cedida pelo Herzog Anton
Ulrich Museum.

Índice

Prelúdio 7

Apresentação 13

Nota Prévia 15

Ensaio sobre Teatro Popular Mirandês 17
1. Origens do Teatro Popular Mirandês 20
2. Teatro Popular/Teatro Erudito – um espelho de duas faces: 42
    2.1 A Construção Dramática 42
    2.2 A Linguagem Cénica 48
    2.3 A Linguagem Verbal 49
    2.4 As Marcações 53
    2.5 As Vestes 56
    2.6 A Música 59
    2.7 Entoações, Inflexões, Toadas 60
    2.8 O Tonto 61
3. Texto sobre Texto: um exemplo 63
4. O Saber Poético dos Textos Populares 79
5. Os Textos 84

Textos 87
A Confissão do Marujo 89
A Tia Lucrécia 109
Auto da Pastora ou A Famosa Comédia da Vida e Morte
    da Maria do Céu 135
Auto de Todo o Mundo e Ninguém 153

Auto do Renegado de Carmona 165
A Vida Alegre do Brioso João Soldado 207
A Vida é um Sonho 225
Comédia Cómica Intitulada Um Dia de Inverno ou o Capote 273
Comédia Intitulada A Esmeralda do Jordão 291
Drama Titulado Os Criados Exemplares 343
Entremez de Comédia de Jacobino 369
Famosa Comédia O Traidor do Seu Sangue ou Os Sete Infantes
   de Lara 397
Ilusões Transmontanas 457
O Amor Desgarrado ou O Desventurado Amor 467
Os Doze Pares de França 471
Verdadeira Tragédia do Marquês de Mântua e Imperador
   Carloto Magno 519
Verdadeira Tragédia do Roberto do Diabo 561
Verdadeira Tragédia Ilustrada ou Auto do Renegado de França 609

Apêndice 673
Casamento de Dois Príncipes 675
Entremez de Jacobino (1927) 713
O Emigrante 739
Verdadeira Tragédia Ilustrada de Lionido das Traições
   que Fez a Seus Pais 749

Prelúdio

Habitamos o espaço e o tempo, à procura de pontos em que possamos ancorar a nossa identidade e projectar sentidos na nossa itinerância pelo mundo. Quando nos olhamos nesta viragem de século e de milénio, chegam-nos ecos da nossa fragmentação na Babel de línguas e culturas, no labirinto de memórias e tradições, na encruzilhada de projectos em que a programação digitalizada ocupa frequentemente o lugar dos sonhos alimentados no desenho luminoso da esperança e da utopia.

Somos plurais, mestiços e dinâmicos na nossa identidade histórica e cultural e, por isso, o multiculturalismo não é apenas uma realidade actual, mas tem séculos de memórias e de tradições acumuladas no trabalho e no lazer dos povos em que mergulham as nossas raízes. A esta luz, de mestiçagem é também feita a cultura popular, que sempre se furta a cristalizações mumificadoras e permanentemente se inventa no cruzamento entre o novo e o antigo, entre o importado e o autóctone, acendendo-se em vida no espírito do tempo. E é também por isso que é uma cultura em movimento, que mexe, mas que também mexe connosco ao convocar-nos e provocar-nos com uma sabedoria e uma ironia, um sentido crítico e subversivo que só o jogo e o riso sabem pôr em movimento. Somos identicamente diversos e diversificadamente idênticos nos nossos rostos e máscaras em permanente devir e as raízes da(s) cultura(s) em que mergulhamos não nos fecham nos mitos de uma tradição estática ou de um nacionalismo serôdio, mas abrem-nos para um universalismo dinâmico e tonificador.

Perante os testemunhos dessa(s) cultura(s), é impossível permanecer indiferente, tanto no momento da sua recepção, registo e recolha, como no momento de sua transmissão, reactivação e representação. Se isso acontece com a música, com os contos, com a sabedoria proverbial e com a dança, acontece também, indiscutivelmente, com o teatro, como o demonstram os ecos que em nós desperta este conjunto de "peças" de teatro popular mirandês.

Durante anos, que são já décadas, habituou-nos o GEFAC a uma forma criativa de lidar com a tradição que faz de cada momento de encontro com ela uma celebração partilhada da festa da vida. Investigando científica e criteriosamente os legados culturais sobre os quais trabalha, sempre soube este organismo estudantil da Academia de Coimbra que, se o registo de uma tradição, seja ela uma dança, uma música, ou um entremês, começa no convívio em campo com os seus legítimos e originais autores e tradi(u)tores, não pode a reactivação da sua memória terminar na dissecação laboratorial das suas estruturas narrativas e das suas componentes etnográficas, mas aspira sempre ao reencontro vivo com os corpos também vivos dos que ainda hoje em tal tradição se reconhecem. Assim, os textos de teatro popular mirandês aqui recolhidos e expostos, trazem, todos eles, em cada linha, a marca da paixão com que foram descobertos e acendem também, em cada linha, novas paixões para a sua representação. A sua fixação em texto escrito não é o momento final de um percurso, nem o objectivo último de uma investigação etnográfica, mas uma ponte de passagem para a sua única morada: as tábuas do palco onde habitam o espanto e a alegria dos homens, na celebração crítica e simultaneamente festiva dos seus mitos, dos seus defeitos, dos seus sonhos, das suas memórias, de ideais, vícios e paixões, de vaidades e misérias, de esperanças amassadas na dor e de desconcertos virados ao contrário nas costuras descosidas no avesso do mundo.

Só pode, assim, a publicação deste volume completar-se e cumprir-se numa dupla destinação: por um lado o olhar científico daqueles que, no estudo da antropologia cultural, da literatura tradicional, do teatro popular, da etnografia e da literatura comparada, encontrarão aqui um suporte documental precioso para as suas investigações e para o tratamento renovado de algumas das fontes da cultura popular; por outro lado, a arte dos encenadores e dos grupos de teatro que criativamente saberão identificar neste repertório uma fonte rica e fecunda para os seus trabalhos, numa linguagem extremamente acessível e com uma sobriedade de recursos técnicos que facilita a sua representação. O próprio GEFAC vem-se empenhando, há já alguns anos, no trabalho de fazer chegar ao público mais diversificado a sua específica versão encenada de algumas destas "peças" de teatro. E ainda há relativamente pouco tempo tivemos oportunidade de verificar como, numa aldeia do interior no centro do país, num palco de uma colectividade local que nunca tinha acolhido uma representação teatral, perante uma população sem qualquer contacto directo com este tipo de espectáculos, foi possível restabelecer uma relação tão interactiva com público que as peripécias da cena eram frequentemente comentadas pelos presentes e recontextualizadas nas suas vivências quotidianas.

Espera-se, pois, que estes textos, que agora se publicam e que são o resultado de uma pesquisa também ela apaixonante pelo nordeste transmontano, não sejam apenas um monumento erudito de uma cultura já morta ou em vias de extinção. Estas páginas feitas da pele rugosa dos seus anónimos autores e estas letras desenhadas com o suor do seu rosto reclamam a sua transformação de semente lançada no tempo em memória viva dos homens e dos povos transformando a casa em que moramos no país esquecido da alegria, habitado pelo futuro nas saudades do mundo.

Paradela da Cortiça, Fevereiro de 2003

JOÃO MARIA ANDRÉ

Sente-se um calafrio. A vista alarga-se de ânsia e assombro. Que penedo falou? Que terror respeitoso se apodera de nós? Mas nada vale interrogar o grande oceano megalítico porque o nume invisível ordena:
— Entre!
A gente entra, e já está no Reino Maravilhoso.

MIGUEL TORGA, "Um Reino Maravilhoso (Trás-os-Montes)", in *Portugal.*

Apresentação

A designação *Teatro Popular Mirandês* (TPM) é a expressão por nós utilizada para circunscrever o espólio relativo a representações teatrais/textos que recolhemos nas terras de Miranda, na década de setenta. Apesar da diversidade dos conteúdos narrativos, muitos circulando um pouco por todo o lado, autonomamente, sob outras formas literárias (contos, lendas, poesia...), achamos possível esta abstracção, já que o conjunto apresenta características passíveis de serem consideradas uma manifestação particular. Conscientes da fragilidade de qualquer tipologia classificatória, optámos por organizar, de uma forma pragmática, este corpo literário heterogéneo em dois volumes: textos de cariz profano (presente volume) e textos de cariz religioso (próximo volume). Em cada um dos volumes surgirá ainda um apêndice com algumas peças às quais, apesar de não possuirmos actualmente cópias do original, foram aplicados os critérios de correcção. Não obstante o rigor com que procedemos à fixação dos textos, não quisemos deixar de dar à estampa estes espécimes, dado que se trata de narrativas ainda não publicadas e que nos remetem para um universo colectivo de experiências muito valioso.

Volvidos mais de 25 anos sobre a época da recolha dos referidos textos, publicamos agora este trabalho com um duplo intuito. Por um lado, dar a conhecer o abonado filão de teatro popular da zona do nordeste transmontano, do qual o nosso espólio será uma parte; por outro, o de produzir algumas reflexões visando não só o enquadramento deste espólio no processo histórico do grupo como também no panorama do teatro popular português.

Quando fomos a Trás-os-Montes, encontrámos uma realidade viva, percorremos quase todos os lugares onde se faziam ou tinham sido feitas representações, dialogámos com os *regradores*, colhemos indicações sobre a *encenação* e a representação de *TPM*. Das notas coligidas resultou o "Ensaio sobre Teatro Popular Mirandês" que reproduzimos nesta edição. Trata-se de um texto que resultou, na sua origem, da necessidade de referências, de nos situarmos diante do material que tínhamos e da experiência que o precedeu. Este conhecimento acabou por constituir as nossas linhas mestras, as linhas com que fomos cosendo o nosso trabalho ao longo das várias gerações de *gefaquianos* que se interessaram pelas lides do teatro popular mirandês.

É sabido que o conhecimento do passado permite criar raízes e sedimentar os alicerces que servem de base de trabalho para o futuro. Assim, ao propósito de divulgação do TPM (algo que temos feito através de espectáculos e outras publicações), acresce ainda a necessidade de encarar a recolha enquanto objecto histórico, como uma experiência que *respirou o ar dos tempos que corriam*. A reconstituição do cenário da recolha — a forma como foi planeada, as expectativas relativamente a essa experiência, os percalços ocorridos, as implicações para o trabalho por nós desenvolvido, entre outros — serão igualmente alvo de publicação no próximo volume. O mote será algo como *dar corpo ao texto*, dado que, em última instância, este espólio é o testemunho de um encontro entre pessoas (os colectores e o povo transmontano).

Prosseguindo no sentido da reflexão sobre o *teatro popular*, no próximo volume, contaremos com a contribuição do Doutor Paulo Raposo que elaborará uma leitura crítica sobre a fixação, na disciplina etnológica (e no domínio letrado em geral), de um discurso sobre o teatro popular em Portugal.

Queremos agradecer à Doutora Ofélia Paiva Monteiro, a sua inestimável colaboração na elaboração dos critérios de correcção e de fixação dos textos que apresentamos; ao Doutor Paulo Raposo, pela disponibilidade e apoio; ao Doutor João Maria André, pela cumplicidade. Temos ainda a reconhecer o tributo das entidades que nos apoiaram e das gentes de Miranda que gentilmente nos receberam e disponibilizaram o seu espólio.

Bem Hajam!

Nota prévia

Para proceder à fixação dos textos que compõem as peças de TPM que agora editamos foi necessário elaborar uma série de critérios que uniformizassem a nossa intervenção. Não se tratou de uma tarefa fácil dada a diversidade e complexidade dos problemas que foram surgindo. O nosso principal objectivo foi intervir o menos possível, seguindo fielmente o texto original; contudo, foi também nossa intenção facilitar a sua leitura, nomeadamente através da modernização da ortografia. Para a elaboração destes critérios de correcção, não podemos deixar de agradecer as inestimáveis orientações e disponibilidade da Prof. Doutora Ofélia Paiva Monteiro.

Uma das características destes textos manuscritos é o grande número de erros ortográficos. Corrigimos e/ou modernizámos a ortografia e acentuação sempre que a alteração efectuada não interferisse ao nível fónico ou caso a palavra aparecesse correctamente escrita a maioria das vezes. Fora deste critério da quantidade, ficou a frequente troca entre as consoantes "b" e "v" por considerarmos comum a confusão entre estes dois fonemas; assim, é possível que, na mesma peça, ocorram, por exemplo, vocábulos como "vai"/"bai" ou "liberdade"/"liverdade", No campo da ortografia, é também de destacar a frequente confusão entre as vogais *e* e *i*, como por exemplo nos vocábulos *devino* ou *enemigo*. Nestes casos, seguimos a regra anteriormente citada, isto é procedemos à sua correcção em função do critério da quantidade. No entanto, relativamente a vocábulos como *mai* (mãe), *pae,* (pai), *egual,* (igual), *aque* (aqui)*, naturaes,* (naturais), *estaes,* (estais), etc., procedemos à sua correcção porque concluímos que, muito provavelmente, se trata de uma confusão por parte do autor com palavras como *cear, guerrear, clarear* em que o *e* da escrita tem o valor de *i* ao nível fónico. De referir ainda a existência de alguns vocábulos para os quais não conseguimos encontrar significado e que nos limitámos a transcrever.

Mantivemos todas as construções frásicas incorrectas, os erros gramaticais de variada espécie que foram surgindo, bem como todos os vocábulos alterados pelo autor por força da rima. Mantivemos igualmente todos os regionalismos e vocábulos ou textos em Mirandês. Em relação ao último caso, é de destacar a peça *A Confissão do Marujo* na qual as falas da figura do tonto, denominada Crespim, se assemelham ao Mirandês. Nesta peça, apenas procedemos à uniformização de determinados vocábulos cuja grafia apresentava várias versões, optando por aquela que aparecia em maior número. Estamos, contudo, cientes de que estas falas de Crespim apresentam um grande número de incorrecções ao nível ortográfico, morfológico e sintáctico. Encontrámos também versos que pretendem ser transcrições latinas; nestes casos, apenas corrigimos as expressões que são de uso comum, mantendo todas as outras.

Em relação ao uso de maiúsculas, mantivemos as propostas do texto original, dentro daquilo que são as normas actuais. Com respeito a outros vocábulos, como por exemplo, *Senhor, Rei, Imperador*, optámos pelo critério da quantidade, ou seja, mais uma vez, a escolha recaiu sempre sobre a forma mais usada pelo autor ao longo da peça.

A pontuação foi também um dos aspectos em que interviemos, embora tentássemos seguir o mais possível o texto. Na realidade, se em algumas peças a pontuação é praticamente inexistente, noutras é tão abundante como incorrecta. Assim, omitimos toda a pontuação incorrecta, acrescentando esporadicamente alguma para tornar o texto compreensível, em especial nas didascálias.

Algumas peças apresentam marcas de uma eventual estrutura externa. Esta estrutura foi eliminada sempre que o autor não a designasse explícita e sistematicamente. Procedemos também à apresentação do texto das peças na ordem cronológica da sua representação, ainda que, por vezes, tal não se verificasse, nomeadamente no respeitante à Profecia. Optámos igualmente por listar todas as personagens intervenientes em cada uma das peças antes da transcrição do texto, mesmo nos raros casos em que o autor não apresenta essa listagem. Relativamente ao nome do autor e à data, optámos por registá-los sempre no fim de cada peça, muito embora, em alguns casos, estes registos sejam feitos quer no início, quer a meio do próprio texto.

Finalmente, sempre que o texto não fosse legível nos documentos que possuímos, recorremos ao símbolo [...].

ENSAIO SOBRE TEATRO POPULAR MIRANDÊS

ESTE TRABALHO nasceu quando, integrados no GEFAC, iniciámos uma recolha em Terras de Miranda do Douro, na década de setenta. Foi a partir de então que se entendeu ser necessário reflectir teoricamente sobre o fenómeno da cultura popular, área onde o GEFAC, há vários anos, vinha desenvolvendo um trabalho de divulgação, sobretudo nos domínios da dança e da música [1].

Elementos do grupo de recolha de TPM. Angueira, Nordeste Transmontano, 1974. Recolha, GEFAC.

---

[1] O resultado dessa reflexão, «A Arte Popular e a Arte Erudita», está publicado na revista *Vértice*, vol. XXXVIII, número 408-409, Coimbra, 1978, pp. 277 a 289.

Tudo o que conhecíamos, até então, resultava do trabalho de etnológos ou intelectuais com especial apetência pelas tradições populares, com relevo cimeiro para o sábio (a palavra é deliberada) Professor José Leite de Vasconcelos [2]. A matriz teórica da arte popular girava já em torno das manifestações populares rurais, com o tempero habitual de antiguidade, exotismo e anonimato [3].

Neste texto, vamos apenas ter em conta o teatro popular mirandês. Na verdade, foi teatro mirandês o que recolhemos e estudámos. Acresce que é, indiscutivelmente, o filão mais poderoso de todo o teatro popular português e o único que subsistiu como *corpus,* coeso, autónomo e com especificidades próprias, como adiante se verá [4].

1. Origens do Teatro Popular Mirandês

A ideia de uma arte popular anónima (no caso presente, um teatro popular) fruto da alma colectiva do povo, não nos parece poder ser defendida. O anonimato não significa sujeito produtor colectivo, nem a transmissão oral significa ausência de autor. A cultura popular não encontra a sua especifici-

---

[2] Vide Benjamim Enes Pereira, Bibliografia Analítica e Etnografia Portuguesa, Lisboa, 1965, 18 volumes.

[3] Sobre o conceito de arte popular, remete-se para o texto indicado na nota 1. De momento importa apenas salientar que utilizamos a expressão arte popular num sentido próximo de arte folclórica. Vários são os motivos que nos levam a afastar desta última designação. Em primeiro lugar, arte folclórica é a que anda na voz do povo, excluindo tudo o que se manifestar através de suportes materiais, como é o caso do artesanato, instrumentos musicais, escultura, etc. (vide, Leite de Vasconcelos em Etnografia Portuguesa, Vol. I); em segundo lugar, o vocábulo *folclore* está muito conotado com manifestações sub culturais do tipo ranchos folclóricos. Claro que o conceito arte popular também é equívoco e controverso. Hoje em dia tudo é popular. Confunde-se o que é produzido pelo povo (e haveria que saber quais os estratos que aqui se encerram) e as manifestações artísticas assumidas por estratos populares. Neste trabalho apenas se tem em consideração o que é produzido pelo povo e se simultaneamente advierem outros factores (cfr. o texto referido na nota 1). Importa ainda registar que a clarificação terminológica tem um interesse relevante e evita discussões estéreis (vide, Arnold Hauser, *Teorias da Arte*, Lisboa, 1973, pp. 309 e ss.).

[4] Para além da bibliografia citada na nota 2, refiram-se as colectâneas publicadas por Azinhal Abelho, *Teatro Popular Português*, 6 volumes, Braga, 1968 ; Leite de Vasconcelos, *Teatro Popular Português*, Coimbra, 1976, 3 volumes.

dade na ausência de autor ou no anonimato, sem prejuízo da vivência colectiva ser um seu elemento característico [5]. Daí que o purista folclórico, no estudo do TPM, não encontre matéria para seu deleitamento, porquanto poderão identificar facilmente muitos dos autores dos textos teatrais que ainda hoje são representados em Terras de Miranda. Lá encontraremos Francisco Vaz de Guimarães, António Cândido de Vasconcelos, Baltazar Dias, Afonso Alvares, bem como os populares que elaboraram, recriaram ou copiaram os textos.

Os trabalhos publicados sobre o teatro popular tem seguido esta orientação. Quando analisam o teatro mirandês, logo acrescentam como origens prováveis a escola vicentina e o teatro de cordel posterior. Nesta senda há até quem entenda necessário repor a verdade histórica sobre as representações populares:

> quando em 1948 tomei como lema repor, dentro das possibilidades, o Auto da Paixão na sua verdade histórica, no texto, na indumentária, na interpretação, só eu sei o que tive de sofrer para vencer a reacção popular local e as investidas de certa gente culta, que oralmente ou por escrito me manifestou o seu desacordo, dizendo que ia fazer não teatro popular tradicional, mas teatro erudito. Ora, eu que presenciei estas representações desde criança, quase todos os anos, nessa idade apreciava e gostava, porque julgava que era assim a verdade, mas quando vi, em 1948 mesmo um Auto da Paixão em S. Joanico de Vimioso representado com

---

[5] Diz Arnold Hauser a este propósito:

característica principal da arte folclórica e da arte popular, contudo, é que neles a influência do indivíduo se reduz a um mínimo, de modo a que tanto as forças produtivas como as receptivas [Hauser faz referência à teoria da produção e à teoria da recepção que vêem, respectivamente, a arte popular como criação ex novo ou como produção derivada ou como mera recepção], durante o seu desenvolvimento são veículos de um gosto estético geral, num sentido bastante mais restrito do que nos casos das fontes sofisticadas de arte. Pois, embora o criador de uma canção folclórica possa ser um indivíduo determinado de modo mais ou menos absoluto, a sua actividade criadora está largamente condicionada, não só pelos modelos que descobre e adapta a partir da música e da poesia dos níveis sociais mais elevados, mas também pela sua dependência do gosto do grupo a que pertence. Neste sentido, é perfeitamente correcto descrever a arte folclórica como uma arte colectiva. A canção folclórica é, na verdade, uma realização individual até ao seu mais ínfimo detalhe, mas mesmo as suas formas mais complexas são tão plasmadas que qualquer membro da comunidade poderá considerar a canção com "sua" ou qualquer outro indivíduo bem poderia tê-la escrito também (Vide Arnold Hauser, ob. cit., pp. 315).

toda a «virgindade» antiga de indumentária, um Cristo com túnica roxa velhíssima, ridículo entre dois soldados do nosso tempo, de espingarda caçadora ao ombro, um centurião vestido de sargento do nosso exército; um Pilatos de fraque, chapéu alto e pele de raposa... pensei que não ficava bem com a minha consciência e que grandes responsabilidades caíam sobre mim, se não procurasse corrigir estes e outros defeitos e repor os acontecimentos dentro da verdade verdadeira, sem todavia o acontecimento deixar de ser popular, isto é, do povo e para o povo e mesmo sem deixar de ser folclórico [6].

Este texto, escrito aliás por um homem que lutou (embora nem sempre, como é o caso, de modo feliz) pela dignificação da cultura popular mirandesa, é um exemplo claro do vício de repor, de procurar em tudo o que é antigo a autenticidade da cultura popular. O resultado foi o que alguns haviam prevenido: a produção de uma representação teatral não popular, pelo menos.

Elementos do grupo de recolha de TPM à conversa com o padre António Mourinho (de frente na foto). Duas Igrejas, Nordeste Transmontano, 1974. Recolha, GEFAC.

---

[6] Vide, António Mourinho in *Revista Ocidente*, vol. LI.

Que o texto seja do padre Francisco Vaz de Guimarães, de Gil Vicente ou de qualquer outro autor não popular é de relativa importância. Sabe-se que o teatro mirandês herdou da escola vicentina e do teatro de cordel posterior muitos dos seus textos, enquanto outros foram produzidos por populares [7].

Os textos que recolhemos são todos posteriores à época vicentina. Como é sabido, o teatro anterior a Gil Vicente não chegou aos nossos dias. Não porque tenha inexistido, como alguns pretendem, mas porque era um teatro muito mais espectáculo do que texto, sequela da cultura pagã ou instrumento de difusão da doutrina cristã (autos natalícios, desfiles processionais, etc).

A forte tradição do teatro popular, tal como chegou até nós, parece fortalecer a tese da existência de teatro anterior a Gil Vicente. Uma das primeiras referências conhecidas sobre representações teatrais é de 1193, um documento coevo de D. Sancho I, onde se refere a doação de um casal em Canelas de Poiares do Douro aos jograis Bonamis e Acompaniado por troca de um arremedilho. O que seria este arremedilho é matéria ainda duvidosa, embora, para o que nos importa aqui, seja sempre uma representação de actores, portanto, um princípio de representação teatral. Esta tradição é bem provável que fosse até muito vulgarizada, ao menos se nos ativermos ao que é dito no *Cancioneiro Geral*:

> Non há hy mais entremezes
> No mundo onyversal
> Do que há en Portugal
> Nos Portugueses

Ainda no *Cancioneiro Geral*, Garcia de Resende recolhe os *Diálogos* de Anrique da Mota, que não sendo textos feitos com vista a serem representados, são potencialmente textos teatrais, ao menos se entendermos, como muitos vêm entendendo, que uma das características dos textos teatrais é a sua estrutura dialógica.

---

[7] Conhecemos, nas recolhas em Trás-os-Montes, populares que criaram alguns textos: o Sr. João Bernardo, *capador de Angueira*, autor de *A Maria do Céu*, de várias entrudadas e muitas profecias e acrescentos, como é o caso de *A Tia Lucrécia* final);o Sr. António Delgado, de Cicouro, autor e adaptador de vários cascos; o Sr. Basílio, de Vilar Seco, autor dos cascos *Pintura de S. Brás* e *Comédia Cómica Intitulada Um Dia de Inverno ou o Capote*; o Sr. José Abílio de Ifanes, e o sr. Augusto Cordeiro "Pataco" (Póvoa) também elaboraram ou adaptaram textos, embora nem sempre seja fácil saber o que cada um fez, modificou, copiou ou acrescentou.

É assim provável que pululassem muitas formas teatrais do tipo dos arremedilhos e entremezes. Na verdade, seria ilógico que toda uma tradição milenar de cerimónias e representações pagãs desaparecessem sem deixar vestígios.

Não somos da opinião dos muitos que vêem uma continuidade nas diversas formas teatrais, que apenas seriam manifestações diversificadas de um mesmo fenómeno [8]. Bem diferentemente, cremos que há duas grandes vertentes, uma que vem das primitivas cerimónias rituais, outra de tradição

---

[8] Para alguns estudiosos, quer em Castela quer em Portugal, não há qualquer sequência entre o teatro litúrgico e o teatro dos finais da Idade Média e começos da Idade Moderna, cfr. Humberto López Morales, *Tradición e Creación en los Orígines del Teatro Castellano, Madrid, 1968, passim, pp.62, 74 94,271-73.* Importa referir que, para o nosso trabalho, esta tese não é contraditória com o que temos vindo a referir. De algum modo até corrobora a ideia, já referida, de separarmos claramente as duas fontes, a da vertente popular, pagã e a da vertente erudita. Seja qual for a origem imediata do teatro moderno português, é para nós evidente que o teatro medieval, independente de ser uma consequência directa do teatro litúrgico, influenciou decisivamente as tradições culturais populares, como mais adiante melhor se verificará. Cremos que o fundamental do que dizemos é independente da controvérsia sobre a origem do teatro português ou hispânico. Há um hiato temporal inexplicável entre a *Representacion de los Reys Magos* (séc. XII), os esboços dramáticos de Gomes Manrique (séc. XV) e a apoteose do teatro vicentino (séc. XVI). Fernando Lázaro Carreter, dá grande importância, como hipótese , aos textos produzidos pelos *monjes galos*, monges da Ordem de Cluny:

> conocedores de las praticas ultramontanas, quienes directamente, y sin el intermedio del tropo liturgico latino, componem obritas religiosas en lengua vernacula, para reprimir, ordenar y canalizar los excessos profanos de los templos, a que se entregavam, por igual, fieles e clero [...] es de presumir que estas obras fuesen de muy poca calidad literaria, y de caracter nada progressivo, a juzgar por datos a que luego aludiremos. La pérdida de tales textos há de deberse,como Donovan supone, a que quizá nunca escribieron: su transmisión, en muchísimos casos, debió de realizarse sólo por via oral. Los autos navidenos que, actualmente, se representan en zonas arcaizantes y conservadoras de Léon, poseen, com toda seguridad, este remoto origen. (In Teatro Medieval, 1976, Editorial Castalia, pp.39-40)

Se assim foi ou não e se em Portugal fenómeno similar terá acontecido é matéria para investigação. Para o que aqui nos interessa, registe-se o facto de a influência de Leão em Trás os Montes ter sido sempre grande, a começar pelo dialecto mirandês um derivado do leonês, o que acrescenta consistência a esta hipótese. Para nós, como adiante diremos, o teatro popular é o resultado de muitas fontes, em que tradições culturais muito diversas confluíram e em que o tempo e, sobretudo, a capacidade de copiar, adaptar, recriar, alterar e assimilar foram a regra.

ENSAIO SOBRE TEATRO POPULAR MIRANDÊS

culta, de que Grécia antiga foi o marco decisivo. Estas duas correntes teatrais parecem ter vivido paralela e relativamente independentes, influenciando-se aqui ou ali, justamente até à fase histórica em que o teatro se assume como espectáculo – um objecto artístico [9].

É justamente do cerimonial cristão que surgiu uma outra prática teatral, que muito haveria de influenciar, na nossa perspectiva, o TPM. Estamos a referirmo-nos ao teatro medieval, desde as suas tímidas formas iniciais – o famoso *quem quaeritis?* – até às suas formas acabadas, os autos religiosos, desde o ciclo de Cristo (Nascimento, Paixão e Morte), às vidas dos santos, aos episódios bíblicos e aos autos profanos (provavelmente com origem nas canções de gesta, rimances e novelas cavaleirescas). Estas formas teatrais medievais, se pela substância seríamos tentados a ver como enquadráveis na sequência histórica do *teatro ritual*, claramente se inserem na via que acima designámos de tradição *culta*.

Nos primórdios do teatro medieval, a influência pagã e profana era ainda muito forte, como o demonstram as numerosas proibições destinadas a reprimir a devassidão que acompanhava as representações. Com efeito, as Constituições Sinodais de Portugal proíbem as representações nas Igrejas «ainda que seja em vigília dos Santos, Paixão, Ressurreição ou Natal» [10]. Nas Constituições do Bispado de Évora estipulava-se

---

[9] Há muito mais continuidade entre as cerimónias rituais primitivas e as festas religiosas, cristãs ou cristianizadas (as procissões, o baptismo, a eucaristia, os santos populares, o *rebentamento de Judas*, o carnaval, etc.), pagãs (as maias, a espiga, a festas dos caretos, etc,), do que entre tais cerimónias e as representações teatrais, desde a antiguidade grega até aos dias de hoje.

[10] O que as constituições sinodais proíbem são as representações teatrais populares que põem em causa o dogmatismo da Igreja e não já as submissas ao ideário cristão da época. D. João II, p. ex., agracia Baltazar Dias a publicar as suas obras, pondo apenas como condição que estas não contrariem a fé cristã. «E porém, se ele fyzer alguas obras que toquem em cousa de nossa santa fee, não se ymprimam sem primeiro serem vistas e enjaminadas por Mestre Pedro Margalho», Alberto F. Gomes, ob. cit., pp. XXIV e ss. Cfr. também Luciana Stegagno Picchio, *História do Teatro Português:* «Bispos e arcebispos esclareciam... que nem tudo era proibido, que não se devia dançar nas Igrejas o usar máscaras profanas mas tão só efectuar, boas e devotas representações, como a do presépio a dos reis magos ou outras da mesma natureza». Acerca das proibições dos Sínodos podem ver-se os seguintes autores: Teófilo Braga , *Gil Vicente e As Origens do Teatro Nacional*, Porto, 1888, pp. 1-77, e *História do Theatro Portuguez*, I, pp. 4 e ss; Mário Martins, *Estudos de Literatura Medieval*,Braga,1956, pp. 505 e ss.

nem se façam nas ditas egrejas ou adros d'ellas jogos alguns, posto que sejam uma vigília ou alguma festa; nem representações ainda que sejam da paixão de Nosso Senhor Jesus Cristo ou da ressurreição ou nascença, de dia nem de noite, sem nossa licença especial; porque de tais Autos se seguem muitos inconvenientes, e muitos vezes trazem escândalo no coração daquelles que não estão mui firmes na nossa santa fé catholica, vendo as desordens e excessos que n'isto se fazem [11].

Nas Constituições do Bispado de Coimbra, D Afonso de Castello Branco queixava-se do facto de «en algumas egrejas e hermidas, em as vigílias e dias dos oragos d'ellas e outros dias de festas, se representam Autos e farsas e há outros jogos profanos».

No século XVI, são inúmeras as Constituições Sinodais a proibirem as representações nas e junto das igrejas: as do Bispado de Lisboa, do cardeal D. Afonso, em 1536; as de Braga, em 1537; as de Lamego, do bispo D. Manuel de Noronha, em 1561, entre outras. Note-se, porém, que nem tudo era proibido. Proibia-se apenas a popularização da matéria religiosa, a profanação dos rituais sagrados (dos rituais ou das práticas ligadas à liturgia católica). As proibições, tal era a força da tradição, não foram absolutas. Em 1538, o Bispo do Porto, por tolerância, inteligência ou pressão da opinião pública permitia que «ao passar a procissão de Corpus Christi se fizesse um Auto de alguma história devota, estando todos de pé e sem barrete, diante do santíssimo sacramento» [12].

---

[11] Alberto F. Gomes, *Autos e Trovas de Baltazar Dias*, Funchal, 1961 , pp. XIV.

[12] Esta procissão, importantíssima na Idade Média, é apontada também como uma das fontes do teatro medieval. Na verdade, há descrições que mostram como o desfile processional era intercalado com episódios representados, quadros de cenas bíblicas, a que mais tarde se seguiram outros, profanizados, que originaram a sua proibição pelos bispos. Vale a pena recordar aqui o que Luciana Stegagno Picchio diz na sua *História do Teatro Português*, a este propósito,

em toda a área ibérica, aparecem documentos antiquíssimos que atestam o costume de animar a procissão do Corpus Christi com jogos espectaculares que, em Castela teriam originado a gloriosa tradição dos autos sacramentais. Em Portugal, em Alcobaça, a procissão era celebrada pelos monges da Abadia e também entremeada com certeza de "jogos" dramáticos, visto que entre as compras do abade para a função, em 1435, encontramos máscaras de diabos, apóstolos e anjos, bem como asas, diademas, barbas e perucas e até uma grande chave destinada a S. Pedro.

Esta procissão foi instituída pelo Papa Urbano IV em 1264 e João XXII (1316-1334) ordenou que as festas do *Corpus Christi* se comemorassem com procissões eucarísticas em

ENSAIO SOBRE TEATRO POPULAR MIRANDÊS

A ideologia dominante jamais aceitaria a intromissão do tom galhofeiro imposto pela arraia-miúda. No fundo, o que estava já em questão era o antagonismo entre duas culturas: a cultura teatral eclesiástica e aristocrática, representada pelos textos litúrgicos dramatizados (Mistérios, Moralidades, Milagres) e a cultura teatral popular, representada pelos Jograis, Truões, Momos e outras formas embrionárias de espectáculo [13].

O teatro litúrgico medieval nasceu, ao que se sabe, dentro da própria Igreja. Acompanhava-se a leitura dos textos bíblicos com a demonstração dos acontecimentos. De início, tudo de uma forma ainda incipiente, em que os actores eram sacerdotes, representando quer as figuras masculinas, quer as figuras femininas (Anjo, Santos, Cristo, Virgem, etc.). O diálogo surge naturalmente (parece que como resposta ao trecho *quem quaeritis*), indeciso primeiro, mais afoito de seguida. Tudo isto ainda dentro do ritual da missa e apenas em algumas épocas do ano, propícias ao assunto: Páscoa e Natal. Na

---

toda a cristandade. Cenas profanas ou burlescas entram nestes desfiles processionais, uma espécie teatral que muitos autores apelidam já de entremeses. O sentido e a intenção funcional é efectivamente o que mais tarde terá o entremês, como um quadro ou sucessão de episódios que se *entremete* entre algo que lhe é autónomo. Este vocábulo é utilizado historicamente para designar coisas diversas, embora com um sentido intencionalmente comum: entremez, como *entre mesa* algo que acontecia durante a refeição, entremeando-a com um episódio qualquer; entremez no sentido de "folia, divertimento"; entremez ainda para significar exercícios e jogos de armas (porventura com o mesmo objectivo de referir algo que se situa entre outra coisa) e entremês como espectáculo.

[13] Arnold Hauser detectou, na Europa, a existência de duas concepções teatrais:

Quando o Ocidente foi conquistado pelos bárbaros e os teatros caíram em ruínas, os actores de mimo voltaram a ser os malabaristas, os acrobatas e os mágicos que tinham sido originalmente. Mesmo quando os últimos vestígios de cultura antiga se extinguiram, vagueavam ainda por toda a parte nas terras da Germânia.Davam as suas representações em tabernas, nas ruas e nas praças públicas, e nos dias festivos tanto do camponês como dos senhores. A Igreja opunha-se à sua arte como sendo grosseira, impudente e frívola, mas eram demasiado numerosos, alegres e populares para serem reprimidos ou deixarem o teatro religioso isento da sua influência. Na Idade Média, permaneceram dois géneros de teatro, tal como no mundo clássico. Houve um teatro não literário dos actores mímicos não interessados em quaisquer «valores superiores» e o drama religioso, que se desenvolveu a partir da liturgia e se manteve dependente da Igreja.

V. A. Hauser, ob. cit. pp. 351-352. V. também a *História do Teatro Europeu* de G. Boiadzniev e A. Ignatov e A. Dzhvelegov, Lisboa, 1960, pp. 19 e ss.

Páscoa, cenas da Paixão, Morte e Ressurreição de Nosso Senhor Jesus Cristo; no Natal, o Nascimento do Menino e a Adoração dos Pastores [14].

A necessidade de propagar a religião cristã a um cada vez maior número de crentes e de os educar (mostrando os acontecimentos) impulsionava o desenvolvimento das representações, tornando-as cada vez mais atraentes e acessíveis ao grande público, massivamente analfabeto. Abandona-se o latim e adopta-se o romanço ou línguas locais (*patui*) de modo a atingir o maior número de público. Os temas habituais são acrescidos de outros. Inicialmente, não se extravasam os evangelhos, depois recorre-se ao Antigo Testamento e às Vidas dos Santos, o que permite um tratamento mais liberal e rico da matéria a representar.

A evolução (como desvio) é um caminho irreversível. O Mistério, por exemplo, apresenta um conjunto de características impossíveis de se perpetuarem indefinidamente: a estrutura do Mistério contém os elementos para a sua própria evolução, desagregando-se com vista à sua própria superação e realização numa nova forma teatral. Vejamos: os Mistérios são essencialmente a transposição para uma representação das narrativa bíblicas e das *Meditationes Vitae Christi*: estas representações eram, inicialmente, sobretudo narrativas, em que o objectivo fundamental era a exposição da doutrina bíblica.

A representação cénica, pública, na rua ou igreja, tinha a tendência para pormenorizar certos factos, quer detalhando a narrativa quer sublinhando e autonomizando os caracteres das figuras, cada vez menos figuras sagradas e cada vez mais personagens, mais figuras humanizadas (no que a palavra envolve de muito genérico, desde a maior proximidade do modelo bíblico aos homens reais, até à necessidade telúrica do povo para paganizar todas as situações). As figuras bíblicas passam a ser tratadas como se fossem figuras

---

[14] Como se demonstrou clara e abundantemente, a evolução do espectáculo sagrado, na Idade Média, mergulha as suas raízes no drama litúrgico, que nasceu nas abadias beneditinas. Mais tarde, insuficiente para satisfazer um público desejoso de espectáculos, o rito recebe, entre os séculos IX e XI, várias ampliações e variações, primeiro ligado à sua própria estrutura, em seguida por um desenvolvimento autónomo. Os primeiros acrescentes ao texto dos ofícios eram muito breves — um advérbio, uma frase; tais acrescentes advieram do coro dos fiéis. Depois verdadeiras representações tiveram lugar no interior das igrejas. Os protagonistas eram os intervenientes no próprio acto ritual: os padres e os auxiliares. Naturalmente os assuntos eram todos tirados dos livros sagrados.

Vide, Vito Pandolfi, *Histoire du Theatre,* Marabout Université, Belgique, 1968, vol. II, pp. 109. Sobre o drama litúrgico, Vide, *Histoire des Spectacles,* sob a direcção de Guy Dumur, Encyclopédie de la Pléiade, Paris, 1965, pp. 180 e ss.

vulgares. Em lugar das interpretações simbólicas e metaforizadas, surgem as interpretações conformes à realidade quotidiana.

O teatro medieval ia perdendo cada vez mais o seu carácter litúrgico, isto é, a comunicação simbólica do mundo terreno com o mundo divino. Já não se tratava tanto de evocar o mundo divino através da narrativa bíblica, mas evocá-lo através de pessoas personagens. O carácter majestático da personagem bíblica, a frieza divina da Virgem Maria, o Deus Pai tendem a humanizar-se, são cada vez mais pessoas que sofrem, choram, têm alegrias, dores físicas e todos os sentimentos humanos. A Virgem é cada vez mais a Mãe, S. José o Pai, Cristo o Filho. Vai-se caminhando cada vez mais em direcção ao mundo e à família terrenos.

A utilização da língua vulgar e o consequente abandono do latim, a mudança de representação do interior para o exterior do templo, a utilização de adereços na caracterização de personagens (espadas, lanças, ceptros, ancinhos, sachos, pás, cajados, serras, flores, frutos, etc.), o desdobramento dos lugares da *acção* porquanto se abandona o centro do templo para se adoptar a cena simultânea — tudo isto contribuiu para a desagregação da representação litúrgica e para a sua superação, a caminho de outras formas dramáticas. A evolução continua com a inserção de novos assuntos, já não de temas religiosos, mas cavaleirescos. Surgem os rimances e a sua adopção pelo teatro.

Em geral, o que se verifica agora é uma mudança radical: a *acção* é transposta de um agente externo (o sagrado) para outro agente — o homem. No mistério medieval o móbil da *acção* era a vontade divina, o Destino traçado nos textos sagrados, a escatologia do cristianismo, enquanto agora (com a degenerescência do teatro medieval e o nascimento de novas formas dramáticas), o homem é cada vez mais um sujeito desencadeador de consequências, mais terreno, mais real.

Caminha-se, como sempre, gradualmente ou com saltos bruscos, para uma nova realidade, que culminará no nascimento do *drama moderno*.

Paralelamente, uma outra forma de expressão teatral coexistia, quer dentro das novas representações,quer autonomamente: o elemento cómico. O cómico [15] dentro de um texto com intenção *dramática*, deve ter prolife-

---

[15] O cómico, enquanto elemento da tradição teatral, já existia. Lembremos os arremedilhos (que segundo Óscar de Pratt deu origem às três faces do teatro português: o popular, nas praças públicas, o aristocrático (nas cortes e nos castelos) e o hierático ou litúrgico (nas igrejas e mosteiros). Os próprios jograis representavam cenas monologadas, recitações, declamações heróicas mitológicas, amorosas, cavaleirescas e religiosas (lendas dos

rado também. com a degenerescência do teatro medieval. A necessidade de contrapor a majestade das figuras divinas ao lado das figuras terrenas, conduziu à subestimação, à *rusticidade* destas últimas. Era o contraponto necessário do divino. Se o divino se exprimia magnanimamente, o Pastor [16] teria de se exprimir chocarreiramente (de um lado o espírito, de outro o barro), se os anjos gesticulavam pouco e andavam elegantemente, o pastor gesticulava e andava grosseiramente. Dentro das próprias representações religiosas, o cómico vai ganhando relevo (aliás sempre com os favores do público). De tal forma que em. breve se autonomiza. É o resultado de dois afluentes: por um lado, os momos, os jograis e truões, respectivamente a nível aristocrático e popular, por outro lado, os arremedilhos e, agora, a própria degenerescência dos Milagres, Mistérios e Moralidades.

Julgamos ainda que não é de subestimar a existência de um filão autónomo, tipicamente popular e alheio à cultura religiosa, oriundo de uma tradição de histriões (não serão os remedadores os seus descendentes?) que atravessou toda a Baixa Idade Média, facilitando a passagem do teatro litúrgico ao drama moderno e, necessariamente, a autonomia do cómico.

Tanto mais que a tradição pagã não foi fácil de eliminar das mentalidades camponesas, sempre muito conservadoras e senhoras dos seus hábitos e costumes. Acresce que a cristianização não foi pacífica. A ideologização do mundo camponês pela Igreja foi difícil, lenta e morosa. A influência das tradições pagãs e das suas crenças animistas continuava, até porque a ideologia pagã, própria das gentes camponesas, continuava a ter terreno fértil para se manter — a estrutura agrícola do mundo feudal [17,18].

---

santos, milagres, passagens do Evangelhos, etc.). Depois vieram os Momos e Milagres com a sua magnificência cénica. A constatação do êxito da comunicação e a capacidade de deslumbrar o auditório devem estar na base da proliferação do teatro litúrgico, óptimo veículo para divulgar e doutrinar a massas populares.

[16] Sobre o pastor, vide Neil Miller, *O elemento pastoril na obra de G. Vicente,* Porto, 1970.

[17] Sobre a tradição do cómico no teatro medieval português diz a citada *História do Teatro Europeu*:

É precisamente ao sistema de vida dos povos germânicos, e mais tarde à vida do mundo camponês da época feudal, que se tem que ir procurar as origens dos espectáculos do princípio da Idade Média. A fase produtiva do feudalismo era a agricultura e a base quantitativa da população trabalhadora era formada por camponeses que, embora já tivessem aceitado oficialmente a doutrina cristã se mantinham sob forte influência das crenças animistas. A doutrina cristã difundia-se com muita dificuldade no mundo camponês... Foi impossível exterminar os antigos ritos pagãos, que tinham

É neste ambiente que se desenvolve todo o mundo medieval; o sentido da evolução é o do abandono lento e progressivo da dominação ideológica que tinha no centro a religião. Porém, não foi fácil a luta contra o domínio cultural da Igreja. Mais adiante, quando a Idade Média se finava, a Companhia de Jesus, através do tribunal da Inquisição, organizou os célebres índices expurgatórios, proibindo tudo o que não fosse conforme ao ensinamento de Santa Madre Igreja. Tentou-se ainda a criação de um outro teatro, com vista a substituir o que até então se representava. Regressava-se de novo à comunicação simbólica e formalista da Idade Média. Apareceram representações deslumbrantes, cheias de indumentárias e enfeites artificiais, com vista a criar o deslumbramento da plebe. As representações ostentam um exército de figurantes e demoram horas, senão dias [19]: «Enriquecia-se el tocado de la Fé de quinientes y ochenta y seis diamantes, e de ciento y sessenta safiras. Lhevava entre estas pedrarias enlazadas en cadenas de oro esmeraldas de perfecta forma e calor» [20].

Certo é que também esta tentativa de recuperar o *teatro perdido*, não vingou. A partir da degenerescência do teatro medieval, esta forma teatral jamais recuperou o impacto e a importância que o teatro litúrgico possuiu. Tudo isto deixou influências no teatro popular mirandês, se bem julgamos. Este filão teatral irá continuar-se (evoluindo) pelos séculos adiante e chega aos nossos dias na forma do teatro mirandês. Daí que o teatro popular não seja um corpo autónomo, estanque. Tem vivido em convivência com formas teatrais *cultas*.

Aliás, uma das características de toda a cultura popular, dificilmente compreendida pelos *puristas*, reside no facto de assimilar e engrossar o seu curso

---

surgido na base do culto. Mesmo depois da implantação da fé cristã e durante muitos séculos, o povo continuou professando aqueles cultos. Os camponeses sacrificavam animais aos seus deuses, celebravam festas, banquetes, cantavam, bailavam e elevavam as suas preces e louvores às divindades que simbolizavam as forças boas da natureza. Ob. cit, pp. 16 e ss.

[18] Se o Drama Litúrgico, os Mistérios e as Moralidades não têm directamente a ver com estes ritos pagãos, o certo é que de uma forma ou outra acabam por receber a sua influência. O que muda é o conteúdo ideológico, não a essência do acto; para o camponês, artífice, escravo ou senhor, o que importa (a este nível) não é a qualidade ideológica do rito, mas antes o seu efeito, ou seja, o equilíbrio social e psíquico próprio do estado de evolução da sua mente e do processo produtivo em que se insere. Paganismo ou cristianismo pouco importa. O que interessa é a paz interior da sua psique.

[19] Mendes dos Remédios relata-nos que a famosa tragicomédia *Conquista do Oriente por D. Manuel*, demorou dois dias e ocupou 350 personagens.

[20] Hernâni Cidade, *Lições de Cultura e Litersatura Portuguesa*, Coimbra,1975, pp. 289.

com outras formas culturais, vindas muitas vezes do exterior e que adapta à sua mentalidade. No caso do teatro popular, assimila assuntos tradicionais (histórias, contos, mitos, rituais, romances, etc.) e, à sua forma anterior, acrescenta os ensinamentos de um *género* nascente, o entremês, a caminho da sua autonomia formal.

Com o aparecimento e divulgação do entremês, o teatro popular encontrou o molde adequado ao seu desenvolvimento isto ao nível do teatro profano, *maxime*, o jocoso; a outros níveis (teatro religioso e romanesco) os Mistérios, Milagres, Moralidades, Alegorias forneceram a matéria prima que se vazou numa estrutura narrativa influenciada pelos rimances, em quadras de redondilha menor, o verso predilecto para a rima popular.

O entremês tomou mesmo possível a autonomização popular do teatro jocoso [21]. Inicialmente (séc. XVI) o entremês é uma representação jocosa que se *entremete* na peça com a finalidade única de divertir o público. Sempre foi considerado, literariamente, um género inferior, da cultura *baixa*. Lope de Vega, na sua *Arte Nuevo de Hacer Comédias*, diz que «o entremez era una acion y entre plebeya gente, porque entremez de Rey jamás se há visto».

Não é de modo algum um género dramático bem definido. Aproxima-se da farsa, colhe elementos da comédia e vive sobretudo da facécia. O seu tipo basilar é o fanfarrão, rufião e ferrabrás, sempre à procura da cilada e da embrulhada [22]. Vive muito dos motivos da tradição folclórica. No TPM ainda hoje podemos observar estas mesmas características. Vejamos dois exemplos. No primeiro, a tradição folclórica de paredes meias com o fanfarrão: o tema da flauta encantada [23] é transposto para a cena em que Jacobino (o fanfarrão) aposta com Marçalo Lopes e seus companheiros, obrigando-os a dançar mesmo que estes não queiram. Eis um excerto da peça *Entremez de Jacobino*:

---

[21] O entremês, originariamente, na sua existência «erudita», era em prosa. Porém, a sua adopção pelo teatro popular exigia a versificação. O verso facilitava a memorização e até a representação do texto. A versificação não deve ser alheia a influência dos romances. Foi então que o entremês se vulgarizou em verso. Vide *Histoire des Spectacles,* ob. cit., Paris, 1965, pp. 675.

[22] No TPM vejam-se as figuras: o Jacobino (*Entremez de Jacobino*), o Vicente Marujo e Crespim (*A Confissão do Marujo*), por exemplo.

[23] Tema também da nossa tradição folclórica.

LUMÉDIA

Quem tem tão raras finezas
Assim como o senhor tem
Se tocar um instrumento
Há-de tocar muito bem.

JACOBINO

Sim senhora muito bem!...
Lá como eu não há ninguém!
Basta que quando eu toco
Quantos me ouvem se encantam
Que ao som do meu instrumento
Ainda que não queiram dançam.

LUMÉDIA

Em tal não quero crer
Nem devo acreditar
Porque se eu não quiser
Ninguém me obriga a dançar.

JACOBINO

Não duvide a senhora
E pode acreditar
Que o mesmo encanto
A obriga a dançar!...

JACOBINO

Eis aqui o instrumento
Com que já lhes faço ver
Que hão-de perder a aposta
Por dançar aqui sem querer.

(Dito isto Jacobino toca um assobio. Principiam a bulir as pernas fazendo que dançam obrigados e batem as pernas para se suster de dançar dizendo uns aos outros: não dancem; mas principiando todos a dançar...).

No segundo, ainda na mesma peça, a série de aldrabices a que constantemente se recorre e perpassam por toda a peça, bem como o engenho aí posto, são temas usuais e muito a gosto das tradições do nosso povo. Comparem-se estes dois textos, um extraído dum conto popular «Enfiada de Petas» [24], o outro da citada peça:

Era uma vez um homem, que não pode pagar a renda ao fidalgo de que era caseiro, e foi-lhe pedir perdoança; o fidalgo pensou que o homem estava a mentir, e disse-lhe:

— Só te perdoo as medidas de renda se me disseres uma mentira do tamanho de hoje e amanhã.

Foi-se o lavrador para casa e contou a coisa à mulher sem saberem como se havia de arranjar com senhorio, que os podia por no olho da rua. Um filho tolo que tinha disse-lhe:

— Oh, meu pai, deixe-me ir ter com o fidalgo, que eu hei-de arranjar a coisa de modo que ele não tenha remédio senão a dar a perdoança das medidas.

— Mas tu não atas coisa com coisa.

— Por isso mesmo.

Foi o tolo pedir para falar ao fidalgo, dizendo que vinha ali pagar a renda. O fidalgo mandou-o entrar e ele então disse:

— Saberá Vossa Senhoria que a anesa foi má, mas isso não faz ao caso; meu pai tinha tantos cortiços de abelhas que não lhe dava com a conta; pôs-se a contar as abelhas e acertou de lhe faltar uma; botou o machado às costas e foi procurar a abelha; achou-a pousada na carucha de uma amieira; vai ele cortou a amieira para caçar a abelha, que por sinal vinha tão carregada de mel, que ele crestou-a, e não tendo em que guardar o mel meteu a mão no seio e tirou dois piolhos e fez da pele dois odres que encheu, mas quando vinha a entrar em casa uma galinha comeu-lhe a abelha; atirou à galinha o machado para a matar mas o machado perdeu-se entre as penas; chegou o fogo às penas, e depois que elas arderam é que achou o olho ao machado; dali foi ao ferreiro para lho arranjar, e o ferreiro faz-lhe um anzol, com que foi ao rio apanhar peixes e saiu-lhe uma albarda, tornou a deitar o anzol e apanhou um burro morto há três dias, que pestanejava; botou-se a cavalo nele e foi ao ferrador para lhe dar uma mezinha, e ele deu-lhe o remédio de sumo de fava seca, mas nisto caiu-lhe um bocado num ouvido, onde lhe nasceu tamanho faval, que tem dado favas, que ainda trago quinze carros delas para pagar a renda a Vossa Senhoria.

O fidalgo já enfadado com tanta patranha disse:

— Oh rapaz, tu mentes com quantos dentes tens na boca.

— Pois Senhor está a nossa renda paga.

---

[24] Ver *Contos Tradicionais Portugueses,* Lisboa, 1957.

Agora em Entremez de Jacobino:

JACOBINO
Olhe senhor agora vou dizer verdades
E muito bem esclarecidas
E depois das verdades
Lhe direi as mentiras.

Ora diga-me o senhor
O senhor semeando trigo
Que espera colher?

MARÇALO
Trigo!...

JACOBINO
Pois o contrário aconteceu comigo
Porque semeando mostarda
Esperando colher mostarda
Que me havia de nascer?
Nasceram-me vinte burros
E vinte e uma albarda.

E olhe que isto são verdades
Que por muitos foram vistas
E também nasceu um galo
Que tem vinte e cinco asas
E tem trinta mil cristas.

Ainda lhe noto mais outra
Que tenho lá em minha casa
Um cachorrinho bravo
Que tem dezoito orelhas
Todas em volta do rabo.

E para mais se admirar
É filho de uma cadela
Que tem pés como jumento
E chifres como vitela.

MARÇALO
Todas elas são grandes
Nem ele há quem creia nessas.

O TPM é, portanto, o grande caudal onde todos os afluentes da tradição teatral desembocam. Como um grande rio, segue sempre o seu curso próprio, suficientemente vigoroso para se afirmar autonomamente, continuando a receber a influência dos locais e épocas que vão passando. Não admira, por isso, que encontremos em Trás-os-Montes, ainda hoje, textos das mais variadas origens. Colhemos textos coevos de Gil Vicente, sobretudo da sua escola (como se sabe os autores da escola vicentina estavam mais próximos do povo de que Gil Vicente, um homem do povo ao serviço da corte como escritor e encenador), textos posteriores ligados à literatura de cordel, textos de origem espanhola, textos nossos contemporâneos e ainda textos totalmente elaborados pelos próprios populares.

Porém, se a escola vicentina é um marco importante para a história do teatro popular (e de todo o teatro de cordel posterior), a história verdadeira do teatro mirandês, como de resto de todo o teatro, remontará, por força de influências múltiplas, a épocas muito mais longínquas. Haveria que dizer para o teatro, o que Christopher Caudwell disse para a poesia:

a poesia, originariamente, tinha como função fazer medrar colheitas, já que o homem da tribo sem a fantasia poética que antecipa o crescimento e a recolha dos cereais não teria enfrentado as rudes tarefas necessárias para converter essa visão antecipada em realidade. Podemos suspeitar que tais ritos reanimados pelo artista, contêm uma eficácia poderosa, fazendo vibrar o instinto das forças primitivas [25].

O homem procurava, através do recurso às mais variadas formas ideológicas (rituais, teatro, poesia danças, cultura em geral), estabelecer (outras vezes, restabelecer) a harmonia e o equilíbrio entre ele próprio e a natureza que o rodeia. O teatro, como esboço do que mais tarde chamaremos *representação*, está indissoluvelmente ligado a um destes rituais primitivos cumprindo uma função social precisa: harmonizar o homem com a natureza. Leon Moussignac, em uma forma sucinta, diz-nos a este propósito:

a investigação das origens do teatro deve ser realizada, sem dúvida, no animismo e na magia [...] O homem imita por utilidade, e a primeira imitação é sem dúvida a

---

[25] *Apud,* Eugenio Asensio, ob. cit, pp. 19.

do animal que tem necessariamente de matar. Em redor do fogo, onde a horda se reúne, as sombras facilitam o mistério; o movimento das chamas convida o corpo a dançar, enquanto sobre as faces os reflexos modelam urna máscara, um homem serve-se então do seu corpo para comunicar com o grupo e os seus movimentos criam a primeira linguagem. Este jogo mimético é já teatro; oferecendo-se em espectáculo o homem é já um actor [26].

Quando falamos de um fenómeno que se perde no início dos tempos, desde as primeiras manifestações do Neolítico, porventura anteriores, não nos parece possível pensar o teatro como um único e mesmo corpo, como uma genealogia sequencial e evolutiva, qual evolução da semente ao fruto. Para tal, haveria que encadear a evolução das formas primitivas – rituais, danças, pantomimas, cerimónias, etc. – ao teatro grego, depois ao teatro medieval e, posteriormente ao teatro moderno e contemporâneo, que já dissemos não nos parece ter ocorrido.

Reminiscências do carácter ritual do teatro, julgamos ainda hoje encontrar no TPM. No teatro religioso tal carácter é por si evidente. Não só porque a prática de um culto é já de si um rito [27] mas ainda porque a origem desta espécie teatral remonta aos mistérios medievais [28]. Mas, também o teatro jocoso denota o ritualismo. Como se viu, o *género* usual do teatro jocoso é o entremês [29]. Ora, o próprio entremês contém traços que parecem oriundos

---

[26] Léon Moussignac, *História do Teatro,* Lisboa, s/d.

[27] A este propósito diz por exemplo Marie-Madeleine Davy, na citada *Historie des Spectacles,* a pp. 170, «... a liturgia, servindo-se dos textos bíblicos, fazendo reviver os principais acontecimentos da vida de Cristo, veicula os mistérios acompanhando o ano solar e o ritmo das estações. Dirige-se não só à alma como aos sentidos: diz respeito aos olhos e ao ouvido. Assim a liturgia não é só a palavra, ela é acção mas acção sagrada, não só em razão da sua origem como do seu fim. Ligada à existência humana ela tem em conta os sentimentos dos homens, a sua maneira de viver segundo as épocas e os climas».

[28] É curioso notar que em Trás-os-Montes a mulher não entrava nas representações. Utilizavam o *travesti.* Reminiscências do teatro medieval? (recordemos que as sinodais medievais proibiam a entrada da mulher na cena). Em algumas aldeias transmontanas manteve-se até há relativamente poucos anos, pois os populares assim no-lo referiram. Também no Minho, na Aldeia das Neves, o papel de Floripes é/era representado por um homem. Nas ilhas de S. Tomé e Príncipe onde o Auto de Floripes é representado com o nome de Auto de S. Lourenço, exigem que Floripes seja uma mulher virgem.

[29] Às vezes expresso no próprio título: *Entremez de Comédia de Jacobino: Grande Entremez de Comédia Atitulada A casa de Caloteiros e Ladrões.*

das representações cerimoniais, carregadas de significações simbólicas. Vejamos o que nos diz Eugénio Asensio sobre o assunto, ao referir o laço do entremês com formas de celebração cristãs:

Representação teatral do século XVII
(pormenor de "Kirmes" por David Vinckeboons, 1576-1632(?)).

um obscuro contacto com o Carnaval parece denunciar o açoite — látego ou bastão que costuma fazer parte da indumentária do louco ou simples. Uma copiosa iconografia demonstra que, em vários casos, o usavam os sots do teatro francês nos fins do século XV e começos do século XVI, tal como os zanni da Commedia dell' Arte italiana: Arlequim, Polichinelo, etc. O açoite do simples espanhol — com o qual bate, no final, nas restantes personagens e remata a peça com estrondo e algazarra — recebe o curioso nome de matapecados. [...]A fusão da péla carnavalesca com o objecto sacro, aclara-se à luz do Dicionário das Autoridades: 'um pau curto e redondo, semelhante a um bastão, em cuja extremidade se põe um rodilho de cerdas. Nas Igrejas ricas são de prata'. Era, portanto, um hissope diferente dos metálicos hoje usados e assemelhava-se muito à marotte dos bufões ou loucos franceses e ao foolswhips dos ingleses. A sua designação de matapecados ou castiga-pecados, ganha pleno significado se nos festins de Carnaval lhe atribuímos um significado ritual de eliminação do mal, personificado por dragões, carantonhas, judas ou outras mil metamorfoses da vítima expiatória.[30].

Sem a mais pequena ideia desta origem, no teatro mirandês, encontramos este matapecados. O látego ou bastão é a pelota que o *tonto* (figura característica de todo o TPM, muito semelhante ao *gracioso* espanhol ou ao *zanni* da *Commedia dell'Arte*) obrigatoriamente utiliza como adereço. A *pelota* é um pau com cerca de 50 cm, às vezes trabalhado, e da extremidade do qual sai um cordel que termina numa bola feita de corda ou lã.

O *tonto* entra a dançar com a *pelota*, bate com ela em algum dos presentes, ao mesmo tempo que diz graçolas ou ameaça com carantonhas. Durante a representação e no final, o tonto distribui pancadas com a pelota. Só que o sentido que Eugénio Asensio lhe dá, purificação da vítima, está aqui desvirtuado, paganizado através da galhofa. O *tonto* fá-lo apenas para intimidar o rapazio e fazer rir a assistência.

O *Tonto*, figura do TPM, manobrando a *pelota*. Póvoa, Nordeste Transmontano, 1974.
Recolha, GEFAC.

---

[30] E. Asensio, ob. cit, passim, pp. 20.

As próprias épocas dos anos em que os entremezes são representados são reminiscências dum passado ritual. Com a evolução e propagação do cristianismo, este foi absorvendo todas as outras datas festivas, a tal ponto que hoje, simplificando embora, encontramos dois grandes momentos: Natal e Páscoa (Ciclo da Natividade e Ciclo da Paixão). O teatro profano, inicialmente ligado a outras épocas (desde logo o Carnaval), deslocou-se, com o catolicismo, para um destes momentos: ou para o Natal (normalmente Sto. Estevão, a 26 de Dezembro, ou para 24, antes da Missa do Galo) ou para o Carnaval (aqui na continuação da velha tradição popular). Muitos dos rituais primitivos estavam ligados às festas do Ciclo da Primavera (e entre elas as do Carnaval, cuja tradição se perde no fundo dos tempos) quase sempre ligadas a ritos agrícolas.

Ainda hoje há, no nosso país e em outros países europeus, reminiscências destes rituais primitivos (lembremos o plantar da *árvore de Maio*, o dia da espiga, para simbolizar a fertilidade da Natureza). A estrutura agrícola comandava as manifestações culturais dos povos. Verifica-se, por exemplo, a raridade de festas ou outras manifestações populares durante o Verão, aliás bem compreensivelmente, se nos lembrarmos que nesta estação, os trabalhos dos campos, cada vez mais numerosos, não dão tempo nem motivo para a realização de cerimónias ou festas.

Há apenas uma festa importante durante o Verão: o S. João. Porém, também ela tinha uma função social precisa, que aliás o seu significo simbólico bem expressa: prolongar a ascensão do Sol, que a partir desta época começa a declinar. No entanto, fora do domínio da Igreja, o ciclo de festas que mais estabilidade manteve, foi o Carnaval (pela proximidade da Páscoa, em espécie de contraponto). É uma época do ano caracterizada pelo riso e pela folia. Esta alegria exuberante e irreprimível, no entanto, corresponde a finalidades profundas. Sabe-se que nas sociedades primitivas, o riso, a folia, é um remédio para os povos se protegerem das influências maléficas: depois do Inverno, o mundo das forças maléficas, vem a Primavera, com o sol e a fertilidade da terra. E para que esta seja produtiva é necessário vencer os espíritos maus. Deste modo, há que recorrer aos elementos benéficos, ao riso, às grandes folias, aos rituais com o fogo e enterro das cinzas, normalmente através de raparigas virgens e jovens (símbolos da fertilidade, de pureza), às representações, ofertas aos deuses, sacrifícios, etc.

A própria cena, embora por necessidades objectivas, está ligada às representações litúrgicas da Idade Média (vide infra, *A cena*). Aliás, a cena tem origem em dois ramos perfeitamente distintos e independentes: o teatro espanhol e o drama litúrgico medieval.

A influência do teatro espanhol deve ter sido muito grande. Supomo-la mesmo determinante, pelo menos no que diz respeito à concepção da cena. Hoje, em Trás-os-Montes, representa-se em grandes tablados, nos quais são postos algumas colchas ou mantas, presas em ramos de árvores, paus ou cordas. Cada colcha ou conjunto de colchas simbolizam o local da acção, onde se desenrola e desenvolve a *acção*. Também à frente e de lado está a tocata, a aguardar o momento de entrar na representação.

Menendes Pelayo em estudo sobre os romances tradicionais, diz-nos, citando Cervantes, como este viu uma representação teatral no seu tempo:

> Cervantes, que quando muchacho, hacia 1560, habia visto representar Lope de Rueda, nos dice que, en tiempo de este gran actor, todo el adorno del teatro era una manta vieja tendida sobre uns cordeles, detrás de la qual estabam los músicos cantando algun romance antiguo y fué un progresso que el Toledano Navarro, sucessor de Rueda, sacase la música de detrás de la manta a la vista del público.

A semelhança da representação mirandesa com a observada por Cervantes é evidente. O que se passou deve ter sido o seguinte: a dificuldade económica de perpetuar a cena medieval, dispendiosa, e o contacto com o teatro espanhol, conduziu à utilização das colchas, deixando apenas para as grandes representações alguns resíduos dos antigos cenários.

Foi neste quadro, variado, múltiplo e complexo, que o teatro popular cresceu e evoluiu. Talvez por isso o tenhamos ainda vivo. Quanto aos elos precisos da sua evolução jamais os podemos concatenar minuciosa e completamente. Quer-nos parecer que nem isso é o fundamental.

Acusar o teatro popular de pouca originalidade, ou entendê-lo demasiado viciado pela cultura alheia (e ele não é tão pouco original como uma breve resenha o poderá fazer supor) é, no fundo, não o entender. Não o entender, sobremodo, como uma forma da contracultura. Apesar de tudo, conseguiu ser suficientemente autónomo. Tanto mais que as tentativas de subjugação por parte da cultura dominante estiveram sempre presentes (desde os primórdios até à quase morte, nos nossos dias). No entanto, resistiu sempre, soube sempre assimilar parte da cultura que lhe impuseram, superá-la e continuar [31].

Note-se, entretanto, que isto que acabamos de dizer só é válido a níveis formais, pois quanto aos conteúdos, reflecte naturalmente os valores da ideologia dominante. Basta pensar no aparelho religioso e político, sobretudo aquele, embora na execução deste (aliás, nem outra possibilidade de resistên-

---

[31] Às vezes até violentamente. O próprio padre António Mourinho conta-nos a que se passou em Duas Igrejas com a proibição de uma representação popular. Era costume em

cia à cultura dominante era exequível); as forças capazes de resistir à cultura dominante ou se materializam e podem sobreviver ou os poderes constituídos, aos mais variados níveis, acabam por aniquilar a cultura popular [32].

2. TEATRO POPULAR/TEATRO ERUDITO — UM ESPELHO DE DUAS FACES

2.1 A CONSTRUÇÃO DRAMÁTICA

Rolland Barthes chamou a atenção para o facto de literatura francesa, ao longo dos tempos, ser feita de censuras. Haveria mesmo que as inventariar, de modo a escrever uma contra-história da literatura [33]. Poder-se-ia dizer o mesmo para a literatura portuguesa. Como fenómeno de contracultura, teria certamente lugar a literatura de cordel [34] e a literatura popular tradicional. Não porque o seu valor artístico seja relevante como fenómeno literário, mas porque representa uma forma de persistência cultural das populações rurais, que se mantiveram *autosuficientes* na sua caminhada pelos séculos.

Duas-Igrejas representar-se um pequeníssimo auto, «A Embaixada», representado na própria Igreja. O bispo de Bragança, D. José Alves, resolveu por causa dos abusos e corruptelas proibir a representação do auto. O fundamento era o mesmo dos anos de quinhentos: o povo aproveitava a ocasião para desmandos de variada ordem incompatíveis com a autoridade eclesiástica. O pior foi a revolta popular: ameaçaram o pároco e penduraram à porta da sua casa um esquife, uma pá e um alvião. Constituíram mesmo uma quadrilha, «Mão Fatal», que superintendia a revolta do povo contra a proibição.

[32] Exemplo curioso é o da procissão de Santa Bebiana, na Beira Baixa, aniquilada pelo poder religioso. Em linhas gerais, tal procissão era um desfile de homens e mulheres que se realizava todos os anos. Começava com um arauto que ia de casa em casa avisar os bêbados da hora da procissão e das penas em que incorriam se porventura faltassem. O desfile era a imitação de uma procissão: um andor em cima do qual ia uma santa de palha e outros enfeites alusivos ao vinho. Também aqui se argumentou com os desmandos e práticas anti-cristãs.

[33] R. Barthes, *L'Enseignement de la literature,* Paris, Plon, pp. 172.

[34] Para o teatro, ver os catálogos já publicados ou em vias de publicação: Albino Forjaz de Sampaio, *Teatro de Cordel; Miscelaneas,* publicados pela Biblioteca da Universidade de Coimbra; o *Catálogo da Fundação Calouste Gulbenkian; a colecção de Francisco Palha; o* espólio da sala Dr. Jorge de Faria (Faculdade de Letras da Universidade de Coimbra); e a colecção do Visconde da Trindade (Biblioteca Geral da Universidade de Coimbra).

No teatro popular, ao contrário do que acontece na poesia popular, *maxime*, nas quadras populares, os textos são literariamente pobres [35]. A razão de tal facto, a nosso ver, reside na função diversa que manifestam. Na verdade, o que dá às quadras populares uma particular beleza é a permanente repetição, que faz com haja um ajustamento das palavras a caminho da forma perfeita, como se o tempo burilasse a estrutura frásica [36]. Esta forma de criação está ausente dos textos teatrais, em que a repetição é anual ou em períodos mais longos e em que a preocupação de preservar o texto com poucas alterações é conatural à representação.

Porém, o que na literatura *dramática* mirandesa ressalta, apesar da sua pobreza literária, é o facto de o texto, mais do que qualquer outro, ser indissociável da forma de espectáculo que o perpetua. Não temos perante nós um texto que se estude como um sistema ou estrutura fechada, nos mesmos moldes em que o fazemos para a narrativa ou a poesia. No teatro popular mirandês, temos uma estrutura característica: texto e espectáculo fazem parte de um mesmo *corpus*, uma mesma obra. Trata-se de um conjunto coerente composto por determinados elementos: o texto verbal propriamente dito e o texto semiótico — os gestos, as marcações, o dispositivo cénico, os adereços e as vestes utilizadas, as entoações dos versos, ritmo da elocução, a música, o papel da profecia, o tonto ou gracioso, a tocata, o nunca virar as costas ao público (o que origina momentos engraçadíssimos de saída do tabuado às arrecuas).

É certo que hoje, as modernas concepções do fenómeno teatral têm em conta o facto de o texto dramático ser um texto feito para ser representado,

---

[35] Como veremos adiante, a pobreza literária não impede que contenha muitos dos recursos estilísticos dos textos literários cultos, por um lado; por outro, é fundamental para a apreciação estética de uma obra, que se faça uma leitura contextualizada com os códigos que lhes estão subjacentes, sob pena de não só não entendermos muitas das mensagens fundamentais, como termos a tendência para cairmos num subjectivismo de análise estética onde tudo é permitido. As análises das obras sem a referência aos valores em que se produziu e contextualizou permitem o livre exercício das análises subjectivas e vazias, dissimuladas com um espantoso arsenal de vocábulos, adjectivos e *novos* (?) conceitos, tantas vezes vazios, quase sempre exotéricos, qual nova escolástica (!) mas que se tornou moda nos últimos anos, sobretudo nos meios académicos.

[36] Recorde-se a este propósito Leite de Vasconcelos, «os primeiros tipos de canções criaram-se individual, embora anonimamente. Depois a turba aceitou-os, modificou-os, adaptou-os ao próprio gosto, às condições da existência comum, isto de geração em geração, e portanto através de variados ambientes sociais: de modo que, passados tempos, certas canções de começo por acaso singelas ou pobres tornaram-se obras primas», *Opúsculos*, VII, pp. 765.

isto é, um texto que pressupõe o espectáculo. O teatro, diz-se, é uma arte de *espaço* e também de *espectáculo* [37]. A criação poética, diz-se ainda, materializa--se numa totalidade, em que os elementos se realizam na estrutura global que é o teatro: «a arte do teatro não é a representação dos actores, nem a peça escrita pelo autor, nem a encenação nem as danças; é sim constituída pelos diversos elementos que compõem o espectáculo, o gesto que é a alma da representação, as palavras que são o corpo da peça, as linhas e as cores que são a própria existência do cenário, o ritmo que é a essência da dança» [38].

No entretanto, uma diferença ressalta sempre: enquanto que perante uma peça o leitor é um potencial encenador, ao lê-la esboça sempre um modelo de representação, sendo livre na sua concepção, no TPM tal não acontece. O texto não tem autonomia em relação ao espectáculo em acto. A encenação não é passível de criação porque ela própria, na sua textura e rigidez, faz parte do corpo do texto.

Num outro aspecto o teatro popular mirandês se distingue do teatro erudito. Sabe-se que é da essência do teatro a existência da acção. Aliás, etimologicamente, drama é isso mesmo, acção. Esta é entendida como o movimento orgânico através do qual uma situação nasce, se desenvolve e morre [39]. Cada personagem, uma vez criada, exerce na obra uma função, que traduz a cada momento da acção uma situação dramática. Daí que uma situação dramática tenha uma duração própria, de modo a não torpedear a natural evolução da acção. Se se prolonga ou se não se desenvolve até ao momento adequado, a situação nega-se (e com ela a acção). Mais, se a passagem de uma situação a outra não se realiza devidamente (aqui entra em jogo a chamada mola dramática, ou seja, o elemento que no sistema de forças em jogo cria o desequilíbrio necessário à evolução e superação da situação) a acção interrompe--se, quebra, fenece.

Ora, se percorrermos as várias dezenas de peças populares que conhecemos, salta aos olhos, em todas elas, a ausência de acção. Apenas encontramos, naturalmente, a *intriga* ou *fábula,* isto é, o encadeamento dos acontecimentos no meio dos quais a acção se deveria desenrolar. Vimos atrás, assim o supomos, quais causas da ausência de acção nos textos populares. Oriundo do teatro medieval, não poderia, logicamente conter a acção. Esta

---

[37] V. por exemplo, Michel Benamou, *Pour une nouvelle Pedagogie Litteraire,* Paris, 1971; Guy Michaud, *L'Oevre et ses tecniques,* Paris, 1957. Quanto à encadernação propriamente dita, basta ler um dos pioneiros, Gordon Craig, *Da Arte do Teatro,* Lisboa, sd.

[38] G. Craig, ob. cit.

[39] V. Pierre-Aimé Touchard, *Dyonisos, Aphologíe pour /e Théâtre,* Paris, 1949.

ENSAIO SOBRE TEATRO POPULAR MIRANDÊS

pressupõe pessoas a agir, de acordo com os caracteres que tipificam a personagem. Ora, a representação de cenas religiosas, em que as personagens são santos, seres extra-terrenos, impossibilitava que a dinâmica da intriga estivesse dependente da vontade humana. O dogmatismo do assunto a tratar impunha apenas a narração dos acontecimentos, aliás incompreensíveis na lógica terrena do entendimento humano. Como tornar os acontecimentos dependentes da vontade humana? [40]. A resposta a esta questão, como vimos, é a própria desagregação do teatro litúrgico. Vimos que as ideias religiosas tidas como dogmas, aliadas à necessidade de propagar a fé e educar no espírito cristão eram incompatíveis com as contradições a ambiguidades necessárias a uma construção dramática. Cristo é sempre Cristo, o exemplo e nunca o pecador. A solução terá de ser sempre a do exemplo, a da salvação. Só com o abandono desta rigidez temática ou com a dessacralização das figuras bíblicas se pode conceber a existência de acção.

Por outro lado, uma vez assimilada a técnica de narrar, foi fácil estendê-la a outros temas. Assim aconteceu no teatro jocoso. Descreve-se a intriga, narrando-a. A passagem de uma situação a outra é simples: utiliza-se a técnica dos mal entendidos, dos *qui pro quos* típicos da comédia, dos jogos de palavras, da rima que inicia outro assunto, do aparecimento de personagens que encaminham a intriga (o tonto, o diabo, a polícia, etc.), etc. Aliás, se bem repararmos, nem sequer podemos falar da construção de um carácter ou mesmo da evolução do estado de espírito de uma personagem. Nem, tão pouco, da construção de tipos. Os pastores, os bufões, os aldrabões, o tonto, os camponeses, os homens da leis, o marujo, o João Soldado, etc., são figuras episódicas com tal grau de particularidade (não é possível fazer abstracção por géneros de modo a encontrar personagens) que mais se circunscrevem às características da caricatura que do tipo (e muito menos da personagem).

Tão-pouco se poderá falar de unidade de tempo e de lugar. Dezenas de anos ou meses, sucedem-se em poucos minutos, se necessário. Dois lugares longínquos convencionam-se a alguns passos, ou através de uma marcação em pequenos saltos (outras vezes o actor sai da cena, dá uma volta à aldeia e regressa, fingindo o tempo e o espaço).

---

[40] Não se argumente com a tragédia grega. As situações são diferentes. Não só porque a interacção Homem/Deus se afasta do Homem/Deus do pensamento cristão, como os próprios conceitos etico-religiosos dos gregos são diferentes e de variado conteúdo: *hybrís* (arrogância humana), *sophrosine* (sabedoria equilibrada), *nemesis* (punição celeste), *ananke* (destino, necessidade).

Ora, são exactamente estas características, as quais, à luz dos conceitos tradicionais da análise dramática em nada abonariam a real validade do TPM, que lhe dão um carácter específico e o impõem como uma produção com impacto popular.

Michel Benamou, no trabalho citado, afirma que a melhor maneira de estudar uma peça de teatro é analisar os efeitos dela sobre o espectador. De facto, este é o fiel da balança que regista a capacidade ou incapacidade da comunicação da peça. No entanto, uma coisa é a linguagem cénica (a tessitura semiológica do espectáculo) que só por si pode explicar o impacto sobre o espectador, outra é a validade do espectáculo como um todo. Tanto é assim que alguns medíocres textos, nas mãos de bons encenadores, conseguem a adesão do público. De qualquer modo, o aviso de Benamou lembra-nos um aspecto importante, demasiado evidente e demasiado esquecido do espectáculo teatral: a comunicação com o público. Quando esta não assente na demagogia, é dever do crítico reflectir no segredo da comunicação, em suma, procurar no espectáculo quais os componentes que asseguram o êxito.

Vivemos várias experiências com o TPM. Durante os anos de 1974 a 1977 o GEFAC percorreu o país com dois entremezes, *Entremez de Jacobino* e *A Confissão do Marujo*. Essas representações eram uma reprodução, mera reprodução (o que não é fácil) do que se fazia em Trás-os-Montes (recolheram-se as marcações-tipo, o código de gestos, as entoações, o cenário, o ritmo, etc.; apenas não se reproduziu a pronúncia típica regional, pois a peça não perdia nada com uma articulação mais citadina e não se caiu no ridículo de imitar o inimitável). O resultado superou tudo quanto se poderia imaginar à partida. A adesão do público era espantosa.

Podemo-nos perguntar: qual a razão desta facilidade de comunicação? Será que a identificação cultural da peça com o público justificava por si só o êxito da comunicação? Quanto a nós, para além daquela identificação cultural genérica, sem dúvida importantíssima, pensamos que o TPM é servido por um conjunto de elementos que asseguram o impacto da representação no público.

Em primeiro lugar a técnica de narrar os acontecimentos. Não foi sem razão Bertold Brecht insistiu em um teatro narrativo.

Em segundo lugar, a técnica de distanciação (não é abusivo a utilização do conceito, pois é servida por elementos que Brecht considerou na sua poética anti-aristotélica) a que constantemente é chamado o espectador. O próprio texto, por vezes, se organiza de modo a desdobrar o actor noutras personagens, pela via do recurso ao discurso directo.

Representação do Entremez do Jacobino pelo GEFAC. Bendafé, Condeixa, 1975.

> JACOBINO
> Mas fui a casa do ferreiro
> Joaquim da Costa Prado
> Querendo eu com brevidade
> Que me fizesse um machado.
>
> Bem ele me respondeu:
> Eu não tenho cá mais ferro
> Que a perna duma sertã
> E já por ela está esperando
> A mulher do campanhã.

Este texto é acompanhado de uma marcação sugestiva que completa o efeito: Jacobino, que se representava a si mesmo, dá um passo bem marcado para o outro lado e só então faz de ferreiro. Em seguida, do mesmo modo, mas invertendo o movimento, regressa à posição original e diz:

> JACOBINO
> Então eu lhe respondi:

Pois dê-me o ferro que aí tem
Para a perna da sertã
Que eu mesmo faço o machado
E com muita perfeiçã.

O efeito de distanciação é, aliás, conseguido de múltiplas maneiras. Assim, todo o espectáculo assenta no princípio, tacitamente aceite, de que estamos perante uma representação, em que as pessoas conhecem os autores, sabem de cor o próprio texto, seguem com atenção o desenrolar da profecia (que ao resumir a peça antecipa o desenlace), sabem que o inferno é sempre do lado esquerdo e o paraíso do lado direito, esperam as diabruras do tonto (sempre igual) e os berros ameaçadores do diabo, etc. O fingimento e a consciência de que estamos a fingir é essencial ao espectáculo. Daí que não haja *ilusão*. O espectador está defronte aos acontecimentos e não no seu centro. Por outro lado, as cenas não estão encadeados umas nas outras, mas quase sempre individualizadas, em acordo com o carácter narrativo do texto: cena em si e por si.

Por último, o tipo de linguagem utilizada não só possibilita a identificação cultural já referida, como materializa no tabuado o êxito comunicativo. Linguagem num duplo sentido: cénica e verbal.

2.2 A LINGUAGEM CÉNICA

Como se trata de narrar os acontecimentos pela forma e pela ordem que o entrecho o exige, e porque não existem textos com um núcleo temático à volta do qual gire a acção, a cena tem de obedecer às próprias características do texto. Utiliza-se a cena desdobrada, própria de um desfile de figuras e quadros- *o tablado ou tabuado*. Este tabuado tanto é construído em forma de palanque sobre o comprido como utilizando os estrados dos carros de bois ou atrelados de tractores, alinhados uns aos outros.

Uma vez feito o tabuado, nele se convencionam os múltiplos lugares de acção. A representação é ao ar livre no largo da igreja (a representação de *Os Doze Pares de França,* em Genísio, foi na estrada). São raras as representações dentro da igreja, embora as haja; estamo-nos a lembrar do *Ramo* em Duas Igrejas.

São normais os tablados de muitos metros. Há mesmo quem refira dimensões gigantescas [41], que nós nunca vimos nem recolhemos informação.

---

[41] V. Padre António Mourinho, *Oberamergau em Portugal,* in Mensário das Casas do Povo, Ano 1, 12, 1947.

É certo que nos diziam tamanhos descomunais, como sempre acontece quando interpelamos os populares, mas que imediatamente afastávamos quando confrontávamos a resposta com as dimensões reais.

Este aspecto é importante, pois compete ao estudioso, fazer passar pelo crivo do bom senso muitas das informações que os populares dão, para que se seja objectivo e não se faça repetir uma mentira, que por força da repetição se intemporaliza e passa a ser verdade indiscutível, agora com o selo da antiguidade.

Sobre o fundo do tabuado são dispostas colchas e mantas, variadas nas cores e nos desenhos, de modo a dar um colorido contrastante à cena. Uns paus, ramos a enfeitar e algumas cordas, servem para dependurar as colchas. Se a personagem é importante e rica, a colcha também é rica, se for de humilde condição, uma colcha a condizer. Deste modo se representam os palácios, a igreja, a praça pública, as casas particulares, o deserto, a taberna, o tribunal, os jardins, os montes, o próprio céu e o inferno. O céu é representado por colchas brancas e ricamente bordadas. Se possível faz-se salientá-lo pela altura. O inferno em tons de vermelho, com caras e carões horrendos. Por vezes, fazem uma buraca no tablado, da qual saem chamas verdadeiras. No inferno movem-se um ou mais diabos.

À frente das colchas são colocados apenas os adereços e objectos estritamente necessários: mesas, cadeiras, trono, cadeirões, simulacro de uma taberna, ramos de árvores, etc.

De um dos lados do palco, normalmente o direito fica a música: um bombo, a caixa, uma gaita de foles ou um acordeão. Os autores entram para o tablado a dançar ao som da música. Dispõem-se em fila, cada um à frente das colchas que o irão identificar, e recolhem-se, sempre de costas e nunca as voltando para público. Referiu-nos um *regrador*, na Póvoa, o Sr. Augusto Pataco, que era costume a música ficar do lado direito, e justificou do seguinte modo: como é do lado direito que deve ficar o Paraíso ou Céu, a música tem de ficar perto para tocar enquanto os anjos e outras figuras se movimentam.

2.3 A LINGUAGEM VERBAL

Há no teatro mirandês textos em verso e textos em prosa. Porém, a maioria são verso. Quando nos aparecem textos que não são em verso, devemos observá-los cautelosamente, pois com certeza estar-se-á muito próximo de um texto erudito que o povo começou a assimilar. Ou está-se ainda na fase da imposição ou *colonização* cultural: o pároco, ou outra pessoa mais letrada introduziram a peça, adquirida na cidade ou na vila e inicia-se porventura o princípio da assimilação, que será completa quando for enversada, representada e aceite pela comunidade.

Estes fenómenos são vulgares. A solução só se ultrapassa quando a assimilação é completa. O poeta-enversador aproveitou a intriga da nova peça e transpô-la para a forma tradicional (vd o capítulo *Texto sobre Texto*).

Sabe-se que a versificação facilita muito a memorização. Ora, o TPM vive da tradição oral, que o mesmo é dizer, vive da possibilidade de transmitir pela memória o texto e a encenação. Houve pessoas que reproduziram oralmente textos completos. Tal ajuda foi imprescindível para esclarecer algumas dúvidas sobre manuscritos divergentes ou omissos. A forma oral de conservação do texto, o próprio ritmo e tipo de ensaios impôs uma toada própria à representação (dependentes, muitas vezes de condições objectivas- o analfabetismo e o facto de ser representado ao ar livre, obrigando a *gritar* o texto para ser ouvido por todos).

Nos ensaios o *regrador* diz em voz alta o texto para o actor; este repete, imitando-o no tom, toada, inflexão, gestos e passos. O actor, as mais das vezes não tem possibilidade de aprender o texto de outra forma. Neste facto julgamos residir a causa da transmissão sempre igual das toadas e inflexões, de ano para ano, a tal ponto que passam a ser normas imperativas. A forma em

Falando de TPM com o *coloquiante* Alexandre Ribas (à esquerda).
São Martinho de Angueira, Nordeste Transmontano, 1974. Recolha, GEFAC.

ENSAIO SOBRE TEATRO POPULAR MIRANDÊS

verso preenche, assim o pensamos, esta ordem de necessidades, a que acresce a função de ornamentação poética — o gosto que o povo tem de rimar.

Mais do que em qualquer outro tipo de teatro podemos dizer que no TPM, o texto em verso nada tem a ver com a validade poética. No teatro erudito literário, pode acontecer que as duas coisas se realizem. Mas, é errado pensar que quando falta a *verdade* poética falta o teatro. A linguagem verbal teatral é um discurso característico e difere bastante de outras linguagens. É certo que tanto uma como outra se podem caracterizar por desvios em relação à língua comum, diária. Mas o desvio tem eixos comuns e eixos autónomos. O discurso dramático em relação a qualquer outro discurso (narrativa, poesia, discurso científico filosófico) exige uma maior versatilidade de funções. Um texto dramático, por exemplo, não se consubstancia apenas na função poética da linguagem. Diferentemente, ultrapassa-a, por considerá-la demasiado estreita para traduzir a multiplicidade expressiva da fala (e não um vulgar acto de fala, antes um acto-de-fala-dramático, ou seja, corporizado para ser actuado). Materializa-se no discurso dramático, e não de uma forma acidental, quer a função expressiva (ou emotiva), quer a função apelativa (ou conativa), quer ainda a função fática (pequenos *gags,* ou certo tipo de repetições crónicas ou apoios sistemáticos). Claro que sempre se poderá dizer que também na narrativa, exemplificando apenas, se encontram tais funções. Porém, há sempre uma diferença quantitativa, senão mesmo qualitativa.

Num outro aspecto, já atrás enunciado, o discurso dramático se distancia do discurso literário. Naquele, há uma série de intenções que de modo algum se verificam neste. Vejamos: no discurso teatral as pessoas falam e no entanto elas apenas dizem um texto que foi previamente escrito. Mas, por outro lado, há a intenção de falar um texto de modo a dar a impressão de que não foi escrito: uma tensão dialéctica entre a língua escrita e a língua oral. A tal ponto que ou realiza a síntese e, deste modo, uma autonomia em relação a ambas, ou o texto dramático perde eficácia. Temos uma obra demasiado escrita ou demasiado falada. Vejamos como a língua oral, ao contrário do que se possa pensar, é por si só, adramática.

A — Quer dizer, é... é... sábado dia dois, a gente vem buscar dia dois
B — É, é sábado
A — Vai ser no domingo, mas eu vou para S. Paulo, então já venho pagar no dia dois, quer dizer que no domingo é só levar.
B — Quer dizer que a senhora vem pegar no dia dois. De que tamanho?
A — Agora é o seguinte, sabe, D. Rosa, ele tem... cinquenta pessoas mais ou menos. Que tamanho a senhora acha que precisa ter?

B — Quatro.
A — Quatro, né?
A — Agora é um menininho, vai fazer um ano, sabe. Agora, não sei se precisa de algum enfeite.
B — Ah! é sim. Fica tão bonitinho!...
A — Ah.
B — Nem que for um carinha de palhaço. Porque, né, não sabe nada, não entende muito né. Com uma carinha de palhaço já...
A — Então a senhora deixa, eu vou comprar o enfeite na cidade...
B — Certo e aí a senhora traz...
A — ... e aí depois eu trago e a senhora põe.
B — Certo.

A arbitrariedade da pontuação (à margem das regras gramaticais), a organização rítmica do discurso, as pausas, os cortes na comunicação, as repetições, entoações, a utilização de vocabulário *inadequado* para exprimir as ideias do texto (horror de freguesas, por exemplo), a infracção generalizada às regras gramaticais (o presente em vez do futuro ou o futuro imperfeito em vez do imperfeito do conjuntivo), o invulgar começo das frases, tudo isto, nos mostra como a linguagem oral é de natureza diferente da linguagem dramática (escolha-se um texto qualquer de uma peça teatral e compare-se).

A linguagem dramática não é de modo algum, a transposição da linguagem oral para o palco, não obstante algumas das suas características influenciarem decisivamente a linguagem dramática. Porém, tal não acontece como transposição mecânica, mas apenas como princípio informador, (é o caso da pontuação, das entoações, repetições e apoios que quando concordes com o nível vocabular do público espectador facilita o circuito da comunicação).

Há, porém, diferenças assináveis. A fundamental está, a nosso ver, no encadeamento necessário que o texto dramático exige e que a oralidade dispensa- a estrutura dialógica como elemento essencial da obra dramática [42]. Não basta tornar o diálogo possível como no discurso diário, nem tão-pouco que entre os sujeitos se estabeleça o circuito da comunicação. É necessário concatenar o diálogo, de modo a que se ultrapasse a situação, naturalmente eliminando as excrescências, repetições e redundância de vocábulos. É necessário ter em conta a economia e concisão da linguagem.

O que importa salientar é que o caminho terá de ser este, ou seja, temos de encontrar as gramáticas da língua escrita e oral a partir das características de

---

[42] Galvano della Volpe, *Esboço de uma Teoria do Gosto,* Lisboa, 1973.

uma e outra das linguagens. Depois, analisar e descrever a coerência do texto dramático e encontrar a sua própria gramática: quais as formas verbais? Com que características? Qual o tipo de vocabulário? Como e quando há pausas? Qual o seu significado? E função? E as inflexões? E a pontuação, a sintaxe?, etc.

Em suma: 1) verificar que o texto dramático não se alimenta apenas da chamada função poética da linguagem; 2) analisar como e em que grau as outras funções da linguagem (expressiva, conativa e fática) se realizam no texto dramático; 3) descrever a gramática do texto dramático.

Ora, a nosso ver, o TPM espelha bem o que até agora dissemos da linguagem teatral. Por um lado recolheu algumas das características da oralidade, exactamente aquelas de que se alimenta o discurso dramático. Aliás a oralidade é pressuposto da sua força comunicativa, precisamente porque o código ora está ao alcance de qualquer espectador, mesmo do analfabeto. Como tal, a comunicação nunca se interrompe.

Por outro lado, falta ao TPM a coerência que a construção dramática exige, nomeadamente a estruturação do diálogo. Por isso ele é essencialmente narrativo (note-se que a estrutura dialógica apenas dá qualidade dramática e nada tem a ver com o impacto comunicativo do texto).

O impacto comunicativo da representação é ainda corroborado pela estruturação estilística do texto. Num texto em verso erudito, por exemplo, os valores expressivos estão ocultos, de modo a serem descobertos através de sucessivas leituras, enquanto no texto popular tais valores estão virados, eles também para a força comunicativa da mensagem. Diz Marlene de Castro que «como importa menos uma expressão intelectual e reflexiva, o apelo à emoção, às lágrimas e ao riso dos ouvintes tem que conseguir-se através de recursos expressivos violentos» [43].

2.4 AS MARCAÇÕES

Numa representação de cena simultânea não há a dificuldade de dispor as figuras como na cena à italiana. Daí que não tenha grande relevo falar de marcações triangulares ou poligonais que, como se sabe, são a base da marcação teatral.

---

[43] Sobre as figuras de estilo na literatura popular, ver o artigo de Marlene de Castro Correia, O *Saber* Poético *da* Literatura *de* cordel, *Revista Cultura,* Brasil, 1971, n.o 3. Faz-se aí um breve apanhado da especificidade da estilística da literatura de cordel à luz da obra de Heinrich Lausberg, *Elementos de Retórica Literária.*

Também não tem grande importância, no teatro popular, a marcação determinada por necessidades psicológicas. Como já se disse não há no teatro popular personagens que sejam fruto da génese e evolução de um carácter. A personagem ou é um molde que serve de exemplo (uma personagem bíblica, um herói exemplar) ou é um tipo, uma caricatura. Como tal, aquilo que faz mover as personagens são os motivos imediatos: se um bate o outro cambaleia, se, um persegue o outro foge, se um pede verdades o outro diz mentiras, etc...

A marcação no teatro popular é bidimensional e não tridimensional (como no teatro de hoje). Quando o é tridimensional é-o por acaso e não por necessidade. Num tablado com dezenas de metros de comprido, em que os actores representam à frente de cada casa ou lugar, numa palavra, num espaço cénico de cena simultânea, a marcação bidimensional é suficiente. As figuras dispõem-se de uma forma paralela ao tablado

$$\overline{}$$
$$X\,X\,X\,X$$

ou, aproveitando a profundidade da cena (tridimensional) — embora esta marcação seja mais rara; utiliza-se normalmente quando estão frente a frente dois blocos antagónicos (luta guerreira, por exemplo):

$$\overline{}$$
$$X\,X$$
$$X\,X$$
$$X\,X$$

Como se vê pelo último esquema, não há noções teóricas de marcação. Qualquer encenador transformava o rectângulo num trapézio de base menor virada para o público, evitando desde modo o encobrimento. Mas, a marcação representada no primeiro esquema é, sem margem para dúvidas, a mais habitual. Os actores mais à esquerda e à direita, quando falam, dão um passo em frente para serem vistos e eventualmente contracenarem entre si.

Neste tipo de marcação, quando o diálogo é permanente só há duas possibilidades de distribuir os focos de atenção: a) os actores estão distanciados e o público ora olha para um ora para o outro, movimentando a cabeça como se assistisse a um jogo de voleibol; b) os actores estão próximos, a travar diálogo, concentrando ambos a atenção do público. Curiosa é uma marcação que um actor desenvolveu quando teve necessidade de andar muitos dias, meses ou anos para chegar ao destino previsto: saiu do tablado, deu uma volta à aldeia e entrou depois pelo lado oposto em direcção ao lugar para que se havia de dirigir; a forma mais usual é, no entanto, recolher-se entre as mantas; outras vezes, quando não se interpõe qualquer cena, o actor ou actores movimentam-se lentamente, em pequenos saltos, simbolizando a dificuldade da viagem.

Numa representação do *Auto de José, filho de Jacob, reconhecido por seus irmãos no Egipto* foi-nos noticiado pelo *regrador* o seguinte esquema: Jacob e seus filhos estavam na direita do tablado. Aquele recolhe às colchas e os filhos saem do tablado e entram em direcção ao Egipto. Aqui, continua a representação. Se as cenas forem seguidas , toca o apito e sai o tonto, fazendo momices, cabriolas e gracejos, dando tempo a que se faça a caminhada em direcção ao Egipto.

Curioso também é a forma como se materializa em cena a vitória de uma das partes sobre a outra; os actores dispõem-se de modo a que com vários passos se constituam dois círculos concêntricos; o círculo mais pequeno é a parte vencida; depois é o sequestro, em fila, como na realidade (por exemplo como n'*Os Doze Pares de França*, representado em Genísio).

Quando se convenciona que os actores estão distantes, embora na realidade estejam a dois passos um do outro, por ex., falar do solo para o alto de um castelo ou de um monte, alteiam muito a voz, como se falassem para muito longe. Aliás, de um modo geral os actores falam muito alto (necessidade própria de quem fala ao ar livre). E os actores têm orgulho nisso: lembro-me de um popular na Póvoa nos dizer que quando fez a profecia se chegou a ouvir, salvo erro, em Ifanes (povoação que em linha recta deve distar 3 ou 4 kms), enquanto os restantes populares acenavam com a cabeça, confirmando o veredicto, não fosse a nossa incredulidade duvidar de tamanha façanha.

Outra característica, que um dos *regradores* mais sabedores e prestigiados a cada passo nos recordava (o Sr João Bernardo, capador de Angueira, como era conhecido em toda a região de Miranda), era a proibição absoluta de virar as costas ao público, saindo sempre às arrecuas. Só o tonto pode virar as costas ao público.

Quanto ao mais, a marcação é imposta pelo *regrador*, de acordo com a sua mentalidade e gosto, aplicando uma ou outra vez o que sempre viu através dos tempos nas mais variadas representações dos seus antepassados.

Como se verifica pelos exemplos dados, o dispositivo cénico influencia os movimentos e as marcações. Assim foi sempre, em toda a arquitectura cénica: a cena do Romeu e Julieta só ganha dimensão poética se concebermos a cena isabelina, em que era possível o desnivelamento dos actores, representando a varanda de Julieta.

João Bernardo, o *regrador*. Angueira, Nordeste Transmontano, 1974. Recolha, GEFAC.

No TPM, como vimos, o tablado determina o tipo de marcações, que a imaginação popular foi sedimentando ao longo dos tempos.

2.5 AS VESTES

São de um modo geral ao sabor da imaginação do *regrador*. Claro que este, bem como o povo que assiste tem uma ideia muito clara da tradição. Procura, de uma maneira geral, manter os trajos que tradicionalmente são usados (sobretudo em autos religiosos). Mas nem sempre assim acontece. A riqueza da imaginação popular não pactua com o conservadorismo renitente. As figuras bíblicas, quando cristãs, têm quase sempre fatos apropriados.
As outras personagens variam. Assim, por exemplo é vulgar assistir-se à apresentação de centuriões romanos vestidos de caçador de espingarda ao ombro, de polícia ou de militar; Pilatos, vestido à século XIX de cartola e fraque. O diabo que normalmente se veste de acordo com as iluminuras medievais, fato vermelho ou preto, cornos e rabo, na mão um tridente ou chicote, aparece também de outras as maneiras. O Dr. António Mourinho

lembra-se de ter visto um diabo de fraque e cartola e uma Nossa Senhora com saia pelo meio da perna e casaco com pele de raposa [44].

Como se vê, também a este nível, o povo tem tendência para profanizar o teatro. Se a representação e a sua preparação estiver desligada do poder religioso, mais especificamente do pároco, podem aparecer figuras como as atrás referidas; o diabo de fraque e cartola e Nossa Senhora com saia pelo meio da

Caracterização do Diabo, figura do TPM.
Póvoa, Nordeste Transmontano, 1974. Recolha, GEFAC.

---

[44] V. Oberamergau *em Portugal,* loc. cit., e *Hossanápio, vol.II*, refere-se também um diabo ao qual atam um rastilho a quem põem fogo.

perna e gola de pele de raposa. A nosso ver, também o desacerto histórico do vestuário é muito significativo. O que era Pilatos para o povo senão o juiz, a pessoa importante (rica) a quem não importa a justiça dos factos, antes o poder continuar a ser importante e rico? Se assim é, porque não vesti-lo de fraque e cartola? (só se se argumentar como vanguardismo da *mise en scène* mirandesa!); e se o diabo for entendido com uma figura horrenda, pérfido, poderoso, inimigo dos pobres e dos humildes, amigo dos ricos e pecaminosos, porque não o fraque e cartola? Que notável simbolismo! Quanto a Nossa Senhora, pese embora o desgosto natural dos fundamentalistas religiosos, a razão julgamo-la simples: o povo procura ver nela não o ser extraterreno, hierático, rígido e sagrado, mas a mulher, a mãe, o ser terreno. Vesti-la como uma mulher da aldeia seria sobrancearia popular. Identificar a Virgem Maria com a mulher da aldeia seria, a seus olhos, vangloriar e enaltecer vaidosamente a mulher aldeã. Daí o facto de a vestir como mulher da cidade. E nisto não há, como alguns quiseram ver, desrespeito religioso. Bem ao contrário, o que tudo isto significa é uma forma diferente de assumir a comunhão religiosa.

Formação musical do TPM (acordeão, caixa e bombo).
Póvoa, Nordeste Transmontano, 1974. Recolha, GEFAC.

Por vezes as figuras, apenas se distinguem pelos adereços. Vestem-se normalmente e o adereço identifica-os. O rei, uma coroa; o diabo, o tridente ou o rabo; o militar, o boné e a lança ou espingarda; o pastor, o cajado. Os adereços são sóbrios e por vezes eivados de um simbolismo característico: flores na mão a significar pureza; os frutos como símbolo de fertilidade; a corda a denotar a força; a serpente (desenhada) lembrando a traição ou perfídia; instrumentos de trabalho identificando a respectiva profissão, etc., etc...

2.6 A MÚSICA

Começa por ter uma função anunciadora do espectáculo. Um pequeno grupo de músicos (bombo, caixa e gaita de foles, pontualmente substituída por acordeão) tocam uma espécie de marcha, ao som da qual os actores se movimentam, dançando em fila. Vêm de fora do tablado, de aldeia: à frente os actores principais, depois os outros; mais atrás o tonto, com o seu trajar característico; depois o *regrador* e o actor que vai fazer a profecia.

Este, veste normalmente um capote ou capa traçada (semelhante à que usam os estudantes de Coimbra) e um livro volumoso debaixo do braço. O sinal que obriga os actores a recolheram-se para as colchas é dado pelo apito do *regrador*, que além de servir de ponto vai dirigindo a representação. É possuidor de um apito. Ao som deste a música pára, os actores recolhemse e sai a profecia.

No espectáculo cada vez que o *regrador* apita sai o tonto a macaquear e a fazer piruetas. Quando algum actor se esquece do papel ou o não representa *como é dado*, o *regrador* apita, faz sair o tonto a entreter o público, corrige a cena e só depois dá continuação ao espectáculo. Enquanto o tonto brinca com o público a música toca. Noutras localidades, o *regrador* anda no meio dos actores a dar as indicações necessárias e a servir o ponto. Ninguém o vê como intruso.

Nas cenas do paraíso ou do céu, em algumas localidades, a música toca, procurando dar a ideia de harmonia e satisfação. No caso da representação se passar no inferno também tocam, sobretudo a caixa e o bombo, procurando significar a dor, a condenação eterna, o barulho de um local desprezível.

No final, os actores voltam a sair em fila e a dançar como no início. E também agora saem do palco e vão pela aldeia fora em cortejo.

2.7 ENTOAÇÕES, INFLEXÕES, TOADAS

Quanto às entoações e inflexões o teatro popular rege-se de um modo similar ao teatro erudito: depende da interpretação do *regrador* e da maior ou menos capacidade do actor.

No que diz respeito às inflexões, colhemos um exemplo significativo quando falámos com dois actores e um *regrador*, todos participantes na mesma representação, embora em locais diferentes. Uma das personagens da peça, Jacinto, falando com Feliz Simão, comerciante rico, enganado por Marçalo Lopes a conselho e ensinamento de Jacobino, conta-lhe o que Marçalo Lopes havia mandado dizer:

> JACINTO
> Diz que se eu não tinha
> Outro para me reunir
> Que fosse dar uma volta
> Com os alforges pedir.

O texto não tem pontuação. E muitas vezes, quando tem, ela nada significa: os sinais de pontuação são os mais variados, nos lugares menos adequados e sem o mínimo sentido. Daí que, quando existem, o melhor é não lhes atender. Dizia um dos actores:

> JACINTO
> Diz que se eu não tinha,
> Outro para me reunir,
> Que fosse dar uma volta,
> Com os alforges a pedir.

Enquanto outro dizia:

> JACINTO
> Diz que se eu não tinha
> Outro com que me reunir...
> Que fosse dar uma volta
> Com os alforges, pedir!...

O *regrador* proferia esta última versão, embora conhecesse a primeira. Reconhecia até que a primeira era a mais usual, mais próxima da toada que caracteriza a declamação mirandesa.

ENSAIO SOBRE TEATRO POPULAR MIRANDÊS

A toada é outro elemento fónico característico. A quadra ou é dita verso após verso, ou dividida ao meio, acentuando as tónicas dos finais dos versos. São, certamente, consequências de o texto estar enversado e do grau de analfabetismo dos actores, e da mera repetição da toada do *regrador*.

No geral, as frases são bem articuladas, silabadas, adequando a articulação a uma melodia cantada, aonde se acentuam as sílabas tónicas mais importantes:

> VICENTE
> Lá por bem, minha Joana,
> Ainda me podes levar
> Mas tu sabes que eu sou torto
> E não me deixo espalmar.
>
> In *A Confissão do Marujo*

As entoações dependem, em boa escala, do *regrador* e dos actores. Há-as porém normativas. É o caso de uma que ouvimos na Póvoa, aquando de *A Confissão do Marujo* ou de algumas falas do *Auto da Paixão*, em Carçarelhos. No caso da Póvoa, na fala do diabo, o actor deve atacar o grupo de palavras que constitui o verso com uma forma ameaçadora, acentuando e arrastando as sílabas tónicas

> DIABO
> Ó Viceente, venho buscar-te
> Lá do abismo profundo
> Para tomar conta de tii
> Antes que deixes o mundo

Nas representações religiosas, a toada de cada figura adequa-se à personagem em causa. Cristo e os apóstolos, por exemplo *cantam uma fala* de modo suave, exageradamente lamuriante.

2.8 O TONTO

Autonomizámos o tonto das restantes figuras porque este faz mais parte do espectáculo do que do corpo das personagens. O tonto entra em todas as representações. Há textos em que o actor principal é o tonto ou gracioso como é o caso do *Entremez de Jacobino*. É uma espécie do *zanní ou poli-*

O *Crespim* em *A Confissão do Marujo* pelo GEFAC. Lousã, 1978.

chinello da *Commedia dell'Arte* (o tonto que vimos na Póvoa em A *Confissão do Marujo* até nas vestes era semelhante).

Transporta na mão a pelota, pau trabalhado com uma borla na ponta, que maneja quando dança ou brinca; no pescoço, presa por um fio, uma bota (reservatório que tem as mesmas funções da cabaça, de origem espanhola), às vezes uma cabaça, cheia de vinho. Na mão ou a tiracolo, uma mala pequena onde traz algum petisco: umas lascas de presunto, chouriço ou salpicão, pão etc. Na cabeça um pequeno gorro. Senta-se, come ruidosamente, finge que oferece, depois ri-se, diz piadas, brinca, mete medo ao rapazio, rima quadras improvisadas a factos e a pessoas presentes. Transporta consigo bombas do S. João e com elas assusta as pessoas e, às vezes traz preso ao casaco uma bexiga de porco ou um balão que no momento próprio rebenta e o faz recolher às colchas.

Enfim, preenche um bocado de tempo, sempre com o agrado do público (reminiscência do entremês primitivo?). Sempre que um actor tem um engano ou surge problema que atrapalhe o espectáculo, o *regrador* toca o apito e faz sair o tonto e imediatamente se recolhem todos os actores. E o único actor que não tem lugar próprio para entrar ou sair de cena. Move-se como quer e por onde quer. Tudo lhe é permitido.

Quer seja religiosa ou não, nenhuma representação funciona sem o tonto. Nas representações religiosas é a pausa, uma chamada de atenção ao público, recordando-lhe que está a assistir a uma representação, combatendo a ilusão que porventura começasse a inundar o espectador (Brecht teria pensado nesta técnica de distanciação?). Depois, vem de novo a representação como se o tonto não tivesse actuado.

3. Texto sobre Texto: um exemplo

À saída de Ifanes, em casa do Sr. José de Abílio, encontrámos um texto (impresso) intitulado *Confissão Geral de Marujo Vicente no Rio de Janeiro*, com uma referência à Livraria Veroi Júnior, Rua Augusta, 18, Lisboa e sem data.

Portanto, um folheto de cordel igual a muitos outros. Não vem referenciado em qualquer dos catálogos que consultámos: *Subsídios para a História do Teatro Português — Teatro de Cordel*, de Albino Forjaz de Sampaio; *Literatura de Cordel*, Fundação Calouste Gulbenkian, Lisboa, 1970; *Miscelâneas-Teatro*, Biblioteca Geral da Universidade de Coimbra, 1974. Também não se encontra referenciado no ficheiro da sala Dr. Jorge de Faria, nem na biblioteca dos Viscondes da Trindade. Na Póvoa, a poucos quilómetros de Ifanes, vamos encontrar um manuscrito de *A Confissão do Marujo*, já enversado e objecto de múltiplas representações. Com base nestes dois textos, o casco manuscrito e o texto impresso, podemos apreender um dos modos da génese da produção popular teatral mirandesa.

No essencial, o assunto é o mesmo: Vicente Marujo é instado pela mulher, uma crente, a confessar-se; Marujo um pescador rude, habituado às dificuldades da vida do mar, é avesso a confissões e outras rezarias. Vicente acaba por ir à confissão. A *ignorância* da doutrina era tal que não diz coisa que tenha jeito, nem acerta com as orações preceituadas pelo padre confessor. Na sua rudeza, o homem do mar ataca mesmo os privilégios do padre nas comunidades rurais. Umas vezes contundente na crítica ao clero, mais hábil e respeitoso noutras. Por exemplo, quando o que está em causa não é o clero, mas a religião, o manuscrito já enversado não aproveita a parte da confissão em que o padre pergunta «quem é Deus?», justamente porque a resposta do Marujo no texto que serve de referência chocaria a mentalidade religiosa do povo transmontano.

A confrontação dos dois textos poder-nos-ia conduzir à ideia de mera transposição do texto em prosa para o texto em verso. No entanto, o que acontece é bem diferente. Aproveitando o enredo, servindo-se mesmo de uma

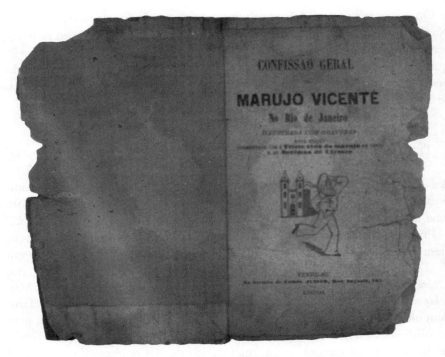

Capa do texto *Confissão Geral de Marujo Vicente no Rio de Janeiro*.
Ifanes, Nordeste Transmontano, 1975. Recolha, GEFAC.

boa dose de vocábulos e pequenas frases do folheto de cordel, o texto popular acaba por ser *outro* texto, que difere substancialmente do texto primitivo que lhe serve de base, o que só uma forte tradição teatral pode explicar.

Por outro lado, acusar o novo texto de plágio é não só não compreender a própria produção artística popular como ter do plágio uma concepção errada e desvalorizadora. Normalmente, quando um texto tem um referente anterior, há a tendência para o subvalorizar, esquecendo desde logo as relações que contrapõem o texto escrito ao texto decalcado. Ora, são estas variações que dão ao novo texto a sua própria especificidade, afirmando-se ou negando-se na medida e grau do desvio. Comparemos rapidamente a mesma cena nos dois textos.

No texto impresso:

Forte martírio padeço com este bruto! Antes eu andar sempre amigada com o José da Fascadas! Isso é que era um rapaz como um ramalhete! Mal haja a hora que ele com os seus amigos foi roubar a um lavrador; que o pilharam na ratoeira e puxou-lhe a Justiça por cinco mortes que tinha, e queriam-no pendurar, senão morre na cadeia, que foi o que lhe valeu! Não torna cá a vir rapaz como aquele! Era muito valente; não tinha mais do que ir divertir-se com os seus amigos à noite para pilharem algum vintém e a sua pinga! No mais ninguém tinha que lhe dizer: é verdade que às vezes (não sirva isto de condenação à sua alma) moía-me o corpo com pancadas, mas logo se punha às boas, parecia coisa de feitiçaria, nem eu nem ele poderíamos estar mal um com o outro; recordar-me disto me dá consolação! Tinha coisas aquele homem! Só o que ele fez numa noite de Missa do Galo que sem ajuda de ninguém, mudou os trastes todos de casa de uma família, que tinha ido à missa à Graça! Com uma prega abriu-lhe a porta, e ele só mudou tudo aos poucos para minha casa; então bem farta fui de roupa branca, dinheiro, móveis e prata; e era tão calado que nunca ninguém soube que foi ele. Coitado. Já lá está um bom lugar. Nem eu quero lembrar-me disso.

No texto manuscrito (enversado):

JOANA
Fortes martírios padeço
Com este bruto chapado
Que não diz nada com jeito
É um doudo confirmado.

Valha-me Deus que vida
Tão infeliz eu passo
Se não acabam meus dias
Nem eu sei o que então faço.

Antes eu andar sempre
Por toda a vida amigada
Com o José das Facadas
Que me tinha estimada.

Ai meu José das Facadas!
Que pena teres morrido
Desde que Deus te levou
Muita dor tenho sofrido.

Casco de A Confissão do Marujo. Póvoa, Nordeste Transmontano, 1975.
Recolha, GEFAC.

Felizes tempos aqueles
Em que contigo vivia
O teu grande trabalho
Cheia a casa me trazia.

Aquilo é que era um homem
Bem posto e bem comportado
Ninguém tinha que lhe dizer
Era muito respeitado.

Eu tinha vida feliz
Coisa alguma me faltava
Bons presuntos, boa pinga
E a arca abarrotaba.

Galinhas, patos e perus
Tinha eu sempre na panela
Passava os dias na cama
E as noites na berzundela.

Só uma noite para casa
Me trouxe três cordões
Como então corria o tempo
Sem curtir consumições.

Mas agora pago tudo
O que outrora gozei
É bem certo ninguém diga
Desta água não beberei.

Mal haja a hora em que ele
Foi roubar a um lavrador
Se ele então não fosse preso
Sempre fora o meu amor.

Coitadinho estou a vê-lo
Dentro de negra prisão
Todo triste e abatido
Que até causava compaixão.

É verdade que às vezes
Batia-me a bom bater
Mas quando vinha de fora
Sempre tinha que trazer.

Quando me recordo dele
Sinto em mim grande paixão
Tinha cousa aquele homem
Que cativava o coração.

Só o trabalho que ele teve
Numa noite de Natal
Sem ajuda de ninguém
Foi roubar um casal.

Mudou para minha casa
Tudo o que lá encontrou
Ninguém soube que foi ele
Porque nunca se gabou.

Era de muitos segredos
Diga-se o que é verdade
Para todas essas coisas
Tinha certa habelidade.

Escolhemos esta cena dado que se trata de um exemplo no qual se nota melhor a influência do texto impresso. Como se vê, é grande a quantidade de vocábulos e frases transpostas, mas o que também fica evidente é a capacidade de recriar um texto. E recriá-lo com a dificuldade suplementar de usar a quase totalidade das palavras do texto original, que é uma limitação e não uma facilidade. O texto popular é, sem dúvida alguma, qualitativamente melhor. Mais equilibrado na exposição do tema, mais fluente, mais ritmado.

Acresce ainda uma outra ordem de razões. O facto de o novo texto ter de se enquadrar dentro da produção dramática mirandesa, isto é, realizar-se aí como obra teatral coerente.

O texto presente (como aliás todos os que conhecemos em situações idênticas) preenche as condições referidas. Desde logo, a utilização de todos os elementos necessários à forma e espírito do teatro popular mirandês: a profecia, o tonto (através da figura de Crespim) e o diabo.

A profecia é uma exposição no início do espectáculo através da qual se saúda o público e se antecipa em resumo o enredo da representação, o Diabo é a ameaça aos pecadores. Neste caso, o diabo é a figura que tempera o anticlericalismo e a ousadia de Vicente com a mentalidade católico-clerical do povo transmontano. Só por força da tradição (teatral e religiosa) se consegue introduzir nesta peça o diabo, claramente ao arrepio do sentido geral do texto. A demonstrá-lo está o comportamento de Vicente após as ameaças do diabo, que diz para Joana

VICENTE

Mal raio parta a lembrança
Que dos teus cascos saiu
Disparate como o teu
Neste mundo não se viu.

Volta-me tu cá a pedir
Para me ir confessar
Se queres ver a pá do lume
No teu costado a malhar.

Olha Joana o que eu quero
É ver na mesa jantar
Que eu pouco comi na venda
Antes de me ir confessar.

Aliás, de tal modo a figura do diabo se não quadra com a intenção geral da peça, que acaba por nada resolver. Daí a necessidade de forçar uma moralidade, de modo a não suscitar dúvidas no auditório. É o que acontece com este texto. É-lhe acrescentado, na parte final, desconchavadamente, uma conclusão moralizante. O autor popular, ao enversar o texto, apenas teve em conta a necessidade de introduzir o diabo, independentemente de este se quadrar ou não com a prescrição ideológica da Igreja. Na estrutura do TPM fazia parte da tradição e por isso foi tentado a incluí-lo. O acrescento, ao arrepio do texto, é posterior, com a intenção de salvaguardar qualquer ruptura com a ideologia dominante. Que o acrescento é posterior, não temos dúvidas. Não só porque encontrámos um *casco* mais antigo sem ele, mas ainda porque algumas estrofes (exactamente as acrescentadas) parecem alheias ao espírito e forma populares (cfr. o texto abaixo transcrito em quintilhas de verso quebrado, a denotarem exemplarmente, um espírito *erudito* a fazer-se passar por popular).

Diz o acrescento [45]:

CRESPIM

Eí-los ei visto?
Yá no sierbem para nada
An comido lo que teniam
Tienem la bida acabada

---

[45] Azinhal Abelho, *Teatro Popular Português, Trás-os-Montes*, II, pp. 323/4.

Yá estam viejos, estam caducos
Que más, que más?
Que se morrido los mios amos
E que descansem im paz?

Pero isso, nó porque nó puede ser
Tal la bida e tal la muerte
E tal depués de morir

Me puede acreditar
Que és una pura berdade
Quem há visto el Diabo em vida
Más e muerte lo berá

Se acabo la comédia...
Bós podeis marchar
Pero yó tiengo más cossas
Para los relegar

Vos demorais um pedacito
Cum este passatiempo
ponéi atencione
A el dispendimente

As ondas quebram na praia
Com estrondo com fragor
E ele pede ao senhor
Misericórdia
Dos seus pecados... don, don!

Às vezes lá vão as redes
Levadas pelo tufão
Até corta o coração
Vida assim
Cheia de fome... don, don!

E um dia, e outro dia
Sem a fortuna sorrir
Não tem o triste porvir
Vem a chorar

Quando o mar é bonançoso
Quando o barco singra bem
Cortando o mar com desdém
O marinheiro
Sem dinheiro... don, don!

Mas quantas noites perdidas
Quanta forme quanta dor!
O marujo tem valor
Naquele martírio.
Que delírio... don, don!

Nem sequer aos inimigos
Eu desejo a minha sorte
Antes mil vezes a morte
Que o meu sofrer
Que o meu sofrer... don, don.

A outra figura criada pelo enversador é Crespim – o tonto. Crespim é o narrador-comentador da intriga. Não fala português, utiliza uma linguagem espanholada, misto de português, espanhol e mirandês. Tal facto, segundo nos referiram na Póvoa, tem por fundamento o facto de Crespim vir de fora, do exterior da comunidade da aldeia (o que nos foi confirmado pelo *regrador* João Bernardo, em Angueira) [46]. Curioso é o facto de Crespim, na sua primeira alocução ser uma espécie de continuador da profecia. Anuncia o espectáculo, fala das suas artes e introduz a história. Depois, ao longo do espectáculo, como quase sempre acontece, comenta o que se vai passando, sempre com ironia e graça. Acaba como começou, dialogando com Joana, falando do comportamento de Vicente na confissão. Finalmente, despede-se do público, anunciando o fim da representação.

Para além de Crespim e do Diabo, o texto popular contém ainda outras personagens que não constam do folheto de cordel. Estas apenas dão apoio realista à representação: a Taberneira, Pangaio e Gegodes, dois comparsas que cobiçam os amores de Joana e ainda Páscoa Domingas e João Agosto, *almas do outro mundo* que falam dos roubos de Vicente. É curiosa a marcação destas últimas figuras: muito hirtas, sem gesticulação alguma. Dizem

---

[46] V. também o depoimento do padre Manuel José Lopes, na colectânea citada, a pp. 269.

frouxa e desinteressadamente, como em oração silabada, o texto que lhes compete; depois recolhem-se.

As diferenças nas personagens que são comuns não são grandes. Joana pouco diverge. Vicente, no texto impresso, é mais galhofeiro para o confessor, mas também menos agressivo e contundente nas suas convicções. Diz Vicente, em monólogo, enquanto espera o padre:

> VICENTE
> Mal raio o cabrão do clérigo
> E mais o traste do comborça
> A mim não me tem alugado
> Mas pensa isso por força.
>
> ...
>
> Porém as horas vão correndo
> E o grande cabrão sem vir
> Eu te direi, meu padreca,
> Qual de nós dois há-de vir.

Ou, na própria confissão:

> VICENTE
> Eu só digo que raios o partam
> E mais a sua residência
> Já uma hora que aqui estou
> Já me falta a paciência.

No texto impresso, Vicente é apenas um homem *pouco amigo da religião*, embora sem grandes justificações. Pelo contrário, no texto popular, Vicente é mais firme:

> PADRE
> Pois Vicente vai com Deus
> Não te posso absolver
> Compre um livro de orações
> E faça pelo saber.

VICENTE
Tomara eu de ver dinheiro
Pra fazer a caldeirada
As orações são cantigas
Que não servem para nada.

Para agarrar peixes no mar
Não preciso de orações
Nem de confesso nem missas
Nem jejuns nem sermões.

Essas coisas são bonitas
Pra quem não tem que fazer
Mas não são cá para o Vicente
Que trabalha pra comer.

Guarde lá as cantilenas
Pra quem as quiser ouvir
Cá para mim, xô cura,
Fazem-me rir a bom rir.

Adeus até à vista
Se antes não puder
Passe por lá muitos anos
Que cá nunca me torna a ver.

O próprio padre é diferente: a uma certa paciência e até bonomia do padre do folheto de cordel contrapõe-se um padre trocista, melífluo, no texto popular.

Confessor: Vamos adiante: Quantas são as pessoas da Santíssima Trindade?
Vicente: São dez, com bem digamos
Confessor: Diga quais são.
Vicente: aí vai, ora repare — As pessoas da Santíssima Trindade são três: Deus Padre, Deus Filho, Deus Espírito Santo são seis; três pessoas distintas são nove; e um só Deus verdadeiro são dez. Então cuidou que me pilhava descalço!
Confessor: Está adiantado! Vamos à confissão: diga...

No texto popular a figura do padre perde a neutralidade que o folheto de cordel procurava dar:

PADRE
Presta toda a atenção
Com muita sinceridade
Diz-me agora as pessoas
Da Santíssima Trindade.
Sem as conheceres não podes
Ter nunca felicidade.

VICENTE
São sete como bem digamos
Ainda que lhe custe a crer
Ouça pois com atenção
Que eu começo já a dizer.

Padre, Filho, Espírito Santo
Isto é o que vós dizeis
Com três pessoas distintas
Fazem conta de seis.

E um só Deus verdadeiro
Creio que devem ser sete
Já vê que Vicente Marujo
Nunca falta ao que promete.

PADRE
Sim senhor! Gostei mesmo
É muito bem apanhado
Eu nada posso dizer
Porque está bem explicado.

Mas vamos lá pois Vicente
Expliquemos o caso todo
Porque você ainda há pouco me disse
Que ainda se benzia doutro modo.

Veja lá explique-se
Vamos passando adiante
Eu estou gostando de você
Porque o encontro interessante.

E, se não é erro do copista ou do enversador, o padre chega a ser mordaz:

PADRE
Então diga: ama seus pais?
Ao respeito lhes faltou?
Esse é o maior pecado
Que Deus nunca perdoou.

VICENTE
Os meus pais? Isso é demais!
Graças a Deus tive um só
Minha mãe não era dessas
Porque meu pai tinha um cipó.

É verdade que as más línguas
Entraram dela a falar
Por causa de certo padreca
Que a casa lhe ia rondar.

Mas minha mãe não dava
A ninguém satisfações
Isso era com o meu pai
Que lhe chegasse ao fogões.

PADRE
Não era esse o meu sentido
Quando dos seus pais lhe falei
Que sua mãe não é honrada
Já há muito que eu o sei.

A breve transcrição destas cenas paralelas esclarecem bem sobre o tipo de criação popular, muitas vezes servindo-se das próprias palavras do texto que serve de base, embora dando-lhes uma nova estatura, adaptando o texto ao espírito e formas populares. Seria difícil a uma colectividade sem tradição teatral adoptar este processo criativo. Recriam o texto, modificam as personagens, em suma, elaboram um outro texto que submetem depois à concepção de espectáculo já habitual.

Esta é urna das formas de criação dos textos populares. Neste exemplo, estamos perante um texto dramatizado em prosa. Mas há casos em que o texto de partida é uma novela ou pequena narrativa.

Um caso similar ao d'*A Confissão do Marujo*, mas em que o texto de origem é uma pequena narrativa em prosa é *A Vida Alegre do Brioso João Soldado*.

Quando percorremos as aldeias transmontanas, encontrámos variadíssimos exemplos, que valerá a pena deixar registado: *História de Flores e Branca-Flor, seus amores, perigos que passaram por Flores ser mouro e Branca-Flor cristã*; *Verdadeira história da Princesa Magalona, filha de el-rei de Nápoles e do nobre cavallero*; *Pierres Pedro de Provença*; *História de João Soldado, que teve a habilidade de manter o diabo n'um saco*; *História de João Folgado e a Morte*; *A sogra do diabo*; *Vida e História e Confissão completa e sincera dos crimes de José do Telhado*; *História curiosa da vida do conde de Castela Fernão Gonçalves e de façanhas e morte de sete infantes de Lara*; *Verdadeira História de João de Calais, vencedor dos piratas nas costas marítimas de Piccardia (Gallia)*; *História do Príncipe Milan e da princesa Helena*; *Verdadeira História dos Salteadores da Floresta*; *A Máscara de Ferro ou Fataes consequências d'uma Paixão*; *Verdadeira História do Imperador Carlos Magno e dos 12 pares de França*; *História dos Amores da Marqueza de Fontévrault*; *História de Paulo e Virginia*; *Verdadeira História da Donzela Theodózia*; *Simplicidades de Bertoldinho, filho do subtil e astuto Bertoldo, vilão de agudo engenho e sagacidade*; *História da Formosa dos cabelos de ouro*; *História do profeta e santo rei David*; *História da Imperatriz Porcina, mulher do Imperador Lodónio de Roma*; *Cornélia ou a vítima da Inquisição de Sevilha*; *História da Vida e Feitos do engenhoso fidalgo D. Quixote de la Mancha*; *História de Roberto do Diabo*; *Livro do Infante D. Pedro de Portugal, o qual andou as sete partidas do mundo, feito por Gomes de Santo Estevão, um dos doze que foram na sua companha*; *Nuevo y curioso romance de la enamorada de Cristo, Maria Jesus Gracia*; *Nueva História de El Bienaventurado San Amaro y de Ia Santa Lucia*.

Como se pode verificar, alguns foram já enversados. Da história à dramatização, de um texto ao outro, entremeia-se o enversador. Depois, é a tradição teatral, a cena, o *regrador* (tantas vezes ele próprio o enversador), a representação.

Outras vezes a assimilação é directa do folheto de cordel, como é o caso do *Auto de José do Egipto*, do *Auto do Juízo Final*, do *Auto da Paixão de*

Cristo, do *Auto de S. Sebastião*, do *Auto de Santa Catarina* e do *Auto de Sto. Aleixo*. Nestes casos o texto apenas sofre pequenas alterações, adaptando o assunto e a peça à tradição teatral mirandesa. Intrometem uma palavra aqui uma quadra acolá, uma cena com o diabo, várias com o tonto, etc.

Curiosa, neste aspecto, é a representação em S. Joanico do *Auto da Paixão de Cristo*, na qual a procura de uma representação realista conduz à subversão dos valores religiosos, ao arrepio do texto do Padre Francisco Vaz de Guimarães. No início do *Auto da Paixão de Cristo* o Diabo falando a Judas refere-lhe o derramamento de um unguento que Judas vendia:

> DIABO
> Que negra vida (Cristo) te deu
> Para seu contentamento
> Que ainda no unguento
> Perdeste o que era teu.

Judas responde-lhe e lamenta a perda do unguento e diz:

> JUDAS
> Oh! Que grande perdição
> Foi aquela do unguento
> Por tão derramamento
> Tanta dor de coração.

Ora, na representação de S. Joanico de Vimioso o *regrador* sentiu a necessidade de acrescentar uma cena que explicasse a origem deste unguento e que explicasse o comportamento de Cristo. A cena, tal como foi representada, é-nos descrita por um popular que entrou na representação, do seguinte modo:

No Domingo de Ramos, Cristo ia com os apóstolos para Jerusalém. Aí, à sua chegada todo o povo diz: Salve, Salve filho de David/ Hossana, Hossana filho de David. Foi ao templo onde estão os vendedores e onde estava Judas a vender o remédio (o tal unguento) que Cristo lhe havia dado. E diz Cristo,

> Eu o templo destruirei
> O refazerei em três dias
> Com mais perfeição e ser
> Que o fez Salomão Rei.

Aqui destrói as bancas dos vendedores e diz que o templo não é lugar para vender, mas para respeitar a Deus, porque Judas com o remédio que Cristo lhe deu também queria fazer milagres e curar as pessoas. Depois, Judas sai zangado e diz:

JUDAS
Ai como venho agastado
E tão cheio de paixão
O meu unguento tão prezado!
Desde que o vi jazer no chão
Depois de ser tanta valia
Que perdia a devoção.

DIABO
Bem sei que tens razão
De andares apaixonado
Um unguento tão prezado
Por trezentos o venderas
E com esse dinheiro
Um bom gibão tiveras
E um pilote de folia
Portanto vai-o vender
A casa de Caifás
Onde junto acharás
Os judeus a teu prazer.

Judas, a seguir, vai para casa de Caifás.

Segue-se depois, na gravação do popular acabado de referir, a continuação do texto, ora em quadras condizentes com o texto do P. Francisco Vaz de Guimarães, ora numa mistura de poesia/prosa, de acordo com a memória do nosso informador.

É notória a confusão de ideias entre o texto bíblico e o que na mente popular se foi sedimentando. Mas, à memória da cultura popular, não interessa a reposição da verdade bíblica, antes uma explicação *lógica*, do comportamento de Cristo e Judas. E, nada mais simples, pelo menos na mente do nosso informador: Judas, mísero terreno, queria igualar-se a Deus, «fazia-lhe concorrência desleal», servindo-se para tal de um unguento de utilização exclusivamente divina. Aliás, é a mesma que vai explicar o comportamento de Judas. O povo só *crê* que Judas é um traidor porque ele é materialmente beneficiado.

Há ainda casos, voltando agora à génese dos textos populares, em que é rejeitado o texto de cordel, já enversado, optando por um outro, este fruto da criação popular, totalmente alheio ao folheto de cordel. De comum é apenas a história de ambos. É o caso de um *Auto de José, Jacob, reconhecido por seus irmãos no Egipto* por nós recolhido e que nada tem a ver com o texto de António de Vasconcelos (que, aliás, corre também em Trás-os-Montes).

4. O Saber Poético dos Textos Populares

Os textos populares, são naturalmente pobres do ponto de vista literário e artístico. Aqui ou além há momentos fugazes de expressão poética. Para utilizar um conceito da teoria da literatura, poder-se-á dizer que os textos populares assentam num registo transparente, na justa medida em que não é um texto figurado, adornado.

Porque a intencionalidade está intrinsecamente ligada a todos os textos que pretendem ser *artísticos*, temos como resultado o cliché: o adjectivo liga-se ao substantivo não tanto para o qualificar, mas sim porque se configura associado na linguagem culta («linda criancinha/lindo botão de rosa», «doce e meigo o teu olhar»).

As imagens, as metáforas utilizam-se porque fazem parte do arsenal literário culto, não tanto pela expressividade ou espessura semântica do texto («negro carvoeiro» para o diabo, «inocente andorinha/ asas brancas de salvação» para a rapariga enjeitada). A génese da sua criação logo o indica: uma história, próxima da realidade ou fantasiosa para ser contada aos ouvintes; ou então a chascada, o divertimento do auditório.

O texto popular, na ânsia de conquistar uma forma literária, adorna-se mecanicamente. Porém, na cultura popular portuguesa, tal espécie de ornamentos está ligada a pessoas com alguma influência das formas culturais *cultas* (o homem da aldeia que se julga mais culto porque teve acesso a jornais, romances, porque sabe ler ou tem uma profissão que lhe dá prestígio social, etc.). Indiscutivelmente, falta aos textos populares aquilo que faz de uma dada obra uma obra literária

De facto, quando os lemos, não encontramos uma organização discursiva que lhes dê, sem mais, o estatuto de textos literários. Como já salientámos, a literariedade, é primeiramente uma questão de intenção. Para que um vulgar escrito seja lido como poema basta, numa primeira fase, que o consideremos com uma intenção de poesia. Foi, aliás, o que o vanguardismo artístico nos trouxe, quando nos apresentam textos de vida corrente como poesia: anúncios e reclames, slogans publicitários, títulos de jornais, colagens de textos, etc. Ora, é a este nível que a pobreza dos textos populares mais se faz sentir.

Os textos populares são, no seu modo de existência, um fenómeno de contracultura, mas confundir esta afirmação de carácter sociológico com o valor poético dos próprios textos é desvalorizar a validade poética dos autênticos textos literários e, lateralmente, denegrir o valor cultural dos textos populares, na medida em que se pretende valorizar por um meio o que só tem valor por outro.Compreende-se agora melhor qual o sentido a atribuir ao cabeçalho deste capítulo. Mais do que formalizar a validade poética dos textos, trata-se de, aqui ou ali, chamar a atenção para alguns aspectos expressivos da literatura popular e, logicamente, contra-distinguir esta das formas literárias cultas.

Assim, podemos desde já afirmar que, ao contrário dos textos cultos, os valores expressivos na literatura popular não estão ocultos, antes visíveis, colocados de modo a suscitar a atenção imediata do auditório. Nem os produtores da literatura popular manuseiam as formas linguísticas que infringem a linguagem corrente, nem o auditório é suficientemente letrado para os apreender. Daí que tais recursos estilísticos sejam apenas o fruto de uma insipiente capacidade artístico-literária, embrionária e não desenvolvida, mas nem por isso despida de expressividade.

Por outro lado, não se pode utilizar para a literatura popular o mesmo critério de análise que se utiliza para literatura culta. Estamos a pensar, por exemplo, na grande quantidade de imagens que enxameiam os textos populares e que não passam, de acordo com os critérios de análise culta, de metáforas mortas ou quaisquer outros processos estilísticos vulgarizados: «perna da mesa», «vale de lágrimas», «minha casa vestir-se-á de luto», «minha inocente criancinha/lindo botão de rosa/ é doce e meigo o teu olhar/ tua face franca e mimosa», etc.

De qualquer modo, mesmo quando a ornamentação se concretiza numa valoração estetizante, mesmo aí, o recurso estilístico, tem uma função de significação e de modo algum contraria à espessura semântica do texto, como parece querer T. Todorov [47]. E isto é verdade não só para os recursos estilísticos propriamente ditos como até para as formas linguísticas que constituam o texto literário. Por outras palavras: nada é neutro no texto popular. Ocorre-nos este exemplo de *A Confissão do Marujo*:

---

[47] Tzevetan Todorov, ob. cit. pp. 45.

VICENTE
Não regale tanto os olhos, xô padre,
Olhe que não vale a pena
Não lhe cai nada no bolso
Não é o dote de Ana Morena!

A referência, assim o julgamos, a Ana Bolena (e não Morena que a confusão fonética originou) não é destituída de sentido. Seja qual for a personagem histórica (ou não) a que o texto se refere, ela será forçosamente uma pessoa de altos recursos económicos.

Na utilização de recursos expressivos, duas ordens de preocupações se constatam nos textos populares: aumentar a expressividade semântica do texto e conseguir a adesão imediata do auditório. É neste sentido que devemos analisar os recursos expressivos da poesia popular. Desde logo, o nível fónico, o mais conscientemente trabalhado pelo povo. A utilização da rima, quase sempre em metro heptassilábico, normalmente em quadras que rimam apenas em dois versos [48]. Aliás, o heptassílabo nem sempre se realiza, o que só vem demonstrar a liberdade e, de certo modo, a genuinidade do texto popular:

Povo reunido em tão lindo congresso
Neste lugar com tanta simpatia
Benvindos sejais à nossa festa
E Deus infunda em vós infinita alegria.

In *A Confissão do Marujo*

Depois de criados a terra e os céus
Como diz o profeta da sagrada paixão
Também hoje diz o da ressurreição
Figuras saídas temor dos judeus.

In *Auto da Sagrada Ressurreição
de Nosso Senhor Jesus Cristo*

---

[48] É sabido que uma das características da poesia popular é a rima abcd. A rima quadrada é muito mais rara, circunscrita territorialmente quase só ao Alentejo. V. José Leite de Vasconcelos, *Opúsculos*, vol. VIII. Deve anotar-se que nos textos mirandeses a liberdade de metro e rima é muito grande. A rima forçada ou mesmo sem rima.

Um dia sonhei
Tornei a sonhar
Que eu saia de casa
E não voltava a entrar

Quem sabe se hoje
Será o dia!...
A Deus me encomendo
E à Virgem Maria.

In Auto de José, filho deJacob,
reconhecido por seus irmãos no Egipto

Ainda a nível fónico, o recurso à utilização de formas linguísticas que dão ritmo à poesia, que o povo musicalmente acolhe com agrado (lembremos o homeoteleuto nos romances). São também imensos os caso de repetição dos mesmos sons ou sons semelhantes.

Fortes martírios padeço
Com este bruto chapado
Que não diz nada com jeito
E é um doudo confirmado.
[...]
Bem posto e bem comportado
[...]
Bons presuntos, boa pinga
[...]
Batia-me a bom bater

In A Confissão do Marujo

Como vulgares são os efeitos onomatopaicos, as aliterações semânticas, os vocábulos com massa sonora:

Poria um chocalho ao pescoço
Para tocar sempre
Trim-tim-tim-tarim-tim-tim

In A Vida Alegre do Brioso João Soldado

Vai cantar essas cantigas
[...]
Batia-me a bom bater
[...]
Si si pudera salvar
Sendo tu la salvadora
[...]
Noites na berzundela
[...]
Pônho-lhe a arder as bitáculas

In *A Confissão do Marujo*

É ainda no sentido apontado que outros recursos devem ser analisados. Desde as alterações sintácticas devidas à necessidade de rimar, até à utilização de imagens, umas banais outras de enorme sabedoria: «nuvem de luto», «cravo do meu jardim», «clara luz do dia», «para mim tudo é um gemido», «Eu sou uma flor tenrinha / que a geada cedo queimou/ não tenho quem por mim olhe/ o destino assim me talhou», «Faz com que eu fale sobre ti a minha dor», «A fome será a minha sorte», «Faço-te da pele um crivo», «servimo-nos logo do cacete/ gozai nele até matar», «Fiz mão baixa a um cabrito», etc.

Abundantes ainda são os recursos alegóricos, bem como o emprego da ironia [49].

Ide à torre dos piolhos
E à freguesia dos queixos
Tirai-lhe logo o chiadoiro
Deixai-o fora dos eixos.

In *Comédia Cómica Intitulada*
Um Dia de Inverno ou o Capote

Aliás, com o objectivo de tornar o texto mais claro, mistura-se a alegoria com a própria história, extraindo efeitos cómicos, como esta descrição de uma noite de núpcias:

---

[49] Ver quanto à ironia algumas falas do padre em *O Vicente Marujo* ou do tonto no *Auto de Amor de Amarguras Ganhado pelos Cristãos*.

VICENTE

Foi uma noite de estalo
A do meu recebimento
Fiz mais fogo em três horas
Do que faz um regimento.

A tiros de bacamarte
E a descargas de morteiro
Fiz ali forte exercício
Como faz um bom guerreiro.

Tu berravas como um bode
Quando te fiz pontaria
Disseste que um artilheiro
Como eu não se batia.

Mas por fim entraste em fogo
Gostaste da brincadeira
Já não desonravas as tropas
Fazias pé de bandeira.

In *A Confissão do Marujo*

Eis apenas alguns dos recursos, escolhidos um pouco ao correr da leitura; muitos outros podiam ser inventariados. Dever-se-á ainda referir a utilização de formas anómalas de palavras, os casos em que a palavra sai do sistema da língua e é utilizada num contexto limitado, o sistema vocabular da região: *cosquinhas* (coceguinhas), *pulhastra, atenazar, traste do comborça, tomar a camoeca, coroa na bijarrona, coberto de chalupa, berzundela*, etc.

5. Os Textos

São três as vias de construção dramática mirandesa:
1) a mera concepção dos textos dramáticos de cordel (*Auto da Paixão de Cristo, Auto de Santa Genoveva, Auto de Santa Bárbara*, etc.);
2) textos traduzidos do espanhol (*Auto do Renegado de França, Auto do Renegado de Carmona, Esmeralda do Jordão*);
3) textos elaborados pelos próprios populares, quer totalmente improvisados, partindo de factos ocorridos ou imaginados (*A Pintura de S. Brás,*

O Capote, O Auto da Pastora), quer baseados em uma história lida num qualquer folheto e que servirá de base ao texto dramático (*A Confissão do Marujo, Entremez de Jacobino, A Vida Alegre do Brioso João Soldado, Verdadeira Tragédia do Roberto do Diabo, Os Doze Pares de França,* etc.).

Porém, mesmo os textos directamente assimilados ou os traduzidos (vertidos do espanhol para o português) são acrescentados e adaptados à tradição teatral. Todos os textos têm de ter Profecia e Tonto, além de inúmeros acrescentos que dão ao texto as características populares. Assim, há textos que, com os acrescentos, ganham outra dimensão e valor. Estamo-nos a lembrar da representação do *Auto da Paixão de Cristo*, em S. Joanico, com a cena, já atrás referida, da expulsão de Judas do templo.

Na recolha que efectuámos recolhemos os seguintes textos:

Cariz Religioso

Auto da Paixão de Cristo; *Comédia do Verdadeiro Santo António que Livrou Seu Pai da Morte em Lisboa; Auto da Criação do Mundo; Comédia Titulada Redenção do Género Humano; Auto de Santa Genoveva; Auto de Santa Bárbara; Rosário Perseguido; Auto de Santa Catarina; Auto dos Reis Falados; Auto de José, Filho de Jacob, Reconhecido por seus Irmãos no Egipto; Amor de Amargura ganhado pelos Cristãos; Colóquio do Filho Pródigo; Auto da Sagrada Ressurreição de Nosso Senhor Jesus Cristo.*

Cariz Profano

Comédia intitulada "A Esmeralda do Jordão"; A Tia Lucrécia; A Vida Alegre do Brioso João Soldado; A Vida é um Sonho; Auto da Pastora ou A Famosa Comédia da Vida e Morte da Maria do Céu; Auto de Todo o Mundo e Ninguém; Auto do Renegado de Carmona; Verdadeira Tragédia Ilustrada ou Auto do Renegado de França; Entremez de Comédia de Jacobino; Entremez de Jacobino; IlusõesTransmontanas; A Confissão do Marujo; O Amor Desgarrado ou O Desventurado Amor A Desgarrada; Drama Titulado "Os Criados Exemplares"; Os Doze Pares de França; Famosa Comédia O Traidor do Seu Sangue ou Os Sete Infantes de Lara; Verdadeira Tragédia do Marquês de Mântua e Imperador Carloto Magno; Verdadeira Tragédia do Roberto do Diabo.

Recolhemos ainda mais três textos que de modo algum se quadram com o TPM: *Heróis de Hoje, Nuno Álvares Pereira* e *Um Sobrinho Providencial* (todos em prosa). Aliás, nunca foram representados em Terras de Miranda, nem os populares os conheciam. Diziam, quando interrogados sobre eles: «Isso devem ser dramas, não colóquios».

Além dos temas referenciados ou recolhidos, encontrámos ainda, incompletos, os seguintes textos:

Auto de Santo Aleixo; *Auto de S. Sebastião*; *Mística Cidade de Deus*; *Comédia O Nascimento do Menino*; *Redenção Copiosa*; *Entrudada em Angueira - Enterro do Entrudo*; *Pintura de São Brás*; *Imperatriz Porcina (em teatro)*; *Estrela de Sevilha*; *Mártires de Gólgota*; *História da formosa Inês de Castro*; *Bandeira Roubada*; *Escrava Andrea*; *João de Calais*.

JOSÉ BORGES PINTO, *elemento do grupo de recolha de TPM, GEFAC.*

TEXTOS

TEXTOS

A Confissão do Marujo

Personagens

Profecia
Vicente Marujo
Joana
Crespim
João Agosto
Páscoa Domingas
Padre
Diabo

Profecia
Povo reunido em tão lindo congresso
Neste lugar com tanta simpatia
Bem vindos sejais à nossa festa
E Deus infunda em vós infinita alegria.

A obra que vamos representar
Pra o povo melhor compreender
É a confissão dum marujo
Mandado por sua mulher.

A primeira figura a sair
É o renegado Satão
Em seguida Crespim
O tonto desta função.

Sairá depois Joana
Por seu marido a chamar
Chamou-o com tanta pressa
Que a cabeça lhe fez quebrar.

A rogos e insistências
Lá o fez ir confessar
Foi direito prà igreja
Mas indo à taberna parar.

Diz Vicente pra Crespim
Bebe aí quanto podes
Aparece também Pangaio
Juntamente com Gegodes.

Gegodes entretém Vicente
Os três juntos na bebedeira

Vão-se embora sem pagar
O vinho à taberneira.

Vai Vicente para a igreja
Réplicas ao padre fazer
Mas este no fim de contas
Não o quis absolver.

Sai Vicente da igreja
Com os pecados no coração
E regressando a casa
Depara com o Satão.

Aparece Páscoa Domingas
E João Agosto a ralhar
Pra que lhe pagasse os furtos
Mas ele nada quis pagar.

Vicente todo atrapalhado
Com Joana foi ralhar
Por Deus, te peço, mulher,
Não me volto a confessar.

Vicente logo se lembrou
De comer a caldeirada
Mas acerca da confissão
A Joana não disse nada.

Aparece logo Crespim
Com seu ar e seu jeito
A contar à Joana
Tudo o que Vicente havia feito.

Joana não conseguiu
Outro mais ruim arranjar
E assim junta a Vicente
Teve que a vida acabar.

Aqui daremos fim à obra
Que ides ver representar
Atendei se tendes gosto
Que as figuras vão falar.

E eu, humildemente,
A todos peço perdão
Das falhas que aqui houver
Nesta linda narração.

Sai Crespim.

Crespim
Agora manda lá ordem
Descansar lá procissom
Porque dizem los castelhanos
Biba dom Fernandom!

Yó estudei em Salamanca
El dialeto castelhano
E las letras que aprendi
Eram lás de São Cipriano.

Una que se lhama áché
Esta loego se me olvidava
Por estas e otras cossas
Me lhebei mucha palmada.

Nó sabia lás mandincas
Que ansinaba Cipriano
Pero agora lás cuento todas
Por los dedos de lá mano.

Este és al dedo mandinco
Este lá letra áché
Este dice perdi lás cossas
Este dice adabinache.

Este és al dedo brucho
Este será el zangom
Este és al gato bailote
Este al rato dabinom.

Este dice perdi lás cossas
Este bai adabinar
Este és el que afirma
Lo que agora bamos ablar.

Agora este me afirma
Que anda um ombre a lá perdida
Me boi hablar com sua mujer
Para ber se muda de vida.

Élha bibe a poco rate
Ace poco lá bi passar
Le pego daqui um berro
Cum premisso que lá bou lhamar.

Portuguesa béne acá
Que ei benido a Portugal
Abisar a tui marido
Que anda em pecado mortal.

Esto és una berdade pura
De lá suprema onipotência
E el no se poderá salbar
Se nó acier penitência.

Sai Joana.

Joana
Cala-te seu ignorante
Tu não dizes mais que asneiras
Não me quebres a cabeça
Com as tuas baboseiras.

Crespim
Nó mereces lá razom!
E nó te bal zangar
El tiem que mudar de vida
Para se poder salvar.

Joana
Retira-te longe de mim
Descrédito da minha saia
Vai cantar essas cantigas
Para o outro lado da raia.

Crespim
Lo que ei dicho és verdade
No bal roncar mujer

Tu marido está em balança
Su alma se bai perder.

Dá atenciom a mes palavras
Que por Diós soi enviado
Bai rogar a tui marido
Para que dexe el pecado.

Yó soi profeta
Este abiso por biem
Se nó acreditares
Te pierdes tambiem.

*Crespim bai-se. Joana fica pasmada no tabua-
do e diz:*

Joana
Bem vejo que este homem
Tem alguma santidade
Não falou desacertado
Só disse o que é verdade.

Vou chamar o meu Vicente
Para falar do acontecido
Pra que vá à confissão
Mas não estará resolvido.

Chama pelo marido:

Ó Vicente, vem cá fora!
Sai depressa sem demora.

Sai Vicente.

Vicente
Que quererá a minha Joana
Que me chamou com tanta pressa
Não acertei a abrir a porta
Quebrei o portal na cabeça.

Maldito seja o afano
Em que ela me chamou
Trago a cabeça no ar
Do grande golpe que levou.

Joana
Ó Vicente meu Vicente
Amor do meu coração

A quaresma está a findar
E tu sem ires à confissão.

Vicente
E tu que tens com a minha vida
Que estás para aí a cantar
Ele é da sua conta
Que eu me não vá confessar?

Joana
Bem vês, meu bom Vicente,
Que não indo à obrigação
Até pode o senhor cura
Deitar-te uma excomunhão.

Vicente
Bem excomungada és tu
E verás quem tem o diabo
Ou te calas meu chicharro
Ou do lombo te dou cabo!

Joana
Só querer dar-me trabalho
Em negra hora me casei
Nunca em tal cairia
Se soubesse o que hoje sei.

Vicente
Oh! Pois então eu sou feliz
Por casar com tal lampreia?
Antes melhor nesse dia
Me fosse à cama sem ceia.

Joana
Mas escuta meu Vicente
Quero que te vais confessar
Para que ninguém do bairro
Possa de ti murmurar.

Ó Vicente, tu bem sabes
Que eu sou o teu amor
Faz com que eu fale
Sobre ti a minha dor.

Pois então faz-me a vontade
Meu Vicente tão amado
Grande prazer eu terei
Quando te vir confessado.

Vicente
Lá por bem, minha Joana,
Ainda me podes levar
Mas tu sabes que eu sou torto
E não me deixo espalmar.

Joana
Pois então meu amorzinho
Vai fazer a confissão
Verás depois como fica
Contente o teu coração.

Vicente
Por ver estalar a castanha
Na boca de algum ladrão!
Talvez depois do almoço
Possa ir à confissão.

Joana
Ai que heresias tu dizes!
Então depois de almoçar
É que queres ir à igreja
Para o padre te confessar?!

Vicente
Deixa-te lá dessas cantigas
Vai fazer a caldeirada
Sabe mais a confissão
Com a pança abarrotada.

Joana
Não fales assim, Vicente,
Que ninguém te dá razão
Já todos murmuram de ti
Por não fazeres a confissão.

Vicente
Faça lá a caldeirada
Deixe-se dessas cantigas
Venha vinho e as sardinhas
E mais as tigelas das migas.

Joana
Ó Vicente da minha alma
Que já não tens salvação
Então tu querias comer
Antes de ir à confissão?!

Quando chegares da confissão
Estará tudo na mesa
Vinho branco, boa açorda
Hoje não olho a despesa!

Vicente
Quando chegar do confesso
Que está por aí a ladrar
Prometi-te a confissão
Mas primeiro hei-de almoçar!

Então tu querias que eu fosse
Com a barriga vazia
Não estava mal a vida
Até o Diabo se ria!

Anda faz isso depressa
Quero sardinha a rachar
Navio que não tem lastro
Não pode sair ao mar.

Joana
Ó meu rico Vicente
Como tu não há nenhum!
Anda, faz-me a vontade
Não comas, vai em jejum.

Vicente
Mal raio paria o Diabo
Se eu hei-de ir sem almoçar
Quando vier da igreja
Tenho fome de rachar.

Não me faltava mais nada
Ir prà igreja em jejum
Ao menos mata-me o bicho
Com uma lata de atum.

O corpo não é de ferro
Sem comer não posso andar
Mata-me o bicho ao menos
Se não dás de almoçar.

Joana
Ó meu querido Vicente!
Nem isso deves pensar
Só em tomando o Senhor
É que podes almoçar.

Nem tanto tempo te leva
O acto de confissão
Num momento irás ao cura
Te dará a absolvição.

Pra fazer a confissão
Bem pouco tempo demoras
É obra de um momento
Não tardas cá duas horas.

Vicente
Anda então traz-me cá a roupa
A que tenho de levar
Eu não sei onde ela está
Apressa-te e vem-ma dar.

Já que assim é vá lá
Dá-me a roupa domingueira
Meu boné e as botas
Com tacão à brasileira.

Dá-me a camisa de renda
E uma manta berrante
Que ao menos saiba o cura
Que eu sou um rapaz galante.

Joana
Hás-de ir como um fidalgo
Com a tua faixa azul
Toda a gente há-de dizer
Lá vai o Marujo taful.

A roupa está na chaminé
Creio bem que é aonde está
Mas se tu não a encontrares
Então chama que eu vou lá.

Vicente
Vou então para a cozinha
Tratar já de me vestir
Que o padre se há-de admirar
Quando na igreja me vir.

Joana
Fortes martírios padeço
Com este bruto chapado
Que não diz nada com jeito
É um doudo confirmado.

Valha-me Deus que vida
Tão infeliz eu passo
Se não acabam meus dias
Nem eu sei o que então faço.

Antes eu andar sempre
Por toda a vida amigada
Com o José das Facadas
Que me tinha estimada.

Ai meu José das Facadas!
Que pena teres morrido
Desde que Deus te levou
Muita dor tenho sofrido.

Felizes tempos aqueles
Em que contigo vivia
O teu grande trabalho
Cheia a casa me trazia.

Aquilo é que era um homem
Bem posto e bem comportado
Ninguém tinha que lhe dizer
Era muito respeitado.

Eu tinha vida feliz
Coisa alguma me faltava
Bons presuntos, boa pinga
E a arca abarrotaba.

Galinhas, patos e perus
Tinha eu sempre na panela
Passava os dias na cama
E as noites na berzundela.

Só numa noite para casa
Me trouxe três cordões
Como então corria o tempo
Sem curtir consumições.

Mas agora pago tudo
O que outrora gozei
É bem certo ninguém diga
Desta água não beberei.

Mal haja a hora em que ele
Foi roubar a um lavrador
Se ele então não fosse preso
Sempre fosse o meu amor.

Coitadinho estou a vê-lo
Dentro de negra prisão
Todo triste e abatido
Que até causava compaixão.

É verdade que às vezes
Batia-me a bom bater
Mas quando vinha de fora
Sempre tinha que trazer.

Quando me recordo dele
Sinto em mim grande paixão
Tinha cousa aquele homem
Que cativava o coração.

Só o trabalho que ele teve
Numa noite de Natal
Sem ajuda de ninguém
Foi roubar um casal.

Mudou para minha casa
Tudo o que lá encontrou
Ninguém soube que foi ele
Porque nunca se gabou.

Era de muitos segredos
Diga-se o que é verdade
Para todas essas coisas
Tinha certa habelidade.

Coitado já lá está
Por certo em bom lugar
E por tanto bem que ele fez
Creio que se deve salvar.

Sai Crespim.

Crespim
Si se pudera salvar
Sendo tu lá salbadora
Comparava biem contigo
Siempre estas em mala hora.

Vai-se.

Joana
Quem seria o saltimbanco
Que parecia um palhaço?

Com o modo que me falou
Causou-me grande embaraço.

Eu estava só pensando
No meu José das Facadas
Que não posso esquecer
Aquelas causas passadas.

Hoje aturo este borrego
Pior que mil tubarões
Que me põe o corpo negro
Com murros e bofetões.

Mas enfim é sorte minha
O meu remédio é sofrer
Fui feliz, padeço agora
Penarei até morrer.

Vai-se Joana. Música. Sai Vicente e Crespim.

Crespim
Buenos dias, Vicente,
Que templano às madrugado
Me parece que és hoy
Que bas a ser el confessado.

Vicente
Não me faltes ao respeito
Olha lá bem para mim
Vou falar à minha Joana
Não me interrompas, Crespim!

Vicente para Joana:

Repara bem, ó Joana,
Nada precisei de ti
Encontrei na chaminé
Todo o fato vem aqui.

Não fico assim tão vizarro
Com este ar tão galante
Assim nem uma embarcação
Me abalroa por diante.

Vê bem, ó Joana,
Repara na vizarria
Cá do Vicente Marujo
Ao partir prà sacristia.

Se eu soubesse que eras assim
Nunca contigo casava
Penso bem que andava cego
Quando a ti te namorava.

Tive cachopas aos centos
Que gostavam tanto de mim
Eram tantas como as pragas
Deixei-as todas por fim.

E pra quê!? Pra me casar
Cum raio duma faneca
Feia, magra, torta e suja
E ainda levada da breca.

Olha a Rosa da Artinha
Que comigo quis casar
Trazia com ela um dote
Que era de regalar.

E a Maria Teixeira?
Com sete contos do seu
Essa quis comer-me a pinga
Mas por fim não me comeu.

Enfim engracei contigo
Como um patinho caí
Deitaste-me mau olhar
No momento em que te vi.

E agora é aturar-te
Ou contigo não casasse
Antes de eu ver-te, Joana,
As minhas pernas quebrasse!

Ao menos estava livre
De aturar com tal cação
Vieste para casa nua
Sem brincos nem cordão.

A camisa era de estopa
Com a fralda remendada
Trazias as meias rotas
E a saia toda rasgada.

Enfim como era casar
Eu ia feito um pimpão
Já todo aprumado
Como agora à confissão.

Vai tudo ficar pasmado
De a largas forças eu marchar
Com minhas costas alçadas
Que muito me vão invejar.

Até parece hoje o dia
Em que eu te recebi
Uma prenda como eu sou
Mal empregado em ti.

Tudo isto bem me lembra
E me faz morder de inveja
Por não ir mais uma vez
Deitar os banhos à igreja.

Não te lembras, ó Joana,
De fazermos volta à Terra
Eu parecia um general
Todo posto em pé de guerra.

Assim te trouxe ao reboque
Como quem de amor se abrasa
Até que ao resto da tarde
Tivemos fitueja em casa.

Fizemos depois a eguada
Que soube que nem galinha
E passemos toda a noite
Lá na safra da sardinha.

Foi uma noite de estalo
A do meu recebimento
Fiz mais fogo em três horas
Do que faz um regimento.

A tiros de bacamarte
E a descargas de morteiro
Fiz ali forte exercício
Como faz um bom guerreiro.

Tu berravas como um bode
Quando te fiz pontaria
Disseste que um artilheiro
Como eu não se batia.

Mas por fim entraste em fogo
Gostaste da brincadeira
Já não desonravas as tropas
Fazias pé de bandeira.

Até que ao fim quase de dia
Tudo se foi com mil brecas
Pois começou-me o enjoo
Com o cheiro das alforrecas.

Joana
Anda vai-te, minha jóia,
Não digas mais coisas tontas
O padre já lá te espera
Toma lá as minhas contas.

Aproveita um só momento
Dá boas disposições
Mas agora se me lembro
Sabes, filho, as orações?

Vicente
Ó alforreca do Demo
Eu para isso nasci com pinta
Em chegando ao confissionário
Sei orações como trinta.

Sei os artigos da fé
Cá duma maneira nova
Lá em questões de doutrina
Dou eu ao padre uma sova.

Quatro palavras do Credo
Três dos pecados mortais
Duas do eu pecador
Amém, bendito sejais.

E neste vale de lágrimas
Fé, esperança e caridade
E diz-me agora, ó Joana,
Não sei mais que o abade?!

E faz o jantar para cedo
Porque se não vejo o padreca
Eu viro-me para casa
Apanhar a camoeca.

Agora vai para a janela
Verás como vou duma cana
Mas não te esqueças do jantar
Até à volta, ó Joana!

Joana recolhe. Música. Parte para a igreja Vicente.

Crespim
Que exame mais bonito
El marujo estaba aciendo
Lá maldita confissiom
Yá parece que lá estou biendo.

Marujo, biem escucha
Para ganhar lá salbiciom
Am que quedáras em casa
Acias mejor confissiom.

Ir a lá iglesia em agunas
E com vontade de almoçar
Que mal o ofício marujo
Poco hás-de engordar.

Chega Vicente à igreja. Não vê o padre e diz:

Vicente
Mal raio o cabrão do clérigo
E mais o traste do comborça
A mim não me tem alugado
Mas pensa isso por força.

Se ele pensa que eu vim
Para a igreja morar
Acha-se muito enganado
Que eu ponho-me breve andar.

Se me meto na igreja
E tardo muito em sair
Com a barriga a bambar
Eu não posso resistir.

Vou-me ver a taberneira
Bebo uma copa de licor
Com a gaitinha bem temperada
Sempre se respira melhor.

Crespim
Nó abrá quiem querga ver
Um ombre biem encaminado
Coitadinha de Joana
Que tanto lo abie recomendado.

Yó me boi acompanhá-lo
E una pinga me dará
Nó se podá escusar
Del modo que el caso bá!

Vicente para a taberneira:

Vicente
Taberneira, deita vinho
Desse da uva madura
Que assim chispando os olhos
Vou falar ao padre cura.

Taberneira sai e diz:

Taberneira
E vais com esses alforges
A ver o padre vigário?
Quem não tem nada de santo
Mal lhe fica esse rosário.

Vicente
Deita o vinho, taberneira,
Não me fales de chascada
Que em te pagando os quartilhos
Não te fico a dever nada.

Sai Pangaio e Gegodes e diz Pangaio:

Pangaio
Taberneira deita vinho
Quanto o Marujo quiser
E tu entretém-lo, Gegodes,
Que eu vou-lhe namorar a mulher.

Desafia-o para uma biscada
Deixa ir correndo a fita
Vai dando tempo ao tempo
Enquanto eu faço a visita.

Até logo taberneira,
Adeus amigo Gegodes,
Toma lá uma fumada
Faz por mim que hoje podes.

Gegodes
Adeus amigo Pangaio,
Isso fica do meu lado
Mexe-te por onde quiseres
E podes ir descansado.

Vai-se Pangaio.

Então Vicente que tal
Te gosta hoje a vinhaça?
Bebe pr'aí, meu marujo!
Bebe que não é chalaça!

Vicente
Já levo a biola temperada
E o miolo um tanto vário
Com esta disposição
Vou ver o padre vigário.

Gegodes
Ó Vicente, ainda é cedo
Vá lá mais uma copada
Demora-te mais um bocado
E jogamos uma biscada.

Vicente
Vou ver o padre cura
Se me dá a absolvição
Tenho exame feito
Vou fazer a confissão.

Taberneira
Não saia com essa pressa
Que há-de pagar a despesa
Quem não quer não venha cá
Que eu não te chamei prà mesa.

Vicente
Hoje bebi de calote
Na venda da maroteira
Pois não me gostou a carranca
Da péssima taberneira.

Vicente vai-se sem pagar.

Taberneira
Pra curar estas maleitas
Não era preciso relíquia
Uma soba de carvalho
Tinha o valor da botica.

Taberneira com um pau vai atrás do marujo e caiu-se no tabuado.

Crespim
Que guisado mais bonito
Ber cair una mujer

Mais burracha estaba elha
Que lo que há ido a bater.

Chega Vicente segunda vez à igreja e diz:

Vicente
Não vejo o ladrão do clérigo
Isto está em baixa-mar
O mar lhe coma a alma
Se me faz aqui esperar.

É capaz de estar em casa
Com a amante encostado
Comendo alguma assadura
Ou papando algum guisado.

Ou então muito em repouso
A tomar a camoeca
Pra ver se ainda lhe vêm
Alguns cabelos à careca.

Mas eu varro-lhe a barcaça
Desde a proa até à ré
Ponho-lhe a arder as bitáculas
Que não toma mais rapé.

Estes clérigos são assim
São todos uns figurões
Dão-se de mais ao repouso
Não querem consumições.

Mas levando dois murros
Na agulha de marear
É vê-los andar ligeiros
Como um patacho no mar.

Porém as horas vão correndo
E o grande cabrão sem vir
Eu te direi, meu padreca,
Qual de nós dois há-de vir.

Sou marujo não sou criado
Dum animal tumorado
É preciso que tu saibas
Que não nasci pra teu criado.

Eu queria-me confessar
Mas aqui não vejo a quem

Mas raio parta o padreca
E tudo quanto ele tem.

Isto de cara rapada
Coroa na bijarrona
E coberta de chalupa
Era varrido à tapona.

Mas se algum dia lá o apanho
Ponho-lhe a coroa achatada
Ficará então a saber
O que vale a marujada.

Até aposto que se lhe devesse
Breve havia de aparecer
Mas eu volto pra minha casa
E não me torna cá ver.

Mas ainda assim tenho pena
Deste ladrão cá não estar
Ensinar-lhe as orações
Que ele havia de estimar.

Aparece o padre e diz:

Padre
É caso raro, meu Vicente!
Que fazes tu por aqui?
Julguei que te tinhas morto
Já tanto tempo que não te vi.

Pois tu tens obrigação
De me vires visitar
Pelo menos na quaresma
Para te desobrigar.

Vicente
Pois chegou hoje o dia
De eu cumprir o meu intento
Cá o marujo não deve ser
Toda a vida um jumento.

Padre
Pois lá isso tens razão
É bom que assim seja
Pois já não é sem tempo
Que procuras a igreja.

Vicente
Pois lá a minha Joana
Sempre me andava a tentar
Até que hoje resolvi
Vir-me a você confessar.

Padre
Então vinhas confessar-te
E voltavas a sair?
Confessavas-te a Joana
Se eu não te mando cá vir.

Vicente
Pois eu estava aqui
Há já mais de uma hora
Não vinha o xô padre
Por isso me ia embora.

Como já tardava tanto
Eu julguei que já não vinha
Estava pra me ir embora
Pois bastante pressa tinha.

Daqui a pouco são horas
Duma criatura jantar
Tenho a barriga a dar horas
Pois são horas de almoçar.

Confesse-me pois, xô padre,
Que tenho mais que fazer
Tenho as redes por lavar
E as bóias por meter.

Padre
Aos domingos tu bem sabes
Que não se deve trabalhar
O domingo fê-lo Deus
Para um homem descansar.

Vicente
Isso são coisas bem bonitas
Muito boas de dizer
Mas eu não tenho folares
Nem uma côngrua a render.

Padre
Pois se não recebes folares
Tens também teu ganha pão

Eu sou padre tu és marujo
Tens a tua ocupação.

Vicente
Oh que grande novidade
Agora o xô cura me deu!
Que sou Vicente Marujo
Há muito que o sei eu.

Seja lá como quiser
Mas vamos lá à confissão
Não é dando aqui às línguas
Que eu em casa arranjo pão.

Para ver seus lindos olhos
Creio bem que aqui não vim
Vim cá pra acusar a alma
Guiá-la para o bom fim.

Padre
Pois então venha comigo
Que já o vou confessar
Das garras do Mafarrico
Lhe quero a alma arrancar.

Vicente
Você que diz, xô padre?
Temos o caldo entornado
Vá você arrancar os tomates
Que tem lá para o montado.

Entram para a igreja.

Padre
Guarda-me algum respeito
E tira lá o chapéu
São os princípios sagrados
Para poderes entrar no Céu.

Vicente
Na cabeça não me toque
Toque na sua matraca
A gorra fica bem
Deixe-a estar na sua estaca.

Padre
Pois que mal faria eu
Para tal castigo sofrer

Com um bruto como este
Nada se pode fazer.

Bem benza-se lá Vicente
E faça o sinal da cruz
Para renegar o Diabo
Santo nome de Jesus.

Vicente
Ah! Você diz que me eu benza
Mas é pra ver se eu sei
Que ainda não conhece
Cá o marujo da lei.

Padre
Valha-te Deus, Vicente,
É a tua obrigação
É preciso que te benzas
Pra irmos à confissão.

Vicente
Pois vá lá, xô padre,
Pelo sinal da Santa Cruz Juridição
Cuja cabeça é o Papa
Senhora da Conceição.

Padre
Sim senhor
Nada tenho que dizer
Quem como você se benze
Um prémio devia ter.

Vicente
Pois se quer outra benzedela
De popa e proa enfeitada
Só é dizer-lhe e verá
Sai uma obra lapidada.

Padre
Ponha em terra os dois joelhos
Como faz um bom cristão
Pois só para caçadores
É própria tal posição.

Vicente
Você fala porque está
Na poltrona repimpado
Mas se quer venha para aqui
Que eu confesso-me assentado.

Padre
Valha-te Deus, Vicente!
Obedece como é dever
Pois na igreja há mais gente
Que tenho que atender.

Presta toda a atenção
Com muita sinceridade
Diz-me agora as pessoas
Da Santíssima Trindade.
Sem as conheceres não podes
Ter nunca felicidade.

Vicente
São sete como bem digamos
Ainda que lhe custe a crer
Ouça pois com atenção
Que eu começo já a dizer.

Padre, Filho, Espírito Santo
Isto é o que vós dizeis
Com três pessoas distintas
Fazem conta de seis.

E um só Deus verdadeiro
Creio que devem ser sete
Já vê que Vicente Marujo
Nunca falta o que promete.

Padre
Sim senhor! Gostei mesmo
É muito bem apanhado
Eu nada posso dizer
Porque está bem explicado.

Mas vamos lá pois Vicente
Expliquemos o caso todo
Porque você há pouco me disse
Que ainda se benzia doutro modo.

Veja lá explique-se
Vamos passando adiante
Eu estou gostando de você
Porque o encontro interessante.

Vicente
Ora lá vai xô padre
São Pedro e S. Paulo amém

Pelo sinal desta cruz
Ó xô padre disse bem?

Padre
Ó homem então você
Não se sabe ainda benzer?
Como eu hei-de confessá-lo?
Como o hei-de absolver?!

Vicente
Ora espere, xô padre,
Que eu ainda não acabei
Livre-nos Deus das mulheres!
Então vê como eu já sei?

Padre
Ó Vicente que vergonha!
Que vergonha, que pecado!
Se fosses uma criança
Mas tu já és homem casado.

Vicente
Não vim cá, xô padre,
Pra falar da mulher
Vim pedir-lhe o seu confesso
Confesse-me pois se quiser.

Padre
Ai Vicente temo bem
Que te não posso valer
Ceio bem que a tua alma
Está já no Inferno a arder.

Vicente
No Inferno, xô padre,
Já você devia estar
Para eu ganhar o Céu
Basta ter de o aturar.

Padre
Pois bem diz lá o Credo
Para acabar a questão
Para ver se ao menos sabes
Uma pequena oração.

Vicente
Eu digo-lhe o Credo todo
Em latim e em português

Se você pensa que eu sou
Pr'aí qualquer maltês!

Creio em Deus todo poderoso
E mais na Virgem Maria
Que criou o Céu e a Terra
Nas ondas da água fria.

Padre
Basta, basta! Cale a boca
Não digas mais heresias
Se soubesse que assim eras
A meus pés jamais virias.

Vicente
Heresias? Como disse?
Que está pr'aí a cantar?
Ora deixe-se lá de tretas
Se me quer ouvir rezar.

Padre
Diga então o Padre Nosso
Para depois continuar
Vejamos por esta vez
Se conseguimos acertar.

Vicente
Ele vai: Padre Nosso
De Cristo crucificado
Benha a nós o vosso reino
E não se cai em pecado.

Padre
Isso agora sim senhor
Dei no vinte sem querer
É impossível melhor
O Padre Nosso saber.

Vicente
É pra que saiba xô cura
Que cá na religião
Eu fui desde pequenino
Um catita, um chabichão.

Padre
Na verdade, seu Vicente,
Você é muito afinado
Foi pena que lhe não dessem
A carta de doutorado.

Vicente
Então pensa que eu não valho
Tanto ou mais que um doutor
Ora não diga tolices
Cale a caixa por favor.

Padre
Ora diga agora quantos
São os pecados mortais.

Vicente
Essa é boa! São dezoito!
Dezoito ou talvez mais.

Padre
Se continua a falar
Arranja mais de quarenta
Você é dos tais patuscos
Quando não sabe inventa.

Vicente
Pois então ainda acha pouco
Vejo que má boca tem
Já lhe disse são dezoito
Sei-os todos muito bem.

Padre
Pois então meta o que sabe
No tacho da caldeirada
Era melhor que tivesse
A sua boca calada.

Deus me dê muita paciência
Para o poder aturar
Vamos lá aos mandamentos
Para o poder confessar.

Vicente
Agora é que são elas!
O primeiro é a castidade
O segundo é não matar
Então que tal, xô padre?

Padre
Pra começar não vai mal
Diga-me o resto até ao fim
Vamos ver se encarrilhamos
A sua alma pra bom fim.

Vicente
O terceiro amar a Deus
Já que fala em amar
Espere lá um bocado
Vou-lhe uma história contar.

Conheceu o velho abade
Lá na terra onde eu nasci?
Era um belo senhor
Sem querer desfazer de si.

Fui um dia namorar-lhe
A criada que ele tinha
Uma linda rapariga
Bem luxada maneirinha.

Padre
Valham-me os santos do Céu
Deixe-se lá de sermões
Não fales em criadas
De abades nem de abadões.

Diga mas é seus pecados
Para Deus lhos perdoar
Lá do resto essas histórias
Vá pra casa pràs contar.

Vicente
Eu dizer-lhe os meus pecados
Era melhor! Isso não!
Pergunte você por eles
Que é a sua obrigação.

Padre
Então diga: ama seus pais?
Ao respeito lhe faltou?
Esse é o maior pecado
Que Deus nunca perdoou.

Vicente
Os meus pais? Isso é demais!
Graças a Deus tive um só
Minha mãe não era dessas
Porque meu pai tinha um cipó.

É verdade que as más línguas
Entraram dela a falar
Por causa de certo padreca
Que a casa lhe ia rondar.

A CONFISSÃO DO MARUJO

Mas minha mãe não dava
A ninguém satisfações
Isso era com meu pai
Que lhe chegasse aos fungões.

Padre
Não era esse o meu sentido
Quando dos pais lhe falei
Que sua mãe não é honrada
Já há muito que eu o sei.

Vicente
Pois está bem, xô cura,
Assim já nos entendemos
Pois até agora veja
Que só tempo perdemos.

Padre
Pois isso vamos lá
Continue com a confissão
Diga-me que tem no quarto
Pois é só essa a questão.

Vicente
Que diabo hei-de ter?!
No quarto tenho a cama
E olhe que não é muito boa
Se cabo eu não cabe a Joana.

Padre
É o quarto mandamento
Que eu lhe quero falar
Lá do que você tem em casa
Nunca me quis importar.

Vicente
Isso agora é outra coisa!
Lá no quarto mandamento
Livre-nos Deus do jejum
Que pra mim é um tormento.

Padre
No quinto diga lá
É o que proíbe de matar
Veja lá esse ponto
Se tem de que se acusar.

Vicente
Que diabo hei-de eu matar?!
Nesse ponto não me toca
Eu o que tenho matado
É alguma pescada marmota.

Padre
E no sexto? Diga lá
Se alguma vez pecou
Se algum dia em sua vida
Mulher doutro desejou.

Vicente
Tomara eu de aturar a minha
Que me dá bem que fazer
Leve o Diabo as mulheres
E quem as quer defender.

Padre
E no sétimo algum dia
Ao próximo furtou?
A tentação do Demónio
A actos tais o levou?

Vicente
Veja você com quem fala!
Tenho cara de ladrão?!
Mas repare bem para mim
Olhe que não sou seu irmão!

Serei maroto a valer
Pouco amigo da religião
Mas lá as coisas dos outros
Nunca lhes deitei a mão.

Padre
Por agora não vai mal
Mas não acho resultado
Levantou falsos testemunhos?
Tenha lá muito cuidado.

Vicente
Eu cá nunca fui testemunha
Não me seja aborrecido
Não atente mais comigo
Que tudo é tempo perdido.

Padre
E no nono mandamento
Desejou a mulher alheia?
Veja lá não faça isso
Que é coisa muito feia.

Vicente
Não me atente com mulheres
Já lhe disse há bocado
Eu muito embirro delas
Leve-as todas o Diabo.

Padre
Não fales assim, Vicente!
Mas o sangue te corre nas veias
Diz-me lá o décimo
Tens cobiçado coisas alheias?

Vicente
Faz-me zangar, xô padre,
Com tantos requisitos
Mas vá lá com esse ponto
Tenho cá dois pecaditos.

Padre
Então busque na consciência
Que isso não é bagatela
Custou, custou, seu marujo,
Mas agora demos nela.

Vicente
Não regale tanto os olhos, xô padre,
Olhe que não vale a pena
Não lhe cai nada do bolso
Não é o dote de Ana Morena!

Padre
Eu não falei cá em dotes
Pergunto como é o meu dever
Quais sejam esses pecados
Para podê-los absolver.

Vicente
Roubei a Páscoa Domingas
Duas grandes melancias
Eram como rodas de carro
Lembro-me todos os dias.

E lá da minha mocidade
Tenho outro pecadito
Uma tarde no mercado
Fiz mão baixa a um cabrito.

O dono de costas voltadas
Nem ele nem ninguém viu
Eu lá arranjei o jogo
De modo que ninguém sentiu.

Só o trabalho que eu tive
Para o levar às escondidas
O mafarrico berrava
Que tinha sete partidas.

Mas apertei-lhe o garganeto
Que nem mais um pio deu
A minha Joana que o diga
Até os ossos lhe roeu.

Padre
Vicente, quando morreres
Não podes no Céu entrar
Sem aos donos dar os furtos
Ou o valor deles pagar.

Hás-de ver o Diabo
Com as melancias na mão
E o dono do cabrito a berrar
Nem que fosse um cabrão.

Vicente
Isso? Oh xô padre! Isso é certo?

Padre
É assim sem dúvida nenhuma.

Vicente
Pois então estou confessado
Nada preciso de pagar
Tiro-lhe os furtos ao Diabo
E aos donos volto a dar.

E com esse tira e toma
Fica acabada a rola
O Diabo encolhe o rabo
E vai tocando viola.

A CONFISSÃO DO MARUJO

Padre
Essas coisas são contigo
Faz lá o que quiseres
Hás-de dormir consoante
A cama que fizeres.

Diz-me cá rogas pragas
Se a mulher te faz zangar
Ou quando voltas sem pesca
Porque não te a deu o mar?

Vicente
Eu só digo que raios o partam
E mais a sua residência
Já uma hora que aqui estou
Já me falta a paciência.

Lá pragas em mim são aos centos
Por não dizer aos milhões
Digo daquelas que fazem
Espantar os tubarões.

Padre
Pois não é bonito
Além de ser grande pecado
A gente deve sofrer
Sem mostrar desagrado.

Vicente
Queria ver o senhor cura
Sozinho no alto mar
Então rogaria pragas
Que um nunca acabar.

Que pena não ser marujo
Pra saber o que isso é
Você pensa que é pregar
Sermões e missas ao Zé?!

Padre
Pois Vicente vai com Deus
Não te posso absolver
Compre um livro de orações
E faça pelo saber.

Vicente
Tomara eu de ter dinheiro
Pra fazer a caldeirada

As orações são cantigas
Que não servem para nada.

Para agarrar peixes no mar
Não preciso de orações
Nem de confesso nem missas
Nem jejuns nem sermões.

Essas coisas são bonitas
Pra quem não tem que fazer
Mas não são cá pra o Vicente
Que trabalha pra comer.

Guarde lá as cantilenas
Pra quem as quiser ouvir
Cá pra mim, xô cura,
Fazem-me rir a bom rir.

Adeus até à vista
Se antes não puder
Passe por lá muitos anos
Que cá nunca me torna a ver.

Retira-se o Padre.

Crespim
Que confissiom mais buena
Que disposicion mais bonita
Que bueno arrependimento
De una alma tão contrita.

Marujo te bai salir el Diabo
Mais Pascua e Juane
De las tus buenas açones
Bueno pago te deram.

Vicente
Tira-te diante Crespim
Não me estejas a tentar
Vou saber da caldeirada
Que tenho fome de rachar!

Aparece o Diabo. Diz Crespim:

Crespim
No le estaba yó diciendo
Lo que estaba pra acontecer
Desde que há bisto el Diabo
Loego se pusso a tremer.

Diz o Diabo:

Diabo
Ó Vicente, venho buscar-te
Lá do abismo profundo
Para tomar conta de ti
Antes que deixes o mundo.

Tu tens sido meu servidor
E eu costumo pagar
Àqueles que bem me servem
Podes com isso contar.

Tu não aprendeste doutrina
Nem orações nem nada
Só pensas caçar peixes
Para fazer a caldeirada.

O padre já te não absolve
Nem a seus pés te quer ver
Quem tem vícios tão maus
Está já no Inferno a arder.

Diz agora Páscoa Domingas
O que foi que marujo lhe roubou
E diz lá tu João Agosto
Que maldades te praticou.

Diz Páscoa Domingas:

Páscoa Domingas
Este maroto brejeiro
Por lhe não chamar ladrão
Roubou-me duas melancias
Esse grandessíssimo ratão.

Sempre lhe fiquei com ódio
Se o apanho um dia no mar
Afundo-lhe a caravela
Que vá aprender a nadar.

João Agosto
Numa tarde de Setembro
Um cabrito me roubou
Maldito rafeiro rapim
Num silêncio o apanhou.

Ainda hoje me está a custar
Pelo meu cabrito tão belo

Era preto como uma amora
E grande como um vitelo.

Nas profundas dos Infernos
Vá o cabrito pagar
Pois quem tem muitos vícios
Não terá no Céu lugar.

Diabo
Mui alegre fico, Vicente,
Com estas novidades
Já tens no Inferno assento
Com todas as comodidades!

Aqui estão as melancias
E mais o cabro cabrão
Hás-de levá-las ao Inferno
Devem ir por tua mão.

Por estas e por muitas outras
De quando andavas no alto mar
Tantas pragas que rogavas
Ao Inferno as bais pagar.

Anda, anda, seu cobarde,
Homem sem coração
Tantas asneiras que fizeste
Ainda querias ter perdão?!

Nas caldeiras de Pedro Batelo
Com molho de aguardente
Vou a guisar o cabrito
E mais ao marujo Vicente.

Marujo vai-se.

Crespim
Si lo bas a guisar
Aora que se há marchado
Te marchas se quieres tambiem
Puedes ir cossando el rabo.

Diabo vai-se.

Ai marujo miu marujo
Que cagaço hás apanhado
Te poedes quedar com gana
De acier otro confessado.

Vicente

Venho todo espavorido
Cheio de medo e terror
Não me voltes falar de rezar
De confesso nem de confessor.

Isto não é para chalaça
O que agora contar-te vou
Manda o padre para o Diabo
Que a mim por pouco me deixou.

Joana

Valha-te Deus, meu Vicente,
Pois tu não vens arrependido
Que hei-de fazer à minha vida?
Oh que triste tenho vivido!

Deus te converta, meu Vicente,
Mas tu não vens desobrigado
Desde que saíste daqui
Fiquei em grande cuidado.

Vicente

Mal raio parta a lembrança
Que dos teus cascos saiu
Disparate como o teu
Neste mundo não se viu.

Volta-me tu cá a pedir
Para me ir confessar
Se queres ver a pá do lume
No teu costado a malhar.

Olha Joana o que eu quero
É ver na mesa o jantar
Que eu pouco comi na venda
Antes de me ir confessar.

Joana

Então como, foste ao tasco
Antes de ir à confissão?
Que comeste lá, Vicente,
Que és a minha perdição.

Vicente

Não me faças cá súplicas
Vamos lá à caldeirada

Se te não vir a mexer
Então lá vou eu a lançá-la.

Crespim

Joana te boi contar
Lo que há passado a tui marido
Le poedes dar lá papanssa
Yá béne biene absolbido.

Yó te coento como há sido
Lá so bida el dia todo
Puis si ida e benida
Há passado deste modo.

Quando lhegó a lá igleja
E el cura alhá no estava
Ha ido a la tabierna
A échar una copada.

Yó lo ei acompanhado
E una pinga ei bebido
Tambiem comimos algua cossa
Parece que del cielo há caido.

Alfim queria dinero
Olha la duenha de la vienta
Pera nossotros nos marchamos
No sé ha enganado lá coenta.

Depois se foi al confesso
Que mucho tiempo há lhebado
Pero el pícaro del cura
No lo hão dado por confesado.

An rehido largo rato
Mucho tiempo um grão pedaço
El cura lo despediu
Se no le pegaba um punhetaço.

Despois le saliu el Diabo
Com otros dois companheros
Ami me an poesto mais negro
Do que lobos carniceros.

Trazia um rabo tão largo
E uns cuernos asi

El marujo temblaba de miedo
Lo mesmo me passaba ami!

Después com dos carramudos
El marujo se marchó
Yo dixe quando no lo bi
Pois el Diabo te lhebó.

Despois quando lo bi
Echaba um elár que apertaba
Le ba dar otra camissa
Que aquelha lá tene cagada...

Cum premisso Joana me desculpa
Já que esto no se pierda
Por baixo los pantalones
Dejaba uno rasto de mierda.

Aí acaba lá questom
Mas fuerte que Barsabú
Lo de mais nó lo amento
Porque ya lo sabes tu.

Joana
Ai triste da minha vida
Como eu sou desgraçada
Quanto melhor me seria
Andar toda a vida amigada.

Eu se não fosse este bruto
Amigava-me com o Pangaio

Mas se ele me malha o corpo
Ah não! Nessa não caio!

Se visse por aí um cigano
Era com quem me amigava
Fugíamos para bem longe
Para onde não nos encontrasse.

Eu com outro fazia bida
Tenho paciência infinita
Qualquer se namorava de mim
Que eu ainda sou bem bonita.

Vou a ver o que está fazendo
Aquele bruto desalmado
Se acaso deu no jantar
Com certeza o tem papado.

Crespim
Ai probresita mujer
Como se bie de aflita
E por bueltas que le dé
No puderá compuner lá bida.

Como és sido companhero
De marujo a lá confissiom
El resto de lo espetáculo
Vá lhegar a lá conclusom.

Isto há lhegado tiempo
E el marujo e lá mujer
Yá que se acieram bijos
Yá nada puedan acier.

*Versão recolhida na Póvoa. Manuscrito datado de 1958. Foi representada na mesma locali-
dade em 1973.*

A Tia Lucrécia

Personagens

Profecia
Setentrião
Lucrécia
D. Arnaldo e filhas: Idalina e Faviana
Viriato e Aníbal
Tovias e Baltazar
Anjo
Profeta Daniel
Vitoriano, o real [...]
Lusbel
Professor

Profecia
Povo devoto e humilde
Sossegai um pouco o vosso coração
Para ouvir os prodígios da nossa obra
Prestai-nos agora a vossa atenção.

Eu estou encombido
Para dizer onde este caso se deu
Era duma velha louca
Da cidade de Viseu.

Eu como vivia ali perto
Em Canas de Senhorim
Presenciei este caso todo
Do princípio até ao fim.

Para eu nada mentir
Como estes casos se dão
A primeira figura a sair
É um criado louco, Setentrião.

Sairá Idalina e Faviana
Ambas dele a zombar
Em seguida D. Arnaldo
Com as filhas e com ele a ralhar.

Arrecolhem-se estas figuras
E volta a sair o Setentrião
Em seguida a tia Lucrécia
Com uma vassoura na mão.

Recolhem-se estas figuras
Sai Lusbel razões apresentar
Tratando de quatro mancebos
Para suas almas caçar.

Sairá D. Arnaldo e Setentrião
Vem ali com alegrias
Que há-de esperar naquele sítio
Por seu primo D. Tovias.

Sairá Setentrião em seguida
Com sua guitarra na mão
Aparece D. Tovias falar com ele
E este não lhe dá conclusão.

D. Tovias pergunta segunda vez
Setentrião continua a tocar
Tovias pega-lhe com a bengala
Até pontos de o matar.

Recolhem-se estas figuras
Sem dar suas conclusões
Sairá Aníbal e Viriato
Fazendo-se grandes valentões.

Estes ao ver um bichino
Ali no meio do tavuado
Caíram logo de susto
Cada um para seu lado.

Com Aníbal e Viriato
Lusbel os vem aconselhar
Que vão matar seu rivais
Que é Tovias e Baltazar.

Recolhem-se e sai a Tia Lucrécia
Com uma cana na mão
Vem muito liberal
A falar ao Setentrião.

Recolhe-se o Setentrião
Lucrécia logo atrás dele
Aparece logo em seguida
O profeta Daniel.

Vem dizer a D. Arnaldo
O que se vai a passar
Que quatro mancebos em sua casa
Se virão ali a matar.

Recolhe-se o profeta e D. Arnaldo
Sem mais uma palavra dar
Aparece a escrever uma carta
D. Tovias e Baltazar.

Manda-lha para Idalina e Faviana
Sem mais nada se deter
Em seguida as duas damas
Essa dita carta a ler.

Quando estavam lendo a carta
Vem Tovias e Baltazar
A conversar com as damas
Para seu casamento tratar.

Virá Aníbal e Viriato
Pelas damas procurar
Grande rancor colheram
Ao ver Tovias e Baltazar.

Estes desafiam a um duelo
Sem mais nada demorar
Aparece D. Arnaldo em seguida
Estas penas a lamentar.

Pede socorro aos céus
O qual um anjo lhe apareceu
Para ressurgir os finados
Grandes glórias lhe deu.

Sairá Lusbel furioso
Estas almas agarrar
Um anjo as vem a librar
E não as deixa levar.

Recolhem-se todos os mancebos
Sai D. Arnaldo e Setentrião
E resolveram matar um carneiro
Para fazer uma função.

Virá Idalina e Faviana
O carneiro a conduzir
Deitou-se às marradas ao Setentrião
E ele grita logo a fugir.

Lusbel volta a sair
Com grande desasperação
Por não levar os quatros mancebos
E metê-los no caldeirão.

Virá Vitoriano com uma estátua
Em cima dum jumento a fugir
Sem ninguém nada lhe dever
Uma dívida a pedir.

Esta saiu-lhe errada
D. Arnaldo não se calou
O amo voltou com o burro
Mas a estátua lá ficou.

Aqui demos fim ao caso
Sem mais nada discutir
Prestai toda atenção
Que as figuras vão sair.

Dos erros que eu cometi
Disto vir anunciar
Todos os senhores e senhoras
Não têm senão desculpar.

Sai Setentrião.

Setentrião
Meus senhores e senhoras
Venho pedir atenção
Para notar certos casos
De grande admiração.

A TIA LUCRÉCIA

Casos raros verdadeiros
Que merecem ter valia
Por terem acontecido
Na minha viografia.

Cinco anos fui mineiro
E seis anos lavrador
Oito anos fui oculista
E quinze anos doutor.

E todos este ofícios
Muito bem desempenhei
Mas só na arte de mineiro
É que mais ventura achei.

Porque ontem à meia-noite
Deu-me a cismar de ir minar
Pois minei duzentas léguas
Até a aurora raiar.

Porém por debaixo da terra
Achei tão grandes venturas
Que a quem são predestinadas
Aparecem às escuras.

Achei quinze minas de ouro
E sete de diamantes
Quarenta minas de prata
E dezoito de brilhantes.

Pois só dinheiro cunhado
Que achei por debaixo do chão
Só de peças de ouro fino
Contei vinte e um milhão.

De prata foi por medida
Que essa nem a quis contar
Porém eram mil alqueires
De queculo sem arrasar.

Mas julgai ó moças todas
Por eu não ser avarento
Que vos hei-de dar bons dotes
Para o vosso casamento.

Aquelas que nada têm
Grandes dotes lhes hei-de dar
E as mesmas que são ricas
Eu lho hei-de acrescentar.

Pois quero que todas tenham
Dinheiro como cascalho
Para as ver andar contentes
Como o gato com o chocalho.

Porém tudo o que vos der
É com esta condição
Que me tratareis mui bem
Em sinal de gratidão.

E se assim o não fizerdes
Quando quiserdes dinheiro
Só vos darei umas gaitas
De cabrito ou de carneiro.

Porque a vós pouco vos custa
Tratar com veneração
Quem vos dá tanto dinheiro
Pra arranjardes um casão.

E todas vós bem sabeis
Que é preciso pagar
Dinheiro e muito dinheiro
A quem vos queira aturar.

Porque eu não aturava
Nem a mais linda donzela
Inda que me prometesse
De dormir nos braços dela.

Se as filhas de D. Arnaldo
Que são tão ricas e belas
Por favor me têm pedido
Que case com uma delas.

Ambas elas vastas vezes
Já nisso me têm falado
Que eu tome uma por esposa
E de outra seja cunhado.

E aquela que por sorte
Esposa não poder ser
Diz que tão lindo cunhado
Muito se folga de ter.

E tive outro casamento
Duma família mais nobre

Com cem milhões de escudos
Tudo em ouro, prata e cobre.

As filhas de D. Arnaldo
Querem-me ambas duma vez
Mas eu não quero mulher nenhuma
Nem as filhas dum marquês.

Sempre fui mui pretendido
Sem pra isso dar um passo
Não sei se por ser formoso
Se por ser grande ricaço.

Ainda ontem em Lisboa
Entrei numa assembleia
Onde havia mil damas
De cidade e de aldeia.

Umas me davam abraços
Outras beijos me ofereciam
Que até as pedras se admiram
Do que elas me diziam.

Mas eu cá portei-me sério
A isso não dei cabaco
Sempre lhe mostrei que era
Um figurão de casaco.

Idalina
Cala-te aí vil infame
De todos aborrecido
Que não há quem possa querer
Um tal monstro por marido.

Um abismo de maldades
Da figura faz fugir
Jactar-se de riquezas
Sem ter onde cair.

Empenhado sem que possa
De si dar satisfação
Ainda que seus cavaleiros
Cada um desse um milhão.

Pobre, feio, vil e baixo
Trapaceiro confirmado
Que não há outro no mundo
Com quem seja comparado.

Pois são tantos os defeitos
Dessa terrível figura
Que até causam pavor
Ainda além da sepultura.

Setentrião
Mostras grande sentimento
Porém em ti é asneira
Porque se eu não te quis
Não te faltará quem te queira.

Mas é tal a sua paixão
Que a faz desabafar
Se não mudar de ideia
Terá muito que chorar.

Idalina
Se algum dia eu pensasse
Que contigo eu casava
Protesto à fé de quem sou
Que até hoje me matava.

Antes queria ser vítima
Sofrer de ferro o tormento
Que chegar a ser esposa
De tão feio e tão nojento.

Setentrião
Arrenego-te eu perjura
Pois tu hás-de querer negar
Que fez ontem vinte vezes
Que me mandaste falar?

Ainda hoje tu mesma
Me disseste em pessoa
Que a não te querer eu
Casavas com o conde de Vila Boa.

Além disso todos sabem
Que fui eu que te não quis
E tudo isto te juro
Por alma do meu nariz.

Idalina
Pois eu querer a quem, a ti
Que tens só a noite e dia
E sendo eu tão prendada
Com riqueza e senhoria.

E tu homem sem conceito
Por andar sempre a mentir
E teres por dote os alforges
Com que andas a pedir.

Setentrião
Infame! Assim me trata
O maior dos cavalheiros
Porque eu tenho duas quintas
Que têm mais de mil caseiros.

Idalina
A todos faço saber
Onde estas quintas são
Em Lisboa o Limoeiro
E no Porto a Relação.

Onde espero que tu vás
Dar o resto de teus dias
Nessas baixas moradas
Que lhe chamam enxovias.

Sai Faviana pela direita e diz:

Faviana
Mana, dou-te de conselho
Que não dês satisfação
A tão grande louco infame
Vil, horrendo, trapalhão.

Pois sendo nós tão prendadas
E tendo riqueza e dom
Conheço que não devemos
Escutar esse asneirão.

Setentrião
Arrenego-te eu lambida
Onde ganhaste o dom
Em acarretares prà feira
As canastras do carvão.

Pois senhoria é verdade
Bem sei que tu a tens
Por isso pagas de renda
Cada dia seis vinténs.

Também por serdes prendadas
Tivestes boas lições

Pois já rompeis as selas
Albardas e albardões.

E sabeis enxugar copos
E aos pratos fazer limpeza
Sois como duas vassouras
Quando vos achais à mesa.

Usais tal cortesia
Sempre depois de comer
Que vos tenho visto às vezes
Até os pratos a lember.

Sai Arnaldo à direita e diz:

Arnaldo
Marchem já lá para casa
Vão cuidar em trabalhar
Não andem feitas vadias
Por aqui a conversar.

*Ameaça-as. Elas fogem e Setentrião não faz
caso e dá uma gargalhada.*

Não ouviu o que lhe disse
Pedaço de mandrião.

Setentrião canta:

Setentrião
Teron tum teron-tam-tum.

*Arnaldo faz que lhe dá e Setentrião solta
outra gargalhada.*

Arnaldo
Quem poderá fazer vida
Com semelhante bandarra?

Setentrião
Isso é que diz a verdade
Em tempo toquei guitarra.

Arnaldo
Pois eu toco ainda hoje
Em cima da tua samarra.

*Dá-lhe pancada e Setentrião foge. Sai Lucré-
cia barrendo e diz Setentrião:*

Setentrião
É você tia Lucrécia
Pois eu não a conhecia
Julguei bem ser uma dama
Que eu amava em algum dia.

Porque a tia Lucrécia
É um vivo retrato dela
E não há outra no mundo
Que se pareça com ela.

Lucrécia
Que idade tem a menina
Com quem vós me comparais
E como pode essa dama
Ser tão diferente das mais?

Setentrião
Ela fez dezoito anos
A nove do mês passado
É a mais formosa dama
Que o mundo tem criado.

Lucrécia a rir:

Lucrécia
Quem vem a ser essa moça
Que a quero conhecer
Se comigo se parece
Muito bem a devo querer.

Setentrião
É filha do conde Henrique
Por nome D.ª Silvana
É a mais bela criatura
Que gerou a carne humana.

E como você se parece
Tanto consigo eu engraço
Que até me está dando vontade
De lhe ferrar já um abraço.

*Setentrião vai dar-lhe um abraço e ela dá-lhe
uma vassourada e diz a tia Lucrécia:*

Lucrécia
Arrenego o teu agouro
Marcha daqui para fora

Se tu vens com mau sentido
Bem te podes ir embora.

Setentrião
Olhe cá tia Lucrécia
Isso não vai a zangar
Ora diga-me, um abraço
Que dano pode causar?

Pois como você é formosa
Tão grandes vontades me dão
Que me obriga a dar-lhe um abraço
Ou você o queira ou não.

*Dá-lhe outro abraço e ela vassourada, dizen-
do a tia Lucrécia:*

Lucrécia
Marcha já daqui para fora
Seu maroto do diabo
Olhe que eu desta idade
Inda para ti me não lavo.

Setentrião
Não se esteja a agoniar
Porque bem pode entender
Que mais vale neste mundo
Agradar que aborrecer.

E como você me agrada
Empreguei-lhe tanto vem
Que só me resta saber
Quantos anos você tem.

Lucrécia
Olhe cá, em bem o diga
Em dia de São João
Completei oitenta e três
Ou você o queira ou não.

Setentrião
Seu belo rosto parece
Que ainda dezoito não tem
É tão rara a formosura
Quem não lhe há-de querer bem

E por isso dar-lhe um beijo
Muito e muito me apetece.

Lucrécia
O que diria o mundo
Se acaso disso soubesse?

Setentrião
Não se importe com o mundo
Se acaso me quer bem
Demos beijos um ao outro
Não se importe de ninguém.

Setentrião dá-lhe um beijo. Lucrécia atira-lhe uma forte vassourada e diz-lhe:

Lucrécia
Arrenego teu carreto
Sai-te daqui mafarrico
Se apertas mais comigo
Olha que a nós del Rei grito.

Setentrião faz que a torna a beijar. Ela dá-lhe outra vassourada, agarra-a a ela aos [...] e recolhem-se. Música. Sai Setentrião e depois Arnaldo diz:

Arnaldo
Setentrião.

Setentrião
Senhor meu.

Arnaldo
Por notícias tegráficas
Recebidas há seis dias
Hoje espero de visita
Meu compadre D. Tovias.

E já me constou que ele entrara
Pela foz do Douro dentro
É por isso que julgo
Não tardará muito tempo.

Assim quero que aqui estejas
Somente para esperar
E dizer-lhe onde eu moro
Se ele te perguntar.

Setentrião
Pois vá, vá para casa
Esteja bem descansado

Que eu aqui faço espera
Isso fica a meu cuidado.

Como pode haver demora
E quero passar o tempo
Para estar fazendo festa
Vou buscar um instrumento.

Ora diga-me meu amo
Que até já me esquecia
Como se chama o fidalgo
É o senhor D. Cotovia?

Arnaldo
É dos ultramarinos
É das maiores fidalguias
E assina-se nas cortes
Par do reino D. Tovias.

Setentrião
Oh se ele é seu compadre
É algum D. Tampos Vazios
Ou algum enxuga copos
Ou limpa pratos e bacios.

Ou algum D. Orelhudo
Que se chama Enxuga Pias
Pois deixe-me assim dizer
Para lhes falar a verdade.

Se é que ele é seu compadre
Só se for destes que andam
Com a albarda às costas
Arrastar ao cepo ou à grade.

Arnaldo
Que eu pague grande soldada
Para sofrer um malcriado
Ora isto que merece?
Que lhe dê com um cajado!

Dá-lhe. Setentrião foge, ele segue-o. Sai Lusbel deitando fogo.

Lusbel
Saio do meu avismo
Que rebento de cansado
Por ver se posso encontrar
Algum alívio em meu pecado.

Eu também fui um anjo
Que Deus no Céu criou
Pela minha soberba
É que do Céu me expulsou.

Agora que Deus me lançou
Naquele abismo profundo
Hei-de enganar a todos
Quantos existem no mundo.

Os ricos por quererem
Aos pobres tudo agarrar
Tenho para eles
No Inferno um bom lugar.

E a esses comerciantes
Por serem mais figurões
Vão logo de cabeça ao fundo
Para dentro dos caldeirões.

Tabarneiros e usurários
Oh que grande alegria
O dia que morrerem
Vão em minha companhia!

E a esses mancebos
Eu os hei-de aconselhar
Que enganem essas donzelas
E com elas não casar.

Como Aníbal e Viriato
Eu os quero aconselhar
As filhas de D. Arnaldo
Que lhas vão namorar.

Eu hei-de-os aconselhar
De um jeito que eu sei
Que os quatro mancebos
Para o Inferno levarei.

Agora vou-me embora
Sem mais nada demorar
A ver se os encontro
Para com eles falar.

*Vai-se. Sai Setentrião tocando uma guitarra e
dançando. Faviana por outro lado e diz:*

Faviana
A todos os senhores desejo
Muita saúde e alegria
Mil graças espirituais
Vos desejo neste dia.

Vou pedir-vos um favor
De todo o meu coração
Que não deveis dar crédito
Àquele louco asneirão.

Vou dizer-lhe uma chalaça
Para mais nele mangar
Antes que ele é impostor
Esta há-de-a acreditar.

Chega-se a Setentrião e diz:

Hoje muito admiro, Setentrião,
Ver em ti tanta alegria
Por certo grande ventura
Tu esperas neste dia.

Eu queria-te um favor
Como um dos maiores da vida.

Setentrião
Faça lá o que quiser
Porque há-de ser atendida.

Faviana
Que cantes uma cantiga
É o que te quero pedir
Pois por tu seres divertido
Muito folgo de te ouvir.

Setentrião
Não ponho dúvida alguma
Em cumprir o seu pedido
Se a menina prometer
De me tomar pra marido.

Faviana
O mesmo que tu pretendes
Eu no sentido trazia
E se tu me não falasses
Até eu me oferecia.

Setentrião
Como está o tratado feito
Então queira-me escutar
Porque uma linda cantiga
Já começo a cantar.

Canta:

Eu sou filho do morgado
Da quinta do Portaló
Toda a vida arreneguei
De dormir na cama só
Ó menina dê-me um beijo
Por a alma da minha avó!

Faviana vai-se e ele pragueja:

Ah! Dez mil canas te empecem
Dez mil gatos te ranhem
Trinta cadelas te mordem
Garras de lobos te apanhem.

Setecentos carenguejos
Te andem sobre as orelhas
Sete alqueires de vésperas
E doze rasas de abelhas.

E se isso não for bastante
Mil rangões com seus remidos
Que nem o pêlo das pestanas
Te deixem sem ser comidos.

Com estas pragas te vejas
Como faraó no Egipto
E de mais a mais te nasçam
Umas gaitas de cabrito.

Mas isto em mim é asneira
Pra que mostro tal paixão
Quando uma me despreza
Um cento me quererão.

Vou cuidar em fazer festa
E o mais deixá-la andar
Não me faltarão meninas
Em eu pretendendo casar.

Começa a tocar e a dançar. Sai Tovias e diz:

Tovias
Ó patrão, faz favor de me dizer
Onde o caminho vai dar.

Repete:

Ó patrão, faz favor de me dizer
Onde o caminho vai dar.

Setentrião
Ora está boa a pergunta
Que você vem perguntar
O caminho está quieto
Por ventura vê-o andar?

Continua o baile. Diz Tovias:

Tovias
Eu não lhe pergunto isso
Faz favor de me dizer
Se a casa de D. Arnaldo
Direitinho eu irei ter.

Setentrião não faz caso.

Tovias
Não ouve
Faz favor de me dizer
Se a casa de D. Arnaldo
Direitinho irei ter!

Setentrião
Isso a mim nada me importa
Que você vá torto ou direito
Corcovado até sem rabo
Deixa-me cá fazer festa
Vá-se embora com o Diabo!

Tovias
Sempre é grande o desaforo
E falta de cortesia
Só com o ver em pedaços
É que eu me vingaria.

*Tovias dá-lhe e ele atira-lhe com o instru-
mento fugindo. Ele segue-o. Sai Aníbal e
Viriato a passear. Diz Lusbel:*

Lusbel

Olá meus amigos
Que andais a passear
Idalina e Faviana
Estão por vós a esperar.

Disseram-me elas a mim
Sem nada se deter
Que por vós os dois
Queriam elas morrer.

Eu disse que vós os dois
Sem faltar à verdade
Que éreis os melhores moços
Que havia nesta cidade.

Viriato

Obrigado meu amigo
Por nos estar a gabar
Algum dia há-de vir
Que eu lhe possa pagar.

Lusbel

Eu sou homem sufeciente
Para vos acompanhar
Se alguns ribais tendes
Tratai logo de os matar.

Eu sei que Tovias e Baltazar
São inimigos fidagais
Por causa dessas meninas
Já as pediram a seus pais.

Mas vós não os temeis
Não escuteis razões
Levai as armas carregadas
Atirai-lhe aos corações.

Desta forma ficareis
De vossos amores vencidos
Nunca mais apartareis
De vossos entes queridos.

Elas são duas damas
Não haver outras igual
São as damas mais distintas
Que há no nosso Portugal.

Aníbal

Camarada, vamos sem demorar
Preparar as nossas armas
E tratar de os matar.

Lusbel

Ide sem nada temer
A matar esses ladrões
Depois de os matar
Ficais sendo figurões
E eu vos acompanharei
Nessas ocasiões.

*Vão-se. Música. Sai Lucrécia com uma cana
na mão fingindo nova, depois Setentrião que
diz:*

Setentrião

Inda aí está tia Lucrécia?
Sempre tem grande preguiça!

Lucrécia

Pois onde havia eu de ir?

Setentrião

Já tocou o sino na torre
São bem horas de ir a missa.

Lucrécia

Ai missinha da minha alma
Olhe quando eu podia
Era nisso tão prontinha
Que até à da semana ia.

Agora estou um tropeço
Já nem as pernas querem andar
Nem posso subir prà cama
Sem que me vão ajudar.

Setentrião

Aposto que se lá dessem
Docinhos de marmelada
Você era das primeiras
Que para a missa se aprontava.

Lucrécia

Arrenego-te eu bandarra
Fazes de mim lambareira?

Setentrião
Como você não há outra
Em toda a comarca inteira.

Lucrécia dá-lhe com a cana dizendo:

Lucrécia
Ora toma lá cachorro
Vá aprender cortesias
Que eu seja desfeiteada
De um fedelho de dois dias.

Setentrião
Desculpe tia Lucrécia
Isto em mim foi brincadeira
Você não é gulosa
Isto em mim foi asneira.

Antes gosto de você
Por me parecer tão lindinha
Que até não pude passar
Sem dizer esta gracinha.

Tenho visto moças novas
Asseadas e formosas
Que estando à sua beira
Até parecem leprosas.

Lucrécia
Olhe cá, já mais gente me tem dito
Que sou aformosurada.

Setentrião
Isso di-lo o mundo todo
E sem ser pela calada
Di-lo com a boca aberta
Até assim muito escachada.

Inda ontem a mim me disse
O Varão de Maramita
Que de quantas há no mundo
É você a mais bonita.

E juntamente me disse
Para eu lhe vir falar
Que se era de seu gosto
Consigo queria casar.

Lucrécia
Eu não digo que não queira
Mas quisera saber bem
Se ele é como eu formosa
E a idade que tem.

Setentrião
Inda fez vinte e um anos
No dia quinze de Agosto
É o mesmo que ver um sol
É olhar-me para o rosto.

Tem mui boas qualidades
É cavalheiro mui nobre
E até tem nas suas casas
Paredes feitas de cobre.

Lucrécia
Quanto vale o ser bonita
Se eu pensava algum dia
Que no fim da minha vida
Tão estimada seria.

Quero já que me faleis
Com o enxablador Zé Martinho.

Setentrião
Então que pretende dele?

Lucrécia
Pra que me faça um vercinho.

Setentrião
Ah, ah, ah, ah, ah, ah, ah
Agora me quero rir
Pois será chegado o tempo
Do tal anti-cristo vir?

Chegarei eu por desgraça
A ver a tal entremez
Onde diz que o tal anti-cristo
Que ao mundo virá uma vez
Há-de nascer dessa velha
Que já conta oitenta e três!

Pois palavras de uma velha
De ouvir nunca pensei
Filhos que você tiver
Conte que eu lhos criarei.

Lucrécia
Sara de noventa anos
Inda teve um filho Isaac
Quem tem sete de menos
Muito mais na conta está.

E mais isso não te importe
O que te deve importar
É ires dizer ao meu noivo
Que me venha aqui falar.

Setentrião
Que você não possa andar
É o que ele mais receia
Porque quer que você vá
Junto com ele à assembleia.

Pois sempre costumou
Os bailes frequentar
E como você é bonita
Mais a há-de querer mostrar.

Mas se ele logo aqui vem
E quando você lhe falar
Mostre-se ainda robusta
E que tem forças pra andar.

*Deita a cana no chão e dança e Setentrião
dança na sua frente para zombar dela e vão-*
-se. Sai Aníbal fingindo-se muito valente e diz:

Aníbal
Guarde-os Deus meus senhores
Venho notar-vos certo caso
Que comigo aconteceu
Empeçaram-me dois lobos
E neste caso que fiz eu?

A um dei um pontapé
Noutro dei um bofetão
Que eles logo de repente
Caíram mortos no chão.

Depois encontrei mais três
Mas peguei-lhes pelos rabos
Dei com eles no rochedo
Que até os pus em bocados.

Mas outra me aconteceu
Que essa fez-me aflição
Depois de eu matar lobos
Apareceu-me um leão.

E todo feito a mim
Com uma fúria arrogante
Mas deitei-lhe as mãos às goelas
Que o esganei num instante.

Sai Viriato e diz-lhe:

Viriato
Vem me admiro Aníbal
O seres tão impostor
Isso são chalaças tuas
Não sejas mangador.

Aníbal
Ainda aqui não finda o caso
Mas lhe digo sem mentir
Que desta minha verdade
Não deixarão de se rir.

Ontem num certo lugar
Que era bem desabitado
Panteras, doze me saíram
Todas juntas me assaltaram.

Pois senhores não foi mais nada
A couces e pontapés
Das doze fugiram duas
Mas mortas ficaram dez.

Depois disto logo logo
Me investiu uma serpente
Mas pus-lhe um pé na cabeça
Que ela morreu de repente.

Pois senhores era temível
Sem lhes faltar a verdade
Na grossura e na grandeza
Parecia-me uma trave.

E morreu com um ferrão fora
Pois olhe era tão comprido
Tinha dois metros e meio
Que até por mim foi medido.

Viriato diz-lhe fazendo pouco:

Viriato
Apesar de seres valente
Em teres mostrado tuas razões
Ouve o que me aconteceu
Assim com trinta ladrões.

Vinham a mim para me roubar
Mas de pedras me carreguei
Com vinte e duas pedradas
Vinte e nove ladrões matei.

Do outro foi tal o susto
Que as suas calças borrou
Que vinte léguas à roda
A toda a gente apestou.

Por isso digo aos amigos
Se alguém de mim precisar
Venham ter comigo
Vou-lhe meu nome ensinar.

Meu pai é D. Francisco Castanhola
Minha mãe Dª Joana das Castanhetas
Meu avô D. João das Almandolas
Contratador das burras pretas.

Eu sou tataraneto de D. Manuel
E visneto de São João
E por meu nome me assino
Viriato o valentão.

E por isso vou-me embora
Se alguém de mim precisar
Pergunte por estes nomes
Que a minha casa vai dar.

Retiram-se e sai-lhes na sua frente uma pessoa fingindo leão. Eles param assustados e diz Aníbal:

Aníbal
Olha, Viriato, um leão
Que faremos nós?

Viriato
A tiro de pistola
O deitamos ao chão.

Puxam pelas pistolas tremendo, caiem-lhes da mão e fogem e ele os segue. Sai Idalina e Faviana e diz Faviana:

Faviana
Mana, vou-te a dizer
Uma carta ontem recebi
Dizendo que Aníbal e Viriato
Hoje vinham aqui.

Idalina diz:

Idalina
Mana, a que fim?
É para nos falar casamento?

Faviana
Eles vêm com esse intento.

Vai Aníbal e Viriato falar-lhe e diz Aníbal:

Aníbal
Idalina por quem morro
Por vós suspiros exalo
Para mim os dias são trevas
Todos aqueles que não vos falo.

Quis o Céu ouvir meu brado
E hoje aqui me concedeu
Na presença de quem eu
Na alma tenho retratado
Mas serei sim desgraçado
Se eu for desatendido
Morrerei mas não culpado
Porque me obriguei amar
A quem a mim me não tem amado.

Idalina
Não amar eu quem me ama
Até desdoiro seria
Se a toda a hora do dia
Meu coração se inflama
Ardendo sem se ver chama
Deste fogo abrasador
Que encendiou o amor
Que em vós tenho empregado
Já rendida do seu brado
Aqui estou a seu dispor.

Viriato

Faviana da minha alma
Por amor do coração
Tende de mim compaixão
De eu amar-vos dai-me a palma
Que eu sofro frios e calma
Sofro do tempo o rigor
Pelos excessos do amor
Que o bem querer vos tem causado
Se cortares, ninfa, o meu fado
Os céus vos darão o louvor.

Faviana

Vosso fado cortarei
Dando-vos a mão e a palma
Ligarei o corpo e a alma
Com os preceitos da lei.

Então ditosa serei
Vivendo com alegria
Por estar em companhia
De quem chamarei consorte
A quem deixo só por morte
Quando for último dia.

Sai D. Arnaldo e diz Idalina:

Idalina

Ai, lá vem nosso papá
É bem que nos retiremos.

Faviana

Senhores, tenham paciência
Outro dia falemos.

Vão-se. D. Arnaldo ralha-as, dizendo:

Arnaldo

Não sei a vossa conversa
No que virá a dar
Ainda sois tão novas
Já vos lembra o casar.

Vão-se. Sai o profeta Daniel e diz:

Profeta

Sou Daniel profeta
Todos deveis ter conhecimento

Sábio em todas as matérias
Tanto da Terra como do Firmamento.

Venho dar-vos uma notícia
Que muito haveis de gostar
Estamos num ano abundante
Como outro não há-de voltar.

Haverá trigo, vinho e mel
Centeio, batatas a fartar
Haverá muitos casamentos
E muito peixe no mar.

Tudo isto haveis de ver
Que não há-de morrer ninguém
Nem os médicos nem padres
Este ano ganham vintém.

Eu não minto em nada
Deus mo revela e Gabriel
Não há profecia mais certa
Que a do profeta Daniel.

Sai D. Arnaldo e para Daniel diz:

Arnaldo

Bom profeta Daniel
Eu sinto tal aflição
Parece que triste sorte
Me adivinha o coração.

Crime algum não cometi
Nem nunca tal desejei
E com tanta aflição
Como hoje nunca andei.

O que isto me denota
Quisera que mo dissesse
E se isto tem remédio
Por minha paga mo desse.

Profeta

Denoto que a tua casa
Quatro mancebos virão
E por pretender tuas filhas
Um duelo formarão.

Hão-de matar-se uns aos outros
E tu sem culpa inocente

Mas há-de escutar teus rogos
O Senhor Omnipotente.

Arnaldo
Ai de mim, não sei que faça
Quisera não ter ninguém
Que não vive com descanso
Quem no mundo filhas tem.

Daniel
Hás-de ficar livremente
Restaurar tua alegria
Porque a protecção divina
Te há-de valer nesse dia.

*Vão-se. Sai Setentrião e depois Lucrécia a fiar
com desembaraço e diz Setentrião:*

Setentrião
Onde vai tia Lucrécia
Com sua roca a fiar?

Lucrécia
Venho esperar esse moço
Que comigo quer casar.

Setentrião
Melhor lhe era estar em casa
Sentadinha atrás do lar
Com o rosário na mão
Cuidar muito em rezar
Pois, Lucrécia, dessa idade
Ainda lhe lembra o casar?

Lucrécia
Pois tu foste quem mo disseste
Que o Varão da Maramita
Queria casar comigo
Por eu ser a mais bonita.

Setentrião
Eu disse-lhe isso em graça
Porque estava a mangar
Pois do mundo o maior tolo
Não a queria para casar.

Uma velha pustulenta
Querer escolher um rapaz

Já com a cara da frente
Que até parece a de trás.

*Lucrécia dá-lhe com a roca a valer. Ele investe
e ela grita:*

Lucrécia
Aque del Rei, etc.

*Vão-se. Música. Sai Baltazar e D. Tovias e diz
Baltazar:*

Baltazar
Meu amigo D. Tovias
Muito temos que falar
Temos grandes assuntos
E negócios a tratar.

De D. Arnaldo és compadre
Tens razão para saber
Como são suas filhas
Estimava de as conhecer.

Neste jornal vi seu nome
É Idalina outra Faviana
Diz serem grandes em tudo
Não há outras de tal fama.

Tovias
Eu conheço-as bem
Sua beleza é de admirar
Não há dama no mundo
Que as possa igualar.

Podemos-lhe mandar uma carta
Para com elas falar
Que eu tenho a certeza
Que muito hão-de gostar.

Baltazar
Não há que dar tempo ao tempo
Tratemos em escrever
Vou pôr papel e tinta
Isto depressa a correr.

*Entra a dentro, traz uma mesa preparada e
diz:*

Aqui tem a mesa preparada
Com papel e tinta na carteira.

Tovias
Traz também a cadeira.

Baltazar
Aqui a tem.

Tovias
Assenta-te e escreve desta maneira:
Dedicada Idalina e mana
Tenho imensas saudades
Lhe ir fazer uma visita
Tem havido dificuldades
Eu Tovias e meu primo Baltazar
Resolvemos com as senhoras tratar
Sendo da sua vontade
E de D. Arnaldo seu pai
Nosso casamento tratar.

Por nós devem esperar
Amanhã sem faltar
De vossas senhorias somos
Com estima, D. Tovias e Baltazar.
Subscrita desta maneira
Ex.mo Sr. D. Arnaldo
Alberto de Faria
Póvoa de Varzim.

Fecha e vai levá-la tu
A sua casa sem arreceio
Que à sua porta verás
Uma caixa do correio.

*Vai a meter a carta e vem para Tovias. Sai
Idalina e Faviana, olham a caixa e dentro encontram a carta e lêem. Faviana depois de ler
diz:*

Faviana
Que te parece Idalina
Devemos aqui esperar
Que hoje com certeza
Não devem aqui faltar.

Idalina diz:

Idalina
A mim parece-me bem
Se nosso pai aceitar
Visto serem tão ricos e belos
Com eles devemos casar.

*A este tempo lhe aparecem Baltazar e Tovias
e diz Baltazar:*

Baltazar
Idalina a quem adoro
Com toda a veneração
Só de ver a vossa presença
De mim se aparta a paixão.

Pois é tão grande a glória
Que hoje tenho de vos ver
Que esquece meus sentimentos
E aumenta meu prazer.

Idalina
Se em me ver glória tendes
Em vos ver glória tenho
Porque por vossa presença
Era todo o meu empenho.

Mas quantas e quantas vezes
Chorei eu no meu jardim
Sem que pudesse dar novas
As tristes novas de mim.

Busquei cartas no correio
Que mandá-las não podia
Por ser para mim incerto
Onde o meu amor vivia.

Tovias
Que feliz sorte e ventura
Hoje achei neste lugar
Faviana a quem há muito
Já desejava falar
Outra menina nunca amei
Mas se amo quem me não ama
É segredo que não sei.

Faviana
Eu jurei-vos lealdade
E firmeza até morrer

E disto fiz escritura
Vê-de que mais podereis querer.

Pois só quero que me ameis
E só a vós quero amar
Antes que a terrível morte
Venha para nos iniquilar.

Sai Aníbal e Viriato e diz Aníbal para Baltazar:

Aníbal
Que faz aí seu mancebo
Não queira ser meu rival
Que eu jurei a esta dama
Ter amor até final.

Baltazar
Que importa lá que jurasses
Se ela não é o Senhor?
Divirta-se um e o outro
Seja a morte para quem for.

Aníbal
Não sabes que sou Aníbal
De Viriato companheiro
E gozo imortal fama
Do mais valente guerreiro?

Baltazar
De ouvir tais palavras loucas
Disso me quero rir eu
Só te valeres do nome
De Aníbal que já morreu.

Esse herói suicidou-se
E era um guerreiro forte
Temendo que seus inimigos
Lhe dessem golpe de morte.

Aníbal
Quem sois vós que assim falais?
Mostrais não me conhecer.

Baltazar
Sou cidadão português
Posso falar sem temer.

Aníbal
Prepare lá suas armas
Que nós vamos combater.

Baltazar
Eu com todo o gosto aceito
Até me dá prazer.

Viriato diz para Tovias:

Viriato
Que pretendes dessa dama
É o que eu quero saber.

Tovias
Nem ela é da sua conta
Nem eu lho quero dizer.

Viriato
Sabes que sou Viriato
Guerreiro valente e forte
Que a muitos salvei a vida
E muitos lhes dei a morte?

Tovias
Embora sejas Viriato
És do número dos mortais
Nem tua pele é mais dura
Nem tens mais braços que os mais.

Eu sou Varão português
Ainda te não constou
Que na mão dos portugueses
Qualquer arma triunfou?

Vão-se as raparigas.

Viriato
Visto que estás tão ufano
Deves já entrar em jogo
Escolhe as armas que quiseres
Seja de ferro ou de fogo.

Viriato puxa por uma pistola vazia mas com um fósforo e diz Baltazar:

Baltazar
Eis aqui as nossas armas
Com que vamos combater
A honra dos portugueses
Matar antes de morrer.

*Dispara com Aníbal, Tovias com Viriato e
estes com eles todos com pistolas, caem todos
por terra, primeiro Aníbal e Viriato e depois
os outros dois. Sai Arnaldo, fica horrorizado
ao ver aquela mortaldade e diz:*

Arnaldo
Oh infeliz desgraçado
Pobre velho ancião
Que vim ver em minha casa
Instrumento de paixão.

Encontrar quatro mancebos
Todos já mortos no chão
Bem me disse Daniel!
Oh que triste profecia
Valei-me agora meu Deus
Socorrei-me neste dia!

Assim como socorrestes
A viúva de Naim
Tende dó do pobre ancião
Socorrei-me também a mim.

Mandai um dos vossos anjos
Munidos do seu poder
Pela vossa clamência
Que me venha aqui valer.

Desce um Anjo de cima e diz:

Anjo
Dragão feio e nojento
Vai-te para o Inferno
Estas almas não são tuas
Que não quer o Padre Eterno.

Lusbel
Deste assombro vou fugir
Contra as forças do Céu
Já não valho nada eu.

Anjo
Na corte celestial
O Senhor Omnipotente
Atendeu aos tristes rogos
De um ancião inocente.

E logo por um decreto
De um grande Deus infinito
Um anjo desceu à terra
A socorrer um aflito.

Ressurgi vós ó finados
Vítimas do vosso furor
Levantai-vos e louvai
Ao Deus vosso Criador.

*Levantam-se, ficam com um joelho em terra
em sinal de agradecimento. Levantam os
olhos para o Anjo e diz o Anjo:*

A esse império celeste
Eu me torno a recolher
Vou cantar hinos a Deus
Em honra deste prazer.

*Vai-se o Anjo e eles dão agradecimento dizen-
do cada um o seguinte:*

Tovias
Oh que grande milagre
Com nós Deus obrou
Por tamanha recompensa
Por Deus fazer penitência vou.

Baltazar
Eu também farei o mesmo
Sempre enquanto viver
De tão grande favor
Nunca me hei-de esquecer.

Aníbal
Perdão vos peço meu Deus
Do acto que pratiquei
Por bem anos que viva
Outro não cometerei.

Viriato
Arrependido mil vezes estou
Fui culpado em vos ofender

A TIA LUCRÉCIA

Nunca mais pecarei
Antes primeiro morrer.

Vão-se todos. Sai o Diabo e diz:

Lusbel
Inferno, que é isto que passa?
Uma outra ilusão
Me mandaram para o avismo
Para aquela escuridão.

Só me causam tromentos
Tanto martírio passar
Assim que os tenho iludidos
Outro vem-mos a livrar.

Mas eu vou-me preparar
Isto já não me apraz
Venham os meus diabrinhos
Ainda mais o Satanás.

Venham todos em socorro
Tirar-me desta aflição
Levá-los todos juntos
Metê-los no caldeirão.

O Inferno todo me valha
Já ninguém me quer valer
Vou já para o Inferno
Mais tromento sofrer.

Vai-se. Música. Sai Setentrião e diz Arnaldo:

Arnaldo
Setentrião!

Setentrião
Que me quer, senhor, meu amo?

Arnaldo
Vivo hoje tão alegre
Por não ter já aflição
Que até pretendo com gosto
Fazer hoje uma função.

Quero juntar meus amigos
E todos os meus parentes
Para lhes dar um banquete
De manjares mui valentes.

Quero já que vás dizer
Ao Sr. João Ribeiro
Se me fazia o favor
De me vir matar um carneiro.

Porque há-de vir ao banquete
Meu compadre D. João
Que dum bife de carneiro
Sempre fez estimação.

Setentrião
É escusado chamar
O Sr. João Ribeiro
Porque eu também me atrevo
A matar esse carneiro.

Pois até já fui marchante
Cinco anos e dois meses
E matava cada dia
Duzentas e doze reses.

Vá buscar esse carneiro
Se quer que o vá já matar
Que da primeira marrada
Sem gaitas há-de ficar.

E se lhe não caírem
Dou-lhe na testa com um maço
Que da segunda marrada
Cada perna é um pedaço.

Até dá menos trabalho
Porque é escusado partir
Pois vasta só cozê-lo
Para se poder engolir.

Arnaldo
Pois eu já por minhas filhas
Aqui te mando o carneiro
Arranja-mo depressa
Que já vem o cozinheiro.

Setentrião
Vá preparar as caldeiras
Para o pôr em vinha d'alhos
Que apenas ele aqui chegue
Logo o faço em retalhos.

Recolhe-se Arnaldo e Setentrião diz:

Vou já buscar a marreta
E logo que ele aqui chegar
Atiro-lhe de tal forma
Que nem o deixo piar.

Que eu nisto de marchante
Sempre tive boa mão
Que até bois tenho matado
Somente de um bofetão.

*Recolhe-se e volta depois com um maço de
pano com lã e vem em seguida Idalina e
Faviana, cada uma com sua mão trazendo o
carneiro que deve ser um homem coberto
com a pele do dito Aníbal e berra duas vezes
e diz Setentrião:*

Setentrião
Vem cá, mé-mé
Vem cá, mé-mé

Agora estás agarrado
Nas minhas mãos vais morrer
À primeira pancada
A vida deves perder.

*Setentrião dá-lhe com a maça na cabeça vá-
rias vezes, o carneiro remete contra Setentrião muitas vezes e foge gritando:*

Setentrião
Aque del Rei, o carneiro come-me!

*Música. Sai Vitoriano trazendo pela reata um
burrico em cima do qual traz uma estátua
fingindo um homem rendeiro e bate pancadas à porta de D. Arnaldo dizendo:*

Vitoriano
D. Arnaldo, meu senhor.

Arnaldo
Quem a esta hora
Minha casa vem chamar?

Vitoriano
Um seu amigo velho
Que o vem a visitar.

Arnaldo
Quem quer que é pode entrar.

Aparece Vitoriano com o chapéu na mão e diz:

Vitoriano
Guarde-o Deus, meu senhor.

Arnaldo
Cubra-se, esteja à vontade.

Vitoriano
Com licença, meu senhor.

Cobre-se.

Arnaldo
O senhor que pretendia?

Vitoriano
Nós viemos aqui assim
Para falar ao senhor
A fim daquela continha
De que nos está devedor.

Pois tem mostrado deveras
Viver muito atrasado
Pois de haver já tanto tempo
E sem um real ter pago.

Arnaldo
Essa é que me faz varar!
Pois quem nada lhe comprou
Que lhe deverá pagar?

Vitoriano
Das derramas inderectas
O meu amo rendeiro
Constou-se que em sua casa
Se tinha morto um carneiro.

E sabe bem que as carnes
Têm direitos a pagar

E que se hoje os não paga
Breve o viemos a citar.

Arnaldo
Essa agora não está má
Está o carneiro na corte
E ainda se não matou
E porque se falou nisso
Logo a você lhe cheirou.

Pois não lhe dou um real
E ponha lá fora essa vesta
Só se lhe der um corno
Para que lho preguem na testa.

Vitoriano
Pague para aqui seu patife
Se não tiver dinheiro
Guarde para si as ervilhas
E entreguem-me o carneiro.

Se não sabia que meu amo
Não é dos bons de assoar
E quando ele não fala
Mais é para desconfiar.

Arnaldo
Ponha-se já daqui fora
Sua corja de velhacos
Senão com este bordão
Ponho-os ambos em cacos.

*Vitoriano arrasta a reata ao jumento para se
aproximar do velho rendeiro.*

Vitoriano
Acomode-se meu amo
Deixe este tonto falar
A sua justiça a outro
Nunca o senhor queira dar.

Diz para D. Arnaldo:

E você cale essa boca
Que se ele lhe bota a mão
Você fica como o pisco
Nas unhas do gabião.

Arnaldo
Ora eu que em minha casa
Sofra uma tal maroteira?
Ponham-se já daqui para fora
Se não quebro-lhe a caveira.

*Vitoriano arrasta a reata do jumento para se
aproximar mais da estátua.*

Vitoriano
Detenha-se lá meu senhor
Não queira ficar perdido
Que este homem é um comedor
Já eu o tenho percebido.

Arnaldo
Vejam lá que corja esta
Que a mim me chama o que são
Esperem que já lhes pago
Acode cá, Setentrião!

*Dá-lhe uma pancada na estátua. Acode
Setentrião em socorro. Atiram com a estátua.
Vitoriano vai-se com o jumento dizendo:*

Vitoriano
Vamos embora meu burro
Bem certo é o ditado
Pensei que ia buscar lã
E no fim saí bem tosquiado.

Parabéns que a mim e a ti
Nos deixaram escapar
Mas meu amo velho
Nunca mais torna a voltar.

Eu é que tive a culpa
Nunca mais me torno a meter
A pedir nenhuma dívida
Sem ninguém ma dever.

*Arnaldo e Setentrião metem a estátua a pon-
tapés para sua casa e diz D. Arnaldo:*

Arnaldo
Anda falso ladrão
Agora já estou vingado
Estás contente ou queres mais?
Agora tudo te pago.

Despedimento

Setentrião
Aqui acabou a história
Da tia Lucrécia honrada
Deus a leve para o Céu
Solteira mas não casada.

Que monos são estes
Pois é para admirar
Parecem comediantes de Avelanoso
Que querem representar.

Mas como não tenho a certeza
A eles lho vou procurar
Mas se forem de Avelanoso
Um café lhes quero dar.

Ouvi lá ó monecros
Grandes borrachos e feios
Sois de Avelanoso ou não?
Dizei-o sem arreceio.

A mim logo se me lembrou
Que eram esses insurrectos
Que figura tão linda fazem
A fumar os objectos.

Quem é este que vem
Com os alfarrábios na mão?
Com certeza não é de cá
É doutra povoação.

Professor
Atão vocence não me conhece
É caso de admirar
Sou dos moços de Avelanoso
Venho-os ensinar a falar.

Setentrião
Atão você também era
Lá daquela palhaçada
Aquilo não era português
Nem espanhol não era nada.

Isso foi o que eu vi
Só bober e fumar

O tonto e os outros
Que queriam representar.

Professor
O senhor bem sabe
Que nós tenemos o português
E se fizemos mal
Fazemos bem prà outra vez.

Setentrião
Eu nunca vi em Avelanoso
Uma coisa que fosse boa
Um foge para Espanha
E outro bai para Lisboa.

Professor
Pois olhe estes moços
Que tenam o chapéu ao lado
Agora já falam bem
Que los teno eu ensinado.

Setentrião
Atão você é o tal professor
Que os andou lá ensiar
Se não demuda o dialecto
Pouco há-de ajuntar.

Ora eu quero que me ensine
Pelo menos o caminho
Para ir para Avelanoso
Mas que seja direitinho.

Professor
Corta a mão esquerda
Ao chegar aquela prainica
E corta a mão direita
Ao chegar auretica.

Setentrião
Fora já daqui
Seu grandíssimo maltês
Se chega mais adiante
Manda-me cortar os pés.

Andastes a fazer trobas
De pessoas ignorantes
Isso é o que você ensina
Lá aos seus estudantes.

Também fostes todos juntos
A ter lá em baixo ao moinho
Que não fazíeis pouco dele
Se bos desse um boto de vinho.

E ele o bom do homem
Lá caiu na baboseira
Um bobeste-lo ali
E outro foi na berserdeira.

Também fosteis a outra casa
E pregastei-lhe a mesma partida
Que não faláveis nele
Por desfolar a égua viva.

Levaram a pele para casa
E foram-na a pendurar
Encontram-se com a égua à porta
Com força a relenchar.

Diz o homem para a mulher
Quase sem poder falar
São almas do outro mundo
Vamos a esconjurar.

Foram a essa mulher rica
Essa que faz os papéis
Eu bem bos a esconjuro
Mas custa cinquenta mil réis.

Lá se pôs com as mãos no chão
E com o rabo para o céu
Fez a reza de tal forma
Que nunca mais apareceu.

Há lá outro figurão
Que também quer bersar
Deixou-se bater da mulher
E depois pôs-se a chorar.

E lá escapou-se em hora
Com tenção de não voltar
E ele foi tocar a rebate
Para a mulher procurar.

Foi-se logo ter com a sogra
Muito aflito a chorar
Perdeu-se a minha mulher
Tendes de a responsar.

Pegou logo num librinho
Pôs-se a ler em latim
Bai buscar a mulher
Que está no pinhal do Manolim.

Bem sabeis que tem de ser
Feiteceira muito afinada
Senão com certeza não sabia
Onde a sua filha estava.

Professor
É verdade o que disse
Cá o nosso bom amigo
Inda os d'Ingueira não sabeis
Metade das que tenão habido.

Setentrião
Eu sei muitas mais de lá
Mas não as quero dizer
Não quero ser insurrecto
Como foi essa mulher.

Como disse outro de lá
Esse periquito bote
Se agarrasse lá o Capador
Que lhe tirava o sabiote.

Tratai em ter juízo
Não andar com brincadeiras
Senão com certeza não passais
A Caçarelhos a mais feiras.

Fizesteis a bossa função
Antes do povo chegar
Era porque metíeis medo
O que íeis representar.

Eu já só bi um torabado
Ali no meio do tabuado
Começou a regalar os olhos
Parecia um gato bravo.

Agora bai-te com Deus
Lá prà bossa palhaçada
Não venha algum touro bravo
Que nos dê alguma estucada.

O bom povo da Especiosa
Já na festa do ano passado

Tiveram muito prejuízo
Com a festa do Santo Amaro.

Este ano não foi completa
Passou o caso desta maneira
Na festa do ano passado
Levaram-lhe a opa e a bandeira.

Por contar o acontecido
Eu creio bem que não peco
Sabeis quem levou a bandeira
Foi um burracão de Vilar Seco.

E a gente de Vilar Seco
Não tem fama de caloteira
Mas se não quiserem perder o crédito
Façam-lhe entregar a bandeira!

E já não é sem tempo
Não lhe faz nenhum favor
Já foi avisado por escrito
E entimado pelo regidor.

Pouco se lembra o maroto
Daqueles canecos de vinho
Quando andava na padiola
Metido dentro dum escrinho!

Deitaram-lhe água benta
Tocaram os sinos afinados
Parecendo-lhe que aquele homem
Já devia ser enterrado.

Meteram-no num palheiro
Com choros de muita alegria
E lá ressucitou o morto
Ao romper do terceiro dia.

A gente da Especiosa
Bem se vê que tem concença
Bobeu-lhe trezentos almudes de vinho
E só lhe pedem cento e cinquenta.

Deus bos pagará o favor
Por certo no reino do Céu
E também ficasteis garantidos
Na palha que bos amoleceu.

É bem para admirar
Tinha boa pança o fulano
Fez mais estrume numa noite
Do que cem porcos num ano!

O bom povo da Especiosa
Povo mui bem comportado
Lembra-lhe sempre de contínuo
O borracho do ano passado.

E os senhores de S. Martinho
Borguitas não há igual
É o pessoal mais distinto
Que há no nosso Portugal.

Aqui demos fim ao caso
Desculpai se fiz mal
Viva todo este povo
Viva o nosso Portugal!

Fim

Despedimento datado de 11 de Fevereiro de 1945

Setentrião
Findou a nossa obra
A que vistes representar
Dos erros cometidos
Não tendes senão desculpar.

Agora demorem-se um pouco
Que vos quero convidar
Não se bá ninguém embora
Sem primeiro cá jantar.

Mas as mulheres de cá
Nenhuma fez de comer
Umas vieram a representar
Umas vieram a ver.

Mas temos cá dois tabarneiros
Não os há no mundo eguais
Um chamam-lhe o Sr. Cerejas
E o outro o Sr. Morais.

A TIA LUCRÉCIA

Vinho não há melhor
Vitela boa a sobrar
Ninguém se veva cá agua
Que se pode constipar.

Os senhores de Serapias
Lindos como um sarafim
Bobei cá umas pingoletas
Até falardes em latim.

E esses de Val de Frades
Como é longe a freguesia
Não se bão de cá embora
Fiquem cá até outro dia.

E esses de São Joanico
Homens de muito dinheiro
Não se bão de cá embora
Sem jantarem primeiro.

Agora vamos a Caçarelhos
Também os quero prevenir
Se não quiserdes ir de noite
Ficai-vos por cá a dormir.

Chegaremos a Especiosa
Para não vos demorar
Como são nossos amigos
Não os quero maltratar.

E esses de S. Matinho
Borguitas não há igual
É o pessoal mais distinto
Que há no nosso Portugal.

Agora já se acabou
Uma viva por igual
Viva o nosso editório
Viva o nosso Portugal!

Versão recolhida em Angueira. Manuscrito datado de 10 de Janeiro de 1945 e assinado por João Baptista, Bernardo Capador e Guilherme Augusto Alves. O manuscrito contém um segundo Despedimento datado de 11 de Fevereiro de 1945. A peça foi representada na Póvoa em 1976.

Auto da Pastora ou A Famosa Comédia da Vida e Morte da Maria do Céu

Pessoas que falam

Profecia
Herculano, pai
Esmeralda, mãe
Jaime, filho
Maria do Céu, filha
Roberto, Louco, criado destes
Casimiro, o amante de Maria do Céu
Alberto, [...] de Jaime
Polícia
Taberneiro
Eugénio, cigano
Burriche, cigano piqueno
Lúcifer

A Profecia sai pela primeira vez e diz:

Profecia
Povo humilde e honrado
Prestai a vossa atenção
Se quereis entender vem
A nossa representação.

Lá em baixo em Ventuzelo
No concelho do Mogadouro
Passaram estes casos todos
Tão verdade como é o ouro.

Vivia lá este homem
Herculano é ele chamado
Tinha uma filha pastora
E um Roberto de criado.

Um dia por um acaso
O pai umas ovelhinhas comprou
E à Maria e ao Roberto
De pastores aos dois mandou.

Despediu-se o pai e a mãe
Da filha que pró gado mandou
E o Roberto detrás dela
Com a merenda que levou.

Sai-lhe Jaime ao caminho
A Roberto a procurar
Como tu vais para o gado
Sem suas ordens lhe dar?

O Roberto lhe respondeu
Que seu pai o tinha mandado
A ter conta da Maria
E do lobo que não fosse ao gado.

Encontra Roberto um fidalgo
O qual dinheiro lhe deu
Que nada dissesse a ninguém
E tudo lhe prometeu.

O fidalgo era o Casimiro
Que levou a Maria roubada
Deixando-a no meio da serra
De todos abandonada.

Três dias passou o pai e mãe
Com muito grande paixão
Por fim encontram-na morta
Naquela escuridão.

O pai deu parte à justiça
Aparece Roberto também

Em seguida vão enterrá-la
Sem dar parte a mais ninguém.

O Jaime desde que soube
Que sua mana estava enterrada
Matou logo o Alberto
Sem reparar a mais nada.

Um polícia logo o persegue
Sem mais nada demorar
Prendeu atão a Roberto
E ele de padre se pôde escapar.

O polícia chama à taberna
Mas ele lá se lhe escapou
Aparece em seguida um cigano
Que foi quem tudo pagou.

Dizendo-lhe um cigano
Que era ele que se tinha escapado
Apareceu outro cigano piqueno
Senão o tinha ali matado.

Sai em seguida o Roberto
Num burrinho a passear
Combinaram os dois ciganos
O melhor meio de lho roubar.

Sai Herculano também
Encontra Roberto pensativo
E acreditaram que era verdade
Que o burro se tinha perdido.

Vão-se todos à procura
Sem mais nada demorar
E por vem que o procuram
Nunca o voltam achar.

Herculano anda às esmolas
Por coisa nenhuma ter
Encontra-se com o brasileiro
Que foi quem lhe veio valer.

O mendigo pede-lhe esmola
O qual lha deu em seguida
O brasileiro lhe proguntou
Será daquela freguesia.

O pobre disse que sim
Que era daquela povoação
E disse-lhe que já tinha sido
Ele um grande ricalhão.

E disse-lhe que morreu uma filha
Que era linda como a aurora
Que lha tinha roubado um homem
Quando andava a ser pastora.

Casimiro logo ficou
Com o coração magoado
Porque reconheceu em seguida
Que ele tinha sido o culpado.

Vão-se os dois para casa
Herculano sem demorar
Para lhe entregar o que tinha
E Casimiro sem nada ficar.

Casimiro sai pela porta
Sem lhe dar conclusão
O mendigo fica pensando
Que aquilo que era ilusão.

O Casimiro foi para o cemitério
Sem dizer mais despedida
E em cima da sepultura
Ali deu fim à sua vida.

Herculano não tardou
Um minuto em o procurar
Com vida não o achou
Só morto o pôde encontrar.

Aqui daremos fim à obra
A que estive a explicar
Atendei se tendes gosto
Que as figuras vão falar.

De todos os erros cometidos
Não tendes senão desculpar
[...]
[...]

Sai pai, mãe, filha e criada e diz o pai:

AUTO DA PASTORA

Herculano
Ó minha filha amada
Vou-te hoje encarregar
De uma vida de pastora
Para um gadinho guardar.

Filha
Onde estão as ovelhas
Que eu não as tenho visto?

Herculano
Comprei-as em Caçarelhos
Ontem a um meu amigo.

Maria
Tem alguma cabrinha
Também para guardar?

Herculano
Tenho uma, minha filha,
Para o leite lhe tirar!

Maria
Ai que contente estou
Pois vou ir a ser pastora
Ando com os anjos do céu
E com a Virgem Nossa Senhora!

Retira-se Herculano e diz Roberto:

Roberto
Também eu, também eu
Com o gado hei-de andar
Onde mamar a cabra
Nem tetas lhe hei-de deixar!

Eu bem sei que também vou
A ter conta da Marquinhas
Se apanho por lá algum
Faço-lhe eu as casquinhas.

Esmeralda
Olha, querida filha,
Vou-te um conselho dar
Respeita a toda a gente
Para a ti te respeitar.

Faz por ser boa menina
Não fales mal de ninguém

A ver se com esta vida
Ganhamos algum vintém.

Bem sabes que somos pobres
E temos que trabalhar
A ver se com este meio
Podemos algum aumentar.

Vai depressa pró gado
Anda, filha, não demores
Quero-te ainda um abraço dar
Adeus, adeus minha filha!

Maria
Adeus, adeus minha mãe.

Roberto
Então a mim!...
Não me diz adeus ninguém?

Maria
Não que vais comigo
Para o gado guardar
Não sabes que a mim só
Pode-se-me ainda escapar?

Roberto
Boa vai a brincadeira
Olha eu a ser pastor
Eu a tudo dou bom jeito
Arrieiro, a música e lavrador.

Ó senhora Maria,
Então não leva merenda
Nem com que fazer o guisado?

Maria
Então vai tu buscar
Que eu vou-me já pró gado!

Roberto vai buscar a merenda. Maria vai para o gado.

Roberto
Oh que tanto vamos comer
Grabanços, nabos e azeite,
Nabiças, coubes e repolhos
E urtigas com mel e leite.

Sai Jaime com a arma e diz:

Jaime
Onde vais, ó Roberto,
Com tanta coisa carregado?

Roberto
Vou para a Senhora do Nazo
A ter conta do gado.

Jaime
Quem foi que te mandou
Sem comigo falar?
Bem sabes que sem minha ordem
Tu não podes abalar!

Roberto
Quem foi? Foi teu pai,
Pois quem havia de mandar
A ter conta da Maria
Para não a deixar roubar?

Jaime
Então vais sem arma
Para essa serra fechada?
Não vás que sem ir armado
Nessa serra não és nada!

Roberto
Tens razão! Dá cá a tua
Para eu disparar
Se vir algum: alto, quem vem lá?
Faço logo parar.

Jaime
Toma lá mas tem cuidado
Não faças alguma asneira
Atira-lhe só ao rabo
Não andes na brincadeira.

Roberto
Então isto é para matar?
Ai que medo ao agarrá-la
Mas como há-de matar
Pois ela não dá uma fala!

Por aqui, vomitará!
Por aqui, comerá!

Jaime
Vai-te não demores
Para o gado guardar
E ter conta da Maria
Não a deixes talvez roubar.

Retira-se Jaime.

Roberto
Ah! Eu sou pesado!
Em menos de dois minutos
Estou na Senhora do Nazo.

Música. Sai Casimiro e vai ter com Maria à serra e Roberto diz:

Roberto
Alto! Quem vem lá?
Olhe que eu sou guarda
Deste gado e da menina
Se você não diz quem é
Eu já aponto a caravina.

Casimiro
Olhe lá, ó meu amigo,
Quero consigo falar
Tenho aqui uns dez escudos
Para você convidar.

Roberto
Se você promete dinheiro
Então são coisas boas
Eu não quero só dez escudos
A mim há-de-me dar dez coroas.

Casimiro
Está o tratado feito
Toma coroas são dez
Não digas nada a ninguém
Até que não passe um mês.

Roberto
Um mês! Dez mil anos
Não dou uma palavra
Hei-de guardar o dinheiro
Para comprar uma cabra.

Casimiro
Deus vai saber, ó pastorinha,
Que vosso gado guardais
Sendo tão encantadora
Não sei como só andais!

Maria
Vinde com Deus, cavalheiro,
Eu ando guardando meu gado
Que assim manda minha mãe.

Casimiro
Que vos salve! Vós respondestes
Cumpristes um santo dever
Estou deveras encantado
De seu belo proceder.

Maria
Foi criação que me deram
Pois disse minha mãe
Que se alguém me salvasse
Que o salvasse eu também.

Casimiro
Tendes boa educação
Sois uma linda pastora
Muito bela e elegante
Em tudo encantadora.

Maria
Para que está o senhor
A dizer o que não sente
Bem vê que não é bonito
O fazer pouco da gente.

Casimiro
Eu de ti não faço pouco
Nem tal coisa é bem pensar
Pois todo o meu desejo
Era poder-lhe agradar.

Maria
Não venha o senhor agora
Escarnecer de mim
Que eu ando guardando meu gado
Nesta serra sem fim!

Casimiro
Queres tu, linda pastora,
O teu gado abandonar
Vir na minha companhia
Que eu te saberei estimar?

Maria
O meu gado não o deixo
Nem acompanho o senhor
Pois se me visse sem ele
Então morreria de dor.

Casimiro
Não morrerias, não creias,
Nem saudades terias
Tu na minha companhia
Só hás-de ter alegrias.

Maria
Alegria diz o senhor
Quem tal pode acreditar
Aonde haverá alegria
Como há neste lugar?

Casimiro
Que alegria podes ter
No meio desta montanha
Sozinha com as ovelhas
Sem teres quem te entretenha?

Maria
Vim novinha para aqui
Desse tempo aqui vivido
Com as minhas ovelhinhas
Sempre me tenho entretido.

Casimiro
Tu não sabes, pastorinha,
O que é no mundo gozar
Anda comigo se queres
Felizes dias passar.

Maria
Essa treta é de estalo
Para quem não a entender
Mas eu nela não me fio
Receio vir-me a perder.

Casimiro
Não perdes, linda pastorinha,
Eu não sou enganador
Vem para minha companhia
Anda gozar, meu amor.

Maria
Vejo meu gado pastar
Ouço cantar os passarinhos
Eu não me posso sustentar
Só de abraços e beijinhos.

Casimiro
Não te sustentas com beijos
Eu tenho muito que te dar
Vem comigo, pastorinha,
Que nada te há-de faltar!

Maria
Escusa de perder tempo
Não tenho mais que dizer
Deixarei meu nascimento
Se o senhor me receber.

Casimiro
Eu prometo sem faltar
De convosco ser casado
E quando for passear
Levar-vos-ei a meu lado.

Maria
Se o senhor assim promete
Meu casamento seguro
Ao vosso poder me entrego
Desde hoje para o futuro.

Casimiro
Aceito com muito gosto,
Pastorinha, a vossa mão
Farei tudo quanto possa
Para vos dar estimação.

Maria
Vou-me despedir do gado
Dos ares do meu país
Para ir acompanhar
A quem me faz tão feliz.

Casimiro
Deixa ficar o gado
Não dê entrada a saudade
Vinde tomar novo estado
Para vossas felicidades.

Maria
Adeus meu pai e minha mãe
Adeus gado que guardei
Adeus irmão, adeus criado
Adeus terra onde me criei!

Vão-se os dois e sai Roberto.

Roberto
Ó senhora Maria! Ó Maria!
Tu vais-te sem me dizer nada?
Eu lho direi ao Jaime
Que te há-de dar bem porrada.

Eu também já me vou
Não bem fazer assim
Pode vir para aí o lobo
E comer-me também a mim.

Vai-se Roberto e diz Casimiro para Maria:

Casimiro
Porque choras, querido anjo?
Eu não posso suportar
Essas lágrimas que choras
Causam-me imenso pensar.

Confia, meu bem, em mim
Não temas a tua sorte
Eu juro que hei-de ser teu
Até à hora da morte!

Por isso, meu querido anjo,
Não te deves lastimar
Fostes deveras feliz
Por comigo te encontrar!

Maria
Se o senhor não possuísse
Do meu peito o meu amor
Estaria a esta hora
Aqui assim com o senhor?

Casimiro

Quero de ti um só beijo
Um abraço, chega a mim
Se gozássemos nossa amizade
Mesmo aqui no bosque, assim?

Dão-se abraços e beijos e retiram-se para dentro. Música. Sai Lúcifer e encontra Casimiro esforçado e diz Lúcifer para Casimiro:

Lúcifer

Olá, ó meu amigo,
Chega-te aqui a meu lado
Eu vou dar-te um conselho
Não sejas tão desgraçado.

Esquece essa infeliz
Não sejas tão verdadeiro
Eu te arranjo ir para o Brasil
Que é a terra do dinheiro.

Casimiro

Digo-lhe, ó meu senhor,
Bem me custa pela pastora
Mas se me agarante meu destino
Digo-lhe adeus e vou-me embora.

Lúcifer

Diz-lhe adeus que aqui te espero
E não lhe dês resolução
Hás-de ganhar muito dinheiro
Que chegarás a ser Varão!...

Casimiro vai dizer adeus a Maria. Lúcifer fala à parte:

A este já lhe armei o laço
E por hoje me vou despedir
Grande alegria hei-de ter
O dia que nele cair.

Fala Casimiro e depois vai com Lúcifer:

Casimiro

Adeus, adeus Marquinhas
Vai guardar o teu rebanho
Não dês mais o teu amor
A homem que seja estranho.

Maria

Não fuja de mim, senhor,
Não me deixe desonrada
Se o senhor me abandona
Fico sendo desgraçada.

Casimiro

Eu não quero saber disso
Com isso não tenho nada
Volta pró gado ainda é cedo
Não rompeu a madrugada.

Vai-se Casimiro. Fala Maria só:

Maria

Ai triste de mim!...
Ai de mim desgraçada!
Oh meu Deus! Perdão, perdão
Que morro abandonada.

Ó meninas solteiras
Vedes este laço tão fatal
Tende medo desses homens
Que não fazem senão mal.

Maria fica no chão abandonada e sai-lhe S. Pedro e acaba de morrer.

S. Pedro

Comigo levo tua alma
Teus pais bem chorarão
Gozarás toda a eternidade
No símbolo de Abraão!

Irás para nossa companhia
Já que assim foste abandonada
Espera que algum dia
Esse traidor terá a paga.

Abandona teu corpo à terra
Tua alma vai para o céu
Para as penas infernais
Lá irá esse sandeu.

Vai-se S. Pedro e Maria fica morta na [...]. Música. Morreu e foram encontrá-la morta o pai e a mãe, na serra.

Herculano

Oh que grande tormento
Pelo fim da minha vida
Encontrar a minha filha morta
Aqui no monte perdida.

Ó Esmeralda, querida esposa,
Não cesses mais de chorar
Encontrar o nossa filha
Morta aqui neste lugar!

Qual seria o atrevido
Que me fez esta traição?
Vou dar parte à justiça
E levá-lo prà prisão.

Vamos, vamos, querida esposa,
Sem nada nos deter
À procura de Roberto
Que algo deve saber.

Esmeralda

Ó esposo querido
Eu não posso abandonar
A minha filha querida
Quero com ela expirar.

Vai-se o pai.

Ó minha filha amada
Respondei-me lá do céu
A uma mãe abandonada
Que aqui morrer quero eu.

Ó mães que tendes filhas
Não as deixeis sós andar
Para não sofrer o tormento
Que por mim se está a passar.

Ó morte, tirana morte,
Como és tão atrevida
Roubaste-me a minha filha
Sem me dar a despedida!...

Chegam Roberto e o pai.

Roberto

Bem feita! Bem feita!
Tanto disse eu

Que não fosse com ele
Que era pior que um sandeu.

Agora, senhoras, não há
Remédio para Marquinhas
É levá-la para o cemitério
E deitar-lhe terra em cima.

Herculano

Ajuda tu, Roberto,
A levar este corpo santo.

Roberto

Eu bem a levo eu só
Não há-de ela pesar tanto.

Roberto leva a defunta para o cemitério.

Em sabendo de Jaime
Há-de ser boa a zaragata
Se encontra o tal sandeu
Então certamente o mata.

Sai Jaime armado e diz Roberto:

Então nada sabes o que há?
Enterrámos a tua irmã
Que estava morta acolá.

Jaime

Não digas parvoíces
Que me estás a irritar
Se isso é verdade
Eu mesmo hei-de vingar.

Roberto

É tão certo e tão verdade
Como há sol e claridade!

Jaime

Então como morreu
Sem tu dares por ela
Ou deixaste-a matar
Tiveste pouca cautela?

Roberto

Cautela eu...
Eu sou pouco acautelado

Andei numa zaragata
Vi-me todo atrapalhado.

Encontrei-me com um fidalgo
Cujo nome não sei
Dei-lhe tanta porrada
Não sei como não o matei.

Ele agarrou-se à Maria
E a ela me agarrei eu
Dei-lhe tanto sopapo
Não sei como não morreu.

Depois peguei na espingarda
Para matar aquele sandeu
Atirei-lhe logo à cabeça
Bateu-lhe o tiro no chapéu
E foi o que lhe valeu!

Depois dei-lhe muita pedrada
Umas na cabeça, outras na barriga
Tenho bem a certeza
Que a tais horas não tem vida.

Jaime
Como não o trouxeste
Tu aqui prisioneiro?
Dava-te um bom jantar
E uma bolsa de dinheiro.

Estou fora de mim
Tenho o sangue a ferver
Aonde quer que o encontrar
Em postas o hei-de fazer.

Sai Alberto passeando.

Talvez, talvez seja aquele
Que se vai tão agoniado
Espera que do teu serviço
Agora vais ser bem pago.

Alberto
Vou saber dos ciganos
Que roubaram umas camisas
E umas blusas e ceroulas
A umas poucas de raparigas.

Jaime
Tu foste o malfeitor
Maltrataste a minha irmã do Céu
Espera que os ciganos
Essa paga dou-ta eu!

Atacando, fala Alberto:

Alberto
Tu estás bêbado
De vinho ou de licor
Quem te fez mal algum
Ó seu maroto traidor?

Jaime
Ainda me chamas bêbado
Sem eu o vinho provar
Espera que já te ensino
Esse nome vou-te eu dar!

Alberto
Não te metas comigo
Segue a tua jornada
Eu vou-me à minha vida
Comigo não tens a ver nada.

Jaime
Tu falaste em raparigas
Foste tu o que a levaste
A minha irmã para a serra
E por fim lá a deixaste.

Alberto
Eu não vi a tua irmã
Nem a ti te quero ver
Eu vou-me à minha vida
Não quero o tempo perder.

Jaime
Já que vais onde queres
Para sem dúvida ficar
Com esta arma que vês
A vida te vou tirar.

Alberto
Não me mates, ó Jaime,
Deixa-me mais viver

Bem sabes que somos amigos
E tu deitaste a perder.

Jaime atira-lhe um tiro e foge.

Roberto
Acudam, senhores, aqui
Se querem ver a zaragata
Um homem com más ideias
Se não demanda aqui se mata.

Acode um polícia e diz:

Polícia
Quem foi que feriu
Este homem, ó Roberto?

Roberto
Ele, senhor, que o diga
Que o tem aqui bem perto.

Polícia
Então vou-te a levar
A ti para a cadeia.

Roberto
Ai balha-me S. Jerónimo
S. Joaquim, Santa Doroteia!
E que me quer lá fazer
Ó senhor polícia?
Eu não posso ir para a cadeia
Que me dá muita preguiça.

Polícia
Queiras tu ou não queiras
Eu já te vou a levar.

Roberto
E eu deito-me no chão
E não me torno a levantar.

Polícia
Não te valem as tuas manhas
Nem a tua chamação
Em menos de dez minutos
Hás-de estar na prisão.

Roberto
Ai que me leva
O homem do casacão!
Balha-me São Brás,
Santo Inácio, São João!
Ai, ai, ai que assim vou!

Vão e o polícia leva o Roberto para o quartel.
Volta a sair o polícia e vai à taberna e diz:

Polícia
Ó senhor taberneiro
Venha cá que lhe quero dizer
Passou aqui uma questão
Alguma coisa deve saber.

Taberneiro
Olhe disso não sei nada
Do que na rua se passou
Estava sentado lá dentro
Saio agora porque o senhor me chamou.

Eu tenho lá dentro um freguês
De muito bom coração
É padre muito honrado
Veio fazer uma função.

Polícia
Eu contudo quero vê-lo
É a minha obrigação
A ver se arranjo mais algum
Para levar para a prisão.

Taberneiro
Pois eu o chamo cá pra fora
Não se há-de enfadar.

Polícia
Pois chame-o então cá
Que eu estou aqui esperar.

Vai-se o taberneiro. Sai o padre e diz:

Padre
Então que me desejava,
Ó senhor polícia,
Para me mandar chamar
Não sendo para dizer missa?

Polícia

O senhor não é padre
Cá no meu fraco entender
O senhor vestiu esses hábitos
Para melhor se defender!

Jaime

O senhor polícia
Nem parece ser da cidade
Espere o senhor um pouco
Que eu vou mostrar a verdade.

Polícia

O maroto atrevido
Como me enganou o traidor
Francamente tinha sido
Aquele o tal malfeitor!

Mas eu hei-de persegui-lo
Tantas voltas hei-de dar
Nem de padre nem doutro modo
De mim não se há-de escapar.

Música. Saem os ciganos e o polícia passeando.

Cigano

Meu senhor, boa tarde!
Não viu por aí algum lavrador
Que queira fazer uma troquinha
Trocar uma égua boa
Por uma burra ruinzinha? Oh!

Polícia

Agora caiu o tal padre
Feito cá na ciganada
Hei-de-te levar prà cadeia
E hás-de ir só à porrada.

O polícia bate-lhe e fala o cigano:

Cigano

Agora é que são elas!
Não me bata mais
Senão quebra-me as costelas.

Fala Burriche, cigano piqueno:

Burriche

Meu pai nunca foi cura,
Ó senhor Policia,
Juro-lhe eu à fé da minha alma
Que nunca sequer foi à missa.

Polícia

Desculpa, ó cigano,
Por te estar a maltratar
Julguei que fosse o mesmo
Que me vinha enganar.

Cigano

Vamos lá prà taberna
Deixemos a brincadeira
Juro-lhe que hoje mesmo
Apanhemos a borracheira.

E tu Burriche? Como hoje é festa
Cá nesta povoação
Vai por aí a ver se arranjas
Algum bocado de salpicão.

E se não quiseres dar
Então leva dinheiro
Traz de comer seja o que for
Nem que seja um vitelo inteiro
Que nós vamos para a taberna
Do senhor Zecas Pedreiro.

Polícia

Adeus, ó ciganos,
Andai com respeito ciganada
Respeitai a toda a gente
E cautela não roubar nada.

Vai-se o polícia e sai Roberto com um burro e diz:

Roberto

Arre burro!
Não estejas com a manhaqueira
O meu burro só anda contente
Quando vai comigo à feira.

Cigano

Espera aí, ó Burriche,
Espera aí, cabeça choca,

Bem ali um burrinho
A ver se fazemos troca.

Ó tio homem,
Quer trocar o burro a um cigano?

Roberto
Eu não posso trocar
Que o burro é do meu amo
E o burro tem uma falta
É um pouco tropeção
Cobrou-me uma dúzia de ovos
Foi a minha perdição.

Já nada mais tem o meu amo
Que este burrinho sem cobiça
O resto tudo o que tinha
Já lho tirou a justiça.

Meu amo mandou-me aos ovos
E não me disse a falta que tinha
Agora cobrou-me os ovos
Tivesse eu comprado sardinha.

Cigano
Vamos lá para a taberna
Beber um copo, comer um figo
Eu sempre bebo uma pinga
Quando me encontro com um amigo.

Ó Burriche, faz-te fino
Se não levas já um murro
Enquanto bebemos o vinho
Vai dar água a esse burro.

Ó senhor taberneiro
Deite cá três copos de vinho
Um para mim, outro para Burriche
E outro pró nosso vizinho.

Taberneiro
Eu o vinho bem o deito
E não me demoro mais nada
Mas eu cá nunca costumo
Fiar vinho a ciganada.

Cigano
Deite o vinho, taberneiro,
Não esteja a desconfiar

Eu tenho cá muito dinheiro
Para o vinho lhe pagar.

Taberneiro
Pegue lá o vinho, ó cigano,
Que é um vinho muito delicado
Calcula que não é mouro
Porque já está bem baptizado.

Cigano
Ó Roberto, vamos dançar um bocado
Enquanto bem com o burro
Hemos mará-lo deixar
Se não levas já um murro.

*Aqui se vai o Burriche com um burro prà
sepultura.*

Burriche
Naquinha eu o burro
Para onde ninguém nos veja.

Roberto
O que diz o Burriche?

Cigano
Diz que se quer escapar o burro
Lá para detrás da igreja.

Roberto
Diga-lhe que pegue nele
Pelo freio ou pelas argolas
Se não volto com o burro
Meu amo fica às esmolas!

Burriche
Ó meu pai,
O burrinho já se me escapou
Com as ideias que levava
Certamente não parou.

Escapou-se atrás de um burro
Dum homem que pr'ali ia
Certamente não era de cá
Era de outra freguesia.

Aparece Herculano e diz para Roberto:

Herculano

Ó Roberto, esta coisa já não vai direita
Deixaste-me levar o burro
Acabaste-me com a receita.

Oh triste de um pobre velho
Quem poderá acreditar
Sendo eu um capitalista
Às esmolas terei que andar?

Burriche

Naquinhemos meu pai
Antes que seja pior
Pode vir o polícia
Ou o senhor regedor.

Herculano

Que é que diz o piqueno
Que eu não posso compreender?

Cigano

Diz que vamos a saber do burro
Que se não pode-se perder.

Herculano

Pois então ide depressa
Não vos esteis a demorar
Vai-te tu, Roberto, com ele
Pra mais depressa voltar.

Vão-se os dois.

Cigano

Vamos lá, Roberto,
Cada um vai pra seu lado
O primeiro que o achar
Ganha um chouriço assado.

Roberto

Então lá vamos ciganos
Eu é que ganho o chouriço assado
Está nos repolhos do tio Miguel
Porque está acostumado.

*Música. Aparece Casimiro vindo do Brasil
com suas malas cheias e diz:*

Casimiro

Muito cansado de vaguear
Por essas terras de além-mar
Agora cheguei à minha pátria
Quero também descansar.

Ainda assim não estou sossegado
Parece-me eu o não ter vida
Vou à procura de uma amada
Que deixei no monte perdida.

Por essas terras de além-mar
Alguma fortuna arranjei
Até não encontrar a minha amada
Certamente não descansarei.

Vou-me por esta aldeia
A ver se consigo encontrar
Alguma pessoa conhecida
Que notícias me possa dar.

Vai ali um pobre velhinho
Muito sério e quase mudo
A ele procurarei
Porque os pobres sabem tudo.

Herculano

Queira o senhor dar-me uma esmola
Por alma da sua obrigação.

Casimiro

Tome lá, meu bom velhinho.
É daqui da povoação?

Herculano

Eu sou sim, meu bom amigo,
Muitíssimo obrigado
Deus queira que não passe como a mim
Já fui rico hoje desgraçado.

Todos esses campos que vêem
Tudo isto já foi meu
Mas um dia a negra sorte
A minha porta bateu.

Tive formosas cabrinhas
Que eram todo o meu sustento

Mas foram-se-me como as folhas
Arrancadas pelo vento.

Tive uma quinta e vendi-a
Para a minha filha enterrar
Era a mais linda pastora
Que havia neste lugar.

Era loura como um anjo
Feita de amores e bondade
Foi durante muitos anos
A minha felicidade.

Mas um dia, triste dia
Um homem ma roubou
E desamparada no monte
Cruelmente abandonou.

A pobrezinha coitada
A casa não quis voltar
Sentia vergonha imensa
De sua falta confessar.

Três dias pela montanha
A infeliz vagueou
Ao passar o terceiro dia
Junto ao gado expirou.

Foi imensa a minha dor
Não sei como não morremos
Quando eu e a minha esposa
Sozinhos ali nos vimos.

Junto a ela um dia inteiro
Passámos os dois a chorar
E dos braços nos a tiraram
Para a ir enterrar.

E lá foi a pobrezinha
Coberta de brancas flores
Sonhar para a fria campa
Visagem de seus amores.

Que maldições me rogou
Aquele infame traidor
Que matou a desgraçada
A filha do meu amor?

Que Deus nunca lhe perdoe
Todo o mal que a ela causou
Eu também lhe não perdoo
A filha que me roubou.

Casimiro
Não seria essa infeliz
A mulher que eu desonrara
E que sozinha no monte
Cruelmente abandonara?

Se tal fora, oh que desgraça
Caia em meu coração
E como passarei agora
Os tormentos de compaixão.

Diz-me, ó pobre mendigo,
O nome dessa pastora
Já que afirma que ela era
Tão linda, tão sedutora.

Herculano
Era Maria do Céu
A minha bem amada
Que além no cemitério
Jaze há muito sepultada.

Fala Casimiro à parte, triste:

Casimiro
Oh Maria, doce Maria
Fui eu quem te assassinei
Quando no alto da serra
A tua honra roubei.

Como seria feliz
Se te pudesse encontrar
Vim aqui de tão longe
Para os teus lábios beijar.

Lindas prendas te traria
Formosa e singela flor
Que em segredo te diria
Como é grande o meu amor.

E venho encontrar-te morta
Numa campa abandonada
Queimada da luz do sol
E do frio e da geada!

Perdoa ao teu amante
Que tão cruel te deixou
Era todo o meu sentido
Teu nome nunca se apagou.

Que te seja leve a terra
Já que mais não pode ser
Tão infeliz vieste ao mundo
Só para pensar e sofrer.

Oh! Como fui mau e cruel
Para a pobre pastorinha
Que tanto amor me votou
E que tanta graça tinha.

Se eu comigo te levasse
Para as terras de além-mar
Ainda hoje o teu amor
Eu o poderia gozar.

Grande castigo mereço
Perdão não posso alcançar
E o meu arrependimento
Já não me pode salvar.

Enfim, tudo quanto possa
Vou as faltas reparar
O que não dei à pastora
Ao pai dela posso dar.

Oh pobre mendigo
Se vossa filha morreu
Pode crer que esse homem
Deveras se arrependeu.

Uma noite ali no bosque
Foi a pobre desflorada
E pelo seu amante
Cruelmente abandonada.

Em seguida o seu amante
Para o Brasil embarcou
E longos anos por lá
Aos baldões da sorte andou.

Viveu pobre muito tempo
Mas por fim enriqueceu
Mas o nome da pastora
É que nunca esqueceu.

Ao voltar à sua terra
Ao ver-se rico pensou
E a linda pastora
Nesta aldeia procurou.

Formosas prendas trazia
Para lhe vir oferecer
Mas, oh pobre Casimiro,
O que havia de ti ser?

Fui eu, pobre velhinho,
Quem a vida lhe roubei
O castigo que mereço
De bom grado aceitarei.

Já que à pobre pastorinha
A vida não posso dar
Venha comigo, senhor,
Quero seu mal remediar.

A fortuna que possuo
Vai em breve sua ser
Se na vida tive crimes
Quero tranquilo morrer.

Vamos já para sua casa
Com esta mala na mão
Entregar o que cá tem
Que descanse meu coração.

Vão-se para casa os dois.

Eis toda a minha fortuna
Que eu no Brasil juntei
Foi para vossa pobre filha
Que esta fortuna alcancei.

Para ela a destinava
Mas morta a vim encontrar
Hoje toda vos pertence
Vim aqui para vo-la dar.

Vai-se Casimiro para o cemitério.

Herculano
Que é isto? Céus!
Estou a dormir ou a sonhar?
Tanta riqueza em minha casa
Eu não posso acreditar!

Não quero esta riqueza
De quem abandonou a minha filha
Já esqueço o mundo
Estou no fim da minha vida.

O castigo caia sobre ele
Já que fez de mim desgraçado
Não quero vaidades
Peço a Deus ser perdoado.

Estou desenganado do mundo
De haver tanta falsidade
Lá as iremos pagar
Para toda a eternidade!

Casimiro no cemitério.

Casimiro

Aonde estás, ó minha amada,
Responde-me lá do Céu
Vem ver que ando perdido
O teu amante sou eu.

Não me falas
E não me dás consolação
Vou beijar a tua campa
E aqui pedir-te perdão.

Perdão te peço mil vezes
Pois eu fui o matador
Abandonei-te lá na serra
Minha amante, meu amor.

Ó homens que andais validos
Não façais nenhum como eu
Porque não alcançais perdão
Lá dos reinos do Céu.

Ó morte, tirana morte,
Não me vens tirar a vida
Que eu não tenho perdão
Já tenho a alma perdida.

Adeus, adeus, minha amada
Adeus terra onde me criei
Os braços da pastora
Nunca os esquecerei.

Já que não te encontro viva
Para poder-te abraçar
Já com esta pistola
A minha vida vou tirar.

Aqui morre o inocente
Por sua amada não ver
Ó Deus, arrecadai minha alma
Que não se deite a perder.

Deu um tiro e morreu.

Roberto

Acudam cá, senhores,
Se querem ver a zaragata
Um homem com más ideias
Certamente ali se mata.

*De repente aparecem as fúrias infernais
e falam para o público:*

Lúcifer

Para o abismo infernal
Vai-me fazer companhia
Já que neste mundo
Fizeste a tirania.

Abandonaste a pastora
Pelo orgulho do dinheiro
Deixaste todas as vaidades
Anda cá para o caldeiro!

Referindo-se mais para o povo:

Todos os que estão a ver
Vos declaro a verdade
Este vai penar e sofrer
Para toda a eternidade!

Prestai bem atenção
Fugi se quereis do perigo
Para não vir-lhe a fazer
Companhia ao Casimiro.

Música.

Fim do Auto da Pastora

Versão recolhida em Constantim. Texto passado por Aureliano António Cristal Ribeiro. A profecia por nós recolhida em Angueira é da autoria do senhor João Bernardo (capador de Angueira) e tem por título "Comédia da Vida e Morte da Maria do Céu". Esta profecia pertence provavelmente a uma versão mais antiga do Auto da Pastora.

Auto de Todo o Mundo e Ninguém

Número de figuras que representam neste auto

Profecia
Rico avarento, representa Todo o Mundo
Um pobre mal trajado, representa Ninguém
Lusbel
Donato, um ajudante de Lusbel
Anjo da Guarda
Um Lavrador
Um Comerciante
O Taberneiro
Um Cortador retalhista
O Moleiro
Um Carvoeiro
Um Operário
Um Magestrado
Um Padre
O Empregado g. F.
Vasco, Gracioso
Cagão

Primeira Parte

Profecia
Meus estimados ouvintes
Prestai a vossa atenção
Que humildemente vos pedimos
Com toda a fé e devoção.

Prestai-nos o vosso atento
Se quereis entender bem
A obra que representamos
É Todo o Mundo e Ninguém.

Primeiro aparecerá Todo o Mundo
Cheio de orgulho e vaidade
A pedir riqueza, honra e virtude
Paraíso, louvores e lealdade.

Logo a seguir aparece Ninguém
Humildemente e mal trajado
A repreender e dar bons conselhos
Para que Todo o Mundo não caia em pecado.

Mas Lusbel que tudo provê
E seus laços vai armar
Para que ninguém do mundo
Se lhes possa escapar.

O fim da primeira parte
Já vos estou a terminar
E o princípio da segunda
Logo vos virei a anunciar.

Aqui recolhe a Profecia. Música. Aqui aparece dois ao palco e diz Ninguém:

Ninguém
Que andas tu aí buscando tão
Preocupado a fundo?

Todo Mundo
Mil cousas ando a vuscar
E delas não posso achar
Porém ando porfiando
Porque é sempre bem porfiar.

Ninguém
Como te chamas cabalheiro?

Todo o Mundo
Eu meu nome Todo o Mundo
E meu tempo todo inteiro
Sempre e buscar dinheiro
E sempre nisto me fundo.

Ninguém
E eu em nome de Ninguém
E busco a conciência.

Sai aqui Lusbel e diz ao seu ajudante:

Lusbel
Esta é boa experiência,
Donato, escreve isto bem!

Donato
Que escreverei companheiro?

Lusbel
Que Ninguém busca conciência
E Todo o Mundo dinheiro.

Ninguém
E agora que busca lá?

Todo o Mundo
Busco honra muito grande.

Ninguém
E eu virtude que Deus mande
Que tope com ela já.

Lusbel
Outra cousa nos acode
Escreve lá bem a fundo
Que busca honra Todo o Mundo
E Ninguém busca birtude.

Ninguém
Que buscas mais do que esse?

Todo o Mundo
Busco mais quem me louvasse
Tudo quanto eu fizesse.

Ninguém
E eu quem me repreendesse
Em cada cousa que errasse.

Lusbel
Escreve mais companheiro!

Ajudante
Ora bem o que tem sabido?

Lusbel
Que quer em extremo grado
Todo o Mundo ser louvado
E Ninguém repreendido.

Ninguém
Que buscas mais amigo meu?

Todo o Mundo
Busco a vida e quem ma dá.

Ninguém
A vida não sei eu o que é
A morte conheço eu.

Lusbel
Escreve lá outra sorte
Que sorte munto garrida
Todo o Mundo busca a vida
E Ninguém conhece a morte.

Todo o Mundo
E mais queria o Paraíso
Sem isso ninguém estorvar.

Ninguém
E eu ponho-me a pagar
Quanto devo para isso.

Lusbel
Escreve com muito aviso!

Ajudante
E que escreverei companheiro?

Lusbel
Escreve que Todo o Mundo quer Paraíso
E Ninguém paga o que deve.

Todo o Mundo
Folgo muito de enganar
E mentir nasceu comigo.

Ninguém
E eu sempre verdade digo
Sem nunca me desviar.

Lusbel
Ora escreve lá compadre
Não sejas tu preguiçoso!

Ajudante
O quê?

Lusbel
Que Todo o Mundo é mentiroso
E Ninguém fala a verdade.

Ninguém
E que mais buscas?

Todo o Mundo
Lisonjear a vida posso.

Ninguém
E eu sou todo o desengano.

Lusbel
Escreve anda lá, burro!

Ajudante
Que me mandas assentar?

Lusbel
Põe aí mui diclarado
Não te fique no tinteiro
Todo o Mundo é lisonjeiro
E Ninguém desenganado.

Anúncio do Cagão no fim da 1.ª Parte:

Cagão
Ora que bons conselhos
Disse aqui este Doutor
Todos nós devíamos sabê-los
Mas usá-los era melhor.

São de gosto delicado
E tudo verdade o que diz
Dos conselhos desse sábio
Também eu sou aprendiz.

Mandou-me aqui um momento
Enquanto ele se preparava
Para contar em pouco tempo
A sua vida passada.

São de rir já vós vereis
A sua vida passada
Mais coidado não mejar
Com a risa alguma saia.

Pois o dia ainda está frio
Acredito e posso crê-lo
Se alguma se mejar
Vai a criar carambelo.

Fim da Primeira Parte

Segunda Parte

Profecia
Como há pouco vos prometi
De vos vir anunciar
A segunda parte da obra
Que estamos a representar.

Segunda vez pedimos desculpa
Das faltas que vamos cometer
Porém o tempo foi tão pouco
Para melhor aprender.

Primeiro apareceu Anjo da Guarda
Para as almas dos justos salvar
Mas Lusbel cheio de fúria enfernal
Ao Anjo todas lhe vai roubar.

Segundo aparece o Lavrador
Tão cegamente desgostado
Lastimando a sua fortuna no mundo
E deixa-se arrastar pelo pecado.

Terceiro aparece o Comerciante
Contando a sua vida passada

Descobrindo as suas grandes maldades
E sua alma é por Lusbel levada.

A seguir aparece o Tabarneiro
Encobridor de tanta maldade
O Anjo entrega-o a Lusbel
E despede-se deste a chorar.

Depois aparece o Magarefe
E o Moleiro também se bem aprisentar
A seguir Lusbel cheio de cólera
E o Anjo não os pode salvar.

Depois o Carvoeiro e o Operário
E a seguir o Magestrado
O Anjo lastima-se e não pode salvar
Por estarem em tão grande pecado.

Mais tarde aparece o Padre
Pois que à religião não foi fiel
O Anjo também não pode salvá-lo
E entrega este a Lusbel.

Aparece também o Empregado
Caprichoso e cheio de alegria
Lusbel toma logo conta dele
Dizendo que este já lhe pertencia.

A seguir faz Vasco a confissão
Alegre risonho e a saltar
Pois só este teve a grande sorte
Do paraíso gozar.

Meus senhores já terminei
O fim da minha missão
Das minhas faltas cometidas
Volto-vos a pedir perdão.

Música.

Anjo
Eu Anjo do Céu criado
Venho do Celeste Império
Por Jesus Cristo mandado
Que toda a alma cristã
A livrasse do pecado.

Eu com balança de piedade
Seus pecados pesarei

As almas de todos os justos
Para o reino de Deus levarei.

Sai Lusbel.

Lusbel
Saio tão furioso
De tudo quanto ouvi
Para tentar todas as almas
Sabei que estou eu aqui.

Galgarei montes e serras
Até sorverei o mar
Mas das minhas ferozes garras
Ninguém se me há-de livrar.

Anjo
Detém-te fera enfernal
Que não cumprirás tua vontade
Primeiro que tudo é Deus
E a sua Santa Verdade.

Lusbel
Apresenta-me o que quiseres
E Deus da sua vontade
Pois nem de dia nem de noite
Os deixarei de tentar
E no fogo do Enferno
Os hei-de sepultar.

Anjo
No princípio das profissões
Deste mundo até ao fim
Nada chegarás a vencer
Porque Deus me há-de ajudar
E no Paraíso entrar
Os que se chegarem a mim.

Lavrador
Cheguei aqui tão desgostado
Que não vos posso contar
Os desgostos da minha vida
Que me fezeram causar.

Eu tinha boa fortuna
Que com trabalho a ganhei
Mas pois orgulho e vaidade
Quase sem nada fiquei.

Pensei depois no seguinte
Os meus prédios alargar
O Dimónio me tentou
Para os marcos mudar.

Pois eu senceramente
Em grande erro caí
Por causa de tanto orgulho
A minha alma perdi.

Anjo
Desta maneira não posso
Teus pecados perdoar
Deus do Céu não te dá entrada
Do Paraíso gozar.

Lusbel
Ainda lhe querias dar perdão
Do modo que praticou
Então o Céu não era justo
Ousando como este ousou.

Anjo
Viro-te as costas chorando
Minha balança desgostada
Lusbel quando assim fezer
Minha sentença está dada.

Vasco
Pobre Lavrador coitado
Cheio de frio no Enverno
E no fim da tua vida
Levam-te para o Enferno.

Sai Lusbel.

Lusbel
Este é o primeiro laço
E não me caiem em bão
Pois desde já se alegra
O meu feroz coração.

Música. Sai o Comerciante.

Comerciante
Minha vida quebrentada
Sempre na maior fadiga

Nunca conheci fortuna
Em dias da minha vida.

Só um dia quando media
Uma fazenda cantando
E o metro ia encurtiando
Um belo freguês sencero
Na medida ia roubando.

Na classe dos comerciantes
E seu modo de viver
Se rouba os freguesis
Era só para enriquecer.

Anjo
Oh Altíssimo Céu!
Se me quereis ajudar
Os teus pecados são tantos
Que não te os posso perdoar.

Minha balança para ti
Torna-se tão pesada
Lusbel roubas-me mais esta alma
Para tua Enfernal Morada.

Lusbel
Também este querias perdoar
Fazendo assim desta sorte
Roubando enteiramente
Sem nunca pensar na morte.

Vasco
Não o levas cabra negra
O que sim puxo eu agora
Mais te vale o Comerciante
Apegas-te a Nossa Sinhora.

Música. Taberneiro e diz:

Taberneiro
Grande pena me acompanha
Do tempo que tenho vivido
Tanto como tenho roubado
E não tenho enriquecido.

Encobre tantos malfeitoris
Que no mundo se encontravam
Uns que desonravam donzelas
E outros que outros matavam.

Confesso-lhe aos meus freguesis
Digo-lhe mais outra vez
Que deviam um quartilho
Eu assentava dois ou três.

Tive a pouca infelicidade
De não aprender a ler
Para assentar os quartilhos
Com um garfo riscava na parede.

Não sei se me poderei salvar
Pensa meu coração
Se Deus me dará entrada
Onde Eva foi criada

E o nosso pai Adão.
Deixa-me beber uma pinga
Que é vinho com laranjada
Quero levar minha taberna
Para tua Enfernal Morada.

Anjo
Terceira alma perdida
Dela me despido a chorar
Lusbel quando virar as costas
Escuso sentença dar.

Lusbel
Este terá perdão
Vivendo neste caminho
Encobrindo os malfeitores
Vendendo água por vinho.

Vasco
Deixa que te hei-de ajudar
Desgraçado Tabarneiro
Se te leva esse vicho
Bai-te pôr de estrefogueiro.

Música.

Cortador Magarefe
Que dor de cabeça eu tenho
Já não entendo a balança
Tem-me fugido os fragueses
Já perdi toda a esperança.

Cabrito que eu abatesse
E fragueses bem estimados

Pois ou no justo ou no peso
Eram sempre por mim roubados.

Ao último do meu ofício
Fazia negócios tão grossos
Aos ricos dava-lhe a carne
E aos pobre vendia-lhe os ossos.

Isso de dar a carne aos ricos
Bem podeis imaginar
Portava-me melhor com eles
Que me davam mais a ganhar.

Anjo
Ai Céus!

Lusbel
Este também se pode salvar
Das suas contas travessas
Só não havendo justiça
Fazendo do mundo às avessas.

Vasco
Pobre por que caminho vais?
A ver se te posso livrar
Esse negociante só quer
Todos para aí arrastar.

Música.

Moleiro
Minha vida foi um momento
Assim o posso contar
Tantas maquias roubadas
Sem eu as poder lograr.

Uma vez maquiava minha mulher
Como é de costume provar
Depois eu e mais um filho
Todos queríamos ensacar.

Bem podeis imaginar
Vivia com alegria
Se maquiava mais do direito
Era para governar minha vida.

Anjo
Ai que desgraça meu Deus!

Lusbel
Coitado do ratoneiro
Que maquiava com o chapéu
Também, ó Anjo, poderias
Encartar este no Céu.

Vasco
Deixa o pobre Moleiro
Que este era meu vizinho
Haver se posso livrar este
Que não vá por este caminho.

Levou o pobre Moleiro
Dele tenho compaixão
Para maquiar em vez de rato
Era como um leirão.

Música.

Carvoeiro
Não tive tempo a lavar-me
No princípio desta jornada
O meu trabalho foi tanto
Na minha vida passada.

Posso vos aqui dizer
E tudo deve ser certo
A minha companhia eram os montes
Vivia como num deserto.

E quando tinha ocasião
De minha cara lavar
Empregava a deitar água no carvão
Para o próximo lograr.

Anjo
Choro lágrimas de amargura!

Lusbel
Então, ó Anjo, que dizes?
Este também caiu no fado
Um carvoeiro para o Céu
Está muito enfarruscado.

Vasco
Deixa esse infeliz
Que foi um pobre carvoeiro
Que durante a sua vida
Não teve pão nem dinheiro.

Levaram o Carvoeiro
Ia todo enfarruscado
Esse não deve estranhar
Porque já vai acostumado.

Música.

Operário
Passei tantos trabalhos
Posso apresentar aqui
Tantas angústias passadas
E sem nada para mim.

Trabalhei longos anos
Em campinas produtivas
Para aumentar riquezas
E só para mim fadigas.

Pois assim foi passando
Esta vida de influir
Mais os caminhos verdadeiros
Nunca os acabei de cumprir.

Todos os patrões que tinha
As minhas horas roubava
E defendendo-lhe pouco interesses
Suas filhas difamava.

Anjo
Ai Céu, que perdido estamos!

Lusbel
Também o pobre Operário
Queria ganhar o Céu
Mais eu que o estava tentando
Queria que fosse meu.

Vasco
Também tu pobre Operário
Mais te tinha valido morrer
Andaste toda a tua vida
Por este mundo a sofrer!

Música.

Magestrado
Depois de tanta canseira
E muito ter estudado

Consegui o meu desejo
Tirando o curso de magestrado.

A seguir iniciei o trabalho
Procedendo do seguinte jeito:
Fazendo do direito torto
E do torto direito.

Louvores me sejam dados
Pelas ciências estudadas
Tenho eu na minha vida
Formado tantas gatadas.

Os livros só eu os entendia
Era um magestrado de primeira
Fazia-lhes tantos laços
Para apanhar o dinheiro.

Aos pobres lavradores
Mil trapaças lhes fazia
E dos direitos que tinham
Tudo isso lhes mentia.

Condenei alguns justos
Que eram inocentes cordeiros
E absolvi criminosos
Assassinos verdadeiros.

Por causa do dinheiro
Absolvi certos meliantes
Que defloraram donzelas
Crimes tão horripilantes.

Trabalhei durante a minha vida
Nesta elevada profissão
Que só pode ser exercida
Por um homem sem coração.

Anjo
Venha do Céu o remédio
Que o mundo está perdido!

Lusbel
Senhor Magestrado e Anjo
Quereis aqui me escutar
Para este não há sentença
Deve-me logo acompanhar.

Magestrado
Já sei que estou privado
De entrar na corte do Céu
Agradece-lhe a mão direita
Pelas enjustiças que escreveu.

Vasco
Que vida vais a levar
Para esse lugar tão escuro
Há-de-lhe custar muito
Apesar de seres bem seguro.

Levaram o Magestrado
Só por causa da papadeira
Agora vai-se fartar
Sem precisar pão nem torneira.

Música. Diz Vasco:

Vasco
Meus senhores e senhoras
Também vos quero falar
Pois cá no meu parecer
Já são horas de jantar.

Também vos quero dizer
Que hão-de esperar um bocado
Como não tenho mesa
Vou comer no sobrado.

Tenho chouriço e ovos
Também tenho marmelada
Mais não vos esteis a lamber
Porque não vos toca nada.

Eu bem queria comer
Mais já não posso parar
Agrada-me tanto a música
Que tenho que ir a dançar.

Sai Padre.

Padre
Eu representante de Cristo na Terra
A glória devo ter ganha
Ainda que também nas missas
Usava de grande manha.

Nunca guardei castidade
Mas isso não era por mal
Para namorar mulheres
Fazia como um pardal.

Era muito diligente
Mentiroso como o primeiro
Só pensei durante a vida
Em amontoar dinheiro.

Anjo
Se vós não mandais remédio
Para esta perdição
Mesmo os vossos representantes
Já não têm fé nem devoção
O mundo está de tal sorte
Que já só é uma correpção.

Lusbel
Estes da saia branca
Já os levo para estrefogueiro
Fazendo tantos distúrbios
Só por amor do dinheiro.

Vasco
Apega-te a Deus, ó Padre,
Se quiser ser teu amigo
Mas como te há-de ajudar
Se o tens tão ofendido?

Também o pobre do Padre
Se deixou engabetar
Com certeza não seria
Por se matar a rezar.

Música.

Empregado
Eu vivi tão caprichoso
Com o cargo que me foi confiado
O que me faltasse ao respeito
Era logo castigado.

Tinham que me dar tudo
E sem nada refilar
Se alguma coisa me negassem
Lá estava eu para os castigar.

Minha vida foi um brinquedo
Leis injustas e alteradas
E as ordens do estado
Eram por mim violadas.

Sempre em bailes e brincadeiras
Usando a brutal galantaria
Rasgando a saia às sopeiras
Fazendo coisas de gata parida.

Anjo chora.

Lusbel
Este não faças esforços
Anjo digo-te que não
Para entrar nessa farda
Já me deu o coração.

Empregado
Sei que pretendes deitar-me as unhas
Mas vai-te ser bem escusado
Se cheiras a enxofre eu cheiro a pólvora
E o caso vai ser complicado.

Portanto pensa o que vais fazer
Ó máscara de carvoeiro
Se tu me deitares as luvas
Convence-te que és o primeiro.

Lusbel
Não te faças valentão
Não estejas a refilar
Temos um caldeirão nosso
Já o vais ir a estrear.

Empregado
Meu bom amigo Vasco
Vale-me aqui nesta aflição
Se o Diabo puxar por mim
Tu seguras-me pelo cinturão
E puxas com força
Não faças papel de aranhão.

Puxa com força
Puxa cabeça amalucada
Tanta força como tens
E não puxas nada.

Vasco

Não sei se poderei salvar-te
Deixa, garras-me o cinturão
Mas tu já de princípio
Lhes vendeste o coração.

Levaram o fiscal dos tabacos
Que era o terror das feiras
Agora vai fumar cigarros baratos
E pagar as saias às sopeiras.

Lusbel

Tudo como pensei
Não me enganei em nada
Já está tudo cheio
Na minha Enfernal Morada.

Música. Vasco, a confissão:

Vasco

Eu é que levei uma vida
Aparecida à de um reitor
Fazendo muitas asneiras
Mas com medo a Nosso Sinhor.

Aos domingos ia à missa
Com toda a minha devoção
Depois ia-me para o bailo
Dançava como um pião.

As formosas raparigas
Eu ia logo namorar
Mas por dezer que era doudo
Não me queriam escutar.

Mas eu como sou teimoso
Não me queria acomodar
Ia-lhe apalpando as pernas
Para as poder segurar.

Por causa de namorar
Apanhei certa mania
Que me pôs doido da cabeça
Mais enchado da barriga.

Agora já tempo que me deixei
Do gado das raparigas

Levem-me agora para o Céu
Que já não quero mais fadigas.

Música.

Despedida

A outra parte do Cagão:

Cagão

Meus senhores como vedes
A nossa obra está terminada
Podia ter sido melhor
Mas não tivemos tempo de nada.

Agora aos forasteiros queremos-vos convidar
Mas como não vos mandemos vir
Não vos mandamos escapar
E com tudo oferecemos
Bom terreiro se acaso quiserdes dançar.

Outra coisa vos ofereço
E que talvez lhe acheis graça
Temos ali boa fresca
A porta do Sr. Praça.

Quanto ao jantar bem nos desculpamos
Assim vos o quero dizer
Bem vestes, vedes que nestes dias
Não há tempo do fazer.

Ainda não estamos tão mal
Que temos um tabarneiro
Não pode vender a quartilhos
Mas vende a cântaros cheios.

Para nos desculpar ouvi as nossas façanhas
Em vez de vos dar de jantar
Podeis ir apanhar castanhas.

Mais contudo não vos zangueis
Nós voltamos a outro parecer
Se nos fordes vesitar a casa
Alguma coisa há-de haver.

Nós queremos boa harmonia
Mais o povo está tão doente

AUTO DE TODO O MUNDO E NINGUÈM

Já lhe bateram ao Regidor
E até quasi ao Prisidente.

Agora aos de Constantim
Podiamos-vos convidar
Mais para que vejades que somos honrados
Não vos queremos maltratar.

E para os lados de S. Martinho
Tínhamos muito que contar
Mais como são nossos amigos
Não os queremos enfadar.

Agora no fim de tudo
Se quereis saber nossas openiões

Desejamos-vos paz, saúde e alegria
Dentro de todos os corações.

Agora as mulheres de cá
Ainda vos salvastes da festa
Não vos queremos enfadar
Porque queremos sacar a cesta.

Se não sabeis o que heis-de dar
Eu já vos o digo primeiro
São ovos, presuntos e chouriços
E senão dai-nos dinheiro.

Fim

Versão recolhida em Cicouro. Manuscrito datado de 30 de Dezembro de 1951. A primeira parte é a adaptação do Auto de Todo o Mundo e Ninguém de Gil Vicente; a segunda parte foi composta pelo senhor António Delgado, de Cicouro.

Auto do Renegado de Carmona

Personagens

Rei de Argélia
Albucem
Ali
Piali
Argelina
Martinho Mourão
Cristóvão Mourão
D.ª Biolante
Pina
Cardona
Profeta
Frade
Nossa Senhora
Anjo São Miguel
Anjo Serafim
Doudo
Voz

Descobre-se o Rei, Albucem, Ali e Piali, todos mouros. Fala Albucem:

Albucem
Há trinta anos que sou mouro,
Ladrão, roubador de todo o bem,
Lobo devorador de cristãos
Sem ter temor a ninguém.

Não ignoreis meu valor
Pois minha sina traidora
Me seduz a cativar
Almas crentes sem demora.

Maoma e Alá potentes
Venham em meu auxílio
Trazer-me-ão a meu reino
Forças ao meu domínio.

O mais valente guerreiro
Que mostra andar na peleja
Venham cristãos ao meu alcance
Se alguém assim o deseja.

Dotado de galhardia
Cruzando ares e vento
Admirando quem me provoca
Com perversos pensamentos.

Desde a terra mais longínqua
Até [...] remotas terras
Incapaz de fazer bem
Com minhas ideias severas.

Corri norte e sul de Espanha
E terras de Andaluzia
França e Inglaterra
A Polónia e a Turquia.

Passei o sertão africano
Itália e Portugal
Sem encontrar nenhum
Guerreiro do meu igual.

Juntei centos de cristãos
A lutar em sangue frio
Onde os tenho em decadência
Sofrendo enorme castigo.

Os quais trabalham forçados
Como qualquer animal
Sendo este meu mister
Não tendes que duvidar.

Com grandes enfermidades
O pelejar a horas obrigo
E também a lavrar hortas
Junto da margem do rio.

[...] tormentas
[...] dão alegria
Sendo também espancados
A toda a hora do dia.

[...] minhas galeras
[...] seus braços
[...] como feras
[...] recusarem
[...] reduzidos a cacos.

Os dardos que me acompanham
Para me bater em guerra
São grande número deles
Que fazem tremer a terra.

Quando assim os castigo
Por ser prometido e justo
Sem se poder recusar
Caiem mortos com o susto.

Glórias multiplicai-vos
Dai prazer a quem merece
Alá e Maoma protegei
A quem de vós não se esquece!

A soberba que me acompanha
E a altivez é tanta
Que ao ver estes sucessos
Meu poder mais se alevanta.

Sinto aumento no meu furor!
Céus, dai-me vossa mão
Para perseguir a Cristo e Maria
Profanar sua religião!

Acometidos foram os mouros
Por muitos miles de cristãos,

Vermelhos todos potentes
Empunhando boas espadas
Suas traidoras mãos.

Mas hoje vos asseguro
E decerto eu o sei
Que algum cairá
E dele me hei vingar por lei.

Também eles por castigo
Têm feito grande bravura
Dando-lhe desta maneira
A muitos a sepultura.

Matam, degolam, enforcam
Queimam, afogam com certeza,
Prendem e dão açoites
Causando grande tristeza.

Só a vós imploro, Maoma!
Por vosso poder divino
Fazei que de Argélia a Roma
Algures encontre no caminho,
Que prometo hei-de vingar-me
E dobrar-lhe o castigo.

Ali
Senhor, lendo o meu livro
Sei ouvir um peregrino.

Albucem
E se fosse dos vermelhos
Permite-o Maoma divino.

Piali
Vai a ficar assustado
Com certeza de nos ver.

Ali
Para que não vos fuja
Devemos nos esconder.

Albucem
No meio deste monte
Onde seja mais escuro
Fica prisioneiro em [...]
Eu aqui vos asseguro.

AUTO DO RENEGADO DE CARMONA

*[...] no meio do bosque sai Martinho vestido
de sacerdote lendo o breviário:*

Martinho
Deus in adjutoruium meum intende
Domine adjuvandum me festina.

Saem todos os mouros.

Piali
Detenha-se que com isso nos ofende.

Ali
E diga para onde caminha.

Albucem
Responda, peregrino,
E diga o que o aterra.

Martinho
Uma acção infeliz
Cujo feito me dá guerra.

Albucem
Diz-me onde vais
Assim tão apressado?

Martinho
Vou a Roma, Senhor,
Pois desejo ser condenado.

Albucem
Diz porque vais
Que vens tão assustado.

Martinho
Vou pedir ao Padre Santo
Porque fiz uma morte
Ficando por assassino
Valha-me Deus que sorte!

Albucem
Em que te ocupas?

Martinho
A celebrar missa
Como manda a Santa Madre Igreja
Para todas as almas justas

Albucem
Boa sorte!
Então estimas muito a Cristo
Visto seres sacerdote?

Martinho
Tanto e mais do que a minha alma.

Albucem
Pois se isso assim é
Nesta ocasião não te salva.
E a que terra pertences?

Martinho
A Carmona.

Albucem
Meu Deus! Tu de Carmona!
Fico deveras surpreendido
Já estimo mais tua pessoa
Visto seres de lá rescendido.

Que o horroroso no mundo
Sobre a terra que domino
Essa cidade com certeza
Deve estar ao meu domínio.

Meus antepassados a ganharam
Mais tarde um filho a perdeu
Que com direito e fealdade
Um traiçoeiro a pretendeu.

Se esta cidade fosse portuguesa
Onde tenho mil tesouros
Herdaria essa coroa
Ficaria Rei dos mouros.

Estimo a gente de Carmona
A que dou o valor todo
Por ser daí minha mulher
Que aprisionei deste modo.

Vinha fugindo dessa terra
E se dirigia a Granada
Por mim foi feita prisioneira
Sem concluir a jornada.

Nunca vi uma mulher
Dotada de tanta beleza

Vestindo com honestidade
Demonstra muita grandeza.

Com solene festa a conduzi a Argélia
E a obrigo a renegar num momento
De Jesus Cristo e de Maria
Para a tomar em casamento.

Houve jogos admiráveis
Grandes festas e torneios
Depois de renegar com mil [...]
E cumprir meus desejos.

Em troca me acaricia
Sendo por mim tão amada
Deixou-me uma filha
E Farifa se [...] renegada.

Há dois anos que Maoma Santo
A levou à sua glória desejada
Sendo tão lembradas pelo [...]
A mãe de uma filha tão amada.

Esta filha que tenho
Tão bela e tão virtuosa
Se tu és dessa cidade
A receberás por esposa.

Darei-te trezentos escravos
Se casares com minha filha
A melhor casa de Argélia
Onde passareis vossa vida.

Se a renegar de Cristo opões
Alfagens darei-te trinta mil,
Um pavilhão de seda pura
E uma cama de marfim.

Duas banhas de cristal onde banhes
Uma habitação de brilhantes
Riquezas estas que trouxe
De terras muito distantes.

Da Grécia e Palestina
Terras de riquezas sem fim
Se aceitares minha filha
Prometo que Maoma
Te estimará mais que a mim.

Martinho
Eu te agradeço, mouro,
Todos esses presentes
Que renegue da Lei Cristã
Isso nada o intentes.

E uma vez que estou
A teu vigor rendido
A renegar não me fales
Dá-me outro castigo.

Manda-me dar a morte
Com flechas, lanças ou fogo
Ainda que seja com veneno
Ou qualquer outro mau logro.

A Deus hei-de adorar com reverência
E humilde coração em quem contemplo
Três pessoas distintas e uma essência
Dando ao mundo leal e fiel exemplo.

Do Pai provém a potência,
Do Filho a sabedoria
O amor do Espírito Santo.
Estas são as três pessoas
Que todo o mundo dominam.

Cada pessoa por si é Deus
Com viva fé o confesso
Isto creio firmemente
Por a Lei Santa que professo.

O Filho soberano baixou à Terra
A encarnar em Maria Imaculada
Para dar-nos favor, vida e consolo
E resgatar-nos da culpa tão irada.

De Adão herdamos a pena
E o mal que no mundo corre
Obra do Espírito Santo que descende
Do Padre e Filho que [...]

Veio ao mundo para resgate
Do terrível tormento eterno
Sujeitar-se a morrer numa cruz
Para livrar-nos do Inferno.

Sofreu morte violenta
Para nos remir do pecado

Nunca desprezarei seu auxílio
Para não ser castigado.

Ordenou ao género humano
Desde o pecado de Adão
Que quem comesse da sua carne
Me daria a salvação.

Ele por todos espera
E nos dará a recompensa
Junto de todos os anjos
Ou a sofrer eterna pena.

Albucem
Como te chamas?

Martinho
Martinho Mourão,
Sacerdote verdadeiro
Em todo o reino cristão.

Albucem
Cuidem bem deste traidor
Não o deixeis escapar
Que há-de renegar cruamente
E Maoma há-de adorar.

Martinho
Deus eterno e criador
Por vosso poder divino
Faça-se em mim vossa vontade
Se de chegar a Roma não sou digno.

Só em vós eu confio
Deus Pai, dai-me a mão
Que se vós me desemparais
Perecerei duma traição.

Albucem
Castigai esse malvado
Atirai com ele ao mar
Buscai o modo mais vil
Que tenhais para o castigar.

Busquemos nestes contornos
Que pode ser encontrar
Algum companheiro dele
E de nós se queira vingar

Pedindo sempre a Maoma
Para nos auxiliar.

Ali
Reparai, famoso Albucem,
Em direcção do poente
Junto à praia Alguira se avista
Grande número de gente.

Piali
Senhor, fuja daqui
Antes que chegue esse barco.

Albucem
Creio que me virá procurar
Com toda a sua gente
O arrogante Fajardo.

*Vão-se. Música. Sai Argelina Moura, mulher
forte e vizarra.*

Argelina
Quando minha mãe deu à luz
Como Maoma destinou
Com uma finíssima agulha
Ela mesma me picou.

Tenho muitas pinturas
Uma hóstia desenhada
Um homem posto numa cruz
Que meus peitos adornava.

Um menino sobre umas palhas
Adornos e muitas rosas
No centro de uma rosa
E neste lado direito
Também tenho uma Senhora
Triunfante no Céu
E de três Reis a coroa.

Além disso tenho mais
Sobre o meu braço esquerdo
Uma cruz com mil paixões
Que causa grande mistério
Com letras góticas de ouro
Que alumia o corpo inteiro.

Hoje num espelho
Contemplei minha figura

Estou mesmo convencida
Que tem mistério esta pintura.

E quem pudesse saber
A intenção de minha mãe
Ao pintar estas coisas
Não pintou outras também.

Há dois anos que está
Naquela glória em fim
Ó mãe, querida mãe
Como te esqueceste de mim!

Que discreta e que formosa
Que ilustre educadora
Que visitada foi sempre
Por qualquer outra Senhora.

Sobre o poder de meu pai
Para todos era amorosa
Aplacava as iras dele
E com seus filhos piedosa!

Com os cativos cristãos
Mostrava misericórdia
Pois ela era cristã
E natural de Carmona.

Criou-me com muito zelo
A chorar todas as horas
Estava sempre ajoelhada
E dava muitas esmolas.

Meu Deus que pecadora
Lhe ouvi dizer a chorar
Encontrei-a sozinha
Num aposento a rezar.

No hospital da Caridade
Visitava os doentes
E aos cativos cristãos
Dava muitos presentes.

Guardava muitas jóias
Debaixo da terra dura
E cobria-as com uma pedra
Em forma de sepultura.

Eu como era pequena
Não sei onde isso era.

Valha-me Maoma Santo
Que já encontrei uma pedra
Vou levantá-la depressa
Sem temor e sem espanto.

*Levanta uma pedra em forma de sepultura
onde está um cofre e diz:*

Que alegria eu sinto já
Ao ver que isto se abre
Pois que encontrei um cofre
Sem classe alguma de chave.

Aqui neste local
Alguma jóia esconderia
Ou coisas de valor
Que também ela possuía.

Tira para fora com pau.

Que diferentes são as jóias
Das que eu imaginava
Esta é uma bengala
Com que se martirizava.

Também encontrei um homem
Duma cruz pendurado.
Quem me dera saber seu nome!
Não quero saber já disto
Que não me dá nenhum agrado.

Pega num crucifixo e diz:

O que aqui tens metido
Ó mulher disbaratada?
Tu tinhas enlouquecido
Ou estavas desesperada?

Como posso imaginar
A intenção com que o faria
Pois se isto não são jóias
Nem coisas de avalia.

Guardarei isto outra vez
Pois que pertence a seu dono

Que passa neste momento
Que me deu tão grande sono.

Guarda o cofre com o crucifixo e bengala e diz:

Quero descansar um instante
Deitada nestas flores
Como se fosse um sofá
Pintado com muitas cores.

*Deita-se a dormir e ao som de uma trombeta
aparece D.ª Biolante com uma túnica preta
cheia de chamas e fogo.*

D.ª Biolante
Ó filha Argelina!

Argelina
Ai de mim! Que surpresa!
Que terríveis e fortes gritos!
Se és minha mãe, Biolante,
Dá-me teus braços queridos.

D.ª Biolante
Filha querida, eu venho
Do outro mundo a dizer-te isto
Que peças água de baptismo
E professes a Lei de Cristo.

D.ª Biolante me chamo
Filha de D. Garcia
E de D.ª Inês Mancelas
Em Carmona nascidas.

A Granada me dirigia
Por determinado caminho
À procura de teu pai
Que de Argel era caudilho
Onde fui aprisionada
Por um mouro atrevido.

Levou-me a Constantinopla
Como poderoso e rico
Onde me fez muitas carícias
E prazeres infinitos
Para que a fé deixasse
Daquele Redentor e Cristo.

Nunca me pôde vencer
E à força de castigos
Fez de mim o que quis
Passando grandes martírios.

Confessei e dei comunhão
Nas catacumbas metidos
Jejuava e libertei
Mais de quinhentos cativos.

À hora da minha morte
Como coração contrito
Acolhi em mim a Deus
Com prazer infinito.
Agora estou no Purgatório
Padecendo mil tormentos
Debaixo de um tremendo risco.

Eu já estava condenada
E pedi à Virgem e a seu Filho,
A qual me deu o perdão.
E se tu te baptizares
Irei livre ao Paraíso
E senão estarei sofrendo
Até ao dia do Juízo.

Por tudo quanto sofreu
Aquele Redentor divino
Peço-te que abrevies
Quanto antes teu baptismo.

Olha que te chama Maria
Baptiza-te, segue a Cristo
Pois com os braços abertos
Jesus te espera propício.

Não queiras pelas riquezas
Perder o Céu divino
Que esta vida Maometana
É do vento desperdício.

*Ao som da trombeta desaparece D.ª Biolante
e desperta Argelina.*

Argelina
Ai de mim! Ai que farei?
Que sono me apavorou?

Valha-me Alá e Maoma
Que nem sei onde estou!

Manda-me pedir baptismo.
Mãe! Mãe, como deixas
Meu coração partir?
Vinde escravos e sabei
A causa deste prodígio.

*Vai-se. Música. Saem os mouros com Marti-
nho e Albucem.*

Albucem
Pelo Sol que alumia o mundo
E quanto possui a terra
Pelos astros que giram
Nesta celeste esfera.

Com quarenta anos de idade
Vivo feliz e contente
Com tantos barcos de guerra
Que sulcam os mares sempre.

Mal haja a minha fortuna
Que tratou de me deixar
E agora com este escravo
A Argélia há-de voltar.

Este meu forte braço
Esgrime um aço tão fero
Que blasfemes quatro mil vezes
Nesta ocasião eu quero.

Fala Martinho de joelhos:

Martinho
Aqui estou de joelhos
Ao teu serviço prostrado.

Albucem
Infame, que me enganaste,
Que tu estás curvado!

Martinho
Coroa nunca alcancei!

Albucem
[...]

Deus do Céu, que espanto!
Este homem é um Rei.

Martinho
Simplesmente sacerdote
Como já expliquei.

Albucem
Não me negues a verdade
Que eu logo desconfiei.

Sai Ali e diz:

Ali
Que é Rei deve ser certo
Pois provém de Carmona.

Piali
E se é dessa cidade
Deve ser alta pessoa.

Martinho
Se quereis saber quem sou eu
Depressa vou explicar
Num pequeno discurso
Se quiserdes escutar.

Nasci de pais muito nobres
Como já tenho dito
Da cidade de Carmona
Segunda vez já repito
Pátria que não esqueço
Lembrada de Deus bendito.

Minha mãe, Inês Velez,
Meu pai, Cristóvão Mourão,
Desde pequeno com ternura
Me deram sua benção
Eram eles virtuosos
E tinham bom coração.

Pôs-me meu pai no estudo
Tendo idade suficiente
Eu aproveitei muito tempo
Como pessoa diligente
Em prova desta verdade
O afirma muita gente.

Passados depois seis anos
Permitiu o Céu à Terra
Que estudasse teologia
Esta ciência tão bela
E me ordenasse sacerdote
Que não há sorte como ela.

E com cinco palavras
Permite que baixe do Céu
O corpo de Jesus Cristo
Remidor meu e teu
Cujo corpo nos dá alimento
Já que por nós morreu.

Do vinho transformo sangue
E carne também do pão
Sendo por este meio
Que Jesus dá alimento
A todo o reino cristão.

Esta é a causa de estar
Coroado na cabeça
Quem gozar desta felicidade
Feliz destino o espera.

Em certo dia saí
Da cidade de Carmona
Tomando um caminho certo
Em direcção a Roma.

Pois que matei um amigo
Que disso fui obrigado
Pois me andava perseguindo
Fingindo ser o pecado.

Entre palavras me disse:
Trata de te defender
Hoje tu és obrigado
A matar ou a morrer.

Pois tenho junto a tua casa
Uma irmã em quem adoro
E segundo estou informado
Tu me vais fazer estorvo
A quem eu respondi: sou sacerdote
Não obrarei desse modo.

Sem saber como nem quando
Embustiu contra mim

Que me daria a morte
Sem a luta ter fim.

Lanço-me também na peleja
Sem nunca pensar em tal
Pensei logo em defender-me
Coisa muito natural.

Dirigindo-me logo a Roma
A confessar o delito
Ao Padre Santo que faz vezes
De Nosso Senhor Jesus Cristo.

Apenas entro na viagem
Permitiu, meu Deus divino,
Que tu com tuas forças
Me fizesses cativo
E prometes ter-me preso
Enquanto eu seja vivo.

Isto sou e não sou Rei
Afirmo, serei isto sempre
Não queiras ter mais poder
Que aquele Deus Omnipotente.

O tentar que renegue
Da minha Lei tão querida
Isso nunca o farei
Ainda que perca a vida.

Albucem
Escutei tua relação
E não acreditei em nada
Pois me parecem mil enganos
Dessa língua tão malvada.

Pelos astros rutilantes
Que és Rei digo em verdade
E desde hoje tu podes
Cumprir a tua vontade.

Eu sempre serei teu escravo
Desde hoje para o futuro
Tu tens que renegar
Antes que amanheça o dia
Hoje te asseguro.

O mercador que vem no barco,
Desde Málaga cativo,

Creio ser pai dele
E que nada tem sabido
Nem deve ser informado
Enquanto não renegue.
Está tudo prevenido?

Ali
Sim, Senhor. Desde já
Pode ficar tranquilo.

Albucem
Onde estará meu irmão?

Ali
Deve estar a chegar
Dentro duma embarcação.

Albucem
Piali, Piali,
E o cativo onde está?

Piali
Está aqui.
Que numa grande fadiga
Ele está metido já.

Albucem
E os demais sofrem continuamente?

Piali
Sim todos gemem
E choram amargamente.

Albucem
Vai chamar a minha filha
Num instante, de repente.

Piali
É justo obedecer-te
E obedecerei sempre.

Vai-se.

Albucem
Não admitas tristeza
Bem alegre podes estar
Pois chega a primavera
Para junto de ti estar.

Sai Piali e Argelina.

Argelina
Pai e Senhor aqui estou
Já que me mandou chamar.

Albucem
Filha, em quem adoro,
As mãos, do Rei de Carmona,
Ilustres deves beijar.

Argelina
Senhor, o Rei de Carmona quem é?

Albucem
Este que aqui se vê.

Martinho
Senhora, eu não sou Rei
Apenas quem não merece
Beijar a terra que pisa
A real planta de seu pé.

Argelina
Que fizeste nesta ocasião
Pois tiraste do meu peito
O meu doce coração,
Pessoa por quem eu sinto
Tanta dedicação.

Fala Albucem em segredo para Argelina:

Albucem
Filha, faz-lhe meiguices
Que tem de ser teu marido
Por Maoma que adoramos
Que há-de casar contigo.

Argelina
É de minha vontade
Que tu sejas meu esposo
Vem a meus braços, querido,
Neste momento ditoso.

Chegando-se para Martinho.

Martinho
Retire-se daqui, Senhora,
Quanto antes do meu lado

Que não posso fazer tal
Caso não seja obrigado.

Argelina
Porquê?

Martinho
Porque não pode
Minha Lei autorizar
A quem seja sacerdote.

Argelina
Pois deixa tua Lei
E já terás esse dote.

Vai-se chegando a ele.

Martinho
Não é possível deixá-la
Não me estejas a tentar
Portanto ficas prevenida
Não me voltes a maçar.

Argelina
Não te mostres tão ingrato
Com tua língua atrevida
Pois mil glórias te esperam
Para gozar esta vida.

Martinho
Que importância tem isso
Se fica a alma perdida!

Argelina
Olha que quando morreres
Já acabou a tua vida.

Martinho
Será possível vencer-me
Com toda a sua ironia?

Fala com agrado Albucem para Ali e Piali:

Albucem
Os meus ardentes vigores
Não demoram muito tempo
Possam esclarecer-se
Dando leal exemplo.

Piali, bem é que tenha alegria
Em troca de ter tormento.

Piali
Bem é quem foge a prazeres
Tenha pesar um momento.

Chegando um barco que traz o Rei de Argélia com barba comprida, com ceptro. Cristóvão Mourão com uma argola ao pescoço e uma cadeia de ferro que lhe dá volta ao corpo e algemado.

Albucem
A mim me foi ordenado
Que um instante esperemos
A ver se chega o Rei
E ao palácio o acompanhemos.

Sai o Rei do barco e enquanto Ali e Piali o acompanham ao palácio. Fala Cristóvão no barco:

Cristóvão
Acaba, ó tirano tormento,
Ó cruel apaixonado
Tira-me deste martírio
Que me tem atormentado!

Fala o Rei já no palácio:

Rei
Ide depressa do barco
Trazei esses cativos
E metei-os na prisão
Onde estejam esquecidos.

Vão ao barco e levam a Pina e Cristóvão.

Cristóvão
Vem, morte transitória,
Acaba este sofrimento
E encomenda-nos a glória
Do prazer e do contento.

Encerram-os numa prisão debaixo do palácio.

Albucem
Vou-te dar a escolher
O renegar ou outra sorte.

Martinho
Por não renegar a Deus
Prefiro que me dês a morte.

Profeta
Olha, Martinho, que te perdes!...

Martinho
Que me perco?
Coisa estranha!...

Argelina
Teu mesmo afecto te engana
Goza de teus anos a flor
Chega, vem a meus braços
Pois quero ser teu amor.

Aqui abraça a Martinho.

Martinho
Já perdi a liberdade
E entre tão formosos braços
Digo quero deixar minha Lei
E livrar-me de cansaços.

Rei
Cante-se minha vitória
Pela terra e pelo mar.

Doudo
Valha-me Deus! Está borracho
Para se tornar mouro!
Por uma mulher tão feia
Birou-se pior que um touro
Ainda que se fosse eu
Não te ligava meia.

Rei
Quando nos recolhamos
Fechai estas portas logo
Onde Maoma permita
Que se abrase no seu fogo.

Albucem
Vamos sem mais demora
E ali em seu Alcorão
As cerimónias devidas
De costume se farão.

Recolhe-se o Rei e Albucem.

Ali
Eu juro que eras capaz
De resistir a Argelina.

Piali
E do poder duma mulher
Pouco se sofreria.

Vão-se os dois.

Argelina
Vamos e nos amaremos
Como esposa e esposo.

Martinho
Vamos sono risonho,
Sol divino e Céu formoso.

Vão-se. Música. Saem ao som de caixas de guerra. Ali vestido de cativo, Piali com uma bandeira, Martinho vestido de general e Albucem a seguir a eles.

Martinho
Pois sabeis, pai e Senhor,
Que ao Rei pedi licença
Para me bater em guerra
E permitir minha ausência
Adquirindo com valor
Com alento e diligência
Fama honra e valor
Batendo-nos com frequência.

Para recorrer as costas
Nas cristãs fronteiras
Onde conseguir
Fixar nossas bandeiras.

Parti com seiscentos homens
Em três famosas galeras

Atalhai soldados velhos
Dignos de fama eterna.

Ao entrar na embarcação
Minhas poderosas naves
Com seus remos valorosos
Fazemos ligeiras aves.

Em três dias descobrimos
Um barco muito distante
Pertencendo a Piperni.
Passados poucos minutos
Já estava ao meu alcance.

Transporta mercadorias
E coisas mui valorosas
Muitos corales e rubis
E muitas pedras preciosas.

E para maior grandeza
Trago o Duque de Piperni
Rendido em meu poder
Que com esforço apreendi.

Eis a primeira vitória
Para que veja o Rei teu irmão
Com que valor está dotado
Este Martinho Mourão.

O valor que acompanha
É o fogo da minha mão
Bem esgrime esta espada
Terror de qualquer cristão.

Albucem
Vamos e visitarás
A Argelina tua esposa
E também ao Rei de Argélia
Que ele te louvará
Tua acção tão vitoriosa.

Martinho
Mercê de soberana é essa
Para mim tão valorosa.

Albucem
Mas espera que imagino
Que está a chegar o Rei
Com sua guarda ditosa.

Sai o Rei, Ali e Piali.

Rei
Nobre [...] valente
Um soldado me deu nova
De tuas vitórias felizes
Que de teus feitos dão a prova.

Martinho
De joelhos a seus pés
Aqui estou rendido.

Rei
Levanta-te, põe-te a meu lado
Não estejas intranquilo.

Martinho
Não use de tanta franqueza
Neste momento comigo.

Rei
Preveni neste momento
A qualquer autoridade
Que a quantos cativos há
Lhe permitam liberdade.

Piali
Quanto mandais farei
Com toda a brevidade.

Vai-se.

Rei
Que espalhem por todo o reino
Que publico uma amestia
Para todos os que carecem
Liberdade neste dia.

Porque se encontram ausentes
Minhas escoltas todas
E quero que com grandes festas
Se celebrem tuas bodas.

Martinho
Talvez eu não seja digno
[...] grande [...]
Se possuísse mil mundos
Te daria em recompensa.

Rei
Albucem, como sábio
Previnam sem dilação
Que logo à minha voz
Faremos uma aclamação.

Albucem
Como mandais será feito
Sem nenhuma detenção.

Rei
Peço-vos de coração
Que vossos gritos estremeçam
Viva o soldado Atarais
Que seus feitos não se esqueçam.

Todos:
Viva!

Martinho
E morram todos aqueles
Que a Lei de Cristo professam.

*Vão-se. Música. Saem Cristóvão Mourão,
com barba grande, Pina e Cardona.*

Cristóvão
Quem nos deu a liberdade
Para sairmos da prisão?
Creio coisa de bondade
Vindo daquela mansão.

Pina
Foi o Rei de Argélia
Que hoje ordenou
Liberdade para todos
Assim mesmo publicou.

Porque dizem que casa hoje
Essa moura Argelina
Filha de Albucem
E desse Rei é sobrinha.

Cardona
E quem é o desposado?

Pina
É um clérigo de missa
Em sacerdote licenciado.

Cardona
E teve a coragem de renegar
Depois de ser sacerdote?
Havia-lhe dar eu o pago
Com um valente garrote.

Cristóvão
E de que país é?

Pina
Era de Espanha
Albucem o cativou
Já está feito um mouro
E só há um mês que chegou.

Cristóvão
E já renegou de Deus
O infeliz desgraçado
Pouco tinha que fazer
Só de um mês chegado.

Pina
Não se admire disso
Apenas em Argélia entrou
Por uma moura com fé traidora
De Jesus Cristo renegou.

Cristóvão
Ó sacerdote vil
Ó mau cristão
Que por fantasias mil
Tu perdes a salvação!

Cardona
É um traidor, um tirano
Valha-me Deus eterno
Não é acção de invejar
Lá lho dirão Inferno.

Ora deixemo-nos disso
A ver que é que me dizes
Vamos tratar de comer
Uma galinha, um peru
E muitas perdizes.

Se soubesseis a fome que tenho
E por se casar o renegado
Talvez me fique na memória
Este dia bem lembrado.

Pina
E em tal sucesso
Que fazemos
Se nós para comermos
Coisa alguma não temos.

Cardona
Não nos faltará que comer
Galinhas, patos ou galos
Codornizes ou melros mesmo,
Estorninhos ou grandes favos.

Ou mesmo que seja vitela
Envolta só com pão trigo,
O adereço seja de porco
E o resto de toucinho,
E em vez de beber água
Seja uma pipa de vinho.

Cristóvão
Tendes ouvido dizer
Esse malvado atrevido
Que hoje renegou
Em que terra foi nascido?

Pina
Isso quem lho pode dizer
É o companheiro Cardona.

Cardona
Senhor, todos dizem
Que nasceu em Carmona.

Cristóvão
De Carmona, ai de mim!
Eu quisesse vê-lo
Porque se é dessa cidade
Eu devo conhecê-lo
E talvez saiba de meu filho
Por quem eu sofro tanto desvelo.

Com viva fé rogo aos Céus
Que se meu filho soubera
De minha prisão amarga
Tão horrível e tão fera
Que ele mesmo se empenharia
E tirar-me daqui pudera.

Pina
De que maneira o cativaram?

Cristóvão
Ouvi de que sorte me enganaram:

Eu estava em Málaga
Para seguir para a Tunísia
Com certas mercadorias
De determinada valia.

Chega o perro Albucem
Esse bárbaro insolente
Esse enganoso traidor
Esse burlador indecente.

Perguntando por mercadoria
Fingindo ser português:
Vem que eu te comprarei
Como leal e cortês.

Em troca te posso dar
Do que tenho em minha nave
Jóias e mil drogas diferentes
Que tua mercadoria pague.

Acreditei em seus enganos
Que o peito do inocente
Por recear de agravos
Periga constantemente.

Ao chegar junto da nave
Altamente deu um grito
Onde me fez prisioneiro
Insolente e altivo.

Trouxe-me a Argélia onde estou
Passando penas cruéis
Não só por estar preso
Mas também por não saber
De dois filhos que deixei.

Céus, valei-me!
Tirai-me de onde estou
Para junto de meu filho,
Que por seus estudos felizes
Ele segue um bom caminho.

Tinha vinte e cinco anos
Quando a primeira missa cantou.

Aqui chora.

Amigos, não vos estranha
De ver-me como eu estou.

O que sinto em meu peito
Quem me dera saber
Pois que choro amargamente
Com tantas ânsias de o ver.

Cardona
Senhor, muito me pesa
De estar assim a sofrer.

Pina
Deus alivie teus pesares
Para mais não padecer.

Cardona
Escutem que se ouve
A música acostumada
Fandangos, bailes e sainetes
A honrar a moura casada.

É o que fazem por cá os mouros
Quando um canalha renega
De Cristo como este
E que a ser mouro chega.

Reparai que ao longe
Neste mesmo instante
Vê-se um estandarte branco
Cheio de gotas de sangue.

Porque têm por costume
Com toda sua atitude
Arvorarem essa bandeira
Para que Maoma os ajude.

Se eu estivesse no poder
Para dar-lhe o castigo
Acumava-lhe um cão morto
Só assim ficava tranquilo
Porque não são coisas de fazer
Renegar de Deus divino.

Pina
Que mais lhe querias fazer?

Cardona
Daria-lhe tanto pontapé
Para lhe pôr o cu
Onde não o pudesse ver.

Retirando-se, saem Ali e Piali com uma ban-
deira branca com gotas de sangue, Martinho
e Argelina pela mão e, trás deles, Albucem e
o Rei e cantam dentro o seguinte:

O mouro Atarais chamado
Que mar e terra assombra
Já não é sacerdote
E deixa de ser Martinho
Com felicidade mais longa.

Recolhem-se outra vez ficando os cativos e
Cardona.

Cristóvão
Céus, que é o que tenho visto?
De confuso estou admirado,
Não sei se o que vi
É ilusão ou engano?

Mas não, não pode ser
Pois vão cantando seu nome
A vozes aqueles cães
Que minhas ideias consome.

Sacerdote eles diziam
Que é esse renegado
E em Martinho falavam.
Ai Céus! Virgem Santa do Rosário
De quem devoto sou
Desde que o Céu sagrado
Permitiu que me dessem
Vosso rosário amado.

Se em alguma coisa lhe faltei
Perdoai-me, aurora imensa,
E rogai ao vosso Filho
Que me dê paciência.

Permiti que este sacerdote
Martirizem, ó desditado,

Já que pelas sendas da malícia
Ele está precipitado.

Fazei com que ele volte
Outra vez a seu rebanho.

Almas do Purgatório
A quem quero e tanto amo
Que quarenta e oito missas
Se vos dizem todos os anos
Pedi a Deus que não ande
Assim desencaminhado.

Dai-lhe a este vosso escravo
Que em graça está rogando
Que a este vil sacerdote
Lhe deis auxílio soberano
Para que deixe os vícios
Pois contra o vosso poder
Segue louco e temerário.

Meu Deus, valei-me
Atendei o meu pedido
Pois tenho tanta aflição
Que vou perder o sentido.

Pina
Não desanime,
Senhor Cristóvão Mourão,
Ponha isso de parte
E recupere animação.

Cristóvão
Vinde comigo, amigos,
Confortai-me como sabeis
Em tão duras aflições
Em penas e horrores tantos.

Não fujas da Igreja Santa
Deixa estes brios tão ufanos
Vem dizer-me em que empregaste
O estudo de tantos anos.

Onde estão teus sermões,
Filósofo condenado?
Aonde está tua doutrina
Que já te davam por Santo?

De encarnado te vestiste
Cor de sangue tens tomado
Que de um sangrento animal
Nascem pensamentos baixos.

Cardona
Levai-nos daqui este homem
Pois eu estou a tremer
Segundo cresce sua loucura
[...] inquietar o palácio
[...] padecer.

Pina
Vamos que também julgo
[...] vejo seu modo
Parece-me que pensaste bem
E estou do mesmo acordo.

Cristóvão
Deixai-me e vereis
O estrago que hei-de fazer
Que na minha mão morrerá
Sem lhe poderem valer.

Hei-de vingar minha ira
Hei-de fazer de ti cacos
Espera Martinho e teu Rei
Que te farei em mil pedaços.

Vão-se. Música. Sentindo um tiro de dentro.

Rei
Morto sou, vassalos meus,
Pois me atravessou o coração
O tiro. Valha-me Alá!
Maoma me dê sua mão.

Albucem e Martinho sacam o Rei morto numa cadeira.

Albucem
Quem será o traidor
Que fez tal desacate?
Muito me daria em recompensa
Ao descobridor do atentado
Que me descubra quem foi
Que o nosso Rei tem matado.

Se souber quem foi o vil
Agressor deste fracasso
Que com minha própria espada
O farei em mil pedaços.

Que as estrelas excedem
E areias do mar salgado
Busquem depressa o traidor
Neste momento, soldados!

Publiquem este sucesso
E atalhem todos os passos
Das fronteiras do reino
A ver se é encontrado.

Que há-de ser castigado
Para exemplo de tiranos
Que arda em pez
Sem outros castigos vários
Vingando a morte de meu irmão
A todos os adversários.

Rei
Eu morro, Atarais valente,
Eu morro, Albucem invejado!
Maoma te dê prudência
Para governar como sábio
Este reino, pois meu herdeiro
Por Alá não ter-me deixado
Filho nenhum. Maoma,
Em tuas mãos soberanas
Meu espírito é enviado.

Morre. Saem Piali e Ali com uma carta.

Albucem
Levem daqui o Rei
E dêem-lhe logo sepultura
Que Maoma o recolherá
No lugar de eterna ventura.

Piali
Senhor, leia esta carta
Que um homem desconhecido
Me mandou entregar
Para que saibas do ocorrido.

Ali e Piali levam o Rei.

Martinho
Leia e repare o que diz
Que talvez tenha lá dentro
A origem destes sucessos
E o saberemos num momento.

Albucem
Assim mesmo o farei
Sem perder nenhum tempo.

Lê:

Carta

Não tendes que fazer diligência
Em saber da morte do Rei
Nesta carta vos confesso
Que fui eu quem o matei.

Veio aqui disfarçado
Para não ser conhecido
Iludindo meus vassalos
E igualmente mê filho.

Que me expulsassem do reino
E isto haviam fazer
Com intenção de apoderar-se
De Tunes, Fez, Marrocos e Tânger.

Se queres vingar sua morte
Não tenho temor ao mundo
Pois tenho a meu favor
O monarca Filipe Segundo
Quem rege parte do meu reino
Com feitos e valor profundo

Alá vos guie
Teu primo Milca.

Fim da carta

Martinho
Não temos que duvidar
Mataram o Rei à traição
Mas eu havia de vingar
A morte de teu irmão.

Albucem
Se meu irmão tão tirano
Andou fazendo tal
Os Céus é que permitirão
O castigo para seu mal.

Por herança o reino é meu
E como é dita de grandes louros
Desde hoje ficas nomeado
Atarais, rei dos mouros.

Depois que tenha pagado
A dívida da coroa
Que todos os Reis pagam
Quando herdam a coroa.

Vamos e a meu irmão
Sua tumba contemplemos
Em recompensa de tuas bodas
Que também já celebremos.

Vão-se. Música. Saem Cristóvão, Pina e Cardona com uma galinha, um bocado de carne, três pães, uma bota de vinho e uma copa de prata.

Pina
Senhor Cristóvão Mourão,
Deixe já de chorar
Que todas as vossas fadigas
Deus as há-de remediar.

Pois Deus todo poderoso
Acode com caridade
Quando carecem de socorro
Com a maior necessidade.

Por seu filho renegar
De Cristo e da Lei divina
Ainda pode alcançar perdão
E arrepender-se algum dia.

Pois até a morte ainda pode
Dar-lhe um auxílio eficaz
E que volte arrependido
Feitos seus olhos um mar
E se a Deus pede perdão
Está em ponto de o alcançar.

Cristóvão
Bons conselhos, ó Pina,
Nesta ocasião me têm dado
E como te agradeço
Fico-te muito obrigado.

Cardona
Pina é um homem esperto
É tanto que no seu lugar
Esteve o ano passado
Muito preste a obispar.

Porque como é lá do Douro
E há lá tão bom licor
Que bebendo muito
Chega a ser Imperador.

E bebendo meio cântaro
Um homem de modo tal
Se põe em tal conceito
De ser Bispo ou Cardeal.

Rei, Duque, Conde e Papa
Até que se vá a deitar
Mas deixemos estas coisas
E vamos depressa a merendar.

Pina
Ó bom Cardona,
E tu tens que comer?

Cardona
E não muito ruim!
Trago uma galinha valente
Acabada de refogar
Carne e outras coisinhas
Que não vos hão-de desagradar.
Ora antes que arrefeçam,
Senhor Mourão, a sentar!

Sentam-se Pina e Cardona.

Cristóvão
Por não ter vontade
Não posso aceitar.

Cardona
Não? Sente-se! Sente-se
E tenhamos um pouco de jantar

À conta do Rei que foi
Com Maoma a cear.
E se não aceitais juro ao Céu
Que tenho que me zangar.

Cristóvão
Não se zangue.

Cardona
Não zangarei
Mas se não aceitais
E fazeis o que vos digo
Juro que mas pagais!

Cristóvão
Para que não te zangues
Já me sento contigo.

Senta-se e diz Cardona:

Cardona
Bem está! Isto é bom
Não desfazendo do vinho.

Sacam o que têm e diz Pina:

Pina
E como te valeste
[...] arranjar tudo?

Cardona
Agora não tenho lugar
De to contar nesta ocasião
Pode ser que logo o tenho
Benza isto, Senhor Mourão!

Cristóvão
Deus por sua imensa
Vontade o benza.

Respondem:

Amém.

Vão comendo.

Pina
Que bem arranjada está
Esta galinha

Não há açafrão que a iguale
Nem pesca da marinha!

Cardona
Bebamos também
Que isso é verdade
Porque esta veio a mais
Para satisfazer a vontade.

Cristóvão
Assim farei! Mas tu fizeste mal
Porque se nos chegam encontrar
Por lhe encontrarem a falta
Caro nos há-de custar.

Cardona
Eu a guardarei de modo
Que não saibam onde está
Ai daquele que venha por ela
Que pago levará.

Sai Ali e Cardona esconde a copa no peito.

Ali
Viu qual foi o atrevido
Escravo que roubou
A copa do nosso Rei
Que ainda não se encontrou?

Cardona
Aqui não temos nenhuma.
Mais do que esta vê.

Ali
Mas isto não é copa.
Diga-me o que é?

Cardona
É uma guitarra
Que tocávamos na nossa terra
Quando vinha um atrevido
Para nos cometer guerra.

Ali
E quem vos deu este presente?

Cardona
Um homem da minha terra
Que era amigo da gente.

Ali
Da sua terra?

Cardona
Sim! Que é um homem
Muito prudente!
Toma Ali esta bota.

Ali
E isto por onde se toca?

Cardona
Olha põe aqui a boca
Tu assopras para dentro
E eu puxo para fora.

Ali
Mas eu não ouço tocar.

Cardona
Toque que é um instrumento
Digno de celebrar
Se este perro se emborrachasse
Que pago ia levar?

Ali
Pega outra vez na guitarra
E vamos experimentar
E a ver se de qualquer maneira
Eu aprendo a tocar.

Bebe.

Cardona
Não haveria coisa melhor
Para o mouro olvidar
A copa, e se não a esquece
Tenho que o ameaçar
Porque depois o medo
Cá o fará calar.

Ali
Queres-me vender a guitarra?

Cardona
Oh amigo! Esta é muito cara.

Ali
Eu tenho aqui dez tostões
Para ta comprar agora
Queres-ma dar por eles
Para depois me ir embora?

Cardona
Pois deixa cá ver
E vai com Nossa Senhora.

Ali
Amigos, ensinai-me
Por onde hei-de sair
Que em me apanhando na rua
Já sei por onde hei-de ir.

Cardona ensina-o a sair e diz:

Cardona
Vamos, mouro!
Já sabe por onde vai?

Ali
Amigos, com Alá ficai.

Cristóvão
Só temo um péssimo azar
Que nos interrompe o caminho
E nos há-de estorvar.

Cardona
Aqui não há que temer
Pois é o que diz o rifão
Audazes para lutar
Ao ribombar do canhão.

E agora é que vos conto
Como pude alcançar
Galinha, carne, vinho e pão
Para podermos jantar.

Numa cova profunda
Vi um perro mouro estar
Ali onde está o Rei
Com falta de o desencantar.

O qual estava assando
Como linda donzela
Num grande fogo infernal
Numa encantada panela.

Eu, como valentão,
Entro por ali dentro
E como havia de tudo
Trago carne, pão e vinho
Sem demorar um momento.

E a copa de prata
Também a trouxe de lá
Tirando-lha a um mouro
E agora aqui está.

E nada me dá cuidado
Pois sou da Especiosa
Nascido e criado
Nessa terra tão famosa.

E também vos quero dizer
Porque tenho este nome
Que ainda que não tenha que comer
Ele não morre de fome.

Com as dores do parto
Minha mãe foi para um curral
Encontrando-me junto de um cardo
E assim me querem chamar.

E Cardona me chamam
Já dessa ocasião
E sou desde pequeno
Valente como Roldão.

Por isso vos digo
Não tendes que desconfiar
Vale mais um momento de prazer
Do que trezentos de penar!

Cristóvão
Céus divinos,
Que triste é minha sina
Que de Cristo renegou filho!
Como terei alegria?

Vão-se. Começa a Música. Saem Martinho e Argelina.

Martinho
Como contentes vivemos
Eu e Argelina
Pois há muito que é
Verdadeira esposa minha.

Argelina
Que tranquila eu vivo
Pois me dás alegria
Não estava mais risonha
Se de Maoma fosse filha.

Digo do fundo do peito
Que és meu querido esposo
Adorado com tanto afecto
Tam livre e tam venturoso.

Martinho
Que afável se mostra a turca!
Por Maoma que te adoro
Quero-te mais do que a mim
E teu Deus do mesmo modo
E em faltando do teu lado
Por teu amor eu morro.

Argelina
É tua vida que tenho
Tua e a minha alma
Não há no mundo coisa alguma
Que a este mercê iguala.

Martinho
Que tu me venceste é verdade
Mas venho a ser teu cativo
Porque se não me corresse
Esta admirável ventura
Numa selva obscura
Enquanto eu fosse vivo
Eu por ti tudo fizesse.

Sai Albucem e fala:

Albucem
Que fazeis filhos
Que ausentes de mim estais?

Martinho
Contemplamos a candura
Que vos dá vida, Senhor,

Luz das vidas e da aurora
Seu soberano esplendor.

Argelina
Eu com activos ensaios
Do soldado Atarais valente
E os seus soberanos raios
Contemplo continuamente.

Albucem
Bem me parece e é justo
Que vós ameis de coração
Pois já que alcançaste
Ser herdeiro de meu irmão.

E alvíssaras quero dar-vos
Tudo o que tenho de meu
E da fortuna admirável
Que Maoma me deu.

Atarais, eu quero dar-te
Casas, escravos e fazendas
E os barcos de guerra
Com que minhas costas defendas.

A Portugal e Armúnia
França, Itália e Lenguadoca
Que desde Cádis e Mecina
A mil lástimas provoca.

Espalha por todo o mundo
E faz como meu genro
Que o teu valor te chama
A ser terror do Inferno.

Martinho
Pelo Sol que nos alumia
E pelo que me dizes assim
Que sobre as onze esferas
Hei-de arvorar tuas bandeiras.

Defenda-se o mundo de mim
Que ainda que nasci em Portugal
Hei-de abrasar tuas fronteiras.

Albucem
Teu é todo o meu poder
Sobre os mares que te dou.
Vamos e te farei obedecer!

Vão-se. Música. Sai Cristóvão muito triste.
Fala Cristóvão:

Cristóvão
Tu que o Céu criaste e a terra fria
A água, o fogo, o ar, Deus eterno,
A luz, a claridade deste ao dia,
Penas, fogo e horrores ao Inferno!

E a teu Céu imperial alegria,
E nos aqueces no gelado Inverno
Que o Sol gerou e as criaturas cria
O ouro purifica e ao pão dá vida.

A chuva, o mar e todas as correntes
E assim os filhos nascem com seus signos
Para ofender a Deus nunca vivais
Ai dos filhos que de Deus sois indignos!

Sai Martinho e diz:

Martinho
Para renegar nasci
Assim é minha fortuna
Hei-de-me pôr tão alto
Que chegue às faces da Lua.

A mim me fizeram Rei
A mim me deram o ser
E a mulher formosa
Que mais hei-de pretender?

De Jesus e sua fé
Agora já reneguei
E sem pesar aqui vos digo
Que a fogo, sangue e espada
A Cristo perseguirei.

Meu nome será eterno
Voe pelo mar minha fama
Que a ter terror do Inferno
Já meu valor me chama.

Se Cristo e Deus o sabia
Que havia de renegar
E que a virtude perdia
Que não me foi estorvar.

Mas não o quis fazer
E defenda-se do meu poder
Guarde-se de minhas mãos
Que morrerão quantos cristãos
Lhe queiram obedecer.

Cristóvão
Este é meu filho. Ai de mim!
Quem me dera que não fosse
Pois por ele estou sofrendo
Vários desgostos sem fim!

Perdido desta maneira
Filho bárbaro e cruel
Que horrível e desleal
Precipitado Lusbel
Que daquele Deus celestial
Deixaste sua Lei, infiel.

Nunca o ser te tivesse dado!
Porque o não quiseste, Céus?
É um grande desgosto
Que ele renegasse de Deus.

Vi-te cantando missa
Não tiraste nenhum proveito
Negaste a fé de Cristo
Maomiano estás feito!

E quando te fazias
Da Igreja fiel coluna
A Deus mil graças tu davas
E fugiu-te essa fortuna.

Tua constância admirável
Deus a fez com suas mãos
E deixas o gosto maior
Aspirado dos cristãos.

Teme de Deus o vigor
E o castigo de seu poder
Pois sua justiça admira
Ao soberbo podes crer.

Não imites aquele tirano
Que ao mesmo Cristo prendeu
Apóstolo descomungado
E aos Infernos desceu.

Que dirá de ti Carmona
E todo Portugal
Aonde a fama apregoa
A paz sem haver igual?

Mas isto é o que menos importa
Dá-lhe a Deus teu coração
Pois de tuas grandes culpas
Alcançarás o perdão.

Este é o maior interesse
Tu meus conselhos toma
Que mais vale adorar a Deus
Que ao péssimo Maoma.

Deus dá-nos a vida eterna
A honra que [...]
[...]
Ele [...]

Peço que te convertas
Pelo Santo Sacramento
Que adorando a Deus divino
Recebes vida e alento.

De joelhos cantado:

Pela Virgem Sacrossanta
Que é destroço do pecado
Peço-te que te juntes
Outra vez a Deus sagrado.

Martinho dá-lhe um pontapé e diz Martinho:

Martinho
Louco, levanta-te,
Velho vil e atrevido
Grande é a paciência
Que usei para contigo.

Filho teu me chamaste,
Velho caduco e malvado
Vendo-me em tão alto grau
Que desonra me tens dado.

Mas eu te castigarei
Com castigos diferentes
Para prestígio de tua fé
Caduco para que emendes.

Os membros com que nasceste
Eu te hei-de arrancar
Os olhos com que me viste
A língua para não falar
Orelhas, nariz, braços e pés
Nada te hei-de deixar.

Recolhe-te onde não vejam
Para te tirar a vida
Que quero deixar teu corpo
Todo feito numa ferida.

Cristóvão
Vosso favor invoco,
Virgem Santa esclarecida.

Martinho
Entra cão velho e louco
Que tens tua alma perdida.

Mete-o a empurrões. Música. Saem Pina e Cardona.

Pina
Tens visto o pobre velho?

Cardona
Creio que estará rezando
Com todas as devoções
E reza mais que cem beatas
E sabe bem orações.

Coitado
Sua fé está em Deus
E tem nele todo o cuidado.

Pina
Dá lástima vê-lo
Assim tão apaixonado.

Cardona
Tem pena em ver seu filho
Em tão miserável estado.

Pina
E teve pouca razão
Para renegar de Deus amado.

Cardona
Se enlouquecesse era melhor
Valoroso e arrastado
Morria por Jesus Cristo
Sendo sacerdote e sábio.

E não renegar por ter
Boa vida alguns anos
E se o apanha a morte
Que pode ser descuidado
Ao paraíso de Maoma
Vai com seiscentos diabos.

Pina
Qual será esse paraíso?

Cardona
Eu não sei mas entendo
Que é onde estão sepultados
Caim, Nembrot e Alofernes
Com Herodes e Pilatos.

Árrio, Calbino e Lutero,
Judas e Simão Mago
E Gestas fazendo gestos
Em companhia do Diabo.

E Maoma mui cortesmente
Ali está suplicando
A um ferrador que ali está
Que lhe ferre um burro pardo.

Pina
Cardona disseste a verdade
Repara no que te digo
Se te fizessem muito rico
Renegavas de Deus divino?

Cardona
Olha, Pina, eu imagino
E tenho pensado sempre
Que quem renega é louco ou pensa
Que vive eternamente.

Olha tu dá-te conta
E repara no que te digo
Que eu não volto a viver
O tempo que tenho vivido.

Sentindo-se golpes, fala Cristóvão de dentro:

Cristóvão
Soberano Deus imenso
Estas dores que passo
Ofereço-as pelas almas do Purgatório
Em sufrágio deste fracasso.

Cardona
Escuta estas vozes
Não me dão nenhum agrado.

Pina
Eu bem ouço.
Valha-nos S. Paulo!

Cardona
É Cristóvão sem dúvida
Que o estão martirizando.

Pina
Bem será retirar-nos
Porque se o verdugo nos vê
Nos fará outro tanto.

Retiram-se. Sai Martinho e diz:

Martinho
Já fica como merece
A meu gosto castigado
Sem ter quem lhe valesse
E livrá-lo de meu agravo.

Cardona
Se isto fazes com teu pai,
Verdugo indemoniado,
Que me farias a mim
Que te sou mais estranho?

Escuta, não ouves
Os grandiosos aplausos
Com que os Céus soberanos
Alegram estes fracassos?

Cantam:

Cristóvão, por quanto sofrestes
Já podeis alegrar-vos

Que vossa Mãe Sacrossanta
Baixa do Céu a curar-vos.

Correndo-se uma cortina aparece Cristóvão de joelhos com panos ensanguentados nos olhos, ouvidos, nariz, boca e membros. Nossa Senhora e dois anjos com um açafate de rosas e outro tirando-lhe os panos.

Nossa Senhora
Cristóvão, tendes valor.
Que meu Filho soberano
Permite que estes sucessos,
Estas dores e estas penas,
Tudo vos seja pago.

Para que seu nome sacro
E seu poder infinito
Seja notado entre quantos
Gozem o Céu bendito.

E quantos circunda o Sol
Luzidio com seus raios
E para que se conheça
Que é clemente, justo e sábio
Curado ficarás, Cristóvão,
Com a virtude de meu manto.

Cobre-o com o manto e os anjos tiram-lhe os panos.

Cristóvão
Oh princesa soberana
De tudo quanto há criado!
A Deus e vós, bela aurora,
Vos louvam Céus e Terra
E tudo quanto há sagrado.

Nossa Senhora
Tanto estima meu Filho
Os sufrágios e esmolas
Que pelas almas ofereces
Do Purgatório todas.

Toma para dividir
Todos estes rosários
Nestas prisões tão duras
Aos benignos escravos.

Todos os anjos do Céu
Te estão acompanhando
Pela devoção que tens
Com o Sacramento Santo.

Cristóvão
Quando mereci, Senhora,
Favores e louvores tantos?
Luz, glória, saúde e amparo
Que de novo permitis
Que volte a ser vosso escravo.

Correndo-se as cortinas desaparecem.

Cardona
É digno que o amemos
O estimemos e sirvamos
E que todos o imitemos
Seguindo todos seus passos.

Vai-se. Música. Saem Martinho e Argelina.

Martinho
Descansem os meus criados
Não haja ruído, Argelina,
Pois me encontro cansado
Desta guerra doce e peregrina.

Entre as várias flores
Um instante quero descansar
E descanse toda a gente
Que me pode estorvar.

Esposa, isto te peço
A preveni-los partirás
E volta logo ao palácio
Onde uns instantes estarás.

Argelina
Esposo doce e querido
O fazer-te a vontade é meu prazer
Ninguém te incomodará
Já o ficas a saber.
Farei que sejam avisados
E me hão-de obedecer.

Vai-se.

Martinho
Fontes que estais correndo
Aves que cantais entre as selvas
Ao sono estão rendidos meus sentidos
Do aroma que espalham estas relvas.

*Deita-se a dormir e ao mesmo tempo corre-se
uma cortina e aparece Cristóvão Mourão de
joelhos. Dois anjos pondo-lhe uma grinalda
de flores. Fala S. Miguel, Anjo:*

Anjo S. Miguel
Quem se dirige à glória
E do mundo se retira
Sobe a gozar junto de Deus
E aplaca sua ira.
Esta glória é duradoura.
Bem podes deixar essa vida.

Anjo Serafim
Dirige-se à eterna glória
Quem dá esmolas com alento
Quem adora firmemente
Ao Santíssimo Sacramento.

Desaparecem e desperta Martinho.

Martinho
Meu Deus que é isto?
Coisa linda tenho sonhado
Pois vi meu pai de joelhos
De dois anjos acompanhado.

De dois anjos!...
Que favores!...
E na cabeça lhe punham
Linda coroa de flores!

Eu bem sei
Que isto é uma ilusão
Pois ficou em tal destroço
Feito por minha mão.

Ao sono volto entregar
Minhas potências e sentidos
E não volto acreditar
Nestes sonos tão fingidos.

Deita-se outra vez e aparece-lhe um túmulo com uma caveira e tocando trombeta cantam de dentro:

Desperta, ó alma dorminda,
E teus sentidos aviva
Que não perdoa a morte
A ninguém nesta vida.

Que conta te hão-de tomar
Vida alerta contemplando
Pois a morte há-de chegar
Sem saber como nem quando.

Desperta Martinho assustado.

Martinho
Outra vez me inquietais
Horrores que me atormentais
Dar-me a morte sem dúvida
Com sustos, vós intentais.

Este é o que mais horror
Me causa, maior espanto,
Este me dá mais temor
E me causa mais quebranto.
Este som tão dorido
Me surpreende tanto.

Fala Voz de dentro por cima da cortina:

Desperta, ó alma dormida,
E teus sentidos avisa.

Martinho
Esta voz é do outro mundo
Que desta sorte me avisa.

Voz
Que não perdoa a morte
A ninguém nesta vida.

Martinho
Comigo devem falar
Pois me seguem alternando.

Voz
Que conta hão-de tomar
Vida alerta contemplando.

Martinho
Isto refere fero azar
Mas as vozes vão assentando.

Voz
Pois a morte há-de chegar
Sem saber como nem quando.

Anjo
Olha, Martinho, quando venha
A morte sem resistência
Que escusa tu porás
Se fizeste de Deus ausência?

Quando Deus venha julgar
Os teus ferozes pecados
Há-de mandar sepultar-te
Com todos os condenados.

Martinho
Os pensamentos viles
Como assim maltratais
Ao terror dos cristãos
E tantas desonras lhe dais.

E agora que me quereis
Se da vossa Lei arrependi-me
E não sou mais do vosso povo
Eu sou firme, eu sou firme.

Não acreditarei tais sonos
E vãs superstições
Vendo que todos os sonos
São de engano ilusões.

E armadilhas mal formadas
De uma vã fantasia
Que no entendimento
Um leve vapor as cria.

Sai Argelina e diz:

Argelina
Esposo, que sucedeu?

Martinho
Nada. Tive um sono
E muito me surpreendeu.

Argelina

Não acredites em sonos
E nem te deves admirar
Que quem dorme à sombra de um cardo
Por força tem de sonhar
E tudo quanto passou
Ali há-de mencionar.

À sombra daquela videira
Nós estaremos melhor
Que se enrosca naquele olmo
Símbolo do amor.

Martinho

Não quero descansar mais
Irei ver os meus escravos
Que por castigá-los morro
E dominar os mais bravos.

E verei se é morto
Aquele velho a quem cortei
Os membros e se não é
Com sua vida acabarei.

Argelina

Vamos, querido esposo,
E não te dêem mais cuidados
Aqueles sonos passados
Porque és mui poderoso.

Vão-se. Música. Saem Cardona, Pina e Cristóvão.

Cristóvão

Pão, rosários e rosas
Quero dar-vos irmãos
Que destas jóias preciosas
Gozam os bons cristãos.

E deste pão floreado
Que tão branco é
E que apenas um bocado
Sustenta ao que tem fé.

Dá, a cada um, um rosário e uma partícula.

Cardona

Cristóvão, era melhor
Comê-lo agora todo

Porque se não temos cuidado
Ou o estragam os ratos
Ou aparece enformigado.

Cristóvão

Só em comer tendes cuidado
Mas com o rosário na mão
Ainda nunca vos vi
É o dever do cristão.

Pina

Tendes razão, Cristóvão,
Nós vos temos que imitar
E os conselhos que nos dais
Agradecer e tomar.

Vosso nome vem de Cristo
Pois Cristóvão vos chamais
Como Cristo fiel mestre
Agradecemos conselhos tais.

Cristóvão

De mãos mais soberanas
Vem o bem que alcançais.

Cardona

Ele pensa que não vimos
Seu sucesso milagroso.

Cristóvão

Peço-vos que rezeis à Virgem
Como fiel devoto.

Cardona

Eu rezo muito, muito
Ao querer amanhecer.
E ainda que chamem por Cardona
Com o que estou atento
Não sou capaz de responder.

Retiram-se para um lado do tabuado e saem pelo outro Martinho, e fazendo que não os vê.

Martinho

Causa-me espanto
Pois o deixei encerrado
De seu corpo fiz um destroço
Com uma cadeia atado.

Ao ver que o deixei sem olhos
E a língua lhe cortasse
Ficando em tal situação
E daqui se escapasse.

Quem sabe
Se o tragou a terra
Ou se formou um encanto
Para me dar mais guerra?

A chave onde ele ficou
Com vigor eu a levei
E sair dali não podia
Pois na miséria o deixei.
Por Maoma que está ali
O que diz escutarei.

Cristóvão
Recebei estas imagens
Do Santíssimo Sacramento.

Dá-lhe umas estampas.

E as devemos adorar
Com devido acatamento.

Cem dias de indulgência
Ganha quem assim fizer
Dadas pelo Santo Isidro
Pois que tem esse poder.

Ao peito a deveis trazer
Todos com grande cuidado
E o mesmo ganhará
O que a trouxer ao lado.

Olhai que tendes a rezar
Por mim uma Salvé Rainha.

Cardona
Eu a isso não me recuso
Pois é coisa divina.

Cristóvão
Não me haveis de mentir
Minha alma aí se recria.

De joelhos.

Para sempre de joelhos seja louvado
O Sacramento Sagrado.

Pina e Cardona
Para sempre seja louvado.

Cardona
Mau garrotaço te dêem
Bárbaro e falso inimigo
Haver se dessa maneira
Acabavam contigo.

Pina
Com quem?

Cardona
Com Maoma digo.

*Aqui chega Martinho e dá-lhe um empurrão
a Cristóvão.*

Martinho
Vem cá, velho atrevido,
Caduco desvanecido.
Que bravuras tu fazes
Vendo-te tão perseguido?
Que feitiços ou encantos tens
Que te livram do meu castigo?

Cristóvão
Mau sacerdote, a que vens?
Dragão e víbora venenosa
Entendes que as tuas vaidades
Me vêem com fé amorosa?

Eu sirvo a um alto Senhor
A quem sempre hei-de adorar
Não julgues que tenho temor
Pois em pó te hás-de tornar.

Mata, fere e desvarata
Este meu corpo humano
E minhas carnes maltrata
Pois se me Deus não te mata
A ti é porque não quer, tirano.

Ele isso não faz mas a morte
Vendo-te em tal tortura

E nesse descuido tão forte
Com astuto golpe assegura.

E neste momento de perigo
Com sua gadanha vibrando
E se te apanha em tal terror
No laço do horror
Estarás sempre penando.

Ali não te hão-de valer
Honras, pompas nem riquezas.
Em fogo te hão-de meter
Por te terem seduzido
Conselhos de tais cabeças.

Martinho
Não me dês conselhos tais
Porque o dar-mos é erro.
Por o Profeta Maoma
E por Alá que te coma
Que hoje será teu enterro.

Põe o teu pensamento
A preces no Sacramento
E a estes cativos
Eu os quero deixar vivos
Testemunhos do teu tormento.

Sacerdote, fui em Carmona
Consagrado e de coroa
E agora eu sou Rei
E sabes que tua Lei deixei
Pois é falsa a qualquer pessoa.

Maoma é Profeta Santo
África assim o confessa
Reparai quanto mundo
A sua Lei professa.

Com o mesmo poder
Que tive na cristandade
Vou benzer este pão
Para que conheças teu erro
E conheças a verdade.

Tira-lhe um pão e benze.

Se ficasse em corpo de Cristo
Este pão consagrado
Esse Deus que adorais
Por mim será respeitado.

Caso contrário o desterro
De minha alma e meu estado
Se assim vossa Lei o quer
Eu o despedaçarei
Com a espada que tenho ao lado.

Benze-o.

Onde está vosso Deus?
Morra Cristo enganador
Esse vil e atrevido
De minha Lei defamador.

Já estás em minhas mãos
Sem te poder valer
Eu te hei-de esfaquear
Que nem cães te hão-de comer.

*Dá-lhe um golpe de espada ao pão o qual dei-
ta sangue e cai Martinho ao chão como morto. Cardona, Pina e Cristóvão de joelhos.*

Pina
Já o ídolo caiu em terra
Deste gentílico templo.

Cardona
Manifesto de sua guerra
E milagre bem potente.

Cristóvão
Pão em quem a Deus contemplo
Pão da vida e pão divino
Pão sacro em quem Deus se encerra
Pão santo que eu não sou digno.

De levar-vos a outra parte
Pelo que aqui sucede
Tão alto bem adoremos
Pão que glória nos concede.

Pina
Colmeia cheia de graça
Cálice de graça pura
Só em vós Sansão encontrou
A verdadeira doçura.

Cardona
Sustento da minha alma
Que a eterna luz nos guia
Faz com que neste império
Reine tua harmonia.

Aqui Cristóvão recolhe o pão e envolve-o num pano branco.

Cristóvão
Quando estes danos
Desses lobos sem razão
Que fazem às vossas ovelhas
[...] as tristes queixas
Do vosso povo cristão.

Quando, soberano Rei,
Benigno e leal Senhor,
Será tudo uma só lei
Um rebanho e um só pastor?

Domine momentu mei.

Vão-se. Levanta-se Martinho e diz:

Martinho
A este pecador caído
Ajudaria a levantar
Clemência, meu Deus, te peço
Pois já começo a chorar.

Deus soberano, piedade
Que já volto à obediência
De vossa gram majestade
Com humilde reverência.

Já quero abandonar
A vil roupa que vesti
Mouro, não me hão-de chamar
Cristão sou, cristão nasci
E cristão me hei-de tornar.

Vai-se despindo.

Fora, galas inumanas,
De [...] terra injusta
Que pela fantasia ganhas
Do Profeta que Deus quer
Assolar tuas canas.

E depois choram teus olhos.
Perdoara-te o Senhor?
Aplaca as suas iras
Com lágrimas de ingente dor.

Ao som de meus despojos
Morra o enredador
E coberta de um mau agouro
Sairá branca pomba
Da alma do pecador.

Tirem branca essa pomba
De este humilde pecador
Que de ministro de Roma
Baixou as pupilas do amor.

Sai Argelina e diz:

Argelina
Que fazes?

Martinho
Volto a meu centro,
Volto à frente divina
Onde a graça encontro
E o amor de Deus me encaminha.

De sua esfera cristalina
E seu escravo nasci
Com coroa e plateado
De quem nasce o Sol dourado
Figura do que eu fui.

Argelina
Traidor, não renegaste de Cristo
E dessa Lei tão hireja.

Martinho
Era de noite e dormia
Mas agora que vi o dia
Venero a minha Igreja.

Argelina
Basta, basta!
Meu pai, o Rei, o saberá
E de ti se vingará.

Martinho
Isso pretendo, Argelina,
Que a minha Lei te professo.
Vai dizer-lhe. Caminha!

Vai-se Argelina.

Eu mesmo me entregarei
À morte pois a mereço
Meu Deus ajudai-me
Que ao sacrifício me ofereço.

Adeus meus irmãos queridos,
Adeus Lusitânia famosa,
Adeus cidade de Miranda
Digna de eterna memória.

Já eu mesmo me sentencio
Publicamente em pessoa
Pela grande traição que fiz
A Deus e à Igreja toda.

Meu pai, onde estás?
Dá-me teus braços e torna
A dar-me o ser que perdeu
Esta fruta sem folha.

Cristo eterno, eu pequei
E contra ti, Virgem piedosa,
Não por meus merecimentos
Que a mim ninguém me abona.

[...] de meu pai
Meu coração chora
A quem eu martirizei
Meu atrevimento perdoa.

Ai Argélia terrível e forte
Essa segunda Babilónia
Se Jerusalém imitasses
Mesmo no transe da morte.

Sacerdote cristão sou
A Cristo tive na hóstia
Cristão sou, não sou mouro
E renego de Maoma.

Terceiro sou da ordem
De S. Francisco e em sua cópia
Está meu nome alistado
E em sua força famosa
Sou soldado General.

S. Francisco, dai me a vitória!
Cristo é Deus, Francisco amado
Sem haver outro igual.

Vai-se. Música. Sai Albucem e diz:

Albucem
Por Alá que estou contente
Em ter assim um soldado
Por genro e nunca vi
Homem com alentos tantos.

Notáveis riquezas tem
De Piperni aprisionados
Cem mil barras de ouro
Por ele mesmo e criados.

Não há-de ficar nas costas
Segundo seu poder galhardo
Povo que esta Lei imite
Com seu poderoso braço.

Sua espada é raio que abrasa
Os fortes mais levantados
Tão ricos como os meus
E tão grandes palácios.

Do valor de Atarais
Treme de susto o mundo
Juro por Maoma Santo
Que em meu Império e seus estados
Não haverá segundo.

Porque os Céus lhe permitem
Chego quase a invejá-lo

Felicidades supremas
Para exemplo de piratas
Que abalam o mar salgado.

E de quantos [...] terra
Com militares aplausos
De caixas e de trombetas
O seguem com lanças e dardos.

Bombas, tiros e canhões
Espingardas e morteiros
A quem eu amo pois é
O leal vassalo guerreiro.

Muito tarda em regressar
E em cumprir o prometido
Pois acompanha a Piperni
Mas juro que há-de renegar
À força e por castigo.

Sai Piali e diz:

Piali
Poderoso Rei de Argélia
Tão discreto como sábio
De África grande monarca
Do Cristo fero raio
Perdoa as más novas
Que de teu genro trago.

Albucem
De meu genro?...

Piali
Sim, Senhor, já é cristão
E de banda coroa e penacho
Se despiu e vai correndo
Pelas ruas descalço.

Cingido com uma corda
Ele vai caminhando
E todo cheio de fé
Por toda Argélia pregando.

Dizendo a vozes que Cristo
A quem vós perseguis tanto
É filho de Deus eterno
E que Maoma é um falso.

Albucem
Não há que fiar em cristãos
Birou-se a seu natural
A pedradas morra o traidor
Numa cruz para seu mal.

Todo o cristão que renega
De Jesus crucificado
E da Virgem Santíssima
Logo volta a confessá-lo.

Morra o enredador
Para que os renegados
Escarmentem e com seu exemplo
Tremam os mais irados.

*Vão-se. Sai Cristóvão e um frade com o pão.
Olhando para o pão.*

Frade
Notável sucesso foi
O que o cristão tem feito.

Cristóvão
Guardai-o com cuidado
E escondei-o no vosso peito.

Frade
A Portugal o levarei
E por minha fé singular
Que deste sítio onde estais
Eu vos quero resgatar.

Cristóvão
Fazei-o, Padre,
Pois louva eternamente
A Santíssima Trindade.

Frade
Assim farei
Ainda que custeis mil mouros
Dos melhores com que o Rei
Faz guarda aos seus tesouros.

Cristóvão
Pelos poros do pão
Fontes de sangue verteu
E dando um golpe de espada
A própria terra tremeu.

AUTO DO RENEGADO DE CARMONA

Ao levantar o braço irado
Dá o golpe e cai em terra
Creio que chorou suas culpas
E deu fim à sua guerra.

Frade
Para dar-lhe ao Padre Santo
Partirei o pão ao meio
A outra parte levo-a ao Sacrário
Da Igreja da Santíssima do Remédio.

*Fazendo ruído dentro, toca uma trombeta e
sai Cardona correndo:*

Cardona
Pobre velho, aonde estás?

Cristóvão
Que sucedeu?

Cardona
Senhor Cristóvão
Acção divina
Seu filho já é cristão
E direito à morte caminha.

De quatro troncos pendente
E numa cruz pregado
Diz o motim da gente:
Morra, morra o renegado.

*Descobre-se Martinho numa cruz com um há-
bito de S. Francisco todo ensanguentado com
o peito coberto de flechas.*

Cristóvão
Imagem de Cristo amado
Filho a quem dei o ser
Pimpolho que nessa planta
Mereceste florescer.

Filho, como homem pecaste!
Outro assim não se tem visto
E depois com viva fé
Imitar a Jesus Cristo.

Roga a Deus por teus amigos
Teus irmãos e tua gente

E por todos os cristãos
Que há do nascente ao poente.

Frade
Martinho Santo que nesta cruz
Recebes morte e unção
A Jesus nessa cruz
Oferece alma e coração.

Jesus recebe tua alma
Jesus seja contigo sempre
Jesus teu espírito ajude
Jesus te ampare continuamente.

Jesus infunda em sua graça
Dos maus a riqueza vã
E lhe corte as ilusões
Contra Jesus, alma cristã.

Martinho
Adeus meu pai que insultei
E lhe dei tanto martírio!
Perdão, perdão vos peço
E Jesus seja comigo.

Morre. Sai Argelina com uma lança.

Argelina
Ah cão de péssima casta
Eras cristão verdadeiro
Vingue-me o Céu de ti
Neste momento derradeiro.

Hás-de acabar em minhas mãos
Meu presbitério me basta
Que uma mulher enojada
A qualquer feito se arrasta.

Vai-lhe a dar uma lançada e dizem de dentro:

Detém-te, Argelina! Detém-te!

*Cai Argelina ao chão e deixa cair a lança.
Aparece Nossa Senhora ao lado de Martinho
com uma grinalda de flores. Põe-lhe uma grinalda.*

Nossa Senhora

Pois também tu mereceste
Esta grinalda amada
E por justa Lei gozarás
Aquela pátria sagrada.

Sobe a gozar novo Império
Sobe que por minha mão
Hoje tenho que apresentar-te
Naquela eterna mansão.

Aqui Nossa Senhora abraça a Martinho e correndo-se as cortinas levanta-se Argelina.

Argelina

Oh Maria, Mãe de Deus,
Pelo vosso esplendor
Me deixais minha alma
Cativa em vosso amor.

Frade

A quem viste
Nesta ocasião
Pois parece que estás
De diferente opinião?

Argelina

A vossa Mãe Santíssima
Que a Martinho defendia
E em sonhos vi minha mãe
Que desta maneira dizia:
Baptiza-te quanto antes
E toma o nome de Maria.

Frade

Então queres baptizar-te
E deixar o Maometismo?
E Jesus te amará
Depois do Santo Baptismo.

Argelina

Sim, quero baptizar-me
E imitar o cristão
Se só esta Lei é verdadeira
Quero alcançar o perdão!

Frade

Vem e com a água
Cristã serás para sempre

E ao Criador do Céu e da Terra
Louvarás eternamente.

E estes prodígios vos cantem
E vós nesse império os louveis
Pois Jesus está esperando
Até que vos baptizeis.

Vão-se. Música. Sai Albucem e Ali.

Ali

Aqui, Rei e Senhor,
Com licença tendes que dar
Vou dar-lhes algumas novas
Que não vos hão-de agradar.

Albucem

Por mim está concedido
Fala o que tens a falar.

Ali

Só temo do vosso rigor
Que se vá impacientar
Pois as novas são tão ruins
Que me queira castigar.

Albucem

Todos me trazem más novas
Meu peito em ira se abrasa.
Que sucedeu de novo?
Vamos, depressa, fala!

Ali

Escutai e vos direi
Tudo o que desejava.

Sua filha está donde
Argelina disparatada
Pois já professa a Lei de Cristo
E a Martinho se abraçava.

Albucem

Argelina!...

Ali

Sim, Senhor, e os presos
Que tinhas em teu poder
Lá todos se baptizaram
Já o ficas a saber.

Albucem

Que é isto Maoma?!
Falas, dormes ou estás louco
Que não deites vulcões
Que abrasem o mundo todo
E a todos os que me ultrajem
Lhe suceda o mesmo modo.

Ali

Por Cristo chora e suspira
E se alguém lhe pergunta
De Albucem já não é filha.

Albucem

Por Cristo, dá-me uma lança
Que esse Cristo é como um fogo
Que se prende numa alma
E por ali se encendeia todo!

Antes que a mim me atravesse
Com esta ponta afiada
Hei-de aplacar esse encêndio
Que meu poder queima e abrasa.

Vão-se. Sai Cardona assustado.

Cardona

Albucem está feito um tigre
Juro ao Céu que o temo
Pela boca e pelos olhos
Vai derramando veneno.

A ser verdugo caminha
Por essas ruas dizendo
Com uma lança na mão
Mais que um demónio soberbo.

Morra Argelina leivosa
De Maoma vil desprezo
Que tangendo esta lança
O teu peito atravesso.

Toda Argélia é um prodígio
De milagres bem potentos
Oh quem pudera escapar
A estes raivosos podencos!

A Martinho com soberba
Já o crucificaram

E a pedradas até ao sítio
Destinado o levaram.

Temo que me façam o mesmo
Por isso estou a tremer
Pois são pior que um cão
Quando está para morder.

Sai Ali.

Céus, que já vejo
Aquele com quem troquei
A bota. Valha-me Deus
Como me livrarei?

Ali

Que fazes aqui?

Cardona

Não faço nada.

Ali

Já vejo.

Cardona

Pois se o vês
Para que mo perguntas?

Ali

Anda depressa daí
Que Albucem me tem mandado
Que tu por minhas mãos
Hoje fosses castigado.

Cardona à parte:

Cardona

Dito e feito
Já me vão crucificar
Se de Cristo não renego
Decerto as vou pagar.

Para Ali:

Mas... Valha-me o engenho!
Mouro, sejamos amigos
E se alguém nos ofende
Nós seremos unidos.

Não te lembras de me ver
Ainda há pouco tempo
Quando aqui te venderam
Um magnífico instrumento.

Eu bem me lembro disso
Estava cheio de licor
Ou seja vinho de quatro anos
Que ainda era melhor.

O tal instrumento que digo
Chamava-se guitarra
Anda, sejamos amigos
E não te importes mais nada.

Ali
É verdade, já me lembro
Que lha comprei por um escudo
Ou sejam dez tostões
Já me lembro de tudo.

Cardona
Pois já te lembras e sabes
Que com rigoroso extremo
O Rei castiga a quem compra
Qualquer coisa a um preso.

Vai-te e se te perguntam
Dizes não o encontrei
Mas se me levas preso
Eu conto-lhe tudo ao Rei.

Ali
Como te chamas?

Cardona
Eu? Gil!...

Ali
E o que me vendeu o licor?

Cardona
Telmo.

Ali
Pois era bem parecido contigo
Além de pouco lembrar-me
De isso ter ocorrido.

Cardona
Não tens razão que o outro
Era encorcobado e torto
E também tinha um dente
Assim muito revolto.

Ali
Pois Gil para que o Rei não saiba
E tu livrares-te do castigo
De te deixar na prisão
Vai-te em paz e cala-te, amigo.

Vai-se.

Cardona
Dizes bem cala e calemos
Victor Cardona estais a ver
Eu faço aqui o que quero
Valendo-me do meu saber.

Senhor Deus, tirai-me daqui
E levai-me para outro lugar
Que vos dou um carro de cera
Para alumiar o vosso altar.

*Vai. Música. Saem Frade, Cristóvão e Argeli-
na ensanguentada trazendo o crucifixo que
antes encontrara no cofre.*

Argelina
Esta soberana jóia
Minha mãe sempre adorava
Ministro guarde-a, não fique
Entre esta gente tirana.

Frade
Não temas, ilustre mulher,
Que os anjos cantam na glória
Nem desmaie teu coração
Até ganhar a vitória.

Argelina
Oh soberano sacramento
Que vós sois Cristo confesso
E vos ocultais em vão
Substância que reconheço.

Por vós, Senhor, eu suspiro!
Sois Deus divino e humano

AUTO DO RENEGADO DE CARMONA

A quem com íntimas ânsias
Peço perdão do passado.

Aparece Nossa Senhora com uma grinalda
que a porá a Argelina e ajoelhando-se todos.

Nossa Senhora
Pelo teu procedimento
Já estás perdoada
E em prémio de teu martírio
Te enfio esta grinalda.

Põe-lhe a grinalda.

Argelina
Oh soberana Senhora,
Virgem Pura e Imaculada
És centro dos meus haveres
E porto da minha esperança.

Nossa Senhora
Vem a gozar dos bens
De Arcanjos e Querubins
Pois tuas vitórias cantam
Todos os Serafins.

Cantam de dentro:

Cantemos eternamente
Deste martírio a vitória
Que goze naquela pátria
A verdadeira glória.

Nossa Senhora
Filha, Argelina,
Maria ficas chamada
Pois do Espírito Santo
Já recebeste a água.
Hoje tua mãe sobe ao Céu
Naquelas penas onde estava.

Argelina
Eu quisera não ter sido
Assim tão tarde baptizada.

Nossa Senhora
Nunca é tarde quando chega
Para quem precisa o remédio

E tuas preces, Cristóvão,
As ouviu o Padre Eterno.

Mil e quatrocentas almas
Saem daquelas penas
A gozar aquele descanso
E felicidades eternas.

Cristóvão
Por ti, fonte de graça,
Tantos favores recebo.

Argelina
Às tuas soberanas mãos,
Doce Jesus de minha vida,
E às tuas, Virgem Santa,
Minha alma é dirigida.

Fica morta de joelhos.

Nossa Senhora
Nelas vais colocada
Cheia de fé e esperança
Até aquele trono superior
Nesta bem aventurança.

E tu, Frade, para a igreja
Estes dois mártires leva
De Santa Tecla em Carmona
Onde se fará dentro
Uma sumptuosa capela.

Onde estejam veneradas
As duas jóias que saem
Honra, glória e luz de Portugal
E de todo o povo cristão.

Frade
Imperatriz Sacrossanta,
Cumpra-se a vossa vontade.

Nossa Senhora
Desta maneira a meu Filho
De contínuo se agrada.
E tu, Cristóvão, tua devoção
Conserva-a sempre e guarda-a
E terás o prémio seguro
Do que castiga e manda.

Vai-se.

Cristóvão

Por vós, Senhora, recebo
Tantas honras sempre
Por mim o Céu e a Terra
Vos louvem eternamente.

Aqui Cristóvão e Frade deitam a Argelina sobre uns almofadões e cobrem-na com a cortina. Ao mesmo tempo fala Albucem de dentro:

Albucem

Deixem-me, vassalos meus,
Esta espada é quem a mata
Onde estás, filha traidora
Onde estás, cadela ingrata?

Sai Albucem de dentro todo furioso de espada em punho e ouvindo uma voz cai ao chão.

Voz

Detém-te, Albucem.

Albucem

Ai de mim!
Quem meus vigores espanta?

Voz

Quem amassa os soberbos
E os humildes levanta.

Levanta-se Albucem e diz:

Albucem

Valha-me Alá, qu'é isto?
Pois nesta próxima sala
Parece que vi Argelina
E a Biolante acompanhados
De uma Senhora divina
Mais branca do que a alva
E de estrelas muito brilhantes
Ela estava rodeada.

Ministro de Deus amado
Há-de-me dizer se sabe
Onde está Argelina
Informando-me da verdade.

Frade

Hei-la aqui
Gozando de quantos bens
Existem na cristandade.

Albucem

Céus santos
Que é isto?
Para me fazer chorar
Quisera não tê-la visto.

Que impulsos são estes, Maoma,
Que aqui vacilando andam?
Diz-me em que distingues
A todos os que te amam.

Ele e tu, Frade, diz-me
Quando vais para tua terra.

Frade

Preciso tua ordem e licença
E prometer não me dar guerra.

Albucem

Podes partir quando queiras
Sem recear de tal.

Frade

A Atarais e Argelina
Queria levar a Portugal.

Albucem

Todos os que aprisionei
Com direito e a traição
Saiam livres de Argélia
Cada qual à sua nação.

Dá-me agora teus braços
Sem haver dilação.

Frade

Muito me estranha, Senhor,
Que desta maneira queira
Dar-me tanto valor.

Albucem

Sim, amigos, porque me chama
A vossa Lei não sei que é

Levai o ouro e a prata
E todo o valor que encontrem.

Levai tudo o que trouxestes
Quando fostes aprisionados
Em compensação vos acompanha
Minhas escoltas de soldados.

Eu levarei as riquezas
Que encontre no meu palácio
E mudarei-me para Carmona
E sempre serei vosso escravo
Em recompensa deste sufrágio.

Ali pedirei o baptismo
E segundo vossa Lei Santa
Obedecerei sempre a Deus
Já que assim hoje se canta.

Frade
Pina, já estás livre
E solto do seu domínio
Pede perdão do passado
Enquanto aqui tens vivido.

Pina
Pedir perdão é escusado
Porque o nobre sempre paga
Desejos com o louvor
Desta vida tão amarga.

Cristóvão
E aqui acaba o Renegado
De Carmona, louvando-se
Por tão felizes sucessos
Dignos do eterno louvor.

Fim da Comédia

Versão recolhida na Póvoa. Manuscrito datado de 1964 e assinado pelo senhor José F. Marcos,
de Constantim.

A Vida Alegre do Brioso João Soldado

Personagens

Profecia
João Soldado
São Pedro
Cristo
Crespim
Taberneira
Mulher do regedor
Norberto, regedor
Fantasma
Mafarrico
Lúcifer
Rita Mona
Rosa Branca

Profecia
Meus senhores dêem licença
De expor meu arrazoado
Os trabalhos que passou
O brioso João Soldado.

Vinte e quatro anos de tropa
Vejam lá que trabalhão
Para vir a receber a baixa
Com quatro vinténs e um pão.

Três vezes encontrou Cristo e São Pedro
Sempre com eles repartiu
Do seu pão, do seu dinheiro
À noite sem nada se viu.

Mas Cristo deu-lhe permissão
De chamar ao seu bornal
Tudo quanto ele quisesse
Sem nunca lhe passar mal.

Botelos, frutas e pão
Vinha tudo aos trambolhões
Caminhando para o bornal
Até vinham salpicões.

Uma noite de Inverno
Foi pedir ao regedor

Autoridade do povoado
Que o apatroasse por favor.

Andava o tal regedor
Aborrecido de soldados
Não são todos como o João
Nem todos são honrados.

Por isso mandou o João
Para um lugar desgraçado
Era uma quinta mui rica
Onde morrera um condenado.

A quinta estava desabitada
E tinha muito que comer
Porém a alma do condenado
Andava por ali a sofrer.

Andava no mundo penando
Por ordem do Deus eterno
Sem que pudesse entrar
Nem no Céu, nem no Inferno.

Já tinha sido esconjurado
Pelo cura e sacristão
Um deles foi à sepultura
Outro caiu de pasmo ao chão.

Mas o brioso João Soldado
Foi para ali morar
Homem de têmpera tão fria
Não se podia assustar.

Uma noite estando a cear
Apareceu-lhe o tal condenado
Mas ele que era valente
Não ficou nada assustado.

Então o tal fantasma
Entregou-lhe a sua riqueza
E deu-lhe as suas ordens
Que ele cumpriu com firmeza.

Mas a quem pareceu mal
Este acertado governo
Foi a toda a corte infernal
Aos diabos do Inferno.

Porque a alma do tal defunto
Conseguiu entrar no Céu
Pelos benefícios e esmolas
Que João Soldado deu.

Apareceu-lhe um Mafarrico
João Soldado sem se atrapalhar
Mandou-o meter no bornal
E malhou-o a bom malhar.

Para tirar a desforra
Veio depois Lúcifer
João Soldado fez-lhe o mesmo
Sem nada se arrepender.

Depois que já ia velhote
Olhai o que lhe havia de lembrar
Falou a uma moça nova
E tratou de se casar.

Assim viveu muito tempo
Com a sua moça magana
Fizeram o seu casamento
À laia da moda cigana.

E depois no fim da vida
Já velho e alquebrado
Despediu-se da família
E partiu com muito agrado.

Pegou no bornal às costas
Nunca caminho torceu
E foi muito direitinho
Bater às portas do Céu.

Apareceu-lhe São Pedro
Opondo algumas razões
Mas João meteu-se logo
Caminhando aos trambolhões.

Desde que entrou na mansão
Aonde não há mal nem guerra
Está contando entre os anjos
O que lhe passou cá na terra.

Dou fim ao meu arrazoado
Não tendes senão desculpar
Prestai a vossa atenção
Que a obra vai começar.

Música.

Cena I

*Aparece João Soldado com as medalhas de bom
comportamento e fardado e diz:*

João Soldado
Vinte e quatro anos servi ao rei
Estou velhote e acabado
Não há vida mais rendosa
Do que a vida de soldado.

Meus senhores que fortuna
É de merecer parabéns
Apenas um pão no bornal
E no bolso quatro vinténs.

E agora que fazer
Vou-me botar a afogar
Nada! Não caio nessa
O que me resta é trabalhar.

Por este mundo de Cristo
Por aqui e por além
Uma quinta cada semana
É o que João Soldado tem.

Quatro vinténs no bolso
No bornal apenas um pão
Mas se isto nunca acabar
Boa vai ela ó João!

Aparecem Cristo e São Pedro disfarçados de mendigos.

São Pedro
Uma esmola meu irmão
Por Deus que está no Céu
Ele te proteja e guarde
Como é desejo meu
E nesta vida desgraçada
Te dê paz, saúde e gozo
Até à última morada.

E depois da tua morte
Te dê eterna mansão
Como merece soldado
De tão meigo coração.

João Soldado
Que poderei dar-vos irmão
Se não ganhei aposentação?
Tenho quatro vinténs no bolso
E no bornal só tenho um pão!

São Pedro
Olha João Soldado
Reparte sem algum temor
Deus não desampara seus servos
A todos paga com amor.

Aquele que dá na terra aos pobres
É certo que empresta a Deus
Que paga com juro imenso
Do cofre dos altos Céus.

João Soldado pega no pão e navalha.

João Soldado
Não há nada mais bonito
Que esses conselhos tão sãos
Vou partir o pão pelos três
Pois tu dizes "somos irmãos".

Reparte o pão, e mete a sua parte no bornal e continua:

Ai o meu último ordenado
O fim que veio a ter
Por ser assim bem educado
Vou ficando sem comer.

Cristo
Não tenhas medo ó João
Deus te há-de pagar
O bem que agora fazes
E ao Céu te há-de levar.

Retiram-se Cristo e São Pedro.

João Soldado
Já reparti o meu pão
Praticando a caridade
Dizem que todos somos irmãos
Mas se vem o resto da irmandade.

Pois se Deus que está no Céu
E fez de João Soldado um "home"
Já tanta vida lhe deu
Sem o deixar passar fome.

Foi ele que ser me deu
É ele que existe em mim
Do pouco que me concedeu
Reparti-lo-ei até ao fim.

Retira-se e sai Crespim, o tonto.

Crespim
Não há vida mais honesta
Do que a de João Soldado
Serviu ao rei vinte e quatro anos
Sem nunca ser castigado.

Música.

Cena II

João Soldado
Já caminhei bem boas léguas
Sem saber para onde ir
Porém Deus está no Céu
E eu para lá hei-de ir.

Aparecem de novo Cristo e São Pedro.

São Pedro
Amigo mortal por caridade
Uma esmola nos dá
Dá com toda a confiança
Que o bom Deus te pagará.

João Soldado
Parece que já vi estas caras
Se me não engano, na verdade
É bem certo o que eu digo
Vai vir toda a irmandade.

Parecem os de há bocado
Sei lá; serão ou não?
Mas, quer eles sejam ou não
Reparto de novo o pão.

Reparte o que ainda lhe restava pelos três.

São Pedro
João Soldado crê em Deus
Que sempre te há-de ajudar
E por certo com largos juros
No Céu te há-de pagar.

Homem digno e honesto
Soldado desta nação
Protector dos pobrezinhos
Sempre terás protecção.

Cristo
Em verdade te digo João
Que enquanto no mundo andares
Deus tomará sempre nota
Do bem que tu praticares.

Retiram-se Cristo e São Pedro.

João Soldado
Oh! Deus do Céu me valha
Estes homens pregam no mundo
A caridade até à morte
Mas quando o pão se acabar
A fome será a minha sorte.

Vou comer o que me resta
Ficará o caso arrumado

E assim findou o casqueiro
Do pobre João Soldado.

Morde e retira-se comendo. Aparece Crespim.

Crespim
Pouco a pouco João Soldado
Tem a merenda acabada
Já vai caminhar mais leve
Daqui ao fim da jornada.

Com quatro vinténs no bolso
Pode caminhar descansado
Não lhe devem sair ladrões
Bem vêem que é um soldado
Como todos bem "safado".

Música.

Cena III

João Soldado
Valha-me Deus que vida
A do pobre João Soldado
Servir ao rei vinte e quatro anos
E ficar sem ordenado.

Caminhar por este mundo
Sem amparo de ninguém
Que vida tão desgraçada
Para não ganhar vintém.

Tenho quatro na algibeira
Não preciso de carteira
Para guardar a dinheirada
Oh santo Deus do Céu
Que sorte tão desgraçada!

Aparece São Pedro e Cristo.

São Pedro
Ó meu rico benfeitor
Uma esmola por caridade
Que Deus do Céu te pague
Com sua imensa bondade.

João Soldado

Mas que vida esta meu Deus!
Estou-os mesmo a conhecer
Juraria que já lhes dei esmola
Está-me mesmo a parecer
E começam-me a aborrecer.

Servir ao rei vinte e quatro anos
Estou mesmo a parabéns
Ganhei um pão e quatro vinténs
O pão já se gastou
Foi-se embora, acabou.

Vá lá vou dar-vos um pataco
Mas depois, o que me resta
Para eu comprar tabaco?

Dá-lhes dois vinténs.

E só outro pataco me resta...
Para mendigar não tenho cesta
Não pode haver maior desgraça
Meu Deus! Que quereis que faça?
De que me hei-de governar?
Se quiser "manducar"
Só me resta "trabucar".

São Pedro à parte para Cristo:

São Pedro

Mestre!
Faça Vossa Majestade
Se for do seu agrado
Algum grato benefício
A este pobre desgraçado.

Serviu ao rei vinte e quatro anos
Sempre alegre e bem comportado
Resta-lhe um pão e quatro vinténs
Oh que brioso soldado.

Senhor!
Pelo poder que tu tens
Uma vez que repartiu com nós
Do seu minguado farnel
Da sua escassa algibeira
Por alma de seus avós
Concede-lhe um benefício
Com que passe a vida inteira.

Cristo

Pois bem, Pedro muito amado
Chama-o e vamos ver
Pergunta-lhe o que ele quer
E se for coisa de razão
Fica já na sua mão.

São Pedro

Ó senhor João Soldado
O nosso divino mestre
Vai-lhe fazer um favor
Pois ele premeia bem
Os eleitos do Senhor.

Peça pois por sua boca
Aquilo que mais desejar
Que de certo há-de alcançar
Um prémio na vida inteira
Segundo o desejo seu
E no fim da sua vida
Um bom lugar no Céu.

João Soldado

Pois uma vez que posso escolher
Nada devo pedir mal
Desejo que tudo o que eu quiser
Se meta no meu bornal.

Cristo

Em verdade te digo João
Que isso te é concedido
Mete no bornal quanto queiras
E serás bem sucedido.

Retiram-se Cristo e São Pedro.

João Soldado

A noite vai-se aproximando
Sem eu ter onde ficar
E ainda sem ter que cear.

No bornal não tenho pão
No bolso nem um tostão
Pobre infeliz João Soldado
És bem pouco afortunado.

*Caminha para a taberna onde há chouriças e
pão e diz para si:*

Oh que linguiças tão boas e loiras
Que lindos pães tão dourados
Já por mim sereis papados
Mas só tenho no bolso um pataco
Tem de ser para tabaco
É verdade! E a receita
Que me ensinou o tal sujeito?
Vou ver se dá bom efeito.

Ajoelha-se com o joelho direito e volta-se para as linguiças.

Em nome do Pai e do Filho
E do Espírito Santo em geral

Levanta-se e continua:

Os chouriços e os moletes
Saltem para o meu bornal.

As chouriças presas por um fio vêm para o seu bornal porque ele as puxa. Aparece a taberneira.

Taberneira
Não sei que diabo é isto
Há ladrões em minha casa
Roubaram-me o pão e as chouriças
Tenho o peito numa brasa.

Para João Soldado:

Alto aí seu gatuno!
Deite fora as chouriças
O pãozinho e o resto
Aqui não se rouba nada.

João Soldado
A quem está a chamar gatuno
Se eu não lhe roubei nada?
Tenha vergonha na cara
As suas chouriças e o pão
Vieram ao meu chamamento
Tudo foi em pouco tempo
E não lhe fiz nenhum mal
Só lhe disse autoritário
Saltem para o meu bornal.

Vieram logo ligeiras
Entraram no bornalzinho
E você se muito palra
Vem já pelo mesmo caminho.

Taberneira
Deixa-me guardar o resto
Não há que confiar no povo
Não venha outro "gandulo"
Que ponha tudo em amo novo.

Recolhem-se todos e aparece Crespim.

Crespim
Isto é roubar com honra
Ninguém o pode duvidar
Ver os chouriços a andar
E saltar para o bornal
O pãozinho fez igual
Caminhando para a fardela
Safa! Há que ter cautela!

Eu cá por mim digo em verdade
Sabeis o que me parece?
Isto é a lei da igualdade
Terrorismo ou comunismo.

Coitada da taberneira
Não gostou da maroteira.
Agora não lhe dá preguiça
Desde que viu fugir a chouriça
Está sempre de olho à espreita.

E eu cá por mim faço igual
Não venha o tal figurão
E me mande entrar no bornal.

Música.

Cena IV

João Soldado
É o primeiro dia da peluda
Para começar não vai mal
Deus me conserve o bornal
E na boca a dentadura.

Passarei a vida com fortuna
Aproveitarei bem o tempo
Mas... não tenho alojamento
Vou chamar ao regedor
Sou um soldado com baixa
Aloja-me e sem favor.

Chama pelo regedor:

Senhor regedor! Faz favor...

*Aparece primeiro a mulher e depois o regedor
Norberto Meireles.*

Mulher do regedor
Ó Norberto!
Vê se te pões bem esperto
Olha que isto é canalha
Um soldado assim barbado...
Traz também a navalha
E toma cuidado
Que os soldados são ladrões
Mentirosos e aldrabões.

Eu com eles não me meto
E tu não lhe dês paleio
Pela alma do nosso neto
Se queres trago o "sobeio".

Regedor
Cala-te lá mulher
Cala o bico que é melhor
Não tens nada que te meter
Aqui quem manda é o regedor.

João Soldado
Saiba minha senhora
Que eu sou muito honrado
E por minha vida fora
Sempre fui bem educado.

Para o regedor:

Apresenta-se um soldado
Já velhinho e alquebrado
Que para a tropa já não presta
Portanto agora o que me resta
É viver da minha baixa.

Desejava alojamento
Nem que fosse num convento
O senhor regedor está lembrado
Do que é um pobre soldado.

A caminhar todo o dia
Quando o sol não alumia
Também merece descansar
Mesmo que não possa trabalhar.

Regedor
Isto de tropa, meu soldado
Já velhos e alquebrados
Andam tão habilitados
Em maldades de caserna
Que é mesmo uma praga eterna.

Cá na terra toda a gente
Fica sempre a resmungar
Quando os vou a apatroar.

Uns deixam "caca" na cama
Outros trazem comichões
Outros "mijam" nos colchões
Fazem trinta por uma linha.

Alguns tem roubado a cozinha
Outros piscam à cozinheira
Se ela é nova e solteira
Até mesmo as velharonas
Por detrás fazem gaifonas.

Ninguém os pode aturar
Vem por aí cada um
Feito lorpa, grande palerma
Traz as manhas de caserna
De contínuo a esladroar
E por isso meu soldado
Não te posso apatroar.

Olha lá!
Lembrou-se-me agora de repente
Você poderia ir para uma quinta
Aqui fora do povoado
Morreu lá um condenado.

Um homem de mau governo
Que dizem não ter entrada
Nem no Céu nem no Inferno.

Todas as noites infalivelmente
A alma do condenado
Anda pela quinta fora
Pela adega, pela cozinha
Pela horta e pela vinha
Rodeado de morcegos.

Dizem mesmo que os diabos negros
Andam em sua companhia
Deita fogo pela boca
Fumo pelas orelhas
Os olhos deitam centelhas.

Traz o corpo todo a arder
De contínuo sempre a gemer
Soltando grandes blasfemas
Para o prender não há algemas
Nem mesmo as da Santa Igreja.

Nunca ninguém tal veja!
Uma noite o senhor abade
Foi lá para o esconjurar
Vestido de hábito talar
Com sobrepeliz e água benta
Santo Deus! Foi uma tormenta.

O pobre do sacristão
Foi logo de focinho ao chão
E o nosso bom abade
Diga-se o que é verdade
Caiu-lhe o hissope ao chão
A caldeirinha fugiu-lhe da mão.

Tornou-se-lhe o juízo vário
Agarrado ao breviário
Caminhou aos trambolhões
Dando grandes safanões
Pelo muro dos quintais
Não conseguiu abrir a porta
Caiu junto dos ombrais.

Acudiu-lhe logo a ama
Os amigos e vizinhos
Levaram-no para a cama
Santo Deus! Que fedor!
Não é para dar a risa
As ceroulas e a camisa
Era tudo uma massada.

E a pobre ama coitada
Com bem pouca alegria
Levou o outro dia
De contínuo no lavadeiro
Mas aquele maldito mau cheiro
Não queria desaparecer.

Ainda durou mais de quinze dias
Depois de o abade morrer
Na casa da tal quinta
Há de comer com fartura
Presuntos, vinho, fruta madura
Coisas que fazem tentar.

Mas desde que o abade morreu
Ninguém lá voltou a entrar
Se você é homem de lá entrar
Para ali o posso apatroar.

João Soldado
Ó senhor regedor
Eu sou um pobre soldado
Que já velho está abandonado
Pelo governo da nação
Como coisa que não presta
E perdi a estimação
Ganhei um pão e quatro vinténs
Em vinte e quatro anos que servi ao rei
Já pelo caminho os gastei.

Por isso medo a ladrões
Não me causa apoquentações
Vergonha não conheci
Medo nunca vi.

Valha-me Deus do Céu
E mais o seu bom governo
Nem que venha o Diabo do Inferno
Eu não largo a posição
É esta a minha pinta.

Senhor regedor
Indique já essa quinta
Eu não tenho nenhum mal
Se lá aparecer o Diabo
Salta para o meu bornal.

Regedor
Pois olhe:
Siga por esse caminho
Sempre muito direitinho
Onde vir um muro branco
Com grandes heras ao canto
Ao lado um portão bronzeado
Entre, ali é a quinta
Onde morreu o tal condenado.

Não lhe dou mais explicações
Porque digo-lhe na verdade
Sinto arrepios e comichões
Não me passe como ao abade.

João Soldado
Obrigado, senhor regedor
Pelo trabalho que comigo teve
Fique em casa descansado
João Soldado não teme nem deve.

Recolhem-se e Música.

Cena V

João Soldado
Nunca João Soldado pensou
Na sorte que viria a ter
Já dei volta à minha quinta
Não me devo arrepender
Parece um palácio encantado.

Quem será o dono dela?
Senão é outro é João Soldado
Aqui é tudo fortuna
A adega cheia de vinhos
A dispensa bem provida
De fumeiros e toucinhos.

Galinhas na capoeira
Coelhos na sua choça
Que te falta João Soldado?
Precisavas de uma moça.

Nada! Um velho a amassar potras
Leve o Diabo as mulheres
Vou tratar da minha ceia

Boca que desejas?
Coração que queres?

Entra, volta com um prato de carne, pão, uma
cabaça com vinho. Senta-se a comer à mesa.
Ouve-se a voz do fantasma:

Fantasma
Eu vou!...

João Soldado
Pois vem, vem que encontras
O amigo João Soldado
Mas se demorares mais um pouco
Já me encontras ceado.

Continua comendo e bebendo.

Fantasma
Eu desço!...

João Soldado
Pois sim, se tiveres vontade
Olha, se queres cear
Há-de ser com brevidade.

Fantasma
Eu caio!...

João Soldado
Pois cai
Mas não caias na mesa
Senão parto-te a cabaça na testa
Sabe-o com toda a certeza.

Põe-se a beber. Cai o fantasma. João Soldado
levanta-se de um pulo com a cabaça na mão.
O fantasma faz grandes trejeitos.

Fantasma
João Soldado, João Soldado
Vejo que és um valentão
O Céu te guarde e te proteja
Em qualquer ocasião.

João Soldado
Sim senhor
Vinte e quatro anos ao rei provei
E aqui mesmo o farei.

Fantasma

Não te assustes João Soldado
Se fizeres o que eu te indicar
Serás bem afortunado
Salvarás de certo a minha alma
Assim o coração mo diz
Gozarás os meus tesouros
E creio que serás feliz.

João Soldado

Sim senhor, sim senhor
Até que Deus minha alma leve
Direi sempre em todo o momento
João Soldado não teme nem deve.

Fantasma

Eu ando no mundo penando
Desde o dia em que morri
Em presença dos mortais
Mas sempre esperando por ti.

E agora que te encontrei
Fiquei algo aliviado
Mas tenho pena João
Pareces algo embriagado.

João Soldado

Não senhor, não é bem isso
Estou fino nessa arte
Cá em coisas de bebedeira
Nem cheguei à primeira parte.

Fantasma

João Soldado!
Pega numa enxada
Abre aqui uma cova no chão.

João Soldado

Servi ao rei vinte e quatro anos
Para ganhar quatro vinténs e um pão
E vou agora cavar terra
Nada! Não me chateie patrão!

Cave você se tem vontade
Cá eu enquanto soldado
Tive rancho, mochila e arma
Agora fiquei reformado.

Fantasma pega na enxada.

Fantasma

Aqui está o meu tesouro
Há muito tempo guardado
Foi Deus que o predestinou
Para o nosso João Soldado.

Tira três talhas do chão.

Nestas três talhas João
Encontrarás muito dinheiro
Arrecada-o todo inteiro
É para o que te vou mandar
Sem nada extraviar.

Esta talha tem cobres
Reparte-o todo aos pobres.

Na talha do meio há prata
Pega nela e gasta-a toda
Em benefício da minha alma
Conforme o desejo meu
Creio que há-de ser salva
E poderei entrar no Céu.

A outra talha tem ouro
A melhor parte do tesouro
Guarda-o todo para ti.

A quinta com tudo o que tem
Tudo a ti eu entrego
Não pagues nada a ninguém
Porque eu nada lhes devo.

João Soldado

Sim senhor, pode ir descansado
Pois tudo quanto mandou
Por mim será confirmado
Deus lhe dê paz eterna
Que eu fico bem sossegado.

Recolhem-se e sai Crespim.

Crespim

Quando nasceu João Soldado
Veio ao mundo um fanfarrão
Serviu ao rei vinte e quatro anos
Mas agora deu com melhor patrão.

Fique toda a gente sabendo
Que aos bichos que andam no mundo
É Deus que dá vida e calor
Com seu saber tão profundo.

Olhai que a João Soldado
Aqueceu-o a valer
Fê-lo rico num instante
Como poderia isto ser?

Se houvesse no mundo outra sorte
E me tocasse a mim
Poria um chocalho ao pescoço
Para tocar sempre.

Trim-tim-tim-tarim-tim-tim-tarim-tim-tim

Música.

Cena VI

João Soldado
Meus amigos ficai sabendo
Não há homem como João Soldado
Servi ao rei vinte e quatro anos
Sempre honesto e honrado.

Mesmo agora que sou herdeiro
Do tal morto abençoado
Reparti o cobre aos pobres
Gastei a prata em benefícios
E com tantos artifícios
Segundo os desejos meus
Fiquei pago com os pobres
E fiquei saldado com Deus.

Rezo de noite e de dia
Todo cheio de alegria
Pelas esmolas que receberam
Já tantas orações disseram
Tantas missas mandei celebrar
Que a alma do tal patrão
Deve estar em bom lugar.

E cá o João Soldado
Também não está em mau campo
Quando não me apetece o tinto
Bebo um trago do branco.

É uma vida direitinha
Da adega para a cozinha
Da cozinha para a palhoça
É a tal coisa
Só precisava de uma moça.

Mas, vou-me sentar um bocado
Fumar uma charutada
Beber a minha pingota
E não há vida mais regalada.

*Senta-se e aparece o Mafarrico saltando em
volta dele.*

Mafarrico
Bons dias senhor Dom João!

João Soldado
Estimo ver-te macaquito
E que feio és Mafarrico
Queres uma fumaça?

Mafarrico
Eu não fumo senão palhas
Não bebo senão água forte
E assim ando desta sorte
Pelo mundo arreliado
Por teu porte honesto e honrado.

Perdeu-se a alma dum condenado
Que ia entrar no Inferno
Subiu, voou para o Céu
Mui contra o desejo meu.

Por isso o meu governo
O governo infernal
Manda-me levar vossemecê
Sem lhe fazer nenhum mal.

Foi Lúcifer o pai
De todos os diabos vermelhos
Manda-o ir à sua presença
Para lhe dar bons conselhos.

Venha senhor Dom João
Venha sem desconfiar
Fazemos depressa a viagem
E ainda volta a casa a cear.

João Soldado
Não tenho dúvida em te acompanhar
Porque temos que ser amigos
Mas... come para aí esses figos.

Apresenta-lhe um prato de figos.

Não te devem fazer mal
Entretanto eu vou lá dentro
À procura do bornal.

*O Mafarrico come os figos e João Soldado
volta com o bornal e um malho e diz:*

João Soldado
Meu amigo Mafarrico
Agora vamos bailar
À moda de Portugal.
Sentido! Um, dois...
Esquerda, direita voltar!
Salta para o meu bornal.

Mafarrico atrapalhado.

Mafarrico
Ó senhor Dom João
Isso assim não pode ser!

João Soldado
Para mais é de gemer
Salta para o meu bornal
Que não há tempo a perder.

*O Mafarrico faz mil trejeitos, dá guinchos ten-
ta fugir mas...*

Salta para o meu bornal
Muito rápido e apressado
Que vais ser bem sacudido
Pelo amigo João Soldado.

*O Mafarrico entra no bornal de cabeça para
baixo e João Soldado bate-o com o malho.*

Anda grande pulhastra
Mafarrico do Inferno
Vieste para me levar?
Hum! Venham todos os diabos
Comigo nem um há-de entrar

Hás-de saber meu marmanjo
Quem é o João Soldado
E se voltares ao Inferno
Hás-de ir bem amolgado.

Desata o saco e sai o Mafarrico gateando.

Já lá tens a recompensa
Ficaste bem amolgado
Agora vai contar ao Inferno
Quem é o João Soldado.

*O Mafarrico desaparece gateando e sumindo-
-se pela cortina. Aparece o tontò.*

Crespim
Quereis negociar em chalaças
Contratai com João Soldado
Olhai o negro Mafarrico
Como ia de "borrado".

Tratando assim toda a gente
Poucos criados vai achar
Por todo o dinheiro que tenha
A mim não me há-de ajustar.

Música.

Cena VII

João Soldado
Esta noite tive um sonho
Que me tem dado que fazer
Anda o Inferno em guerra
Movido por Lúcifer.

Está pronto Lúcifer
Já tem tudo aparelhado
Para vir a Portugal
A buscar o João Soldado.

Deixai vir a Lúcifer
Deixai-o vir a Portugal
João Soldado não tem medo
Enquanto tiver seu bornal.

Aparece Lúcifer com grandes tenazes.

Lúcifer
Olá João Soldado
Venho para te levar
Prepara-te bem depressa
Que te quero atenazar.

Tu roubaste-me uma alma
Que eu queria queimar
Agora foi-se-me embora
E está num bom lugar.

Tu malhaste o Mafarrico
Que te veio visitar
Lá anda ele no Inferno
Continuamente a mancar.

Anda sempre dando guinchos
Por todos os meus reinados
Tem o couro como um crivo
E os ossos todos quebrados.

Por isso agora anda comigo
Não há-de ser grande a jornada
Tens no Inferno alojamento
E boa cama preparada.

João Soldado
Espera um pouco Lúcifer
E repara bem no que eu faço
Tenho aí malho e bornal
Aguarda, que vou buscar o laço.

Aparece com uma corda com o laço feito e lança-a ao pescoço de Lúcifer.

João Soldado
Anda cá negro cabrão
Peliqueiro dos lobados
Só em te pondo o corpo num feixe
Serão meus desejos findados.

Dá volta pelo palco e continua:

Negro, selvagem, bruto
Porco sujo, grande animal
Uma, duas, três!...
Salta para o meu bornal.

Lúcifer uiva, guincha, contorce-se.

Salta para o meu bornal
Ficará o caso arrumado
Aqui há nova ginástica
E quem manda é João Soldado.

Entra no bornal de cabeça para baixo. João Soldado ata o saco e continua:

Venha daí o malho
Já aqui está o malhador
Lá vem o Inferno abaixo
Por falta do Diabo maior.

Tira o casaco, pega no malho e zurra...

Toma para aí Lúcifer
Que te quero dar um vintém
Justai-vos cá com o João
Que João Soldado paga bem.

Virado para o povo:

Reparai povo honrado
Como anda este governo
Quem manda é João Soldado
No Diabo e no Inferno.

Continua batendo.

Não há vida como esta
Vira e volta e toca a malhar
Ah! Meu pobre Lúcifer
Desta não vais escapar.

Calca em cima com os joelhos.

Ai! Ai! Lúcifer
Ai! Meu pobre Diabo
Hei-de-te partir os cornos
E hei-de-te arrancar o rabo.

Levanta-se e diz para o povo:

Vou ver se já está morto
Vou já o saco a desatar
Se já não der sinal de vida
Ajudar-mo-eis a enterrar.

Desata o saco, sai Lúcifer mas fica preso com a corda e João Soldado com o malho bate-lhe no cu dizendo:

Já há muito que precisavas
Desta lição! Vieste a Portugal
Levá-la da minha mão
Em Portugal há óptimo governo
Vai-te gabar dele para o meio do Inferno.

Solta a corda e Lúcifer safa-se. Aparece Crespim.

Crespim
Cá o nosso João Soldado
Traz tudo aterrorizado
Malhou a Lúcifer
E malhou-o bem malhado.

Isto é riquíssima tenda
Apre lá com tal tendeiro
Deveria dar resultado
Para ajudante de ferreiro.

E para sacudir a polícia
Que vos parece da chalaça?
Para quem usar roupa de lã
É o melhor remédio da traça.

Música.

Cena VIII

Aparece João Soldado sentado numa cadeira e fumando.

João Soldado
Passei a vida honestamente
Estou velho e acabado
Não tardará que o povo diga
Já morreu o João Soldado.

Morrer assim um solteirão
Com riquezas de invejar
E morrer assim sozinho
Sem ter a quem as deixar.

De novo não me casei
Agora que vou fazer?
Pelo fim dos meus dias
Terei que buscar mulher.

Se caio pra aí numa cama
Quem é que me há-de tratar?
Não há como uma mulher
Ainda terei de me casar!

Vou falar a Rita Mona
Que é pronta e decidida
Parece bem boa pessoa
Não deixaremos de fazer vida.

Aparecem Rita Mona e Rosa Branca. João Soldado põe-se de pé.

João Soldado
Parece que é Deus do Céu
Que realiza o meu intento
Vossemecês a aparecerem
E eu com vós no pensamento
Têm saúde não é verdade?

Rita Mona
Bem, senhor João
Como tem passado?

João Soldado
Estou rijo
Muito obrigado! Olhe senhora Rita
Eu queria-lhe falar
E mais à sua companheira
A vossemecê para esposa
E a ela para cozinheira.

Rita Mona
Ó senhor João!
Isso não é de coração
O senhor é rico e fidalgo
E tem boa educação.

Eu sou rapariga do povo
Embora tenha reputação
Não tenho bens de raiz
Portanto senhor João...
Isso a mim não se me diz!

João Soldado
Então a senhora Rita
Desprezava-se de casar comigo?

Rita Mona
Ora essa! Tinha bom perigo
Mas o senhor João Soldado
Não olhava para mim
Por isso ao que nos não dão
Escusamos de dizer obrigado.

Rosa Branca
Pois olhe, senhora Rita
Não fale dessa maneira
Se você não quer para esposa
Eu aceito para cozinheira.

João Soldado
Ora assim é que eu gosto
Só com um ligeiro relato
Sem gastarmos grande tempo
Havemos de fazer o contrato.

Rita Mona
Pois olhe senhor João Soldado
Eu sempre me conservei honrada
E agora por fim da minha vida
Não quero ser difamada
Se quer pois casar comigo
Temos a conta ajustada.

João Soldado
Pois então vamos a isso
A Rosa será madrinha
E daqui para o futuro
Não é Rosa mas sim Rosinha.

Rita Mona
Ó meu amorzinho
Isso com mais prudência
Que ainda falta o padrinho
E tem de ter competência.

João Soldado
Lá isso tenha paciência
Há-de ser o senhor São Pedro
Que é um santo sem igual
Foi quem me deu o previlégio.

Rosa Branca
Pois então já se justaram
Não estejam a demorar.

João Soldado
Faça isso
Minha madrinha, trate de nos casar.

Rosa Branca junta-lhes as mãos.

Rosa Branca
Em nome do pai e do filho
Do Espírito Santo Amém
O senhor João Soldado casou-se
A senhora Rita Mona também.

Padrinho o senhor São Pedro
Madrinha dona Rosa Branca
Que fica de cozinheira
Por todos, farão vida santa.

Deus os faça bem felizes
Sempre bem afortunados
Bons petiscos, boa pinga e bons guisados
Por bem anos sejam casados.

Rita Mona
Vamos cantar a cantiga
Celebrar o casamento
Para que os anjos nos levem
Às glórias do firmamento.

Tomam os três a frente do palco, João Sol-
dado ao centro de braço dado e cantam:

João Soldado ao fim da vida
Rita Mona já gaiteira
Fizeram o seu casamento
Junto da fresca ribeira.

Celebrado com esplendor
Numa tarde de quarta-feira
Padrinho o senhor São Pedro
E madrinha a cozinheira.

Recolhem-se e aparece Crespim.

Crespim
Cá esta gente magana
Fizeram seu casamento
À laia da moda cigana
Resolvido em pouco tempo.

Para que lhe havia de dar
Cá o nosso João Soldado
Já com os pés na sepultura
Ainda se lembrou do riscado.

Música.

Cena IX

*Aparece João Soldado com as duas mulheres
e diz:*

João Soldado
Os meus dias estão gastos
Estou no fim da minha vida
Vou caminhar para o Céu
Vou preparar a partida.

Rita Mona
Ó João!
E eu também vou?

João Soldado
Não senhor
Tu e a madrinha
Ficais gozando a vida
Porém eu como já vou brando
Tenho de me ir aproximando.

Casei-me de sessenta anos
Há vinte e cinco anos e meio
Já de viver estou cheio...
Vou caminhando para o Céu
Sem que alguma paixão sinta
Tu e a madrinha ficais na quinta.

Comei e bebei à farta
Que eu se poder
Mando-vos uma carta.

Eu lá vou para o Céu
Por isso digo e torno a dizer
Adeus mulheres, adeus!...

Chora e diz Rosa Branca:

Rosa Branca
Olha esta está a chorar pelo homem
Adeus senhor João! Meu afilhado
Mande-me de lá um rebuçado.

Retiram-se e fica só.

João Soldado
Ó senhor padrinho São Pedro
Abra-me a porta do Céu.

Diz para o povo:

Se ele não tem olho fino
Bem depressa entro eu.

Aparece São Pedro e diz:

São Pedro
Ó senhor João Soldado
Ó meu querido afilhado
Então já querias entrar?
Mostra lá as boas obras
Que precisamos de as pesar.

João Soldado
As obras vêm no bornal
Meu senhor São Pedro, padrinho
E eu vou por este caminho.

Atira com o barrete para dentro.

São Pedro
Ó meu rico afilhado
Olha que isso assim não vale.

João Soldado
Ó meu rico padrinho
Salte para o bornal.

São Pedro
Alto lá João!
Homem cristão...

João Soldado entra e diz de dentro:

João Soldado
Eu vim buscar o barrete
Mas agora que estou dentro
Já mudei de pensamento
Bem bruto seria eu
Sabe o que é meu santo padrinho
João Soldado está no Céu.

*Aparecem todos os figurantes e diz
Crespim:*

Crespim
Findou a nossa comédia
João Soldado está no Céu
A cantar entre os anjos
O que por cá lhe sucedeu.

Em resumo eu vos desejo
A todo o povo em geral
Irmos juntos com eles
A gozar a paz celestial.

Não me vou despedir de vós
De povoação por povoação
Isso é um velho costume
Que não está na minha intenção.

Em nome dos meus companheiros
Vos digo adeus em geral
Dando-vos a todos juntos
Um abraço fraternal.

Música. Hino da Póvoa cantado no fim.

Hino da Póvoa

Mal o sol nasce, é noite ainda
Trabalhador lá vai com ansiedade infinda
Busca a ganhar com alegria
O seu sustento, pão nosso de cada dia.

Riem-se muito, folgam-se mais
Cantando alegres como os pardais
Até que à noitinha, ao findar do dia
Rezam baixinho "Ave-Maria".

Coro: Respira-se calma e paz
      Um ar puro bem perfumado

      Bendita sejas ó Póvoa
      Lindo lugar abençoado! (bis)

Póvoa, meu ninho estremecido
Terra onde nasci e onde fui criado
E decorreram meus dias belos
De menino, estudante e namorado.

Terra de meus pais e meus irmãos
Eu nunca te afasto da lembrança
Vales pra mim como um tesoiro
Varinha tutelar da fada esperança.

Repete-se o coro.

Versão recolhida na Póvoa. Manuscrito datado de 30 de Novembro de 1976 e assinado pelo senhor Valdemar da Assunção Gonçalves, da Póvoa. Foi representado na mesma localidade em 1977.

A Vida é um Sonho

Drama em três Jornadas

Figuras que falam

Basílio, Rei da Polónia
Segismundo, Príncipe
Astolfo, Duque de Moscóvia
Clotaldo, Velho
Clarim, Gracioso
Estrela, Infanta
Rosária, Dama
Soldados
Guardas
Criados e Damas
Música e acompanhamento.

Primeira Jornada

A cena é na corte da Polónia em uma fortaleza pouco distante e no campo. A um lado monte fragoso e a outro uma torre cuja planta é baixa e serve de prisão a Segismundo. A porta que dá frente ao público está entreaberta.

Primeira cena

Sai Rosária vestida de homem, aparecem no alto duns rochedos e baixam depois à planície e trás dela vem Clarim.

Rosária
Ó Hipigrofo violento
Que correste ao par do vento!
Como raio se chama,
Pássaro sem ninho, peixe sem escama
E bruto sem instinto
Natural, ao confuso labirinto
Destas unas montanhas?
Te deslocas, arrastas e despenhas?
Fica-te em este monte
Donde tangem os brutos suas vozes
Que já sem mais caminho

Que o que me dá as leis do destino.
Cega e desesperada
Baixarei a esperança embasanhada
Deste monte iminente
Que anoja o Sol, os raios da sua frente.
Mal Polónia recebes
A um estrangeiro que com sangue [...]
Sua entrada em tuas areias.
E apenas chega quando chega [...]
Bem minha sorte o diz,
Mas aonde achou piedade um infeliz.

Clarim
Diz dois e não me deixes
Em esta pousada
E depois contra mim te queixes.
Os que da nossa pátria havemos saído
A buscar aventuras,
Dois dos que entre desditas e loucuras
Aqui havemos chigado,
Que do mundo andamos acobardados.
Não é razão que eu sinta
Meter-me no pesar e não em [...]

Rosária
Não quero dar parte
De minhas queixas, Clarim,

Para te não conturbar
De chorar teu desvelo,
O direito que tens ao conforto.
Que tanto prazer havia
Em queixar-se, um filósofo dizia
Que a troco de queixar-se
Havia de confortar-se.

Clarim
Esse filósofo era
Algum bêbado de estalo.
Oh quem lhe dera
Quatro mil bofetadas
E depois que se queixasse
De as ter bem gramadas!
Mas que faremos, Senhora,
A pé, sós, perdidos a esta hora,
Em este deserto monte?
Até o Sol se perde
Com seu brilhante horizonte...

Rosária
Quem terá a visão?
Que sucesso tão estranho!
Mas a vida não padece enganos
Que faz a fantasia,
A modorosa luz que hoje tem o dia.
Parece-me que vejo
Além um edifício.

Clarim
Oh matem meus desejos!
Oh terminam as senhas!

Rosária
Rústico nasce entre umas rochas
Um palácio tão breve
Que o Sol apenas a olhar se atreve
Com tão rudo artifício,
A arquitectura está de seu edifício,
Que parece as plantas
De tantas selvas e rochas tantas
Que o Sol desfaz em lume
Os rochedos vindos do cume.

Clarim
Vame-nos acercando
Que isto é muito olhar, Senhora.

É melhor que a gente
Que nele habita generosamente
Nos admita a esta hora.

Rosária
Mas a porta,
Melhor direi funesta boca,
Aberta está, e desde o seu centro
Nasce a noite que a engendra dentro.

Rugem dentro cadeias de ferro.

Clarim
Que é que ouço, ó Céus?

Rosária
Imóvel vulto sou de fogo e gelo!

Clarim
Cadeias de ferro ouço rugir?
Mata-me se não és Galeote em pessoa.
Bem meu temor o diz.

Segismundo na torre. Diz dentro:

Segismundo
Ai mísero de mim!
Ah infeliz!

Rosária
Que voz tão triste eu ouço!
Com novas penas
E tormentos [...]

Clarim
E eu com novos temores.

Rosária
Clarim...

Clarim
Senhora...

Rosária
[...] os rigores
Desta encantada torre.

Clarim

Eu não tenho ânimo
Para ouvir quando a isso venho.

Rosária

Não será luz aquela
Caduca pálida estrela
Que em trémulos desmaios
Pulsando ardores e fracos raios,
Faz mais tenebrosa
A escura habitação com luz duvidosa?
Podemos bem afirmar
Que uma prisão escura
Será dum vivo cadáver
E infernal sepultura.
E para que mais me assombre
Com o traje de fera se faz um homem
De algemas carregado
E só de uma luz acompanhado.
Pois ouvi-lo não podemos
Desde aqui suas desditas escutemos
E quanto diz, apreciemos.

*Abrem-se as folhas da porta e descobre-se a
Segismundo vestido de peles e amarrado com
grilhões e há luz na torre.*

Segismundo

Ah mísero de mim, ah infeliz!
Apurar desejos pretendo.
Como me tratais assim,
Que delito cometi
Contra vós-outros nascendo?!
Em que nasci, já entendo
Que delito hei cometido.
Bastante causa tem tido
Vossa justiça e rigor,
Pois o delito maior
Do homem é ter nascido.
Só queria saber,
Para apurar mais desvelos,
Deixando a uma parte zelos,
O delito de nascer.
Que mais vos pude ofender
Para mais me castigar?
Não nasceram os demais?
Pois se os demais nasceram,
Que privilégio tiveram

Que eu não goze jamais?!
Nasce a ave com suas galas
Que lhe dão suma beleza,
Sendo um bouquet suas penas
E lindo ramalhete suas asas
Cortando o ar com velocidade,
Negando-se à piedade
Do ninho que deixa em calma...
E tendo eu mais alma
Tenho menos liberdade?
Nasce o bruto, com sua pele
Que debuxa manchas belas,
Apenas é signo de estrelas
Graças ao dotado pincel.
Quando atrevido e cruel,
Da humana necessidade
Lhe ensina a ter crueldade,
Monstro de si mesmo e labirinto...
E eu, com melhor instinto,
Tenho menos liverdade?!
Nasce o peixe que não respira,
Aborto de ovas e lamas,
E apenas baxel de escamas
Sobre as ondas se admira.
Quando a todas as partes gira
Medindo a imensidade
De tanta capacidade
Que das águas tem seu abrigo.
E eu, com mais albedrio,
Tenho menos liverdade!!!
Nasce a cobra no rochedo,
Que entre as flores se arrasta
E sua pele prateada
Pelos arbustos a desfaz,
Pretendendo ser audaz.
Entre as flores se quebra
Quando a música celebra
Das flores a piedade,
Que lhe dá a majestade
Do campo aberto à sua ida...
E tendo eu mais vida
Tenho menos liverdade!!!
Que chegando a esta paixão,
Um vulcão, um Etna deito,
Queria arrancar do peito
Pedaços do coração!
Que lei, que justiça ó razão
Que aos homens sabe negar,

Privilégio tão suave,
Excepção tão principal,
Que Deus lhe deu um cristal,
A um peixe, um bruto e uma ave!!

Rosária
Em mim, temor e piedade
Suas razões me têm causado.

Segismundo
Quem minhas vozes tem escutado?
Por ventura será Clotaldo?

Clarim à parte:

Clarim
Diz-lhe que sim.

Rosária
Não é senão um triste, ai de mim,
Que em estas abóbadas frias
Ouviu tuas melancolias!

Segismundo
Cruel morte aqui te darei
Para que não saibas que sei
Que sabes minhas fraquezas.
Só por me teres ouvido
Entre meus membrudos braços
Te hei-de fazer em pedaços.

Clarim
Eu sou surdo e não pude
Verdadeiramente escutar-te.

Rosária
Se nasceste humano
Bastará prostrar-me a teus pés
Para me librares.

Segismundo
Tua voz pretende enternecer-me,
Tua presencia suspender-me
E teu respeito turbar-me.
Quem és, nem que eu aqui
Tão pouco do mundo sei.
Que berço ó que sepulcro foi
Esta torre para mim?

Ainda mesmo que nasci,
Se isto é nascer, só advirto:
Este rústico deserto
Aonde miserável vivo,
Sendo um esqueleto vivo,
Sendo um animado morto,
Carpindo horrível delito,
Nunca vi, nem falei,
Senão a um homem somente
Que minhas desditas sente,
Por quem as notícias sei
Dos Céus e toda a gente.
E para que mais te assombres
É monstro humano meu nome.
Entre assombros e misérias,
Sou um homem das feras
E uma fera dos homens.
Ainda que em desditas graves
A política tenho estudado
E dos brutos ensinado,
Advertido pelas aves
E dos astros suaves
Que me têm profetizado.
Os círculos tenho medido,
Tu só os tens suspendido,
A paixão a meus anojos,
A suspensão a meus olhos,
A admiração a meus ouvidos.
Cada vez que te vejo
Nova admiração me dás.
E quando te olho mais
Ainda mais olhar-te desejo.
Olhos hidrópicos creio
Que meus olhos devem ser,
Pois quando é morte o viver,
Vivem mais, e desta sorte
Vendo que o ver me dá, a morte,
E estou morrendo por ver.
Pois veja-te e não morra,
Que não seja rendido já,
Se o ver-te morte me dá,
E não te vendo que me dera?
Era mais que morte fera:
Ira, raiba e dor forte.
Sendo morte desta sorte
Seu rigor hei ponderado,
Pois dar vida a um desditado
É dar a um ditoso a morte.

A VIDA É UM SONHO

Rosária e Clarim entram na torre-mor, entre a porta.

Rosária
Com assombro de te ver,
Com admiração de ouvir-te,
Não sei que possa dizer-te
Nem que possa ser perguntado!
Só direi que a este deserto
Hoje o Céu me tem guiado
Para me haver consolado,
Se consolo pode ser,
Do que é desdidato ver
Outro que é mais desdito.
Contam dum sábio que um dia
Tão pobre e mísero estaba
Que só se sustentaba
Dumas ervas que colhia.
Havia outro que entre si dizia:
Mais pobre e triste que eu?
E quando o rosto voltou
Achou a resposta e vendo
Que outro sábio ia colhendo
As ervas que ele arrojou.
Queixoso da fortuna,
Eu em este mundo vivia,
E quando entre mim dizia:
Haverá outra pessoa
Com sorte mais importuna?
Piedoso me tens respondido,
Pois voltando a meu sentido,
Pois encontro que minhas penas
Para fazer tuas alegrias,
As houvesses recolhido.
Se por acaso minhas penas
Te podem aliviar,
Ouve atento e recebe-as
As que delas me sobejam.
Eu sou...

Dentro da torre-mor encobertos, Clotaldo e Soldados, diz dentro Clotaldo:

Clotaldo
Guardas desta torre!
Que dormidos, ó cobardes,
Desteis entrada a duas pessoas
Para a prisão escalar.

Rosária
Nova confusão padeço.

Segismundo
Este é Clotaldo, meu alcaide.
Ainda não acabou minha pouca sorte...

Clotaldo dentro da torre:

Clotaldo
Acudi, valentes soldados,
Sem que se possam defender,
É prendê-los ó matá-los.

Dão vozes dentro:

Que não se escape nenhum!

Clarim
Ó guardas desta torre,
Que entrar nos deixastes,
Pois que nos dais a escolher
Mas o prender-nos é mais fácil.

Sai Clotaldo e os Soldados, ele com pistola e todos com os rostos mascarados. Diz Clotaldo para os Soldados ao sair:

Clotaldo
Cobri todos o rosto
Que a diligência é importante.
Enquanto estejamos aqui
Que não nos conheça ninguém.

Clarim assombrado:

Clarim
Vêm todos mascarados!

Clotaldo
Vós-outros, que ignorantes
Deste vedado sítio
Como atrevidos passasteis,
E contra o decreto d'El-Rei
Que manda que seja cumprido,
E escalando vós tal prodígio
Já que entre penhascos estais,
Rendei as armas e a vida,

A esta pistola respeitai!
Veneno penetrante
Que da sua boca lhe sai!

Segismundo
Primeiro, tirano alcaide,
Que os ofendas e agraves,
Será minha vida despojo
Destes laços miseráveis.
Pois com eles vive Deus
E tenho de despedaçar-me
Com as mãos e com os dentes,
Entre estas montanhas
Antes que suas desditas consinta,
E que chore seus ultrajes.

Clotaldo
Não sabes que tuas desditas,
Segismundo, são tão grandes
Que antes de nascer morreste
Por Lei dos Céus. Se sabes
Que estas prisões são
De tuas fúrias arrogantes
Um freio que as detenha,
Uma roda que as pare,
Porque blasfémias?

Aos Soldados:

Correi a essa inxouvia.
Escondei-o nela
Que não veja a luz do dia.

Segismundo
Oh Céus, que bem fazeis
Em tirar-me a liverdade!
Que fosse contra vós-outros gigante,
Que para quebrar ao Sol
Este vidros e cristais,
Sobre cimento de pedra
Punha montes de jaspes.

Clotaldo
Pois para que os não ponhas
Hoje padeces tantos males.

Os Soldados levam a Segismundo à prisão.

Rosária
Já que vi que a soberba
Te ofendeu tanto,
Ignorante fui eu não pedir-te
Humilde a tuas plantas.
Comove-te de minha piedade!
Que será rigor notável,
Que não achem favor em ti,
Nem soberba, nem humildade.

Clarim
Nem humildade, nem soberba,
Não te obrigam personagens
Que tem movido e removido
Mil autos sacramentais.
Eu nem humilde, nem soberbo,
Só entre as duas metades
De boa vontade te peço
Que nos remedeies e ampares.

Clotaldo
Soldados!!

Soldado
Senhor...

Clotaldo
Aos dois tirai-lhe as armas
E tapai-lhe os olhos
Para que não vejam,
Como, nem donde saem.

Rosária
Minha espada é esta
Que somente a ti hei-de entregar
Porque ao fim de todos és
O principal e não sabes
Render-te a menos valor.

Clarim
A minha, bem se pode dar
Ao mais ruim, tomai-a vós.

Para um Soldado:

Rosária
Se hei-de morrer e deixar-te
Quero em fé desta piedade,

Prenda que se pode estimar
Por seu dono que algum dia
A desenhou que a guardes.
Te encumbo ainda que eu
Não sei que segredo alcance,
Sei que esta dourada espada
Encerra mistérios grandes,
Que só fiado nela
Venho à Polónia a vingar-me
De um delito de agravo.

Clotaldo
Santos Céus, que é isto!!
Já são mais graves
Minhas penas e confusões,
Minhas ânsias e meus pesares.
Quem te a deu?

Rosária
Uma mulher.

Clotaldo
Como se chama?

Rosária
Que não descubra seu nome
É forçoso.

Clotaldo
De que referes agora ó sabes
Que há segredo nesta espada?

Rosária
Quem me a deu disse:
Parte a Polónia e solecita
Com génio, estudo ó arte,
Que te vejam essa espada
Os nobres e principais,
Que eu sei que algum deles
Te favoreça e ampare.
Se por acaso era morto
Não o quis então nomear.

Clotaldo
Valha-me o Céu, que escuto!
Ai, mas não me atrevo a explicar
Se são tais sucessos
Ilusões ó verdades!

Esta é a espada que deixei
À formosa Violanta,
Por senhas por ele colhidas
A trouxera e havia de achar-me
Amoroso como filho
E piedoso como pai.
Pois que hei-de fazer, ai de mim!
Que confusão semelhante,
Se quem a traz, por favor
Talvez seja para sua morte?
Meu filho é, pois tem meu sangue,
Pois tem valor tão grande!
Assim entre uma e outra dúvida,
O meio mais importante
É ir El-Rei e declarar-lhe
Que é meu filho e que o mate.
Que a mesma piedade,
Que meu honor poderá obrigar-me.
E se o mereço vivo,
Eu o ajudarei a vingar-se,
Mas se El-Rei,
Em seu rigor constante,
Lhe dá morte, que morra
Sem saber que eu sou seu pai.

Clotaldo para Rosária e Clarim:

Clotaldo
Vinde comigo, estrangeiros,
E não temais que vos falte
Companhia em as desditas,
Pois em dúvida semelhante
De viver ó de morrer
Não sei quais serão mais grandes.

*Vão-se. Aparecem no palácio real Astolfo e
Soldados, que vêm por um lado e por outro
sai a Infanta Estrela e Damas. Dentro ouve-
-se Música e salvas.*

Astolfo
Vinde ver os excelentes raios
Que foram cometas,
Entoam salvas diferentes
As caixas e as trombetas.
Os pássaros e as fontes,
Tendo música igual,
E com suma maravilha

Tua vista celestial.
Uns, clarins de plumagem,
E outros, aves de metal:
Assim vos saúdam, Senhora,
Como à sua Rainha as galas
E os pássaros como à aurora,
As flores saúdam a Flora.
E vos burlando o dia
Que já a noite desterra,
A aurora em alegria.
Flora em paz, trombetas em guerra
E em mim reina a alegria!

Estrela
Pois a voz tem de se medir
Com as acções humanas,
Mal fizesteis em dizer
Finezas tão cortesãs.
Donde vos possa desmentir
Todo esse lisonjo trofeu
Com quem atrevida luto,
Pois não dizem, segundo creio,
As lisonjas que vos escuto
Com os rigores que vejo.
E adverti que é baixa acção,
Que só a uma fera lhe toca,
Mãe de engano e traição
Em maltratar com a boca
E matar com a intenção.

Astolfo
Mui mal informada estais,
Estrela, pois que a fé
De minhas finezas duvidais.
Eu vos peço que me ouça
A causa, a ver se a sei.
Faleceu Eustargio Terceiro,
Rei de Polónia, e ficou
Basílio por herdeiro,
E duas filhas de quem nós
Somos filhos e primos primeiros.
Pensar com o que não tem
Lugar aqui – Cloriléne,
Vossa mãe e minha Senhora,
Que em melhor império agora
Donzéis luzeiros tem.
Foi vossa mãe a primeira,
E minha mãe foi a segunda

Tia afectuosa de vós;
A bela Recismunda
Que Deus guarde mil anos,
Que em Moscóvia foi casada
E eu em seu ventre gerado.
Mas voltemos ao passado,
Basílio e a Senhora,
Se rendem ao comum desdém.
Do tempo mais inclinado
Aos estudos arrojado,
E de mulheres, inviuvou,
Não tendo filhos, mas vós e eu
Aspiramos o seu estado.
Vós alegais que heis sido
Filha de irmã maior,
E eu, como varão hei nascido,
Além que de irmã menor,
Devo a vós ser preferido.
Vossa intenção e a minha
A nosso tio contámos,
E ele respondeu que queria
Comporme-nos e aplaudir-nos
Este posto e este dia.
Com esta intenção saí
De Moscóvia e sua terra,
E com isto chiguei aqui
Em vez de vos fazer guerra
Venho a que me a faceis a mim.
Oh! O que é amor, sabe Deus
Que é astrólogo certo,
E eu o seja com os dois,
E para este concerto
Que sejais Rainha vós.
Rainha em meu albedrio,
Dando-vos para mais honor,
Sua coroa, nosso tio,
Seus triunfos, vosso valor,
Seu império e seu pondenor.

Estrela
A tão cortês bizarria
Menos meu peito não mostra,
Pois a imperial monarquia
Para só a fazer vossa
Me folgava que fosse minha.
Em que não está satisfeito,
Meu amor, de que sois ingrato,
Se de quanto dizeis suspeito,

Que vos desmente esse retrato
Que está pendente do peito.

Astolfo
Satisfarei o intento com ele,
Mas lugar não dá
Tão sonoro instrumento.

*Tocam dentro caixas que avisam que sai já o
Rei com seu parlamento. Vem o Rei Basílio e
acompanhamento, Astolfo, Estrela, Damas e
Soldados. Diz o Rei:*

Rei
Sobrinhos, dai-me vossos braços
E crede pois que leais
A meu preceito amoroso
Vindes com afectos tais
Que a ninguém deixarei queixoso
E os dois ficareis iguais.
Assim como me confesso
Rendido do grande peso,
Só vos peço em esta ocasião
Silêncio, que admiração
Há-de-a pedir o sucesso.
Já sabeis, estai atentos,
Amados sobrinhos meus,
Vassalos meus e amigos,
A Corte ilustre de Polónia
Por minha ciência hei merecido.
O sobrenome que doto,
Contra o tempo e olvido,
Os pincéis de Timanto,
Os mármores de Lísipo,
Âmbito do orbe
Me aclamam o grande Basílio.
Já sabeis que são as ciências
Que mais curso e mais estimo,
Matemáticas sutis.
Quando em minhas tábuas
Vejo presentes as novidades
Dos passados séculos,
Ganhando ao tempo a graça
Em relatar o que tenho dito,
Esses círculos de neve,
Esse brilhante vidro
Que o Sol ilumina a raios,
Que parte a Lua seus giros,

Esses orbes de diamantes,
Esses globos cristalinos,
Que as estrelas adornam
E que campeiam os signos,
São o maior estudo
Que encerram os meus libros,
Donde em papel de diamantes,
Em cadernos de zafira,
Escreve com linhas de ouro,
Em caracteres destintos,
O seu, nossos sucessos,
Ó diversos ou benignos.
Aplaudia ao Céu primeiro,
Que meu ingénio houvesse sido,
De suas margens comento
E de suas folhas registo
Que a quem lhe turba o saber
Homecídio é de si mesmo!
Diga-o eu, que melhor
O dirão os meus sucessos
Para cuja admiração
Outra vez silêncio vos peço.
Minha amada esposa
Teve um filho infeliz,
Em cuja parte os Céus
Se esgotaram de prodígios.
Sua mãe várias vezes,
Entre ideias e delírios,
Em sonhos viu que rompia
Suas entranhas atrevido
Um monstro em forma de homem.
E entre seu sangue tingido,
Lhe dava morte nascendo.
Víbora humana, cruel labirinto,
Nasceu um horóscopo tal,
Que o Sol, em seu sangue tinto,
Entraba assanhadamente
Com a Lua em desafio.
O maior e mais horrendo
Eclipes que tem padecido
O Sol, depois que com sangue
Chorou a morte de Cristo.
Aquele foi, porque renega
O orbe em encêndios vivos,
Presumiu que padecia
O último parasismo.
Os astros escureceram,
Tremiam os edifícios,

Choviam pedras as nuvens,
E corriam sangue os rios.
E Segismundo nasceu,
Dando de seu ser indícios,
Depois de dar a morte a sua mãe,
Com cuja frieza disse:
Homem saí e já começo
A pagar maus benefícios.
Acudindo a meus estudos
Que eu em tudo reparo
Que Segismundo seria
O monarca mais ímpio
Por quem seu reino viria
A ser parcial e deviso.
E ele de seu feror levado,
Entre assombro e delitos,
Havia prostrar-se perante mim
E eu perante ele rendido.
Com quanta vergonha o digo!
Sendo assombro de suas plantas!
E do meu rosto as canas,
Mas quem não dará crédito.
Ao dano que se tem visto
Em seu estudo, onde faz
O amor próprio seu ofício?
Pois eu dando crédito
Aos informes que vimos
Gelava-se meu sangue nas veias
Em ver seus fatais instintos.
Determinei encerrar
A fera que havia nascido,
Por ver se o sábio tinha
Em as estrelas domínio.
Publicou-se que o Infante
Nasceu morto e eu prevenido
Mandei construir uma torre
Entre os rochedos ariscos
No meio dos montes selvagens,
Onde a luz não acha caminho.
As graves penas e leis
Que com público os éditos,
Declaram que ninguém
Entrasse no vedado sítio
Do monte, se ocasionaram
Das causas que vos tenho dito.
Ali vive Segismundo
Mísero, pobre e cativo,
Aonde só Clotaldo

Lhe tem falado, tratado e visto.
Este lhe tem ensinado ciências,
Este em a lei o tem instruído,
Sendo ele só testemunha
De suas misérias e sacrifícios.
Ora aqui há três coisas:
A primeira é que eu
A Polónia estimo tanto
Que os pretendo livrar
Da impressão e maus serviços
De um Rei tirano,
Porque se não fosse Senhor benigno
O que a sua pátria e seu Império
Pusesse em tanto perigo.
A outra, é considerar
Que se a meu sangue tiro
O direito que lhe deram
Humano foro e devino,
Não era cristã a caridade
Pois nenhuma lei tem dito
Que por reservar a outro
De tirano e de atrevido
Possa eu sê-lo, suposto
Que se é tirano meu filho,
E para que os delitos não faça,
Venho eu a fazer os delitos.
E a última e terceira,
Em ver quanto erro tem vindo
Dar crédito facilmente
Aos sucessos previstos.
Assim, entre uma e outra causa,
Vacilante e discursivo,
Prevêem um remédio tal
Que nos suspenda os sentidos.
Eu farei que amanhã
Sem que ele saiba que é meu filho
Será vosso Rei Segismundo
Que este seu nome tem sido.
É meu desejo, é meu dever
Enfim, em meu lugar
Terá ele que reger,
Donde vos governe e vos mande,
Ficando todos rendidos,
E a obediência lhe jureis.
Pois se com isto consigo
Três coisas com que respondo
Às outras três que tenho dito:
É a primeira que sendo

Prudente, acordo e benigno,
Desmentindo em toda a parte
Que de ele tantas coisas disse,
Gozareis mui natural
Vosso príncipe que o tem sido
Cortesão de uns montes
E de suas feras vizinho.
A segunda é se ele
Soberbo, usado, atrevido
E cruel com renda solta
Corre o campo de seus vícios,
Então em mim tereis piedade
Cumprindo minha obrigação.
E logo ao desprezá-lo
Farei, como Rei invicto,
Voltando novamente à prisão.
A terceira, que sendo ele
Príncipe, como vos digo,
Pelo que vós amos, vassalos,
Vós dareis reis mais dignos
Da coroa e do ceptro.
Serão meus dois sobrinhos,
Que junto em um o direito,
E em os dois poderio
Com a fé do matrimónio
Tereis o que haveis merecido.
Isto como Rei vos mando,
Isto como pai vos peço,
Isto como sábio vos rogo,
Isto como ancião vos digo e atesto.
E se o Sénica Espanhol,
Que era humilde escravo, disse:
De uma república, um Rei,
Como escravo vos explico.

Astolfo
Se a mim a responder me toca,
Como que com afecto tenho sido,
Aqui, o mais enteressado,
Em nome de todos digo
Que Segismundo apareça,
Pois basta ser teu filho.

Soldados
Dá-nos o nosso príncipe
Que já por Rei lhe pedimos.

Rei
Vassalos, essa fineza
Vos agradeço e estimo,
Acompanhai a seus aposentos
Estes meus dois sobrinhos,
Que amanhã vo-lo apresento.

Soldados
Viva o grande Rei Basílio!

Descem. Entram todos acompanhando a Estrela e Astolfo e fica o Rei e sai Clotaldo, Rosária e Clarim. Diz Clotaldo:

Clotaldo
Deus guarde Vossa Alteza.

Rei
Ó Clotaldo, tu sejas bem vindo.

Clotaldo
Ainda que vim a teus pés
Era forçoso ter vindo.
Esta vez rompe, Senhor,
O acto triste e esquivo
O privilégio à lei
E ao costume o estilo.

Rei
Que tens?

Clotaldo
Uma desdita,
Senhor, que me tem sucedido
Quando a podia ter
Pelo maior regozijo.

Rei
Prossegue.

Clotaldo
Este velho jovem,
Ousado ó indevertido
Entrou em a torre, Senhor,
Aonde o príncipe foi visto.

Rei
Não te aflijas, Clotaldo.
Se em outro dia houvesse sido,
Confesso que o sentia,
Mas já o segredo tenho dito
E não me importa que ele o saiba,
Supondo que eu o digo.
Vede-me depois porque tenho
Muitas coisas que advertir-vos,
E muitas que façais por mim.
Que haveis de ser vos aviso.
Sucessos que no mundo tem havido.
E a esses presos, porque enfim
Não presumais que castigo
Perdoarei vossos descuidos.

Vai-se. Fica o Rei no palácio.

Clotaldo
Viva grande Senhor mil séculos!

Descem Clarim e Rosária e Clotaldo diz:

Já o Céu mudou a sorte.
Já não direi que é meu filho,
Pois que o pode escusar.
Estrangeiros peregrinos
Livres estais.

Rosária
Teus pés quero beijar.

Clarim
Eu vos aviso,
Que uma letra mais ó menos
Não reparam os amigos.

Rosária
Senhor, a vida me haveis dado,
À tua conta viverei
Desde hoje, tua escrava
Eternamente serei.

Clotaldo
Não tem sido vida
A que eu te tenho dado,
Porque homem bem nascido
Estando agravado não vive.

E tu, suponho que vieste
A vingar-te dum agravo.
Segundo tu própria tens dito,
Não fui eu que te dei a vida
Porque já tu a trazias;
Mas vida infame não é viver.

À parte:

Com isto bem a animo.

Rosária
Confesso que a não tenho,
Ainda que de ti a recebi;
Mas eu com minha vingança
Deixarei meu honor limpo
Cedendo logo minha vida.
Atropelar mil perigos,
Prestando todo auxílio,
E sem me apartar de ti.

Clotaldo
Toma tua espada brunhida
Que trouxeste, que eu sei
Que estando em sangue tingida
De vingar a teu inimigo;
Porque espada que foi minha,
Digo neste instante,
E que tenha estado em meu poder
Saberá vingar-se tão constante
Como um raio do Céu a arder.

Rosária
Em teu nome
Segunda vez afirmo,
Que nele juro minha vingança,
Ainda que fosse meu inimigo
Mais poderoso e mais rico.

Clotaldo
Será o muito!

Rosária
Tanto que nem te o digo,
Não porque de tua prudência
Coisas maiores não fie
Senão porque se volte contra mim
O favor que em ti admiro!

A VIDA É UM SONHO

Clotaldo
Antes fosse
Cobarde e atrevido,
Pois era cessar meus passos
Em ajudar um teu inimigo.

À parte:

Oh se eu soubesse quem és!!

Rosária
Porque não penses que estimo
Em pouco essa confiança.
Sabes que ao contrário tem sido
Não menos que Astolfo,
Duque de Moscóvia.

Clotaldo à parte:

Clotaldo
Mal reprimo a dor,
Porque é mais grave
Do que foi imaginada e vista.

Para Rosária:

Apuremos mais o caso
Se em Moscóvia foi nascido.
O que é mais natural, Senhora,
Em agravar-te tem pretendido,
Voltarás à tua pátria
E deixa o ardente brio.

Rosária
Eu sei que me pode agravar,
Ainda que meu príncipe tem sido.

Clotaldo
Não pode,
Nem que pusesse no teu rosto
A mão como atrevido.

À parte:

Ah Céus!!

Rosária
Maior foi o meu agravo!

Clotaldo
Diz já, pois que não podes
Dizer mais que eu imagino...

Rosária
Se dissesse, mas não sei
Com que respeito te admiro,
Com que afecto te venero,
Com que estimação te assisto,
Que não me atrevo a dizer-te
Este exterior enigma,
Pois não é de quem
Pretende julgar a [...]
Mas não sou quem pareço.
Mas Astolfo a casar se veio
Com Estrela, se poderá
Agravar meu desejo!

Vai-se Rosária e Clarim.

Clotaldo
Escuta, aguarda, detém-te!
Que confuso labirinto
Já vejo que não poderá
Encontrar a ponta o fio...
Meu honor é o agravado,
Poderoso é o inimigo.
Eu vassalo, ela mulher.
Oh Céu! Descobri o caminho!
Ainda que não sei se poderá,
Quando em tão confuso abismo
É todo o Céu um presságio,
E é todo o mundo um prodígio.

Vai-se. Levam a Segismundo dormido num carro para o palácio.

Segunda Jornada

[...] Sai Basílio, Rei e Clotaldo diz:

Clotaldo
Tudo como mandasteis
Ficou efectuado.

Rei
Conta Clotaldo
Como se passou.

Clotaldo

Foi Senhor, desta maneira:
Umas erbas fui escolher,
Fazendo a apreciada bebida
Cheia de confeições
Que vós mandasteis fazer.
Baixando à estreita prisão,
A qual Segismundo encerra,
Falei-lhe um pouco em letras
E de tudo quanto ensina
A muda natureza.
E para mais lhe espertar
O espírito à empresa,
Solicitando-lhe depois
Por assunto de presteza.
Uma águia caudalosa,
Que desprezando a esfera
De vento, passaba a ser,
Em as regiões supremas,
De fogo, raio de prumas.
Oh desfeito cometa!
E não há mais mister,
Que em tocando a esta matéria
Da Majestade, descorre
Com ambição e soberba,
Porque com grande afecto
Seu sangue o move e alenta.
E disse: será caso grave
Que em a república enquieta,
Das aves também haja
Quem lhe jure a obediência!!
Em chigando a este discurso
Minhas desditas me consolam,
Pois se pelo menos estou sujeito,
Estou por força, porque voluntariamente
Outro homem não me afronta.
Vendo-o já enfurecido
Com isto que foi o tema
Da dor que o opremia,
Brindando-o com presteza,
Com a excelente bebida.
E apenas passou, desde o vaso
Ao peito o licor,
Quando as forças rendem em sonho,
Correndo pelos braços e as veias
Um suor frio, de modo
Que eu não sabendo o que era,
Morte fingida imaginei.

Em isto chigaram
As gentes de quem tu fias
O valor desta experiência.
E montando-o em um carro
Até teu quarto o levam,
Sendo dignos de tua presença.
Em te ter obedecido
Te obriga a que eu mereça
Galardão, só te peço,
Perdoa minha advertência,
Que me digas qual teu intento
Em trazeres desta maneira
A Segismundo ao palácio?

Rei

Clotaldo, mui justa é
Essa dúvida que tens.
Quero só a ti satisfazê-la.
A meu filho, Segismundo,
A quem o Céu deita suas trevas,
Bem sabes que o ameaça
Com mil desditas e tragédias.
Quero ver se o Céu
Me quer declarar seu condão,
Que não é possível o mentir.
E mais, havendo-nos dado
De seu rigor tantas mostras
Em sua cruel condição,
Isto quero examinar.
Trazendo-o donde seja,
Que é meu filho,
E donde mostre
De seu talento a prova,
Ele humilde se vem,
Eu lhe prometo que reinará,
E se for cruel e tirano
À escura masmorra voltará.
Se ele soubesse que era meu filho
E hoje, ou amanhã, se visse
Segunda vez reduzido
À sua prisão e miséria,
Certo é que da sua condição
Desespera com certeza,
Pois sabendo quem é
Que consolo ele terá?!
Por isso quis deixar
Ao dano aberta a porta,
De lhe dizer que foi sonhado.

Há que examinar duas coisas:
Sua condição, a primeira,
E o conforto, a segunda,
Pois em que agora se veja obedecido
E depois volte à sua cadeia.
Então poderá dizer
Verdadeiramente que sonhou,
Porque neste mundo
Todos quantos vivem sonham
Por visões que o espírito fundou.

Clotaldo
Razões não me faltam
Para probar que não acertas
Mas já não tem remédio,
Segundo dizem as senhas.
Parece que espertou,
E a nós-outros se acerca.

Rei
Eu me quero retirar
E tu, como seu alcaide,
De tantas confusões
E teus discursos,
Arranca-lhe com a verdade.

Clotaldo
Enfim, se me dás licença
Para tudo lhe explicar?

Rei
Sim.
Que poderá ser em sabê-la
Depois de conhecido o perigo
Mais facilmente se vença.

*Vão-se. Sai Clarim e Clotaldo e diz Clarim à
parte:*

Clarim
À custa de quatro pauladas
Me custa aqui chigar.
Tenho de ver quanto passa
Pois não há melhor janela
Para poder explicar
Que aquela que, sem rogar
A um ministro de belotas,
Traz sempre um homem consigo,

Passeando por todas as festas,
Despojado e despejado,
Fazendo coisas da breca.

Clotaldo à parte:

Clotaldo
Este é Clarim o criado daquela!
Ah Céus!! Daquela
Que, tratando de desditas,
Passou à Polónia minha afronta.

Para Clarim:

Clarim, que há de novo?

Clarim
Ai senhor!
Que tua grande clemência
Disposta a vingar agravos!
A Rosária aconselha
Que tome seu próprio traje.

Clotaldo
Isso é bem,
Para que não pareça
Liviandade.

Clarim
Em ver que mudou o nome,
E tomando toda a corda,
Em nome de tua sobrinha
Hoje tanto honor se acrescenta.
É Dama em o palácio
Da singular Estrela.

Clotaldo
É bem que de uma vez
Tome seu honor por minha conta.

Clarim
Ela está esperando
Que ocasião e tempo venha
Em que voltes por seu honor.

Clotaldo
Prevenção segura é essa
Que no fim o tempo há-de ser
Quem faça essa diligência.

Clarim

Ela está bem regalada
E servida como Rainha,
Mas quem veio com ela
Está morrendo de fome,
Pois é o que me admira.
E ninguém de mim se acorda,
Sem reparar que sou Clarim,
Pois de mim se não alembra.
Poderei dizer quanto passa
A El-Rei, Astolfo e a Estrela,
Porque Clarim e criado
São duas coisas que se levam
Mui mal com o segredo.
E poderá ser, se me deixam
Em silêncio de sua mão,
Que conte por mim essa letra,
Que Clarim, ao romper da aurora,
Rezou-a melhor com certeza.

Clotaldo

Tua queixa tens bem fundada.
Eu a satisfarei, Clarim,
No entanto serve-me a mim.

*Vão-se. Música cantando e vêm Criados dan-
do de vestir a Segismundo que sai como
assombrado, e sai de diferente sítio Clotaldo
e Clarim.*

Segismundo

Valha-me o Céu, que vejo!
Com que espanto me admiro!
Com grande dúvida o creio.
Eu, em palácio luxuoso?!
Eu, entre fatos airosos?!
Eu, cercado de criados
Tão luzidos e briosos?!
Eu, espertar de dormir
Dum leito tão excelente?!
Eu, no meio de tanta gente
Que me serve de vestir?
Dizer que sonho é engano.
Bem sei que esperto estou,
Mas eu Segismundo não sou!
Dai-me Céus o desengano!!
Dizei-me o que possa ser
Isto à minha fantasia,

Sucedeu-me enquanto dormia
O que acabo aqui de ver!
Pois seja o que for,
Quem me mete a descorrer!
Deixar-me quer servir,
Venha lá o que vier.

Criado 1º para os outros:

Criado 1º

Que melancólico está!

Criado 2º

Pois a quem sucede
Isto que estamos a ouvir?

Clarim

A mim!!!

Criado 1º

Pois chega-te e fala-lhe
Gracioso Clarim.

Criado 2º para Segismundo:

Criado 2º

Já voltam a cantar!

Segismundo

Não quero que cantem mais.

Criado 2º

Como estás tão suspenso
Pretendem advertir-te.

Segismundo

Não tem que advertir
Com seus gozos meus pesares.
As músicas militares
Só eu gosto de ouvir.

Clotaldo

Vossa Alteza, grande Senhor,
Me dê sua mão a beijar,
Que primeiro vos há-de dar
Esta obediência, meu honor.

Segismundo à parte:

Segismundo

É Clotaldo?! Pois como assim?
Quem em prisão me maltrata
Com tanto fervor me acata!!
Que é o que passa por mim?

Clotaldo

Com a grande confusão
Que o novo estado te dá,
Mil dúvidas padecerá
O discurso e a razão.
Pois libertar-te pretendo
De todas, se pode ser,
Porque hás-de, Senhor, saber
Que és príncipe e herdeiro.
De Polónia tens estado
Retirado e escondido,
Para obedecer tem sido
A clemência d'El-Rei e seu mandado.
Que mil tragédias consente
A este Império quando em ele
O soberano Laurel
Corou tua augusta fronte.
Mas fiando à tua atenção
Que vencerás as estrelas,
Porque é impossível vencê-las
Em magnânimo varão.
Ao palácio foste levado
Deixando a torre em que vivias,
Enquanto a sonhar tinhas
Teu espírito cansado.
Teu pai, El-Rei, meu Senhor,
Brevemente a ver-te vem,
E dele saberás, Segismundo,
O que melhor te convém.

Segismundo

Ah vil, infame, traidor!
Que tenho mais que saber
Depois de saber quem sou?
Para mostrar desde hoje
Minha soberba e meu poder!
Como à tua pátria tens feito
Tal traição, que me ocultaste
A mim, pois que me negaste
Contra razão e direito,
E meu estado assobalhaste?

Clotaldo

Ai triste de mim!

Segismundo

Traidor foste com a lei,
Lisonjeiro com El-Rei
E comigo cruel vilão!
Assim, El-Rei, eu e a lei,
Entre desditas tão feras
Te condenam a que morras
Entre estas membrudas mãos.

Criado 2º

Detém-te, Senhor.

Segismundo

Ninguém me estorbe,
Que é vã a diligência.
Se alguém se põe diante
Deitá-lo-ei pela janela.

Criado 2º

Foge Clotaldo!

Clotaldo fugindo:

Clotaldo

Ai de ti!
Que soberba vais mostrando
Sem saber que estás sonhando!

Criado 2º

Detém-te, Senhor.

Segismundo

Aparta daqui!

Criado 2º

A seu Rei tem obedecido.

Segismundo

Pois não é lei justa
Em obedecer a El-Rei.
Não sou eu seu príncipe direito?

Criado 2º

Ele não pôde examinar
Se era bem ou mal feito.

Segismundo
Que estais mal, de vós suspeito,
Pois me dais que replicar.

Clarim
Diz o príncipe muito bem,
E vós andasteis mui mal!

Criado 2º
Quem vos deu licença igual?

Clarim
Eu a tenho tomado.

Segismundo
Quem és tu, diz?

Clarim comprometido:

Clarim
Sou um compremisso,
E deste ofício sou chefe,
Porque sou o mequetrefe
Maior que se tem conhecido.

Segismundo
Tu só em tão novos mundos
Me tens agradado.

Clarim
Senhor, sou um agradador
De todos os Segismundos.

Sai Astolfo e diz a Segismundo:

Astolfo
Feliz mil vezes o dia
Ó príncipe, que vos mostrais
Sol de Polónia, que encheis
De resplendor e alegria
Todos estes arraiais!
Pois sais como o Sol
Dos escondidos montes!
Sai, pois ainda que tarde
E se corou vossa fronte
[...] Laurel resplandecente.

Segismundo
Deus vos guarde.

Astolfo
De me não ter conhecido
Só por desculpa vos dou.
Para me não honrar mais
Sou Astolfo, Duque, e nascido
Em Moscóvia e vosso primo.

Segismundo
Já vos disse que Deus vos guarde.
Bastante agrado vos tenho mostrado.
Pois que assim fazeis alarme,
De quem vos queixais?
Outra vez que me vejais
Lhe direi a Deus que vos não guarde.

Criado 2º para Astolfo:

Criado 2º
Vossa Alteza considere
Que, como em montes nascido,
Com todos tem procedido.

Para Segismundo:

Astolfo, Senhor prefere...

Segismundo
Cansou-me quando chigou
A falar-me com gravidade.

Criado 2º
É grande homem.

Segismundo
Maior sou eu.

Criado 2º
Com tudo isso, entre vós dois,
É bem que haja mais respeito
Que entre os demais.

Segismundo
Mas que tendes vós com isto?
Que impaciente estais!

*Sai Estrela, Segismundo, Astolfo, Clarim e
Criados.*

A VIDA É UM SONHO

Estrela
Seja Vossa Alteza, Senhor,
Bem vindo muitas vezes.
Por todos agradecidos
O recebamos e desejemos.
Aonde, apesar de enganos,
Viva augusto e iminente,
Donde sua vida se conte
Por séculos e não por anos.

Segismundo para Clarim:

Segismundo
Diz-me tu quem é
Essa beldade soberana?
Quem é esta ditosa humana
A cujos devinos pés
Prostra o Céu seu resplendor?
Quem é esta mulher tão bela?

Clarim
É, Senhor, tua prima Estrela.

Segismundo
Melhor disseras o Sol
Que meus parabéns lhe ofereça.

Diz para Estrela:

Dar-me do bem que conquisto,
De só vos haver hoje visto,
Vos admito o parabém.
E assim, de chigar-me a ver
Com um bem que não mereço.
Mas os parabéns agradeço,
Estrela, que ao amanhecer
Podeis dar alegria
Ao mais luzente farol.
Que deixais que fazer ao Sol
Se vos levantais com o dia?
Dai-me a beijar vossa mão
Em cuja capa de neve
A brilhante aurora bebe.

Estrela
Sede cortesão mais cortês.

Astolfo à parte:

Astolfo
Estou perdido.

Segismundo
Me maravilhou vossa vinda.

Criado 2° à parte:

Criado 2°
Sei o pesar de Astolfo
E lhe estorbarei.

Para Segismundo:

Advirta-se, Senhor, que não é justo
Atrever-se assim,
Estando Astolfo aqui.

Segismundo
Não te disse
Que te não metas comigo?

Criado 2°
Digo o que é justo.

Segismundo
A mim tudo isso
Me causa grande infado.
Não me parece justo
Em sendo contra meu agrado.

Criado 2°
Senhor, de ti tenho escutado
Que em o justo é bem
Dizer só o que se tenha notado.

Segismundo
Também ouviste dizer
Que pôr um vulcão,
A quem me infade
Saberei arrojar.

Criado 2°
A homens como eu
Não se pode maltratar.

Segismundo
Não?! Pois já te-o vou probar.

*Garra-o nos braços e entra. E todos trás dele
e voltam a sair imediatamente.*

Astolfo
Que é isto que vejo?!

Estrela
Ide-os todos a estorbar.

Estrela vai-se. Segismundo voltando:

Segismundo
Já esse infame
Caiu do balcão para o mar.

Astolfo
Medi mais devagar
Vossas acções severas
Que é o que há
De homens a feras.

Segismundo
Pois em dando tão severo
Posso falar com firmeza.
Eu vejo que para chapéu
Nem ó menos tereis cabeça.

*Vai-se Astolfo e seguem os mesmos e desce o
Rei do palácio. Rei, Segismundo, Clarim e
Criados.*

Rei
Então que sucedeu?

Segismundo
Nada de anormal.
Um homem que me infadou.
E sem mais perca de tempo
Deste balcão arrojei
Que pagasse seu atrevimento.

Clarim a Segismundo:

Clarim
El-Rei está advertido.

Rei
Tão preste custou uma vida
Tua vinda ao primeiro dia?

Segismundo
Disse-me que não podia fazer-se
E eu ganhei a profia.

Rei
Príncipe, muito me pesa
Em fazeres tal assassino,
Pensando em encontrar-te
De teus males já rendido.
Levado pela tirania
Com tanto rigor te veja
Sendo a primeira acção
Praticada nesta ocasião.
Horrenda e funesta seja
Tua vil intenção.
Com que amor te darei
Agora meus ternos braços,
Se de seus soberbos laços
Que estão ensinados
A dar morte a um Rei?
E nem chigou a ver
Nu o seu punhal
Que fez ferida mortal
E não temeu ser visto
Por qualquer racional.
Sangrento está o lugar
Aonde a outro homem
Deram cruel morte,
Não sabendo que o mais forte
Deve atender a seu subordinado!
Assim que teus braços vejo
Que desta morte foram instrumento,
Pois deles me retiro
De grande horror espavorido,
Porque lhe tenho medo.

Segismundo
Sem eles poderei estar
Como tenho estado até aqui.
Que meu pai contra mim
Tanto rigor sabe usar.
Com sua condição ingrata
Do seu lado me desvia.
Com a mão fera me criou
E como a um monstro me trata.
Em mim a morte solicita
Em si pouca importância.
Não ignoro que não me dê

Seus braços como abonância
Se até o ser de homem me tira.

Rei
Ao Céu peço clemência,
Que em te a dar se negará.
Nem tua voz escutará
Nem verá tua fulgência.

Segismundo
Se me não houvesse dado
Não me queixava de ti,
Pois sinto muito em si
Em haver-me a já tirado.
Ainda que me deu a acção
Mais nobre e singular
Será mais baixeza dá-la
E depois voltá-la a tirar.

Rei
Bem me agradeces em te ver,
De um humilde e pobre preso,
Príncipe de meu estado.

Segismundo
Pois eu isso,
Que tenho que te agradecer?
Tirano de meu albedrio,
Se velho e caduco estás
E morrendo-te que me dás?
Dás-me mais do que é meu?
Não és meu pai e meu Rei.
Logo toda essa grandeza
Me a dá a natureza
Por direito de sua lei.
Pois, nem que esteja em tal estado
Não te fico obrigado
E posso pedir-te contas
Do tempo que me tens tirado.
Liverdade, vida e honor;
Assim agradece-me a mim,
Que eu não cobre de ti,
Pois tu és meu devedor.

Rei
Bárbaro serás e atrevido.
Cumpriu o Céu sua palavra,
Sempre para o mesmo flagelo
Está soberbo e desvanecido.

Ainda que saibas já quem és
E desenganado estejas,
Ainda que em bom lugar te vejas,
Onde de todos te preferes.
Olha bem o que te digo:
Que sejas humilde e modesto,
Talvez que estejas sonhando,
Ainda que vês que estás esperto.

Sobe o Rei para cima, vai-se e diz Segismundo:

Segismundo
Pois hei-de pensar que sonhando estou,
Ainda que esperto me vejo?
No sonho, pois toco e creio
O que tenho sido e o que sou.
Ainda que agora te arrependas,
Pouco remédio terás.
Sei quem sou e não poderás
Tirar-me de haver nascido
E de tua coroa herdeiro.
Em que viste primeiro
Em tuas prisões rendido,
Foi porque ignorei quem era,
Mas já enformado estou
De quem sou, e sei quem sou,
Que conjunto de homem e fera.

*Vão-se. Música. Sai Rosária em traje de mulher,
Segismundo e Clarim. Diz Rosária à parte:*

Rosária
Venho seguindo a Estrela
E grande temor tenho de me topar
Com Astolfo em esta tragédia.
Que não saiba quem sou
E não me veja,
Porque diz que lhe importa
Meu honor e minha alegria,
Mas eu só em Clotaldo fio.
De seu afecto estou agradecida,
Que é o amparo de meu honor e vida.

Clarim para Segismundo:

Clarim
Que é o que te tem agradado mais,
De quanto aqui temos admirado?

Segismundo
Nada me tem suspendido
Que tudo tinha prevenido.
Mas se me admirasse
De alguma coisa no mundo,
Era da mulher a formosura.
Eu li uma vez
Em os livros que eu tinha
Que a Deus o que maior estudo deve
Era o homem com prazer e alegria,
Mas a mulher, como tem sido
Um Céu cheio de estrelas,
Mais beldade encerra que o homem
Quando desce do Céu à Terra.

Rosária
O príncipe está aqui
E eu me retiro.

Segismundo
Ouve mulher, detém-te,
Não juntes o acaso ao desdém,
Ouvindo o primeiro passo
Que juntos o desdém e o acaso
A luz, a sombra fria,
Será sem dúvida escura nuvem
Tirando o alvor ao dia.
Mas que vejo?

Rosária
O mesmo que eu estou vendo
Com muita dúvida o creio.

Segismundo à parte:

Segismundo
Eu já tinha visto
Esta beleza outra vez.

Rosária à parte:

Rosária
Eu esta pompa, esta grandeza
Já a vi reduzida
A uma estreita prisão
Duma horrenda fortaleza.

Segismundo à parte:

Segismundo
Já encontrei a mulher
Que com este nome
Será a mulher requebro
Para um homem.

Para Rosária:

Quem és? Que sem te ver
Grande adoração me deves,
E de sorte, pela fé te conquisto,
E estou persuadido
Que já outra vez te tinha visto.
Quem és, mulher bela?

Rosária
O dessimular que importa!
Sou de Estrela,
Uma infeliz Dama.

Segismundo
Não digas tal!
Diz o Sol, a cuja chama
Aquela estrela vive
Que de teus raios recebe resplendores,
Do teu império vem belo aroma
E em ti habita um esquadrão de flores.
És sua imperatriz e mais formosa
Que eu vi entre pedras finas
Do jazigo académico de suas minas,
Preferida pelo diamante
E por pedras preciosas.
Da enquieta república de estrelas
Vem em primeiro lugar,
Por Rei das estrelas e luzeiros,
E eu em esferas perfeitas,
Chamando à corte o Sol e planetas.
Como maior oráculo do dia,
Como entre flores e estrelas,
Pedras, planetas e cometas
Preferem tua beldade
Por mais bela e formosa
Que em toda a cristandade.

Clotaldo ao pano, diz à parte:

Clotaldo

A Segismundo reduzir desejo,
Mas enfim o tenho criado.
Mas que vejo?

Rosária

Teu favor reverencio,
Responder-te-á o silêncio.
Quando se acha torpe a razão
Melhor fala quem mais cala.

Segismundo

Não te ausentes, espera!
Como queres assim deixar
Às escuras meu sentido?

Rosária

Senhor, esta licença,
A Vossa Alteza eu peço.

Segismundo

Isto com tal violência
Não é pedi-la,
É tomar tu a licença.

Rosária

Pois se tu me a não dás
Tomá-la eu espero.

Segismundo

Farás que de cortês passe a grosseiro
Porque a resistência
É cruel veneno de meu peito.

Rosária

Pois quando esse veneno
De fúria e rigor assanhado,
A paciência vencerá
Meu respeito e meu agrado.

Segismundo

Só por ver se posso
Farei que tua formosura
Perca o medo.
Eu sou muito inclinado
A vencer quanto há possível.
Deste balcão arrojei
Um homem, o qual dizia

Que era impossível fazer-se.
Contra infelizes vilania
E teu honor arrojarei
Sem demais haver profia.

Sai de longe. Diz Clotaldo à parte:

Clotaldo

Muito se vai empenhando.
Que hei-de fazer, oh Céus!
Quando tem um louco desejo
Meu honor, segunda vez,
Em risco vejo.

Rosária

Não, em vão prevenia
A este infeliz reino tua tirania
Escândalos tão fortes
De delitos, traições, iras e mortes.
Mas que há-de fazer um homem
Que não tem de humano
Senão o nome?
Atrevido, desumano,
Cruel, soberbo, bárbaro e tirano,
Nascido entre as feras.

Segismundo

Para que tais razões não dissesses
Tão cortês me mostrava,
Pensando que com isso te obrigava,
Mas sim o sou falando deste modo.
Mas há-de dizer viva Deus por tudo.
Deixai-nos sós,
E essa porta que se cerre,
Que não entre ninguém!

Vai-se Clarim.

Rosária

Já sou morta!

Segismundo

Sou tirano.
E já pretendes aplacar-me
Mas é em vão.

Clotaldo à parte:

Clotaldo
Oh que lance tão forte!
Sairei a seu encontro
Ainda que me dê a morte.

Segismundo
Segunda vez me tens provocado
Velho caduco e louco,
Meu anojo e meu rigor
Tu pretendes pôr em pouco.
Como assim te atreves
A dobrar meu anojo?

Clotaldo
Ao ouvir as vozes fui chamado
A dizer-te que sejas
Mais modesto, se reinar desejas,
Fazendo-te já de todos dono.
Mas olha que a vida é um sonho!

Segismundo
A raiba me provocas
Quando a luz do desengano
Terei em dar-te a morte.

*Ao ir tirar pela espada, Clotaldo detém-no e
põe-se de joelhos.*

Clotaldo
Pois desta sorte
Limar a vida pretendo.

Segismundo
Retira a mão da espada!

Clotaldo
Enquanto não venha gente
Que teu rigor e cólera aplaque,
Não pretendo soltá-la.

Rosária
Oh Céus!!

Segismundo lutando:

Segismundo
Solta! Já te digo
Caduco, louco, bárbaro inimigo!

Assim mesmo desta sorte
Darei fim a teu albedrio.

Rosária
Acudi todos à pressa
Que matam a Clotaldo!

*Vai-se. Sai Astolfo ao tempo que cai Clotaldo
a seus pés e ele fica a meio.*

Astolfo
Que é isto, príncipe generoso?
Assim manchas aço tão brioso
Em sangue tão gelado?
Volta à bainha tua luzida espada.

Segismundo
Em a vendo tinta
Com este infame sangue...

Astolfo
Já sua vida libertou
A meus pés prostrado,
Alguma coisa há-de valer
Em eu aqui ter chigado.

Segismundo
Sirva-te de morrer
Pois desta sorte
Também te darei a morte.

Astolfo
Eu defenderei minha vida!

Tira Astolfo a espada e pelejam.

Clotaldo
Não o ofendas, Senhor.

Aparece o Rei e sai Estrela e acompanhamento.

Rei
Pois há aqui espadas?

Estrela à parte:

Estrela
É Astolfo, ai de mim,
Penas airadas!

Rei
Que é o que tem passado?

Astolfo
Nada, Senhor,
Havendo tu chigado.

Embainham as espadas.

Segismundo
Muito, Senhor,
Ainda que tenhas vindo.
Já pretendi matar
A este velho caduco.

Rei
E não guardavas respeito
A essas grandes cãs?

Clotaldo
Senhor, vede que são minhas
E não lhe importa vê-las descoridas.

Segismundo
Acções vãs
Querer que guarde respeito
A grandes cãs.

Para o Rei:

Pois em isso poderia
Que viesse às minhas plantas algum dia
Porque ainda não estou vingado
Do modo injusto em que fui criado.

Vai-se e diz o Rei:

Rei
Pois antes que o vejas
Voltarás a ser encarcerado,
Pois quanto te tem passado
Hás-de dizer que foi sonhado.

Sobe o Rei e Criados. Vão-se todos. Música.
Sai Estrela e Astolfo.

Astolfo
Que poucas vezes o ditado
Que diz desditas mente
Pois é tão certo em os males,

Quando duvidosos em os bens!
Se sempre casos cruéis
Anunciara sem dúvida
Que eles foram sempre verdade!
Conhecendo-se esta experiência
Em mim e Segismundo,
Pode Estrela em os dois
Haver esta diferença?
Em ele se previnem rigores,
Soberbas, desditas e mortes.
Em tudo disse verdade
Porque afinal tudo sucede.
Pois em mim ao ver, Senhora,
Esses raios excelentes,
De quem o Sol foi uma sombra
E o Céu um âmago em breve.
Que me previna venturas,
Troféus, aplausos e bens
Pois só é justo que acerte
Quando afaga com favores
E executa com desdéns.

Estrela
Não duvido que essas finezas
São verdades evidentes,
Mas serão por outra Dama
Cujo retrato pendente
Trazias ao pescoço
Quando Astolfo chigasteis a ver-me.
E sendo assim esses requebros
Ela só os merece.
Fazeis que elas vos pague
Que não são bons papéis
Em o conselho de amor,
Em a finezas e nas leis
Que se fazem em serviço
De outras Damas e outros Reis.

Aparece Rosária ao pano e diz à parte:

Rosária
Graças a Deus que chigou!
Minha desdita cruel!
Mas no fim disto tudo
Quem isto vê nada teme!

Astolfo
Eu farei sair o retrato
Do poder dessa criatura

Para que entre com afão
A imagem de tua formosura.
Donde entre estrelas não tem
Lugar a sombra nem estrelas,
Nem o Sol folgando seus raios,
Nem os astros nem cometas.

À parte:

Perdoa, Rosária formosa,
Estes agravos insolentes
Porque ausentes não se guardam
Os homens e as mulheres.

Vai-se. Adianta-se Rosária e diz à parte:

Rosária
Nada pude escutar
Pelo temor de ser vista.

Estrela
Rosária!

Rosária
Minha Senhora.

Estrela
Muito folguei
Em te ver aqui
Porque a ti somente
Fiarei um segredo assim.

Rosária
Honras, Senhora,
A quem te obedece!

Estrela
Em o pouco tempo, Rosária,
Que há que te conheço
Tens de minha vontade as chaves,
Por isto e por seres quem és
Me atrevo a fiar de ti
O que muitas vezes eu recato.

Rosária
Tua escrava sou.

Estrela
Para em breve te explicar:
Meu primo Astolfo bastara
Que ele mesmo te dissesse,
Porque há coisas que se dizem
Em somente as pensar,
Que comigo se há-de casar.
Se é que a fortuna nos deixa
Porque as desditas nos prosseguem,
Pesa-me que no primeiro dia
Pendente do pescoço trouxesse
Um retrato duma Dama.
Falei-lhe de ele cortesmente
Que era airoso e muito belo
E logo em seguida
Foi por ele, mas
Aqui muito me pesa
Que ele a mim me o ofereça.
Fica aqui e quando venha
Lhe dirás que te o entregue.
A ti não te digo mais
Porque és discreta e formosa
E bem sabes o que o amor encerra.

Vai–se Estrela e fica Rosária e diz:

Rosária
Oxalá o não soubesse!
Valha-me o Céu! Quem será
Tão atento e tão prudente
Que se soubesse aconselhar
Em esta ocasião tão forte?
Haverá pessoa no mundo
A quem o Céu inclemente
Com mais desditas combata
E com mais pesares cerque?
Que farei em tantas confusões
Donde impossível parece
Que ache razão que me alivie
Nem alívio que me conforte?
Desde a primeira desdita
Não há sucesso nem acidente
Que outra desdita não seja,
Que umas a outras sucedem,
Herdeiras de si mesmas.
É a imitação da Fénix

A VIDA É UM SONHO

Que nascem umas das outras,
Vivendo só das que morrem,
E sempre das suas cinzas
Está o sepulcro ardendo.
Quem as levará consigo
A tudo poderão atrever-se,
Pois em nenhuma ocasião
Não haja medo que os deixe.
Diga-o eu, pois em tantas
Como em minha vida sucedem,
Nunca me tenho achado nelas,
Nem se têm cansado, até ver-me
Ferida pela fortuna
E nos braços da morte.
Ai de mim! Que hei-de fazer
Na ocasião presente?
Se digo quem sou, Clotaldo,
A quem minha vida lhe deve
Este amparo e este honor,
Comigo pode-se ofender,
Pois me diz que calando
Honor e remédio pode haver.
Se não hei-de dizer quem sou,
Astolfo, e ele me chega a ver,
Como me hei-de desculpar?
Pois ainda que fingir tentem
A voz, a língua e os olhos,
Mas dirá-lhe a alma que mentem!!
Que farei? Mas que estudo!
O que farei se é evidente
Que por mais que o prevenha
Há-de fazer o que quiser.

Sai Astolfo que traz o retrato e diz:

Astolfo
Este é, Senhora, o retrato...
Mas, ah Céus, que empresa!!

Rosária
De que se suspende, Vossa Alteza?
De que se admira com tanta frieza?

Astolfo
De te ouvir Rosária e ver-te.

Rosária
Eu Rosária? Está enganado.
Vossa Alteza, sim, me tem

Por outra Dama mas eu sou
Aia e não merece
Minha humildade tão grande dita
Com essa turbação funesta.

Astolfo
Basta Rosária para engano,
Porque a alma nunca mente.
Ainda que como aia te veja
Mas como a Rosária te quero.

Rosária
Não entendo a Vossa Alteza
Por isso não sei que responder.
Só o que lhe direi
É que Estrela lhe pode ser
De Vénus e me mandou
Que em este sítio lhe espere
E de sua parte lhe diga
Que um retrato me entregue
Que está mui posto em razão
E eu mesma que lhe o leve
Pois ela o quer assim,
Porque são as coisas mais leves,
Nem que sejam em meu dano,
Mas é Estrela quem as quer.

Astolfo
Ainda que mais esforços faças,
Ó Rosária, que mal podes
Desenhar tal concerto
Com a voz porque é forçoso
Que desdiga e que descura
Tão destemperado instrumento
Que quer ajustar e medir
A falsidade de quem diz
Com a verdade de quem sente.

Rosária
Já disse que só espero
Que me dês o retrato.

Astolfo
Pois já que queres
Levar ao fim o desengano,
Com ele quero responder-te.
Dirás-lhe à Infanta
Que eu a estimo de tal sorte

Que pedindo-me um retrato
Pouca fineza parece.
Enviar-lho-ei assim
Para que o estime e aprecie,
Enviando-lhe o original
Que o podes levar contigo
Que só a ti o confio.

Rosária
Quando um homem se dispõe
Arrastado, altivo e valente,
A sair com uma empresa,
Ainda que por trato lhe entreguem
E que vale mais sem ela,
Néscio e desairado volte.
Eu venho por um retrato
Ainda que leve o original
Que sempre terá mais valor.
Dê-me, Vossa Alteza, o retrato
Que sem ele não hei-de voltar.

Astolfo
Pois como não te o hei-de dar
Se tu mesmo o hás-de levar?

Rosária
Pois desta sorte
Solta-o ingrato.
Trata de lho tirar.

Astolfo
É em vão.

Rosária
Juro a Deus que se não há-de ver
Em mãos de outra mulher!

Astolfo
Terrível estás.

Rosária
E tu alegre.

Astolfo
Já basta, Rosária minha!

Rosária
Eu tua? Mentes vilhaco!

*Estão ambos em posse do retrato e sai Estre-
la ao mesmo tempo e diz:*

Estrela
Rosária, Astolfo, que é isso?

Astolfo à parte:

Astolfo
Esta é Estrela.

Rosária à parte:

Rosária
Dá-me cá o retrato
Se queres traidor!

Para Estrela:

Pois, Senhora,
Para saber quem é
Eu vo-lo direi.

Astolfo para Rosária:

Astolfo
E que pretendes?

Rosária
Mandaste-me que esperasse
Aqui por Astolfo e lhe pedisse
Um retrato de tua parte.
Fiquei só e como viemos
De uns discursos a outros,
E falando em retratos
Vindo-me logo à memória
Que ele tenha um dos meus
Para dele fazer galhofa,
Tentei logo tirar-lho
Sem haver mais perca de tempo.
E como me caísse ao chão
Foi esta a razão
De praticar tal sucesso.
Com rogos e presunções
Colérica e impaciente
Eu lhe o quis tirar
Aquele que tens nas mãos
Que é meu e tu verás
Se comigo se parece.

Estrela
Solta, Astolfo, o retrato.

Tira-lho das mãos.

Astolfo
Senhora!

Estrela
Não serás cruel?

Rosária
Não é meu?

Estrela
Não tem dúvida.

Rosária
Agora que lhe dê o outro.

Estrela
Toma o teu retrato e vai-te.

Rosária
Já está em meu poder
Venha agora o que vier.

Vai-se.

Estrela
Dai-me vós o retrato
Que vos pedi, e não penso
Jamais ver-vos e falar-vos
Pois não quero que fique
Ó menos em vosso poder,
Pois que nesciamente
Vo-lo pediu meu entender.

Astolfo à parte:

Astolfo
Como poderei sair
Deste lance tão forte?

Para Estrela:

Ainda que queira, formosa Estrela,
Servir-te e obedecer-te

Não te poderei dar
O retrato que me pedes.

Estrela
És amante grosseiro e vilhaco!
Não quero que me o entregues
Porque eu não quero
Que em tomá-lo me acordes,
Que eu te o pedi e agora o desprezo.

Astolfo
Volta! Escuta, já se foi!
Valha-me Deus! Mas Rosária,
Donde, como ó de que sorte
Hoje a Polónia vieste
A perder-me e a perder-te?

Vai-se. Música. Aparece Segismundo em a torre vestido de peles e com grilhões, deitado no chão. Clotaldo, dois Criados e Clarim. Diz Clotaldo:

Clotaldo
Aqui o haveis de deixar
Que sua soberba acaba
Mesmo aonde começou.

Criado
Como estava?
As algemas lhe volto a atar?

Clarim
Não acabes de espertar
Para ver Segismundo trocada a sorte,
Sendo tua glória fingida,
Uma sombra da vida
E uma chama da morte.

Clotaldo
Quem sabe descorrer
Pois é bem que se provenha,
Uma instância donde tenha
Cheio lugar de arguir.

Para os Criados:

Este é o que haveis de assistir
E em este quarto encerrar.

Ensinando-lhe a prisão:

Clarim
Porquê a mim?

Clotaldo
Porque há-de estar
Guardado em prisão tão grave?
Clarim, que segredos sabes
Donde não possas sonar?

Clarim
Eu, por desdita solicito
Dar morte a meu pai.
Não o arrojei do balcão
Aquele traidor pouco a pouco?
Eu durmo e sonho,
Mas a que fim me encerram?

Clotaldo
Não és Clarim?

Clarim
Pois já digo que serei.
Corneta e calarei
Que é instrumento ruim.

*Levam-no. Entram todos e fica só Clotaldo.
Desce o Rei e vai direito à torre. Sai o Rei
embuçado à torre onde está Clotaldo e
Segismundo a dormir.*

Rei
Clotaldo.

Clotaldo
Senhor!
Ah vem Vossa Majestade?

Rei
A néscia curiosidade
A ver o que por aqui se passa.
Mas Segismundo, ai de mim!
Deste modo me traz assim!

Clotaldo
Vêde-o ali reduzido
A seu miserável estado.

Rei
Oh príncipe desditado
Em triste era nascido!
Chega-te a ele e esperta-o
Que sua força e vigor perdeu
Com o ópio que bebeu.

Clotaldo
Está, Senhor,
Enquieto e falando.

Rei
Que sonhará?
Escutemos.

Diz Segismundo sonhando:

Segismundo
Piedoso príncipe é
O que castiga tiranos.
Clotaldo morra em minhas mãos
E meu pai beijará meus pés.

Clotaldo
Com a morte me ameaça.

Rei
E a mim com rigor e afronta.

Clotaldo
Tirar-me a vida intenta.

Rei
A mim, que a seus pés me renda.

Segismundo sonhando:

Segismundo
Sai à frondosa praça
Do grande teatro do mundo
Este valor sem segundo,
Para que minha vergonha quadre
Vejam triunfar de seu pai,
O príncipe Segismundo.

Esperta e diz:

Ai de mim! Onde estou?

A VIDA É UM SONHO

Rei
A mim não me há-de ver.

A Clotaldo:

Já sabes o que tens a fazer
Eu de ali vou a escutar.

Retira-se.

Segismundo
Serei eu porventura?
O que preso e arrojado
E chego a ver-me em tal estado?
Não és tu, torre, meu sepulcro!
Valha-me Deus!!
Que coisas tenho sonhado!

Clotaldo à parte:

Clotaldo
A mim me está a chegar
Minha desdita agora
Pois chigou a hora
Para ele espertar.

Segismundo
Já é hora de acordar.

Clotaldo
Todo o dia hás-de estar
Dormido e sem acordar?
É como a águia que voou
Com seu voo seguiu-o.
E tu ficaste aqui
Sem nunca mais ter espertado?

Segismundo
Não, nem agora estou esperto!
Clotaldo, segundo entendo
Todavia estou dormindo
E não estou muito enganado,
Porque se foi sonhado
Tudo quanto vi, é mais que certo.
Quanto vejo será incerto.
Não é muito que rendido
Pois vejo que estando dormido
Que sonhe estando esperto.

Clotaldo
E que sonhaste, diz?

Segismundo
Suponho que foi sonho
Mas não digo o que sonhei.
O que vi, Clotaldo...
Assim eu esperto me vi...

À parte:

Que crueldade tão lisonjeira!!

Para Clotaldo:

Em um leito mui luxuoso
Com grande variedades de cores,
Ser um leito de flores
Que teceu a primavera;
E que mil nobres Senhores
Rendidos a meus pés
Me aclamam por seu príncipe
E me serviram, com galas, jóias e vestidos.
E a calma de meus sentidos
Se trocou em alegria,
Dizendo-a minha dita,
Que ainda que estou desta maneira,
Príncipe em Polónia eu existia.

Clotaldo
Boas alvíssaras tinhas.

Segismundo
Não mui boas.
Mas sim, como traidor,
Com peito atrevido e forte
Por duas vezes te dava a morte.

Clotaldo
Para mim tanto rigor?

Segismundo
De todos era, Senhor,
E de todos me vingava.
Só a uma mulher amava...
E creio que foi verdade,
Em que tudo se acabou
E só isto não se acaba.

Vai-se o Rei. Diz Clotaldo à parte:

Clotaldo

Enternecido se foi El-Rei
Depois de ter seu filho escutado.
Como tínhamos falado
Daquela águia, dormido
Teus sonhos Impérios tem sido.
Mas em sonhos, era bem
Honrar então a quem
Te criou em tantos empenhos,
Segismundo, ainda que em sonhos,
Não se perde o fazer bem.

Vai-se.

Segismundo

É verdade, pois reprimamos
Esta fera condição,
Esta fúria, esta ambição
Que alguma vez sonhámos.
Pois vemos que estamos
Em mundo tão singular,
Que o viver só é sonhar.
E a experiência nos ensina
Que o homem que vive sonha
O que é até espertar.
Sonha o Rei que é Rei e vive
Com este engano, mandando,
Dispondo e governando.
E este aplauso que recebe
É prestado como o vento,
Que em cinzas o converte.
A morte, terrível e forte,
Que há quem intente reinar,
Vendo que há-de espertar
Com o negro sonho da morte!
Sonha o rico com sua riqueza
Que mais cuidados lhe oferece,
Sonha o pobre que padece
Sua miséria e pobreza.
Sonha o que a crescer começa,
Sonha o que afão pretende,
Sonha o que agravado ofende,
Em o mundo em conclusão.
Todos sonham o que são
Ainda que ninguém o entende.
Eu sonho que estou aqui,

Com estes grilhões carregado,
E sonhei que em outro estado
Mais lisonjeiro me vi.
Que é a vida? Um fernesim.
Que é a vida? Uma ilusão,
Uma sombra, uma feição
E o maior e bem pequeno.
Que toda a vida é um sonho
E os sonhos, sonhos são.

Vai-se.

Terceira Jornada

Fala Clarim na prisão:

Clarim

Em esta encantada torre
Horrivelmente vivo preso.
Que me farão, pois ignoro,
E se é pelo que sei me darão a morte?
Dos sonhos desta noite
A triste cabeça tenho
Cheia de mil imaginações,
De trombetas, tambores.
Se ao calar lhe chamam santo
Como a um novo calendário,
Tão secreto é para mim
Que me é possível declará-lo
Ainda que está bem merecido
O castigo que padeço,
Pois calei, sendo criado,
Que é o maior sacrilégio.

Dão vozes dentro e tocam caixas e clarins. Soldado 1º dentro:

Soldado 1º

Esta é a torre onde está.
Deitai a porta ao chão
E entremos todos.

Clarim

Valei-me, oh Céus!
Que a mim me buscam é certo,
Pois dizem que aqui estou.
Que me quiseram?

Soldado 1º
Entrai dentro.

Soldado 2º
Aqui está.

Clarim
Não está.

Soldados
Senhor...

Clarim à parte:

Clarim
Estes vêm todos bêbados?

Soldado 1.º
Tu serás nosso príncipe.
Não admitimos nem queremos
Senão ao Senhor natural
E não a príncipe estrangeiro.
A todos nós darás os pés a beijar.

Todos os Soldados:

Soldados
Viva o grande príncipe, viva!

Clarim à parte:

Clarim
Viva Deus, que vá deveras!
É costume em este reino
Prender a um cada dia,
Fazendo-o logo príncipe
E enterná-lo em a torre!
Pois todos os dias se vê
E é forçoso desempenhar o papel.

Soldados
Dá-nos as tuas plantas.

Clarim
Não posso.
Pois não há nenhum mistério.
Para mim seria feio
Ser príncipe e ficar sem tronco.

Soldado 2º
Fomos todos a teu pai
E lhe dissemos que só a ti
Por príncipe conhecemos,
E não ao de Moscóvia,
Que todos o aborrecemos.

Clarim
A meu pai?
Lhe perdesteis o respeito?
Sois uns tais por quais...

Soldado 1º
Foi lealdade de nosso peito.

Clarim
Se foi lealdade, vos perdoe.

Soldado 2º
Sai a restaurar teu Império.

Soldados
Viva Segismundo, viva!

Clarim à parte:

Clarim
Segismundo dizem, bom!
Segismundo chamam a todos
Os príncipes contrafeitos.

Vem Segismundo e diz:

Segismundo
Quem chama por Segismundo?

Clarim à parte:

Clarim
Mas que sou príncipe o mesmo!

Soldado 1º
Quem é, Segismundo?

Segismundo
Eu.

Soldado 2º a Clarim:

Soldado 2º
Pois como atrevido e néscio
Tu te aclamas Segismundo?

Clarim
Eu Segismundo? Isso nego.
Vós-outros é que fosteis
Que me Segismundiasteis,
Pois foi somente
Necessidade e atrevimento.

Soldado 1.º
Grande príncipe Segismundo,
Que as senhas que trazemos
Tuas são, ainda que por fé
Te aclamemos Rei mui recto.
E queremos restaurar
Tua imperial coroa e ceptro
E tirá-la a um tirano,
Que nos submerge como severo.
Sai, pois que em este deserto
Está um exército numeroso
De bandidos e salteadores,
Aclamando tua liverdade,
Como honestos e cumpridores.

Vozes dentro:

Viva Segismundo, viva!

Segismundo
Outra vez! Que é isto, ó Céus?
Quereis que sonhe grandezas
E que as desfaça depois o tempo?
Outra vez quereis que veja
Entre sombras e trevas
A majestade e a pompa
Desvanecida pelo vento?
Outra vez quereis que tenha
O desengano e o mau acerto
A quem o humano poder
Nasceu humilde e vive atento?
Das sombras que fingis
Hoje, a meu sentido morto,
Que sendo isto verdade
Não tereis acção em vosso corpo.
Eu não quero majestades
E as pompas reais anojo,

Nem fantasias fantásticas
Porque sei que a vida é um sonho.

Soldado 2º
Se pensas que te enganamos
Deita os olhos a esses montes soberbos,
Somente para que vejas,
A gente que aguarda por teus desvelos.

Segismundo
Já outra vez vi isso
Tão claro e destintamente
Como agora o estou vendo
Mas foi sonho certamente.

Soldado 2º
Coisas grandes, Senhor,
Sempre trazem bons anúncios.
Quanto dizes devem ser
Derivado a sonhos fecundos.

Segismundo
Dizes bem, anúncio foi.
E caso que fosse certo,
Mas a vida é tão curta
Que sonhando, está esperto.
Outra vez, há-de ser
Com atenção e conselho
Que havemos de espertar
Deste gosto, ao melhor tempo.
Pois levando-o já sabido
Será o desengano mais pequeno,
Fazendo burla do dano
E adiantando o conselho.
E com esta prevenção
De que quando fosse certo
Prestando todo o poder
Para tornar a seu dono,
Despondo-me-nos a tudo
Mostrando todo o decoro.
Vassalos, eu vos agradeço
A lealdade que me mostrais.
Eu pretendo livrar-vos
Mui usado e dentro
Da estrangeira escravidão.
Tocai as armas e vereis
Mui preste meu valor
Como ranger de leão.

A VIDA É UM SONHO

À parte:

Mas se antes disto esperto
Deste sonho atraente
Não será bem dizê-lo
Mas suponho que não hei-de fazer.

Soldados
Viva Segismundo, viva!

Sai Clotaldo e diz:

Clotaldo
Que alborto é este, ó Céus?

Segismundo
Clotaldo!!!

Clotaldo
Senhor...

À parte:

Em mim seu rigor aprova.

Clarim
Eu aposto que o despenha do mundo.

Vai-se.

Clotaldo
Chego a teus reais pés.

Ajoelha-se.

Já sei que vou morrer.

Segismundo
Levanta-te, pai, do chão
Que hás-de ser norte e guia
A quem fie meus segredos,
Que já sei que minha infância
À tua muita lealdade devo.
Dá-me teus braços!!

Clotaldo
Que dizes?

Segismundo
Que estou sonhando
E quero portar-me bem,
Pois nem que seja em sonhos
Não se perde o fazer bem.

Clotaldo
Pois Senhor,
Se em te portar bem é teu afecto
É certo que não te ofenda.
Eu hoje solicito o mesmo.
Se a teu pai queres fazer guerra
Eu aconselhar-te não posso
Ir contra meu Rei nem a valer-te.
A teus pés estou
Se me queres dar a morte.

Segismundo
Ah vilhaco, traidor, ingrato.

À parte:

Mas, ah Céus!!
O reportar-me convém,
Ainda que não sei se estou esperto.

Para Clotaldo:

Clotaldo, vosso valor
Vos envejo e agradeço.
Ide a servir El-Rei
Que em o campo nos veremos.
Vós-outros, tocai às armas.

Clotaldo
Mil vezes beijo teus pés.

Vai-se.

Segismundo
A expermentar fortuna vamos.
Não me espertem se durmo.
Mas se é verdade que durmo,
Ou seja, mesmo sonho,
Obrar bem é que importa.
Se for verdade que sonhemos

Faremos por ganhar amigos
Para quando espertemos.

Vão-se todos. Toca Música. Sai o Rei e Astolfo.

Rei
Quem, Astolfo, poderá
Estar quieto e prudente
À fúria dum cavalo desenfreado?
E quem detenha somente
Um dia a corrente
Que corre ao mar soberbo é despenhado?
Quem um penhasco suspender
Vindo do cume dum monte a rodar?
Pois a tudo fácil de parar se olha
Mais que um vulgo a soberba matar.
Pois digo em altos brados
Que só se ouve ressoar no profundo,
Nos montes só se ouvem os ecos,
Uns a Astolfo e outros a Segismundo!
À infame injúria reduzido
Sua intenção a horror secumba.
Teatro funesto é donde infortuna
Representa tragédias a fortuna.

Astolfo
Senhor, suspenda hoje tanta alegria,
Cesse o aplauso e gesto lisonjeiro
Pois tua mão me prometia
Que eu de Polónia seria herdeiro.
Hoje se resiste à minha obediência
Porque eu a mereço primeiro.
Dá-me um cavalo de grande arrogância,
Que raio serei, que desfaça o mundo inteiro.

Vai-se. Diz o Rei:

Rei
Pouco reparo tem o infeliz
E muito rasgo pelo previsto tem.
Se há-de ser a defesa é impossível
Que quem mais a executa mais a provém.
Dura lei! Forte caso! Horror terrível!
Quem pensa ouvir o rasgo, ao rasgo vem.
Com o que guardava me tem perdido,
Eu nem minha pátria tenho destruído.

Sai Estrela e diz:

Estrela
Se tua Alteza Grande Senhor não trata
Em defender nosso justo Império
Que de uma banda a outra se delata
Pelas ruas e pelas praças,
Verás perder teu vitupério,
Verás teu reino em ondas de amargura
Nadar entre púrpura tinta
De seu sangue, que já o triste modo
Faz tragédias e desditas.
É tanta a ruína do teu Império
E a força do rigor sangrento
Que visto admira e escutado espanta,
O Sol se turba e se embaraça o vento.
Cada pedra uma pirâmide levanta
E cada flor constrói um monumento,
Cada edifício é um sepulcro altivo
E cada soldado é um esqueleto vivo.

Sai Clotaldo e diz:

Clotaldo
Graças a Deus que vivo chego a teus pés!

Rei
Clotaldo,
Pois que há de Segismundo?

Clotaldo
Ele é um vulgo monstro
Despenhado e cego.
Em a torre penetrou
E do fundo dela sacou seu príncipe
Que logo segunda vez
Viu seu honor destemido.
Valente se mostrou, dizendo
Feramente que havia
Escalar o Céu verdadeiro.

Rei
Dai-me um cavalo
Que eu mesmo em pessoa
Vencerei vilmente um filho ingrato
Com a defesa de minha coroa
E se a ciência errar, vencerá este aço.

Vai-se o Rei e diz Estrela:

Estrela

Eu ao lado do Sol serei Belóna,
E por meu nome junto ao seu espero
Voando sobre estendidas asas,
Cumprindo com minha ideia severa.

Vai-se Estrela e tocam às armas. Clotaldo devagar. Sai Rosária e detém a Clotaldo.

Rosária

Ainda que o valor se encerra
Em teu peito desde ali,
Dá vozes e ouve-me a mim
Que sei bem que tudo é guerra.
Bem sabes que chiguei
Pobre, humilde e desditada
A Polónia, e amparada
Do valor que em ti achei.
Mandaste-me, ah Céus,
Que disfarçada vivesse
No palácio e pretendesse
Dessimular meus desejos.
Guardando-me de Astolfo!
E enfim ele me viu
E tanto atropela meu honor,
E vendo-me Estrela,
Sua beldade me cingiu.
À noite fala-me no jardim
Que deste a chave tenho a meu cargo
E te poderei dar lugar
De que em ele podes entrar
A dar fim a meu cuidado.
Assim altivo, usado e forte
Voltar por meu honor poderás
Pois que já solto estás
A vingar-me com sua morte.

Clotaldo

Verdade é que me inclinei
Desde o dia em que te vi
A fazer Rosária por ti
E testemunha de mim é
A vida que te prometi.
A primeira que tentei foi
Que se algum dia te visse,
Astolfo, em teu próprio traje
Sem julgar a liviandade
E a louca temeridade

Que faz do honor ultraje.
Em esse tempo tentava
Como quebrar se pudesse
Teu honor perdido, ainda que fosse,
Tanto teu honor me arrastaba.
Dando-lhe morte a Astolfo
Que de caduco se variou!
Se não fosse por ser meu Rei
Minha sombra o estrangulou.
Pensei dar-lhe a morte
Quando Segismundo pretendeu
Dar-me-a a mim, e ele chigou
O perigo atropelando
E fazendo em minha defesa
Mostras de sua vontade,
Que foram temeridades
Passando de valentia em certeza.
Pois como agora te advirto
Tendo a alma agradecida,
A quem me tem dado a vida
Lhe tenha de dar a morte?
Assim entre os dois partidos
O afecto e o cuidado,
Vendo que a ti te a tinha dado
E eu dele a tinha recebido
Não sei a que hei-de acudir
Não sei a que parte hei-de ajudar;
Se a ti me obrigue com dar,
Mas de ele estou a receber.
Assim na ocasião que se oferece
Nada a meu amor satisfaz
Porque sou pessoa que faz
E sou pessoa que padece.

Rosária

Não tenho que prevenir
Que em um varão singular
Quando é nobre acção o dar
É baixeza em receber.
A este príncipe assestado
Não lhe hás-de estar agradecido,
Suponho que ele tem sido
O que a vida te tenha dado.
E tu a mim evidente coisa
É que ele forçou tua nobreza,
A que fizesses uma baixeza
E hoje uma acção generosa.
Pois que estás dela ofendido,

Pois estás de mim obrigado,
Suponho que a mim me tens dado
O que dele tens recebido.
Assim deves acudir
A meu honor e a meu pranto,
Pois eu prefiro quanto
Vai do dar a receber.

Clotaldo
Ainda que a nobreza viva
Da parte do que dá
Ele agradecido está
Da parte do que recebe.
Já te dei a entender,
Já tenho com nome honroso
O nome de generoso.
Deixa-me o de agradecido
Pois o posso conseguir,
Sendo agradecido quanto
Liveral, pois honra tanto
O dar como o receber.

Rosária
De ti recebi a vida
E tu mesmo me o disseste
Quando a vida me deste,
Que a que estaba ofendida
Que então não era vida.
Nada de ti tenho recebido
Pois vida não vida tem sido
A que tua mão me deu
Assim deves ser primeiro
Liveral que agradecido.
Como de ti mesmo tenho ouvido
Que me dês a vida espero
Que não me a tens dado,
Pois o dar engrandece mais
Se antes liveral, serás
Agradecido depois.

Clotaldo
Vencido de teus argumentos
Mas antes liveral serei.
Eu, Rosária, te darei
Minhas fazendas
E vivenda num convento.
É o meio que solicito,

Pois tirando-te de um delito
Te recolhes a um sagrado,
Pois quantas desditas sente
O reino tão dividido.
Havendo nobre nascido
Não há-de ser quem as aumente.
Com este tema exegido
Sou em este reino leal,
Sou contigo liveral
E com Astolfo agradecido.
Assim, escolhe o que te apraz
Ficando isto só entre nós dois,
Que ninguém o saiba nem por Deus,
Mais que quando for teu pai.

Rosária
Se tu fosses meu pai
Essa injúria eu sofria
Mas como o não és
Não acato tal vilania.

Clotaldo
Pois que é o que esperas
E que pretendes fazer?

Rosária
Matar o Duque.

Clotaldo
Uma Dama,
Que pai não tem conhecido
E tanto valor tenha tido?

Rosária
Sim.

Clotaldo
Olha que Astolfo há-de ver...

Rosária
Todo meu honor atropela.

Clotaldo
Teu Rei e esposo de Estrela.

Rosária
Juro a Deus que o não há-de ser.

Clotaldo
É loucura.

Rosária
Bem vejo.

Clotaldo
Pois vence-la.

Rosária
Não poderei.

Clotaldo
Pois poderás...

Rosária
Já o sei.

Clotaldo
Vida e honor.

Rosária
Bem o creio.

Clotaldo
Que intentas?

Rosária
A minha morte.

Clotaldo
Olha que isso é desprezo.

Rosária
Mas é honor.

Clotaldo
É desatino.

Rosária
É valor.

Clotaldo
É fernesim.

Rosária
É raiba e ira.

Clotaldo
Enfim não se dá meio
À tua cega paixão?

Rosária
Não.

Clotaldo
Que te há-de ajudar?

Rosária
Eu.

Clotaldo
Não há remédio?

Rosária
Não haverá não.

Clotaldo
Pensa bem se há outros modos...

Rosária
Perder-me de qualquer maneira.

Vai-se e diz Clotaldo:

Clotaldo
Pois se te hás-de perder
Espera e perdemo-nos todos.

Vai-se. Música. No campo. Sai Segismundo vestido de peles, Soldados marchando e Clarim.

Segismundo
Se neste dia parecesse Roma
Nos primeiros triunfos da sua idade,
O quanto me alegrara
Vendo lograr ocasião tão rara.
Seus grandes exércitos regia
A cujo altivo alento.
Creio bem que seria pouca
A conquista do firmamento,
Mas o voo abatamos
E o espírito não desvaneçamos.
Este aplauso incerto
Há-de passar quando estejamos espertos.
Em havê-lo conseguido

Para o haver perdido,
Pois quanto menos for
Menos sentiremos se se perde.

Clarim
Em um veloz cavalo
Perdoa que a força é o primeiro detalhe.
E voltando ao conto,
Quem debuxa um mapa atento,
Pois o corpo é a terra,
O fogo é a alma que o peito encerra.
A espuma e o mar e o ar o suspiro
Em cuja confusão um caso admiro,
Pois a alma, espuma, corpo e alento
Monstro é, de fogo, terra, mar e vento.
Reze-o a seu prepósito tratado
Do que aperta a espora,
Que em vez de correr voa,
Mas à tua presença
Chega uma mulher airosa.

Segismundo
A sua luz me cega!

Clarim
Viva Deus que é Rosária.

Retira-se.

Segismundo
O Céu à minha presença a restaura.

Aparece Rosária com "vaquero", espada, adaga, e diz Rosária:

Rosária
Generoso Segismundo,
Cuja majestade heróica
Sai o dia de seus feitos
Da noite e suas sombras.
E como o maior planeta,
Que em os braços da aurora
Se constitui luzento
Às plantas e às lindas rosas.
Sobre montes e mares
Quando coroado assoma
Aparece a luz e seus raios brilham,
Os cumes banha e o espaço aborda.

Assim ameaças o mundo
Brilhante Sol de Polónia,
Que uma mulher infeliz
Hoje a teus pés se arroja.
Ampara-a por ser mulher
Mui desditada em suas coisas,
Para obrigar a um homem
Que de valente ressoa.
Três vezes são as que já
Me admiras e as que ignoras,
Pois são as que me viste
Em diversos trajes e forma.
A primeira foi quando me viste
Em a prisão rigorosa
Aonde foi tua vida
Desditas das minhas lisonjas;
A segunda me admiraste
Quando melhor foi a pompa
Da tua majestade um sonho,
Um fantasma e uma sombra;
A terceira é hoje, que sendo
Monstro duma espécie e outra,
Entre galas de mulher
Armas de varão me adornam.
E porque compadecido
Melhor me ampares e disponhas,
É bem que de meus sucessos
Trágicas infortunas ouças.
De nobre mãe nasci
Em a corte de Moscóvia,
E minha mãe, persuadida
De finezas amorosas,
Foi bela como nenhuma
E infeliz como todas.
Com aquela néscia desculpa
De fé e palavra de esposa
Lhe alcançou tanto que hoje
Seu pensamento chora,
Tendo sido um tirano
E fatal em sua Tróia.
Até a espada lhe deixou
Que aqui se embainha sua folha,
Que eu a desnuarei
Antes que finde a história
Deste maldito nó
Que muito me impressona.
Oh matrimónio, oh delito!
Se é bem que tudo é uma coisa

A VIDA É UM SONHO

Nasci eu tão parecida
Que um retrato foi uma cópia,
Menos em a formosura,
Somente nas desditas e nas obras.
O mais que eu te posso dizer
De mim é o dono que rouba
Os troféus de meu honor
E os despojos de minha honra.
Astolfo, ai de mim,
Que ao nomeá-lo me assombro,
Se encoleriza meu coração
E minha alma sente uma sombra.
Astolfo foi o dono ingrato
Que, esquecido das glórias,
Veio a Polónia chamado
Por suas conquistas famosas
A casar-se com Estrela,
Que são essas minhas vanglórias.
Eu, ofendida e burlada,
Fiquei triste, fiquei louca,
Disse minhas penas ocultando
Mais tarde reaparece a obra.
Violante minha, oh Céus!
Arrombou a prisão e em troca
Do peito saíram juntas,
Batendo-se umas com as outras.
Não me embaracei em dizer-lhas,
Que em sabendo uma pessoa
Que quem suas fraquezas conta,
E cumpre-se com as outras.
Parece que já lhe fiz
A réplica que me afronta,
Que às vezes o mau exemplo
Serve de emenda piedosa.
Ouviu minhas queixas e quis
Consolar-me com as próprias.
Juiz que foi delinquente
Que facilmente perdoa!
Escarnecendo de si mesmo
Nega a infortuna ociosa?
Liverdade ao tempo fácil
É remédio de sua honra,
Não teve minhas desditas
Melhor exemplo que agora.
Que o siga e que o obrigue
Com finezas prodigiosas,
Com a dívida de meu honor
Que ele fez de menos conta.

Fazendo que minha infortuna
Com traje de homem me adorno,
Descolgando esta antiga espada
Que é esta que ensino agora,
Que é tempo que se desnue
Como prometi na história
Pois confiada em suas senhas
Me disse: parte a Polónia
E faz com que te vejam
Esta espada que te adorna.
Chigamos a Polónia, como efeito,
Passamos, que não importa,
Chigando à tua cova, aonde tu,
De me olhar te assombras.
Pensamos que ali Clotaldo
Por minha parte se apaixona,
Pedindo por mim a El-Rei
E El-Rei minha vida lhe entorga.
Enformando de quem sou
Me persuade a que ponha
O próprio traje que me compete
E que sirva a Estrela famosa,
Estubando-lhe o amor a Astolfo
E de ser Estrela sua esposa.
Deixando que Clotaldo
Persuadido que lhe importa
Que casem e que reinem,
Astolfo e Estrela formosa.
Eu venho que tu, ó valente
Segismundo, a quem hoje toca
A vingança, pois quer o Céu
Quero que a prisão se arrombe
Nessa rústica habitação
Donde tem sido sua pessoa,
Ao sentimento uma fera
E ao sofrimento uma rocha.
As armas contra tua pátria
E contra teu pai tomamos,
Que eu prometo-te a ajudar
Entre as galas custosas,
De Diana os arneses,
De Palas vestindo agora,
Pois a adaga e a espada
Que ambas juntas me adornam.
Há pois forte caudilho
Que aos dois juntos importa
Impedir e desfazer
Estas desconcertadas bodas.

Ele que meu esposo se nomeie,
E a ti, porque estando juntos,
Seus dois estados não governem
Com mais poder e mais força
Em dúvida nossa vitória.
Mulher venho a persuadir-te
Ao remédio de minha honra,
E como varão venho-te alentar
A que ponhas tua coroa.
Mulher venho a enternecer-te
Quando a tuas plantas me arroje,
E varão venho a servir-te
Com minha espada e pessoa.
E se pensas que se hoje
Como mulher me enamoras
Como varão te darei
A morte em defesa honrosa
De meu honor porque hei-de ser,
Em suas conquistas amorosas,
Mulher por te dar queixas
E varão para ganhar honras.

Segismundo à parte:

Segismundo
Oh Céus, sim é verdade que sonho!
Suspende-me a memória
Que não é possível que caibam
Em um sonho tantas coisas.
Valha-me Deus! Quem soubesse
Sair bem delas todas
E não pensar em nenhuma!
Quem viu penas tão duvidosas?
Se sonhei aquela grandeza
Em que me vi como agora,
Esta mulher me refere
Umas senhas tão notórias?
Se foi verdade não sonho,
E se é verdade que é outra
Confusão e não menor.
Como minha vida nomeia
Sonhos tão parecidos,
Mas os sonhos são as glórias
Que verdadeiras são,
Tendo-as por mentirosas
E as fingidas por certas,
Tendo assim em conclusão.
Tão pouco há de umas a outras

Que à questão sobre saber
Se o que se vê e se goza
É mentira ó é verdade!
Tão semelhante é a cópia ao original
Que há dúvida em saber
Se será ela própria!
Pois se é assim há-de-se ver
Desvanecida entre sombras
A grandeza e o poder,
A majestade e a pompa.
Saivamos apreveitar
Este tempo que nos toca
Pois só se goza em ele
O que entre sonhos se goza.
Rosária tenho em meu poder,
Sua formosura a alma adora,
Gozemos pois a ocasião
Que o amor as leis quebra
Do valor e da confiança
Com que a minhas plantas se arroja.
Isto é sonho, pois o é,
Sonhemos desditas agora
Que depois serão pesares
Mas com mais razões próprias.
Volto a convencer-me
Se é sonho ou se é vanglória
Quem por vanglória humana
Perde uma devina glória?
Que pensando bem não é sonho
Quem teve desditas heróicas,
Que entre si não diga quando
As imagine em sua memória.
Sem dúvida que foi sonhado
Quanto vi em esta história.
Meu desengano, bem sei,
Que é chamar ao prazer formosa.
Acudamos ao enterno
Que é a fama vivedora
Onde não dormem as fadigas
Nem as grandezas repousam.
Rosária está sem honor,
Mas a um príncipe lhe toca
E que faz dar-lho ou tirar-lho.
Juro a Deus que de sua honra
Eu hei-de ser conquistador.

Diz aos soldados:

A VIDA É UM SONHO

Vós-outros, tocai às armas
Que hoje hei-de dar batalha
Antes que a escura sombra
Sepulte os raios da aurora
Entre as montanhas e no mar as ondas.

Rosária
Senhor! Assim te ausentas?
Pois nem só uma palavra
Te deve meu cuidado?
Nem te merece meu esforço
Ao menos voltar-me o rosto?

Segismundo
Rosária, ao honor lhe importa
Por ser piedoso contigo
E ser cruel contigo agora.
Não te contesta minha voz
Para que meu honor te responda.
Não te falo porque quero
Que te falem minhas obras,
Não te admiro porque é forçoso
Em pena tão rigorosa,
Que não olhe tua formosura
Quem há-de olhar tua honra.

Vai-se e com ele os Soldados.

Rosária
Oh Céus! Que enigmas são estes?
Depois de tanto pesar
Ainda me fica que duvidar
Com equívocas respostas!

Aparece Clarim e diz:

Clarim
Senhora, já é tempo que te veja!

Rosária
Ó Clarim, aonde tens estado?

Clarim
Em uma torre encerrado
Bruxeando minha morte,
Pensando já em não sair
Daquela maldita torre.

Minha vida já esteve
Para dar um estilhaço pobre.

Rosária
Porquê?

Clarim
Porque sei o segredo...
De quem és, com afecto Clotaldo...
Pois que ruído é este?

Tocam caixas.

Rosária
Que há-de ser?

Clarim
Do palácio Real
Sai um esquadrão armado
A resistir e vencer
Ao fero Segismundo
Que anda pelos montes acampado.

Rosária
Como acobardada estou
E já a seu lado não serei.
Será muito escandaloso
Quando já tanta crueldade
Encerra sem ordem nem lei.

Vai-se. Sai Clarim e Soldados. Dão vozes:

Soldados
Viva nosso invicto Rei!

Outros:

Viva nossa liverdade!

Clarim
A liverdade e o Rei vivam!
Vivam mui em hora boa
Que a mim nada me dá pena
Como em conta me recebam
Se bem me quer doer
De algo há-de ser de mim.
Escondido desde aqui
Toda a festa hei-de ver.

Vão-se os Soldados, esconde-se Clarim e tocam caixas e ouve-se ruído de armas. Vem o Rei e Criados. Clotaldo a Astolfo fugindo e Clarim escondido.

Rei
Haverá Rei mais infeliz
E pai mais perseguido?

Clotaldo
Já teu exército vencido
Baixa sem tino nem lei.

Astolfo
E esses traidores
Vencem toda a grei.

Rei
Em batalhas tais
Os que vencem são leais
E os vencidos os traidores.
Fujamos Clotaldo
Do cruel desumano,
Rigor dum filho traidor.

Desparam dentro tiros e cai Clarim ferido aonde está.

Clarim
Valei-me, ó Céus!!

Astolfo
Quem é este soldado
Quem a nossos pés caiu
Em sangue todo banhado?

Clarim
Sou um homem desditado
Que por me querer livrar
Da morte a vim encontrar.
Pois para com a morte
Ninguém terá segredos,
Pois quem seus segredos ouve
E quem se chega a seus afectos...
E se vós-outros quereis
Livrar-vos de tal mister
Fugi, pois está por Deus
Que aqui haveis de morrer.

Cai. Diz o Rei:

Rei
Expirou!
Que bem o céu persuade
Que são diligências vãs
Do homem quando dispõe
Contra maior força e causa!
Pois eu por livrar da morte
E seduções minha pátria
Vim a entregá-la aos mesmos
De quem pretendi livrá-la.

Clotaldo
Ainda Senhor que sabes
Todos os caminhos e vales,
Busquemos pois a prudência
E vitória dela alcançamos,
Pois se não está reservada
Da pena e da desgraça
Faremos por reservá-la.

Astolfo
Clotaldo, Senhor, te fala
Como prudente varão
Que idade avançada alcança
E como jovem valente
Entre as espessas matas.
Em esse monte está um cavalo
Veloz como o pensamento.
Foge com ele que eu entretanto
Aguardarei enquanto venhas.

Rei
Se por Deus está que eu morra
Ó se a morte me aguarda
Aqui hoje a quero buscar
Esperando-a cara a cara.

Tocam às armas dentro. Sai Segismundo, Estrela sai pela direita. Rosaria, Soldados e acompanhamento. Diz Soldado 1°:

Soldado 1°
Em este entrincado monte,
Entre suas espessas ramas
El-Rei se esconde.

Segismundo
Segui-o que não fique
Neste mato nenhuma planta
Que não examine o cuidado
Nem tronco nem alguma rama.

Clotaldo
Fuja, Senhor!

Rei
Para quê?

Astolfo
Que intentas?

Rei
Astolfo, aparta.

Clotaldo
Que queres?

Rei
Clotaldo, quero fazer
Um remédio que me falta.

Diz o Rei para Segismundo:

Se a mim me vens buscando
Já estou príncipe a teus pés.

Ajoelhando-se.

Seja deles branca almofada
Este alvor de minhas cãs.
Pisa meu corpo e rosto
E minha coroa arrasta por terra
Meu decoro e meu respeito
E toma de meu honor vingança.
Serve-te de mim cativo
E tuas prevenções alarga,
Cumpre com tua homenagem
E cumpra o Céu com sua palavra.

Segismundo
Corte ilustre de Polónia
Que de admirações tamanhas
Sois testemunhas e atendei
O que vosso príncipe vos fala.

Meu pai, que está presente
Por se escusar à senha,
Me fez de minha condição
Um bruto, uma fera humana.
De sorte que quando eu,
Por minha nobreza galharda,
Por meu sangue generoso,
Por minha condição bizarra,
Houvesse nascido dócil
E humilde, só bastava.
Tal género de viver,
Tal linhagem de criança
Fez ferozes meus costumes
Em cruéis modos acostumados!
Se a qualquer homem dissessem:
Alguma fera desumana
Te dará morte;
Escolhe primeiro
Bom remédio em espertá-la
Quando estivesse dormindo.
Se dissessem: esta espada
Que trazes tinta há-de ser
Quem te dê a morte.
É vã a diligência de a evitar
Pois então a desunarei
E pô-la-ei a teu peito.
Se dissessem: golfos de água
Hão-de ser tua sepultura
Em monumentos de prata
Formados em terra dura;
Mal faria deitá-la ao mar
Com minha tenção obscura.
O mesmo lhe tem sucedido
Que a quem me ameaça
Uma fera o esperta
Com o rugir uma espada.
E quando estivesse
Dormida minha fera senha,
Temperava a espada minha fúria
Teu rigor e quieta a bonança.
A fortuna não se vence
Com injustiça e vingança
Porque antes se incita mais.
Assim quem vencer aguarda
A sua fortuna e há-de ser
Com candura e com temperança.
Sirva de exemplo este espectáculo,
Esta estranha admiração,

Este horror, este prodígio,
Esta influente narração,
Pois nada é maior que ver
Com prevenções tão várias,
Rendido a meus pés, um pai
E atropelando a um monarca.
Foi sentença dos Céus,
Por mais que a quis impedir
Ele não pode, mas pude eu
Que são menores minhas cãs
No valor e na ciência.

Para o Rei:

Levanta-te já do chão
E dá-me a tua mão
Que já o Céu te desengana,
Que tens errado de tal modo
Que o Céu com seu pudor
Quis de ti tomar vingança,
E rendido estou a teus pés
Com heróica bonança.

Rei
Filho, tal nobre acção
Teu coração em mim encerra.
Príncipe és a flor de palma,
Pois tu a mim me venceste
Com honesta ameaça.

Dizem todos:

Soldados
Viva Segismundo, viva!

Segismundo
Pois que vencer espera
Meu valor grandes vitórias.
Hoje há-de ser a mais galharda.
Astolfo, hoje darás
A tua mão a Rosária
Pois sabes que seu honor
É duvidoso e hei-de cobrá-lo.

Astolfo
Pois que é verdade que lhe devo
Obrigações muito corteses,

Mas ela não sabe quem sou,
Pois é baixeza e é infâmia
Eu casar-me com essa mulher.

Clotaldo
Não prossigas, detém-te, aguarda
Porque Rosária é tão nobre
Como tu, Astolfo,
E minha espada a defenderá
Em o campo da batalha,
Pois é minha filha e isto basta.

Astolfo
Que dizes?

Clotaldo
Eu até a não ver
Casada, nobre e honrada,
Nunca tentei descobri-la,
Mas a história é complicada,
Mas enfim é minha filha.

Astolfo
Pois sendo assim
Cumprirei minha palavra.

Segismundo
Pois para que Estrela
Não fique desconsolada,
Vendo que perde um príncipe
De tanto valor e fama,
Eu com minha própria mão
Com esposo hei-de casá-la,
Que em méritos e fortuna
Se não lhe excede, lhe iguala.
Dá-me a tua mão!

Estrela
Eu ganharei
Em merecer tanta desdita.

Segismundo
A Clotaldo, que leal
Serviu a meu pai,
O aguardam meu braços
Com os mereceres
Que ele pedir que lhe faça.

Soldado 1º

Assim, honras a quem te não serviu,
E a mim, que fui a causa
De se alborotar todo o reino
E a torre em que estavas
Te tirei, e que me dás?

Segismundo

A torre, e para que não saias
Dela até não morrer
Ali hás-de estar com guardas,
Pois um traidor não será mister
Sair sem a traição estar passada.

Rei

Teu engenho a todos espanta.

Segismundo

Que vos admira, que vos espanta?
Se meu mestre foi em sonho,
E estou temendo em minhas ânsias,
Que hei-de espertar e achar-me
Outra vez encerrado na prisão?
Ainda que isso não seja
Só em sonhar bastará essa visão,
Pois assim chiguei a saber
Que toda a desdita humana
Enfim passa como um sonho
E quero hoje aproveitá-la.
O tempo que me durar
Pedirei perdão de nossas faltas
Que de peitos nobres
É mui próprio perdoá-las.

Fim

Versão recolhida em S. Martinho. Manuscrito datado de 11 de Março de 1934. O texto é baseado em "A Vida é Sonho", de Calderón de La Barca.

Comédia Cómica Intitulada
Um Dia de Inverno ou O Capote

Personagens

Crespim
Pitágoras
Lucrécia
Leopoldo
Filomena
Vitória
Roberto
Barnabé
Taberneiro
Carlota
Januário
Serafina
Sultão

Chegadas as figuras ao tabuado fazem o seu giro, recolhem-se cada uma para o seu lugar e sai Crespim e diz:

Crespim
Venho anunciar-vos, povo honrado,
O que vamos representar
As passagens desta obra
Que agora vamos principiar

Aconteceu há dias um passo
Um passo de admirar
Prestai a vossa atenção
Ao que eu vos vou contar

No concelho do Vimioso
Freguesia de Vilar Molhado
Aconteceu o tal sucesso
Que vai ser representado

Chovia que Deus a dava
Pelos últimos dias de Janeiro
Veio um rapaz das vacas
Que tinha estado num lameiro

Chegou a casa molhado
Com vontade de cear

Pendurou o capote num carro
E foi a roupa mudar

Diz o pai para a família
Quando estavam a cear:
Hoje tocamos às almas cedo
Pitágoras, vai já tocar

O rapaz obedece ao pai
E põe-se logo a andar
Vai em busca do capote
Com tenção de ir a tocar

O capote não aparece
Que tinha sido roubado
Por mais voltinhas que deram
Não foi possível encontrá-lo

Correram currais e palheiros
Correram lojas e tabernas
Deram tantas voltas
Já nem se tinham nas pernas

Então o pai mui astuto
Depois de muito pensar
Repartiu a família toda
Pelas ruas do lugar

Saiu então Leopoldo
Apresentou o capote logo
Foi assim que apareceu
Nem podia ser de outro modo

Corre Pitágoras ligeiro
A avisar a família toda
Que ficou toda contente
Com aquela boa nova

Vereis também Serafina
Chamando pelo Carrapatas
Para mijarem ambos juntos
Olhai que cousas tão guapas

Lucrécia mãe de Pitágoras
Promete muitas promessas
Aos santos e santas do Céu
Até prometeu fazer festas

Rezou muitos Padres-Nossos
Fez mui grandes rezadas
Mas o capote apareceu
Foram bem aproveitadas

Rezou ela e o Pitágoras
Muitos rosários de quinze dezes
Deus lhes dê muita saúde
Para os rezarem mais vezes

Cumpriram as promessas todas
Nada ficaram a dever
Agora que tenham cuidado
Não o voltem a perder

Aqui vos deixo resumido
O que vamos representar
Logo o vereis muito mais claro
Que eu vos estou a falar

Pára aqui minha cantiga
Desculpai-me os erros todos
Logo eu cá voltarei
A falar-vos doutros modos

Sai Pitágoras e sua mãe Lucrécia e diz
Pitágoras:

Pitágoras
Maldito dia de Inverno
Em que venho todo molhado
Triste vida de boieiro
E mais do pastor de gado

Veja lá, ó minha mãe,
Tenho razão em me queixar
O capote vem todo molhado
E eu estou a pingar

Mal raio partam as vacas
Eu não torno para o lameiro
Melhor me era ter jejuado
E estar deitado num palheiro

Lucrécia
Razão te sobeja, meu filho,
Mas eu cá é que não sei delas
Preciso é molhar o lombo
Para depois vender as vitelas

Eu e tua irmã Carlota
Também tivemos bem trabalho
Andivemos o dia todo
Metidas em grande bandalho

Fizemos a cama aos porcos
Deitámos palha às vacas
Fritámos os ovos das galinhas
Que encontrámos nas buracas

O teu pai e o Januário
Juntaram o estrume todo
Assim foram passando o dia
Como te estou contando o modo

Anda lá pois, ó Pitágoras,
Pendura aí o capote
Que eu também pus a enxugar
As chocas do meu saiote

As vacas estão acomodadas
Vai-te pois lá a mudar
Arranja-te quanto antes
Que vamos já a cear

Recolhem-se. Sai Crespim e diz:

COMÉDIA CÓMICA INTITULADA UM DIA DE INVERNO OU O CAPOTE

Crespim
Ora queixa-se o Pitágoras
De que vem todo molhado
Mas passou o dia todo
Ao pé duma touça deitado

Queria-se levar boa vida
Metido nalgum buraco
Mas a honra e o proveito
Não cabem ambos num saco

Fica-se admirado vendo sair Leopoldo o qual
se encontra com a Filomena e diz Leopoldo:

Leopoldo
Ó minha gentil Filomena
Querida muito adorada
Ainda não te tinha visto
E já lá vai a semana passada

Deita-lhe o braço e chegando-se junto do ca-
pote pendurado toma-o cobrem-se ambos
com ele e diz Leopoldo:

Olha que pronto aqui está
Quem o deixou não tinha frio
Mete-te cá debaixo dele
E anda pra aqui comigo

Recolhem-se ambos e diz Crespim:

Crespim
Sempre se vê cada uma
Cá pelas nossas portas
A qualquer calham direitos
E a mim vão-me todas tortas

Não vedes o Leopoldo
E a dona Filomena
Lá se foram ambos juntos
Ninguém deles tenha pena

Recolhe-se, sai logo assustado encontrando
Vitória e Roberto e diz-lhe:

Roberto
Ó Crespim, ó Crespim,
Não viste por aí meu pai?

Crespim
Vai para casa caladinho
E diz-lhe à mãe que já lá vai

Vitória
Ó Crespim, se o não viste
Não me queiras enganar

Crespim
Vai para casa, rapariga,
Que ele está-se a despachar

Sai Leopoldo com o capote coberto e cobre
com ele os pequenos. Crespim foge e fica a
uma ponta do tabuado.

Leopoldo
Que vindes vós agora aqui
Com a rua toda molhada?
Não estáveis melhor ao lume
Fazendo alguma torrada?

Chega-te aqui, Vitória,
Anda cá tu, Roberto,
Cobri-vos com o meu capote
Que deve ser o mais certo

Roberto
Nós vimos chamar meu pai
Pois são horas de ir cear

Vitória
Estava ali o Crespim
E esteve-nos a empontar

Recolhem-se e diz Crespim:

Crespim
Uma destas tem que ver
E eu estou-me a admirar
Pois toda a pouca vergonha
Sempre há com que a tapar

Toca Música. Cobre o tabuado e recolhe-
-se. Sai Barnabé, Pitágoras e Lucrécia e diz
Barnabé:

Barnabé

Pitágoras, meu filho,
Está a noite muito má
É bom ir tocar às almas
Prepara-te e vai já

Pitágoras

Ainda não são oito horas
Bem vi que é muito cedo
Eu vou daqui a um bocado
Meu pai julga que tenho medo?

Barnabé

Eu não julgo que tens medo
Que bem sei que és destemido
Mas faz lá o que eu mando
E ficarás bem servido

A noite está tormentosa
Chove que não é graça
Vamos todos cedo à cama
Que é aonde melhor se passa

Pitágoras

Eu obedeço, meu pai,
Por respeito lhe guardar
Acenda-me lá a lanterna
Que eu vou então a tocar

Pega na lanterna, faz que vai tocar e encontrando a menos o capote diz para o pai:

Ó meu pai,
Uma destas que me faz admirar
Roubaram-me o capote
Enquanto nós a cear!

Barnabé

Tu estás tolo, rapaz,
Ou então enlouqueceste
O capote ninguém to roubou
Tu mesmo é que o perdeste

Vais agora perguntá-lo
Depois que ceaste primeiro
Naturalmente o que foi
Foi deixá-lo no lameiro

Lucrécia

Não, Barnabé, não foi isso
Não estejas assim a falar
O rapaz trouxe o capote
Eu bem lho vi pendurar

Barnabé

Então que diabo é isso
Oh que feias imaginações
Nunca soube que a minha casa
Fosse covil de ladrões!

Pelas orelhas do Arcebispo
E pelas barbas do Sacristão
Juro que mas há-de pagar
Esse maldito ladrão!

Nunca mais terei descanso
A saber do capote vou
E ele há-de aparecer
Juro à fé de quem sou

Oh que família eu tenho
Que gente tão descuidada
Não sabeis guardar a casa
Maldita corja danada!

Estais-me tirando o juízo
Nem eu sei por onde ele pára
Por uma pouca de vergonha
Não vos ponho a mão na cara

Lucrécia

Ora esta tem que ver
Tu estarás a sonhar?
Pois nós que culpa temos
De algum ladrão nos roubar?

Agora dás contra nós
Sem motivo nem razão
Puseras-te tu de vigia
E apanharias tu o ladrão!

Barnabé

Tu faltas-me ao respeito
Ou estás zombando de mim?
Bem vês que sou pai de família
Não me deves falar assim!

COMÉDIA CÓMICA INTITULADA UM DIA DE INVERNO OU O CAPOTE

Dás mau exemplo aos filhos
Que te ouvem assim lidar
Amanhã respondem eles
Como te ouvem falar

Por isso nem mais um pio
Não me faças agastar
Porque se chega o caso a mais
Não sei aonde vai parar

Pitágoras, vai aonde hás-de ir
Acabemos com esta lida
Os mais podeis-vos deitar
E eu vou tratar da vida

Recolhe-se Lucrécia. Pitágoras vai tocar e diz
Barnabé:

Eu estou de todo maluco
Ou trago a cabeça louca
Que raio de vida é esta
Que me dá fortuna tão pouca?

A coisa vai-se arranjar
Não resta tempo a perder
Eu me vou a preparar
Veremos como isso há-de ser

Recolhe-se. Sai Crespim e diz:

Crespim
Ora eu estou pasmado
Nem sei o que hei-de dizer
Lembrou-me que o Barnabé
Golpeava a mulher

Não me posso entreter
Já ali volta o Barnabé
Se conhece que tenho medo
Bem me prega um pontapé

Recolhe-se. Apressado sai Barnabé, coberto
com uma capa, trazendo um pau na mão.

Barnabé
Venho tão endiabrado
Que se alguém me sai à frente
Já lhe tiro os chiadoiros
Que assim é o meu repente

Com uma noite destas
Pode-se à franca andar
Sem temer o regedor
Nem os cabos do lugar

Se encontro o ladrão
Cravo-lhe logo as unhas
Nem que faça doze mortes
Decerto não há testemunhas

Foge ladrão desgraçado
Que decerto não ficas vivo
Se te chego a pôr a mão
Faço-te da pele um crivo

Com este cacete na mão
Não haja alguém que apareça
Nem que assim seja o Diabo
Hei-de rachar-lhe a cabeça

Agora vou ter à taberna
Se há algum forasteiro
A cousa há-de-se arranjar
Juro por Deus verdadeiro

Caminha para a taberna.

Talvez fossem contrabandistas
Talvez sejam candongueiros
E talvez estejam deitados
Metidos por esses palheiros

Eu farei a diligência
E não se há-de escapar
O gatuno ou ratoneiro
Que por força há-de malhar

Hei-de velar a noite toda
Até quinze noites a fio
De mim não fazem caçoada
Assim espero e confio

Chega à taberna e bate.

Quem está lá, ó minha gente,
Abram a porta faz favor
Na rua não se pára
Que a noite está mui pior

Abrem a porta e vêem-se lá dentro alguns fregueses bebendo e jogando e continua:

Boas noites, meus senhores,
Que há por aqui de novo?
Não sabeis que haja alguém
De fora cá no povo?

Taberneiro
Eu cá por mim não sei
Em minha casa não há mais
Ninguém senão os que vedes
Olhai lá se os contais

Barnabé
Por este não há novidade
Que são bem intencionados
Mas dizei-me lá quem são
Os que estão ali deitados?

Taberneiro
Destes não desconfieis
Têm trazido bom caminho
Um está embriagado
Outro está cheio de vinho

Um é o Manuel Carranha
Outro é o António Pedrão
Há três dias que daqui não saem
Estes pouca guerra dão

Na sala há outros poucos
Estão a jogar à sueca
O Carpanta e o Sardão
O Bordéus e o Rabeca

Diga lá, ó Barnabé,
Você que anda buscando?
De o ver com essa cara
Nada me está agradando

Barnabé
Eu ando endiabrado
Mais danado que um cão
Nós veremos estas danças
O resultado que dão

Veio o meu Pitágoras das vacas
Com o fato todo molhado

Tirou então o capote
No carro o deixou colgado

Então fomos a cear
Todos muito descansados
Sem nenhum de nós suspeitar
Que estávamos a ser roubados

Nisto foi tocar às almas
E o capote não apareceu
Nem foi possível encontrá-lo
Por muitas voltas que deu

Eu fiquei fulo de raiva
Pus-me tão arrenegado
Já ralhei com a família
Temos pintado o diabo

Ladroeiras em minha casa
Isso vai dar que sentir
Não é nada o que passou
Para o que vai agora vir

Tenho dado já mil voltas
Buscando palheiros e fornos
Pois se apanhar o tal gatuno
Bem certo lhe parto os cornos

Taberneiro
Tudo isso ainda é pouco
Ladroeiras ninguém quer
Fazem chegar a gente a ponto
Que se deita a perder

A mim o ano passado
Não é preciso buscar mais
Também me roubaram uma albarda
Com a cilha e atafais

Por isso, ó Barnabé,
Não se meta em fadiga
Tome lá, beba uma pinga
A ver se aquece a barriga

Beba, senhor Barnabé,
É uma pinga d'agradar
Enterre pr'aí o focinho
É beber até fartar

COMÉDIA CÓMICA INTITULADA UM DIA DE INVERNO OU O CAPOTE

Eu gosto da sua opinião
E das suas disposições
Porque vejo que é capaz
De perseguir os maus ladrões

Barnabé
Para não estar a cansar
Aceitarei logo à primeira
Depois vou a ver se chego
Lá para a porta da parreira

Bebe.

Adeus que me vou embora
A ver que notícias me dão
E o capote há-de aparecer
Ou eu hei-de ser como um cão

Sai e encontra Crespim que lhe diz:

Crespim
Olá senhor Barnabé!
Como anda por aqui tão tarde?
Boas noites tenha enfim
E sobretudo Deus o guarde

Barnabé
Retira-te longe de mim
Que pareces um Escariote
Olha lá, não foras tu
Quem me roubou o capote?

Crespim foge logo no princípio da quadra e fica no tabuado. Barnabé continua o seu caminho e diz:

Com uma noite assim
Não há a quem perguntar
Pelo desgraçado do capote
Ai no que isto vai dar!

Quantos currais tenho corrido
E quantas lojas de gado
Sem resultado nenhum
É um tempo bem estragado

Isto é já muito tarde
Hoje nada posso arranjar

Ainda que mal me durma
Vou um pouco a descansar

Entra para casa e diz Crespim:

Crespim
Coitado do Barnabé!
Anda à busca do capote
E vinha tão arrenegado
Julguei que ia ao fagote

Toca música e recolhe-se Crespim. Sai Lucrécia olhando para o ar e diz:

Lucrécia
Oh que noite tão escura!
Não sei que horas serão
As estrelas não se vêem
Tudo é escuridão

O dia não se reconhece
Falta sempre o que se deseja
Mas eu a deitar-me não volto
Vou-me lá para a igreja

Rezo minhas orações
Vou pedir aos santos todos
Que apareça o capote
Que apareça por todos os modos

Se o capote aparecer
Prometo às almas benditas
Andar dez vezes às cruzes
Fazer-lhe preces infinitas

Eu e mais o meu Pitágoras
Que também o tem d'obrigação
Cumpriremos estas promessas
De joelhos pelo chão

Vai rezando a caminho da igreja o seguinte:

Santo Deus, Senhora minha
Anjos todos dos Céus
Santos e justos da terra
Cumpri os desejos meus

Glorie Patri et Filio
Requieterno meu Senhor

Lembrai-vos do meu pedido
Fazei-me lá esse favor

Acto de contrição
Pesa-me, Senhor, na verdade
Não saber já do capote
Que estaria mais à vontade

*Chega à igreja, entra e lá se fica rezando com
a porta fechada. Sai Crespim e diz:*

Crespim
Requieterno Glorie Patri
Padre Nosso, Avé-Maria
Sempre, sempre jaculatórias
Seja de noite ou de dia

Andam de contínuo rezando
Afogados em orações
É cousa bem escusada
Ter tão largas devoções

*Toca Música. Corre o tabuado e recolhe-se.
Sai Lucrécia da igreja e diz:*

Lucrécia
Oh que noite tão medonha
Tão longa e tão escura
Dizem que a esta hora saem
Os mortos da sepultura

E se acaso sai algum
Nesta hora tão tremenda
Lá me leva a mim com ele
Não é a melhor encomenda

Já rezei às almas do Céu
De rezar apanhei um fartote
Lá pedi às onze mil virgens
Para que apareça o capote

Ainda não se conhece o dia
À igreja vou voltar
O capote há-de aparecer
Ou eu desfaço-me a rezar

O capote há-de aparecer
E sabeis que me tem lembrado?

Talvez cobrisse alguma fêmea
E esteja bem arrecadado

Mas seja lá como for
Sempre as armas o Demónio
Mas eu ainda faço outra
Vou responsá-lo a Santo António

*Entra outra vez para a igreja e sai Crespim
que diz:*

Crespim
Oh que mulher tão beata!
Oh que devoções tão compridas!
Os santos estão todos surdos
E as orações não são ouvidas!

Já me vou eu assomar
E ajudar-lhe à sua rezada
Senão chega a hora do almoço
E não se encontra despachada

*Crespim assoma-se à porta, recua para trás e
diz:*

Abre lá com tal mulher
Já não cai o meu Crespim
Traz os joelhos correndo sangue
Não me passe o mesmo a mim!

*Toca Música. Faz algumas mugigangas no ta-
buado e sai Lucrécia que diz:*

Lucrécia
O dia não se conhece
Já estou farta de rezar
Vou ver a minha família
Se trata em se levantar

Aproxima-se Crespim e diz:

Crespim
Ó senhora Lucrécia,
Já se vai tão apressada?
Eu ando por aqui de sobra
Faço gosto em acompanhá-la

COMÉDIA CÓMICA INTITULADA UM DIA DE INVERNO OU O CAPOTE

Lucrécia

Toda a noite tens andado
Fazendo caçoada de mim
Não me voltes a aparecer
Tira-te diante, Crespim!

Foge assustado sem saber onde se há-de es-
conder e Lucrécia caminha para casa encon-
trando Barnabé à porta e diz:

Barnabé

Por onde tens andado, Lucrécia,
Que te busquei com tanta gana?
Toda a noite a saber de ti
E não me apareceste à cama

Olha que me tem lembrado
E trago-a já bem metida
Esta não me sai dos míolos
Que tu andas em má vida

Lucrécia

Oh homem tu estás parvo
Para dizeres disparates tantos!
Eu andei toda a noite
Fazendo rezas aos santos

A ver se o capote aparece
Tenho feito muita promessa
A metade já me não lembra
Trago perdida a cabeça

Já quinze rosários rezei
Todos eram de quinze dezes
E se o capote aparecer
Hei-de rezá-los cinquenta vezes

Pitágoras há-de ajudar
A cumprir estas rezadas
E as minhas promessas todas
Até que sejam acabadas

Barnabé

Tu tens andado a rezar
E eu a correr palheiros
Por me lembrar que o capote
Fosse roubado por candongueiros

Já busquei muitas esquinas
Também já fui à taberna
Já caí para aí num poço
E já dei cabo de uma perna

Agora trata-se doutra
E esta não há-de falhar
O capote há-de aparecer
Custe lá o que custar

Manda levantar a Carlota
Chama lá pelo Januário
Chama também o Pitágoras
Que eu já trago o juízo vário

Arranja-me cinco cacetes
Devem ser de marmeleiro
Cada um levará o seu
Para castigar o ratoneiro

Januário vai para o caminho de S. Pedro
Pitágoras para o Espírito Santo
Carlota para o caminho de Caçarelhos
E eu irei para o outro canto

Tu vais tocar às Avé-Marias
Para que tudo se levante
Este é o melhor modo
De levar a nossa adiante

Eu te vou explicar
E tu irás vendo o modo
E afianço-te que o capote
Ainda não saiu do povo

A ribeira vai crescida
As pontes todas encobertas
São estas as minhas medidas
E olha que batem certas

Chama pois a rapaziada
Que venham já sem demora
O dia está já a romper
E vai-se aproximando a hora

Recolhe-se Lucrécia e diz Barnabé:

A cousa vai estar séria
Comigo não hão-de brincar
E o capote aparece
Que esta não pode falhar

Sai Lucrécia com cinco cacetes, acompanhada
de Pitágoras, Carlota e Januário e diz Lucrécia:

Lucrécia
Aqui tens o pessoal
Aqui estão já os cacetes
Mas olha não faças alguma
Repara bem no que te metes

Barnabé
Cala-te para aí, Lucrécia,
Não me faças arreliar
Firmes aqui meus filhos
Fareis todos o que eu mandar

Carlota
Prontos estamos, meu pai,
Para fazer o que for preciso
Nem que seja matar um homem
Beber-lhe o sangue enquanto vivo

Ainda que eu não vista calção
Cumprirei o meu dever
Vou nem que seja ao Inferno
Assim prometo fazer

Januário
Eu também sou certo, meu pai,
Estou já bem precavido
Ordene o que eu hei-de fazer
Não ficará mal servido

Aparece Crespim e diz para Barnabé:

Crespim
Ó senhor Barnabé,
Parece que vão armar barulho?
Eu também quero entrar nele
Deixem cá um estadulho

Barnabé
Eu não sei o que faremos
Mas se sabes comandar
Entrega-te lá da gente
Dá ordens, manda marchar

Crespim
Meus amigos, temos chegado
A uma hora de grande aperto
Mas eu confio em vós
Que lutareis com muito acerto

Se virdes passar alguém
Quando estiverdes no vosso posto
Mostrai o vosso valor
Fareis assim o meu gosto

Perguntai sempre quem passa
E se não quiser falar
Servi-vos logo do cacete
Gozai nele até matar

Ide à torre dos piolhos
E à freguesia dos queixos
Tirai-lhe logo os chiadouros
Deixai-o fora dos eixos

Dá as vozes de comando:

Sentido, direita, voltar
Aos seus destinos
Em frente, marcha
Tá tatará tatará

Marcham Carlota, Pitágoras e Januário cada
um para o seu posto. Fica Barnabé, Crespim
e Lucrécia e diz Barnabé:

Barnabé
Lucrécia, vai já tocar
Está o dia a romper
Puxa bem pelo badalo
Tu assim costumas fazer

Eu e mais o Crespim
Já vamos ao nosso destino
Tu vais também escutando
Tem sempre ouvido fino

Vai Lucrécia a tocar e o Barnabé e Crespim
vão ao seu posto e diz Crespim:

Crespim
Ó senhor Barnabé,
Eu parece que tenho medo

COMÉDIA CÓMICA INTITULADA UM DIA DE INVERNO OU O CAPOTE

Se por aí alguém nos bate
Como ainda é tão cedo

Barnabé
Não tenhas medo, Crespim,
Tu irás sempre ao meu lado
Com nós não entra ninguém
Nem que seja o puro Diabo

Agora paramos aqui
Para ver o que sentimos
E se virmos que alguém passa
Depois é que nós saímos

Perguntamos logo quem é
E ele há-de dizer
Quando não leva porrada
Mas porrada até morrer

Sai Serafina em camisa e diz Crespim:

Crespim
Ali vem uma rapariga
Olhe senhor Barnabé
Havemos de estar caladinhos
Esta já eu sei quem é

Serafina
Que fria está a manhã
Mal fiz eu em me levantar
Com um tempo deste modo
Só na cama se pode estar

Olha para Barnabé e Crespim e continua:

Ó senhor Carrapatas,
Você não tem muito frio?
Aproxime-se um pouco mais
Venha daí mijar comigo

Crespim
Só te enganaste, Serafina,
Que não é o Carrapatas
Mas lá vou mijar contigo
Para regarmos as batatas

Serafina põe-se a mijar em direcção ao povo e o Crespim faz o mesmo ao lado dela dizendo:

Eu quando me rogam aceito
Não quero enjeitar favores
Por isso lá vou mijar
Com licença, meus senhores

Mijam ambos a um tempo e, depois de se levantar, diz Serafina:

Serafina
Enganei-me é verdade
Mas fizemos a nossa mijada
Agora volto para a cama
E já não quero mais nada

Não digas nada a ninguém
Não andes lá falando em mim
Peço-te que guardes segredo
E digo-te adeus, ó Crespim

Recolhe-se Serafina e diz Barnabé para Crespim:

Barnabé
Ó Crespim ficas aqui
Arrumado a estas telhas
Que eu preciso andar de frágua
Tenho de calçar as relhas

Diverte-te com a Serafina
Se por aí aparecer
Assim vai gastando o tempo
E pouco podes perder

Vai-se em direcção à frágua e vai dizendo:

Que diabo de ladainha
Em que eu me chego a ver
Pois nem que dê mil voltas
O capote há-de aparecer

Chega à frágua e não encontrando lá o ferreiro aparece Sultão e diz-lhe:

Sultão
O ferreiro está na cama
Vieste cedo, Barnabé,
Com certeza a estas horas
Ainda não se pôs a pé

Barnabé

O capote aparece
Estão os pontos todos tomados
Os meu filhos estão à espera
Estão todos bem armados

Se o ladrão for apanhado
Que não pode deixar de ser
Dou-te palavra, Sultão,
Que melhor lhe fora morrer

Sultão

Pois faz todas as diligências
Para o apanhar, Barnabé,
E se precisares de mim
Então saberás quem Sultão é

Eu sempre fui mui contrário
A essas patifarias
Se viesse à minha mão
Eram acabados seus dias

Aí vês pois o meu génio
Olha que honrado é
Vou-me lá matar o bicho
Até mais logo, Barnabé

*Recolhe-se e fica Barnabé junto à frágua. Sai
Leopoldo de casa e encontra-se com Pitágoras
e diz Leopoldo:*

Leopoldo

Que fazes aqui, Pitágoras,
Tão cedo de madrugada
Com a rua cheia de lama
E a terra toda molhada?

Pitágoras

Passou-se esta noite um passo
Que não está nada a calhar
Pois roubaram-me o capote
Enquanto nós a cear

Agora estou à espreita
A ver se alguém sai com ele
Para lhe deitar a unha
E depois malhar-lhe a pele

Leopoldo

Não digas isso, rapaz,
Não fales dessa maneira
Estou vendo que és capaz
De fazer qualquer asneira

Olha lá o que eu te digo
Escuta o que eu te direi
Não te agastes com o capote
Fui eu que te o roubei

Vinha passando à tua porta
Chovia como é bem certo
Então cobri-me com ele
A minha Vitória e mais Roberto

Agora espera aqui
Pouco tempo hás-de esperar
Que eu entre aqui ao quarto
E vou-te o capote buscar

*Entra. Diz Pitágoras enquanto Leopoldo
entra a buscar o capote:*

Pitágoras

Não fazia que estava aqui
O meu capote, não, não
Quem faria que Leopoldo
É que tinha sido ladrão?

Sai Leopoldo com o capote na mão e diz:

Leopoldo

Aqui tens o teu capote
Livre de todos os perigos
Não digas nada, Pitágoras,
E ficaremos sendo amigos

Pitágoras toma o capote, cobre-se e diz:

Pitágoras

A cousa fica assim
Bem contra a minha opinião
É por seres tu, Leopoldo,
Ai se fosse outro ladrão!...

Eu estava tão danado
Tinha o corpo todo em um fogo

Agora tudo passou
Adeus, Leopoldo, até logo

*Recolhe-se Leopoldo e Pitágoras volta para
casa e diz para Lucrécia:*

Bons dias, minha mãe,
Já o capote encontrei
Mas trago o corpo a tremer
Com o frio que apanhei

Tinha-o levado o Leopoldo
Quando nós o encontremos
Ele disse-me que foi
Para cobrir os seus pequenos

Fosse ele lá como fosse
Que vá enganar outros tolos
Porque a mim essa conversa
Não me entra cá nos miolos

Lucrécia
O teu pai está na frágua
Vai-lhe dar a novidade
Que decerto ficará
Muito mais à sua vontade

Pitágoras
Isso assim é muito bem
Vou já sem me demorar
Até logo minha mãe
Quando venhamos almoçar

*Caminha para a frágua e encontra Crespim
que vem cheirando para o ar e diz:*

Crespim
Não sei que diabo é isto
É um cheiro tão fartote!
Ó Pitágoras mas és tu...
A que cheira o teu capote?

Pitágoras
O capote não cheira a nada
Que diabo há-de cheirar?
São mas é as tuas ventas
Que as trazes sempre no ar

Segue seu caminho e diz Crespim:

Crespim
Trazes uma grande fortuna
Em cima das tuas costelas
Não deixou o Leopoldo
De deitar lá boas mistelas!

*Segue atrás de Pitágoras, fazendo mugigan-
gas e chegando junto da frágua onde estão o
ferreiro, dois malhadores e Barnabé diz
Pitágoras:*

Pitágoras
Bons dias, meu pai,
Venho-lhe dar uma novidade
Olhe cá para o meu lombo
E ficará mais à vontade

Barnabé
Já estou vendo, Pitágoras,
A minha descoberta foi boa
Porque já vejo o capote
Em cima da tua pessoa

*Vem o ferreiro da forja com um ferro cal-
deado, batem os malhadores fazendo grande
espalhafato e diz Crespim:*

Crespim
Abre lá com tais chalaças
Isto assim não é governo
Eu pensei que isto eram
As fornalhas do Inferno

*Toca a Música. Somem-se todos e voltam a
casa Carlota e Januário e diz Carlota:*

Carlota
Ó minha mãe, faça lume
Que nós vimos a tiritar
Mas raio parta o capote
Que frio nos fez apanhar

Nós maldito capote vimos
Andam bem arrecadados
Ninguém faz como o Pitágoras
Ninguém os deixa nos carros

Januário
Maldito seja o capote
E mais quem o capote levou
Podem levar também o dono
Que eu saber dele não vou

Lucrécia
Não fales assim, rapaz,
O capote já apareceu
Não tens o génio do teu pai
Esse boa ideia deu

Agora tu e Carlota
Não vos estejais a demorar
Ide já botar as vacas
Que nós vamos a almoçar

Recolhem-se Carlota e Januário e também
Lucrécia. Aparece Crespim e diz:

Crespim
Ora vedes a chalaça
Que toda vai em risote
Mas tantas voltas levou
Que apareceu o tal capote

Mas todos ficaram bem
E o capote melhor ficou
Pois ganhou boas insígnias
Dos serviços que prestou

São obras de caridade
Em honra do Nosso Senhor
Prestai agora atenção
Que vai sair a melhor

Toca Música. Faz mugigangas e fica no tabua-
do. Saem Lucrécia, Pitágoras e diz Lucrécia:

Lucrécia
Arranja-te lá, Pitágoras,
Vamos lá para a igreja
Temos de pagar o capote
É preciso que assim seja

Pitágoras
Então diga-me, minha mãe,
Que eu não posso entender

Comprou o capote a algum santo
E ficou-o talvez a dever?

Lucrécia
Não sejas tolo, rapaz,
Que eu acabo de dizer
Vamos cumprir as promessas
Pelo capote aparecer

Temos muito que rezar
Ladainhas que dizer
Muitos rosários que contar
E não há tempo a perder

Anda pois daí comigo
Para a igreja vamos lá
Vai fazendo o sinal da cruz
E vamos principiando já

Pitágoras
Pelo sinal da santa cruz
Que o capote apareceu
Donis, donis requaterno
Cá em baixo e lá no Céu

Lucrécia
Acto de contrição
Não me pesa meu Senhor
O capote apareceu
Foi o que eu queria melhor

Pitágoras
Rezemos ao anjo da guarda
Já que tão bem guardou
O capote apareceu
E eu bem contente estou

Lucrécia
Glorie Patri et Filho

Pitágoras
Qual filho nem qual gatunhas
O capote já cá está
O que eu queria era botar-lhe as unhas

Lucrécia dá-lhe uma bofetada e diz:

Lucrécia

Ou tu rezas com atenção
Ou então vais apanhar
O capote já apareceu
Agora é preciso rezar

*Entram na igreja, ajoelham-se e rezam
o seguinte:*

Lucrécia

Salvé Rainha sem misericórdia
Nesta vida de amarguras
Já apareceu o capote
Agora dai-nos boas farturas

Pitágoras

São José e Santa Polónia
Santa Marta e São João
Já apareceu o capote
Dizei-o lá a São Sebastião

Lucrécia

Um credo às onze mil virgens
Um requaterno a São Luís
Já apareceu o capote
Tudo foi porque Deus quis

Pitágoras

Rezemos a Santo António
Nem que seja um triste dia
A Santo Ambrósio um profundo
E outro a Santa Luzia

Lucrécia

Rezemos a ladainha
Olha lá como há-de ser

Pitágoras

Todos fiquemos contentes
Por o capote aparecer

Lucrécia

Santo Inácio e S. Cristóvão
Melhores não podeis ser

Pitágoras

Todos fiquemos contentes
Por o capote aparecer

Lucrécia

São Romão e Santa Olaia
Ficais ambos a saber

Pitágoras

Todos fiquemos contentes
Por o capote aparecer

Lucrécia

S. Joaquina e Santa Mónica
Ficais ambos a saber

Pitágoras

Todos fiquemos contentes
Por o capote aparecer

Lucrécia

São Calisto e Santa Mafalda
Viemos aqui a dizer

Pitágoras

Todos fiquemos contentes
Por o capote aparecer

Lucrécia

Santa Luísa de Gusmão
Ensinai-nos a bem morrer

Pitágoras

Todos fiquemos contentes
Por o capote aparecer

Lucrécia

São Pencrácio e Santa Eloi
Guiai-nos para melhor ver

Pitágoras

Todos fiquemos contentes
Por o capote aparecer

Lucrécia

Santo Inácio de Loiola
Ponde as fogueiras a arder

Pitágoras

Todos fiquemos contentes
Por o capote aparecer

Lucrécia
Santos todos e santas
Chegou o capote a aparecer

Pitágoras
Guardai-nos sempre o bem
Para que se não torne a perder

Lucrécia
Vamos agora andar às cruzes
Que temos muito que andar
Não as acabando hoje
Temos que amanhã tornar

Pitágoras
Esta já eu a papo
Minha mãe pegue lá nessa
Eu rezo sete de uma vez
Para as acabar depressa

Vão ajoelhando de umas para as outras e diz
Lucrécia:

Lucrécia
Não atrapalhes a reza
Que não é do meu agrado
Bem sabes que o capote
Não apareceu atrapalhado

Pitágoras
Mexa-se então, minha mãe,
Vá rezando desse lado
São horas de botar as vacas
E não está o caldo migado

Lucrécia
Não deixes na igreja o capote
Segura-o por todos os modos
Não está o caldo migado
Vamos lá então para casa
Requaterno aos santos todos

Saem da igreja e aparece Crespim e diz:

Crespim
Estão as rezas todas feitas
Nada se ficou a dever
Agora arrecadam o capote
Não o voltam a perder

Findou aqui a comédia
Como vistes meus amigos
Os trabalhos do capote
Correndo por tantos perigos

Agora aguardai um pouco
Que tenho para vos dizer
São os dias mui pequenos
Não há tempo a perder

Não sei se ficais entendidos
Ou se é preciso mais falar
Isto só quer dizer
Que não há tempo para jantar

Podei-vos pois ir embora
Ficais despachados por mim
Se perguntarem quem vos mandou
Dizei que foi o Crespim

Por isso os senhores de Angueira
E também os de S. Martinho
Se já receberam a jeira
Que a contem pelo caminho

À gente da Especiosa
Pedimos-lhe por favor
Tenham cuidado nos santos
Não vos caiam do andor

Agora os senhores da Póvoa
Não temos que lhes dizer
Adeus até Santo Estêvão
Que lá os iremos ver

À mocidade de Malhadas
E mais as mulheres todas
Ainda podem cá voltar
A ouvir as nossas trovas

Duas igrejas, Águas Vivas
Uva e Prado Gatão
Também lhes dizemos adeus
Até outra ocasião

Adeus gente de S. Pedro
Para mais não há lugar

COMÉDIA CÓMICA INTITULADA UM DIA DE INVERNO OU O CAPOTE

Avezaste boa feira
E nos ficámos a apitar

Perdoai senhores todos
Perdoai novos e velhos
Viva todo o ajuntamento
Viva a mocidade de Caçarelhos

Desculpai as nossas faltas
E os erros que cometemos
Isto foi armado à pressa
E por isso mal aprendemos

A festa não pára aqui
Ainda há-de durar três dias
No dia de entrudo à noite
Sairão outras cantigas

Trovas de burros e burras
Tudo é de burricada
Mas hoje paramos aqui
Dando-a por acabada

Fim

Versão recolhida em S. Martinho de Angueira. Texto original composto pelo senhor Basílio, de Vilar Seco. Há notícia de uma representação por volta de 1940.

Comédia Intitulada A Esmeralda do Jordão

Figuras

Salteadores
Aridiano
Aristio
Cintio

Cônjuges
Rossileno
Norbela

Filhos gémeos de Norbela
Lionido
Esmeralda

Criados de Rossileno
Lauriano
Mortera

Um anjo
Belzebu
Um urso para auxiliar Rossileno

1.ª Parte

Música:

Os gémeos vão-se a aventurar
A Esmeralda e seu irmão
Prestai a vossa atenção
Que a todos há-de agradar.

Sai Belzebu deitando fogo e fala:

Belzebu
Confuso e desesperado
Pelo mundo a vaguear
Por ver se posso encontrar
Algum alívio ao meu pecado.

A festa que hoje se faz
Me causa grande cuidado
Pois todo o vivente sabe
Que já estou condenado.

E ninguém ignorou
Que para servir ao homem
Deus em Maria encarnou
Mas por isso não deixo de tentar
Ao homem na terra e no mar.

Pois a Aridiano traidor
Indústria lhe hei-de dar
Que a Rossileno vá matar
Ao povo de Val-de-Flor.

E se não o executar
Com vingança e traição
Há-de ser das minhas mãos
Despojos de indignação.

Vai-se. Sai Aridiano e diz:

Aridiano
Saí, valentes soldados,
Vamos sem nenhum temor

A matar a Rossileno
Ao povo de Val-de-Flor.

Sai Cintio e Aristio. Diz Aristio:

Aristio
Aonde vamos, meu senhor,
Armados com tanta pressa
Pela força do calor?

Aridiano
Aonde vamos?
A matar a Rossileno,
Ao povo de Val-de-Flor
E a roubar sua mulher,
Encanto do meu amor.

Tu, Aristio, hás-de matá-lo
Pois manda o teu capitão
E se não executares
Hei-de com as minhas mãos
Arrancar-te o coração.

Tu, Cintio, vai a caçar
Por esses montes e serras
Como destro caçador
E se encontrares alguma ave
Caia a teus pés sem temor
E prepara-a num instante
Para mim e meu amor.

Cintio
Vou a cumprir o que diz
E acaba de me ordenar.

Vai-se.

Aristio
Eu também vou a matar
A Rossileno infeliz!

Aridiano
Oh Norbela querida!
Vou lograr minha intenção,
A maior satisfação
Nos dias da minha vida.

Vai-se. Sai Mortera chorando e diz:

Mortera
Maria Virgem de Graça,
Ampara-me nesta ocasião
Estava em casa do Amo
E veio um traidor ladrão.

Amo tirou de casa
E a mim deu-me um empurrão
Que me fez sair para fora
Apagando o candeeiro.
O pior é o dinheiro
Que ajustemos na soldada.

Não torno a casa a nada
Que me treme o coração
De pensar como o ladrão
Levou a Norbela amada.

Vai-se. Sai Aridiano trazendo a Norbela pela mão e diz:

Aridiano
Querida Norbela formosa,
Apesar desses teus tormentos,
Que por causa dos teus olhos
Gostosos, eu padeço.

Bem te lembrarás, meu bem,
Doce e cheiroso encenso,
Do dia que eu te vi fiquei
Da tua formosura suspenso
E de meus aspectos cobarde.

Doce […] de Vénus,
Adoro-te! Ou eu sou morto
Mostra teu amor pelo menos
Para chigar ao […]
Da formosura do Sol.

Neste tempo, Rossileno

À parte:

Ah Norbela querida
Não sei como eu vivo!

Alto:

COMÉDIA INTITULADA A ESMERALDA DO JORDÃO

Te pretendeu: tu quiseste,
Antes permitira o Céu
Que ele cegara e eu morresse
Pois finalmente com isto
Nem ele andaria em seu amor
Nem eu de ciúmes morrera.

Eu agravado e altivo
Que é minha condição soberba
E com este sentimento
Vim pra lograr teu amor
Que ele era o meu impedimento.

Por sua morte lhe hei-de dar
Feliz passo ao meu desejo
Julgando com muito acerto
Que morto ele te esquecerás
Desses amores primeiros.

E que esta semelhança
Te servisse de proveito
Julgando nela o conflito
Que perdeste no conceito.

Norbela chora.

Mas tu vês-te desprezada?
Já estás em meu poder
De que tens o sentimento?
Eu sou rei destes desertos
Nada te há-de faltar.

Meus criados faço andar
Rápidos em seus manejos
Para satisfazer os desejos
Que o coração te ditar.

Norbela diz à parte:

Norbela
Dessimula coração
Para aproveitar o tempo
Até melhor ocasião.

Música:

Ouve tu, Aridiano,
O que diz o vulgo dela

Que gozes felizes séculos
A formosura da Norbela.

Aridiano
Oh que belo cântico!
Continuai a cantar
Pois esta gosta-me a mim
Outra possa lhe agradar.

Música:

Os regatos do Jordão
Em harmonia sonora
Lhe dão a salva à aurora
E ao Sol reflexos lhe dão.

Aridiano
Prossegui pois a cantar
E deverti a Norbela,
Os regatos do Jordão,
Que é uma formosa e bela.

Enquanto cantam tiram a mesa Cintio e Aristio e cantam o seguinte:

A formosura de Norbela
Em poder de Aridiano
Ausente de seu marido
Não pode haver maior dano.

Sentam-se à mesa Aridiano e Norbela. Diz Aridiano:

Aridiano
Quem compôs essa canção?

Cintio trazendo o prato.

Cintio
Aristio que de poeta
Tem formosa vocação.

Aridiano
Tem? E não considera
Que a língua sempre fala
O que dita o coração?

Se não sabe compor melhor
A língua lhe hei-de arrancar

E entregá-la aos animais
Que melhor soubessem falar.
Que prato é este?

Cintio
Ia uma garça voando
Sobre o terceiro elemento.
Pus a clavina à cara
E foi tão bem disparada
Que caiu logo ao momento
E para ti a compus.

Aridiano
Boa foi a advertência
Se para mim a garça tens.
Para minha linda Norbela
Outro prato haverá milhor
Que sobressaia na mesa.

Aristio
Não há aves nestas serras
Que seja superior à garça.

Aridiano
Muito erras nisso, Aristio.

Apontando.

Pois se a mim me ofereces
Uma ave como aquela
Não há-de haver melhor pitéu
Para minha linda Norbela!

Eu sou rei destes desertos
E ela rainha das flores
Minha tenção é servi-la
E dar gostos a seus amores.

Pois se eu lhe dou desgosto
Pode-se de mim queixar
Vendo que os meus criados
Não a souberam tratar
Dando-me a mim o bom
E tirando-lhe a ela.
Mas de que se compõe
O prato para Norbela?

Aristio
Duma perdiz e dum coelho.

Traz outro prato Aristio e diz Aridiano:

Aridiano
Duma perdiz e um coelho?
É quantidade pequena
Se vierem bem compostos
Podia-os comer qualquer.

E assim trazei outro prato
Que sobressaia na mesa
Se o não tendes procurai-o
Ou corto-vos a cabeça.

Cintio
Senhor, vê lá o que dizes!

Aridiano
Não me apureis a paciência!
Trazei-o aqui, a ave Fénix.

Norbela
Aridiano, eu não queria
Que empregasses teus criados
Pela minha conveniência.
A ave Fénix lhe pedes,
Não tenhas essa lembrança
Daqui aos montes da Arábia
Há uma grande distância
E ali só a Fénix nasce.

Aridiano
Se não tivesse criados
Como estes que tens visto
Mais pratos me serviriam
Que servem Cintio e Aristio.

Com mui vivas deligências
Ao cabo do mundo iriam
Davam volta a toda a Arábia
E a Fénix me traziam.

Mas eles são tão cobardes
Que meus mandados desprezam
Hei-de-os degolar
Para que um exemplo sejam.

Vês como estão parados?
Não ides a Arábia à pressa?

COMÉDIA INTITULADA A ESMERALDA DO JORDÃO

Não ides já, covardes?
Como não estais de volta?

Levantam-se da mesa. Diz Aridiano:

Viva o Céu que este meu anojo
E entre minhas mãos sangrentas
Heis-de pagar, infames,
A preguiça que vos tenta.

Fazem que se vão e tocam caixas dentro.

Mas detende-vos!
Que estrondo é esse?
Quem se atreve a fazer os ares?
Quem toca essas trombetas?
A que fim tão alterado?
Quem é que faz as festas?

Sai Belzebu.

Belzebu
Este estrondoso sinal
Que amodronta o monte e o vale
É Aridiano valente
Para o teu valor aumentar.

Aridiano
Quem és, homem infeliz,
Em chigar tão descuidado
Sem reparar para os perigos
De que estás rodeado?

Sabes que sou o assombro
Destas montanhas e povos
E que me obedece o Sol
Os astros, cometas todos?

E se me não obedecerem
De um só sopro o apagaria
E tão confuso se veria
Por não profanar o meu nojo.
À carreira tornaria
Ficando-se em confusão.

Sabes que ao meu valor
As mais desumanas feras
Se escondem pelo temor

Deixando-me livre o passo
Sendo eu rei de todas elas.

Quando os claros regatos
E as fontezinhas risonhas
Que dão água para beber
Em me vendo zangado
Param todas de correr.

Quando as aves que voam
Pelo ar e arvoredos
Entoando os seus segredos
Com tão sincera inocência
Não usam abrir o bico
Sem eu lhe dar minha licença.

Pois se os animais e aves
O monte, prado e a selva,
As fontes e os regatos,
As flores, plantas e ervas
Vivem ao meu arbítrio
E às minhas ordens sujeitas
Qual é de todos os homens
Que lhe faça resistência
Ao meu valor?

Quem me busca desta sorte
Para me vir a matar
Sem primeiro reparar
Que sou eu a mesma morte?
Quem me busca?

Belzebu
Busca-te Rossileno.

Aridiano
Rossileno?!
Grande pena!
Não morreu em Val-de-Flor?

Belzebu
Tinha sido melhor
Mas não se deu essa cena.

Aridiano
Minha alma se entristeceu.

Norbela à parte:

Norbela
Ser meu esposo vivo? Oh Céu!
Dá fim toda a minha pena.

Aridiano apontando para Norbela.

Aridiano
Parece que enternecida
Ficou aquela mulher
Desde que te ouviu dizer
Que seu marido vivia.

Já que tanto o desejas
Eu te farei bem segura
Numa torre bem escura
Para que nunca mais vejas.
É certo que Rossileno vive?

Belzebu
É tão certo e tão verdade
Como há Sol e claridade.

Aridiano
É caso de me alegrar
Que continue a viver
Para o fazer morrer
Se com ele me encontrar.

Cintio, vai levar à torre
Que ao Jordão as águas traz
A essa mulher e nela
Três sentinelas porás.

Norbela
Aridiano meu senhor,
Tem de mim piedade
Vês que sou uma mulher
Ignorante e sem maldade!

Aridiano
Não me abranda essa ternura
Nem a tua humildade.
Cintio, que estás a fazer?

Cintio
Vamos, infeliz mulher.

Norbela
Vamos, Cintio, em hora boa
Até que o Céu se doa
Da minha infeliz sorte
Mas eu prefiro a morte.

Vão para a torre.

Aridiano
Suposto amigo que tu
Que esta nova vens trazer
Vamos até minha casa
Que algo mais deves saber.

Lá me poderás dizer
Com vagar e paciência
O teu nome e tua vida
Teus estados e potência.

Vão-se e vai dizendo Belzebu:

Belzebu
Vamos, se me dás licença.

À parte:

Oh se o meu rancor pudesse
Arrancar-te o coração
Que vivo eu te o comesse!

Sai Rossileno, Lauriano e Mortera.

Rossileno
Nada, amigos, me consola!

Mortera
Nem a mim tão pouco, meu Amo,
Que já tenho a goela seca
A ponto de me aganhotar
De chamar pela jumenta.

Lauriano
Deixai, Rossileno, o pranto.
Deixa também o pranto, Mortera.

Mortera
Pois se me não esquece
E digo na minha consciência

COMÉDIA INTITULADA A ESMERALDA DO JORDÃO

Que tenho chorado a valer
Seis cargas de água sem ser
Todas as babas e moncos
Que do nariz deixei correr.

Os suspiros são demais
As ânsias, Deus nos defenda...
Coisa perdida os ais,
Os gemidos a milhanta
Que até me dói o embigo.

Rossileno
Deixai-me chorar, amigos,
Que me abafa esta tristeza
E não digais que é vivo
Um homem com tanta afronta.

Mortera
A tua mulher e a minha burra
Ambas faltaram num dia
Cada um chora o seu mal.
Ai burra da alma minha!

Chora.

Rossileno
Sem fundamento te queixas
Agora eu, ai de mim!
Pois minha esposa...
Ai de mim triste!

Tenho a alma quasi morta
Pois hoje faz quatro meses
Que de minha casa mesma
Um traidor me a roubou
E com ela escapou
Sem eu saber de sua vida!

Oh doce prenda querida!
Oh doce e prenda suave!
Só a providência sabe
Como está meu coração.

Enternecido.

O pior é que está grave
Para breve dar à luz
A primeira sucessão!
Ai Jesus!

Eu estava tão contente
E esperava satisfeito
Ver o meu gosto perfeito
E encontro este tormento!

Lauriano
Muito sinto, Rossileno,
Tua tristeza e pesar.
Vamos nós gente junta
E um esquadrão numeroso
Com lanças e clavinas
Busquemos estas esgueiras,
Grutas, montanhas e penhas
A ver se encontramos senhas
Dela e do tal ladrão
Sem fé nem religião.

Mortera
Eu bem sei onde está.

Rossileno
Aonde está?

Mortera
Aonde a tenham.

Lauriano
Mortera, que é deligente,
Que vá por essas aldeias
E pergunte a toda a gente
Se alguém há visto a Norbela,
Se sabem onde está,
Quem a tem ou quem a levou.

Mortera
A ti pelo menos te consolam
Mas a mim? Ai de mim!
Nunca o consolo me chega
Porque ninguém me acompanhou
Para fazer a deligência
De buscar minha ditosa
Que tão perdido me deixa.

Ai burra da alma minha!
Ninguém por ti diz palavra!
Só te lamento eu
Que era quem te montava!

Rossileno
Mortera, vai deligente,
Segue por essa vereda
E pergunta a toda a gente
Se alguém tem visto a Norbela.

Mortera
E hei-de ir a pé?

Rossileno
É preciso, melhor é.

Mortera
Mal o haja se eu tal fizer!
Se o meu Amo me não der
Antes de partir primeiro
Uma égua bem patusca
Com escolta e bom dinheiro
Não farei eu tal busca.

Rossileno
Vai a casa, Mortera,
Não estejas com esses dizeres
Segue o caminho depressa
Leva tudo que quiseres.

Mortera
Então com vossa licença
E se não venho depressa
É porque não vou com pressa.

Vai-se com todos os vagares. Diz Rossileno:

Rossileno
Agradeço, Lauriano,
A tua consolação
Que agora me estás a dar.
Permita o Céu que eu tenha
Algum dia ocasião
Para te poder pagar.

Lauriano
Vamos em hora boa
Por todas as partes buscar
Até poder encontrar
Tua desejada pessoa.

Rossileno
Mortal a dor em mim [...]

Vão-se. Sai Aridiano e Cintio.

Aridiano
Deixaste na torre presa
A minha dama Norbela?

Cintio
Ouve, Aridiano,
Uma tragédia infeliz
Que teu amigo te diz.

Obedeci teu mandado
E nessa torre encerrei
A tua dama Norbela
E lá fichada a deixei.

Mas apenas pus as plantas
Num daqueles aposentos
Tira um lenço e aos seus olhos
O leva com sentimento
A limpar suas lágrimas
Que pelas faces lhe corriam.

Neste instante ela paria
Um infante e uma infanta
E caíram sobre a terra
Que não vi coisa mais bela.

Tirou logo a cobertura
Que trazia na cabeça
E mal envolve seus filhos
Com uma grande ternura.

Aos seus peitos os chigou
Chorando lágrimas ternas
E lastimando em vê-los
A capa estendi no chão
Porque me deu compaixão.

Sobre uma pedra dura
Ela se recostou
E neste estado ficou
Triste e cheia de amargura.

COMÉDIA INTITULADA A ESMERALDA DO JORDÃO

Eu depois saí da torre
Fechando todas as portas
E ela ficou chorando
Com os filhos desta sorte.

Aridiano
Bem pensarás, amigo,
Que me move a piedade.
Ao contrário eu te digo
Que me alegro de saber
O trabalho que ela tem
Porque podia estar bem
E sacrifica-se a sofrer.

O que me dá pesar
Foi aquela ternura
De lhe estenderes a capa
Para nela se deitar.

Não me é nada de agradar
O que acabas de dizer-me
Fizera como na terra
Pois quer por me não querer
Sujeitar-se a tal miséria.

Com isso nojo me dás
Mas há-de-se remediar
Fazendo o que eu mandar.
E é que à torre hás-de voltar
Brevemente, em seguida
Ao infante tirar a vida
Sem nada te acobardar.

À infanta hás-de-a deitar
Sobre as águas do Jordão
Por aquela alta janela
Sem ter dó de coração
Para que morra afogada.

Depois diz-lhe à minha amada
Que também há-de morrer
Se despreza o meu querer.

Cintio
Eu vou...

À parte:

Haverá maior crueldade?

Aridiano
Que dizes?

Cintio
Que farei tua vontade.

Aridiano
Cintio, esses meninos
Tens ordem para os matar
Morra também Norbela
Pois deles me hei-de vingar.

Cintio
Haverá piedade em meu peito?

Aridiano
Ai de ti, se a tiveres!

*Vão-se. Sai Belzebu e Aridiano detém-se. Diz
Aridiano:*

Aridiano
Belzebu, sejas bem vindo!
Trazes boas alvíssaras?

Belzebu
Eu não, trago-te más notícias.

Aridiano
Porquê?

Belzebu
Porque todas as aldeias
Contra teu poder se alteram
Que cercando essas montanhas
A infame soldadesca
Atalham-te os passos
Se te não pões em defesa.
A tua vida corre em perigo
Mas o meu favor te alenta,
Aridiano amigo.

Aridiano
De raiva o peito rebenta.
E não acabamos com eles?
Não temo a nenhuma gente,

Havemos tirar-lhes as peles.
Essas montanhas queimai
E com elas acabai
Até as reduzir a carvões.

Belzebu
Morram todos os vilões.

Aridiano
Morram todos quantos há
Nesta montanha e serra.

Dentro:

Armas, armas! Guerra, guerra!

Belzebu
Eia, animosos soldados
Ao plano!

Aridiano
Ao plano, ao monte, à selva!
Belzebu, segue meus passos
Que o teu favor me alenta.
Não temo o poder do mundo.

Vai-se.

Belzebu
Já te sigo furibundo!

À parte:

Oh quem pudesse
Arrancar-te o coração
Que até cru eu o comesse!

Vai-se. Sai Mortera a cavalo num burro.

Mortera
Arre burro dum judeu
Não dês tanto tropeção
Pois vês que estamos no perigo
De nos sair algum ladrão.
Mas pelo Diabo que demos
Ambos neste atoladeiro!...
Isto foi por andar ligeiro.

Chega ao castelo onde estava Norbela e diz:

Haverá pousada,
Ó estalajadeiro?

Olhando para cima.

A estalajadeira dorme
Que a ouço ressonar
Como é de noite não vejo
A porta para entrar.

Gritando:

Senhora, traga uma luz
Para eu poder andar.

*No alto descobre-se Norbela com um menino
nos braços e as coisas necessárias para o deitar a baixo e diz:*

Norbela
Quem está a chamar?

Mortera
Um arrieiro
Que a récua deixou sumir
E venho só com um burro
Esta noite aqui dormir.

Norbela
E bem assim destinado
A esta casa a parar?

Mortera
Se não tem nada que cear
Para mim trago eu ceia.

Norbela
Torna outra vez para a aldeia
Que esta estalagem é má
E é paragem infeliz.

Mortera
Eu não sei o que esta diz!...
Pode perder a cevada
Que o meu burro lhe comer
Mas se acaso não ma der
Não lhe poderei dar nada.

Norbela
Torna para trás em seguida
Olha que arriscas a vida.

Mortera
Não importa que não haja vinho
Abre-me por Deus a porta
Para eu poder entrar
Porque vem uma caterva
De lobos a uliar
Para o burro me zampar.
Se me fico ao sereno
Não sei que conta hei-de dar
A meu Amo Rossileno.

Norbela
Rossileno! Que pena!
Quem és? Homem, quem és?

Mortera
Um pobre Mortera.

Norbela
Mortera sois? Que dizeis?

Mortera
O que disse e deste modo
Almofariz e não é tudo.

Norbela
Onde vais?

Mortera
A estas serras
A dizer aos pastores
Que cheguem a essa aldeia
Para formar um batalhão
E busquemos a Norbela
Que é a mulher do meu amo
E sem saber quem a tenha
Há muito tempo que falta
E ninguém dá notícia dela.

Norbela
Mortera sou eu a mesma
Essa mulher desgraçada.
Aqui estou há muito tempo
Neste castelo encerrada

Deste modo prisioneira.
Diz-lhe ao meu Rossileno!...

Mortera
Cousas diz a vendedeira?
Que se eu não fora de noite
E eu a cara lhe vira
Dissera que se pareceria
Com a minha ama esta porteira.
Queira abrir-me logo a porta.

Zangado.

Porque se apanho uma pedra
Ao rapaz que tem nos braços
Lhe quebro logo a cabeça.
Valhe-te o demónio e a alma
Grandíssima feiticeira!

Norbela
Mortera, não me conheces?

Mortera
Como posso conhecê-la
Se tem os olhos tão feios
Que parecem de cadela?

Norbela
Eu sou Norbela.

Mortera
Mente...

À parte:

Mas pode ser
Que se parece na voz.

Norbela
Eu sou. Chega-te mais a nós.

Mortera
E que me queres dizer?

Norbela
Dizer-te o que hás-de fazer
Leva este menino a meu esposo
E dá-lhe parte

Que fica outra menina
Que ambos nasceram de um parto.

Diz-lhe desta maneira
Ao meu Rossileno tão amado
Que Aridiano malvado
Me tem aqui prisioneira.

E para me resgatar
Muita gente há-de juntar
Que ele tem duzentos homens
Sempre de prevenção
E um de estranha fereza
Que tem mui má condição.

Que homem tão fatal
Dá-lhe tudo quanto quer
E sempre lhe aconselha mal.

Leva o menino com cautela
E adeus, amigo Mortera,
Por nada te deterás
Roga-te o meu carinho
Que se encontram no caminho
Os ladrões, tu morrerás.

Baixa o menino depois de lhe pôr a jóia
ao peito.

Filho das minhas entranhas
Mal é não poderes falar
Para a teu pai lhe contar
Dizendo-lhe estas façanhas
E dares-lhe as minhas queixas
Desta sorte em que me deixas.

Por uma jóia que ao peito
Nessa bolsinha vai
Meu filho saberá teu pai
O que não podes dizer.

Leva-o sem te deter
E adeus, Mortera amigo,
Que para o não ver chorar
Já me vou a retirar
E faz isto que te digo.

Vai-se.

Mortera
Olha que menino tão formoso!
Quem viu tão rara beleza?
É o menino mais bonito
Que criou a natureza.

Tocam caixas e disparam dentro. Aridiano
dentro:

Aridiano
Desde o mais alto cume
Até o centro da terra
Abra-se o fogo e consuma
As mais opulentas penhas,
Morram todos os vilões,
Feneça o mundo, feneça.

Mortera
Feneça quem te gerou
E também a má cadela
Que te pariu neste mundo
E rogo a Deus que feneçam
Todos da tua linhagem:
Tios, parentes e avós...

Aridiano dentro:

Aridiano
Não fique um homem com vida!

Mortera
Que carniçaria é esta?
Senhores, a minha barriga
Já começa a fazer festa.

Eu me vou com meu burrinho
Que fique aqui o menino
É melhor que ele morra
Que não que morra Mortera.

Diz para o menino:

Menino, encomendo-te a Deus
E se te perguntar alguém
Quem és tu diz-lhe também
Sem lhe faltar à letra:
Rénó e foste má, má teta.

COMÉDIA INTITULADA A ESMERALDA DO JORDÃO

Burro, alinha o passo
E vamos a caminhar
Que está o Diabo a chegar.

*Vai-se e leva o menino, mas em seguida sai o
urso e leva o menino para a sua cova. Dentro
tocam caixas e disparam tiros. Diz Rossileno
dentro:*

Rossileno
Ai que sem espada estou!
Amigos, emprestai-me a vossa
Que a minha já se quebrou
Para que defender-me possa.

Sai sem espada.

Oh mal o haja tal fortuna!
Montes que me estais a ver,
Vinde-me uma espada trazer
Porque o perigo se acerca
E não me posso defender!

Oh Céus que já chigou
A matilha dos ladrões
E eu sem espada estou!
Morrerei sem poder
Defender minha inocência!
Clemência, meu Deus, clemência!

Sai o urso e leva-lhe a espada.

Que é isto que estou a ver?
Um urso me a vem trazer!
Será para mim?

Entrega-lha pela frente.

A alma já se me alegra
E que humilde me a entrega
Nunca o Céu desemparou
Ao que aflito se queixou.

Para o urso:

Coroa de imperador,
Rei valente destas serras,
Agradeço-te o favor

Que em tão boa ocasião
Fizeste a este cristão.

Oxalá que este projecto
Da espada me vires dar
Te possa um dia pagar,
Então verás meu afecto.
Vai-te que estás em perigo
Se te encontram os bandidos.

Vai-se o urso.

Já se foi o animal
Depois de me vir trazer
Esta espada milagrosa
Para eu me defender.

*Vai a virar a espada pelos copos e cai o retra-
to de Norbela.*

Que é isto que caiu
Dos copos desta espada?

Apanha-o.

Valha-me Deus! Quero vê-lo...
Que rosto tão lindo! É dela.
O retrato de Norbela
Encontrei-o sem pensar!
Ai de mim!
Tu habitas com leões,
Ensina-me estas acções
Que estás mui perto daqui!

Já estou mais consolado
Em saber que estás mais perto
Ainda que as aventuras
Me tragam sempre às escuras
E contigo não acerte.

Está a chigar a canalha
E se aproxima de mim
Mas Deus do Céu me valha.
Venha todo o mundo enfim
Que a ninguém temerei eu
Quando tenha em meu auxílio
Retrato e favor do Céu.

Retira-se ao pano e saem Aridiano e Aristio com as espadas na mão.

Aridiano
Renego do meu poder
E meu rancor mais se aumenta.
Fugiram os meus soldados
Nestas ocasiões!...
Não sei como não rebenta
Meu peito em vivos vulcões
Que abrasem a terra toda.

E aquele fogo material
Também me nega os seus ardores
Pois esses vilões pastores
Têm atrevimento tal
Que não temem de Aridiano
O castigo e seus rigores.

Rossileno
Que é isto que estou a ver?
Aridiano!...
Às minhas mãos vais morrer.

Sai do pano e diz Aridiano:

Aridiano
Tu contra mim, vilão?

Rossileno desafiando:

Rossileno
Sim, traidor, preciso satisfação
E trata de te defender
Tu e teu camarada
Senão quereis ambos morrer.

Aridiano
Deixa-me só, Aristio,
Que breve acabo com isto.

Aristio
Será melhor que os dois
O obriguemos a render
E se não quiser depois
É que o faremos morrer.

Rossileno
Qual morrer nem que argumento
Ainda que fareis um cento
Não tinha temor a nada.

Acometendo e batalhando:

Aridiano
Quebrou-se minha espada
E não sei que hei-de fazer.

Sai Belzebu de repente e diz:

Belzebu
A minha te venho trazer
Não te rendas, Aridião!
Morra Rossileno, morra
No furor da tua mão.
Eu te dou minha ajuda
Para matar este vilão.

Batalham os três contra Rossileno e sai o Anjo e diz para Belzebu:

Anjo
Não triunfarás, não
Nem poderás resistir.

Belzebu
Deste assombro vou fugir
Que contra as forças do Céu
Já não posso eu ir.

Anjo
Cobarde, não te detenhas
Marcha para as tuas penas
E outra vez aqui não venhas.

Vai-se o Anjo e diz Aridiano:

Aridiano
Fugiu Belzebu,
Ai de mim!
Mas se ele rendeu a espada
A minha está afiada para ti.
Juro vilão que tu...

Batalhando.

Rossileno
Como ao princípio tornamos
Um para dois.
Traidor, que esperas depois?

Aridiano
Que me beijes os pés.

Rossileno
Pois vai a ver desta vez!

Batalhando com força.

Ladrão, canalha!

Cai Aridiano e diz:

Aridiano
Todo o Inferno me valha
Caí por terra me faltar.

Rossileno
Pois torna-te a levantar.

Aristio
Já é vergonha de mais
Pesa-me do coração
Que duas espadas iguais
Não cortem a de um vilão.

Levanta-se Aridiano e diz:

Aridiano
Isso sim, valente Aristio,
Vamos a ele que eu assisto.

Batalham outra vez.

Rossileno
Essa é a traição conhecida
[...] eu tive mais prudência
E em ti também devia havê-la.

Aridiano
Eu não te mandei tê-la
Pois se a tua consciência

Que tiveste para mim
Quando eu em terra caí
Não a tivesses, vilão.
Arranca-lhe o coração,
Seu sangue alimento seja
Do meu ódio e meu furor.

Rossileno
Valha-me Nosso Senhor,
O Céu Santo me proteja.

Aridiano
Não te há-de valer o Céu
Ainda que o desejas.
Morre, vilão,
Ao poder de minha mão!

Sai o urso e garra-se a Aridiano e Aristio e vai-se Rossileno. Diz Aristio:

Aristio
É caso de admirar
Que até os animais selvagens
São contra nós e vêm-lhe a ajudar.

Aridiano
Contra mim oprimes as garras.
Fero animal, considera
Que sou rei e não reparas
Que me perdes o respeito?

Eu te farei, vilão, ver
Que de monarca a monarca
Vai mui pouca diferença.
E te acobardas de ser
Devendo-me dar excelência?

O urso dá uns ronquidos e solta-os. Diz Aridiano:

Estranha resolução!
Suspensa a ira ficou
Até milhor ocasião.

Aristio
Eu deste modo me vou.

Vai-se.

Aridiano

Já estás, temerário bruto,
Da minha soberba vingando.

Vai-se o urso.

Mas guardo-te de outro lance
Que talvez fiques desgraçado.

Vai-se.

2.ª Parte

Canta a Música o seguinte:

Não sigas, Cintio bondoso,
Os conselhos de Aridião
Porque Deus piedoso
Te castiga por sua mão.

Sai Cintio com a espada ensanguentada.

Cintio

Ao executar a sentença
De Aridiano malvado
Venho na minha consciência
Todo confuso e turbado.
Ó Céus, estará aí a senhorinha?
O coração titubeia...
Vou abrir esta portinha
E com a maior cautela
Sem que me veja Norbela
Tirarei os dois meninos
Para fazer o que me ordena.

*Abre a porta da torre e descobre-se Norbela
com a menina nos braços.*

Norbela

Cintio, vens-me tirar
Desta prisão fatal?

Cintio

Antes venho com grande mal
Desculpe-me, Vossa Excelência,
Em dar-vos este pesar
Mas não culpe minha inocência.

Norbela

Pois se me vens matar
Mata-me sem tardar
Aqui tens o meu pescoço
Para o teu alfange cortar.

Esta menina é que sinto
Oh meu Deus, que será dela
Sem a sua mãe Norbela?
Entrego-te-a a ti, ó Cintio,
E faz tu sempre por ela
Porque eu nunca mais a vejo.

Cintio

Isso é o que eu desejo
Dê-a cá, senhora Norbela.

Dá-lha e diz Norbela:

Norbela

Adeus minha doce prenda
Adeus filha dos meus olhos
Deus te ampare e te defenda
De todos os maus entulhos.

Filha minha, esta esmeralda
Hoje contigo vai
Por ser prenda do teu pai
Que se acaso te encontrar
Por ela pode julgar
Que do seu sangue será.

Eia, Cintio, leva-a lá
Faz de conta que a não vi.
Agora mata-me a mim
Com navalha ou com a espada
E ficarei mais contente
E um pouco mais consolada
Vendo que minha filha fica
Entregue em tão boa mão.

Adeus Cintio, adeus menina
Que as lágrimas se arrimam
E não pode o coração
Estar mais onde a veja.
Deus te ampare e te proteja.

Vai-se Norbela e diz Cintio:

Cintio

Que coração de diamante!
Que peito de dura pedra!
Não se abranda quando vê
A mais infeliz tragédia.

Que modo arranjarei eu
Para que esta menina bela
Tivera melhor fortuna
Que não esta que ela espera?

Ocultá-la não é possível
Que se Aridiano chega
E sabe que a ocultei
Há-de querer-se vingar
Na minha vida,
Pois me disse
Que me havia de matar
Se não cumprisse o que mandou.

Pois não, é melhor morrer eu!...
E isto é coisa sabida
Eu me aventuro a livrá-la
Mais que perca a minha vida.

Vamos, formosa menina,
Não sei onde te hei-de levar
Só a providência divina
É que nos pode livrar.

Vou-te deitar ao rio
Que tenham de ti clemência
As águas e a providência
Que te dê o seu alívio.

Sai Aridiano e diz Cintio:

Vejo ali Aridiano,
Cumprirei com deligência
O mandado desumano
Que manda aquela Excelência.

Deita no rio a criança e diz Aridiano:

Aridiano

Cumpriste, Cintio, o mandado
E fizeste-o com deligência?

Cintio

Sim senhor, o que me ordenou
Tudo cumpri deligente.

Aridiano

Muito bem assim me queda
O coração mais seguro
E sem cuidado a Norbela
Pois se os filhos não tiver
À força me há-de querer.

E se me não estimar
Com afecto e coração
Doutra sorte há-de pagar
Tão sobeja ingratidão.
Mas tu mataste os meninos?

Cintio

Esta espada ensanguentada
Te pode satisfazer.

Mostra-lha.

Vê, Aridiano, se ela
De algo te pode valer.

Aridiano

Hei-de beber seu sangue
Pois de ele está sedenta
A hidrófica vontade.
Hei-de saciá-la com ele
Por ser filho o infante
De Rossileno, essa fera
Que tanto me tem perseguido
E até matar-me quisera.

Vai-se.

Cintio

Eu hei-de da torre tirar
Aquela infeliz mulher
E a menina hei-de salvar
Mais que eu vá morrer.

*Vai-se. Sai Mortera com uma merendeira e
pão em uma bolsa e diz:*

Mortera
Aqui neste mesmo sítio
Deixei o menino em terra
Haverá andado bem pouco
Por ter pequenas as pernas.

Chamando:

Menino? Onde estás?
Se estás dormindo, esperta!
Mas boa é que a temos feita!...
Um urso com mais orelhas...

Sai o urso e vai buscar o pão.

Que o meu burro...
E vem a jeito
E para aqui se passeia
Sem torcer e vem direito a mim
Desta vez me hospeteia.
Como me livrarei dele?
Hei-de estender-me na terra.

Deita-se.

Que imagine que estou morto
É uma lembrança boa.
Mas se acaso me ressoa
Este buraco de trás?
Parece-me que é capaz
De vir e fazer-me zás
E acabar minha pessoa.

O urso leva-lhe o pão e continua Mortera:

A merendeira já cheirou
Talvez me a queira levar
E fazer-me jejuar.

Levanta-se.

Dito e feito o pão levou!
Mas como ele me deixou
A carne na merendeira
Para eu dar à trincadeira
Já me não faz jejuar.

*Sai o urso outra vez e leva-lhe a merendeira e
diz Mortera:*

Mas ele torna a voltar?
Ó estafete do Inferno,
Estendo-me e requiem eterno.

Deita-se.

Também leva a merendeira!

Levanta-se.

Sem nada me deixou... Enfim,
Querem ver a brincadeira
Que este ladrão está a fazer?!
Se ele torna outra vez
Também me leva a mim.
Eu me escapo...
Com licença que este animal a meu ver
É um ladrão sem consciência.

*Vai-se e ao mesmo tempo sai Belzebu e de-
tém-o. Diz Belzebu:*

Belzebu
Espera um pouco, sua besta.

Mortera
Pior é esta que a outra era
E não dirão vossemecês
Em que há-de parar Mortera?

Belzebu
Eu te o direi, espera!
Detém-te um pouco, fariseu.

Mortera
Santas Páscoas lhe dê Deus
Em vida de sua mulher
Seus parentes, seus avós
E de quem você mais quiser.

Que as tenham boas seus filhos,
As cabras e as ovelhas,
As galinhas e os grilos,
O gato, o cão e a burra,
Os porcos e mais pessoas,
Os cavalos e as éguas
Todos as tenham boas.

COMÉDIA INTITULADA A ESMERALDA DO JORDÃO

Belzebu
Teus disparates, vilão,
Me acendem de tal maneira
Que te abraso com raiva.
De ti faço uma fogueira
Se me não dizes teu nome.

Mortera
Senhor fulano,
Há mui pouca erva
Como foi o Outono estéril
Causou-nos mui grande mágoa
Quasi todos os terrenos
Se enchapaçaram em água
Que foi coisa do Demónio.

E não comem as ovelhas
Mais que folhas de medronho
E se põem tão enchadas
Que esgotam todos os charcos
E começando a dar voltas
Ficam paralisadas
E não há carneiro são.

Belzebu
Saberás-me dizer, vilão,
O que te pergunto, besta?

Mortera
Boa é esta!
Oh que lindas brincadeiras!
Já sabe quando começam
A parirem as primeiras?
As que prenham no Outono
No Inverno são certeiras.

Belzebu
Não falo disso que dizes.

Mortera
Então é doutras encomendas?

Belzebu
Eu farei que tu entendas!

Dá-lhe pancada.

Paga, vilão, assim
A simpleza e caçoada
Que estás a fazer de mim.

Mortera
Ai que me queima!
Ai que me abraza,
Que me chupa o intestino,
Que me mata e degola,
Este pícaro ladino!

Malditas sejam tuas garras,
Negro tição de queimar,
Algum dia há-de vir
Em que te possa pagar.

Vai-se.

Belzebu
Desprezada e abatida
Outra vez minha soberba
Destes vilões tão toscos
Que habitam por estas serras.

De que serve travalhar
E para que tanto se aplica
Minhas astúcias em enganar
Se sempre nela mal fica
A minha sagacidade?

E se olharmos à verdade
Que nenhum homem suspeita
Ao desprezo e zombaria
Quando quero acometer
Atropelam-me os horrores
Pois fico sempre burlado
Nestas impresas melhores.

Quem diria?!... Em penas ardo!
Quem pensara?!... Quem creria
Que não vencesse o meu orgulho
Em aquela vil pendência
Que tive com Rossileno?!

Aridiano, sem clemência,
Quando lhe faltou a espada
E a minha lhe apresento

Para defender sua vida,
Miguel com sua alçada
Chega ali ao mesmo tempo
E competindo arrogante
Com meu valor... Grande pena!
Fiquei vencido... Que raiva!
E ele vitorioso se alegra.

De que me serve o poder
Se a força não é direita?
Minha astúcia aniquilada
Se vê e nada proveita!
Enganos e presunções
No melhor tempo me deixam!
Vou ao Inferno raivoso
Pois vivo em melhores penas.

Vai-se. Sai Rossileno trazendo o retrato de Norbela e sai também Lauriano e diz Rossileno:

Rossileno
Agradeço, Lauriano,
Estas tuas deligências.
Vencido está Aridiano
Que nos causou tanta guerra
Mas a ninguém ouvi dizer
Que ausentasse desta terra.

Lauriano
A gente está sossegada
E já não tem aquele susto
Que causou com sua guerra.

Rossileno
Um caso te vou contar
Que entre nós dois passou,
Se me queres escutar.

Lauriano
Se o senhor quiser falar
Diga que eu aqui estou.

Rossileno
Presta toda a atenção
Àquilo que eu te conte.
Apenas pus minhas plantas
No fragoso deste monte

Quando o ladrão se apresenta.
Ele e outro camarada
Começamos a peleja
Com uma força desesperada.
Como eu era só contra dois
Quebrou-se-me a espada
Então vi-me reduzido
A ficar morto ou rendido.

Levantei a voz ao Céu
E pedi a Deus que me desse
Uma espada e socorresse
Em tamanhas aflições
Contra aqueles dois ladrões.

Quando, aqui digo a tremer,
Um urso animal feroz
Humilde me a vem trazer!
Grande prodígio!
A mim chega
E com satisfação me a entrega.

Lauriano, meu amigo,
Tudo isto que te digo
Por mim acaba de passar
E não é dito sem pensar.
Dar-me Deus aquele recurso?
Pois sem eu o invocar
Como é que me a podia dar?
O animal feroz, o urso?
Pois quando se empenha o Céu
Um triste favorecer
Sucedem estes milagres
Como o que acabo de dizer.

Mas ainda há mais que ver!
Ao tempo de me a entregar
Caiu-lhe da guarnição
E dos copos da espada
Um retrato de mulher
E era o de minha amada.

Mostra-lho.

Oh meu Deus! Só ao ver
O retrato de Norbela
Fiquei triste e sem saber
Aonde estaria ela

Mas sabendo que vivia
Parece que vi uma estrela.

Valha-me Deus! Eu em pensar
Por onde pode esta fera
Adquirir este retrato
Quasi fico estupefacto
Partindo-me o coração,
Porque se minha esposa Norbela
O trazia, e é evidente,
Que entre os ursos viva ela
E talvez já seja morta!
Ai da minha triste sorte!

Meu amigo, eu quero então
Buscá-la neste deserto
Que o urso saía perto
Destas margens do Jordão.
Isto me tem passado
Enquanto tua volta tens dado.

Lauriano
Sem sentido me hão deixado
Rossileno essa fadiga
E assim eu parto a procurá-la
Ainda que me custe com vida.

Rossileno
Começa tu, Lauriano,
Por essa parte a procurar
Que eu irei por este lado
Para a podermos achar.

Vão-se cada um por sua porta e ao entrar
Rossileno sai um urso dando-lhe senhas que
o siga até encontrar Lionido que estará ao pé
da cova do urso e diz Rossileno:

Rossileno
Valha-me Deus! O que vejo?
O urso com as suas unhas
Parece que me está a chamar,
Que o siga por estas brenhas.
Vou fazer o que me aconselha
E obedecer o que ele mandar.

Segue o urso e deixa cair o retrato. Chama-o
com sinais.

Mudo, bruto, espera um pouco
E diz-me onde vais parar
E se vou contigo eu.
Mas a jóia e o retrato?
Ai de mim que se perdeu!
E não te posso acompanhar
Sem primeiro os ir buscar.

O urso volta pelos objectos e continua cha-
mando-o com acenos até encontrar Lionido
que lho entrega e vai-se o urso e diz Lionido
para Rossileno:

Lionido
Não me mate, meu senhor,
Tenha de mim piedade
Estes objectos são meus
Deixe-mos por caridade.

Rossileno
Que linda graciosidade!
Meu menino, eu queria
Saver donde lhe viria
Esses objectos que tem.

Lionido
Pois quer sabê-lo está bem
Eu comigo os trazia
E o urso que me alimenta
Me os tirou em certo dia
E numa bolsa os levou
Sem eu saver onde iria
E agora há pouco tempo
Que outra vez me os entregou.

Rossileno
Filho das minhas entranhas,
Chega-te mais a meus braços.

Lionido
Para que me hei-de chigar?

Rossileno
Para que te possa abraçar,
Chega-te mais ao pé.

Lionido
Não me queira vossemecê

Por esse modo enganar
Para a santa me tirar.

Rossileno
Não temas, filho, não temas
Podes estar à vontade.

Lionido
Tenho medo na verdade.

Rossileno
Põe de parte esses factos
E o teu ânimo levanta
Disso não te hás-de lembrar.

Lionido
Se vossemecê me garrar
Pode-me dar quatro sopapos
Sem a santa me deixar.

Rossileno
Não temas, ó meu menino.

Lionido
Não me fio em seu carinho
Não sei o que por lá vai.

Rossileno
Para que te possas fiar
Sabe que é teu pai
Esta honrada pessoa.

Lionido
Meu pai? Essa é boa!
Pois se vós fôreis meu pai
Como acabais de sofrer
Não devíeis consentir
Que um tirano numa torre
Tivesse lá minha mãe
Presa sem poder sair!

Rossileno
Numa torre?...
Oh Deus que tormenta!

Lionido
E querem matá-la dentro.

Rossileno
Quem é que te disse a ti
E te deu essa certeza?

Lionido
Um anjo cuja beleza
É mais clara que o Sol,
O qual vinha à minha cova
Algumas vezes e trazia
Muita fruta boa e nova,
A mim me a dava e comia.

Rossileno
A divina providência
Do Altíssimo! Sem dúvida
Usou da sua clemência
Com a inocente criatura.

Visto que a notícia chega
Ao meu triste coração
Que a minha esposa Norbela
Vive em uma prisão
Já minha esperança se alenta.

Filho do meu coração,
Já com toda a deligência
A tua mãe hei-de buscar
E arrancá-la a essa fera
Ainda que tenha de dar
Duas mil vidas por ela.

Lionido
Oh minha mãe amada!
Vamos salvar-lhe a vida
Vamos depressa a buscá-la.

Rossileno
[...] tudo são prodígios
Nesta vida tão cansada.

Vão-se. Sai Mortera com alforges e diz:

Mortera
Três coisas venho a buscar
Que são burrico e merendeira
E o menino do meu Amo
Que mil açoutes merecia.
Sempre foi uma brincadeira!...

Se acaso eu o encontrar
Que ele anda por esta serra
Ainda se há-de lembrar
De fazer chupas a Mortera.

Senta-se.

Aqui quero descansar
E comer um bocadinho
Que trago certo manjar
E nesta cabaça vinho.

Anda, que não vem mui cheio
Dois litros deverá ter
Que para parvo de Mortera
Pode passar... Pode ser...
Como e calo.

Come e vai a beber e diz:

Não sei, aqui me cheira o vinho
Beberei-o mais à pressa
Que pode ser que me o tirem
E fique requiem eterna.
Isso não dá boa reza.

Bebe. Sai Aridiano, Cintio, Aristio e Belzebu.
Diz Aridiano:

Aridiano
Belzebu, Cintio e Aristio,
Prestai-me vossos ouvidos
Para vos dar as boas festas
Que hoje tenho conseguido.

Mataste a Rossileno
Coisa que me dá prazer
E não podia ser melhor.
Tenho-lhe presa a mulher
A ver se aceita o meu amor
E se não o aceitar
Mais tormentos lhe hei-de dar.

Cintio, os filhos mataste
Como eu te ordenei?

Cintio
O mando executei
Tal e qual como mandaste.

Aridiano
Norbela há-de fazer
Hoje tudo o que eu disser
E assim é justo que prevenha
Para boda tão feliz
O necessário, e que venham
Todos os meus parciais
Que quiserem e ainda mais.

Prevenham-se as minhas tendas
De plantas, árvores e flores
Para agradar a seus amores
Das minhas mais custosas prendas
Para que Norbela ingrata
Vendo em mim tanta riqueza
Esqueça os seus pesares
E que me renda a fineza.

Saiam quatro dos mais novos
Com clavinas bem armados
Vão caçar por esses prados.
Tu, Aristio, a esses povos
Sem receio tu irás
E levarás um burrinho
E para a mesa trarás
Uma ou mais cargas de vinho.

Tu Cintio,
Outra vez à torre irás
Onde está Norbela presa.
De minha parte dirás
Todos os meus projectos.
Diante dela lhe farás
Os meus carinhos e afectos
E que me dê obediência
Antes que chegue a manhã
E a obrigue com violência
E que esqueça pesares
E que meu afecto veja.

Hei-de fazer por minhas mãos
De laurel e damarqueta
Uma preciosa grinalda
Para adornar sua cabeça.
E ao som duma linda música
De rebecas e flautins
Se hão-de aclamar meus vassalos
Rainha destes confins.

Cintio
Vou, senhor, obedecer
O que me tem ordenado.

Vai-se.

Aristio
Eu também vou fazer
O que me tem mandado.

Vai-se.

Mortera
Oh que lindas peças são
Aqueles quatro senhores
Para ir na procissão
Com as pernas dos andores.

Levanta-se.

Que garrote...
Senhores, com sua licença.

Vai a marchar e detém-no Aridiano.

Aridiano
Espera um pouco, vilão.

Mortera
E que me quer Vossa Excelência.

Aridiano
Quero que nesta ocasião
Me sirva a tua ciência.
Hás-de fazer-me a mercê
De trazer-me prisioneiras
Todas as feras do monte.
É capaz, vossemecê?

E em estando todas presas
Se há-de fazer uma corrida
De sorte que todas morram
Sem ficar uma com vida.

Mortera
É uma coisa decedida
Essa que dizes tu.

Aridiano
Que me dizes, Belzebu?

Belzebu
Eu não posso responder
Nesta ocasião que não quero
Pois não acabas de fazer
Aquilo que já há muito espero?

À parte:

Pobre deste Aridiano
Que na sua pouca prudência
Acha para consolação
Ingrata correspondência.

Aridiano
Não te entendo!

Mortera
Nem eu tão pouco!
O Demónio que o entenda.

Belzebu
Não entendes, Aridião?
Escuta e sabe a razão.
Eu vim desprezado e triste
Na tua bandeira alistar
Esse dia em que me viste
Ainda te hás-de alembrar.

Pois é preciso tornar
A oferecer o que disseste.
Acordas-te que uma noite
Que a tua se salva
Me ofereceste...

Aridiano
Detém-te, espera!
Ofereci a alma?

Belzebu
Sim, Aridiano, isso era
E para formar o contrato
Nunca o tempo te chega.

Aridiano
Pois meu afecto hoje te a nega.
Tu és o Demónio?

COMÉDIA INTITULADA A ESMERALDA DO JORDÃO

Belzebu
Sou, mas sem património.
Só é para te servir
Esta minha pessoa.

Aridiano
Seja em hora boa!
Farás o que eu te pedir
E o mais que te direi.

Belzebu à parte:

Belzebu
Por servir-te nada farei.
Teu escravo sou.

Mortera
Boa é essa!
O carro cantou
E a carreta uma cantiga.

Aridiano
Já olhas para o perigo
Em que o meu valor se empenha?
Meu padrinho haveis de ser.

Belzebu
Serei tudo o que quiser
Tudo quanto você queira.

Mortera
E a madrinha será
O esfregão de uma caldeira.

Belzebu
Visto que me encarregas
Dessa tua boa dita
A prevenção da boda
Por minha conta fica.

Visto que me prevens
Para coroar a festa
Uma corrida de animais
Não há-de ficar na floresta.

Desde o leão que tem força
Até à ligeira corça
Que ao meu poder não sujeite

E os ponha à tua obediência,
Render-te vassalagem
Visto eu ter de ti licença
E assim para o conseguir
Parto já e vou-me a ir.
Fica em paz, Aridiano.

Vai-se.

Aridiano
Vai em paz, homem honrado,
E faz de breve tudo
Quanto te ordenado.

Mortera
Eu também me quero ir...

Aridiano
Conforme a mim me parecer
É que poderás partir.
De donde sois?

Mortera
Eu não sei.

Aridiano
Como vos chamais?

Mortera
Como quero.

Aridiano
Que é que procurais por aqui?

Mortera
O que não acho nem vi.

Aridiano
A que fim por estas serras
Vindes hoje neste dia?

Mortera
É que não pensei que havia
Ladrões que me estorvassem
E parar onde eu queria.

Mas vossemecê é ladrão honrado
E cá na minha consciência

É lastima que a forca
Não esteja no sítio posta
E vossemecê lá cima
Já com a corda atada

Faz movimento ao pescoço.

Onde o visse muita gente
Ao verdugo e à escada
De sorte que nessa boca
Bailasse então o canário.

Faz a aparência.

Aridiano
Queres ser meu criado?
A servir queres entrar?

Mortera
Tenho tantos que me rogam
Que me não deixam parar
Pela minha habilidade
Que é mesmo de admirar.

Sei fazer uma guitarra
Vossemecê ouça e veja
Que toco muito melhor
Que os órgãos de uma igreja.

Também sei fazer uma caixa
Daquela nobre madeira
Que chamam madeira de Haia
Que a sabe tocar qualquer.

Também lhe faço uma coisa
Que lhe põem aos carneiros
Quando andam aos togalhos
Têm no meio um badalo
E chamam-lhe... Não sei... Chocalhos.

E têm tão bom rugir
Este que dizer acabo
Que em as ouvindo bailava
Até o mesmo Diabo.

Baila.

Aridiano
E sabes fazer um chocalho?

Mortera
Veja esta coisa boa.

Tira um chocalho e toca e baila.

Aridiano
Pois eu me caso amanhã
E tu tens que preparar
Um e que toque bem
Para a minha festa honrar
E que a todos dê cobiça
No descanso, baile e tréguas.

Mortera
Então faço-o de cortiça
Que se ouça a trinta léguas.

Aridiano
Enquanto tu a trabalhar
Eu vou a dar uma volta
E tu este sítio hás-de guardar
De sorte que aquele que venha
A vida lhe hás-de tirar.

Mortera
Está bem.
Aridiano dá-lhe uma arma.

Aridiano
Toma esta arma
E conta dela tem.

Mortera
Que grande medo me dá
Ao garrá-la, mas dá cá
Porque são bocas de Inferno
E fala o Diabo por elas
Quando dão aquele estampido.

Aridiano
Ficas bem no que te digo?

Mortera
Fico, não lhe dê fadiga.
Ao que venha: tum... a vida
E os bolsos rebuscar.

Aridiano
Isso há-de ser e cuidado
De alerta sempre estar.

Vai-se.

Mortera
Olho alerta, bem cuidado...
O dinheiro... e logo morra...
Mas se vier alguém
E tiver que eu mais força?!
Já me está a dar a grima,
Entrego-lhe esta clavina
E a tum!... Tum!...

Rugido dentro.

Mas sinto gente!
Eu escapo de repente
E santas Páscoas
Quem me mete assim em prudências.

Vai-se Mortera. Sai Lauriano com Esmeralda que trará a pedra de esmeralda ao peito e Rossileno.

Lauriano
Saí como me mandaste
Pelas margens do Jordão
Encontrei esta menina
Mais linda que um limão.

Rossileno
Rara coisa, mostra a ver.

Chega-lha.

Lauriano
Nunca vi coisa mais linda
E não sei quem possa ser!

Esmeralda
Senhor, pelo amor de Deus,
Não me tireis a vida!

Rossileno
Não, menina querida,
Porque és mui engraçada.

Olhando para a pedra:

Esmeralda
Senhor, que é o que te suspende?

Rossileno
Essa pedra engastada
Que teu pescoço pende.

Esmeralda
Não me mate, meu senhor,
Que sou uma pobrezinha!

Rossileno
Meu prodígio vejo eu agora!
Grande dita!
Uma pedra milagrosa
Que eu a Norbela dei
No dia do casamento
Quando com ela casei!

Olhando outra vez.

Penso que é a mesma
E é ela com efeito
A que a menina traz no peito.
Ó doce prenda querida!
Tu és minha filha, menina!

Abraça-a.

Oh Deus, quando pararão
Os prodígios da minha vida?
Dois filhos sem os ter visto
E uma mãe que está perdida
Me deu o Céu, que infeliz!
Oh meu Deus, que será isto?

Dentro Cintio e Aridiano.

Cintio
Essa inimiga segui
Que da torre quer escapar.

Aridiano
Vamo-la a perseguir
Antes que se vá a afogar
[...] ao meu furor insolente.

Calam-se.

Rossileno
Parece que lá no monte
Segunda vez anda gente
Retiremo-nos, amigo,
Do seu furor que é prudente.

Esmeralda
Sem dúvida que nos matam!
Amparai-me, Deus clemente!

Vão-se. Sai Mortera com clavina.

Mortera
Os ladrões andam com fina
Ali no monte têm gritado,
Algum lobo têm espantado.
Eu prevenho esta clavina
E levantando o perrito...

Levanta-o.

Olho alerta...

Aponta.

Tum... a vida.

Sai Norbela disfarçada de pastora.

Norbela
A noite me favorece
Já que a fortuna minha
Lhe devo a Cintio piedoso
Liverdade, honra e a vida.

Depois de me aliviar
Para não ser conhecida
Este traje de pastora
Sua caridade compassiva
Me trouxe e com ele cobri
Minha beleza perseguida.

Mortera
Pareceu-me que falavam!
O medo mil medos cria.

Treme.

Pela porta de trás julgo
Que baixa uma cabreirinha
E se me enrosca nos pés.

Olha ao redor.

Acaso serão as tripas?
As tripas são! Ai que morro!
Confissão a toda a pressa.

De que me serve a clavina
Se o coração não anima?
Vou ver como a hei-de disparar
E por aqui a hei-de garrar
Que aqui tem o martelão.

Olhando para abaixo:

Fogo de Deus que bocaça!
Que a benza Santo Antão.
Por aqui vomitará
E por lá arruinará.
Arredar, que a disparo...
Quem vem lá? Quem é?

Norbela
Detém a arma, bandoleiro!
A uma mulher obedeça.

Mortera
Diga-me quem é à pressa
Que se não a desbarato.

Norbela
Mulher sou,
Que ando perdida
Sem saber onde vou.
Diga-me se tem notícia
Dalguma venda ou vereda.

Mortera
Sim direi, senhora perdida.
Lá em cima há um penhasco
Ao pé do penhasco há uma fonte
Que tem a água muito fria,
Ao pé da fonte um carrasco

COMÉDIA INTITULADA A ESMERALDA DO JORDÃO

Que tem a folha mui fina,
Ao pé do carrasco uma gesta
E ao pé da gesta há uma venda
E então deve seguir esta
Até chegar ao caminho.

No caminho há uma china,
Esta china está no chão
E o chão está pertinho
E se acaso estiver longe
Sente-se, senhora minha.
Com as senhas que leva
Dadas com tanta arte
Se não for ali vai a outra parte.

Norbela
A piedade sempre olha
Com a vista compassiva
E mais em uma mulher
Que se vê como eu perdida.

Mortera
Não, senhora relembrada,
Que a mulher que é amorosa
Por mais e mais que digam
Sempre parece formosa.

Norbela
Há por aqui algum povo
A ver se com ele acerto?

Mortera
Está aqui um bem perto,
Coisa de cinquenta léguas.

Norbela
Como se chama, senhor?

Mortera
Chama-se Vale-de-Flor.

Norbela
Quanto há para caminhar?

Mortera
Cinquenta milhas ou mais
É que tem você que andar.

Norbela
Por onde vai o caminho?

Mortera
Vai por baixo e vai por cima
Por aquele lado e por este,
Levando sempre o nariz
Um pouco abaixo da testa.

Norbela
Fico muito agradecida
Por me estares a ensinar.

Mortera
Agora vá devagar
Que preciso de esfardá-la.

Norbela à parte:

Norbela
Como me hei-de despegar
Dum infeliz como é ele?

Alto:

Esta capinha lhe dou

Dá-lha.

E este precioso anel

Dá-lho também.

E com isso satisfaça
O resto que me ficou.

Mortera
Dê cá e vá com Deus
Vigiando sempre o caminho
Pois que tão breve me deu
O anel e o capotinho.
Sou um valente ladrão!

Norbela
Oh fortuna miserável,
Como estes azares são!

Vai-se.

Mortera
Já se foi. Oh que mal fez
Não lhe fazer três chalaças
Depois de a ver tão linda...
E eu vou trás dela ainda.

Vai-se. Sai Cintio e Aridiano.

Aridiano
Pesa ao meu furor infame,
Cobarde, revento em iras.
Que te consuma o meu nojo
Mas espero que me digas
Que fez aquela traidora.
Onde foi essa inimiga?

Cintio
Apenas chiguei à torre
E lhe dei a tal notícia
Do amor que tens a ela
Foi pela escada acima
E se deitou da janela
Para as águas do Jordão
Sem eu lhe poder valer
Nessa triste ocasião.
Sobre as águas a nadar
Gritando e a dizer
Que se queria afogar
Para a honra defender
De Aridiano malvado.
Assim acabou o estado
Dessa infeliz mulher.

Aridiano
Cala infame, não prossigas,
Lançarás-te tu trás dela
Que em tal caso ainda podias
Alcançá-la e detê-la.

Pois se tu és um cobarde
Vai-te de minha vista.
Mal o haja tanto respeito,
Mal o haja tanta desdita
Que por guardar o decoro
Vejo a minha cobardia.

Ameaçando-o:

Não te ausentes, cobarde,
Que das minhas iras
Serás do mundo escarmento
Castigando tua ousadia.

Dá-lhe pancada.

Cintio
Eu procurarei a vingança!...

Vai-se.

Aridiano
Mal o haja a tua cortesia
Que assim caçoais! Forte nojo!
Eu, enganado? Grande ira.
Que serve gozar triunfos
De vitórias esquisitas
Se não posso conseguir
O que o amor solicita?
Mal o haja tanto respeito
E mal o haja a cobardia!

Sai Aristio e diz:

Aristio
Boas notícias trago, senhor.

Aridiano
Pois não as dizes melhor.

Aristio
Eu dou breve o meu recado.

Aridiano
É tempo de teres marcado,
De viver e teres vida.

Aristio
Chiguei a esse povoado
E quando vinha à saída
Encontrei-me com a justiça.
Dizem: Quem és? Que levas?
Eu então lhe respondia
Com verdade e sem malícia
Usando de cortesia.

COMÉDIA INTITULADA A ESMERALDA DO JORDÃO

Mas não bastou o que eu dizia
E cercaram-me ao redor
E cada um por si procurava
Ao perguntar-me animoso.

E então mais furioso
Lancei mão à cintura
Liberal e sem preguiça
E tirando esta pistola
Matei a um da justiça.

Mostra-lha.

Viram que trazia vinho
Logo todos se assomaram
A embaraçar-me o caminho.
Garraram-me com a besta
E na praça a apregoar
Às vendeiras eu escapei
Sem nada poder remediar.

Já todos têm notícia
Que eu sou teu criado,
E o eu ter escapado
Sem deixar ali a vida
Parece que foi milagre.
Aqui trago uma ferida
Para que vejas que é verdade.

Mostra-lha.

Aridiano
Cala, infame, não prossigas
Com essa cobarde conta!
É possível que tu digas
Que te fizeram tanta afronta?

Juro ao Céu, porque esta tarde
Eu mesmo vou a essa aldeia
E a todos os regidores
E outra gente plebeia
Ao monte trazê-la toda
E do penhasco mais liso
Mando fazer uma roda
Para os ossos lhe moer.
Depois de assim fazer
Mandá-los-ei para o seu lugar
Que aprendam a respeitar.

Sai Belzebu e Mortera com arma.

Belzebu
Aridiano, que tens?
Da cólera metes medo
Fala pois sabes que sou
Arquivo de teu segredo.

Aridiano zangado:

Aridiano
Tirai-vos da minha vista
Não quero ver a ninguém.

Belzebu
Aridiano, que tens?
A mim podes-me o dizer
Que sempre te fui fiel.

Aridiano
Que hei-de ter?
Rancor e ira, desesperação cruel.

Matera à parte:

Mortera
Apostais que a este compadre
Com a sua valentia
Dum tiro o desfaço em pó
E já lho zampo na barriga?
Eu tenho que lhe meter medo
Para ver se está quieto.

Alto:

Alto lá, ó fanfarrão!
Venha a bolsa ou a vida!
Olha que eu sou um ladrão
E se não morres retira-te
Pois isso é o que eu quero.

Olha que atiro! Morre...

Aponta.

Pum, pum, cis, zás!
Solta o pum, já morto estás.

Aridiano
Simples, também assim
Tu caças em mim?

Dá-lhe pancadas.

Mortera
Eu também queria
Mostrar minha galantaria.

Aridiano
Quem te deu essa capinha?

Mortera
Uma que andava perdida
E depois que a matei
A capa e este anel lhe tirei.

Mostra-lho.

Aridiano
Oh Céus, de Norbela era
E eu mesmo lhe o dei.
Oh que desgraça se vê!
Homem, passou por aqui?

Mortera
Boa era!...
Se não tivera passado
Diga-me, senhor valente,
Como estaria Mortera
Tão pimpão e encapotado?

Aridiano
Quando passou por aqui?

Mortera
Já há muitos dias.

Aridiano
E maltrataste-a?

Mortera
Como agora chove albardas.

Aridiano
Parece-me que o traidor Cintio
Com muita malícia andou

E assim é que me enganou
Ou parece-me que vós dois...

Belzebu
Eu vo-lo direi depois.

Aridiano
Ide-vos todos daqui
E deixai-me só ficar.
Vai-te, Aristio.

Para Mortera:

E vai-te tu!
Fica só Belzebu,
Os outros podeis marchar.

Aristio
Eu já me vou retirar.

Vai-se.

Mortera
Boa companhia te fica,
Não quero servir-te mais
Nessa companhia chique
De tão guapos parciais.
Vou servir Rossileno
Que tem contratos legais.

Vai-se.

Belzebu
Aridiano, a tua sorte
Se malogrou de maneira
Que caíste na cegueira
De teres sido enganado
Pelo que te veio dizer
Há um pouco o teu criado
Como acabaste de ver.

Muito em Cintio te fiavas
Ele te enganou coisa certa
Libertou a quem amavas
Dando-lhe porta aberta.

Ela por aqui passou
E, como teve notícias,
É preciso que se note,

De teus criados, deixou
O anel e o capote.

E esse vilão insolente
Que aqui a demorou
Sem nenhum termo de gente
Mais sua vida assegurou.

Ela está com seu esposo
Alguém já com ele a vira
Eu sei-o porque também
Te disse Cintio mentira.

Ela não se afogou
Foi Cintio que isso enventou
Para se salvar da tua ira.

Aridiano
Não prossigas, não prossigas!
Veneno são tuas palavras
Mal o haja o homem que fia
Seus escondidos segredos
De cautelosa malícia.

Mal o haja a confiança
Que naquele traidor eu tinha.
Viva o Céu em que hei-de abrasar
Quantas casas e pessoas
Vivem em elevada selva,
Que de árvores se coroa
E quantas aldeias povoa
Esse elevado monte
Até encontrar o traidor
Que me causa tanta afronta.

Belzebu
Suspende o irado nojo
Que se está mui ofendido
Teu coração atrevido
Doutro modo hás-de pensar
Para Norbela gozar.
Eu farei com bem cautela
Que tenhas tratos tu e ela.

Aridiano
Se assim me animas a vida
Minha perdida esperança
Não a chamarei perdida
Se a chigar isso se alcança.

Belzebu à parte:

Belzebu
Alma que não te guardas
De Deus e sua clemência
Que importa dares-me-a a mim
Se tens que a perder no fim?

Aridiano
Tuas palavras, Belzebu,
O horror me têm tirado
E então desporás tu
Como há-de ser tratado.

Belzebu
Uma escritura há-de fazer
Que tenha remédio e força
Para meu escravo ser
E nela deves declarar
Que a mim me a vais entregar
A alma, que a Deus lhe negas.

Aridiano
Eu farei como tu dizes
Cheia de vícios está ela
Que importa que te a dê a ti
Se eu no fim hei-de perdê-la?

Belzebu à parte:

Belzebu
Oh como enganado estás!

Alto:

Vamos para a tua cova
Onde o trato firmarás
Da escravidão que me dás
Mas dás a entender no resto
Que nada disso farás.

Aridiano
Vamos. Eu vivo sem gosto.

Vão-se. Sai Mortera e diz:

Mortera
Graças a Deus que chiguei,
Ainda que caiu fadiga,

A casa de Rossileno
Que sempre dá boa comida.

Grabanços, bacalhau e nabos,
Toucinho, sopas e migas,
Manteiga, azeite e vinagre,
Queijo, leite e boa linguiça
Que com estas coisas todas
Se enche bem a barriga.

Como com satisfação
E durmo à perna solta
E não com esse ladrão
Que sempre anda de revolta
E ando a ponto de ir a cear.
A outra vida... Quero chamar...

Chamando:

Ó de casa? Ó de casa? Ó de cima?
Por Deus que ninguém responde!
Sem dúvida foram à missa
Mas eu os buscarei...
Que medo de trás atiça!

Vai-se correndo. Sai Belzebu e Aridiano.

Belzebu
Cumprirás-me essa palavra
Que me tinhas prometida?

Aridiano
Por saciar meu desejo
Tenho a razão perdida,
A memória balbuciante,
Discurso sem medida,
O coração morto e aflito
Pois já de quem sou se olvida.

Deixou-me Deus de sua mão
Como um cavalo sem freio
Corri sem conhecimento
Sem reparar, sem receio.

E assim já cego atravesso
Por entre toda a desgraça
Sem reparar nos perigos
Que a minha vida ameaça.

Belzebu, teu amigo sou
Por onde quiseres, guia
Goze eu meu gosto agora
Depois viva ou não viva.

Belzebu
Pois para que vejas que cumpro
Com aquilo que me entimas
Todas as feras do monte
Que por estas serras pisam
Tenho a meu gosto sujeitas
E todas estão vendidas
Humilhando sua braveza
À tua obediência e à minha.

E para que vejas que cumpro
Com esta minha promessa
Chamo-as com minha voz:

Chamando alto:

Brutas, vinde depressa
Vinde já ter com nós.

Sai o urso da sua cova e vai ter com eles.

Aridiano
Grande valor! Obedecem
Escutando o teu discurso
E entre eles vejo um urso
Que quando andei a batalhar
Com Rossileno inimigo
A ele veio a ajudar
Defendendo o seu partido.
Esse bruto deve morrer
E nós vame-lo matar
Porque veio defender,
Estando nós a batalhar,
A Rossileno o outro dia.

Belzebu
Não é só por essa via
Que o deves tu matar
E para que o consigas
Preso te o vou entregar.

Prende-o e entrega-lho.

Vinga, Aridiano, as iras.

Aridiano
Dizes bem! Eu nele pego.

Pega no urso.

Belzebu
Pois seguro te o entrego
É razão que te obedeça
Fica com ele que eu vou
A outra coisa depressa.

Aridiano
Hás-de trazer-me a Norbela.

Belzebu
Vou por ela.

Vai-se.

Aridiano
Bruto, já sós estamos.

Puxando por ele.

Lembras-te de ajudar
A Rossileno o outro dia
Estando nós a batalhar
Faltando à cortesia
Que a um monarca como eu
Nessa ocasião se devia?

O urso dá ronquidos.

O defender-te é em vão
Ainda que tu insistas
Às minhas mãos morrás
Ainda que mais resistas.

*O urso defende-se só até certo tempo e sai
Rossileno com a espada desembainhada e diz:*

Rossileno
A não defender-te eu, ladrão,
Tua vida era acabada
Mas assim fica guardado
Para outra ocasião.

*Solta o urso Aridiano para lhe fazer frente
mas o urso atira-se a ele.*

Aridiano
Urso cobarde, a minha raiva,
Por mais de que te esgrimas
E as tuas garras afies
Tuas forças serão rendidas,
O meu valor mais anima.

Cai.

Ai de mim! Em terra caí.
E pode isto ser assim?

O urso tira-lhe a espada.

Mas não desmaia o coração
Que se me tiras a espada
Basta só com uma mão
Para te fazer em nada.

Rossileno
A resistência é em vão,
Contra os dois não te atreverás.

Aridiano
Ah traidor! Tu bem podias
Tomar por teu este nojo
E depois de isto verias
Ver meu valor sem segundo.

Mas vejo que tens enveja
Do meu ardimento e ira
E é por esse motivo
Que ao fero monarca livras.
Vai-te com ele que eu fico.

Vai-se o urso com a espada.

Lutando já com a vida
Acaba de me matar.
Farás maior bizarria
Que aqui fizeste até aqui,
Covarde e conhecida.

Vejo tua vingança assim
Eu satisfarei a minha.

Oh se eu pudesse ter
Só duas horas de vida
Para me vingar, depois
Mais que as bocas malignas
Do Inferno que me tragassem.

Rossileno
Que dizes, homem? Deliras?!

Aridiano
Oxalá que delirara
Mas, ai de mim, que esta ferida
A passos me vai acabando
Que cada vez mais me aperta.

Belzebu, como não vês
O perigo que me cerca?
Meu amigo já não és!
Onde estás que não vens?
Pois no maior perigo
A amizade que me tens
Nesta ocasião feneces.

Baixa, fera e nojo,
Pois tanto de mim te esqueces!
Leva-me para o Inferno
Em se me acabando a vida.
Demónios, vinde depressa
Que minha alma está perdida.

Sai Cintio, Norbela, Lauriano e Mortera.

Cintio
Por esse regato a baixar,
Vi eu a vir o seu senhor.

Norbela
Tu podes-te enganar.
Olha se era algum pastor!

Cintio
Não senhora,
Que de vista não o perdi.

Lauriano
O meu Amo está ali.

*Aponta para Aridiano que ainda está no chão
e Rossileno ao pé dele e diz Mortera:*

Mortera
Será algum choupo ou carvalho
Ou uma lança com ramalho?

Norbela
Pobre e desgraçado esposo,
Entranhas-te nestas brenhas
Com tanto trabalho insano.
Mas que vêem os meus olhos?
Não é aquele Aridiano?

Rossileno
Aridiano é
Que tanta guerra nos faz.

Aridiano
Ó inimiga, tu poderás
Contradizer que em meus braços
Já estiveste algum dia?

Norbela
Contradigo e não devia
Essa tua infame língua
Dizer coisa mentirosa.

Aridiano
Mata-me, se és piedosa!

Norbela
Fá-lo-ei para que desdigas
O que dizes sem reparar.

Aridiano
Pois se hás-de ser compassiva
Para depois me matar
Queres que a verdade diga?

Digo que não te gozei
Mas se eu tivesse vida
Por duas horas tão somente
Por força serias minha.

Norbela
Tua como,
Ladrão horrendo?

Aridiano

Matando teu esposo
E quantos me estais vendo.

Mortera

Menos a Mortera que fique
De almofariz para botica.

Sai Belzebu com a espada desembainhada.

Belzebu

Que vilania é esta?
Como com tal ousadia
Ultrajais, ó vis pastores,
Com infame ignomínia
A quem deveis de render
Vossas arrogantes vidas?
Maltratado assim o tendes.
Vou-vos tirar a vida.

Aridiano

Bem tarde tu tens chigado!
Que estavas fazendo lá?
Se tens vindo mais depressa
Já estaria vingado
Dos traidores que aí há.

Belzebu

Não é tarde se precisas
De matar o inimigo.

Aridiano

Estou morto, meu amigo,
Duma penetrante ferida
Que o coração me repassa.

Rossileno

Dá-lhe a vida se tu queres,
Cura-lhe o seu coração
Eu terei satisfação
Em lho romper outra vez.

*Vão-se Rossileno, Norbela, Cintio, Lauriano e
Mortera e levanta-se Aridiano com fúria e diz:*

Aridiano

Para-te, ó Sol, que é preciso,
Antes que ocultes a esfera,

Satisfazer minha ânsia fera.
Como a terra que piso não se funde?
Como não quer comigo a morte entrar?
Oh Céus, se a respeitar
Chega o meu poder a [...]
Quando eu tive na mão!

Quem de mim se há-de livrar?
Eu revento com a dor
Ante a negra traição
Que fizeram à minha atenção
Com tão emenso valor,
Prestando todo o meu amor
Quando tentei fazer a boda!...

É minha fortuna que roda,
São feitos de gente vil
Para fortuna de mim.
Eu de Norbela a seus pés?!
Eu ferido por Rossileno?!
Oh raiva, furor, veneno!

Como os céus de um revés
Despede um raio duma vez
E que me tire daqui!
Como em cinzas a mim
Me não faz a minha gente?...
Valor, para que não torne a pensar
O estado em que me vi.

Mas se no mundo não cabe
Por grande decênsa tal
Eu darei remédio a meu mal
E farei que ele se lave
Com sangue horrível e grave
Dessa caterva que lança
Meu prijuízo e não alcança
Seu valor onde eu chigar.
Se a honra não alcançar
Consegui-lo-à a vingança.

Dá-lhe Belzebu a espada e continua Aridiano:

Adquirindo eu esta espada,
Vamos adaga a lograr
Vossa indómita vontade.
Não haja paz, só maldade,
Até acabar de matar

A todos e terminar
Com quantos seres humanos
Haja nos montes e planos
De toda esta comarca.

Não haja não,
Nem nos montes que aqui estão,
Quem se livre de minha mão.
Somente fique Norbela
Que é o meu criminal amor
E não acaba a minha dor
Até apoderar-me dela.
A sua condição bela
Tem dado em mim tanta guerra
Que me enlouquece e altece
Enquanto viver na terra.

Minha ambição só procura,
Se é rainha da formosura,
Que seja também da terra.
E assim num instante vou,
Que hei-de gozar Norbela
E parto já a saber dela.

Vai-se. Sai Rossileno e Norbela com os meni-
nos, Cintio e Mortera e diz Cintio:

Cintio
Sabes, Rossileno amado,
Que é aziaga e fortuna,
Pois Aridiano malvado
Com ambição opertuna
Quer matar-nos a todos,
E tem por sua fortuna
A seu favor e amparo
Aquele homem liberal
Que lhe prestou a espada e vida
Quando, como um animal,
Caiu com a mortal ferida.

Rossileno
Nada me importa por ele,
Tendo a Deus da minha parte
Não lhe servirá ao cruel
Nem ao Demónio a sua arte.

A prevenir os pastores
Tu, Cintio, irás então

E verás que esses horrores
São como um cordeiro à minha mão.
Cuidado com esses meninos
Que ele aqui não há-de chigar.

Norbela
Eu também quero ficar
A ver o que faz então,
E se me fizer traição
O sangue lhe hei-de beber
Para que assim refreando
Morra afrontado e purgando
Os males que me há causado.
Pois tem, Mortera, cuidado
Com as crianças que eu gerei
Contas te pedirei
Se trazem mau resultado.

Mortera
Sim, eu estou bem apetrechado
Para lhe dar papa e teta.
E se me sujam?

Vão-se todos.

3.ª Parte

Música:

Norbela a Rossileno
A vida lhe vai contar
E ele há-de-a escutar
Mui tranquilo e sereno.

Rossileno
Vamos, Norbela amada,
Conta-me já sem tardar
Quem foi o grande traidor
Que a casa te foi roubar.

Norbela
Foi Aridiano salteador
Quem me roubou de casa.
Não sei como te o hei-de expor
Porque me dói a alma.

Nunca amanheça a meus olhos
A luz formosa do dia

COMÉDIA INTITULADA A ESMERALDA DO JORDÃO

Porque assombro não tenho
Nem vergonha de que o diga.

Ó luz de tantas estrelas,
Primavera justifica,
Não dês lugar à aurora
Que a tua azul campina pisa.

Para que com riso ou pranto
O faz que tua linda vida
Mas se há-de ser que seja
Com pranto e não com riso.

Detém-te, ó maior planeta,
Mais tempo na espessura fria
Do mar, deixa que uma vez
Dilate essa noite esquiva.
Seu trémulo império deixa
Atenta a meus rogos que é
Veluntária e não precisa.

Por isso quero contar
Que veja na minha história
A mais enorme maldade
E a mais fera tirania
De que não há memória
Que para vingança dos homens
Quis o Céu que se escrevesse.

Mas, ai de mim, parece
Crueldade e tirania!
Quero antes contar
E referir-te minhas fadigas.

Rossileno
Detém-te e mais não prossigas,
Norbela, que há desditas
Que não as podes contar
Nem tu podes referi-las.

Norbela
Há muitas coisas que sabes
E é forçoso que as diga
E faz segura e tranquila
Ao abrigo do teu seio
Os anos me prometeriam.

Quando aqueles embuçados
Traidores que terminaram

Eu que a honra defendia
Atrevidos me levaram.

Roubaram-me bem asinha
Com um brusco e tosco modo
Como dos peito lhe tira
O carniceiro lobo
A inocente cordeirinha.

Aquele Aridiano ladrão
Traidor e sem consciência
Como as garras dum leão
De guerrilhas e pendências
Nos seus braços me garrou
E sem eu poder falar
Ele comigo escapou
Que o vinham a acompanhar
Outros que com ele habitam
E sua bandeira melitam.

E naquele oculto monte
Que está lá para a saída
Do lugar foi seu sagrado
Quartel dessa tirania.

Estava fora de mim
E vendo que ninguém me via
Escutei duas ou três vezes
A ver se tua voz ouvia.

Nada ouvi porque o vento
A quem seus açoutes fia
Como a distância era grande
Escurecendo-se se ia.

De sorte que as que eram
Antes razões destintas
Não eram vozes, só eram ecos,
Que ao som do vento espargidos
Não eram vozes, só rumor
De confusões e más notícias
Como aquele que ouve um clarim
E quando dele se desvia
Lhe fica por muito tempo
O som como quando o ouvia.

O traidor viu e olhou
Que já ninguém o seguia
E que ninguém me amparou

Porque até a Lua fria
A sua luz ocultou.

Além de ser emprestada
Pretendeu, ai de mim, outra vez
E outras mil, aquele traidor,
Com palavras de mentira
Para alcançar o meu amor.

Mal o haja, o homem quer
Por força querer gozar
O amor duma mulher.
Pois não sabe na verdade,
Aquele infame traidor,
Que as vitórias do amor
Não há trofeu que as iguale.

Sem granjear o carinho
Da formosura que estima
Porque querer sem a alma
É formosura ofendida
Esse querer sem medida
No coração nunca calma.

Que rogos e sentimentos
Já de humilde, já de altiva
Não lhe disse?! Mas em vão!
Pois cabe aqui a minha voz:
Soberbo, "emudeça o pranto"
Atrevido, "o peito geme"
Descortês, "chorem meus olhos"
Fero, "revento em iras"
Tirano, "o alento falta"
Usado, "luto me visto"
Isto que a minha voz dita
Também com acções se explica.

Faz as acções.

De vingança cubro o rosto
De triste choro ofendida
De raiva eu troço as mãos
E o meu peito rompe em ira.

Entende tu as acções
Que não há vozes que as digam
Basta dizer que as queixas
Dos ecos que dão notícia

Eu já não pedia ao Céu
Socorro, senão justiça.
Nasceu a alva e com ela
A minha voz prosseguia.

Senti rugir entre os ramos
E olho a ver quem seria
A ver se era meu esposo.
Com a atenção que olhava
E depois de não ver nada
Levanta-se-me um grande nojo
E cega, confusa e ferida
Desembaracei-me e fugi.

Por muitas parte corri
Sem luz, sem norte e sem guia,
Montes planos e espessuras
Sempre, sem luz, às escuras.

De joelhos:

Esta é a pura verdade
Até que humilde a teus pés
Antes que a morte me dês
Contra minha infelicidade.

Agora que já o sabes
Rigorosamente anima
Tua espada mim
E acaba com a minha vida
Que eu para que me mates
A teus humilde vinha.

Rossileno
Levanta-te já do chão.

Levanta-a.

De joelhos não estejas
Que pela tua confissão
Bem vejo que me desejas
Vida e amor sem fim.

Em vista disto ser assim
Que um traidor fez com efeito
É preciso que se comprimam
Com o valor dentro do peito.

Vamos depressa, Norbela,
Repara no que te digo
Vamos já para casa
Que nossos filhos estão em perigo.

Vão-se. Sai Mortera com um tição de lume, Lionido e Esmeralda com palhas. Diz Mortera:

Mortera
Meninos, trazeis as palhas
Que é mui grande picardia
A que nos fazem os lobos
E a que tem sua dormida.

Indica o monte.

E queimando as madronheiras
Se farão todas em cinza.

Dá-lhe as palhas.

Traz a lenha, Esmeraldinha,
Que quando o teu pai vier
Já havemos de ter queimados
A todos quantos lobaços
No monte estão a viver.

Põe as palhas sobre o tição.

Lionido
Mortera, não quer arder.

Mortera
Pois diz que sopre a menina.
Sopra tu, Esmeraldinha.

Esmeralda
Não tenho fôlego, Mortera,
E também não sei soprar.

Mortera
Então só sabes nadar
Pelas águas do Jordão?

Esmeralda
Não me lembres tal paixão
Ainda me fazes chorar

Porque eu sou mui infeliz
E isso foi uma desgraça.

Mortera
Caramba!
Isto é uma chalaça
E aquilo foi porque Deus quis.

Esmeralda
O adágio assim o diz
Mas devemos ter cautela.

Mortera
Lionido, ainda te recordas
Quando por uma janela
Te pendurou por uma corda
Tua mãe Norbela?

Lionido chora.

Lionido
Não recordes minhas dores
São infelicidades minhas.

Mortera afagando-o.

Mortera
Ó meu menino, não chores
Que tu tens as lagriminhas
Muito pertinho dos teus olhos.
Vamos a acender?
Sopra menina...

Quando se dispõe a acender sai Aridiano e diz:

Aridiano
Que gente é esta? Saber quisera.
Serás tu talvez, Mortera?

Mortera
Não senhor, nem Mortereta
Nem almofariz, nem panela,
Nem barrinhão, nem tigela.

Aridiano
Pois que meninos são estes?

Mortera
Eles, senhor, que o digam
Que eu já me vou a marchar.

Dizem os dois meninos:

Não te vás sem nos levar!

Mortera
Vinde pelo carreirão!
Por minha vida que deixava
Nesta mesma ocasião
A quantos tios e tias,
Irmãos, sogros e cunhados
Visavó e sobrinhitos
E todos os meninitos
Que parem as mães e criam.

Amigos, pernas a andar
Deixai esse fariseu
Que o mais pesado sou eu
E já estão a aliviar.

Vai-se e deixa os meninos.

Aridiano
Inocentes cordeirinhos
Que sem temor de vossa vida
Vindes hoje a ser as vítimas
Do meu rancor e minha ira.
Não vos pondes a tremer
Só do meu aspecto ver?

Lionido aterrorizado:

Lionido
Senhor, ó meu senhor!

Aridiano
Que dizes? Fala sem temor.
Dizei-me já quem sois vós
E quem são os vossos pais,
E desta maneira sós
Para onde caminhais?

Lionido
Esta menina e eu
Dum parto ambos nascemos,
Mas com tanta infelicidade
Que quando à luz do dia viemos

A nossa mãe nos deixou
E entre suspiros e ais
Num instante nos desvia
Dos seus braços maternais.

A mim criou-me um leão
E nas águas cristalinas
Que banha o rio Jordão
Andou aquela a nadar.

Apontando-a.

Até que um dia chigaram
Dois ou três pescadores
E das águas a tiraram
E depois...

Aridiano
Cala-te, não digas mais
Que já tive notícia dela,
De Esmeralda serena
Que é filha de Norbela.
Não é vossa mãe?

Esmeralda
Sim senhor,
Toda a gente o diz.

Aridiano
Está bem...
Tu menina e o petiz
Tendes de me acompanhar.

À parte:

Até hoje sou feliz
Por acaso encontro agora
Os filhos do meu [...]!

Alto:

Vamos para minha casa
E depressa, ambos os dois.

Lionido
E o que nos quer lá fazer?

Aridiano
Eu vo-lo direi depois.

COMÉDIA INTITULADA A ESMERALDA DO JORDÃO

À parte:

Por essas luzes divinas
Que o sangue lhe hei-de beber.

Esmeralda
Eu não vou contigo, não!
Deixe-nos outra vez volver.
Vossemecê tem mui mau aspecto
Que dá medo só de o ver
E nossa mãe tem-nos afecto
A mim e a meu irmão.

Não nos faça demorar
A noite se está aproximando
E dá-nos medo da escuridão.

Aridiano
Dessa tua relação
Eu saberei tomar a vingança.
Desta sorte...

Dá-lhe pancada e leva-os.

Lionido
Ó meu pai, que me dá a morte!

Esmeralda
Ó minha mãe amada,
Como sou desgraçada!

Aridiano
Eu triunfarei assim.

*Vai-os levando às pancadas e empurrões e diz
Lionido:*

Lionido
Que me mata, ai de mim!

Esmeralda
Ó minha Norbela!

Aridiano
Eu te porei longe dela
Onde a não tornes a ver.

*Vão-se. Vai-se levando os meninos aos em-
purrões e pancadas para a sua cova. Neste trajecto deixa cair um papel da mão, depois sai
Rossileno alegre e diz:*

Rossileno
Graças ao Céu divino
Que chego a pisar na aldeia
De Val-de-Flor, onde espero
Ver minha esposa Norbela
Livre dos infortúnios
Que sua cândida beleza
Padeceu na tormentosa
Escrividão e presa
Daquele cruel Aridiano,
Salteador destas serras.

*Vai a entrar, vê o papel e agarra-o e lê, depois
diz com mui grande afeição:*

Oh meu Deus, que tenho visto?!...
Veneno são estas letras
Meus filhos mortos, que é isto?!
Despojos de feras são!

Oh malogradas belezas
Quando pensei em abraçar-vos
Com amor e com ternurezas
Na companhia da mãe
Que vos dá tantas finezas
E rende tanta chalaça
Sucede-me esta desgraça.

Clemência, meu Deus! Clemência,
Que já os alentos me faltam!
Oh meu Deus, dai-me paciência!
Mas se dizem que os males
Comunicados com penas
Fazem menos quem entrar
Juntos os dois eu e ela
Esta desgraça chorar.

Doutra maneira pensei
Encontrar a casa eu
Mas se assim a encontrei
Que me dê paciência o Céu.

Vai-se. Sai Belzebu e diz:

Belzebu
Já deixo determinada
Com cautela e com engano
O modo com que Aridiano
Faça maior pecado.

Ele estava apaixonado
Por aquela mulher querida
Faço-lhe mulher fingida
E digo-lhe que está a esperá-lo.

Não repara na figura
Porque a sua consciência
Cheia de conscufisciência
Quer saciar sua luxúria.

Esta coisa é feita e dita
Que junte mal sobre mal
Culpas e culpas repita
É pior que um animal.

Pecado a pecado junta
Até acabar a vida
Eu farei que Aridião
Pois é muito meu amigo
Expondo-lhe esta razão
Há-de fazer o que eu digo.

Sai Aridiano e diz:

Aridiano
Dá-me alvíssaras, Belzebu.

Belzebu
Aridiano, dá-mas tu
Que as que te posso eu dar
Digo-te que as estás a esperar
No monte que há pouco vi
A Norbela e desejava
Que fosses com ela falar.
Eu cumpri minha palavra.

Aridiano
E eu cumprirei a minha
E vou-te a participar
A prodigiosa notícia
Que hoje logrei sem pensar.

Belzebu
Qual é que me dás tanto prazer?

Aridiano
Que há-de ser?
Que tenho na minha cova
Os dois filhos de Norbela.

Belzebu
Agora vais ter com ela
Fácil é tirar a prova.

Aridiano
Mas eu quero que me digas
O que hei-de fazer deles.

Belzebu
Matá-los.

Aridiano
Isso queria,
Mas se gozar a Norbela
Não é vingança cumprida?

Belzebu
Podes fazer o que quiseres
Mas se acaso algum dia
Depois do rapaz medrar
Em ti vem a vingar?...

Aridiano
Mais não digas
Que já entendo teu falar.

Belzebu
Pois em paz podes ficar
Que me vieram a avisar
Duma estranha novidade
E tenho que me apresentar.

Aridiano
Em bem tu vás.

Belzebu à parte:

Belzebu
Bem seguro tu estás.

Vai-se.

Aridiano

Com que me disse Belzebu?...
Que minha prenda está à espera!
Falar-lhe-ei com afagos
Que não há-de ser sempre fera
A minha condição quando
Me busca como cordeiro.

Dirige-se ao monte onde está a figura de Norbela. Chigando junto a ela, ajoelha-se e diz:

A teus pés chega Aridiano,
Belíssima Norbela, cuja fé
Pretende abrasado e cego
Resistir e defender
O teu amor e o querer.
Como a águia que vê
O Sol mesmo e lá no ar
Rainha das aves é.

Mas não sou águia eu
Borboleta sim que ao ver
Uma luz que esteja a arder
Tanta volta à roda dou
Nela se queimou e morreu.

Também não sou borboleta
Talvez a prodigiosa ave
Que depois de morta nasce
Das cinzas onde acabou
Pois que das próprias cinzas
Volve a ressuscitar
E a vida torna a formar.

Tal favor e tal mercê
Minha vida chama é
Ao fogo e ao Sol que nasce.
A borboleta sim se queima
E a águia formosa corre
A Fénix que nasce e morre,
Ainda mais duma vez
Que seja meu coração
Imagem de todas três.

Dom da alma já é tempo
Que esse coração de pedra
Se derreta e se abrande
Aos golpes de minha presa.

Descobre o teu lindo rosto
Com teu semblante alegre
Para me dares mais gosto
Estar tapado não deve.
Não falas?

Faz suspensão.

Olha quem te espera, vê
Quem à tua obediência está.

Espera resposta.

Não dizes nada de lá?
Não me queres responder?
Eu tenho pouca paciência
Para esperar que o meu peito
Já o tenho em fogo a arder.

Levanta-a.

Descobre o teu belo rosto.

Tira-lhe o véu de repente e beija-a sem [...]; vê que é uma caveira e cai assustado. Depois levanta-se e diz:

Oh meu Deus, que feio aspecto!
Mulher, prodígio, esqueleto?
Jesus, mil vezes Jesus!
Que figura tão horrenda!
Que é isto que a mim passa?!

Só me sucedem coisas más
Como foi agora esta.
Engano de Satanás
[...] é manifesta!
Jesus, o que por mim passa?

Cobre o esqueleto.

Cruel fui, eu o confesso
Nas minhas correspondências.
Porque não triunfe o Demónio
Hei-de fazer penitência...
Mas se estou já condenado!...
De que me serve? De penas!
Mas não é piedoso Deus?!...
Sua mesericórdia é tão boa!...

Oh! Pouco importa que o seja
Se não é da minha pessoa,
Que se entregou por escrava
Do Demónio, ai que tristeza!

Mas eu que posso perder?
Se mudar da vida cega
Desesperação cruel?!...
Mas em Deus não haverá clemência?
Sim haverá! Ainda que para mim
Mais tarde a clemência chega.

Mas se estou já condenado
Para o Inferno me leva?!
Pode minha alma esperar
Na divina providência
Que os altos juízos de Deus
São piedosos e eternos.

Até que a alma do corpo sai
Tempo haverá de penitência
Para eu chorar humilde
Minhas culpas e durezas.

Pois, Aridiano, que esperas?
Homem obstinado que intentas?
Montes, sepultai-me vivo
E ocultai-me de maneira
Que o Sol me não possa ver.

Não é razão que viva eu
Sendo o homem mais desumano
Que criou a Terra e o Céu.
Eu me aventuro a ser bom
E do que fiz me arrepender
Venha ele o que vier.
Fora adornos profanos,
Fora pistolas, fora...

Vai tirando conforme vai dizendo:

Que vós sois os instrumentos
Com que obrei tantas ofensas.
Não vos quero mais agora!

Tira a espada.

Fora espada cortadora
Que tu foste companheira
Nas maldades e asneiras
Atropelando as leis.

Fora de mim que não quero
Que no futuro me estorves
Que para servir a Deus
Só é preciso oração,
Arrependido e humilde
Com sincera contrição.

Uma gruta hei-de buscar
Para fazer penitência
E os meus pecados chorar
Que me causam tanto horror,
Dizendo com vozes ternas
Mesiricórdia peço, Senhor!

*Vai-se. Sai Rossileno, Norbela, Cintio e
Lauriano muito tristes e diz Norbela:*

Norbela
Filhos das minhas entranhas,
Ai de mim, casos fatais!

Rossileno
Ó malogradas belezas,
Ó doces prendas queridas,
Que será de vós sem os pais?
Filhos das minhas entranhas!
Ó filhos meus! Filhos meus!...

Lauriano
Deixai o pranto que Deus
Ainda há-de querer que apareçam.

Norbela
Se hão-de acabar começam
As penas no coração.

Rossileno
Não me dais consolação
Cada vez a dor mais cresce.

Cintio
O vosso pranto fenece.
Mortera deve saber,

COMÉDIA INTITULADA A ESMERALDA DO JORDÃO

Alguma coisa há-de dizer
De Esmeralda e Lionido.
Chama-o, Lauriano amigo.

Sai Mortera e diz ao sair:

Mortera
Que feliz carniçaria.

Rossileno
Não viste o meu Lionido?

Norbela
Viste a Esmeralda bela
E a meu filho querido?

Mortera
Bem os vi, talvez que já
Estejam mastigando terra.

Rossileno
Porquê?

Mortera
Porque estão fazendo já
Adubos com a cabeça.

Lauriano
Boa notícia te dá.
Cada vez mais enternece.

Mortera
Atendam!
Saímos eu e os meninos
A pascentar o rebanho
Quando esse ladrão tamanho
Descuidados nos apanha.

Nove ou dez dúzias de açoutes
Deu a ambos os meninos
Que choravam por querer
Em vez de açoutes carinhos.
Eu vendo tal desvergonha
Corto um pau duma oliveira
Dei-lhe um golpe na cabeça
Zás... e outros dois nas costelas, zumba...

Faz a aparência.

E o golpe foi de maneira
Daquelas pancadas sós
Que da boca lhe saíram
Dois mil dentes e cem mós.
Depois a correr atrás dele
Apanhei uma pedra eu e zás...

Faz a aparência.

Mas não acertei
Porque me estorvou o chapéu
Que senão todos os cascos
Não paravam em dez léguas.

Mortera logo escapou
E ele os meninos levou
Depois foi a festa toda...
Lembro-me que a esta hora
Os terá em bocadinhos
E de escabeche os há-de ter
Para deles se fartar
Sempre às horas de comer.

Rossileno
Haverá desgraça maior!
Mortera, não digas mais
Que me repassas a alma
Com essas notícias que trais.

Norbela
A quem haverá sucedido
Tanta desgraça assim?

Mortera
A quem? A mim,
Que tenho andado toda a vida
Correndo de seca em meca
Buscando o que não encontro
E me fico sem jumenta.

Cintio
Antes da alva nascer
E que alumia estes prados,
Havemos de sair armados
Com lanças e com clavinas
E na torre do Jordão
Buscar-lhe-emos as esquinas

Que ali vive Aridião
E teus filhos havemos de achar.

Mortera
Dizes bem, Cintio!
Vamo-nos a preparar.

Rossileno
Pois amigos se gostais
Havemos de madrugar
A reputar as maldades
Que esse traidor praticou.

E se acaso meus dois filhos
Esse traidor fez morrer
Não hei-de parar até que
Seu sangue possa beber.

Mortera
E eu lhe hei-de prender
Depois de estar no chão
Um cordel pela garganta
E dependurá-lo como um cão.
Há-de bailar o canário
E o fandango bem bailado
Com a língua para um lado.

Deita a língua fora.

Cintio
Deus protege a inocência.

Vão-se. Sai Belzebu e diz:

Belzebu
De que serve à minha ira
Que eu derrube e que vença
Ao homem, se Deus lhe dá
A mão da sua clemência?

Que importa que eu vencesse
A Aridiano assim?
Que importa se com mais força
Se levanta contra mim?

De que me serviu eu pôr-lhe
A figura de Norbela
Para saciar o apetite

E exagerar a beleza
Se o seu erro conheceu
Dos pecados e ofensas
Que contra Deus cometeu?!

Mas desisto por isso
Que com ira e raiva a arder
Tenho pensado que ele
Ao pecado há-de volver.
Em este deserto habita
À sua cova vou ter.

*Dirige-se ao monte e encontra a Aridiano
dormindo na cova, tendo os meninos dormindo ao pé dele e diz depois de se informar:*

Dormindo está o marmanjo
Com os filhos de Norbela.
Vou-lhe a falar de maneira
Que suponha que sou anjo.
Aridiano!... Aridiano!...

Aridiano em sonho:

Aridiano
Quem me chama?
Diz quem és?

Belzebu
Um anjo que aos teus pés
Aqui te vem a falar
A dizer-te que Rossileno
A esta cova está a chigar
Com intenção de te matar.

Aridiano
Persegue-me, esse inimigo?

Belzebu
Sim, acredita o que te digo.

Aridiano
Viva Deus,
Que se minhas armas tivera
A sua vida pouca era.

Belzebu
Nisso não te detenhas
Que eu te darei as minhas.

À parte:

Quero por com ligeireza
Este punhal na sua mão.

Põe-lho.

Desperta, Aridião,
E mata os filhos dela
Já que não podes gozar
A sua mãe Norbela.

Vai-se. Desperta Aridiano e diz:

Aridiano
Morreram quantos me ofendem...
Mas que ilusão é esta?
Estou dormindo ou a sonhar?
Pareceu-me ouvir falar
E vejo que é uma ilusão.
Mas quem pôs na minha mão
Este punhal atrevido?

Sai o Anjo.

Anjo
Isso foi o teu amigo
Que a tua perdição deseja.
Aridiano pecador,
Que tem mui grande potência
Da alma, abre os olhos teus.

Olha que benigno é Deus
E te chama à penitência.
E porque todos os dias
Com mui grande caridade
O rosário tu rezavas
Nele achou Deus piedade.

Não persigas mais a Igreja,
Deixa essa vida má
Que Norbela e Rossileno
No templo te esperam já.

Música:

Aurora do Sol divino
Vestida de resplendor

Vai-lhe ensinar o caminho
A Aridiano pecador.

Anjo
Parte já num estante
E também contigo leva
Esses dois ternos infantes
E a seus pais lhe entrega.

E depois pede perdão
De todas as tuas ofensas
E restitui-lhe essas duas
Ricas e queridas prendas.

Vai-se.

Aridiano
Oh paraninfo sagrado!
Oh grande Deus das alturas,
Como procura o pecado
Derrubar as criaturas?!

Teu favor me favorece,
Num instante te obedeço.

Chamando os meninos:

Esmeralda e Lionido!
Recordai, filhos queridos.

Lionido
Para que nos está a chamar?

Aridiano
Quero-vos a ir a levar
A vosso pai e a vossa mãe.
Por vós estão a esperar.

Esmeralda
Oh que punhal, meu irmão,
Esse homem tem na mão!

Lionido
Tenha de nós compaixão
Que somos muito inocentes.

Esmeralda
A inocência nos defenda
Desses seus maus precedentes.

Aridiano
Não temais, formosas prendas.

Lionido
Como não havemos de temer
Se sabemos como é ele?

Aridiano
Pois porque fui tão cruel?
A divina providência
A minha alma tocou
E de lobo em mansa ovelha
A minha condição mudou.

Estando a dormir chigou
O Demónio e me aconselhou
Que fosse a vossos pais matar
E por isso me deixou
Este punhal na mão.

Entram os dois meninos.

Queira-nos perdoar,
Tenha de nós compaixão.

Aridiano
Sim, meninos, antes quero
Ir a pedir-lhe perdão.
E para que todos vejam
Que vos não quero matar
O punhal entre estas pedras
Neste monte vou deixar.

Atira com ele.

Lionido
Então leve-nos depressa
Que nosso pai e nossa mãe
Devem por nós chorar.

Vai andando com os meninos cada um por sua mão e diz Esmeralda:

Esmeralda
Vossemecê sabe o caminho?

Aridiano
Sei e não nos havemos de enganar.
Adeus montes, adeus serras

Onde os males praticava
Que o Demónio me mandava
Sem temor e consciência.
Agora conheci os erros
E vou fazer penitência.

Vão-se. Sai Belzebu e diz:

Belzebu
Inferno, que é isto que passa?
Ira, rancor e cegueira!
Não bastava a minha pena,
Haver perdido a graça
Naquela desgraça primeira!…

Ao homem ampara e defende
Do meu vingativo furor
Deus é o cordeiro divino
Para me causar mais horror!

De que serve o meu poder?
Onde é que ele se encerra?
Que importa que me faça o Céu
Contra mim tão cruel guerra
Se todo qualquer mortal
Só de me ouvir tremeu?!

Que vale a arma que o Céu
Tem para me dar batalha?
Sou general com esquadra
E saio-lhe à frente eu.

Hei-de os passos estorvar
A todo aquele que pretender
Com o favor de Maria
Minhas penas aumentar.

A Rossileno hei-de matar
A Aridiano farei guerra
A Norbela hei-de falar
Com engano e com cautela.

Enquanto esse tempo chega
Vou a gemer e penar
Entre abrasadoras penas.

Funde-se e dispara um tiro. Sai Rossileno, Norbela, Lauriano, Cintio e Mortera. Diz Rossileno:

Rossileno

Vamos, esposa minha.
Vamos até à igreja
E dar-lhe graças a Deus
E à soberana Rainha
A ver se os nossos filhos
Voltam para a casa minha.

Vão-se para a capela.

Norbela

Sagrada Virgem Maria,
Rainha do Céu e da Terra,
O vosso auxílio vos imploro
Pois sois a Mãe de clemência.

Dois filhos que me deu o Céu
Vos peço que me apareçam
Que em poder de Aridiano
Estão aquelas belezas.

Sai Aridiano com os meninos pela mão.

Aridiano

Montes nobres,
Lindos prados e flores,
Aqui estou arrependido
A chorar os meus horrores.

E estes dois inocentes
Que eu pretendi matar
A seus pais venho entregar
Que tenham consolação
E a este grande pecador
Que lhe deiam o perdão.

Entrega-lhe os meninos e ajoelha-se diante da Virgem e diz:

Ó Mãe de Mesericórdia,
Estrela do Céu impírio,
Meu coração vos ofereço
Auxílio de paz e concórdia.

A vós, Rossileno amado,
E a vossa esposa bela
Perdão humilde vos peço
Vós filhos vos ofereço
Perdoai-me, ó Norbela.

Levanta-se.

Rossileno

Demos-lhe graças ao Céu
Que logrei os filhos eu.

Mortera

O meu burro era inocente
E também se me perdeu
E devia aparecer
Com os aparelhos seus.

Cintio

Demos-lhe graças aos Céus
E ao Rei das criaturas.

Mortera

Anda, com mil demónios!...

Para Cintio:

Olha o que tu te apuras.

Treme.

De susto estou a tremer
E de medo vou morrer.

Cintio

Vamos a pedir perdão
Dos pecados cometidos.

Mortera

Vai tu com Deus, amigo.
Olhem o que é de viato
O mourico presumido.

Rossileno para Aridiano:

Rossileno

Da parte desta Rainha
Que mora no Céu impírio
Te concedemos perdão
Eu e a esposa minha.

Norbela

Filhos do meu coração,
Desejos dos meus conflitos,

Filhos das minhas entranhas,
Chigai, chigai, pequeninos
A oferecer a esta Rainha
Vossos corações tão finos.

Lionido de joelhos:

Lionido
Sagrada Virgem Maria,
Contrito venho pedir
Me deis graças para servir
Todas as horas do dia.

Levanta-se.

Ofereço o meu coração
Por nos haverdes libertado
Do poder de Aridião.

Esmeralda de joelhos:

Esmeralda
Eu me ofereço, Senhora,
A ser em vosso serviço
O tempo da vida minha.
Oh excelsa Rainha!
O meu coração...
Pois tornaste-me a trazer
Ao carinho de meus pais.

Levanta-se.

Mortera
É bem linda esta função!
Fica a gente bem contente
Que dá vontade rir.
Eu também lhe vou pedir
Que me apareça a jumenta.

Ajoelha-se e diz:

Oh Virgem Sagrada minha,
Peço-vos de coração
Que me apareça a jumentinha.

Levanta-se.

Rossileno
Ditoso mil vezes eu
Que alegre vou a viver
Pela Rainha do Céu
Me dar tão grande prazer.

Esposa, filhos e criados,
Todos quanto aqui estão
De favores tão calmados
Entoemos uma canção.

Mortera
Para quê?
Peço que apareça a minha jumentinha
Eu então vou principiar
Salvé Rainha, Salvé Rainha.

Fim

Versão recolhida em Angueira.

Drama Titulado Os Criados Exemplares

Personagens que representam no drama

Profecia
Gracioso
Sr. Gauberto de 44 anos
Sr.ª Gauberta de 32 anos
Carolina de 8 anos
Teodoro de 10 anos
Hilário, criado de 16 anos
Sidónia, criada de quarto
Antoninho, criado estrangeiro
Júlio, criado despedido
Justina, cozinheira
O Sr. Guelfo 50 anos
Luciano, soldado
Carlitos, soldado

Princípio do Drama

Profecia
Atenção ao respeitável público
Na qual lhes irei explicar
A obra é titulada
"Os criados exemplares".

Primeiro sairá o Gracioso
Com grande curiosidade
À procura do Hilário
Para uma novidade lhes dar.

Depois se retirará
Hilário sempre com bom modo
A seguir lhes aparecerá
Carolina e Teodoro.

Hilário atrapalhado
Então lhes precurará
Por onde é que entraram
Porque vêm sem mamã.

Eles então lhes respondem
Para se certificar do primeiro
Que entraram pela cozinha
Ao mesmo tempo que o aguadeiro.

Teodoro diz para Hilário
Que a Sidónia fala mal de si
Com certeza é por isso
Que a mamã não gosta de ti.

Carolina diz para Teodoro
Que sente um cheiro a café
Ela suspira com força
E nessa altura vai ver o que é.

Carolina diz para Teodoro
Que esteve a espreitar pela gruta
Que viu os criados no quarto de Sidónia
A beber vinho e a comer fruta.

As crianças querem sair
Hilário quer as deter
Lhe diz que não os vão incomodar
Que são capaz de lhe bater.

Hilário vai-se embora
Ficando as crianças a conversar
Dizem que gostam muito do Hilário
Porque está sempre a trabalhar.

Ouve-se rir e cantar
Carolina vai ver, Teodoro fica à porta

Nesse instante aparecem os criados
Empurrando-se uns aos outros.

Júlio mostra a sala de jantar
Diz para os colegas muito prudente
Aqui regalamo-nos muitas vezes
Quando os patrões estão ausentes.

Júlio tira as chaves do bolso
Para ir buscar vinho e licores que tinha
arrumado
Ele então vai abrir o móvel
E já Hilário os tinha guardado.

Júlio fica pensativo
E um bocado atrapalhado
Por não encontrar os vinhos
Que no outro dia tinha guardado.

Estando todos a conversar
Do que lhes aconteceu
Nessa altura aparece Sr.ª Gauberta
Júlio com pressa deixa lá o chapéu.

Depois ficará Sidónia
Sr.ª Gauberta a ficará a enterrogar
Sidónia lhes fala mal do Hilário
Para de sua casa o expulsar.

Vereis depois Sr.ª Gauberta
Não acreditando no que lhe disse Sidónia
Mostra-se um bocado agitada
Acaba por se sentar numa poltrona.

Sr.ª Gauberta toca à campainha
Mas sempre com bom agrado
Nesse instante aparece Hilário
Parecendo um bocado embaraçado.

Sr.ª Gauberta observa-o
Nesse instante que sorria
Ele confessa que uma pilha de pratos
Pensando que já o sabia.

Depois vão para a sala
Ficam pasmosos na verdade
Quando encontram o chapéu de Júlio
Lá na sala de jantar.

Sr.ª Gauberta muito agitada
Depois do que aconteceu
Manda chamar a Sidónia
Para lhes contar o que sucedeu.

Sidónia cora e empalidece
Sr.ª Gauberta a enterrogará
Sidónia como não quer que se saiba
A verdade nunca lhes contará.

Depois Teodoro e Carolina
À mãe lhe irão a contar
Que viram os criados a comer e a beber
Lá na sala de jantar.

Sr.ª Gauberta fica abatida
Depois de lhe acabar de [...]
Mandará chamar o Sr. Guelfo
Para um conselho lhes dar

Nessa altura virá Sr. Guelfo
Um conselho lhes virá dar
E depois lhes esclarecerá
O que se possa pensar.

Depois vereis Sidónia e Justina
A sala andam arrumar
Nessa altura põe a mesa
Para depois ir jantar.

Virá depois Júlio e Antoninho
Sidónia lhes contará o que sabe
Do que lhes contou Sr.ª Gauberta
Quando encontrou o seu chapéu.

Estando todos a conversar
Lá na sala de jantar
Nessa altura Justina sai
E vai tratar do jantar.

Ficará Júlio e Antoninho
Os dois conversando um bocado
Se contaram um ao outro
Tudo o que lhes tinha passado.

Nesse instante aparece Justina e Sidónia
Eles ficando a observar
Onde trazem vários pratos
Para brevemente jantar.

Eles ficam muito contentes
Quando vêem o jantar na mão
Dizendo que não há medo
Quem paga tudo é o patrão.

Eles parecendo já embriagados
Lá na sala de jantar
Sr.ª Gauberta nesse instante
A guarda irá a chamar.

Quando estão a comer
Pensam que ninguém lhes vai à mão
Nessa altura lhes aparece
Os guardas juntamente ao patrão.

Sr.ª Gauberta quando entra em casa
E vê os criados embriagados
Fica um bocado abatida
Por os ver naquele estado.

Eles querem-se revoltar contra o patrão
E já não pode mais sofrer
Por ver que o roubaram
Nessa altura manda-os prender.

A guarda toma conta deles
Mas eles não se dominarão
Por fim pelejam todos
Até que os levam para a prisão.

Depois sairão os patrões
Falando com muita canseira
Para arranjar uma criada de quarto
E uma boa cozinheira.

Depois sairá Luciano e Carlitos
De uma vida tratar
Para ver se conseguem
As raparigas lograr.

Depois de ter conversado
Eles lhe prometerão
Que as põem em liberdade
Se acaso lhes dão a sua mão.

Elas ao verem-se presas
Por estar ali encerradas
Tudo o que lhes dizem aceitarão
Ficando assim namoradas.

Com isto vou terminar
Suplicando os referidos
A todos peço perdão
Dos meus erros cometidos.

Gracioso

Meus Senhores, muito bô tarde!
Já me estou arrepiar
Vou ver se vejo o Hilário
Que uma novidade lhes quero dar.

Corre o pano e vê o Hilário que anda arrumar a loiça e diz para Hilário:

Como está Hilário, passou bem?
Está sempre a trabalhar
Mas ponha-se à tabela
Porque um truque lhes vão formar.

Isto não lhe digo por mal
Porque eu sou seu companheiro
Depois no fim vai-me dizer
Se sou mentiroso ou verdadeiro.

Gracioso recolhe-se. Fala Hilário limpando o pó aqui e ali:

Hilário

Parece-me que tenho medo
Tudo isto é uma prudência
Deixar-me arrastar pelos maus exemplos
Desta gente sem consciência.

E são meus colegas
Que já nem tenho prazer
Roubam-me e enganam-me
Que é que hei-de eu fazer?

Deixar roubar minha patroa
Isso acho que não está bem
Vou contar-lhe o que se passa
Para não duvidar de ninguém.

Mas ela não me acreditará
E é capaz de me expulsar
Se eu daqui sair
Eles voltarão a continuar.

Vou fazer o possível
Com minha curiosidade
Até que me possa aconselhar
Com o Senhor abade.

Nunca aceitarei nada deles
Para que não sejam patetas...

Pausa.

Aí estão as crianças
A incomodar meus colegas.

Entra Carolina e Teodoro. Hilário que limpa os talheres.

Carolina
Hilário sempre a trabalhar!...

Hilário
O trabalho mata-me pouco
Já quase está tudo findo
Há sempre que fazer
Quando queremos ter tudo limpo.

Então vieram sozinhos!
Menina Carolina como está?
Por onde é que entraram?
Porque vêm sem a mamã?

Carolina
Entrámos pela cozinha
Ao mesmo tempo que o aguadeiro.
A mamã mandou-nos para casa
Tinha que fazer muita coisa
Que a Sidónia ontem pediu-lhe
Para lhe ajudar a escolher loiça.

Teodoro
Hilário, porque é que a Sidónia
Não gosta de ti?

Hilário
Não sei menino
É por não estar habituado
É porque trabalho mal
E ao mesmo tempo sou desejado.

Teodoro
Não és desejado Hilário
Que os teus trabalhos são poucos
Só fazes as coisas mal
Quando ajudas os outros.

Hilário
Já tenho notado isso
De facto parece que não parto já tanto.

Teodoro
A Sidónia traz à mãe
Constantemente coisas partidas por ti
Com certeza é por isso
Que ela não gosta de ti.

Hilário fica admirado. Não responde. Sai Gracioso.

Carolina
Teodoro, não sentes um cheiro a café?

Ela suspira com força.

Cada vez cheira mais
E o vinho de Málaga também
Vou ver já o que é
Porque me cheira tão bem.
Vou ver o que é!...

Hilário
Não vá menina
Não esteja com ardor
Deve ser o café
Que estão a passar pelo passador.

Carolina
Vou ver fazer o café
E quero provar um pouco.

Carolina sai e procura de que lado vem o cheiro e dirige-se para a escada que conduz ao quarto de Sidónia.

Teodoro
Sabes uma coisa, Hilário,
A mamã está descontente contigo.

Fala Hilário com tristeza:

Hilário
Porquê menino?
Diga-me, para que eu de futuro
Possa contentá-la.

Teodoro
A mamã diz que és mentiroso
A Carolina disse-lhe que não
Que dizias a verdade
E que não eras aldrabão.

E a mamã respondeu
Que eras muito vaidoso
Ela que gosta de ti
Mas que não sejas mentiroso.

Fala Hilário suspirando:

Hilário
Se eu fosse mentiroso
Não seria bom rapaz
É muito feio mentir
Deus castiga o mal que a gente faz.

Carolina entra sem ruído mas muito apressada.

Carolina
Teodoro, onde estão os criados?
Parece-me coisa bruta
Estão no quarto de Sidónia
A beber vinho e a comer fruta!

Riem e falam tão alto
Que até lhe encontrei chalaça
Eles nem me viram chegar
Mas eu vi-os pela vidraça.

Deitam cada gargalhada
Julgam que não vê ninguém
Anda daí! Vem comigo
Vais ver como cheira bem!

As crianças querem sair. Fala Hilário, retendo-as:

Hilário
Menino e menina, não vão
Que eles estão a comer
Os meninos vão incomodá-los
E são capaz de lhe bater.

Portanto deixem-se estar
A não ser que venha alguém
Que quando se está a comer
Não se deve incomodar ninguém.

Carolina
Isso é verdade Hilário
Que não devemos incomodar ninguém
Mas eles têm um bolo tão soberbo
Que a mim cheira-me tão bem.

Hilário
Está bem, Carolina!
Não os incomode que é pior
Deixe-os saborear tranquilamente
Afianço-lhe que é melhor.

Carolina
Parece-me que tem razão
Mas eu queria comer
Um bocado daquele bolo
Que me parece tão bom.

Hilário
Peça-lhe à menina Justina
Que ela pronto o fará
Ela faz-lhe um belo bolo
Que não se recusará.

Carolina
É verdade! Justina é muito agradável.

Ouve-se tocar a campainha da porta.

Hilário
Certamente é a Senhora.
Vou abrir.

Hilário sai e entra um instante depois.

Não! Não é a Senhora
É uma visita para a menina Sidónia.

Teodoro
Quem? Qual visita?

Hilário
O Senhor Júlio que esteve cá antes de mim.

Teodoro
Então é o Senhor Júlio?
Sidónia recebe-o cá!
E não sabe porque veio?
Certamente só sabe a mamã.

Hilário
Eu de certeza que não sei
Não me estás a precurar
Vou lavar-me e vestir-me
Para quando a mamã chegar.

Hilário sai.

Carolina
Ele é muito bom
Mas não se pode agabar
Gosto muito do Hilário
Porque está sempre a trabalhar.

Teodoro
Ele é que se encarrega
Do trabalho todo sobretudo
A mamã julga que não faz nada
Que é a Sidónia que faz tudo.

Carolina
A culpa é da Sidónia
Que diz à mamã.

Teodoro
E queixa-se sempre
Do pobre Hilário.

Ouve-se rir e cantar.

Carolina
Que barulho é esse?
Que estão eles a fazer?
Vou ver.

Carolina sai. Teodoro fica à porta.

Teodoro
Antes prefiro não ir
Tenho medo podes crer
Eles não gostam que vamos lá
Quando estão a comer.

Carolina entra cautelosamente. Fala Carolina em voz baixa:

Carolina
Teodoro, vamos embora
Que já não é muito cedo
Eles vêm para a sala de jantar
E eu tenho-lhes medo.

Teodoro
Medo? Porquê?

Carolina
Eles têm cara de medo
O Júlio parece um sebento
Bebiam pela garrafa
E cantavam ao mesmo tempo.

Júlio disse a Sidónia
Que não há nenhum perigo
A mulher há-de prevenir-nos
Quando vier mulher e filhos.

Eles começaram com o barulho
Sidónia disse, e eu calada,
Que se nos pilham a espreitar
Que nos dão cabo da cara.

Eu escapei-me serroteira
Mas ainda ouvi o Júlio dizer:
Tenho aqui as chaves falsas
Vou buscar mais vinho para beber.

Carolina escuta.

Eles vêm aí! Fujamos depressa!

Teodoro e Carolina fogem, apenas saem entram os criados rindo e empurrando-se uns aos outros. Sai Sidónia, Justina, Antoninho e Júlio.

Júlio

Ah!...Ah!...
Aqui está a sala de jantar
Parecem coisas prudentes
Aqui regalamo-nos muitas vezes
Quando os patrões estão ausentes.

Júlio tira as chaves do bolso.

Esta é a chave dos vinhos
E dos licores.

Abre um móvel para tirar os vinhos e os licores.

Lá estão eles!...

Fica um bocado pensativo e diz:

Puro engano, aqui só há cristais!
Passemos ao outro...

Abre um segundo móvel.

Nada também! Mas então...
No outro dia que levei o vinho
Estava tudo dentro e arrumado
Deve ser ele quando anda a brincar
Ou com certeza o tem tirado.

Antoninho

Nunca se viu tal palerma
Só sabe fazer burricadas
Trocas de lugar não se fazem
Sem avisar os camaradas.
Como quer ele
Que a gente encontre as coisas?

Júlio

E tu és tão ingénuo
Julgas que é um simplório?
Ele não faz isso por partida
Bem sabes que é um finório!

Sidónia

É muito capaz disso
O seu ar de pessoa honrada
Tem-me feito arreliar tanto
Só me apetece dar-lhe uma chapada.

Diz que somos uns ladrões
Ele está encarregado de nos vigiar
Tem os vinhos e os licores fechados
Com medo que os vamos roubar.

Antoninho

Malandro!
Se lhe pudesse ser bom!...

Justina

Nós tiraremos a desforra
Não te atrapalhes!

Antoninho

O pior é que não há nada
Que dizer dele nessa ocasião.

Júlio

Nada?
Há sempre alguma coisa!
Sidónia, resolve num instante
Vai empregar toda a ciência
Para nos livrar desse tratante!

Sidónia

Estejam descansados
Não há nada que atrapalhar
Só ficarei descansada
Quando o puserem a andar.

Justina

Que queres fazer?
Diz-nos o que é, Sidónia.

Sidónia

É uma coisa com respeito a...

Ouve-se a voz da mulher a dias:

Sr.ª Gauberta

Menina Sidónia! Menina Justina!...

Fala Sidónia surpreendida:

Sidónia

Senhora! A Senhora vem aí!
Depressa, não há um minuto a perder.

*Ouve-se tocar a campainha, os criados fogem
pela escada. Júlio corre esquecendo-se do chapéu em cima do aparador. Justina precipita-se
a arrumar o quarto de Sidónia. Sidónia vai
abrir a porta depois dum segundo toque da
campainha.*

Sr.ª Gauberta
Que tem Sidónia?
Está vermelha parece atrapalhada.

Sidónia
É que... acabo de fazer uma descoberta
Que não deve agradar à Senhora.

Sr.ª Gauberta
Que foi? Que aconteceu?

Sidónia
Venha ver, minha Senhora!

*Sidónia abre a porta da dispensa e mostra à
Sr.ª Gauberta um cesto de loiça partida. Fala
Sr.ª Gauberta estupefacta:*

Sr.ª Gauberta
Quem quebrou as minhas loiças?

Fala Sidónia com calor:

Sidónia
Quem parte tudo em casa
É aquele parlapatão
Que a Senhora estima e protege
Porque tem bom coração.

Aquele que põe tudo em desordem
E afinal não passa dum [...]
Dum parvo e dum hipócrita
Que traz tudo sempre desarrumado.

Não tem senão desculpar
Por não ser suficiente
Peço-lhe perdão à Senhora
Por falar tão livremente.

Enquanto ele cá estiver
Haverá sempre tolices

O serviço andará sempre torto
Pelas suas patetices.

Sr.ª Gauberta
Mas Sidónia, que mosca te mordeu?
Custa-me acreditar nisso
Dizia-me sempre bem dele
E agora vem-me com isso!

Sidónia
Dizia-lhe isso com dó dele
Mas quando a vejo enganada
Uma niligência criminosa
Revolta-se e calo a verdade.

E agora que já comecei
Vou-lhe a esclarecer
Que o vinho e os licores
Estão a desaparecer.

Ele é tão falso
Que não diz nada a ninguém
Mas já o começamos a conhecer
É preciso que a Senhora o conheça também.

Sr.ª Gauberta
Tudo o que me dizes surpreende-me
Não sei como hei-de arranjar
Não se tenha enganado
Custa-me acreditar!

Sr. Guelfo conhece Hilário
Eu desde já o sabia
Criou-o e teve-o em sua casa
Até que o colocou na minha.

Quase me parece impossível!
O Sr. Guelfo quero ver
Quero enterrogá-lo para lhe contar
O que você me acabou de dizer.

Sidónia
Suplico-lhe, minha Senhora,
Com respeito ao tal homem
Quando estiver com ele
Que não lhe amente no meu nome.

O Senhor está tão enganado
Julga que nem sabe nada

DRAMA TITULADO OS CRIADOS EXEMPLARES

O Hilário há-de conseguir que a Senhora
Acredite que sou eu a culpada.

Sr.ª Gauberta
Fica descansada, Sidónia,
Não sei quando lá irei
Não tenhas pena com isso
Que a ti não te acusarei.

*Música. Fala Sr.ª Gauberta só, mostra-se agi-
tada, acaba por se sentar numa poltrona.*

Sr.ª Gauberta
Não estou satisfeita
Com o que Sidónia me acabou de dizer
Parece-me impossível
Confesso que me custa a crer.

Voltar-se contra ela
E está sempre com bom modo
Pelo que me diz de Hilário
Ele seria um criminoso.

Esta loiça que está partida
Foi ele que a escondeu
E o vinho de Málaga
Também já desapareceu.

*Sr.ª Gauberta toca a campainha. Hilário en-
tra, parece embaraçado e triste. A Sr.ª Gauberta observa-o, ele baixa os olhos e cora.*

Hilário
Perdoe-me, minha Senhora!
Sou muito culpado
Mas foi por descuido, juro-o.

Fala Sr.ª Gauberta friamente:

Sr.ª Gauberta
Culpado de quê?

Hilário
Quebrei uma pilha de pratos
Julguei que já o sabia
Prefiro confessá-lo imediatamente
Para ficar com a consciência tranquila.

Fala Sr.ª Gauberta com brandura:

Sr.ª Gauberta
Fez muito bem Hilário
Confessar-me neste dia
Vi o cesto cheio de pratos
Foi descuido que eu já sabia.

Fala Hilário surpreendido [...]:

Hilário
A Senhora não me ralha!
Perdoa-me?

Sr.ª Gauberta
Eu não te ralho pelas faltas
É só pelas hipocrisias
O que me arrelia mais
São as maldades e as mentiras.

Hilário
Todos esses defeitos
A Senhora tem razão
Emendam-se facilmente
Quem não tem carácter de mau coração.

Sr.ª Gauberta
É sincero no que diz, Hilário?

Hilário
Sim, sim, minha Senhora!
É o meu verdadeiro pensar
Desde que me conheço.

Fala Sr.ª Gauberta hesitante:

Sr.ª Gauberta
Hilário, traga-me o vinho de Málaga
Que abrimos no outro dia.

Hilário
Não o tenho, minha Senhora.

Sr. Gauberto
Não tem!... Que lhe fez?

Hilário
Anteontem meti-o no armário
E nunca mais o vi.

Sr.ª Gauberta
Deixou o armário aberto?

Hilário
Fecho-o sempre, minha Senhora
Não duvido consigo
E para mais segurança
Trago as chaves comigo.

Não posso compreender
Como isso sucedeu
Não sei qual o motivo
Porque o vinho de Málaga desapareceu.

Sr.ª Gauberta
É bastante singular
Porque ninguém mais
Pode abrir os móveis.

Hilário
A Senhora não deu outras chaves
A qualquer outra pessoa?

Sr.ª Gauberta
Não, o Júlio tinha-as
Perdeu-as há muito tempo.

Hilário
Tomei a liberdade...
Encontrei que fosse melhor
Mudar de lugar os vinhos e os licores
E guardei-os no aparador.

Sr.ª Gauberta
Fez mal com isso
Não concordo suas acções
Os armários foram feitos para guardar
Os vinhos e as provisões.

Hilário
A Senhora quer ver?

Tira do bolso uma chave do móvel, aproxima-
se e solta um grito.

Sr.ª Gauberta
Que tens? Que foi?

Hilário
Veja lá, minha Senhora,
Se eu razão tinha
Uma chave metida na fechadura
E aqui está a minha.

Sr.ª Gauberta
É muito estranho!

Percorre a sala com a vista, vê um chapéu,
pega-lhe e examina-o.

De quem é este chapéu?

Hilário
Não sei!...

Pega-lhe e volta-o nas mãos e procura ler um
nome inscrito no fundo do chapéu.

Não sou capaz de ler...
Cá está Senhor Júlio
Julgo que é Senhor Júlio
Que está escrito ao fundo.

Sr.ª Gauberta
Qual Júlio?

Hilário
O criado que esteve em casa da Senhora.

Sr.ª Gauberta
Como se atreveria a vir a minha casa
Para deixar cá o chapéu
Nenhum dos meus criados viria
Depois do que aconteceu.

Pega no chapéu e examina-o.

Que audácia!
Parece mesmo profundo
E no entanto é o nome dele
Que está escrito no fundo.

Ficou-me com a chave dos móveis
Digo-te só a ti
Não sei como é que ele
Deixou esta aqui.

DRAMA TITULADO OS CRIADOS EXEMPLARES

Não sei que hei-de fazer
Com este parlapatão
Vou prevenir a Sidónia
Que tome cuidado com esse ladrão.

Sr.ª Gauberta toca a campainha e nesse ins-
tante aparece Sidónia. Fala Sr.ª Gauberta
muito agitada:

Sidónia, vejo que encontramos
Juntamente ao mercúrio
Uma chave metida na fechadura
E em cima da mesa o chapéu do Júlio.

Sidónia cora, empaledece e não responde. A
Sr.ª Gauberta contínua:

Júlio ficou com as chaves
Já estou adivinhar
Foi ele que entrou na casa
Certamente para nos roubar.

Fala Sidónia trémula:

Sidónia
Como pode a Senhora adivinhar
Mas contudo não protesto
Júlio é um pouco atrevido
Mas ao mesmo tempo é um rapaz honesto.

Sr.ª Gauberta
Honesto?
Não sabe que já o despedi
Por fazer coisas feias
Diante da minha escrivaninha
Que tinha aberto com as chaves falsas,
Estava a meter dinheiro
No bolso às mãos cheias.

Sidónia
Será possível?
Custa-me a crer nisso!
Porque não entregam à justiça
Se têm a certeza disso?

Sr.ª Gauberta
Por um resto de compaixão
Pela sua pobreza

Que eu vi-o muito bem
Tenho a firme certeza.

Sidónia, vais imediatamente
E não te entretenhas nas ruas
Dizer-lhe ao serralheiro
Que venha mudar todas as fechaduras.

Sidónia
Sim, minha Senhora.

Sidónia sai com ar trocista e diz muito baixo:

Espere que já lá vou
Nestas fechaduras não se há-de tocar.
Júlio há-de entrar
Sempre que lhe apetecer
Vou preveni-lo.

Música. Sai Hilário, Sr.ª Gauberta, Teodoro e
Carolina.

Carolina
Até que enfim voltou a mamã
Demorou-se tanto!

Teodoro
Que tem mamã?...
E Hilário com um ar tão espantado...

Sr.ª Gauberta
É que encontrámos um chapéu
Que deve ser de Júlio.

Teodoro
Ah! Ele deixou cá o chapéu?
Como o trouxe ele para aqui?

Sr.ª Gauberta
Suponho que entrou na sala de jantar.

Carolina
Com certeza
Entrou com todos os outros.

Sr.ª Gauberta
Quais outros?

Carolina
Sidónia, Justina e Antoninho.

Sr.ª Gauberta
Que me dizes? Como sabes isso?
Por quem o soubeste?

Carolina
Estavam todos lá dentro,
Mamã, que eu vem os vi
Quando vieram buscar o vinho
Eu nessa altura fugi.

E disse-lhe a Teodoro
Eles que estavam cá
E nós fugimos com o medo
Escondemos ao quarto da mamã.

Sr.ª Gauberta
Mas como conseguiste ver
Com toda essa cautela
Como Sidónia não te viu
Juntamente ao quarto dela?

Carolina
Porque se sentia muito bem
Um cheiro tão bom nas escadas
Subi e espreitei pela gruta
E vi um magnífico bolo.

E também tinham vinho de Málaga
Biscoitos, café e fruta
Riam e cantavam todos
Que divertido que era!

A Sr.ª Gauberta fica abatida deixa cair a cabeça entre as mãos. Fala Carolina inquieta:

Que tem mamã? Está doente?

Sr.ª Gauberta
Não, minha filha, não estou doente!
Estou aflita, minha filha!

Teodoro
Aflita porquê, mamã?

Sr.ª Gauberta
Não sei qual o procedimento
Que Sidónia fez com isso
Parece-me ter andado
Muito mal com tudo isto.

Não sei qual o pensar
Temo acusar injustamente
Hilário, vai em casa do Sr. Guelfo
Que venha cá imediatamente.

Hilário sai.

Teodoro, viste o que tua irmã contou?

Teodoro
Não mamã
Eu não quis ir espreitar
Tinha medo de Sidónia
Que ela me fosse ralhar.

Tinha medo que aparecesse
Eu não gosto das suas fitas
Ela não gosta que vamos lá
Principalmente quando tem visitas.

Sr.ª Gauberta
Quando tem visitas? Quais?

Teodoro
Justina, Antoninho e Júlio
E outros amigos.

Sr.ª Gauberta
Que fazem eles cá em cima?

Teodoro
Estão a comer coisas boas
Comem pastéis e frutas
Bebem vinho, tomam café
Parecem umas coisas brutas.

Sr.ª Gauberta
Parece-me incrível!
E afinal essa Justina
Que tinha sempre em lembrança

DRAMA TITULADO OS CRIADOS EXEMPLARES

Que eu julgava tão séria!
E a Sidónia em quem eu depositava
Nela toda a confiança!
Hilário ia também?

Teodoro
Não, nunca o vi lá ir!

Sr.ª Gauberta
E tu, Carolina,
Viste-o lá alguma vez?

Carolina
Eu lá nunca o vi
Digo-lhe com prazer
Está sempre a trabalhar
Hoje ficou a limpar os talheres.

Sr.ª Gauberta
Ele sabe limpar os pratos?

Carolina
Creio que sim
Que eu já tenho notado
Porque os limpa muito depressa
Como quem está habituado.

Sr.ª Gauberta
Meus filhos, porque não me disseram
Como Carolina supunha
Que comiam e bebiam
Lá no quarto de Sidónia?

Teodoro
Elas proiviam-nos severamente
Para que nada contasse
Porque tínhamos medo
De que ela nos ralhasse.

Como não gostávamos que nos ralhasse
Eu à mãe nada dizia
Pensava que era mal feito
O que Sidónia fazia.

Sr.ª Gauberta
Mas porque não me avisou Hilário?

Neste tempo, entra Sr. Guelfo e as crianças
saem. Fala Sr. Guelfo cumprimentando:

Sr. Guelfo
O Hilário disse-me, minha Senhora,
Que Vossa Excelência desejava falar-me.

Sr.ª Gauberta
Sim, meu caro Senhor,
Queira ter a bondade de se sentar
Já muito tempo que desejava
Com o Senhor Guelfo falar.

Sidónia me estava a dizer
Que Hilário era mentiroso
Queria que o Senhor me explicasse
O carácter desse maldoso.

Não sei que hei-de fazer
Cada um tem suas openiões
Diga-me sinceramente
O que pensa destas acusações.

Sr. Guelfo
Não sei, minha Senhora,
Qual a razão das fadigas
Eu penso que tudo isso
São calúnias e mentiras.

Não quero revelar ainda
Eu lá disso não sei nada
Comunicar-lhe se fosse necessário
Para a honra da sua casa.

Para segurança dos seus serviços
Mas não deve confiar nada
Certifique-se por si mesma
Do que passa em sua casa.

Sr.ª Gauberta
Mas como me hei-de certificar
Dessa coisa tão completa
Na minha presença não farão
Coisa alguma que os compremeta.

Sr. Guelfo
Para esclarecer isso
A Senhora principalmente
Convém que eles se convençam
Que a Senhora está ausente.

Anuncie que vai com os pequenos
Para casa da sua irmã ausente
Previna que volta tarde
Às dez horas por exemplo.

Deixe os meninos com a tia
Pelas oito horas regressa a casa
Acompanhada do Senhor Gauberto
Verá então o que se passa.

Estou suficiente convencido
Se forem bem preparados
Verá coisas que a esclarecerão
Acerca dos seus criados.

Sr.ª Gauberta
Isso é fácil de fazer!
Amanhã avisam-se as cozinheiras
Para que não estejam receosas
Que vamos jantar com a minha irmã
De noite vamos ao cinema
E só regressamos pelas onze horas.

Mas ainda há um caso a resolver
Não duvido com alento
Que se há-de fazer
A Hilário durante esse tempo.

Sr. Guelfo
Pode levá-lo consigo
Ele que leve a chave
Para não dar o alarme
Quando lá dentro entrar.

Sr.ª Gauberta
Está muito bem seu conselho
Espero que me dará resultado
Agradeço sua boa vontade.
Acho que é indispensável
Meter o Hilário no segredo
Para que traga a chave.

Sr. Guelfo
Se Vossa Excelência permite
Que venha comigo junto
Que me acompanhe a casa
Ponho-o ao corrente do assunto.

Sr.ª Gauberta
Certamente é um grande serviço
Faça o favor que já que o enfado
Volte cá depois de amanhã
Para me contar o resultado.
Adeus, Senhor Guelfo,
Fico-lhe muito agradecida.

Sr. Guelfo
Espero, minha Senhora,
Quando cá voltar a vê-la
Que já estejam melhores
Que esteja mais tranquila
Daquilo que agora falamos
Dos seus maus servidores
Queira aceitar os meus respeitos.

O Sr. Guelfo cumprimenta e sai. A Sr.ª Gauberta dá ordem a Hilário para o acompanhar a casa e retira-se para o seu quarto. Música. Sai Sidónia e Justina. Arrumam os móveis, durante toda a cena põem a mesa.

Sidónia
Parece-me que está tudo em ordem
Falta-nos arrumar a sala
E prepararmos tudo
Para o jantar e para o serão.

Justina
Tens a certeza de que Júlio
E Antoninho estão avisados?

Sidónia
Tenho a certeza!...
Felizmente a Senhora preveniu-me
Mas com isso não instancione
Diz que jantaria em casa da irmã
E depois que iria ao Françoni.

Enquanto ela foi à missa
Juntamente com os filhos
Mandei o Hilário sozinho
Fazer a cama e arrumar o quarto
E eu mesmo corri avisar
O Júlio e o Antoninho.

Justina
O jantar há-de ser bom
Está-me apetecer com carinho

A pena que eu tenho
É que não haja licor nem vinho
E eu nem tempo tive
De avisar os amigos.

Sidónia
Mas lembrei-me eu disso
O Júlio é que o traz
Eles hão-de trazer do bom
E do melhor, tu verás!

Justina
Recomendaste-lhes que viessem cedo?

Sidónia
Às seis horas em ponto
Acho que está bem terminado
Como os patrões saem às cinco
Temos de preparar o quarto nesse intervalo.

Eles não tardarão
Toma cautela no jantar
Enquanto me ajudas a pôr a mesa
Não se vá ele queimar.

Justina
Podes estar descansada
Isso é bom de compreender
A minha ajudanta tem instrução
Ela sabe o que há-de fazer.

Sidónia
Tens a certeza de que ela
Não deixa pegar os molhos,
Os cremes e os doces?

Justina
Não corre em perigo nenhum
Já trabalha como os mestres
Está quase hábil como eu!

Ouve-se tocar a campainha.

Ah!... Aí vêm os nossos convidados!

*Arrumam as cadeiras. Abrem a porta e
aparece Júlio e Antoninho. Fala Júlio
cumprimentando:*

Júlio
Minhas Senhoras!... Boa tarde.

Antoninho
Meninas, tenho a honra de as cumprimentar.

Sidónia
Ontem, Júlio, cheguei a convencer-me
Do facto que aconteceu
De que tudo estava perdido
Quando a Senhora encontrou o teu chapéu.

Júlio
E Antoninho que estava em minha casa
E não se atrevia a sair!

Sidónia
Em sua casa?

Júlio
Isto é, na minha antiga casa
No meu quarto de outro tempo
De que eu guardo ainda a chave
E onde venho de vez em quando!...
Tu bem sabes!

Sidónia
Nem sabes o medo que eu tive
Julguei que iamos ser descobertos!
Sem dizer nada a ninguém
Se o imbecil do Hilário tivesse dito
Só que fosse uma palavra
Julgo-te que não me saía bem.

Felizmente não abriu a boca
Tenho a certeza no entanto
Eu fingi que não sabia por que motivo
A Senhora te censurava tanto.

Quando eles despedem um criado
Embora não tenham razão
Têm sempre a mesma cantiga
Insolente, preguiçoso, pouco asseado e ladrão.

Como se merecesse esse nome
Por causa das garrafas de vinho e pastéis
Eles comem do melhor
Porque não havemos de comer nós também!

Antoninho
Bravo, Sidónia! Muito bem dito!
O mesmo sucede com os fatos
E calçado dos patrões
Se desaparece alguma coisa
Eles nem sentido põem.

Sidónia
E os bocados de renda?
Eles sabem lá o que têm!
Fazendas, luvas e vestidos
Quando se pode arrecadar
Alguma coisa que possa servir
Olha o grande prejuízo!

Justina
E se a Senhora depois o pedir?

Sidónia
Procura, se não se encontra,
Com isso eu não duvido
Em último caso diz-se que as crianças
Mexem, revolvem e estragam tudo.

Júlio
O mais cómodo são as crianças
Atira-se-lhe com tudo para às costas
Canivetes, livros e brilhantina
Guloseimas, fruta e langostas
Tudo enfim!...

Antoninho
O pior é que se defendem
Com uma arte do diabo.

Sidónia
Oh! Oh!
Estão sempre a perder
Provocamo-los ou irritamo-los
Afirmando que os vimos mexer.

Eles enfadam-se com certeza
Não há nada de adjunto
A mamã ralha-os, fá-los calar
E não se toca mais no assunto.

Antoninho
Bem, e o jantar?
Também é preciso saber

Nós não estamos aqui só para conversar
Mas também para comer.

Justina
Então!
Não pensa senão em comer.

Antoninho
Parece-me que adivinho
O que fizeram para o jantar.
Que é o jantar, Justina?

Justina
Temos ostras, sopa de ovos,
Perna de cabrito montês,
Licor e vinho fino,
Langostas e cogumelos,
Uma boa galinha, salada
E creme com marrasquino.

Júlio
Viva Justina e seu jantar!
Já estou mais elegante
Eu seja preto se não é melhor
Que lá no restaurante.

Fala Antoninho para Justina:

Antoninho
Chegarás a pagar tudo isso
Sem que se venha a saber?

Justina
Basta saber fazer as coisas
Não há nada de obscuro
O negociante de caça e peixe fresco
Ele é que fornece tudo.

Escusamos de nos maçar
A caminho do mercado
Suplicando o referido.
Vamos a casa deles, não se regateia,
Trazemos o que for preciso
E sem pagar nada bem entendido.

Antoninho
Quer dizer: são os patrões que pagam tudo?

DRAMA TITULADO OS CRIADOS EXEMPLARES

Justina
Que importância tem isso?
Eles chegam porventura a sabê-lo
Tal coisa que se tenha feito?
Para que me hei-de esfalcar a correr
Para as praças gastar as solas
Sem tirar nenhum proveito?

Júlio
Com essa conversa toda
Iremos ver o que tratou
Com isto nunca mais comemos
O que Justina nos anunciou.

Estão a fazer crescer-me água na boca
Isto não são fantasias
Estando desempregado
Tenho que fazer economias.

Sidónia
Isso é verdade! Pobre Júlio!

Justina
Vou já, vou já!

Justina sai a tratar o jantar.

Antoninho
Diga lá o que disserem
É um bocado arriscado
O que Justina faz
Qualquer dia é apanhada.

Sidónia
Ouve francamente
Não é coisa que atrai
Ela mete para o seu bolso
E para os da mãe e do pai.

Quando nos lembramos
De que fica com o ordenado,
Que corresponde à mensagem
Da pobre ajudanta de cozinha,
Sobre o protesto do que é
Em paga da aprendizagem.

Júlio
Quanto a isso é costume
Não duvido no entanto

Todos os chefes de cozinha
E cozinheiras fazem outro tanto.

Antoninho
Pois sim, mas pelo menos
Não deve ser esfalcado
Sempre se dá ao aprendiz
Alguma coisa para calçado.

Sidónia
E Justina não dá nada,
Obsolutamente nada!...
Que demora é esta com o jantar?
O tempo passa-se!
Vou apressá-la.

Sai, ficando só Antoninho e Júlio. A cena continua. Sai Antoninho e Júlio. Fala Antoninho rindo:

Antoninho
Esta Sidónia é uma boa língua
E uma boa amiga!...

Fala Júlio rindo:

Júlio
É má como uma bíbora
Conheço-a bem, essa insolente
Estive com ela durante um ano
Não há nada de mau que ela não invente.

É preguiçosa
Só vendo a sua pinta
Não costura nada, nada arruma
Nada faz e nada limpa.

Antoninho
Não foi ela que por imbirração
Fez com que saísses daqui?

Júlio
É muito possível!
Não sei nada podes crer
Ela e a Justina
É que me dão de comer.

Sidónia ajuda-me a conservar
Aqui o meu antigo quarto

Sem que ninguém saiba a realidade
Sendo assim tu compreendes
Já não digo nada mais
Deixo-a à sua vontade!

Antoninho
Mas como te governas sem dinheiro?
Como no outro dia me mostraste
Disseste-me que não tinhas nada
Quando te desempregaste.

Fala Júlio embaraçado:

Júlio
Como vês o meu alojamento
É a minha alimentação
Quanto ao dinheiro para comida
Tenho o que me vês na mão.

Para as despesas correntes
Já não ando com prantos
Sidónia dá-me de vez em quando
Uma moeda de cinco francos.

Neste instante aparece Justina e Sidónia trazendo vários pratos. Fala Justina pondo os pratos na mesa:

Justina
Aqui estão as ostras que esperam
Todas muito bem propostas
A sopa e o cabrito
A galinha e as langostas...

Sai Gracioso.

Sidónia
Cá está o vinho
Que estes Senhores trouxeram
Júlio abre o vinho de [...]
Mas não andes com muitas fúrias
Para bebermos com as ostras
Para cada um duas dúzias.

Sentam-se todos à mesa, comem e bebem.

Júlio
Ostras secas como Vénus
A sair nas ondas.

Fala Justina bebendo:

Justina
E um vinho que não as estraga!

Sidónia
Boa sopa! Magnífico caldo!

Fala Justina rindo:

Justina
Caldo?!... É desdenhar... Dize consomé.

Sidónia
Seja consomé se quiseres!

Júlio
Com o talento
Da menina Justina!

Justina
É delicioso
Como o espírito de Júlio.

Trincha.

Justina
Corto eu o cabrito!
A cada um duas fatias!

Antoninho
E não é demais!
Cabrito soberbo!...
E um molho que faria estar
A comer até amanhã.

Fala Júlio oferecendo vinho:

Júlio
Vinho de Bordéus ou de Volnai?

Antoninho
Dos dois, meu caro,
Volnai primeiro Bordéus depois...

Continuam a comer e a beber. Não notam que a porta se entreabre devagarinho. Fala Justina rindo:

DRAMA TITULADO OS CRIADOS EXEMPLARES

Justina
Não viste, Sidónia,
As coisas que os patrões tinham?
Se eles aparecem agora
A cara que eles faziam!

Antoninho
E que nós fazíamos também!

Júlio
Felizmente estão no Françoni
Com toda a realidade
Esta gente não pensa senão em divertir-se
É pasmoso na verdade.

Sidónia
Em que querem vocês que eles pensem
Gente egoísta, sem coração
Bem merecem as partidas que lhes fazemos
Quase me mete compaixão.

Justina
Devemos concordar que são estúpidos
Não desconfiarem de nada...

Sidónia
Se vocês vissem a cara que a Senhora fez
Parecia-lhes tudo contrário
Duma cena que lhes apresentei
Desse velhaquete do Hilário.

Júlio
Sim, tu prometeste
Temos de nos desembaraçar dele
E livre-se quem puder
O mais breve possível
E não dar tempo à Senhora
Para se arrepender...

Sidónia
Penso que não será difícil
Ela acredita em tudo
Já vos vou a prevenir
Mas sempre com tão boa fé
Que pouco me faltou
Para desatar a rir.

Júlio
São tão estúpidos os patrões
Que não se faz ideia!

Antoninho
Concordo no entanto
Há alguns que são manhosos.
Convém não nos fiar na brincadeira
A fim disto, não há nada
Como perceber-lhes o jogo,
Não vamos cair na ratoeira!

Recolhe-se para casa da Sr.ª Gauberta. Continuam a comer e a beber parecendo já embriagados. Cantam e falam todos ao mesmo tempo. Sr.ª Gauberta vai chamar a guarda.

Justina
Vou chamar a rapariga
Para que traga o vinho fino
Os espargos, os cogumelos
E o creme de marrasquino.

Justina vai à porta, abre-a, solta um grito de terror e cai de joelhos. Os companheiros levantam-se precipitadamente e ficam estufactos ao verem o Sr. Gauberto. Dizem todos ao mesmo tempo:

O patrão!...

O Sr. e a Sr.ª Gauberta entram e olham para os criados que se encontram embriagados.

Sr.ª Gauberta
Desgraçados!
Estais cheios de horrores
É assim que reconheceis
Os nossos grandes favores?

Largamente pagos
Abundantemente alimentados
Tratados com toda a brandura
E aparecem nestes estados.

Confiança e habilidade
E vós como raparigas

Deviam apegar-se à casa
E passar aqui a vossa vida.

Em lugar de reconhecimento
Não há nada para confortar
Não encontramos em vocês
Senão ódio e maldade.

Você, Antoninho,
Vai ser desmascarado
Junto ao seu patrão
Ainda esta noite mesmo.

Você Sidónia e Justina
Para vós acabou meu carinho
Podem seguir imediatamente
O vosso amigo Antoninho.

Fala Sidónia que consulta os colegas:

Sidónia
Não se despedem assim
As pessoas, meu Senhor,
Deve-nos oito dias de ordenado
Custou-nos nosso suor.

De alimentação e alojamento
Pode resolver isso em breve
Não partiremos sem que nos dê
As duas semanas que nos deve.

Sr. Gauberto
Nem um centavo!
Ir-se-ão embora
Assim que eu ordenar.

Justina
Isso é que vamos ver
Eu falo cá por mim
Antoninho e Júlio não deixarão
Que nos roubem assim.

Hão-de servir de testemunhas
Portanto veja lá o que faz
Vamos já ao tribunal
Queixar-nos ao juiz de paz.

Sr. Gauberto
Calem-se!
Não me façam mais sofrer
Vocês estão embriagados
Deixem-me acabar o que lhes tenho a dizer.

Júlio
Não se fala assim para Senhores
Tenha um bocado de paciência
É uma grosseria
É uma impertinência.

Sr. Gauberto
Insolente!
Lá chegará a tua vez!
Não te esquecerei.

Fala Júlio embriagado:

Júlio
Insolente é você
Não tem nada que me maltratar
Já não estou ao seu serviço
Não tem direito de me insultar.

Quanto a estas Senhoras
Não tenho mais nada a dizer
Tome muita cautela
Com o que possa acontecer.

Sr. Gauberto
Já que me provocas
E vejo que não me obedeces
Já não espero mais
Para te punir como mereces.

És muito figurão
Ao fim verás o que resulta
A bebedeira que tens
Não te servirá de desculpa.

Júlio
A quem é que você chama bêbado
Com esse ar tão mansinho?
Bêbado será o Senhor
Que eu ainda hoje não provei o vinho.

Esteja muito calado
Não me volte a insultar
Se o Senhor está bêbado
Vá-se lá deitar.

Sr. Gauberto
És muito parlapatão
Vejo que não percebes nada
Se não fosse por ter dó de ti
Dava-te já uma chapada.

Júlio
Quem julga que é o Senhor?
Com certeza está a sonhar
Se o agarro pelo cu das calças
Dá duas voltas no ar.

Sr. Gauberto
Guardas, ouviram também
O que disse este insolente
Sem demorar mais nada
Prendam-me já esta gente.

Aponta para Júlio.

Este deve ser julgado
Em tribunal especial
Por me ter roubado o dinheiro
Com chaves falsas esse criminal.

Luciano
Está muito bem, meu Senhor,
Suas ordens cumpriremos
Prenderemos já esta gente
E com ela marcharemos.
Pode seguir seu caminho
Se acaso não se defronta
Esteja descansado
Que ficam por nossa conta.

Sr. Gauberto
Fico-lhes muito agradecido
Desculpem esta maçada
Não quero ter mais contas
Lá com gente embriagada.

O Sr. Gauberto sai e vai embora. Sai Gracioso.

Carlitos
Venham daí connosco
Não estejam a demorar
Vão receber a sentença
Que o juiz lhes vai dar.

Júlio
Quem é que é o Senhor
Para nos querer prender?
Pego-lhe já uma chapada
Que nem o estou a ver!

Luciano
Que é que está a dizer
Seu grande figurão
Que pensas lá que tu és
Para estar com essa lidação!

Carlitos
Sem demorar mais nada
Antes que te deite a mão
Ponde-vos lá na frente
Vamos lá para a prisão.

Júlio
Os Senhores são malucos
Para nos quererem prender
Tenho aqui uma navalha
Para me defender.

Júlio puxa de uma navalha para contra o guarda e o guarda deita-lhe a mão à navalha e tira com ela ao chão.

Luciano
Tira-me com essa navalha
Diante da minha mão
Antes que vás morrer
Nas grades de uma prisão.

Luciano tira-lhe a navalha e tira com ela ao chão.

Antoninho
Não te deixes dominar, Júlio,
Pega-lhe uma navalhada
Se não estou eu aqui
Para lhe mandar uma cacetada.

Carlitos deita-lhe a mão e pelejam os dois e por fim tira com ele ao chão. Depois Sidónia e Justina dão pontapés nos guardas para os acobardar.

Carlitos
Que é que estás a dizer?
Diz-me lá meu criminal!
Se te deito as mãos às golas
Morres como um pardal.

Deita-lhe as mãos e pelejam os dois.

Sidónia
Anda daí, Justina!
Olha o Júlio e o Antoninho, não vês?
Anda, vamos depressa
Dar-lhe aí pontapés!

Justina
Tu dá-lhe pontapés
Que eu vou-os arranhar
E dá-lhe sem medo
Para os acobardar!

Dão-lhe pontapés cada uma a seu guarda. Fala Luciano para as mulheres:

Luciano
Que é que vocês querem
Que levam já no focinho?
Ponham-se já em pé
Venham pelo mesmo caminho!

Põem-se todos em pé. Levam-nos para a prisão.

Carlitos
Ponham-se já andar
Já que sois tão insistentes
Venham, não olheis para trás
Vamos já na nossa frente!

Estão muito engraçados
Mas caíram na ratoeira
Estavam todos muito foutos
Agora vão curtir a bebedeira.

Luciano
Vamos lá, camarada,
Que não podemos demorar
Levá-los lá para o quarto
Para a sentença lhes dar.

Carlitos
Concordo com o que dizes
Vamos metê-los na trincheira
Metê-los lá no porão
Que curtam a bebedeira.

Música. Sai Sr. Gauberto e Sr.ª Gauberta.

Sr.ª Gauberta
Não teria acreditado
Em semelhante coisa
Se não fôssemos protegidos.
Pensava de não ter razão
Se não visse com os meus olhos
E ouvisse com os meus ouvidos.

Esta Sidónia que é tão estimada
E trata-nos severamente
E eu cuja afeição
Acreditava firmemente.

Que linguagem!
Que falsidade!
Que ingratidão!
Que situação perderam!
E que futuro prepararam
Para diante de um patrão!

Sr. Gauberto
Reconheço hoje mais que nunca
A verdade daquilo contrário
O que nos dizia esse bom Guelfo
Ao trazermos o Hilário.

Aceitem servidores cristãos
E fidelidade para com Deus
Tudo perante os ouvidos
Torna o serviço fiel
Perante o seu patrão
Se desejarem ser bem servidos.

DRAMA TITULADO OS CRIADOS EXEMPLARES

A coragem e por amor em Deus
Afrontar as zombarias
E as censuras no plano
Ao servo ânimo de repetir
Aos maus conselhos e às tentações
Do serviço do seu amo.

Sr.ª Gauberta
Sim, ele tinha razão
De hoje em diante não mais
Tomaremos o contrário
Sem fé e sem religião
Mas como nos havemos de
Governar só com o Hilário?

Sr. Gauberto
Procuremos arranjar
Para não andar com canseira
Uma criada de quarto
E uma boa cozinheira!

Sr.ª Gauberta
Sr. Guelfo dizia
Há dias com fantasia
Que a ajudanta da cozinheira
Que era uma excelente rapariga.

Sr. Gauberto
Veremos isso amanhã
E não andaremos com danças
Agora voltaremos a casa
Da tua irmã buscar as crianças.

Sr.ª Gauberta
Olha, não trates com dureza
Esses desgraçados, sobretudo
As mulheres em primeiro lugar
Deixando tudo obscuro.
Pobre Sidónia!
Pobre Justina!
Que noite vão a passar!

Sr. Gauberto
Amanhã já vou ver
Como eles se encontrarão
Na sua situação normal
E dar-lhes algum dinheiro
Se acaso lhes fizer falta
Para que não passem muito mal.

Mas francamente não posso
Lamentá-los diante do rosto
Devido ao mau procedimento
Que tiveram para connosco.

Vão-se. Música. Sai Carlitos e Luciano.

Carlitos
Que te parece, ó Luciano?...
Esta noite estive a pensar
Podíamos facilmente
Essas raparigas lograr

Pensa tu como mais velho
E com mais instrução
Se podíamos arranjar sem saber
O Chefe do Esquadrão.

Luciano
Não sabe apreensão
O serviço contrário lhes escrevo
Satisfazer nossa openião
Sem a ninguém lhe ter medo.

Tenho quatro anos de serviço
E nunca caí em asneiras
Como nos vieram à mão
Tão lindas petisqueiras.

Eu lhe vou abrir a porta
Nesta condição
Se acaso não rejeitarem
De nos dar a sua mão.

Vão para lhes abrir a porta.

Carlitos
Para ser parte mais bem feita
Tem a primazia de escolher
Entre os dois. Não há acaso,
A mim serve-me uma qualquer.

Desfecha a porta o Luciano.

Custe o que custar
Não podem fugir do laço
Eu fico aqui esperar
Para lhe dar um abraço.

Saem com elas e deixam a porta aberta e diz
Luciano antes de saírem da prisão:

Luciano
Sidónia e Justina
Que a pena estais cumprir
À minha responsabilidade
Tenham a bondade de sair.

Sidónia
Muito obrigado, Luciano,
Pelo teu belo primor
Por ver que foste leal
Aqui nos tens ao teu dispor.

Justina
Eu também estou assim
Falando com muito agrado
Por nos livrar da prisão
Estes belos soldados.

Gracioso
Olha esses cães da rua
Levaram-me as raparigas
E os outros já escaparam
Ficou a prisão vazia!

Carlitos
Ó minha bela Sidónia,
Como és tão bela e pura
Deixa-me dar um abraço
Que de mim ninguém censura.

Esses teus olhos fragantes
São mesmo do meu agrado
Logo assim que te vi
Por ti fiquei apaixonado.

Sidónia
Bem sei que tu és magala
E também do meu agrado
Se acaso me quiseres para bem
Aqui me tens a teu lado.

Gracioso
Quase estou admirado
Por esta grande fortuna
Vai escapar cada um com sua
E eu fico sem nenhuma.

Ó menina Teodora
Eu sou um rapaz catito
Dê-me lá um abraço
Não vê que sou tão bonito.

Luciano
Como vez, ó Carlitos,
Isto vai ser papa fina
Tu ficas com a Sidónia
E eu vou com a Justina.

Luciano deita-lhes a mão por cima dos ombros de Justina.

Ó minha bela Justina,
Como és tão rica e bela
De hoje para o futuro
Ficas a ser minha donzela.

Justina
Já vejo que me és leal
Por isso nada recusei
Tu nunca me desempares
Que lealdade sempre te guardarei.

Carlitos
Portanto está tudo feito
Já não há que duvidar
Bamos embora quanto antes
De outra vida tratar.

E minhas queridas donzelas
Bastante fizestes pensar
Agora já estais do nosso lado
Já não vos podeis escapar.

Luciano
Já não posso aguentar
É coisa que não resistas
Retiremo-nos nós daqui
Para a ninguém dar nas vistas.

Vão-se cada um abraçado à sua.

Gracioso
Não me fechem a porta
Deixem-me também entrar
Que eu também tenho direito
De um abraço lhes dar.

Já vejo que não pode ser nada
Mas ainda me custa a crer
Meteram-nas lá para dentro
Que nem mas deixaram ver.

Eu gostava tanto delas
Mas elas não me queriam ligar
Não sei se era por ser feio
Se por não lhes saber falar.

Por isso não me atrapalho!
Por ser cá de Constantim
Já lhe deitei o vinte a outra
Aquela que está a olhar para mim.

Isso na realidade
Eu não estou a fingir

Olhem todos para ela
Olhem como se está a rir.

E por hoje nada mais
Julgo que a ninguém ofendi
A todos peço desculpa
Se algum erro cometi.
A todos muito bô tarde
Agora vamos jantar
Para ter a barriga cheia
Para depois poder dançar.

Música.

Fim

Versão recolhida em Constantim. Manuscrito datado de 1961 e assinado pelo senhor Aureliano António Cristal, de Constantim.

Entremez de Comédia de Jacobino

Grande Entremez de Comédia Atitulada
A Casa de Caloteiros e Ladrões

A qual se há-de representar com as seguintes personagens

Profecia, Anúncio
Jacobino
Marçalo Lopes
Lumédia, mulher de Marçalo
Laurina, filha de Marçalo e de Lumédia
Lorem, Juiz de Paz
Jurão, escrivão
Feliz Simão, mercador
Jacinto, lojista de peso
Sortivão, regedor
Alfredo, cabo de polícia
Doutor

Profecia
Que lindo congresso vejo
Mais luzento que o cristal
Cuja esciência é brilho
É a flor de Portugal

Que bem parece aos meus olhos
O jardim mais florido
Ver um povo discreto
Neste lugar reunido

Altos senhores e senhoras
Mancebos e raparigas
Mais todas estas pessoas
De esciência instruídas

É um reportório de inteligência
Cujos factos são verdadeiros
E se atitula a obra
A Casa de Caloteiros

Venho também mais resumir
Nomear as figuras e saídas
Peço que lhe presteis atenção
E vereis cenas bem esclarecidas

Primeiro sairá Jacobino
Irá a casa do ferreiro

Pedindo que lhe faça
Um machado de carpinteiro

O ferreiro não tendo ferro para tal
O mandou vir outro dia
Este pede-lhe qualquer ferro
Dizendo que ele mesmo o fazia

O ferreiro com isto zangado
Embora o manda e chama-o intrujão
Jacobino insistiu e deixou-o trabalhar
O ferreiro admirado pede-lhe perdão

Depois sai Marçalo
Jacobino dirá grandes mentiras
Marçalo e família irão ter com ele
Começando em grandes porfias

Que os há-de fazer dançar sem crer
Apostarão enormes quantias
Jacobino ficará sempre vitorioso
Em apostas e porfias

Unidos em nova amizade
Forjarão vários calotes
[...] a Lisboa a ter com Feliz Simão
Ali verá a família de Marçalo Lopes

Também se verá o modo
Que conseguirão lograr a Feliz Simão
Ensinando Jacobino a Marçalo
Que também se fez intrujão

Sairá Feliz Simão como escrivão
Para perante o Juiz contas fazer
Com os nomes trocados que lhe tinham dado
Concluído em nada dever

Sairá Jacinto também caloteado
Unindo-se depois a Feliz Simão
Irão a casa dos caloteiros
Com pancadas os castigarão

Os caloteiros tornando-se ladrões
Por não quererem trabalhar
Por não poderem pregar calotes
As mulheres mandão roubar

Sairá o regedor e um cabo
Em busca dos roubos de Laurina e de Lumédia
Jacobino tenta ocultar
Cujo facto se descobre no fim da comédia

Serão concluídos os factos errados
Podeis dizer sem imposturar
Que a comédia começou por mentiras
E por mentiras há-de acabar

E com isto remato
A outro deixo o lugar
Para que as minhas verdades
Logo se possam provar

E assim peço perdão
Ao generoso congresso
E a Deus que abençoe
Quanto há no universo

Aqui declaramos o fim da obra
Que vamos representar
Peço-vos que lhe presteis atenção
Que as figuras que vão falar

Cena I

Jacobino

Guarde-os Deus meus senhores
Eu lhes vou dizer o fim
Que me obrigou aqui vir
Venho ver se acho um amo
Que sou moço de servir

Há justamente três dias
Que estou desapatroado
Que morreu o meu amo
E fiquei desarranjado

Mas sendo isto sabido
Amos não me faltarão
Que moço como eu sou
Muito raro se acharão

Até para me ajustar
Muitas vezes me têm empenho
Mas são aqueles que sabem
Habilidade que eu tenho

Pois sei da arte de ferreiro
E de alfaiate também
Ninguém sabe habilidade
Que este meu corpinho tem

A mais a sabedoria
Que tenho de natural
Porque nunca dei a mestre
A valia de um real

Agora vou a casa do ferreiro
Joaquim da Costa Prado
Quero com brevidade
Que me faça um machado

Sai o ferreiro e Jacobino bai a casa do ferreiro e este dirá:

Viva o senhor mestre ferreiro

Ferreiro

Viva lá meu cavalheiro

Jacobino

Quero com muita urgência
Que me faça um machado de carpinteiro

Ferreiro

Pois olhe meu amigo
Veio em má ocasião
Que não tenho aqui mais ferro
Que a perna desta sartã

Mas benha cá outro dia
Que assim que o ferro vier
Não só lhe faço um machado
Mas até mais se quiser

Jacobino

O senhor faz favor
Do ferro que aí tem
Da perna da sartã
Que eu mesmo faço um machado
E com muita perfeição

Ferreiro

Tira-te daí seu macaco
Vá-se daí seu sandeiro
Pois um moço de servir
Que é que saberá de ferreiro?

Jacobino

Pois dê-me esse ferro
E não se esteja a gastar
Que eu sem ser ferreiro
Sou capaz de o ensinar

Ferreiro

Pois que tanto me enfadas
Aí tens esse ferro
Mas se não fizeres como dizes
Levarás com o martelo

Aqui Jacobino pega no ferro e começa a trabalhar e dirá:

Jacobino

Ora agora é que vai ver
Trabalhar com rapidez
Faço eu mais machados numa hora
Do que você durante um mês

Depois do ver trabalhar diz o ferreiro admirado:

Ferreiro

Já vejo que de ferreiro
Muito bem sabe trabalhar
Diga-me se as cartas
Também sabe jogar?

Jacobino

Eu de cartas nunca vi
Mas creio que as sei jogar
Traga-me cá a baralha
Que habemos de experimentar

Nisto Jacobino pega nas cartas e diz:

O cinco de ouros vale quinze
E a sota já assobiou
O duque faz vinte nove
E o ás já se acabou

Ferreiro

Mas outra se me lembrou!
Esta não é do pior
Já que sabe tanta coisa
Entende de cardador?

Jacobino

Numa ocasião cardei umas meias
E também para uma albarda
E mais para um chapéu
Desses que são de palha

Ferreiro

Eu com dizer que sabes
Sem eu ver não acredito
Sente-se nessa cadeira
A ber como faz o serviço!

Você é o homem das maravilhas!
Não há coisa que não saiba fazer
Mas diga-me você é casado ou solteiro
Ou casado sem mulher?

Jacobino

Eu casado ainda não sou
Vim há pouco da marinha

Mas vejo-as aqui tão bonitas
Hei-de hoje escolher a minha!

Ferreiro

Se você me quisesse ensinar
Eu muito lhe pagava
Até lhe dava de regalo
As borras da minha fraga

Jacobino

Eu não ensino a ninguém
Pois a mim ninguém me explicou
Vá aprender com o mestre
Que a mim me ensinou

Pois olhe meu senhor
Nunca se atreva [...] o valor
Porque aonde se não pensa
Se encontra superior

Ferreiro

Assim peço que me perdoe
Por alguma má palavra
Atendendo ao que falei
Sem saber com quem falava

Jacobino

Agora já viu o senhor
A minha grande habilidade
Digo-lhe adeus meu senhor
E fique à sua vontade

Vai-se o ferreiro. Sai Marçalo, família e Jurão.

Uma mais lhe vou dizer
Mas depressa lhe dou o remate
Vou-lhe contar um caso
Que me passou com um alfaiate

Como vi na sua marcha
Que ia muito apressado
Disse-lhe eu: onde vai mestre
Que bai tão afadigado?

Logo ele me respondeu
Desta forma que lhe digo:
É tanta a obra que tenho
Que me vejo confundido

E vou ver se acho um mestre
Para me vir ajudar
Porque é tanta a obra que tenho
Não sei que contas lhe hei-de dar

Que mais de trinta fregueses
Têm de ficar por servir
É isto meu senhor
O que me faz afligir

Porque todos querem galas
Para irem à romaria
E eu para tanta obra
Não tenho mais que um dia

Disse-lhe eu: se essa é a causa
Do senhor se afligir
Então esteja descansado
Que todos se hão-de servir

Que eu vou já em seu socorro
E em antes do meio dia
Se hão-de aprontar as galas
Que são para a romaria

Disse-me ele de contente
Franquiando-me rapé:
Venha mais eu meu amigo
Pois conheço que o é

Entrando na sua casa
Sentei-me numa cadeira
Cá de minha perna alçada
Trabalhando com canseira

Fiz logo doze casacos
E quarenta pantalonas
E dez vestidos de seda
Para damas bem chibantonas

Pois eram bem nove horas
Sem um ponto ter dado
E ao dar as onze e meia
Estava tudo arranjado

Ainda fiz um albernó
E um colete de cetim

Mas não foi para fregueses
Foi cá mesmo para mim

E tudo isto eu fiz
Antes de dar meio dia
Ainda fiz mais duas saias
Às moças da minha tia

E também fiz um relógio
Ao Francisco das Amoras
Sem ter mostrador nem ponteiros
Regula e dá horas

Marçalo
De tantas habilidades
Como o senhor tem mostrado
É de crer que Portugal
Segundo não tem criado

Jacobino
Sim senhor diz muito bem
Como eu não há segundo
E não só em Portugal
Mas até em todo o mundo

Lumédia
Quem tem tão raras finezas
Assim como o senhor tem
Se tocar um instrumento
Há-de tocar muito bem

Jacobino
Sim senhor muito bem!...
Isso lá como eu não há ninguém
Basta que quando eu toco
Quantos me ouvem se encantam
Que ao som do meu instrumento
Ainda que não queiram dançam

Lumédia
Em tal não quero crer
Nem devo acreditar
Porque se eu não quiser
Ninguém me obriga a dançar

Jacobino
Não duvide senhora!...
E pode acreditar

Que o mesmo encanto
A obriga a dançar!

Lumédia
Que diz a isto Marçalo
Deverei crer ou não crer?

Marçalo
Não porque coisas impossíveis
Não há quem possa fazer!

Jacobino
Queiram apostar comigo
Que eu já lhes faço ver

Jurão
É uma grande mentira
Verdade não pode ser
Porque ninguém me obriga
A que eu dance sem eu querer

Jacobino
Já disse apostem comigo
Que eu logo lhes faço ver

Lumédia
Aposto a vinte libras
Se meu marido quiser

Marçalo
E eu com gosto concordo
No que disseste mulher

Lumédia
Está aposta efectuada
Sem demora quero ver
Já que exponho vinte libras
A ganhar ou a perder

Jacobino
Deposita-as na mão
Do senhor Juiz Lorem
Que eu as minhas vinte libras
Já lhas entrego também

Lumédia fazendo que as dá ao Juiz dirá:

Lumédia
Queira o senhor por favor
Vinte libras receber
Que eu exponho por aposta
A ganhar ou a perder

Jacobino
Aqui tem as minhas vinte
Também já depositadas
Que da sua mão espero
Logo receber dobradas

Fazendo que lhas entrega dirá Lumédia:

Lumédia
Tudo está concluído
Apareça o instrumento
Para ganharmos a aposta
E termos um passatempo

Jacobino puxará dum assobio e dirá:

Jacobino
Eis aqui o instrumento
Com que já lhes faço ver
Que hão-de perder a aposta
Por dançar aqui sem querer

Laurina rindo dirá:

Laurina
Olhe que grande instrumento
Agora é que eu me rio
Apostar que nos encanta
Com o toque dum assobio

Agora é que eu digo
Que o homem é falto de tino
Porque só sabe tocar
Instrumentos de menino

Jacobino
Isto é o tira teimas
E para as teimas acabar
Sem que haja mais demora
Já os vou fazer dançar

Laurina
Eu não danço nem que se vire o mundo
Não danço senhor padrinho!

Jurão
Não dance afilhada! Não dance também!

Marçalo
Não dance mulher!

Lumédia
Não dances marido
Senão ficamos com o dinheiro perdido!
Aqui ninguém dança!

*Dito isto Jacobino toca o assobio. Principiam
a bulir as pernas fazendo que dançam obrigados e batem as mãos uns aos outros que não
dancem e também o Juiz Lorem o qual dirá:*

Juiz
Mau, mau a festa não é comigo

*Jacobino assobiando sempre. Concluindo re-
colheram-se às arrecuas.*

Cena II

*Sairá Marçalo e andará passeando. Depois
sairá Jurão ao encontro e dirá:*

Jurão
Senhor compadre!

Marçalo
Que é que me quer ó meu compadre?

Jurão
Passei agora na quinta
Do morgado da Tutela
E lá vi num coberto
Um cortiço de barrela

Com um enorme peso dentro
Porque eu o encontrei

ENTREMEZ DE COMÉDIA DE JACOBINO

E ele não deu movimento
Do encontro que eu lhe dei

Em vista deste peso
Sabe que a mim me lembrou?
Que ainda pode Jacobino
Perder quanto lhe ganhou

Se cair na carriola
De querer tornar apostar
Eu lhe vou dizer o modo
Como lhe vamos ganhar

Vamos pegar no cortiço
Que tem dentro uma barrela
Há-de muito bem pegar
Por estar numa carrela

Depois disto Jacobino
Que toque e torne a tocar
Que o peso nos faz estar firmes
E nunca nos faz dançar

Marçalo
Mas pode ser que esse peso
Que seja algum bicho brabo
Como está longe de casa
Bem pode lá ter entrado

Jurão
É uma grande barrela
Está ao pé de um palheiro
Basta ver que até por cima
Está coberta por um liteiro

Mas sem se dizer ao morgado
No caso de se apostar
Depois de esta parte feita
Torna-se lá ir levar

Ainda mesmo que um dia
Ele isto chegue a saber
Como não tem prejuízo
Nada nos tem a dizer

Além disto é um pandego
Até que quando o souber
É um pagode rir
Que tem a mais a mulher

Marçalo
Assim ele Jacobino
Outra vez queira apostar
Para ver se as vinte libras
Tornarei a ganhar

Mas decerto Jacobino
Que apostar não há-de querer
Porque assim como ganhou
Há-de recear perder

Jurão
Diga que lhe deu as libras
Muito porque lhas quis dar
Que não foi porque o toque
O obrigou a dançar

Que dançou mas porque quis
Por querer ter um passatempo
Que preferia perder as libras
Para lhe dar contentamento

Que ele com isto irado
Há-de tornar apostar
E depois como já disse
Nós havemos de ganhar

Marçalo
Apoiado meu compadre!
Isso foi muito bem lembrado
Que ele assim há-de apostar
Por não querer ficar baixado

E sem que haja mais demora
Assim já lhe vou falar
Para ver por esta forma
Ele tornará apostar

Jurão
Escute o que lhe digo
Em acção da minha arte
Se ganharmos a aposta
No dinheiro quero parte

Marçalo
Então quanto lhe hei-de dar?
Quanto o meu compadre quer?
Falemos isto agora
O modo de nos entender

Jurão
Julgo mesmo por direitura
E com nós não há interesse
Serão para ti nove
E para mim dez

Marçalo
Eu assim não quero
Deixe-me lá as artimanhas
Então eu é que jogo as libras
E o compadre leva os ganhos!

Eu lhe digo o que entendo
Ninguém fica projudicado
Para mim são dezanove
Ao compadre dou-lhe uma
Em paga do seu trabalho

Jurão
Deixemos destas questões
Não haja mais que ver
Em vendo o resultado
Tudo se há-de fazer

Acabado de falar Jurão, sairá Jacobino e Marçalo dirá:

Marçalo
Então está satisfeito
Com noventa mil réis que lhe dei?

Jacobino
Como noventa mil réis que lhe dei!
Não! Deu-mos porque os ganhei!

Olhe que assim me desse
Vinte libras esterlinas
Como quem dava
Bonequinhas a meninas!

E quem? Noventa mil réis
Como que fosse um vintém
Isso nem um abastado
Quanto mais quem o não tem!

Marçalo
Pois saiba que lhas dei
Muito porque lhas quis dar

Porque se eu não quisesse
Não me fazia dançar

E se nisto não quer crer
Queira tornar apostar
Depois verá que há-de perder
E eu que o hei-de ganhar

Jacobino
Sim senhor está apostado
A outra igual quantia
E seja seu depositário
O João José Maria

E as minhas vinte libras
Até já lhe vou levar
E você querendo faça o mesmo
Isto é se quer apostar

Marçalo
Até já sem mais demora
Porque logo há-de ver
Eu que lhas hei-de ganhar
E você que há-de perder

Recolhem-se e sairá depois Jacobino com o assobio na mão e ao mesmo tempo Jacobino olhando para o assobio dirá:

Jacobino
Ó rico meu assobio
Que tu és o meu tesouro
Que já contigo ganhei
Noventa mil réis em ouro

E outro tanto contigo
Logo espero de ganhar
E ainda mais havendo doudos
Que as queiram apostar

Dito isto sai Jurão e Marçalo e pegando a uma carrela com um cortiço no qual virá um homem vestido de fera e chegando Marçalo a Jacobino, Marçalo dirá:

Marçalo
Ora agora Jacobino
Podes tocar e tornar a tocar

Que por força há-des perder
E nós havemos de ganhar

Nisto Jacobino puxa o assobio. Principiam a bulir as pernas fazendo que dançam obrigados, mostrando que não se podem suster sem dançar. Puxam a carrela e dançam com franqueza. A fera salta do cortiço e investe contra todos sem tocar em nenhum e se recolhem.

Cena III

Sairá Jacobino passeando e depois Marçalo ao encontro dirá:

Marçalo
Não há outro Jacobino
De tantas habilidades
Nem de pessoas de campos
Nem de vilas nem cidades

Mas eu não me admirava
Se você fosse um antigo
Porque por muitos estudos
Pudesse ser instruído

Mas eu vejo que é moderno
Poucos estudos pode ter
O senhor que anos conta
Se é que sabe dizer?

Jacobino
Eu certo, certo não sei
Somente lhe sei dizer
Eu que tinha doze anos
Antes de meu pai nascer

Marçalo
É mentira!

Jacobino
É verdade!

Marçalo
Verdade não pode ser
Porque nunca pode o filho
Em antes do pai nascer
Por isso digo que é mentira

Jacobino
É verdade!

Marçalo
Que é uma grande mentira
Eu aposto uma libra

Jacobino
Temos apostado

Marçalo
Eu digo que é mentira

Jacobino
É verdade!

Marçalo
Pois nós temos apostado
E entre nós não há questão
Vamos ter com um advogado
Para saber quem tem rezão

E conforme ele disser
Assim se há-de cumprir
Sem perdermos amizade
Nem ter coisa a seguir

Jacobino
Vamos lá que as boas falas
Eu sempre prezei ouvir

Quando estiverem com isso sairá Alfredo com uma cadeira na mão, deixa-a na cena e recolhe-se, e logo sairá o Doutor. Lorem senta-se nela, depois bem Marçalo e Jacobino a ter com ele com o chapéu na mão e Marçalo dirá:

Marçalo
Guarde-o Deus senhor Doutor

Doutor
Deus os guarde também
Meus ilustres senhores
Queiram-se cobrir
Estejam à bontade

Eles pediram licença e se cobrem.

Doutor
Que pretendem?

Marçalo
Há entre nós uma aposta
Do importe de uma libra
É para saber se ganhei
Ou se a tenho perdida

Como foi formada a aposta
Até de aqui lhe direi
Para que possa dar rezão
A quem a tiver por lei

Doutor
Falem aqui um e outro
Como falaram então
E depois de os ouvir
Lhes darei a solução

Marçalo
Bem disposto meu senhor
Louvo a sua rezão
E assim vamos falar
Como falemos então

Virando-se para Jacobino dirá:

O senhor que anos conta
Se é que sabe dizer?

Jacobino
Eu certo, certo não sei
Somente lhe sei dizer
Que tinha doze anos
Antes do meu pai nascer

Marçalo
É mentira!

Jacobino
É verdade!

Marçalo
Verdade não pode ser
Porque nunca pode o filho
Em antes do pai nascer
Por isso digo que é mentira

Jacobino
É verdade!

Marçalo
Que é uma grande mentira
Eu aposto uma libra

Jacobino
Temos apostado

Marçalo
Mas eu digo que é mentira

Jacobino
É verdade!

Marçalo
Pois nós temos apostado
E entre nós não há questão
Vamos ter com um advogado
Para saber quem tem rezão

E conforme ele disser
Assim se há-de cumprir
Sem perdermos amizade
Nem temos coisa a seguir

Jacobino
Vamos lá que as boas falas
Eu sempre prezei ouvir

Marçalo
Temos dito meu senhor
O que entre nós se passou
Sem mais nem menos palavras
Como quando se apostou

Doutor
Segundo o que me há proposto
A rezão está entendida
Ele diz que é verdade
E é verdade o ser mentira

Quinhentos réis de consulta
E a ele debe uma libra
Isto é para ficar
Com a rezão bem entendida

ENTREMEZ DE COMÉDIA DE JACOBINO

Marçalo faz que dá a quantia ao Doutor e dirá:

Marçalo
Senhor Doutor modefique suas leis
E mude suas palavras
Que assim esfola o povo
E ainda lhes vende as câmaras

Aceita lá os meus quinhentos
Faz favor de contar
Que espero da minha mão
Nada mais tornar a levar

1, 10, 20, 50, 100, 200, 300, 400, 500
Já pode ir comer uma salada
De abóbada, alho e malva
Também lhe pode deitar
Duas cascas de laranja

Virando-se para Jacobino dirá:

Pega lá tu Jacobino
Isto só para os meus botões
Não basta pagar a um
Que ainda ter que pagar a dois

Vira-se para ele e diz:

Ora o senhor muita habilidade tem
Para dizer uma mentira.

Jacobino
Pois senhores, verdades
Nunca eu disse uma
Em toda a minha vida

Marçalo
Pois senhor além da minha paga
Por favor lhe peço
Que me diga aí já
Uma rusga de mentiras

Jacobino
Olhe senhor agora vou-lhe dizer verdades
E muito esclarecidas
E depois das verdades
Lhe direi as mentiras

Ora diga-me senhor
O senhor semeando trigo
Que espera colher?

Marçalo
Trigo

Jacobino
Pois ao contrário aconteceu comigo
Porque semeando mostarda
Esperando colher mostarda
Que me havia de nascer?
Nasceram-me vinte burros
E vinte e um albarda

E olhe que isto são verdades
Que por muitos foram vistas
E também nasceu um galo
Que tem vinte e cinco asas
E tem trinta mil cristas

E ainda lhe noto mais outra
Que tenho em minha casa
Um cachorrinho bravo
Que tem dezoito orelhas
Todas em volta do rabo

Marçalo
Todas elas são grandes
Nem há quem creia nelas

Jacobino
É verdade senhor
Ainda lhe digo mais outra
Que vi ontem um boi
Com trinta cabeças

Marçalo
Entre tantas não dizes uma
Que se possa acreditar
Pois para trintas cabeças
Não tem um boi lugar

Jacobino
Eu vi senhor!
Tinha cinco de cada lado
E doze na frente
E oito no rabo

Marçalo

Basta ...Basta ... Está bem
Dê-me cá já um abraço
E saiba que hei-de ser
Seu amigo verdadeiro
Mas quero que você desde hoje
Seja sempre meu companheiro
Porque fiz grande estima
Dum homem que seja trampolineiro
Porque é o maior dote
Que pode ter um homem caloteiro

Olhe cá meu amigo, cá lhe vou notar
A minha biografia.
Em toda a minha vida
Tenho vivido a calote
E comido e bebido do melhor
E juntado doze contos de réis
Para dar à minha filha de dote
E tudo isto adquerido
Por meio de calote

E olhe cá meu amigo
Não há milhor modo de vida
Que comer e beber do melhor
E andar asseado
Tudo à custa de quem fica logrado
Olhe que é milhor que ser morgado

Assim quero que seja meu genro
Se você quiser também
Tudo isto em virtude
Da grande ideia que tem

Mas antes disso pretendo
Que me digas algumas mentiras
Com que eu faça um calote
De arranjar bastantes libras

Jacobino

Como você me pormete
Ser meu sogro e amigo
Como se hão-de arranjar
Escute que já lho digo
Voltemos para Lisboa
E eu como seu criado
Fingindo que sou um moço
E você que é um morgado

Andaremos na cidade
De passeio em passeio
E você como morgado
Que anda no seu recreio

Encontrando um cidedão
Que lhe apareça abastado
Há-de o ir reverenciar
E muito bem reverenciado

E dizer-lhe que é morgado
Natural de Leiria
Mas que está em Lisboa
Ainda há muitos poucos dias

E pergunte quem é ele
Qual é sua ocupação
Isto com boas palavras
Que até lhe há-de dar Dom

E se ele lhe responder
Que é mercador de fazendas
Pergunte-lhe que objectos
São os que ele tem à benda

Se disser que são vestidos
E outras coisas de importe
Então lhe há-de dizer
Assim mesmo desta sorte

Se ele não duvidasse
Seria um seu freguês
Mas que é seu costume
Pagar só de mês a mês

Ainda que tenha dinheiro
Nunca costuma pagar
Qualquer coisa que queira
Quando manda ou vá comprar

Só por ter doze caseiros
E com todos contratados
De lhe pagarem por mês
Cada um mil cruzados
E por honra do tratado
Que com os seus caseiros fez
Também faz os pagamentos
Somente de mês em mês

ENTREMEZ DE COMÉDIA DE JACOBINO

Mas que esteja na presença
Quando você lhe disser
Eu mais a sua filha
E também sua mulher

Para que assim lhe ponha
Os sentidos verdadeiros
Nunca querendo que os quatro
Sejam todos caloteiros

E se ele franquear
Você tome bem sentido
Que lhe há-de dar estes nomes
Para o assento do livro

Eu que sou o Nunca Veio
E você o Já Pagou
E não se esqueça de lhe dar
Estes nomes que lhe dou

A mulher que é Não Deve
E a sua filha Ninguém
E que são estes os nomes
Que a sua gente tem

E tudo por estes nomes
Sem receio pode dar
Que quando for no fim do mês
De pronto lhe bai pagar

Que ele com os nomes trocados
Faz um assento errado
E bai ser por esta forma
Que ele fica bem logrado

Se ele cair na caramenha
Que creia nestas palavras
Depois hão-de-lhe sair
As continhas bem furadas

Ora bamos e não se esqueça
Nem sequer de uma palavra
E se precisar de mais
Também lhe deve pôr de casa

Mas também é bem que tire
A mona dessa cabeça
Porque eu só basta que urda
E você depois que teça

Marçalo
Marchemos já sem demora
Que se me ajudar a sorte
Hei-de fazer um calote
Que seja de grande importe

*Recolhem-se, saindo logo com Lumédia e
Laurina, andando a passear na cena, fingindo
estarem em Lisboa. Sairá Feliz Simão e
Marçalo dirá:*

Marçalo
Ora aí bem um senhor
Que mostra ser cavalheiro
Pois no seu rosto conheço
Que é homem verdadeiro

E até vou ter com ele
Se me prestar atenção
De falar com ele quero
Gozar a consolação

Lumédia
Estás bem doudo ó Já Pagou
Pois um senhor de alta escala
Ainda que lhe vá falar
Não lhe dá nem uma fala

Marçalo
Tu é que estás bem pateta
Pois tu não sabes Não Deve
Que um senhor civilizado
Que fala a um almocreve?

Só não querem falar aqueles
Que pensam que são alguém
Os que nem sabem dizer
Que réis tem um vintém

Laurina
É mesmo como o pai disse
O paizinho tem rezão
Porque aqueles que são menos
É que pensam que mais são

Marçalo
Tu viste bem Não Deve
O que respondeu Ninguém

Ora já sei que a filha
Mais entendimento tem

Ora diz-me Nunca Veio
Quem é que tem mais rezão
E tu diz o que entenderes
Fala livre de paixão

Jacobino
Olhe senhor Já Pagou
Eu até nada lhe digo
Que se eu disser o que entender
A um posso agradar
A outro aborrecer
E assim somente digo
Deixe lá as cabras beber

Marçalo
Se tu estás para graças
Eu para graças não estou
E para saber se sim ou não
Já falar com ele vou

*Tira o chapéu, vai direito a Feliz Simão que
anda passeando e diz:*

Digníssimo cavalheiro
Desculpe a ousadia
Para que diga o que pretendo
Para com vossa senhoria

*Feliz Simão tira-lhe o chapéu da mão, põe-lhe
na cabeça e diz:*

Feliz Simão
Fale senhor com franqueza
Mas antes queira-se cobrir
Depois diga o que pretende
Que eu me presto para o ouvir

Marçalo
Mais lhe devo meu senhor
Já que me presta atenção
Vou dizer quanto pretendo
Isto sem adulação

Quando ao longe vi
Na sua fisionomia

Logo vi que era senhor
De alta categoria

Como sempre fiz estima
De quem sabe bem tratar
Motivou-se isto um desejo
De com o senhor falar

E disse para Não Deve
E minha filha Ninguém
Porque são estes nomes
Que a mulher e filha têm

Também estava presente
Aqui o meu Nunca Veio
Estávamos estes quatro
Que andamos no passeio

E disse eu: ora aí vem um senhor
Que é de alto espavento
E eu com ele desejo
Ir tomar conhecimento

Respondeu a minha Não Deve:
É senhor de alta escala
Ainda que vás falar
Não te dará nem uma fala

Disse-lhe eu: tu estás pateta
Mostras ter falta de tino
Que um senhor civilizado
Até fala a um menino

Feliz Simão
Respondeu meu senhor
Falando com a verdade
Porque eu sempre fui amante
Da bela sociedade

Até que muito me preza
A nossa nova amizade
Que eu andava passeando
Com um modo disfarçado
Compreendi bem por mudo
Quanto o senhor tem notado

Marçalo
Mais estimo meu senhor
O senhor ter compreendido

ENTREMEZ DE COMÉDIA DE JACOBINO

Porque assim sabe decerto
Que nada demais lhe digo

Feliz Simão
É senhor o meu desejo
Igual ao senhor também
Mas só sinto estar falando
E sem conhecer com quem

Marçalo
Com o morgado Já Pagou
Natural de Leiria
Que do nosso continente
Sou da maior morgadia

Feliz Simão
Pois eu sou Feliz Simão
Aqui mesmo de Lisboa
Sou mercador assistente
Na rua de Madragoa

Marçalo
Não conheço por pessoa
Mas sim por ouvir notar
Que anda sua heróica fama
Por toda a terra e mar

Feliz Simão
Enquanto de mercador
Nem houve nem há segundo
Na cidade de Lisboa
Nem talvez em todo o mundo

Marçalo
Ó senhor faz favor de me dizer
Na sua constante loja
De importantes fazendas
De que objectos consta
Que o senhor lá tem à benda

Feliz Simão
Vários vestidos riquíssimos
De homem e de mulher
E muitos mais objectos
Lá há tudo o que quiser

Marçalo
Se o senhor não duvidasse
Eu seria um seu freguês

Porém é o meu costume
Pagar só de mês em mês

Ainda que eu tenha dinheiro
Nunca costumo pagar
Um objecto que eu queira
Quando mando ou vou comprar

Só por ter doze caseiros
E com todos contratados
De me pagarem por mês
Cada um mil cruzados

Assim mesmo para firma
E honra do meu tratado
Também as minhas despesas
Só de mês em mês as pago

Feliz Simão
Tem senhor às suas ordens
O que em minha casa houver
Ou vá ou mande o criado
Ou a filha ou a mulher

Marçalo
Aceito o seu favor
E para o que prestar me ofereço
Pois a honra que me faz
É digna de alto preço

Feliz Simão
Adeus senhores e senhoras
Até outro dia mais cedo

Marçalo
Adeus senhor até breve
Eu logo o vou visitar
Para que os meus sentimentos
Milhor possam disfarçar

*Bai-se Feliz Simão ficando os quatro na cena
e Jacobino dirá:*

Jacobino
Está bem caído na ratoeira
Olhe que a nossa felicidade
Está em saber dizer uma mentira
Que pareça uma verdade

Mas agora vamos a toda a pressa
Cuidar em nos enfardelar
Antes que saibam a nossa honra
E comece a desconfiar

Marçalo
Vou já comprar um casaco
Dos de mais alto estado
Como pago com palavras
Posso andar asseado

Nisto bai ao comércio e dirá:

Ora viva senhor Feliz Simão

Feliz Simão
Viva o senhor Já Pagou
Que é que deseja?

Marçalo
Eu quero um casaco
Que seja grande, comprido, largo
À moda saco que todos admirados
Digam: quem lhe faria o casaco?

E eu lhe posso responder
Mais alto que o acipreste
Que o mestre que o fez
Já morreu e só fez este

Feliz Simão
Ora aqui tem um casaco
Que é bastante comprido
Que lhe deve ficar muito bem
Cá ao meu amigo

Aqui faz que veste o casaco e despede-se dele.

Marçalo
Adeus senhor Feliz Simão

Feliz Simão
Adeus senhor Já Pagou

Bai-se e leva o casaco e mostra-o à família e diz Marçalo:

Marçalo
Ora aqui trago o casaco
Que é dos milhores que lá havia
Que não há-de andar segundo
Lá na nossa freguesia

Laurina
Vou já buscar um vestido
Mas do mais rico cetim
Que não quero que ande outra
Asseada igual a mim

Bai ao comércio e dirá:

Viva senhor Feliz Simão

Feliz Simão
Ora viva senhora Ninguém

Laurina
Quero um vestido
Dos do mais rico cetim
Não quero que ande outra
Asseada igual a mim

Feliz Simão
Aqui tem um vestido
Em qualidade superior
Com respeito ao cetim
Julgo não haver melhor

Laurina
Adeus senhor Feliz Simão

Feliz Simão
Adeus senhora Ninguém

Laurina bai-se e esta dirá:

Laurina
Já aqui trago o meu vestido
Para levar à romaria
Mas enquanto ao cetim
É dos milhores que lá havia

Lumédia
Também já bou buscar um
Escolhido da milhor seda

Pois quero que todos digam
Que pareço uma princesa

Vai ao comércio e dirá:

Ora viva senhor Feliz Simão

Feliz Simão
Ora viva senhora Não Deve
Que deseja?

Lumédia
Queria um vestido
Desses da milhor seda
Para que todos digam
Que pareço uma princesa

Feliz Simão
Aqui tem um vestido
Que é da mais rica seda
Mas que de hoje em diante
Seja minha freguesa

Lumédia
Adeus senhor Feliz Simão

Feliz Simão
Adeus Senhora Não Deve

Vai-se e esta dirá:

Lumédia
Aqui trago o meu vestido
Dos milhores que lá achei
Que é de seda tão rica
Como ainda não encontrei

Jacobino
Pois eu vou buscar um xaile
Mas é para guardar
É o que hei-de dar por prenda
À moça com quem casar

Mas ainda hei-de trazer
Mais diferentes cangalhadas
Para dar depois por prendas
A cunhados e a cunhadas

Vai ao comércio e este dirá:

Ora viva senhor Feliz Simão

Feliz Simão
Viva o senhor Nunca Veio
Que deseja?

Jacobino
Eu quero um xaile
Da mais fina lã

Feliz Simão
Pois aqui tens um
Dos que se fabricam na Cobilhã

Jacobino
Adeus senhor Feliz Simão

Feliz Simão
Adeus senhor Nunca Veio

Acabado isto sai Feliz Simão do comércio e diz:

Feliz Simão
Espera lá Nunca Veio!

Conversam os dois e afastam-se. Chegando a família, Jacobino dirá:

Jacobino
Trago um riquíssimo xaile
Mas nada mais me quis dar
Está com as mãos na cabeça
E olhe que já está a cismar

E por mais que eu lhe pedisse
Sempre a coçar na cabeça
Quer você que eu lhe diga
Não tarda que endoideça

E depois que eu vim embora
Veio falar-me ao caminho
E falou-me ao ouvido
Isto muito baixinho

Disse-me: diga ao seu patrão
Que há viver e morrer
E assim eu quero logo
Com ele contas fazer

Que vá logo a ter a casa
Do senhor Juiz Lorem
Que eu mais o escrivão
Que lá vamos ter também

E que é como amigos
Porque não é estimado
Que até nem o seu nome
Ao Juiz lhe tinha dado

Que somente lhe falará
Perante ele e escrivão
Fazer duma certa conta
Uma declaração

É que assim o seu nome
Só ao escrivão se daria
Mas que não era baixado
Porque ele o não conhecia

Mas você vá lá depressa
Não tenha a recear
Com o nome de Já Pagou
Nada tem a pagar

Marçalo
Isso não me dá fadiga
Nem me motiva suor
Porque eu por quem sou lhe protesto
Que hei-de ficar por milhor

Jacobino
Sim senhor, você está
Um lindo caloteiro
Como você não há segundo
Fica sendo o primeiro

Ora vá lá já depressa
Não convém mais demorar
Pois vejo que já está mestre
Capaz de ensinar

*Vão-se todos. Depois sai o Juiz Lorem, senta-
se na cadeira que ficou aonde fez de Doutor.*

*Estando sentado, sai Feliz Simão trazendo o
livro das contas e Jurão pela esquerda com o
livro das consultas e um tinteiro. Chegando o
Juiz este dirá:*

Jurão
Viva o senhor Juiz Lorem

Juiz
Ora vivam os senhores também

Sairá Marçalo e dirá:

Marçalo
Viva o senhor Juiz e a companhia

Juiz
Viva meu senhor
Esteja à vontade

Marçalo
Com licença meu senhor

Feliz Simão
O senhor sabe para que o chamei?

Marçalo
Ouvirei meu senhor

Feliz Simão
Quero aqui com o senhor
Certas contas fazer

Marçalo
Sim senhor ouvirei

Feliz Simão
Um vestido de seda
Dos de mais alto espavento
Importa em trinta e um mil e cento
A senhora Não o Deve

Vinte e oito mil e quinhentos
Dum vestido de cetim
Com crochetes de ouro a brochar
Que Ninguém veio buscar

Três mil réis de xaile
Com a estampa do mar

ENTREMEZ DE COMÉDIA DE JACOBINO

Que o senhor Nunca Veio buscar
Vinte mil e quinhentos
Dum casaco do pano preto
Já Pagou

Marçalo
Já, já meu senhor
É aquilo que é verdade
Nunca faltei nem falto
Adeus meus senhores

*Retirando-se um pouco Marçalo. Feliz Simão
em voz alta dirá:*

Feliz Simão
Ó senhor Já Pagou! Ó senhor Já Pagou?

O Juiz furioso dirá:

Juiz
Você que quer ao homem?

Feliz Simão
Que me pague

Juiz
Que casta de homem é você?
Que quer que lhe pague
O que ninguém beio buscar
E que a senhora não deve
Porque já lhe pagou?

Feliz Simão
Olhe cá senhor Juiz
Está aqui o assento
Trinta e um mil e cento
A senhora Não Deve

Juiz
Ponha-se já de aqui para fora
Seu pedaço de mandrião
Pensa que estou aqui
Para me adevertir

*Dá-lhe duas bofetadas e Jurão dá-lhe com o
livro e este dirá:*

Jurão
Eu também quero que me pague
De me mandar aqui vir

*Marçalo está desviado e chega-se a Simão.
Quando lhe estão a bater dá-lhe também duas
bofetadas. Feliz Simão foge e eles o seguem.*

Cena IV

*Sairá Feliz Simão com um bordão na mão
passeando. Depois sairá Jacinto e este dirá:*

Jacinto
Ora viva senhor Feliz Simão

Feliz Simão
Ora viva senhor Jacinto

Jacinto
Não sabe quanto estimo
De aqui o vir encontrar
Porque ia com destino
De ir a casa falar

Feliz Simão
Já que o senhor está disposto
Queira seguir seu destino
Pois lhe quero dar em casa
Uma garrafa do fino

Jacinto
Mais estimo meu senhor
Se a jornada me acatar
Se aqui me quisesse dizer
O que lhe vou perguntar

Feliz Simão
Se for coisa que eu saiba
Dizer-lhe nada duvido
Porque sempre costumei
Ser leal a um amigo

Jacinto
Disseram-me que Marçalo
O tinha caloteado

É o que eu quero saber
Porque também estou logrado

Feliz Simão
É verdade meu senhor
Porque eu não o conhecia
E disse-me que era senhor
Duma grande morgadia

E vi-o feito lorde
E mais um feito criado
Finalmente parecia
Que era um grande morgado

E com duas senhoritas
Que se eu aqui as pilhava
Só com este meu bordão
É que eu delas me vingava

Porque ele assim que me viu
Disse para me eludir
E olhe que isto são verdades
Que eu em nada costumo mentir

Ora aí vem um senhor
Que é de alto espavento
E com ele desejo
Ir tomar conhecimento

Disse uma das senhoritas:
É senhor de alta escala
Ainda que lhe vá falar
Não lhe dá nem uma fala

Mas isto já com malícia
Para forjar o calote
Que se eu bem adivinhara
Derretia com um chicote

E a outra senhorita
Também a imposturar
Finalmente eram quatro
Todos a querer-me lograr

Que eu assim julguei que estava
Com gente civilizada
E que havia de fazer?
Franqueei-lhe a minha casa!

Pois assim que isto ouviram
Foi um tal acarretar
Como costuma fazer
Quem não faz conta de pagar

Depois suspendi-lhe a ordem
Que se eu a não suspendia
Em menos de duas horas
Ficava a loja vazia

Nem um lenço tabaqueiro
Me deixavam lá ficar
Com que eu estando suado
Me pudesse bem limpar

E mandei-lhe assim dizer
Com muita moderação
Que queria das nossas contas
Uma conciliação

E que depois lhe dava
Tudo o mais que ele quisesse
Até com a condição
De pagar quando pudesse

E ele não recusou
Foi com toda a prontidão
Ter a casa do Juiz
E fui eu e o escrivão

Mas tinha-me dado uns nomes
Para fazer o assento
Mas nome de que não há
O menor conhecimento

E aí com tais nomes
Pensou que era mangação
Passou até desfeitar-me
E mais o escrivão

E aquele mandrião
Se me havia de acudir
Fez-se a mim junto a eles
O que me baleu foi fugir

Mas se um dia o encontro
Em um lugar desgarrado
Hei-de com este bordão
Pô-lo mesmo num moado

Pois as duas pelintronas
Não me saem do sentido
Que o meu gosto era dar-lhe
Como se dá a malhar o trigo

Por ela ser em ajuda
Da grande asneira que eu fiz
Aonde quer que as tope
Até lhes quebro o nariz

Jacinto
Eu bem sei que o senhor
Tem rezão em se queixar
Porque isso não é gente
Que se possa tolerar

Que da casa de Marçalo
É tudo uma canalhada
Porque deve a meio mundo
E ninguém de lá vê nada

Pois também me está devendo
O que lá foi buscar um dia
Seis mil quinhentos réis
Só de açúcar e de aletria

Que no prazo de oito dias
Havia de aparecer
E já muito fez dois anos
Que ainda o não tornei a ver

Foi ontem a primeira vez
Que eu lho mandei pedir
E ele faz-se caçoando
Isto sem se afligir

Disse que eu não tinha
Outro para me remir
Que fosse dar uma volta
Com as alforjes a pedir

Ora veja que resposta
Me deu aquele brajeiro
Que eu somente me bingava
Em lhe dar com um jordeiro

E mais, mandou-me uma carta
Para mais me escarnecer

Cuja carta aqui tenho
Que até já lha vou ler

Tirando uma carta do bolso começa a ler desta forma:

Amigo Jacinto
O dever-te pouco é o que mais sinto
Mas nunca te pago e nisso não minto
Mas que me apoquentes isso não consinto
Se quiseres penhorar-me os meus bens
Que balem por alto preço trinta réis e dois vinténs
Se quiseres que eu torne a ser teu freguês
Irei cada dia mais de vinte e uma vez
Mas não me fales em paga
Tu não sejas descortês
E para isso aqui tens de pronto
Um teu amigo Marçalo Lopes
Que come e bebe por seus calotes

Baixa a carta e diz:

Ora, ora que grande desabergonhado
Que tem tanta vergonha na cara
Como o meu cão tem no rabo

Rasga a carta e deita-a ao chão e este dirá:

Mas eu um dia vou
Lá mesmo a casa dele
Com um cajado que lhe hei-de dar
Como quem dá num cão danado
De forma que ele e todos
Os hei-de pôr mesmo num moado

E se o senhor quiser
Queira-me acompanhar
Que este é o milhor meio
De nos podermos vingar

Senão, ainda além
De estarmos lesados
Seremos por ele
Toda a vida achincalhados

Feliz Simão
Muito pronto meu senhor
E pegamos já a marchar
Que o mais breve que possa
Deles me quero vingar

Mas é justo que levemos
Cada um seu mangual
E que entremos pela porta
Da traseira do quintal

Isto na própria hora
A que estejam a jantar
Para que estejam juntos
Que em todos quero dar

Jacinto
É esta a própria hora
Sem mais vamos preparar
E depois de estarmos prontos
Comecemos a marchar

Entram ambos. Sai depois Marçalo, Jacobino,
Lumédia e Laurina. Lumédia dirá:

Lumédia
Vou ordenar um jantar
Pois há tanto que comer
Que já tantas coisas vejo
Em risco de se perder

Marçalo
Pois bai, que eu e Jacobino
Vamos já buscar a mesa
E quero que todos comam
Até a barriga estar tesa

Entram todos. Sai Marçalo e Jacobino. Tra-
zem a mesa e as cadeiras, colocando-as nos
seus lugares. Também sai Lumédia e Laurina,
trazendo cada um seu alçafate, os quais os
colocam na mesa e sentam-se. Lumédia dirá:

Lumédia
Em antes de pôr a mesa
Uma ária vou cantar
Só pelo prazer que tenho
De termos um bom jantar

Lumédia cantará o seguinte:

Viva quem tem arte
Que do melhor come e bebe

Viva quem sem ter pago
Tem o nome de Não Deve

Laurina cantará o seguinte:

Laurina
Viva quem compra vestidos
Sem lhe custar um vintém
Que para comprar há gente
E para pagar Ninguém

Marçalo cantará o seguinte:

Marçalo
Viva quem tem bom casaco
E que nada lhe custou
Que mesmo sem ter pago
Tem o nome de Já Pagou

Sai Feliz Simão e Jacinto com um mangual,
cada um com babedouros de palha. Simão
dará uma pancada em Marçalo dizendo:

Feliz Simão
Já pagou ou há-de pagar?

Dará em Lumédia dizendo:

Não deve ou deve?

Dará em Laurina dizendo:

Ninguém ou alguém?

Dará em Jacobino dizendo

Nunca beio ou beio?

Jacinto e Simão cercam a entrada para bate-
rem e gritam:

Ai, ai!

Recolhem-se os quatro e Simão e Jacinto se-
guem-nos.

Cena V

Sai Jacobino, depois Marçalo e este dirá:

Marçalo
Jacobino!

Jacobino
Senhor

Marçalo
Ando agora cismado
Não sei como há-de ser
Porque trabalhar não quero
E não temos que comer

Por calote não podemos
Comer mais nem um real
Porque Simão e Jacinto
Nos deitam ao jornal

Jacobino
Cuidei que era outra coisa
Olha porque anda a cismar
Isso tem bom remédio
Você bote-se a roubar

Marçalo
Isso já a mim me lembrou
Mas lembrou-me ao mesmo tempo
Que posso achar encontro
Ao fazer o roubamento

Jacobino
Pois não se oponha a risco
As mulheres que vão roubar
E você pode estar em casa
A comer sem trabalhar

Marçalo
Nisso não disseste mal
Mas devemo-nos lembrar
Que as mulheres sós de noute
Hão-de ter medo de andar

Jacobino
Basta que andem de dia
À mira pelos quintais

Que não falta que roubar
Em eiras e em nogais

Marçalo
De dia podem ser vistas
Que se alguém as vir roubar
Podem vir dar busca a casa
E o roubo encontrar

Jacobino
Roubem elas quanto poderem
E a mim venham entregar
Que mil buscas que lá venham
Nem o sinal hão-de achar

Marçalo
Pois assim lhe vou dizer
Se elas quiserem ir roubar

Jacobino
Então você não sabe
As mulheres que nós temos
São umas mulheres muito prendadas
Você não vê que são duas arreguiladas?

Olhe bem para aquelas caras
Que têm mesmo caras de ladras
Mas das mais finas ladras

*Entra Marçalo e sai Laurina com um objecto
na mão e esta dirá:*

Laurina
Esconda bem o que lhe entrego
Que depois de eu ter roubado
É que abistei dois trolhas
Em cima de um telhado

E por isso deve haver
Nisto muita precaução
Porque me falta saber
Se me viram ou não

Jacobino
Tem tu sempre bem cautela
Que te não cheguem a prender
Que o roubo que tu trouxeres
Não têm eles mais de ver

Vai depressa buscar mais
Que se bós muito trouxerdes
Nunca deixo de dizer
Que temos boas mulheres

*Laurina bai-se. Jacobino pousa o roubo na
mesa, bai buscar um berço, coloca-o ao pé da
mesa, mete o roubo no berço, começa a embalar cantando. Jacobino dirá:*

Jacobino
Nana, nana, meu menino
Que a mãezinha logo bem
Foi lavar os cueirinhos
Ao rio de Santarém

A, a, a, a ...

*Sai Sortivão e Alfredo pela sua direita.
Chegando a casa de Jacobino, Sortivão dirá:*

Sortivão
Ó patrão!

Jacobino
Senhor! Diga lá

Sortivão
Nós viemos precurar um roubo
Que para aqui entrou

Jacobino
Ó senhor só se foi
Algum tufão de bento que cá o deixou
Não porque disso saiba eu
Porque eu só quero que Deus me ajude
Com aquilo que é meu

Porque as minhas mãozinhas
Nunca se apegaram ao alheio
Porque nunca me esqueceu
A boa educação que meu paizinho me deu

Mas os senhores
Precurem à bontade
Só pelas almas lhes peço
Que façam pouco rugido
Para não acordarem o menino

Que me tem afligido
Porque a mulher foi ao rio
E eu quero ver
Se o conservava a dormir
Até a mulher vir
Para me não tornar a afligir
Que ele anda muito impertinentinho
Estando acordado
Ninguém o pode aturar
E eu até desconfio que anda
Com os dentinhos a furar

*Embalando sempre, Sortivão e Alfredo pre-
curam por toda casa. Sortivão dirá:*

Sortivão
Temos visto e revisto
Não há mais que precurar
E assim bamos embora
Bocê há-de perdoar
Que se nós aqui viemos
Foi por alguém nos mandar

Jacobino
Não tenho que perdoar
Porque bem sei que os senhores
Não vinham sem os mandar
Santo António milagroso os libre
De testemunhos falsos
Aos senhores a mim e a todos

Sortivão
Tenha paciência! Adeus meu patrãozinho

Alfredo
Fique com Deus

Jacobino
Ora bão, bão na graça de Deus
E Virgem Nossa Senhora

Fora da casa de Jacobino Sortivão dirá:

Sortivão
Quem alcança má crença
Muito quem justo padece
Pois que ele é um bom homem
Isto é ao que parece

Alfredo
Basta bê-lo com o menino
Coberto de paciência
Que nenhum de nós sofriria
Aquela impertinência

Entram. Fica Jacobino e Marçalo e este dirá:

Marçalo
Então escapou?!...

Jacobino
Ora... escapou... sem duvidar
E escapa tudo mais
Que a mim se me entregar

Eles depois de terem precurado
E de nada encontrar
Julgando que eu estava inocente
Tiveram de mim tanta compaixão
Que com as lágrimas nos olhos
Saíram pedindo perdão

Entrega-lhe o roubo e dirá Jacobino:

Mas agora tomem conta
Com franqueza o podem guardar
Olhem que agora isto
Não tornam a precurar

Marçalo toma o roubo e recolhe-se. Sai Lumédia toda atrapalhada com outro roubo e Lumédia dirá:

Lumédia
Guarde isto bem guardado
Que levei uma corrida
E só me falta saber
Se foi ou não conhecida

Que se eu fosse conhecida
Isto está de supor
Que não tarda aqui vir
O cabo e o regedor

Jacobino mete o roubo à pressa no berço, começando-o a embalar. Sai Sortivão e Alfredo fazendo barulho em casa de Jacobino sem pedir licença. Sortivão dirá com aspereza:

Sortivão
Nunca pensei que houvesse
Nesta nossa freguesia
Quem tanto me enquietasse
Na minha regedoria

Jacobino mansinho dirá:

Jacobino
O senhor está tão queixoso
Quem foi que o ofendeu?

Sortivão
A grande queixa de um roubo
Que aqui se recolheu

Jacobino
Ai senhor, ainda além de eu estar aqui
Comovido com o menino enquanto
A mulher foi ao moinho ainda terei de
Sofrer a um falso testemunho?

Mas os senhores precurem bem
Até se desenganar
Que ainda que eu diga a verdade
Não se querem acreditar

Procuram outra vez. Depois Sortivão dirá:

Sortivão
Vamos daqui para fora
Não há mais que precurar
Mas desde aqui em diante
Se alguém mais se me quichar

Ou me hão-de aprovar o roubo
Ou os mando capturar
Para que não lhes dê desgosto
Nem me venham emportunar

Jacobino
Faz vossa senhoria muito bem
Pois é bem que padeça quem tem culpa
Não quem culpa nenhuma tem

Sortivão
Fique na paz de Deus meu senhor

Jacobino
Vão com Nossa Senhora

Afastando-se de Jacobino Alfredo dirá:

Alfredo
Senhor Regedor

Sortivão dirá:

Sortivão
Diga senhor

Alfredo
Queira o senhor saber
Que eu estou a desconfiar
Que o homem se tem regalado
De nos embaraçar
Pois o berço está tão encobertado
Que se fosse menino tinha abafado

Olhe que aquilo é roubo
Que lá tem entroduzido
E ele diz que é menino
Mas olhe que isto é fingido
E saiba que não é menino
Mas fineza de ladrão fino e muito fino

Sortivão
Tornamos lá outra vez
E havemos de dizer
Que nos amostre o seu menino
Que nós o pretendemos ver

Desta forma saberemos
Se ele o não quiser mostrar
Vamos logo ver ao verço
Que ele lá se há-de achar

Entram na casa de Jacobino e Sortivão dirá:

Ó patrão descubra a cara ao menino
Senão morre-lhe de abafo

Jacobino embalando sempre dirá:

Jacobino
Não morre não senhor
Porque o meu menino

Tem sete folgos de gato
Por isso o meu menino
Nunca morre de abafo

Sortivão
Descubra a cara ao menino
Que o pretendemos ver

Jacobino
Não senhor, não senhor
Porque pode apanhar ar
E ele anda doentinho
Depois pode constipar

Sortivão
Deixe ver o seu menino
Que não nos vamos sem o ver

Jacobino
Vão-se embora descansados
Que eu assim que ele sarar
Pego nele ao colo
E lá lho irei mostrar

Sortivão
Ouço dizer que é lindo
E não vou sem o ver

Jacobino
Ai não meu senhor
Que ele está com o sarampelo
E o senhor doutor disse
Que nem lhe desse o ar
Nem nas pontinhas do cabelo

Senão o serampelo recolhia
E o meu menino que morria
E eu já agora
Que Nosso Senhor mo deu
Eu sempre o queria

Sortivão
Não estamos pra mais demorar
Vamos ver o seu menino

Metem as mãos no berço. Jacobino chora embaraçado nas mãos dizendo:

ENTREMEZ DE COMÉDIA DE JACOBINO

Jacobino
Ai senhor que morre o menino
Sem a mulher cá estar
E ela depois bem para casa a ralhar
Porque eu o deixei tomar ar

Depois ele de ver que lhe pode embaraçar mais as mãos deita a fugir. Seguem-no gritando:

Cerquem que é ladrão!

Toca Música. Sairá Jacobino e dirá:

Jacobino
Irra... irra... irra...
Olhem do que eu escapei
Mais me balera beber uma do fino
E comer um prato de geleia
Do que ir para costas de África
Depois de estar na cadeia

Sai Alfredo com um chapéu. Faz que o perde. Jacobino acha-o e foge. Alfredo encolhe-se, finge que não sabe que o perdeu. Depois sai Jacobino. Logo sairá Alfredo e lhe dirá:

Alfredo
O senhor achou alguma coisa?

Jacobino
Sim senhor é verdade que achei
E se me der os sinais certos
Do que perdeu
De pronto lho entrego.
Mas é objecto ou dinheiro?

Alfredo
Objecto

Jacobino
Objecto de vestir ou calçar?

Alfredo
Nem foi de vestir nem de calçar

Jacobino
Pelos sinais que me dá
A coisa que eu achei
Decerto pode ser sua
Ora diga-me senhor
Perdeu só um objecto
Ou mais algum?

Alfredo
Dois. Um chapéu e um lenço

Jacobino
Basta! Decerto é seu
Pois esse esclarecimento...
Mas eu vou-lho buscar
E ponho-lo na cabeça
E se lhe servir
É claro que o senhor
Não tem mais que pagar e sair

Jacobino recolhe-se voltando com um chapéu com um chifre e põe-lo pela retaguarda na cabeça de Alfredo e deixando-o ficar dirá:

É seu! O senhor até se parece com ele
Um grande cavalheiro
Só pode haver dúvida
De faltar o companheiro

Alfredo
Pois um chapéu também costuma
Trazer companheiro?!
Nisto leva a mão à cabeça e vendo o chifre
dá-lhe uma bofetada dizendo:

Marche daqui
Pedaço de mandrião
Que o mando capturar
E metê-lo na prisão

Jacobino foge e Alfredo dará-lhe bofetadas e recolhem-se a fugir.

E acabou a Comédia

Versão recolhida na Póvoa. Manuscrito datado de 7 de Janeiro de 1949 e assinado pelo senhor José Augusto Falcão, da Póvoa.

Famosa Comédia O Traidor do Seu Sangue ou Os Sete Infantes de Lara

Personagens

Profecia
Conde de Castela
Gonçalo Bustos, pai dos infantes
Gonçalinho, filho
Fernando, filho
Diegues, filho
Rui Velasques, tio dos infantes
Vasco, criado de Bustos
Um cativo
Rei Almançor
Argela, irmã
Celima, criada
Mudarra, filho de Argela
Celim, conselheiro do rei mouro
Um jardineiro
Um soldado
Um soldado
Lara mulher de Bustos
Uma criada
Música

Sai a profecia e diz:

Profecia
Respeitável auditório
A vossa atenção prestai
Se quereis entender bem
O que pela obra vai.

Primeiro peço desculpa
Por não ser suficiente
Da minha indigna voz
E eu não ser inteligente.

Porém estou incumbido
De dizer aos circunstantes
A obra que representamos
É a morte dos sete infantes.

De Lara sabei que eram
E de Solas naturais

Criados com muito mimo
E muito queridos dos pais.

Nasceram todos dum parto
E Lara por ter vergonha
Manda lançar seis ao rio
E que aos peixes os exponha.

Mas Bustos vindo de caça
Encontra a sua criada
Com um embrulho à cabeça
Fugindo toda apressada.

Manda deixar-lhe o embrulho
E sem nada declarar
Entrega os seus seis infantes
A amas para os criar.

Nuno Salido era
O mestre que os ensinou

Nas letras e artes da guerra
Foi bem certo que educou.

Armaram-nos cavaleiros
Ao mouro guerra lhe dão
Eram sempre vencedores
Não havendo ali traição.

Mas no mundo de misérias
Que ninguém pode sondar
Julga-se mais elevado
O que pode atraiçoar.

Não cortemos a história
Com tão simples duração
E vamos segundo o fio
Desta representação.

É meu dever nomear
As figuras ao sair
E dizer-vos as que vêm
E as outras que estão por vir.

Sai o conde de Castela
E o pai dos sete infantes
A concertar a embaixada
Para levar aos almirantes.

Em seguida Rui Velasques
Sai fugindo do sobrinho
É o mais novo dos infantes
E chama-se Gonçalinho.

Depois sai o gracioso
Vasco de Bustos criado
E vem-lhe dizer ao conde
Que Rui era esbofeteado.

O conde e Bustos de Lara
Perguntaram a razão
Porque entre Gonçalo e Rui
Houve aquela alteração.

Reinava aquela rixa
Já de tempos atrasados
Quando em Burgos D.ª Alambra
E Rui foram desposados.

Os infantes nessas bodas
Que em Burgos se celebraram
A um irmão de D.ª Alambra
No seu brinquedo mataram.

Fora bastante essa causa
Para todos se ofender
E dali para o futuro
Começa o ódio a crescer.

Contra aqueles homicidas
Que não souberam respeitar
No casamento a seu tio
E prometeu de se vingar.

Instigado da mulher
A quem nada recusara
Diz que havia de extinguir
A raça do sangue Lara.

Perdoaram-se as ofensas
Que um a outro haviam feito
Porém o ódio de Rui
Ficou-lhe dentro do peito.

O conde pede-lhe paz
O que Rui logo aceitou
E com fina hipocrisia
A embaixada trocou.

Bustos vai a marchar
Para cumprir a missão
Sai Fernando e Diegues, filhos
A pedir a sua benção.

Acção nobre para os filhos
Que os pais queriam com amor
Que toda a família humilde
Tem a benção do Senhor.

O pai aos filhos lhe dá
A sua mão a beijar
Depois levantam-se todos
E tornam-se a retirar.

Bustos, o conde e Vasco
Concertam a embaixada
Vão-se e sai a irmã do rei
Da criada acompanhada.

Esta princesa turca
À criada vem contar
As proezas de D. Bustos
Quando andava a batalhar.

Já estava namorada
Desse fidalgo cristão
Depois sai Celim e o rei
Que era de Argela irmão.

Estes dois personagens
Vêm ali a combinar
As manobras da campanha
E também vêm esperar.

Por uma carta que Rui
Ficara de lhe escrever
Para entregar os infantes
E o pai podendo ser.

Que este era o melhor meio
Que ao Almançor lhe convinha
Veio de repente a irmã
E nesse dia a fez rainha.

Renderam-lhe obediência
E beijam-lhe a sua mão
Sai Celim e dá-lhe parte
Que quer falar-lhe um cristão.

Era o embaixador
Que o conde ao turco mandava
Sai Gonçalo Bustos de Lara
E Vasco o acompanhava.

A princesa o reconhece
E solta uma exclamação
Já muito tempo que tinha
Cativo o seu coração.

Entrega-lhe a carta ao turco
O qual tem muito prazer
Gonçalo Bustos se assenta
Enquanto acaba de ler.

O rei viu o conteúdo
Da carta que torna a dobrar
Em seguida manda a guarda
Aquele embaixador matar.

Argela já consternada
Lança-se aos pés do irmão
Pede-lhe, roga e suplica
Que perdoe aquele cristão.

O rei não pode negar-se
E cedeu ao seu pedido
Mas só perdoou a morte
E numa torre foi metido.

Leva Celim a Gonçalo
Prisioneiro e por maneira
Vão-se todas as figuras
Da nossa parte primeira.

Ficaremos por aqui
Para não vos confundir
Na outra parte seguinte
Eu virei a prosseguir.

Jornada Primeira

Lara num aposento sem ser vista diz:

Lara
Ai quem me acode, Jesus!

Criada
Já lá vou, minha senhora!

Lara
Estou para dar à luz
Há já bem mais duma hora
E não tenho aqui ninguém
Porque é esta demora?

Criada
Minha ama está doente
Eu vou ver o que ela tem.

Entra a criada, demora um bocado com a ama, sai e diz:

Criada
Oh que desgraça, meu Deus!
Bustos não está inda bem

Queira Deus que esta coisa
Nunca a saiba mais ninguém.

Pois sete filhos dum parto
Teve agora a minha ama
E com vergonha de Bustos
Não quer que corra esta fama.

E minha ama me mandou
Embora com grande mágoa
De que seis dos seus infantes
Fossem lançados à água.

Lá vou eu ser o carrasco
Destas crianças inocentes
Que podiam vir a ser
Como o pai omnipotentes.

Entra a criada no aposento de Lara, sai depois com uma canastra à cabeça e caminha, mas vendo vir um caçador diz:

Criada
Vem ali um caçador
Parece ser D. Gonçalo
Mas não é porque meu amo
Costuma andar a cavalo.

Inda assim por ter cautela
De caminho vou mudar
Pois não quero que ninguém
Com isto me vá encontrar.

Vem Bustos da caça com arma e diz à criada:

Bustos
Onde vais criada minha
Fugindo toda apressada?
Cumprimentar o seu amo
É dever duma criada.

Que levas aí à cabeça?
Diz que eu tenho ansiedade
Vais lavar lá baixo ao rio
Ou comprar algo à cidade?

Criada
Vou ao rio sim, meu amo,
Mas deixe-me já passar

São cachorros que minha ama
Mandou ao rio afogar.

Pariu sete uma cadela
Mas um já ficou em casa.
Tenho pressa, meu senhor,
Porque a hora se me atrasa.

Bustos
Pousa a canastra no chão
Pois como sou caçador
Dentre esses seis que aí levas
Quero escolher o melhor.

A criada pousa a canastra; Bustos examina e diz a criada:

Criada
Minha ama assim mandou
Perdoai-lhe vós, senhor,
Porque estava envergonhada
E vos tem bastante amor.

Bustos
Deixa as crianças malvada
Que eu tratarei de as criar
Pois não quero que meus filhos
Se vão ao rio afogar.

Não digas nada em casa
Não vás aumentar cuidados
Que à minha mulher depois
Eu lhos mostrarei criados.

Sai o conde de Castela e Bustos e diz o conde:

Conde
Já que tendes de partir
A falar ao Almançor,
Gonçalo vós sois a flor
De Castela o meu sentir,
Direis ao mouro a embaixada
Que por vós lhe ofereço.

Ainda que a paz lhe peço
Nunca temo a sua espada
Pois com armas desiguais
Sendo o seu campo maior

Já me deu vosso valor
Oito batalhas campais.

Partireis parente meu
Porque saiba o seu cuidado
Porque indo vós e um soldado
Um exército envio eu.

Bustos
D. Garcia sois o conde
De Castela o Lidador
Que este nome ao teu valor
Com o meu bem corresponde.

Eu vou com mil regozijos
A servir-vos satisfeito
Que hão-de achar no vosso peito
Outro pai meus sete filhos
Que como são mui travessos,
E Gonçalinho fez a morte,
De Álvaro temo a sorte
Se fazem alguns excessos
Faltando o amparo meu
Estarei com mais cuidado
Que ressuscite o malvado
De Velasques tio seu
O qual por mim se casou
Com D.ª Alambra que é mano
De Álvaro e a tirana
Vingar-se solicitou.

Ainda que metais paz
Temo alguma traição
Porque Rui nunca foi bom
E é mui valente rapaz.

Conde
De Burgos é o primeiro
Em força, génio e valor
Pois na idade é o menor
Na campanha o dianteiro
E de vós vivo retrato.

Bustos
Porque o ódio não aumente
A seu tio o entreguei
E a ele também mandei

Que ele fosse obediente
Nos seus preceitos, senhor,
Para que cesse o rancor
De Alambra e sua gente
Porque têm muita inveja
Essa família a minha casa.
É uma profunda brasa
Que no seu peito adeja
E lhe comove o seio
Temo se torne a acender.

Conde
Não pode tornar a arder
Estando eu de permeio.

Gonçalo dentro:

Gonçalo
Traidor que te hei-de matar
Antes do intento lograr.

Sai Rui fugindo; Gonçalinho o persegue. Sai Vasco e diz Rui:

Rui
Com a raiva estou a arder
Um pau para me bater.

Bustos ao filho:

Bustos
Gonçalinho?

Gonçalinho
Que quereis falar?

Rui
É um rapaz sem recato.

Gonçalinho
Agradecei que não vos mato
Por estar diante meu pai.

Vasco
Se tardo um pouco em chegar
Acabava-o de afogar.

Rui
Se ele é um desmesurado.

Bustos
Vasco conta-nos o passado!

Vasco
Seu tio estava enraivado
E queria-lhe bater
Mas ele de punho cerrado
Os queixos lhe fez tecer.

E depois se lhe agarrou
À garganta como é moda
E quando ali cheguei
Já trazia a língua fora.

Bustos
Entristece o coração
Só de estar a ouvir dizê-lo.

Vasco
Aonde põe sua mão
Parece ser um martelo.

Conde
Com quem queria contender?

Gonçalinho
Ora essa! Não, nada!

Vasco
Viu Gonçalo sem espada
E queria-lhe bater.

Rui
A uma dama educada
Parente da minha esposa
Sem lhe fazer leve causa
Fez-lhe muita caçoada
Que ficou injuriada.

Conde
Como foi a caçoada?

Vasco
Foi grande! Estava a senhora
De que Rui há pouco falou

Numa cadeira assentada
E Gonçalo a empurrava
Até que por fim a tombou
Mas logo se levantou
Sem nada se magoar.

Rui
Depois o quis castigar.

Gonçalinho
Mas eu não vo-lo sofri.

Rui
Seu pai me mandou a mim
Que ficasse em seu lugar
E eu cumpri seu mandado
Porque licença me deu.

Bustos
Bem cedo haveis começado
Que inda não me ausentei eu.

Conde
Bustos de cortês faria
Estou-o conhecendo já
Que quando dizia dá
Que não lhe deis dizia
Um pai em tal ocasião.

Se é nobre esse mandar
A um seu filho castigar
Deve ferir-lhe o coração.

Rui
Eu fiz o gosto a seu pai
E para que emende o brio
Pois é como um pai um tio
Que é irmão de sua mãe.

Bustos
É verdade que o deixei
Entregue à vossa mão
Mas digo de coração
E juro por minha Lei
Que o castigásseis Rodrigo.

De língua sim entendei
Mas com um pau ou co'a mão
Como se faz a um ladrão isso não.

FAMOSA COMÉDIA O TRAIDOR DO SEU SANGUE OU OS SETE INFANTES DE LARA

Por Deus o digo
Porque somente a mim
Sofrer-me-ia esse excesso.
Ainda que é travesso
É o mais humilde que vi.

Rui
Se vos ofendi já está feito.

Gonçalinho
Pois sim mas limpa a jeito
A outra parte da cara.

Gonçalinho deu uma bofetada e Rui limpan-
do-se diz:

Rui
Ah traidor! Quem a lavará
Com o sangue do teu peito?

Bustos
Tendes sangue na queixada.

Vasco
Só foi duma bofetada.

Rui
Já prevejo a vingança
Contra a indefesa criança.

Bustos
E é uma grande ferida!...

Vasco
Foi uma punhada atroz
Que logo fora lhe pôs
Da sua boca três dentes.
Oh gatilhos excelentes
Pra fazer comer arroz!

Conde
Vem cá, ó Gonçalinho!

Gonçalinho
Aqui estou senhor meu.

Conde para Bustos:

Conde
Que galhardo é o rapaz!
Eu desejo vossa paz.
Dai a mão a vosso tio
Vem sabeis que sois sobrinho.

Para Rui diz Gonçalinho mostrando-lhe
a mão:

Gonçalinho
Esta é a mão que o ofendeu.
Quero ficar perdoado
Da ofensa que vos fiz.

Dão-se a mão e diz:

Perdoai-me a injúria, senhor.

Rui à parte:

Rui
Em breve serei vingado
Pois tenho a carta trocada
Que o conde escreve a Almançor.

Conde
Esqueci insultas passadas
E agora atendei Rodrigo
Que à vossa amizade me obrigo.

Vasco
Tem os olhos remelados
Como os gatos espantados.

Rui
Eu não estou enraivado.

À parte:

Vou fingir o meu intento.
Teve Alambra um sentimento
E Gonçalinho o tem dado
Que estorvou a seus prazeres
Pois lhe matou o irmão
E depois um hortelão
E agora troça as mulheres.

Gonçalinho

Antes que tu prossigas
Satisfaça eu tua injúria
Para por tua penúria
A direito a verdade digas
Que a Álvaro dei a morte;
Dúvida nenhuma deixa
Mas não quero que essa queixa
A minha fama me corte.

Atendendo às circunstâncias
Elas foram desta sorte
Quando nas festas de Burgos
Saíamos ao jogo ufano.

Meu pai com mais seus manos
Formávamos dois pelotões
Em formosa primavera
Todos vestidos de seda
De prata, ouro e galões
Em oito belos cavalos
Que tão velozes pisavam
Que as pedras faiscavam
Dos golpes que nelas davam.

Corriam pois as parelhas
Dois a dois depois dobrado
Quatro a quatro empunhado
Cada cavaleiro a adaga
Para ir receber doutros
Dumas e outros a carga.

Marcharam os dianteiros
Porque assim lhe pertencia
E eu como era dos traseiros
Vendo tanta fantasia
Não pude conter o génio
E disparei um engenho
Imitação duma flecha
Que levou as plumas brancas
Que um cavalo na cabeça
Tinha posto sem decência
E na ponta emaranhadas.

Passou com tanta violência
À outra frente da praça
Que parecia uma estrela
Até que deixou as plumas
Cravadas numa janela.

Neste caso Álvaro vendo
Que esta acção me festejava
Muitos que ali estavam
Teve inveja neste tempo
Para a sua lhe agradar.

Aproximou-se de mim
Para comigo jogar
Atribuindo ao seu braço
A vitória, mas enfim
Vendo eu que insistia
Em usurpar meu direito
Ali em frente dos outros
Cavaleiros peito a peito
Desta forma lhe dizia:
Olha lá que é mal feito
E é vaidade, senhor,
Falar-me a opinião
Para ganhar seu louvor.

Respondeu-me o descortês
Que defendia em campanha
O que havia dito uma vez.
Sem dizer-me mais palavra
Nem fazer outras mudanças
Lhe pedi o campo ao conde
De Castela antiga herança.

Saímos desafiados
Ambos com armas iguais
E os encontros foram tais
Dos golpes que foram dados
Que eu evitei uma ferida
E ele lamentou a vida.

Esta é a causa, senhor,
E eu culpado não sou
Foram ciúmes d'amores
E a vaidade que o matou.

Desse tempo lhe ficou
Tanto ódio aos meus maiores
A mim e a meus irmãos
Que por termos sangue Lara
Não começamos a acção
Que lhe não pareceu rara.

Se saímos com os mouros
A batalhar em campanhas

Seguindo com nossos pais
As bandeiras castelhanas,
Constantes sempre ao perigo
Sem dar nunca a retirada
E volvemos carregados
De triunfos alcançados
Com mais cabeças de mouros
Que espigas sega douradas.

O lavrador venturoso
Que o trigo amontoa em parvas
Entristeceu-se de olharmos
Contando-lhe de que a soberba
Castela nosso valor
Chore seu terror Vandalia.

Esta é a queixa que tem
Acusado de D.ª Alambra
Mas que acabe o sentimento
Pelo meio da vingança!...

Mal sabe o que é a ofensa
Que se ao campo dou viagem.
Mas como está ofendido
Se eu o matei sem vantagem?

Se um acaso faz delito
A mal fundada ignorância
O que a pensa como injúria
Pense-a como desgraça
E verá que a seu sangue
Chegue primeiro esta espada
Foi por levar a razão
Com justiça acreditada.

Se isto que tenho dito
Pra satisfação não basta
Para que cesse o seu ódio
Diga mais minha palavra
Que em fazer as amizades
Este senhor empenhado
A quem aventura a vida
Tantas vezes a seu lado
Contra o andaluz turbante
Em defender sua pátria
Um ou dois porá por mil.

Se houver um ou mil que saiam
Para a campanha comigo

Que sendo iguais nas armas
Com a minha ou sua vida
Acabe o ódio de tantas
Ainda que perca a minha
Perdê-la será ganhá-la
Que uma vida bem perdida
Um honrado fim alcança!...

Conde
Pois digo que o moço tem
Um eloquente estilo.
Eu gostei muito de ouvi-lo
E ele falou muito bem;
Força têm suas palavras
Do seu arrojado espírito.

Bustos
Pois, senhor, ainda faz
Mais do que ele aqui tem dito.

Vasco
Fogem dele os otomanos
Como do gavião um pito.

Conde
Gonçalo, vossa opinião
Está bem assegurada.
Todos sabem em Castela
Que foi vossa acção louvada
E Rodrigo bem conhece
Se não quiser falar trocado.

Rui
Sim, senhor, a coisa foi
Como ele a tem contado.

À parte:

Dissimular-me convém
A vingança e estar calado
Até eu ter no seu sangue
Minha sede saciado
Só por ver se minha esposa
Vem a ser bem mais ditosa
Pois a tenho idolatrado.

Conde
Esquecei ódio passado
Vede que os rancores mancham

O coração mais honrado
E foi por glória vã
Que morreu vosso cunhado
E filho de vossa irmã
Que lhe dava tanto mimo
Seja por vós perdoado.

Rui
Eu quero-lhe como sobrinho.

Bustos
Gonçalo, abraça teu tio.

Abraça-o.

E nestes laços confio
Que sejam d'amor a paga.

Rui à parte:

Rui
Em breve os verás cortados
Com o fio duma adaga.

Bustos
Para fazer a jornada
Vou-me já a prevenir.
De dois filhos que aqui tenho
Assim me quero despedir.
Vou dar-lhe ensino melhor
Para que tenham prudência.

Vasco
Não é preciso pedir
Porque já em casa estão
Mesmo agora se apearam
De duas éguas alazãs;
Estavam bem enfeitadas
E ganharam-nas aos mouros
Quando deram a batalha
Nas margens do Guadiana.

Sai Fernandes e Diegues e diz Fernando:

Fernando
Senhor, pela tua benção
Viemos antes que partas.

Bustos
Chegai aqui abraçar-me,
Filhos do meu coração!

Diegues
A teus pés que a submissão
Não deslustra as nossas caras.

Ajoelham os três diante do pai e diz o conde:

Conde
A honra é para os Laras.

Gonçalinho
A tua benção nos dá
Para que o Céu nos mantenha.

Bustos
A de Deus sobre vós venha
Que a minha pouco fará.

Dá a beijar a mão aos filhos e diz o conde:

Conde
É uma grande obediência
E belíssima acção.

Bustos
A minha benção está dada.
Levantai-vos já do chão!

Diegues
Deus seja em tua jornada
Que de todo o mal aparte
Para levar a embaixada.

Rui à parte:

Rui
Eu a carta lhe troquei
E dentro dela vai porte
Pra que lhe deão a morte.

Conde
Com sete filhos que tendes
Dais tanta honra a Castela
São outros tantos caudilhos
Desta família tão bela.

Vasco
Dizes bem, porque esses sete
Cada um com sua espada
São de Castela a flor
E ao mouro medo lhe mete
Porque levam a melhor.

Matam cada um dois
E levam o resto depois
De sorte que os mouros raras
Vezes têm conta com os Laras.

Conde
E vós Vasco que fazeis?

Vasco
Eu por aqueles que matam
Como vós mais bem sabeis
É bem certo que entendeis
Que nunca, nunca os desatam.

Conde
Sim, senhor, muito bem está
Ir-nos daqui convirá
Que a vossa embaixada faz
Assegurar a minha paz.

Bustos
Para que o Almançor veja
A quem está em batalha.

Rui à parte:

Rui
Para teu alfange dado
E instrumento da morte
E a cabeça te corte
Para eu ficar vingado.

Conde
Para que nas tréguas cobre
Novo alento a meu estado.

Vasco
E para que Vasco volte
Triunfante com a espada
E com mouros que vendera
Pra ganância aumentada.

Vai-se Vasco. Sai Celima e Argela e canta a Música:

No dia feliz que a cidade
Celebra seus anos com regozijos
Não há que estar triste que anos floridos
Aumentam beleza sem juntar idade.

Celima
É possível que no dia
Em que se celebram teus anos
E toda a cidade assiste
Junto d'Almançor teu mano
Por teu aplauso. Estás triste?

Argela
Pois eu festejo chorando.
Olha qual é o meu tédio,
Celima, pois que não acho
Para mim algum remédio.

Celima
Muitos dias há, senhora,
Que reparei em teu rosto
E não tem essa alegria
Que metia tanto gosto.

Argela
É uma melancolia
Que eu não posso entender.

Celima
Bem pouco posso valer
Para ti. Estava a julgar
Que meu peito era cofre
Para tudo te arquivar.

Argela
Celima, manda cantar
Mas que estejam retirados.
E bem tu só para aqui
Vou-te expor os meus cuidados.

Celima
Mais para lá podeis cantar
Que a rainha o manda assim.

Música:

Nós fazemos-lhe a vontade
Do principio até ao fim.
Senhora, toda a cidade
Anda a festejar teus anos
Não andes triste que a vida
É toda feita de enganos.

Argela
Há muitos dias, Celima,
Que vive em mim concentrada
No livre império da alma
Um pensamento malvado
Desde que desta torre
Vi batalhar lá nos campos
De Andaluzia e Castela
Que o braço de marte irado
Em duas filas formava.

Foi para ali despertando
O tambor a infantaria
E a trombeta os cavalos
Investiram sobre os nossos
Com tanta força os contrários
Que ao travar a escaramuça
Aqui rompendo, ali matando
Que parecia estarem vários
Lhes acometiam dextros
Outros volviam ufanos.

Só dum golpe temerário
Vendo que o mouro resiste
Lhe cortam da espada o braço.
Finalmente embravecidos
Como é o vento tirano
Que rouba à amendoeira
A primeira flor do ano
E como salteadores
Assolam os nossos campos.

E desta sorte investiam
Contra as vidas otomanas
E triunfaram com sorte
As bandeiras castelhanas
Que fizeram tanta morte
Em tão galhardas fileiras
Que o ataque parecia
Flores de amendoeiras
Pelo vento arrebatadas.

Assim davam cutiladas
Na juventude florida
De Córdova que no espaço
De uma hora de batalha
Daquele funesto dia
Logo essa vil canalha
A morte aos nossos lhe dão
Que sempre dá fruto cedo
O que floresce temporão.

Aclamaram a vitória
Todas as vozes mui alto
Com grande contentamento
Intentaram dar assalto
À cidade e neste tempo
Viu-me na torre chorando
O chefe que os governava
E como ia adiantado
Foi o primeiro que viu
Os muros do meu palácio
E ao ver o pranto em meus olhos
Disse parando a cavalo:
Não chores, formosa moura,
Que juro por este sol claro
De não fazer mal aos teus
E perdoar-te o assalto
Por ti só. Guarde-te Deus.

Eu disse: nobre cristão
Do teu nobre coração.
Eu parti somnelisando
A formosura no andar
Agitava um lenço branco
Como a rectificar
Palavra que havia dado
De não ofender otomanos.

Vendo então o seu agrado,
Seu valor e bizarria
E estilo cortesão
Fiquei sempre agradecendo
O que me fez o cristão.

E não sei; talvez amando-o
Pois desde esse dia ando
Pensando na nobre acção
E não me posso esquecer
Do seu belo proceder.

FAMOSA COMÉDIA O TRAIDOR DO SEU SANGUE OU OS SETE INFANTES DE LARA

E meu irmão Almançor
Manda o retrato fazer
E no palácio o quer pôr
Para que todos o conheçam
E assim o possam prender.

Na sala da audiência
É onde põe a pintura
E meu amor com veemência
Cresce ao ver esta figura
E com saudade dor me dá.

Celima
Julgo vosso irmão vir já,
Parece que o ouço falar.
Vós nisto não reparais?

Argela
Celima, então calar
Depois falaremos mais.

*Sai o Almançor e Celim sem ver as damas
e diz Almançor:*

Almançor
Eu só fio no teu braço.

Celim
Para saírem ao campo
Estão com grande valor
Tens soldados prevenidos
Esperando ordens, senhor.

Almançor
Eu hoje carta espero
De Rui Velasques amigo
Com contrato de lhe dar
Um castelo assinalado
E vilas se me entregam
Os sete filhos de Gonçalo
Aquele general valente
Com que ele há triunfado
De todo o mouro soldado.

E para ver se cessa tudo
O alcança por estudo
Tendo lido e examinado
Tão bons e preclaros livros
De signos, planetas e astros.

E disse-me que há-de ser
De minha coroa o estrago
Um jovem que tenha sangue
Desses Laras castelhanos.
Assim ficará extinta
Porque além de eu entregá-los
Aos mouros e otomanos,
Por um encontro no campo
Temos também contratados
Ainda outra traição
Que há-de enviar-me o pai.

E para ser atrevido
Escolhia que a sua vida
Sem lhe saber bem o fim
Não hás-de partir, Celim.

Celim
O que eu devo fazer
É teu mandado obedecer.

Almançor
Mas o que os meus olhos vêem,
Argela! Tão só que faz?
Pois quando todos festejam
Teus anos tão só estás!

Argela
Estava, senhor, com Celima
Tratando o muito que deve
A meu irmão Almançor.

Almançor
Nada deves. Eu queria
Que reinasses este dia
E eu disso vou tratar
Para que os meus vassalos
Tua mão venham beijar
E render submissão.

Argela
Ninguém viu um tal amor
Entre um e outro irmão.

Almançor
Oh trazei-nos assentos
Para nós nos assentar
Que minha irmã é rainha
E a mão lhe haveis de beijar!

Assentam-se e toca a Música enquanto lhe beijam a mão a Argela. Vasco dentro diz:

Vasco
Senhores, eu vou entrar
Sou parente do Almançor.

Soldado 1º
Deixa-te estar que é melhor
Se não levas que contar.

Almançor
Quem esse rugido deu?

Soldado 2º
É um cristão, meu senhor.
Quer entrar e diz que vem
A falar ao Almançor.

Entra o cristão. Sai Vasco e diz:

Vasco
Já sabeis que sou D. Vasco
Da vossa sanguinidade
E o parente mais próximo
Que tendes na cristandade.

Almançor
E que parentesco é?

Vasco
Não é mais que ser irmão
Da cabeça até ao pé.

Almançor
Irmãos!... Por algum fracasso
Acaso tua mãe esteve
Dentro do meu palácio.
Que velhaco é o cristão?

Vasco
Pois escute-me primeiro
Verá que não minto eu
Meu pai era cozinheiro
Do teu pai que já morreu
E lá para o fundo desceu
Porque para o Purgatório
Não o deixaram lá ir

E para chegar ao Céu
Não poderia subir.

Enfim, sendo meu cativo
Lhe compunha os seus guisados
E comiam sempre juntos
Ambos dum prato, sentados,
Daquilo que mais gostavam
E o mesmo sangue criavam.

E como tal fomos jurados
Tu de teu pai eu do meu
E sempre nos alimentaram
Com a mesma refeição
E assim sempre seremos
És parente e és irmão
Vês que parentesco temos?...

Celim
Que diabo de embruxadas
Arranjou este cristão?...

Vai-se.

Soldado 1º
Mostras ser mui trapalhão
Nas mentiras que disseste.

Almançor
Ora diz-me a que vieste?

Soldado 2º
Talvez ele seja espia
Mas parece-me demente.

Vasco
Soube que estavas doente
De uma melancolia
E vim aqui a curar-te
Porque sei de medicina.

Almançor
Serás mui grande ervanário?...

Vasco
Ervanário não, senhor,
O que sou é boticário.

Almançor
Boticário!... Essa é boa.

Vasco
É um ofício mui bom
Fica sã uma pessoa
Purgando-se uma vez só.

Almançor
Como é o medicamento?...

Vasco
Pois escuta bem atento
Põe-se uma panela ao lume
Até que esteja a ferver
Mete-lhe um lebre viva
Até ela se cozer;
Fica saboroso caldo.

Noutra panela maior
Mete um galgo dentro dela
E ferverá à medida
Que ferve a outra panela.

Depois de cozidos estar
O enfermo toma primeiro
Da lebre um pouco de caldo
E depois toma outra tanta
De substância de galgo.

E com esta substância
Atrás da lebre corre
Fugindo desenfreado
Para o caçar. Depois deixam
Bem limpos os intestinos;
Com isto fica o enfermo
Dos seus achaques curado
Mas também deve ficar
De espremer todo cansado.

Almançor
É notável medicina.

Vasco
Remédio muito aprovado.

Almançor
Diz-me lá tu és latino?

Vasco
Sim, senhor, e dos primeiros!
Quando o sol me dava luz
Estudava entre os salgueiros
E sou gramático do truz.

Almançor
Pois pede lá em latim
Alguma coisa de mim?!...

Vasco
Dá mihi vini botam plenam
Ego sum esbaziatos.
Quer dizer que eu bebo
De vinho uma bota cheia
Ao almoço e ao jantar
À merenda e à ceia.

Almançor
Sabes bem treta tolinho.
Toma lá este bolsinho.

Vasco
Ah esta é a parte
Que me toca da irmandade!
Agradecido, senhor.

Recebe a bolsa. Guarda a bolsa sai e diz Celim:

Celim
Chegou um embaixador
De Castela e está à espera
Para consigo falar!...

Almançor
Faça o favor de entrar.

Sai Bustos e diz Vasco:

Vasco
Este é meu amo, senhor!...

Almançor
Quem é teu amo palrador?...

Vasco
Este senhor que aqui está!

Angela à parte:

Argela
Oh que encontro aqui se dá!
Oh Céus é este o cristão
A quem minha formosura
Estremeceu seu coração
Quando sobre os otomanos
Fez desditosa derrama!

Bustos à parte:

Bustos
Meu Deus esta é a dama
Que vi na torre chorando
Quando andava batalhando!

Almançor à parte:

Almançor
Gonçalo Bustos de Lara
Eu poderei acreditar
Que é este a quem vejo a cara.

Celim
Se este chefe lhe faltar
Não tema, senhor, a Castela
Nem nada de Compostela
Porque o seu patrão São Tiago
Não os poderá livrar.

Almançor
Que vos suspende, Bustos?...

Bustos
Ninguém me dá pesadelo
Desta carta com agrado.

Dá-lhe a carta e diz Almançor:

Almançor
Que o conde escreva duvido.

Abre a carta e diz à parte:

É de Velasques a firma.
Esse traidor tem cumprido
Mal sabe o cristão a vinda
E o laço em que está metido.

Que lhe dá morte em chegando
Lhe avisa o fiel amigo
As guardas do meu palácio,
Celim, põe-nas em sentido!

Celim
Senhor, em tudo o que mandas
Serás logo obedecido.

Sai Celim, o Almançor lá e diz Bustos:

Bustos
Por estar tão divertido
O rei ao não ser lembrado
Na cerimónia esquecido
Tendo embaixador que é dado
E se acaso foi descuido
Quero assim recordá-lo.

Senta-se.

Mas se o fez com malícia
Quero-lhe dar a entender
Que um homem pode perder
Naquilo em que o ocupar.

Só por um leve desgosto
E assim por eu me assentar
Entenda que é meu dever
E que não leve isto a peito
Enquanto acabar de ler.

Dobra a carta e diz Almançor para Bustos:

Almançor
Estou a ver que quereis honrar-me.

Bustos
Pois não me haveis honrado
Por vir aqui como venho
A vós do conde enviado
Esta espada que aqui tenho
Não vem para ofender
Mas sim as tréguas fazer.

De tanto e tamanho estrago
Por isto podeis saber
Desde há muito quem eu sou,

Gonçalo Bustos de Lara
Em Castela dos primeiros,
Neto do rei D. Ramiro
Por minha espada e braços.
Almançor, se isto vos custa
Podeis saber o que valho.

Almançor
Porque sei o que valeis
Hoje termino, Gonçalo,
Que a Castela não volteis
Até eu vos não mandar.

Vasco
Algum emprego te quer dar
Talvez de guarda papéis.

Bustos
Não entendo o seu falar
Nem o que isso dizer possa.

Almançor
Preciso no meu estado
Cabeças como é a vossa
Pois quando vai acabado
É um remédio dum reino
A cabeça dum soldado.

Bustos
Bem se vê que não conhece
Com aquele que está falando.

Almançor
Por vos haver conhecido
Destes meios vou usando.
Soldados da minha guarda,
Matai já esse cristão!

*Sai Celim. Argela lançando-se aos pés de
Almançor enquanto os soldados se apoderam
de Bustos diz:*

Argela
Senhor, dá-lhe o teu perdão
E lembra-te de teus manos,
Do nascimento e o dia
Em que festejo meus anos!

E assim com tanta porfia
Queres hoje verter seu sangue.
Eu peço-te a sua vida
Que não me deves negar;
Sem isto me concederes
Teus pés não hei-de deixar.

Almançor
Por ti fica de matar
Só por ti lhe dou perdão.
Levanta-te, irmã do chão,
Que isto não posso sofrer.

Levanta-se e abraça-a.

Julgo ser do meu dever
A cumprir, e como irmão
Cedo à tua petição.
Ora deixar de o prender
Isso não posso, não!...

Bustos
Diga, senhor, a razão
Porque se enfadou comigo?...
Pois vindo eu como amigo
A embaixada trazer
Me quer matar à traição
Sem eu a causa saber.

Se foi só por me assentar
Diante de Vossa Alteza
Sem eu lhe pedir licença
Vendo vossa consciência
Não é mui grande proeza
Porque o embaixador
Por razão tem a defesa.

Vasco
Já se vê isso é claro
Mas não quer reparar
E tu tens que aguentar.

Almançor
Sei que nisto não ofendo
O dever do embaixador.
E em o conde me escrevendo
Respondo-lhe ao teu senhor
Porque esse é dever meu;

Mas a carta que me deste
Não foi ele que a escreveu.

Bustos
Algum falso me vendeu
Um traidor ou desumano.
Qual seria o coração
Que me fez esta traição?...

Almançor
Metei-o dum empurrão
Na torre do meu palácio.

Bustos
Com certeza dais prisão
A quem caiu neste laço!

Almançor
Isso já eu o mandei.

Bustos
E a razão não a saberei
Porque sou encarcerado?

Almançor
É uma razão de estado
Porque só em vos prender
O perdido é restaurado.

Bustos
Tanto ganhais em prender-me?

Almançor
Mais do que pensas ganho.

Argela
Oh, Celima, esta paixão
Vai frouxando a cada espaço
Porque fica na prisão
Dentro do meu palácio!

Celima
Afecto tem ao cristão.
Parece já ter-lhe amor!

Bustos
Vossa Alteza, ouça, senhor!

Almançor
Que quer ele? Levai-o já
Que mais o não quero ouvir.

Bustos
Pois assim me mandais ir
Sem mais nada me escutar?

Almançor
Não te quero ouvir falar!
Vamos Celim e vós outros!
Porque não executais
A ordem que está mandada?

Celim
Vamos cristão da embaixada
Que manda quem pode mais.

Vão-se e para Bustos:

Argela
Em teus suspiros e ais
Por mim serás consolado
Dentro da prisão, Gonçalo.

Bustos saindo:

Bustos
Se a tua lembrança merece
Ainda não sou desgraçado.

Vasco
Então adeus, meu senhor.

Bustos
Tu, Vasco, deixas-me só
Nas garras de Almançor!

Vasco
Tu não vês que por melhor
Me deixam pra trás ficar.
E agora vou avisar
Os teus filhos a Castela
Que te venham a soltar,
Que em sabendo que estás preso
Como o vento hão-de voar
Para o mouro destroçar
Até te porem defeso.

Vão-se.

Jornada Segunda

Profecia

Volto a pedir licença
Para eu vos explicar
Segunda parte da obra
Que se vai representar.

Saem todos os infantes
Cada qual mais assustado
O mais novo deles conta
O que ele tem sonhado.

Uma visão assombrosa
O sonho deste rapaz
É referido à traição
Que seu tio Rui lhe faz.

Foi a maior infâmia
Que viram olhos humanos
Vender os sete sobrinhos
Aos soberbos otomanos.

Sai seu tio Rui Velasques
O lisonjeiro traidor
Dizendo que não temessem
As tropas do Almançor.

Caminham os sete infantes
E seu tio se afastou
À espera de Celim
E então os entregou.

Com esse mouro contrata
O seu vil peito atrevido
Ensinando-lhe onde vão
E como é o seu vestido.

Vai-se Rui e fica o mouro
A pensar nessa traição
E parece-lhe impossível
Fazer aquilo um cristão.

E cheio de compaixão
Neste tempo houve contar

A Vasco que logo sai
Para os mouros avisar.

Que não fossem batalhar
Com as tropas almirantes
Celim vai-se e Vasco dá
O aviso aos sete infantes.

Que saem todos armados
Para irem guerrear
Pois a traição de seu tio
Ninguém quer acreditar.

Começam a pelejar
Retira-se Vasco outra vez
Reconhecendo a traição
Que seu tio Rui lhe fez.

Depois saem os infantes
Cansados de pelejar
Saem mouros e Celim
Ainda os quer perdoar.

Também sai seu tio Rui
Julgando mortos estar
Pedem-lhe o seu perdão
E ele os manda degolar.

Aos infantes neste estado
Só lhes restava morrer
Desfecham por entre os mouros
E tornam-se a recolher.

Fica Rui no tabuado
Afamando-se da acção
Sai Celim e diz pra ele
Já fica em conclusão.

A ordem que recebeu
Tão infame e tão atroz
Não podendo acreditar
Que seu tio seja algoz.

Vai depois Celim e Rui
Esse infame traiçoeiro
Aparece Gonçalo Bustos
Numa torre prisioneiro.

Lastimando a sua sorte
Que lhe foi tão adversa
Pois nunca pude saber
Como há traição tão perversa.

Sai Celim e a princesa
Que é irmã de Almançor
Escutar os seus gemidos
Conforta-lhe a sua dor.

Gonçalo e Argela aqui
Têm muita satisfação
Pois há muito que se haviam
Unido no coração.

E estavam juntamente
Em funda conversação
Sai Celim e sai o rei
A ver Gonçalo à prisão.

O rei a Gonçalo Bustos
O manda desalgemar
Dando-lhe a liberdade
De a sua pátria voltar.

Mas antes de se ausentar
Diz-lhe o rei em continente
Que há-de com ele jantar
Que lhe quer dar um presente.

Gonçalo aceita o convite
Mas tremeu-lhe o coração
Quando ouviu trás das cortinas
À música uma canção.

Que dizia aquele desastre
Que pouco antes tinha havido
Pelas espadas dos turcos
O cristão era vencido.

Assenta-se o rei à mesa
Com muita satisfação
No fim mostra-lhe as cabeças
Do filho desse cristão.

Oh que terror, que aflição
Para um pai que sabe amar!
Vão-se todos, fica só
Aos seus filhos lastimar.

Aos gemidos e ao clamor
Sai uma princesa bela
Depois bai-se para o palácio
E Bustos para Castela.

Prometem-se um ao outro
Com sincero juramento
De não esquecer a crença
Que tiveram nesse tempo.

Nesta segunda parte
Acabei de vos explicar
Atendei se tendes gosto
Que as figuras vão falar.

Gonçalo dentro:

Gonçalo
Detém-te sombra fria
Sonho, ilusão ou fantasia!
Porque me dais a morte?

Fernando
Oh que sinto e que transporte!

Diegues
Oh que temor eu trazia!

Fernando
Sendo teu peito tão forte
Diz, irmão, porque tremia?

Gonçalo
Se ainda viveis na tutela
Eu estou desfavorecido
E em sobressaltos o sentido.

Fernando
Pois que é o que teu peito sente?

Diegues
Diz teu mal e explica o acidente.

Fernando
Quem te traz assim torvado?

Gonçalo
Vós me tendes cansado
E todos da mesma sorte!...

Vasco
Buscam que Gonçalito
Conforme lhe é tocado
Responde ele com apito.

Gonçalinho
Depois que o Almançor soberbo
Com traição e tirania
Quebrou o real seguro
Que entre a milícia existia
Cativando nosso pai.

Bem sabeis que a alegria
Desde esse tempo em meu peito
Do coração se retira.
Só trago no pensamento,
Contra a infame egnomia,
O rancor e sentimento
Pois até que não fizemos
Os campos d'Andaluzia,
Marchando com nossas tropas
Que comanda nosso tio
A fim de vingar a indigna
Acção do Almançor soberbo.

Não descanso da fadiga,
Deste pesar e ofensa
E desta melancolia.
Venceu o sono de mim
Que é o reparador da vida
Apenas desse letargo.

Entre espécies mal distintas
Sulcava golfo aparente
De sombras e fantasias
Quando vi que abordava
A uma praia florida
Que a estância convidava
A passar ali a vida.

Num penhasco duma fonte
Dum jorro d'água desliza
E vai regando as flores
Que a natureza eterniza
Com as graças cristalinas
Mas depois formava um rio
Em cujas margens tão finas
Sete mansinhos cordeiros

A verde grama pasciam
O seu pastor as guardava
E de repente se trocou
Que em vez de flores alegres
Silvas e tojos brotou.

O pastor caiu de susto
E os cordeiros que trazia
Deixou-os a uma fera,
Que feroz e embravecida
Contra o seu sangue inocente
Com destreza esgrimia,
E sendo um só o golpe
Duma vez fez sete feridas.

Desta sorte a mim se chega
A sombra que o vento envia
E com voz impiedosa
Desta forma me dizia:
Jovem volve para trás!

Não passes adiante, retira
Que na batalha que intentas
Hoje dar aos otomanos
Cruenta morte te espera
Cuja sorte desditosa
Há-de vir por teus irmãos
Nessa batalha invejosa.
Cortada vereis a vida
Na mocidade florida.
A tragédia lastimosa
Dos cordeiros que tu viste
É de vós infanta sorte.
Indigna cena triste
E a mão que vos entrega
Àquela fera sem dor
É a mesma que deseja
Dar-vos aplauso e horror.

Volvei para a frente as costas
Ouvi, ouvi seu enigma
Traição que não valem forças
Contra uma vil tirania.

Espertei todo turbado
Sem valor nem ousadia
Mas se agora inda viveis
Não passa de fantasia.

Mas a visão assombrai-me
E parece que minha alma
Secretamente divisa
Em faustas atrocidades
De alguma traição nascidas.

Mas nada me acobarda
Porque a razão me obriga
A tão heróica vingança,
Ainda que fosse certa
A desgraça que hei sonhado.

Eu não temia os estragos
Assombros, ruínas ou perigos
Nem os danos ou destroços
Quando a acção me encaminhasse
Para libertar meu pai
Como de facto vai.

É por essa fantasia
Que sonhei: não deixo a ida
Mais que haja de trocar
Pela sua a minha vida!...

Fernando
Sem dúvida algum projecto
O teu sonho prognostica.

Diegues
Isso foi um temor vão.

Gonçalinho
De sonho foi ilusão.

Fernando
Não há que temer agouros.

Vasco
Essa agora?!... Como não
Pois se não passo daqui?

Senta-se.

E eu já te disse a ti
Que volvêssemos pra trás
E que deixasses os mouros
Porque te davam mortalha.
Que os deixes é acertado,
É sem remédio volver.

Levanta-se.

Porque se dais a batalha
É muito melhor que digam
Em vez dum que aqui morreu
Fugiu daqui um sandeu
Que é vosso tio Velasques.

*Sai Rui ao tempo de Vasco acabar de falar e
diz Diegues:*

Diegues
Assim que o avistaste
O teu peito estremeceu!...

Rui
Ó meu amado sobrinho
Já temos chegado o dia
Em que os vossos peitos nobres
Hão-de ver grande homicida
Ou então perder a vida!

Mostrai o vosso valor
Desse sangue esclarecido
Que tendes do rei Ramiro,
De leão em cujas cinzas
Ainda mal apagadas
Serão hoje renovadas
Com uma cópia viva.

São façanhas com primor
Pois hoje do Almançor
A tropa há-de ser vencida
E queremos dar batalha
Mesmo aqui nesta campina.

Eia infantes!... Cada qual
Com valor não tema o mal
Que o encontro pode dar
Por essa margem acima
Que é a parte mais segura,
Enquanto eu vou registar
Deste monte a espessura.

À parte:

De mim os quero apartar
Porque neste sítio espero

FAMOSA COMÉDIA O TRAIDOR DO SEU SANGUE OU OS SETE INFANTES DE LARA

A Celim para tratar
Entre ambos aquele segredo
De entregar estes sobrinhos
A quem eu tenho rancor
E que lhes tirem a vida
Pois já tenho ao Almançor
Suas cabeças oferecidas
E dando-lhe este triunfo
Fica a vingança vencida.

Todos:

Teu mandado obedecemos.

Vasco
Pois eu não que sou espia
E toca-me explorar
O terreno e a campina.

Rui
Esse emprego quem lho deu?...

Vasco
Ninguém, mas tomei-o eu
Por ser inclinação minha
Que é virtude gratis data.

Rui
Se és espia hás-de trazer
Alguma coisa que dizer
Do campo da mouraria.

Vasco
Não lhe toca inquirir-me
Que sou espia camponia.
Marche já a infantaria
Que eu fico aqui parado.

Rui
E deixas a companhia?...

Vasco
Deixo que sou reformado
E nada ganho em segui-la.

Vai-se Vasco e diz Gonçalinho:

Gonçalinho
Para subir a esta serra,
Antes da ordem ter dado,
Vamo-nos deitar à sombra
Pouco tempo neste prado.

Rui
Marchai depressa prà guerra
Que assim faz o bom guerreiro
Porque na nobre conquista
Hei-de ser eu o primeiro
Que entre a turba mourisca
Me arrojo precipitado
Para o brasão de Castela.

Todos tirando as espadas:

S. Tiago de Compostela
Seja connosco! Adeus!...

Rui
Ide lá sobrinhos meus.

Gonçalinho
Marchem todos em ordem certa.
Depois de Rui mando eu.

Vão-se.

Rui
Eu de vista não vos perco.

À parte:

Mas o triunfo há-de ser meu
Se Rui Velasques vos guia.

Vasco
Estou a pensar no teu
Modo de falar tão bem
Porque do resto é mentira
Que faz quem honra não tem
Senão escapar com vida.

Vai-se.

Rui

A ofensa hão-de pagar
Das injúrias já passadas
Mas Celim deve chegar
Isso é o que eu desejo.

E parece-me tardar,
Enganou-se na estrada
Por onde havia de marchar.

Avista Celim a cavalo e continua:

Mas que é isto que vejo?
A minha alegria cresça!
Ali vem com muita pressa
Um mouro que cavalgando
O monte vem atravessando
E dirigindo-se a mim
Julgo ser o tal Celim.

Celim

Rui Velasques, dá licença?

Rui

Quem me chama em audiência
Receberei a visita.

Sai Celim e diz:

Celim

Quem falar-te solicita
E a quem tudo merece
Minha fineza agradece
A amizade que publicas.

Rui

Primeiro, nobre Celim,
Que comigo te comuniques
Dá-me os teus braços a mim.

Celim

A minha dita ou desgraça
Tu me asseguras, senhor?...

Rui

O teu galhardo valor
É a tanto que me obriga!...

Celim

Agradecido, Almançor,
Por tão nobre bizarria.
Por minha amizade envia
Desde Córdova por cartas
O prémio de acção tão fina.

Rui

Cumprirei hoje a palavra
A teu rei, pois tanto estima
Ver extinguido o sangue
De tão soberba família.

Desses Laras eles levam
Nobre idílio por divisa,
Sobre os peitos bandas roxas
E nas primeiras esquadras
Da vanguarda hão-de ir juntar
E fingindo que esse guia
Meu cuidado; dessa sorte
Eu lhos entrego à morte.

Das vossas nobres espadas
E sem que ninguém impeça
Lhe cortareis a cabeça,
Que poderão ir remetidas
De minha parte ao Almançor
A quem servir-me se humilha.

Sem ser esta outra fineza
De demonstração mais bela
Eu quero que me agradeçam
Quando lhe entregar Castela.

Celim

Rui, tu és dono dela
Pois com isso eternizas
O teu nome ao Almançor
Com mercês tão excessivas
Que não pode ser melhor.

Rui

Celim, não se perca o dia
Que dos meus ninguém nos vê
E desta sorte prevenida
Eu tenho a tua vitória.
Põe a tua gente em via,
Começa já a batalhar,

Tuas esquadras avisa
Que me deão passe franco
Pois por senha conhecida
Banda branca hei-de levar.

Celim
Eu farei com meus soldados
Tua pessoa respeitar.

Rui
O Céu guarde a tua vida.

Celim só:

Celim
Por lá que ainda duvido
E admiro-me de ver
Que possa no mundo haver
Um peito tão atrevido
Que sustente um coração
Como é o do cristão!

Que o seu mesmo sangue entrega
E a ter piedade não chega
De fazer esta traição
Tão vil e tão importuna.

Não queria eu ser o rei
Que por ser diferente a Lei
A natureza é só uma
E a um homem tão cruel
Não o queria por amigo
Pois quem é traidor consigo
Com ninguém será fiel.

Viva esse planeta ardente
Que me rasga o coração
Ver com tão baixa traição
Vendida tão nobre gente!...

Um valor a outro chama
O braço ao grande desvia
Mas desses heróicos brios;
E uma traição tão infame
Que na escola militar
Eu mais queria ter sido
Com bizarria vencido
Que vencer por me expiar.

Oh desgraçados irmãos!
Quem um cristão encontrara
Que deste perigo os avisara?
Mas são meus desejos vãos.

Vasco canta dentro:

Vasco
Mate mouros quem quiser
Que nada se me há-de dar
Um que me possa torcer
Nunca o hei-de encontrar.

Celim
Acaso o Céu me depara
Por aqui algum cristão?

Sai Vasco e diz:

Vasco
Quem canta ... diz o rifão.

Celim
Alto!... Quero saber
Quem és e o que vais fazer?

Vasco triste:

Vasco
Senhor, eu sou tornilheiro.

Celim
Que ofício é? Pandilheiro?

Vasco
É um engenho sem par
Que buscar a patroa deve.
Por não achar quem o leve
Tem um homem que virar
E ser de compreensão fraca
E temer os meios tais,
Que para um homem durar mais
Tem de virar a casaca.

Celim
Como por estas serras
Sem temor que te atormente
Vais cantando alegremente?

Vasco
Antes venho dando às pernas.

Celim
Se é para escapar madrugas...
Ou tens medo? É mais primor
Em silêncio caminhar.

Vasco
Mas se eu quero cantar
Para disfarçar a fuga
Parece-me assim melhor.

Celim
É certo que não penetras
O perigo a que te expões
Pois sais cantando canções.

Vasco
Sou correio levo letras.

Celim puxa da espada ameaça-o e diz:

Celim
És correio? Verás teu fim!

Vasco assustado:

Vasco
À tua ira põe fim.
Olha que eu não sou correio
Sou apenas um malandro
Armado de cavaleiro.
Foi um acaso e o fim
Não posso contá-lo inteiro.

Celim
Então isso como é?...

Vasco
Que de lacaio de a pé
Passei a ser um cocheiro.
Mas se intenta o teu rigor
Vende-me como quiseres
Não te dão por mim dez reis.

Celim
Porque é que isso dizeis?

Vasco
Porque não tenho valor.

Celim ameaçando:

Celim
Rende-te já, traidor!

Vasco
Se te chegas a meu lado
Ficarás morto, senhor.
Olha que venho borrado!

Celim
Como é que vens borrado?

Vasco
É só pelo terror
Que o senhor me tem mostrado
E o mesmo lhe há-de acontecer.

Celim
Já começa a cheirar mal.

Mete a espada.

E não sei que hei-de fazer.

Vasco
Deixa-te ficar assim
Que vou à serra morena
A cumprir a quarentena
E depois volta por mim.

Celim
Cativo irás malandrino.

Vasco
Mouro, digo-te a verdade
Com certa conformidade!
Não fique para cativo por Cristo!
Não me prendas
Que outra vez me caçarás
E então me levarás!

Deixa-me ir que como fogo
Prometo de não parar
E ao teu rei hei-de enviar
Um bom mosqueteiro novo.

Celim

Liberdade te vou dar
Mas com uma condição
De voltar ao esquadrão
Do teu campo e avisar
Da minha parte, não esqueças,
Aos sete infantes de Lara,
Dizendo que com traição
Rui Velasques os entregara
E sem parar um momento
Diz-lhe que um mouro envia
Este recado em seguida:
Que para Salas se vão
Se querem salvar a vida
Duma baixa e vil traição.

Diz-lhe que um mouro honrado
Ao ver esta tirania
Que em peito nenhum cabia
Só no de Rui malfadado
Os avisa desta sorte
Para os livrar da morte.

Vai-se.

Vasco

Assegura-te pitão!
Oh mouro vales por mil!
Segundo o teu coração
Ou te criaste em Madrid
Nessa mouraria velha
É tão grande o rapazão
Que parece uma vitela.

Oh bem haja a égua moura
Que pariu besta tão boa!
Onde acharei os infantes?

Tocam caixas e continua:

Mas que instrumentos são estes
Que parece o céu cair
Ou que a terra quer subir?

*Saem os infantes com bandeiras roxas e uma
bandeira de guerra e diz Gonçalinho:*

Gonçalinho

Vamos, espanhóis bizarros,
A fé do divino verbo
Dê forças a nossos braços,
E veja o andaluz soberbo
O seu orgulho acabado
Porque até à mesma torre
De Córdova, aonde o mouro
Tem nosso pai encerrado,
Hei-de chegar desta feita
Se o Céu me ampara a direita.

Fernando

Os teus passos já seguimos
Pois a razão nossa é
E sobre nós que nos unimos
Ainda sobrepõe a fé.

Todos tirando as espadas:

S. Tiago bem nos vê
Ele há-de ser connosco.

Vasco

Contra todas as propostas
Trago novas de mau gosto.

Gonçalinho

De quem são as tuas novas?...

Vasco

Dum mouro que em sua terra
A vida vos prognostica
Nos sucessos desta guerra
E piedoso vos avisa
Com todo o seu coração
E que em fogosos cavalos
Fujais porque com traição
Vosso tio Rui Velasques
Fez como Judas traidor
E vendidos vos entrega
Àquele soberbo Almançor.

Quem vos dá este conselho
Já é vosso amigo velho
Que o mouro mandou dizer
Por mim fica a consciência
Estava compadecido

Da vossa santa inocência
Está no vosso querer
Hoje o cristão é vencido
E vós ides a morrer.

Gonçalinho
Mente mil vezes quem pôs
A língua em nosso tio
Pois o seu heróico brio
Há-de entregar-nos a nós?!...

Isso não pode ser
Que o seu sangue nosso é
E essa tão vil traição
Nosso tio não prevê.

Fernando
Muita mentira te disse
O mouro que te encontrou.

Vasco
Pois ele me recomendou
E disse com bem cuidado
Que vos desse este recado
E não fosseis pelejar.

Mas se não quereis aceitar
Não estais nenhum seguro
De ir a dormir no barro
Que o mouro sabia tudo
E em grande perigo estais
Se para trás não voltais.

Gonçalinho
Persuadir-te esse mouro
Do que acabas de dizer
É mais pelo seu temor
Dos estragos que hão-de ter
Quando se der a batalha
Por isso te aconselhou
Que demos a retirada.

Vasco
Oh mocidade enganada
Que este perigo não vejam!

Todos:

Comecemos a batalha.

Vêm os mouros assomando e diz Gonçalinho:

Gonçalinho
Mas que é isto que vejo?
Os mouros em esquadrão
E em fileiras formados
Trás dos campos povoados
E os turbantes roxos são!...

Tocam as caixas e diz Fernando:

Fernando
Pertencem mil a um cristão
Do exército inimigo.

Diegues
É o mesmo excessivo
Do exército otomano
Que nos cercam por dois lados.

*Assomam mouros à retaguarda e diz
Gonçalinho:*

Gonçalinho
Já estamos apertados
E no perigo metidos
Sem nos quasi conhecer
E o tio não aparecer.

Valha-me Deus que haverá tido
Pois vendo tamanho perigo
Não dá socorro nem queixa
E tão sozinhos nos deixa.
Oh crueldade malvada!

Fernando
Oh injúria descoberta!

Vasco
Ah traição mais declarada!
E não me quisestes crer
Pois agora bem se vê.

Retira-se.

Gonçalinho
Tua verdade certa é.

FAMOSA COMÉDIA O TRAIDOR DO SEU SANGUE OU OS SETE INFANTES DE LARA

Todos:

Pois que havemos de fazer?

Gonçalinho
Irmãos, remédio não temos
Salvar a vida ou morrer!

Fernando
Pela frente e retaguarda
Já a fileira se cerra
E não podemos resistir.

Gonçalinho
Pois vamos a investir.

Todos:

Guerra, guerra, guerra!

*Puxam pelas espadas, batalham ao som da
caixa e diz Vasco:*

Vasco
Eu o pacto renuncio
E à força aqui protesto
Se alguém me quiser matar
Só por um palmo de terra
Que talvez nem dê nigela
Nem sirva para semear!
Se matam como cabritos
E que os reis estão delitos
Não os tinham por asneiras
Que ande a gente pelas praças
Como o vento nas fruteiras.

Suponho que a nossa tropa
Se retira bem ligeira
E com heróica violência
Os mouros fazem galhofa
Abrindo uma larga senda
E também o esquadrão
Sobre os nossos já carrega
E não se vê um cristão
Que os socorra. Paciência!
Eia Vasco tem valor
E partamos de carreira
Sem parar até Gatafe!

Vai-se fugindo e diz Gonçalinho:

Gonçalinho
Bárbara canalha! Espera,
Nossas vidas custam caras.
Por serdes muitos renderá
O braço dos sete Laras.

*Ficam destroçados e vencidos os infantes. Diz
Celim:*

Celim
Por Alá que é proeza
Deixai-os tomar alento.

Soldado 1º
Qual tomar alento?! Morram
Que à ordem do Almançor
Nós lhe damos cumprimento.

Soldado 2º
E tu te mostras traidor
Neste teu procedimento.

Gonçalinho
Nobre mouro, o teu valor
Tão obrigados nos deixa
Que, se por ter piedade,
Hás-de ter algumas queixas
Ou aventurar a vida.
Antes a morte pedimos
De todo o nosso coração
Porque num dever cristão
Seja a fineza excedida.

Celim
Ainda que arrisque a vida
Nesta empresa tão mesquinha
Por ver se ficam vencidos
Hoje ou a vossa ou a minha.

Infelizes cavaleiros
Cujas forças juvenis
Têm sido com seus ardis
O terror destas bandeiras,
Não vos deram um aviso
Que prudente aconselhava
A volverdes de improviso,

Que vosso tio Velasques
Vossas vidas entregara.

Gonçalinho
Recebemos foi verdade
Mas eu não acreditava
Pensei que em meus verdes anos
Era temor de africanos.

Diegues
E com cega ignorância
Desprezamos o conselho
Do nosso criado velho.

Celim
Para ser verdade certa
Olhai para essa campina
De sarracenos coberta.
Sem haver nenhum cristão
Que vos ajude ou defenda
Rui Velasques cauteloso
Como traidor vos entrega
Aos mouros para que acabe
Vossa nobre descendência.

E eu como comandante
Aqui podia executar
Vossa morte, mas defesa
Se puder vos quero dar
Porque enfim todos os homens
São da mesma natureza.

A que escapeis com a vida
Hei-de ajudar-vos pois delas
É dono aqui Rui Velasques
Que é o que vos vende e chega.

Vós outros podeis agora
Moderar sua fereza
E que vos conceda as vidas
Mas se ele não quiser
Forçoso vos é morrer!...
Se ele não tiver clemência
Por desprezar o aviso
Finda aqui vossa inocência.

Rui dentro:

Rui
Acabai-os de matar,
Seja seu sangue vertido.

Sai.

Ah Celim, aos atrevidos
Não lhe posso perdoar!

Gonçalinho
Que sangue é esse que dizeis
Que seja vertido, senhor?

Rui
O vosso porque é traidor.

Gonçalinho
Vede que de bem perto
Um ao outro está ligado
E não deveis dizer
Que o vosso sangue é malvado
Quando acabas de vender
Sete sobrinhos que tens.

Repare, meu tio, bem
Que o céu fica mais manchado.
Não diga o mundo, senhor,
Que se vinga em sangue Lara
Quando já lhe perdoara
Ofensas feitas outrora.

De bem fé carece agora
Quem com o sangue cristão
Por vingar-se uma vitória
Nosso campo está desfeito
Nenhum soldado ficou
Em tão infeliz tragédia
Que de teu peito abortou.

Sozinhos ali fiquemos
Dependendo da clemência
Do teu peito porque os nobres
Devem ver a consciência
E se dos passados lances
Vingar-te hoje te lembras
E vingar-te solicitas.

Morra eu! Pague a traição,
Não morra nenhum irmão

Que podem servir de escravos
À grandeza de Almançor.

Que é mais triunfo, senhor,
O ter na sua presença
Desta infeliz memória
Testemunhas que lhe lembrem
As proezas e vitórias.

Fernando
Ó meu tio e meu senhor,
Perdoai-nos por vosso amor!

Diegues
Sede nosso protector!

Todos:

Ó tio, por caridade
Dos sobrinhos tem piedade!

Gonçalinho
Os filhos de D. Gonçalo
Vejam em teu peito honrado,
Que imitando a Deus
Perdoe os erros seus.

Rui
Perdoava se não fosse
Vossa infame desvergonha
Tão grande que me envergonho.
Quando Burgos celebrou
Minhas bodas com bom gosto
Não vos lembra de nesse dia
Com sangue banhar meu rosto?
E perdeste-lhe o respeito
A D.ª Alambra que é tia.

Vede se certo é
Ou se acaso é lisonjeiro
Que matastes o jardineiro
Com uma certa ousadia,
Amparado a um seu pé
Como ninguém o fazia.

Não está pedindo ao Céu
Vingança contra o pecado
Daquela morte tirana
Que destes a meu cunhado?

Gonçalinho
É verdade sim senhor
Tudo isso que falou
Mas o conde de Castela
Foi quem a causa julgou,
Estando todos presentes
O tio vos perdoou!...

Rui
Não são causas suficientes
Se o ódio e rancor que tenho
Pesa sobre mim a mais.
Não é injúria maior
Tirar-vos da minha presença.

Pagai com o sangue agora
As tiranias de outrora.
Celim, executa a ordem
Que te manda o Almançor!

Gonçalinho
É assim desta maneira
Que tu te vingas, traidor!

Todos:

Apesar da tirania
Cada um venda a sua vida.

Puxam pelas espadas e investem contra os mouros e retira-se Rui para um lado. Entrando para dentro batalhando, diz Celim:

Celim
É em vão o resistir
Que não te podes defender.

Gonçalinho
Não vos importa morrer
Mas fama eterna conseguir.

Batalham.

Rui
Por entre os alfanges mouros
Se metem desesperados
E não são poucos os mouros
Que deixam amortalhados.

Fernando
Ó Virgem Santa do Céu,
Ampara o espírito meu!

Diegues
Morto também sou eu!
O vosso amparo me valha!

Gonçalinho
Acabai, fera canalha,
De matar-me vinde todos
Com ira e com violência
Satisfazer na inocência
O vosso grande rancor.

Ficam mortos dentro. Sai Celim e diz Rui:

Rui
Rendeu-se o tal pimpão
Porque não podia mais.

Celim
A ordem que vós me dais
Já ficou em conclusão.

Rui
E tu, Celim, dessa acção
Serás o dono e senhor,
Pois levando as cabeças
Dá-te prémio o Almançor
Que merecem tuas finezas.

Celim à parte:

Celim
Ninguém a tua estima.

Rui
Adeus, a minha gente espera!

Vai-se e diz Celim:

Celim
Com o temor do castigo
Pratiquei acção tão feia.
Se não me visse o traidor
A vida lhe concedera.

Vai-se Celim. Descobre-se uma cortina e apa-rece Bustos sentado com algemas nos pés e diz:

Bustos
Quando, ó Céus, será o dia
Que desta escura prisão
Que dá fim à minha vida
Sairei a ver o Sol,
Rei de toda a criação?

Mas o gosto para um triste
Nunca é tarde, sempre chega
Quando chegando a Castela
O vil traidor Rui Velasques
Logres os aplausos da fama
Em doces tranquilidades.

Gonçalo Bustos de Lara
Que dos agudos alfanges
Foi o terror otomão
Sem nunca voltar a cara
Habita nesta prisão.

Nunca pude dar notícia
Desta traição forjada,
Sem saber cousa nenhuma
Da minha família amada.

Oh revezes da fortuna
Como são os teus azares!
Oh lembrança já passada!
Oh tristeza, oh pesares!

Aonde estais filhos meus
Com vossos fidalgos feitos?
Que sonho vos adormeceu?...
Que serena voz embala
Com esquecimentos tais
Que assim perdeis a lembrança
De livrar a vosso pai?

De que servem os carinhos
Que lá na pátria mostrais?
Também aos filhos pertencem
As finezas temporais.

Mas minha queixa é injusta
Que no seu valor não cabe

Amadas prendas queridas
Nem o temor, nem ultraje.

A alma me está dizendo
Que algum embaraço grande
Lhe transtorna o nobre intento
De tão heróica piedade!

Com que minha esperança
Inda que Argela favorável
Secretamente entra a ver-me
Por uma porta que abre
Do seu quarto a esta torre.

Não espero de livrar-me
Porque seus favores são
Para mais aprisionar-me
Depois que ela me fez dono
Do maior; como não caiem
Sobre minha vida os montes
Pensando que era bastante
Para que me desse logo
Em seguida a liberdade
Para eu gozar depois
Nos seus braços mais afável.

Sucedeu de outra maneira
E corta-me o coração
Quando nisto vou pensar
Que faz durar minha pena
Para mais me assegurar
Como devidos dum furto
É um impossível tal
Que eu não me posso livrar.

Sai Argela e Celima. Continua Bustos:

Mas é castigo do Céu
Pois aquele que se vale
Dum delito por remédio
Mais acrescenta seu mal
E ainda era melhor.

Chora.

Meu Deus perdoai-me este horror!

Argela
Chega-te adiante, Celima,
E escuta com fervor.
Porque esse cristão suspira?
Hoje dá fim à minha vida
Se despreza o meu amor!

Celima
Eu daqui ouço melhor
Tudo o que está dizendo.

Bustos
Quem me vem interrompendo?

Celima
Quem vem auxiliar teus males
Dentro dessa masmorra
Da parte da minha senhora.

Bustos
Minha tristeza é tão grande,
Celima, que ninguém sabe
E esse alívio que me dás
Nos meus suspiros não cabe.

Celima
Quem da infanta logrou
Os favores mais iguais?
Pois vos fez dono ditoso
Da sua honra e suspirais
Com tão suprema ventura.

Olhai que por vosso amor
Já desprezou o dos outros
Muitos príncipes que amantes
A sua mão solicitam.

Em nobre peito não caiba
Tamanha ingratidão.
Volta a ti o cristão
E olha que essa tibieza
Que anuncia o teu semblante
São defeitos do valor
E para Argela tristeza
E mais quanto o seu amor
Padece um estranho achaque.

Bustos
Qual é? Será incurável?

Celima
É o não ter nenhum
Que nela é falta notável.

Bustos
Valha-me o Deus dos cristãos
O que estou eu a escutar?

Celima
Não tens que te admirar
Nem tão pouco entristecer
Que também vimos das plantas
Dos ramos frutos nascer.

Bustos
Com isso me estás dizendo
A obrigação a fazer
Como nobre e cavalheiro
À amante corresponder.
É verdade? Mas a minha Lei...

Argela de repente:

Argela
Não passes mais adiante
Porque eu breve te direi
Que a obrigação de sangue
Não é contrária à tua Lei.

Bustos
Enquanto a estimar, senhora,
Os favores e piedades
Com que liberal me obrigas
Para mim é inviolável
Mas enquanto eu prosseguir
Firmezas que hão-de custar-te
Um tormento à memória
E à alma como embate
Isso era molestar-te.

Argela
Os desvios desiguais
E tristezas que em ti vejo
Há uns dias a esta parte
Tem-me dado grande pena,
E segundo o meu desejo
Sei a razão onde nascem.

Bustos
Poderás conhecer o peito
Mas a causa não é fácil.

Argela
Eu sei que estarás queixoso
De que eu podendo dar-te
A liberdade, ta nego
Mas se a atenção prestares
Ao meu coração aflito
Com obrigação de amante
Pela prenda que em si tem
Verás que não é crueldade
Mas sim finezas de amor.

Se te livro, num instante
Fico eu sem alma, vendo
De meus carinhos distante
A que mais estimo e quero.

Se te não livro é matar-me
Pois me enternecem as penas
Que passa nessas cadeias
E assim neste pensar
Dobra o mal em minhas veias
E fica-me a alma confusa
De livrar-te ou não livrar.

O amor nega o que manda
O que a razão está a ditar
Mas para que tu conheças
Que rompo dificuldades
E que estimo a tua vida
Mais que a minha nesta parte
Por meu quarto sair podes
Livre a lograr os suaves
Triunfos da liberdade
Ainda que meu irmão
Minha formosura ultraje
Por tua causa cristão!

Não importa mas repara
Nisto com muita atenção
Se dos meus olhos faltares
Talvez seja o prazo fixo
De ficar morta de paixão.

Conforme determinares
Nenhuma coisa te exijo
Seja cruel ou afável
Seja ir livre ou ficares
Mas não fiques vai-te
E logra felicidades
Na tua pátria seguro.

Morra eu nas soledades
Desta pena acompanhada
Até que este pranto acabe
Minha vida. Mas ao menos
Lograrei essas vaidades
De que saibam que fui firme
E que excedi constante
Fazendo no meu sepulcro
Escrever em ouro: aqui jaze
Quem morreu por dar piedosa
A liberdade ao amante.

Bustos
Enxuga prenda divina
Teu pranto o sol não cubra
O amor que entre nuvens
Desponta da noite escura.

Se disser que há uma prenda
Só de nós ela provém
Que ligou nossas vontades
E ao fruto que uma alma tem.

Não estejas a dar pesares
Não chores que jura aos Céus
Ou a ti que o mesmo valor
De não deixar a prisão
Até que de estar cativo
Não se canse teu irmão.

E queira então de vontade
Lastimado de meus males
Dar-me a morte ou liberdade
Se não é que de olhar-te
Nessa profunda tristeza
Sou da minha vida o ápide.

Argela
A minha dor alivias
Com as palavras que te expressas.

Bustos
A razão me persuade
E sei que é pecado grande.

Argela
Sabes, meu mal não esqueça
O que deves ao teu sangue.

Bustos
Querida Argela eu farei...

Almançor dentro:

Almançor
As portas logo abrireis
Da prisão para entrar o rei.

Argela
Por Alá, que cruel lance
Que me pula o coração!

Celima
O rei entra na prisão.
Vede agora o que fazeis.

Bustos
Que é isso que vós dizeis?

Argela
Entrar aqui na prisão
É novidade notável.

Bustos
O rei na torre! Meu Deus!...
Neste estado deplorável
O meu triste coração
Eu não sei que me adverte.

Argela
Eu logo já torno a ver-te.

Bustos
Deus seja convosco, Amém!

Celima
Vamos depressa que vem.

*Vão-se. Sai o rei e Celima e toca a Música e
diz Almançor:*

Almançor
Valente e nobre capitão.

Levanta-se Bustos e continua:

Lastimado dos teus males
Venho-te ver à prisão,
Contigo usar de piedade
Pela vitória que o Céu
A mim, longe, me quis dar
Já dum cuidado importuno
Que lidava em meu pensar;
Vivo seguro e por isso
Liberdade te vou dar.

Bustos
Com favor tão soberano
Minha dita espero eu
Que à sombra da tua mão
Nunca ninguém padeceu
Trabalho, morte ou prisão
Basta seres Almançor.

Almançor
Isso é muito, senhor.
Já estás livre, podes ir
A partida prevenir
Mas antes de te ausentares
Hás-de me acompanhar
E juntos havemos de jantar
Manjares mui excelentes
E a minha mesa os louvores
Do teu sangue quer dar.
Da tua parte a fineza
Merece tantos favores
Da minha corte e grandeza.

Bustos à parte:

Bustos
Oh tristeza!
Isto algum mistério encerra
Que não descobre o raciocínio.

Almançor
Não aceitas meu carinho?

Bustos
Sim, meu senhor, aceito
De muito boa vontade
Por tuas palavras veja
Que esta dita em mim não cabe.

*Um soldado tira-lhe as cadeias dos pés e diz
Almançor:*

Almançor
Do teu valor hoje espero
Fazer Gonçalo um exame.
Comigo ao meu lado agora
Vem pisando agradável
A instância deste jardim
Acompanhado de Celima
Enquanto a música aplaude
Meus triunfos. Não é assim?

Bustos
Eu duvidoso vou
Hoje duvidoso vou.

Celim à parte:

Celim
Oh miserável cristão!
Quem te pudesse avisar
Da tua grande paixão
Que ao comer hás-de encontrar.

*Vão passando os três enquanto canta a
Música:*

Hoje já é vitorioso
Em nome do Almançor
Ganhando Celim províncias
E é dos cristãos vencedores.

Bustos
Oh Céus! Que é o que escuto?
É mais grande, o meu terror!

Celim
Aqui à margem da fonte
Que estas flores vai regando
Podeis meu senhor jantar.

Almançor

Que prossigam mais cantando
O meu triunfo singular.

Música:

Nesses campos de Castela
Ficou alagada em sangue
A sua esmeralda bela
Pelos mouriscos alfanges.

*Enquanto a Música canta, Celim traz uma
mesa e assentos para comer, e as cabeças dos
sete infantes cobertas com uma toalha e diz
Bustos:*

Bustos

Já para mim, meu senhor,
Não é convite agradável
Depois de ouvir dos cristãos
A tragédia lamentável.

*Senta-se o Almançor, manda sentar Bustos à
sua frente e diz:*

Almançor

Senta-te nobre espanhol
Que sucessos semelhantes
São mais filhos da fortuna
E do valor inconstantes.

Come e continua falando:

Que fazes? Porque não comes?

Bustos

Por esse grande favor
De me tirar da prisão
Nem sequer sinto as fomes.

Come Bustos e fala o Almançor:

Almançor

Atende ao que te digo,
Saberás nobre cristão
Que entre as minhas fileiras
E as tuas tem havido
Um combate mui renhido.

Meu foi o dia e Marte
Não te ajudou nesta acção
Pois dizem que da tua parte
Não ficou vivo um cristão.

E por alvíssaras tamanhas
De não ficar nenhum vivo
Aqui me têm remetido
Um presente que vale mais
Para mim que toda a Espanha
Pois dessas tristezas tais
Sossegou o peso [...]
Tão temido e desagradável
Eu quero-te dar por ser
Prato de valor notável
E não ter outro que te dar
De sobremesa ao jantar.

*Descobre, vê sete cabeças. Bustos pula de re-
pente e exclama:*

Bustos

Valha-me o Céu mil vezes!

Almançor

Vamo-nos todos daqui,
Ele já livre está.
Se quiser ir que se vá
Ou se não que fique aí.

Vão-se e diz Bustos:

Bustos

Ai de mim, infeliz que vejo?!...
Filhos do meu coração,
Doces prendas da minha alma,
Vítimas duma traição.

Quem desta sorte vos pôs?
Se com esta dor atroz
Não morro desfeito em pranto
Eu não sou vosso pai, não!

Não é possível que a vida
Resista a esta paixão
Pois está com sete feridas
Repassado o coração.

Bárbaros, tiranos, vós,
Sem dúvida, homens não sois
Senão feras que me feris
Com um golpe tão atroz.

Gonçalinho, anjo querido,
Éreis meu contentamento, vós
Como não lhe falais
A vosso pai afligido,
Este por ser o menor
Era de mim mais querido
Mas não é essa a razão
É porque há menos que tinha
Saído do coração.

Fernando, Diegues, Martinho,
Bustos, Rodrigo, Ramiro!
Como me atrevo a nomeá-los,
Mas sei que como são meus
E partes da minha alma
Resigno-me ao sofrimento
Por isso quero o amor.

Assim com distinta voz
Vou repartindo esta queixa
Duma dor a outra dor,
Craveiro recém-nascido
Nessa árvore de valor.

Antes de ver-vos cortados
Morrer eu era melhor.
Morte injusta que aos de longe
Sua gadanha estendeu
Pelo caminho de morrer
Não estava mais perto eu.

Mataras-me a mim primeiro
Mas suposto que o Almançor
A liberdade me deu,
Qual leão aventureiro
Que assusta a morte com bramidos.

Contra o fero caçador
Salvarei com as bandeiras,
Serei escândalo e horror
Assombro, vingança, estrago
Excremento e admiração
Desses tiranos vingando
De tanta ofensa e rigor.

Argela
É justo vingar teu sangue
Conforme o tens prometido.

Bustos
Quem me há interrompido?

Argela
É Argela, o teu amor,
Que não podia por menos
Desde que sente a tua dor.

*Enquanto falam com Argela tiram a mesa e
diz Bustos:*

Bustos
E porque causa advém?

Argela
Porque é minha também.

Bustos
Quem é que fez a dor tua?

Argela
O amor que em mim brotou
Que como o rei das almas
Nas leis nunca reparou.

Bustos
Só a ti, linda africana,
Devo alívio a esta paixão
Pois quando todos cruéis
Me desampararam, então
Me está dando consolo
Teu bondoso coração.

Argela
A custo que aqui te dou
A paz do que estás sofrendo.

Bustos
Pagar-te-ei em volvendo
A cumprir a obrigação.

Argela
Sabeis que obrigação é?

Bustos
Já nada disso ignoro
Pois deixo preso em teu seio
Um vivo empenho que adoro.

Argela
Com isso já minha dor
Não tem mais que te dizer.

Bustos
Nem eu mais que te oferecer.

Argela
Ao pé da torre um cativo
Por ti espera, e eu vou
Buscar fogoso cavalo
Que te leve com valor
À pátria que te criou.

Bustos
E eu aí palavra te dou
Por minha fé de cristão
De não esquecer prenda turca
Em quem deixo o coração.

Argela
E se tem vida senhor?!...

Bustos
Seja menina ou barão
Eu o buscarei melhor.
Argela
Escusavas de marchar.

Bustos
Não me posso demorar.
Adeus, africana bela.

Argela
Sê feliz lá em Castela
E nunca esqueças o amor.

Bustos
Nunca te hei-de olvidar.

Beija-lhe a mão e vai-se cada um por sua parte. Toca a Música.

Terceira Jornada

Profecia
Volto terceira vez
A pedir vossa atenção
Na última parte da obra
Dar-vos a explicação.

Sai a princesa turca
Da criada acompanhada
Vem dizer-lhe os motivos
Porque estava apaixonada.

Conta-lhe a sua vida
Conforme tem sucedido
E relata-lhe as proezas
De Mudarra filho querido.

Vai a princesa a pedir
A Celim a protecção
E estando à sua espera
Fala Vasco na prisão.

De mãos e pés algemado
Ele e outro camarada
Sai Mudarra e por seu mando
Liberdade lhe foi dada.

Oh que alegria e contento
Foi pr'aqueles corações
Quando esse mouro os livrou
De tão terríveis prisões.

Mas depois virá seu tio
Com o sobrinho ralhar
Dizendo que com cristãos
Nunca mais torne a tratar.

E se o contrário fizer
Diz que o há-de castigar
E Mudarra tudo ouve
Sem nada se alterar.

Por fim quer-se revelar
E sai a irmã d'Almançor
Dizendo para seu filho
Não seja a el-rei traidor.

E Mudarra obedece
Ao que sua mãe lhe disse
Mas propôs-lhe ir ver seu pai
Onde quer que ele existisse.

Ficou a mãe consternada
De o ver assim dessa sorte
Deu-lhe guardas, deu-lhe jóias
Que tinha na sua corte.

Retiram-se estas figuras
A jornada preparar
Depois sai Gonçalo Bustos
Cego de tanto chorar.

Chamando pelos criados
Que lhe queria perguntar
Os serviços desse dia
Para assim se consolar.

Em seguida um jardineiro
Deles conta lhe vai dar
Sai Mudarra com seus guardas
E a seu pai vai abraçar.

E pelo quinto sentido
Que seu pai o reconhece
Ao mais novo dos infantes
No corpo se lhe parece.

Estava no maior gozo
O pai com seu filho amado
Vem o conde Rui Velasques
A visitar a Gonçalo.

O conde pergunta a Bustos
Beijando-lhe as suas mãos
Porque é que os turcos entraram
Nos territórios cristãos.

Mudarra lhe respondeu
Sem receio nem temor
Também lhe pergunta ao conde
Por Rui Valasques traidor.

Ele mesmo respondeu
Esse infame e malfadado
Ali à frente de todos
Logo foi desafiado.

E logo nesse momento
Vai-se Rui a preparar
Monta num veloz cavalo
E trata de se escapar.

Mas inda se deixou ver
Lá dum certo jardineiro
E seguido por Mudarra
E Celim seu companheiro.

Alcançam esse cobarde
Começam a batalhar
Em pouco tempo Mudarra
Ao traidor faz expirar.

Morto estava esse cobarde
Por alfanges não cristãos
E Mudarra assim vingou
A morte dos sete irmãos.

A natureza mandara
Que cumprisse este dever
Depois vêm todos os turcos
O baptismo receber.

Aqui se conclui a obra
Que vos deixo explicada
Se tiver alguma falta
Seja por vós perdoada.

Sai Celima e Argela e diz Celima:

Celima
Diz-me, senhora, essa pena
E desabafa a paixão.

Argela
Já sabeis que tenho um filho
Daquele nobre cidadão,
Gonçalo Bustos, que veio
Por seu mal pois meu irmão
Seu prisioneiro fez,
E quando se foi outra vez
Ainda não era nascido
E o seu nome é Mudarra
Que lhe deram de menino
E por ser filho do cristão
Gonçalo é o apelido.

FAMOSA COMÉDIA O TRAIDOR DO SEU SANGUE OU OS SETE INFANTES DE LARA

Que tem sangue castelhano
A sua alma lho diz.

Celima
Com efeito o tem mostrado
Porque sempre anda rindo
Com os cativos cristãos
Conversando e divertindo.

Argela
Bem se vê o destino seu
É de partir a Castela
A ver o que por lá vai
Apesar do amor meu
Quer ir a conhecer seu pai.

Recebi hoje uma carta
Por Vasco, criado seu,
A quem hoje meu irmão
Por haver feito delitos
De se meter nos banhos
Encerrou-o na prisão,
Crime grave em nossos ritos.

Que é criado de seu pai
E calei por dissuadi-lo
Dessa viagem que intenta
Desviando o seu desígnio
Para evitar ao amor
Da sua ausência o martírio.
Está tão determinado
Que não posso resisti-lo.

Celima
Muito sentirá o rei.

Argela
Como lhe chama sobrinho,
Já sabes que com cautela
Por disfarçar um delito,
Eu lhe dei a entender
Que o criei de menino
Porque à porta do meu quarto
O achei, e o carinho,
O amor e a piedade
Lhe dei de filho adoptivo
O nome, como o rei sabe
Conforme são as ideias

Que faz o sangue o seu ofício
E resplandece nas veias
Dando de quem é indício.

Como sobrinho lhe quero
E há-de sentir seu desvio
Que como guerreador
Ele as mostras já tem visto.

Logo na tenra infância
Esgrimia embravecido,
Os duros ferros trocando
Pelas espadas o livro
Tanto que a sós um dia
Acharam raro prodígio.

Examinava um retrato
Daquele tão duro e ímpio,
Da morte dos sete infantes,
Furioso e enternecido
Com o pranto nos seus olhos
E na mão um papel limpo
Pedia vingança ao Céu,
Chamava o traidor a gritos.

Soube meu irmão o caso
Admirado e indeciso
Sem saber qual fosse a causa
Natural deste prodígio.

Os seus irmãos eram mortos
Por grandes e falsos traidores
E em seu peito generoso
O sangue lhe dava vozes.

Atribui ao valor
Das armas que ele aprendeu
Julgando que isto era
Efeito do valor seu.

E ele para castigar
As traições que estava a ver
Pedia vingança ao Céu
Prometendo de se vingar
E tanto que meu irmão
De perto o estava a ver
Satisfeito e entretido.

Quando um cativo cristão
Que a mim me veio dizer
Que era do novo irmão
Mudarra um retrato vivo.

Tomou-lhe tanta afeição
O rei que sempre tem sido
O enlevo dos seus olhos
E o objecto dos seus carinhos.

Com ele anda a toda a hora
E por vezes o tem visto
Braço a braço com uma fera
Vencê-las sempre no circo.

Como a seu filho lhe quer,
Ainda que ofendido
Mostra-lhe o rosto severo
Só para lhe dar o aviso
De que trata com cristãos
Mas logo volta benigno
A fazer novos favores.

Agora na sua ausência
Diz-me com maus humores
Que não precisa licença
Que há-de partir com efeito.

Como estará meu peito
De dois casos combatido?
Pois se a meu irmão não digo
De Mudarra os seus desígnios
Ofendo a real pessoa
Mas neste caso se o digo
Vou meu filho irritar
Pois lhe descubro o delito
Que é de a Castela passar.

Ainda que é justo motivo
Sob causa de que o prenda
E lhe dê algum castigo
Já sabe quem é seu pai.

Eu mesma lhe tenho dito
E lhe contei a tragédia
Dos seus sete irmãos vendidos
Pelo traidor Rui Velasques.

Enquanto minha voz falava
Suspirando ele acabava.
Hoje trata de vingar-se
Sem que lhe impeça o caminho
Nem meus rogos, nem meus olhos,
Nem meu pranto afligido.

Mas agora me ocorreu
Outro pensar ou sentido.
Celim foi quem o criou
E a quem deve os seus princípios
Porque foi quem o ensinou
E como pai lhe obedece.

Vou num instante falar-lhe
Para que possa dissuadi-lo.
Aqui Celima me espera
Pois que tu és o arquivo
Deste segredo; a ti só
O meu cuidado confio
Por dar alívio a meus males
Comunicados contigo.
Se acaso tens as paixões
Comunicadas, alinho.

Celima
Aqui, senhora, te espero
Que bem mo hás prevenido.
Celim muda os seus destinos.

Argela
Permitam os Céus divinos
Que não perca o meu filho
Já que perdi a seu pai.

Celima
O Céu te seja propício
Anda, não tardes, vai!...

Sai de dentro um cativo e Vasco e diz o cativo detrás dum pano:

Cativo
Ai infeliz de quem
Está padecendo aflito!

Vasco
Até quando astro infinito
Me queres dar o castigo?

Celima

Estes míseros gemidos
Que me causam compaixão
Vêm dalgum cristão.
Vou-me daqui retirar
Para ver se posso ouvir
Também a Vasco falar.

Vai-se. Retira-se pano e saem com cadeias nos pés e diz Vasco:

Vasco

Maldito seja para sempre
O masmorreiro maldito
Que com tão duras prisões
Masmorrado tenho sido.

Cativo

Que é o que sentes, irmão?

Vasco

Estas cadeias que trago
Arrastando pelo chão
Não as ouves telincar?

Cativo

Quem foi que tas veio a atar?

Vasco

Foi um carrasco dum mouro
Desses que são melonezes.

Cativo

E porque foi que tas pôs?

Vasco

Porque com uma moça
Estava falando a sós.

Cativo

E que são mouros melonezes?

Vasco

Melonezes são amigos
Dos que semeiam meloais.

Cativo

Não é mais que esse delito?

Vasco

Inda é mais outra coisita.

Cativo

E eu não o saberei.

Vasco

Sim, que somos estranhos
E o não proíbe a nossa Lei;
Foi porque entrei nuns banhos.

Cativo

Oh que delitos tamanhos!
Como entraste e quem te viu?

Vasco

Eu estava nu de tudo
Como minha mãe me pariu
Mas um grandíssimo besta
Que viajava aquele sítio
Logo cruel me açoutou
Até me pôr cor de lírio
E fez-me pôr aquele bruto
Como os arcos dalgum pipo
Desde o pescoço ao conduto.

Cativo

Mas no fim estavas banhado?

Vasco

Mas também estadulhado.

Cativo

Pesa-me de haver-te ouvido
Porque tem pena de morte
O que entra nesse sítio.

Vasco

Mas é que ainda foi mais...

Cativo

Sem ser o que tens dito?...

Vasco

Ainda é outro pecadito
Que me querem encarregar.

Cativo
E não mo dizes, ó Vasco!
Tu hás-de mo já contar.

Vasco
Entrei de mouro vestido
Aqui numa diligência
Por mandado dum cristão
Meu amo a quem eu sirvo
E gastou-me o dinheiro
Porque comprei um leitão.
Fui-me pôr num arrabalde,
Pus escola de meninos,
Como sei a fala turca
Foi fácil o fingi-la.

Em pouco tempo à escola
Vieram tantos meninos
Que teve por companhia
Mais de duzentos mourinhos.

A todos pela manhã
Lhe ensinava um bocadinho
E assim todos os dias
Lhe ensinava o catecismo
E ao que mais aprendia
Dava-lhe um pãozinho frito
E pelo gosto do bocado
Sabiam já os mourinhos
A doutrina como um raio
De forma que, amiguinho,
Em pouco tempo lhe meti
Na alma fé e pãozinho.

Cativo
Por isso e pelos banhos
Te vão a dar dois castigos.

Vasco
Deve ser um por ser porco
E o outro por ser limpo.

Celima
Um susto lhe vou a dar
Já que estive a ouvir falar.

Vasco
Ah, Celima, eras tu
Quem estavas escutar?

Celima
A Argela estou a esperar
Que me disse que já vinha.

Vasco
Tens lindo nome Celima
Se to pudesse cortar.

Celima
Diz-me como isso é
Antes de subir para cima.

Vasco
Se lhe tirares o [...]
E deixando-me a lima
Para limar os grilhões.

Celima
Sentes muito essas prisões?

Vasco
Olha que maravilha!

Celima
Para ti é toda a vida.

Vasco
E não me dizes porquê?

Celima
Porque dizes tenho ouvido
Que já estás condenado
A atanazarem-te vivo.

Vasco
E como me atanazeam?

Celima
Eu já to vou dizer
Atam um homem a um pau
Sem lhe darem de comer.

Vasco à parte:

Vasco
S. Círilo!

Celima

E ao lado lhe põem
Um braseiro acendido
Para rojar a tenaz.

Vasco

Fogo... S. Braz!

Celima

Depois dois ministros ímpios
Com sua tenaz ardendo
Lhe vão tirando a bocados
A carne e deixam esbulhados
Os ossos para mais tormento.

Vasco

Até nisso são ministros
Pois levam carne sem osso.
Então que será de mim...

Celima

Desta sorte aos condenados
Lhes tiram a vida assim.

Vasco

Com pausa perco o sentido
Porque sem ser miserável
É miserável castigo
Pois farão me cavaleiro
Dessa tenaz, meu Deus!

Celima vai-se.

Que me trouxe a estes trabalhos
Foram os pecados meus.

Sai Mudarra e dois guardas e diz Mudarra:

Mudarra

Soltai já quantos cativos
Estão na cadeia vivos.

Vasco

Bem haja ao pai que te fez
E a moura que te criou
E a boca que assim falou.

Recolhem-se para dentro da prisão Vasco e o cativo e diz Mudarra:

Mudarra

Não fazeis o que vos digo
Ou quereis que torne a mandar?

Soldado 1º

Já, senhor, os vou soltar.

Vai à prisão e diz à parte o soldado 1º:

Soldado 1º

Que o diabo resistisse
Ao que Mudarra mandou.
Dum pontapé me atirava
De focinho sobre o chão.

Tira-lhe as cadeias dos pés e diz para Mudarra o soldado 1º:

Hei-los aqui, meu senhor,
Já sem algemas estão.

Mudarra

Dizei todos que Mudarra
Vos deu hoje a liberdade
E já podeis ir seguros
A viver na cristandade.

Vasco

Pois eu o direi a vozes
Sem temer nenhuns embelecos
Como escapei da tenaz.
Viva Mudarra mil séculos
Porque é um mouro honrado.

Mudarra

Ide cativos em paz!

Vão-se. Celima para Vasco:

Celima

Vasco, espera!

Vasco

Celima, o que é que queres?

Celima
Atreves-te a ir comigo?

Vasco
Aonde linda mourinha?

Celima
Eu quero que tu me esperes
Lá no palácio escondido
Porque aquele segredo
Deves levá-lo sabido.

Vasco
Se não há perigo guia
Pois assim com mais firmeza
Ao meu amo é que lhe sirvo.

Vai-se Celima e Vasco e diz Mudarra:

Mudarra
Gozai a vida primeira
Antes de entrar na prisão,
Que por vos dar liberdade
Piedoso o meu coração
Ao vosso tão afligido
Nada dá, pois só nos torna
O que havíeis perdido.

Valha-me Alá, se soubesse
O que tenho hoje sabido
Que sou de estirpe cristã
E de pai tão nobre filho.

Eu me vingava mais breve
Dando àquele traidor castigo,
Não em vão dentro do peito
Para vingar tal delito
Foram pensamentos vãos
Não é acaso os carinhos
Que em mim acham os cristãos.

Sai e diz o Almançor:

Almançor
Como Mudarra atrevido,
Sem esperar os meus decretos
Contra minhas leis alivia
Sem ter a minha licença

Aos meus preceitos remisso,
Deste liberdade a quantos
Cristãos aqui encerrava.

E se não tivestes aviso
Até hoje de quem és
Para temperar o brio
Sem haver algum revês
De Argela e de mim querido.
Sabe que te criemos
Como um príncipe e és filho
De mãe e pai desconhecido.

Mudarra
Vós essa culpa haveis tido
De que eu seja piedoso
Com esses pobres cativos
Porque se vós me criaste
Como um príncipe hei cumprido
Na aparência em livrá-los
Que este nome não é digno
Nem príncipe há-de chamar-se
O que não for compassivo.

Almançor à parte:

Almançor
Discreto é como valente
Mo está dizendo o carinho
Que o não devia ralhar
Mas é preciso mostrar
Que estou impaciente
Já de outra ocasião.

Para ele:

Fizeste o mesmo delito
Apesar de eu te ter dito
E muitas vezes referido
Que não tratasses com cristãos
E não me tens obedecido.

Eu não posso perdoar-te,
Louco rapaz atrevido!
Corrige a tua soberba
Teme, teme o meu castigo,
Não confies no favor
Que te fazes dele indigno

Que te juro por Alá Santo
Que se te irritas comigo
E as minhas leis quebrantas
Tens semelhantes castigo.

Vai-se.

Mudarra
Espera aí, Almançor!

Sai Argela e Celim e diz Argela:

Argela
Que intentas fazer Mudarra?
Não sejas para o rei traidor.

Mudarra
Dar a entender a meu tio
Que lhe não tenho temor nenhum.
Aos castigos seus
Há-de ele temer os meus
E se não for desta sorte,
Com a espada nas mãos
Pode ser que me revolte
Pois é cúmplice na morte
Daqueles meus sete irmãos
Que a Rui Velasques comprou,
A quem determino matar
E por isso vou marchar
Para esta empresa que sigo.

E melhor é que não saiba
Esta vingança que espero,
Ele quem sou ignora
Porque a saber não chegara
Que eu era filho teu
E de Gonçalo de Lara.
Não tardam uma hora
Em se opor ao peito meu.

Celim
Que a isso enfim te resolvas.

Mudarra
É o meu projecto, Celim.

Argela
Meu pranto diz que te volvas
Pois deixas-me só a mim.

Mudarra
Com isso mais me irritais
E minha ira concentrais.

Celima
Buscar teu contrário intento?

Mudarra
Sim, sua morte solicito.

Argela
Que dizes, Celim, a isto?

Celim
Eu aconselho o mesmo
A sua vingança activo
É bem que morra um traidor
Estando Mudarra vivo.

Argela
Oh que padrinho fui tomar
Para minha dor confortar!
Diz-me lá o que tens dito?...

Celim
Digo que hei-de ir com ele
Até o inimigo matar.

Mudarra
Nunca, Celim querido,
Do teu peito esperei menos
Pois sempre juntos comemos;
Meu segundo pai tens sido.

Argela
Pois já que determinados
Estais os dois a partir
Para que entre a nobreza
Não deslustre o ser sobrinho
Dum bem que te quero dar
Minhas jóias, filho querido,
E todo o ouro que guardo
E um criado há-de ir contigo.

Mudarra
De quem?

Argela
De teu pai
Por quem cartas tenho tido.

Mudarra
De meu pai?!...

Argela
Sim, de teu pai
Não estejas admirado.

Mudarra
E quem é esse criado?

Sai e diz Vasco:

Vasco
É Vasco que está escondido
A chegar a buscar-te.
De contente salto e brinco!
Aperta, Mudarra, a mão.

Agarra-lhe a mão, beija-lha e diz:

Retrato do mais novinho.

À parte:

Jesus não vi coisa igual!

Mudarra
Sou a ele mui parecido?

Vasco
Mais que um asno a um burrinho.

Celim
O nosso Vasco tem capricho.

Mudarra
Vamos, Celim, que em ti levo
Um bom mestre e bom amigo.

Celim
Melhor dirás um vassalo
Leal para teu serviço.

Argela
Que em ti eu vejo no céu
Os teus olhos, filho meu!

Vasco
Ninguém tema que vai Vasco
Que comparado tem sido
A Vasco, palha, homem trilhado
E Vasco Figueiró seu filho.

*Vão-se. Sai Bustos cego e um jardineiro e
Bustos arrumado a um bordão diz:*

Bustos
Sancho, Nuno! Olá criados!
Escudeiros, como é isto
Não há quem me responda?

Jardineiro
O que quer, meu senhor?
Precisas do meu favor?

Bustos
Esqueceis vossos deveres.
Mas tu quem és?

Jardineiro
Sou o vosso jardineiro
Pois já não me conheceis?

Bustos
Não! Que estas penas cruéis
Já de corar estou cego.
Põe em lugar onde possa
Gozar o calor do sol.

Traz uma cadeira põe-lha e diz o jardineiro:

Jardineiro
Vem andando pouco a pouco.

Leva-o pela mão até se assentar e diz Bustos:

Bustos
Meus criados, que têm feito?

Jardineiro

Como o conde de Castela
Hoje no povo se hospeda
Teus escudeiros e pajens
Saíram a ver a entrada.

Bustos

Vêm avisar-me de nada
Que o conde venha hoje a Salas
Eu temo algum contraste.

Jardineiro

Eis aqui onde assentar-te
Que dá o sol do meio dia
Onde bem o aproveitais.

Bustos

E tu agora onde vais?

Jardineiro

Meu senhor, depressa volto
Ao jardim a cultivar
As flores que tanto gosto
Dão o aroma ao cheirar!

Vai-se o jardineiro e diz Bustos:

Bustos

Valha-me o Deus dos Céus
Que inutilmente hei vivido,
Que a injúria não paguei
Quando em Castela pensei
Que do traidor inimigo
Não ficava protecção.

Pois de vender os sobrinhos
Todos sabem a traição
Amparado e defendido
Do conde que pouco atento
Dá crédito aos seus enganos
E assim vive o lisonjeiro
Sem nunca poder vingar,
Sendo eu sempre cavaleiro
Aquele inocente sangue
Que entregou o seu vil peito.

Pois temendo uma vingança
Se ausentou para França

Até não saber que estava
De chorar apenas cego.

Não veio a Castela e hoje
Estou incapaz do duelo,
De meus já caducos brios
Faz zombaria e desprezo.

Sete pedras cada dia
Me atira às janelas, sendo
Este acordo repetido.
Vil memória e vitupério
Dos meus sete filhos queridos
E para ferir-me de novo
A alma que cada dia
Me acorda este sentimento.

Canta dentro o jardineiro:

Jardineiro

Gonçalo Bustos de Lara,
Em poder do Almançor fero,
Por uma carta enganosa
Ele foi cativo e preso.

Bustos

Tão sabida a minha história
Que até mesmo os aldeãos
Condenam a aleivosia
De tão bárbara traição
Do conde de Castela
Ignora este sucesso
Sem me escutar as razões
Favorece este travesso.

Canta dentro o jardineiro:

Jardineiro

Para jantar o convidava
O Almançor que isto festeja
E lhe põe numa bandeja
Sete cabeças que estimara.

Bustos chorando:

Bustos

Oxalá que também eu
Morresse ali como eles

Pois a desgraça que choro
Era na lembrança menor.

Oh quisera que então lá
Ao ver horror tão sangrento
Cegava para não olhá-lo
Como aqui ceguei de vê-lo!

Canta dentro o jardineiro:

Jardineiro
Da irmã do Almançor
Diz que teve um filho belo
Apenas o viu nascido
A liberdade lhe deram.

Bustos
Verdade é que um filho tive
De Argela como dizeis
É meu segundo as notícias
Que me dão os seus papéis.

Mas como há tanto tempo
Que de isto ninguém me avisa
Quem duvida que é morta
Aquela prenda querida.

Pelo tempo decorrido
Vinte anos terá o moço
Podia fazer destroço
Se ele soubesse batalhar
Em defesa de seu pai
E vingar os seus irmãos
Pois o sangue está a clamar.

Mas onde meu pensamento vai?
Valha-me Deus!...
Será Argela ofendida
De haver eu sido tão grosseiro
De não ter palavra cumprida
Pois não a tornei a ver?

Lançada no esquecimento
Deve ter grande sentimento
E não me quer escrever.
Eu não sei o que haverá tido
Mas breve o espero saber
Pois a Vasco hei remetido

A Córdova com o intento
De falar e me trazer
De Argela aviso certo.

Tocam caixas e diz Bustos:

Mas que é isto que escuto
Que como militão acento
Me assustam e dão temor?

Sai e diz o jardineiro:

Jardineiro
Notícias te dou, senhor,
Que em grande perigo estás posto
Porque um esquadrão de mouros
Se vê chegando revoltos.

Bustos
Valha-me Deus! Que será
E que virão a fazer?

Jardineiro
O chefe que os comanda
É um rapaz muito belo
Tem um nobre proceder
Na bondade e no carinho
E em todas as feições
Parece ser Gonçalinho
Pois é mesmo o seu retrato.

Bustos
Deixas-me estupefacto
Só me vens lembrar paixões.
Que é o que estás a falar?

Jardineiro
Que nos devemos retirar
Pois com grande violência
Se encaminham para aqui
Num exército colosso.

Bustos
Mover-me, amigo, não posso
Deixai-os vir e que acabe
Minha vida tão cansada.
Eu bem sei que Rui Velasques
Tem esta traição tramada.

FAMOSA COMÉDIA O TRAIDOR DO SEU SANGUE OU OS SETE INFANTES DE LARA

*Chegam ali Mudarra, Celim e Vasco. Vai-se o
jardineiro e diz Mudarra:*

Mudarra
Esperai aí, cristãos,
Não vos vades retirando,
Não temais a minha espada
Que só a Gonçalo Bustos
É quem eu venho buscando.

Bustos
Pois já o tendes presente,
Mouros, sou eu! Mas primeiro
Que deiais fim a meu martírio
E a minha vida acabar.

Rogo para me deixar ver
A um mouro que se parece
A um filho que me morreu
Que mo deixeis abraçar
Já que o não posso ver.
Segundo a vossa honra
Deveis-me isto conceder.

Mudarra à parte:

Mudarra
Valha-me Alá que é meu pai!
A alma mo está a dizer
Pois duma estranha alegria
Meu peito se está a encher.

Bustos
E vós não me respondeis?

Mudarra
Enternecido e suspenso
De haver-vos cego encontrado
Fiquei-me neste silêncio
Pois do vosso mal me toca
Uma dor e sentimento.

Bustos
Porque razão é, mourinho?

Mudarra
Porque sou eu esse tal
Que se assemelha a Gonçalinho!

Bustos
Chegue-vos mais para mim
Julgo ser isso bastante
Para não sentir meu mal.

Mudarra
Sim, que me obriga um preceito.

Bustos
E qual é?

Mudarra
É que sou no meu conceito
Pai e senhor, filho vosso
E de Argela, mas já não posso
Continuar a narração
Sem beijar a vossa mão.

Beija-lhe a mão e diz Bustos:

Bustos
Filho meu, tu que disseste?
Serei feliz este dia
Se acredito estas verdades
Pode matar-me de alegria.
Dá-me os teus braços.
Oh Deus! É uma ilusão atroz!

Abraçam-se:

Filho meu! Oh filho meu!
O gosto me estorva a voz.

Mudarra
Que me deste o ser confirma
O muito que te respeito.
Sou teu filho não duvides
Se não fosse verdadeiro.

Nasci apesar de inveja
Com tão altos pensamentos
Apesar de vós não serdes
Quem me deu o ser que tenho.
Só ao sol reconhecia
Como pai dos meus alentos.

Vasco
E Vasco é testemunha
Que como fiel podenco

Vindo de capa e espada
De Irlanda insigne barão
Desde Córdova te trago
A resposta do cartão.
Este jovem que é teu filho
Como do sol é o brilho
E pelos poros brotando
Sem haver outro igualado
Como esforço dos Laras.

Té os olhos são de Gonçalo,
Do Gonçalo os pensamentos
Não há valor mais galhardo
Como Gonçalo primeiro
E se ele se faz cristão
Como um deus espero eu
Há-de trazer por moura
A chaminé lá do Céu...

Bustos
Como Vasco não falavas?
Agora sim acredito
Torna-me abraçar, mourito,
Pois tu és o filho meu.
Chega-te mais ao meu peito
Junta ao meu o rosto teu.

Mudarra
Para te abraçar eu venho.
Ao amor ninguém resiste
Quem poderá dar-te vista
Pois me deste o ser que tenho.

Abraçam-se outra vez e diz Bustos:

Bustos
Pelo tacto reconheço
Como filho mais novinho
Pois tu tens o mesmo corpo
Que tinha o meu Gonçalinho.

Vai apalpando-o todo e continua:

Oh lembrança tão atroz!
Mas as mãos são de Diegues
E de Fernando é a voz!
Já pelo menos não posso
Dizer que perdi de tudo

Pois me fica por consolo
Em quem empregar gostoso
O amor de todos eles.

Mudarra
Se de eles sou viva cópia
Por todos lograr espero
A mais heróica vingança
Que tem conhecido o tempo.

Por isso eu a Castela
A minha diligência devo
Por saber que sou teu filho
E meus sete irmãos que foram
Vendidos por Rui Velasques.

Mas o traidor conhecendo
A razão com que intentava
Vingar-se se ausentou sendo
A causa de que cegasses.

E de repetidos tormentos
Não há-de ficar em Castela
Deste inimigo soberbo
Senha, sombra ou claridade,
Vislumbre, indício ou bosquejo.

E se o encontro ou vejo
É da vingança escarmento
Se o mesmo sol ofendera
Com traição o meu respeito
Do mesmo sol me vingara
E com os montes fazendo
Escada para o estrago.

Mais que baixara resolto
O meu atrevimento em cinzas
Não me tirava pelo menos
Mais que disparassem raios
O valor de empreendê-lo.

Quem por vingar um agravo
E morre no bizarro empenho
Por não conseguir o triunfo
Faz glorioso o intento.

Bustos
Nesta idade tão caduca
Cujo fatigado alento

Me ensina o último prazo
Vinganças não te aconselho
Já está padecendo o dano
Ao feito não há remédio.

Deixar a Deus a vingança
Na minha Lei que professo
É melhor acção perdoar
Ao inimigo os seus erros.

Mudarra
Meu pai, se na tua Lei
A vingança é desacerto
Cá na minha não, que pode
O agravo desempenho
Vingarei-me como mouro
E logo como cristão
Que a minha cólera apague
Lhe darei o meu perdão.

Bustos
Eu não quero persuadir-te
Dessa acção má. Adverte
Que é poderoso o inimigo,
Toda a nobreza do reino
O acompanha onde quer
E é parente mui próximo
Da condessa que é mulher
De Garcia nosso conde
Que agora está a reger.

Mudarra
Se o matar sem vantagem
Não há perigo que temer.

Celim
E quando o houvera a esse
Traidor que sempre foi mestre
De trapaças e enganos
O vejo sem valor que preste.

Eu, que ao lado de Mudarra
Tão justa causa defendo,
Farei que renda o orgulho
Só de ouvir do nome o eco
Pois bem conhece Celim
Seu infame e traidor peito.

Bustos
Tua fama, Celim valente,
Volve a ti por algum tempo.
Batalhamos lança a lança.

Celim
É certo sem duvidar
Mas o tempo deu mudança.
Lembrando-me o teu esforço
Sempre fui mais singular.

Bustos
Eras então pequeno
Mas já mostravas valor
Notável, que te fez dono
Da graça do Almançor.

Celim
Por amigo me confesso
Gonçalo Bustos de Lara.

Bustos
Os favores que deparar
A este rapaz agradeço.

Velasques e o conde dentro, diz Velasques:

Velasques
Ninguém mais pode passar.

Mudarra
Que é isto? Ouço falar.

Vasco
É Rui Velasques e o conde
Que nos vêm visitar.
Vamos-lhe armar o laço
Para o podermos caçar?

Bustos
Não deixa de vir a ver
As novidades que há.
Filho, reporta-te lá...

Mudarra
Farei, senhor, o que devo
Pois mo manda o sentimento.

Celim
Oh que bela ocasião
Para lograr nosso intento!

*Sai o conde e Rui com vestido de passeio e diz
o conde:*

Conde
Gonçalo Bustos de Lara
A quem estimo e venero
Por nobre e por valoroso
Por grande homem do meu reino,
Achando-me neste povo
De Salas, hoje não quis
Passar a Burgos sem ver-vos.

Ainda que estais queixoso
Por causas que não entendo
Nem vós o justificais
Co provas ou instrumento
Sou vosso amigo e quisera
Saber, Gonçalo, a que é feito;
Vos buscam mouros de paz
E estais tão satisfeito
Sem a mim parte me dar.

Bustos
Senhor, por tantos favores
De vir minha casa honrar
Atendei-me um bocadinho
Para vos explicar.

Mudarra
Para dizer o sucesso
Pertence-me a mim falar
Por ser eu esse travesso
Que esta lei vem quebrantar.

Conde heróico de Castela
Para que saibas por extenso
A razão que me moveu
A entrar assim no teu reino
Hás-de me ensinar primeiro.
Um dos conselheiros teus
Que se chama Rui Velasques...

Rui à parte:

Rui
Oh Céus que escuto!

Para Mudarra:

Aqui está esse sujeito
Essa pessoa sou eu.
Dize-me, mouro atrevido,
Que intenta fazer teu peito?

Mudarra
Eu só quero conhecer-te.
Agora digo ao que venho
Eu sou Mudarra Gonçalo
Que de ser filho me prezo
Do nobre Gonçalo Bustos
E de Argela infanta régia,
Linhagem que generosa
Me infunde altivos alentos.

A ti pois o mais traidor
Cristão com vitupério
Desta nobreza espanhola
Manchaste o seu privilégio.

A ti que contra o teu sangue
Contra teu Deus, pátria e chão,
Traidor vendeste a meu pai
Com falsidade e traição.

E sem atender a uso
Das nações que aliadas
Sem fé nem razão nem alma
Tu entregaste às espadas
Mouriscas meus sete irmãos.

Delito por si mais novo
Mais cruel mais horroroso
Que coube em peitos cristão
Por isto e por outros mais
Infâmias de que não falo
Te chamo e desafio
A batalhar sem receio
Por aleivoso e cobarde
Por vil traição lisonjeira
Ainda que possa à traição
Vingar-me em razão de duelo
Por não te imitar a ti
Usar acção vil não quero.

Sai comigo para a campanha
E o conde diga o lugar
Que como rei de Castela
Lhe pertence designar
O campo ao ofendido
Como juiz justiceiro.

Chega-te a mim se queres
Que conclua o teu marteiro
Que aqui com armas te espero
Porque se tardas suspeito
Que entre os quatro elementos
Espargido este veneno
De meu furor vingativo
Hás-de matar teu alento
No ar se respirares
E na terra se te encontro
E no fogo se te amparas
E na água sorridente
Temperas a sede envolta
Na fúria e seus projectos
Por teu estrago conjura
Água, terra, fogo e vento.

Bustos
Já meu ódio se trocou
Em piedade e muito sinto
Que este meu filho o trate
Com tão livre atrevimento.

Rui
Mente essa voz, mente o lábio
Que à minha honra põe tédio.
A fama me tem roubado
Com inveja e furor cego.

Mudarra
Não mente, traidor safado.

Rui
Cala-te, se tu és bastardo!

Mudarra
Por ser bastardo é desprezo?
Pois na Lei que eu professo
O matrimónio é somente
A vontade de dois peitos.

Bustos
Já deves estar satisfeito.
Rapaz, é melhor calar
Isto é o que te peço.

Mudarra
Por ser pai vos obedeço.

Bustos
Deve ser de natureza
O defeito que há em mim
Pois ainda que o ralho
Gosto que ele fale assim.

Rui
És mouro e essa razão
Não fazem nenhuma fé.

Mudarra
Mas sou nobre e certo é
Que há testemunhas de vista
Que te condenam por fé.

Rui
Tu? Tens tu testemunhas?!

Celim
E verdadeiras, senhor.
Poderás negar-me que a mim
Me fizeste instrumento
Daquela infame traição
Que fez o teu atrevimento.

Rui
Não te posso conhecer
Nem entendo essa razão
Nem sei quem tu possas ser.

Celim
Não me conheces a mim
Olha que sou Celim
Com quem fizeste o contrato
De entregar a teus sobrinhos
Ao Almançor morto ou vivo.
E por isso já te assustas?

Vasco
Olha o que está de amarelo
Parece a cor dum marmelo
Quando quer cair ao chão.

Rui
Tu nisso mentes, vilão!

*Empunham as espadas Rui, Mudarra e Celim
e diz o conde:*

Conde
Alto lá, ó camaradas!
Como ultrajando o respeito
De estar na minha presença
Empunhais vossas espadas?

À parte:

É-me preciso prudência.
Agora é que eu suspeito
Que me há trazido enganado
Rui Velasques, e se é certo
Pela razão de Gonçalo
Eu hei-de fazer justiça
Sendo o crime descoberto.

Rui
Meu senhor, se é de seu gosto.

Conde
Para os dois designo posto
De batalha nesta tarde
E na praça deste povo
Aceitar o desafio.

Rui
Sim, meu senhor, aceito
E honrado desmentirei
O cargo que me tem feito
E pois alegre me toca
As armas conforme o duelo
Para sair do combate.
A prevenir-me irei logo
Por isso a minha escolha
Das armas será de fogo.

Vai-se.

Gonçalo Bustos de Lara,
Mudarra, Celim, o tempo
Vai descobrindo verdades
De mim ignoradas
Que até o Céu permite
Para te dobrar o prémio
E tenho que fazer justiça.

Sai o jardineiro e diz:

Jardineiro
Senhor, ide com pressa
A seguir aquele traidor
Que esses campos atravessa
Cheio de susto e horror
Para se ir a esconder.

Conde
Que é o que estás a dizer?

Jardineiro
Que esse Rui Velasques hoje
Do nobre Mudarra foge,
Pelos campos vai fugindo
Para de vós se perder
E ocultar a falsidade.

Conde
Cumpre-me a sua traição
Já vejo que é verdade.
Ide com vivacidade
A seguir a esse ladrão
Que eu pela outra parte
Também o hei-de seguir.

Mudarra
Ah cobarde!
Pouco te vale o fugir
Que todos ao mesmo tempo,
Ainda que te sepulte o centro
Da terra sem se ver nada,
Aos fios da minha espada
Traidor, hás-de sucumbir!

Celim
Vamos trás dele para o matar.

Vai-se Mudarra e Celim e diz o conde:

Conde
De acção tão vil me envergonho.
Como é que fez o traidor?

Bustos
Ajustai-vos, meu senhor,
De que não haja perigo
Na vida do meu Mudarra!
Porque é moço temo e digo
Que a Rui Velasques agarra
E acontece algum horror.

Eu perdoo-o pelo amor
De Deus que nos dá o exemplo;
Não corra sangue do peito
Que eu vingar-me não intento.

Conde
Gonçalo! Eu farei modo
Com que fiqueis satisfeito.

Vai-se.

Bustos
Ah filho da minha alma!
Ampare tua vida o Céu
E desse traidor te livre.
Vasco vamo-lo seguindo?!

Vasco
Juro a Deus que esse sandeiro
Se o encontro por azar
E saca da sua espada
Com tenção de me matar
Hei-de fugir bem ligeiro.

*Vai-se Vasco. Sai Rui fugindo a cavalo e pa-
rando diz:*

Rui
Bruto animal, detém-te!
Oculta-me nestas giestas
Pois correndo tão veloz
Mais meu crime manifestas.

Valha-me Deus que será
Que quer dizer meu coração
Que a morte bem perto está
Pois descobriu-se a traição?!

Oh que insídia tão forte
Não sei para onde hei-de ir!
Se o cavalo me cair
A minha morte é fatal.

Tão estranhos acidentes
Presságios são de algum mal
Tenho os nervos agitados
E o coração está latente.

Oh meu Deus o que eu farei?!
Na espessura silvestre
Do monte me esconderei.
Mas que digo?! A um rapaz
Que apenas vinte anos faz
E vem da Turquia ousado
Hei-de-lhe eu confessar medo?...

É ser mais que um sandeiro;
Não será melhor que cumpra
As leis como cavaleiro?
Voltando ao sítio apressado
Claro está que melhor é.

Volta o cavalo para trás e continua:

Aparta de mim temor
Minha nobreza é melhor
Mas que torpe é o delito
O crime é o mais patente
Que há no passado e provir.
Mais acertado é fugir
Porque vendo estou à morte!

Sai Mudarra e Celim a cavalo e diz Mudarra:

Mudarra
Cobarde, traidor, detém-te
E não fujas desta sorte
Que já te alcanço de vista
E não te livras da morte!

Rui
Ilusão, sombra aparente,
Voz que no ar me assustas
Que queres? O que pretendes?

Mudarra
Matar-te! Puxa da espada
Porque se não te defendes
Ainda durarás menos!

*Mudarra e Celim puxam das espadas e diz
Rui:*

Rui
Atende Mudarra primeiro.

Mudarra
Dize o que queres, carniceiro.

Rui
Eu sei que queres vingar
A morte de teus irmãos
Mas não queiras batalhar
Comigo porque é em vão.

Antes dá-me o teu perdão
Não te exponhas a morrer
Porque contra a minha espada
A tua não vale nada.

Mudarra
Se vale ou não vais a ver!

Batalham e diz:

Olha lá, traidor infame,
Ou matas ou me vais morrer
Mas já te podes render
Porque não salvas a vida.

Rui
Oh minha família querida
Não me posso defender!

Batalhando.

Nem tão pouco retirando
Faz favor de me escutar.

Mudarra
Que te escute?! É para esperar
Enquanto chegam os teus?

*Dá-lhe uma estocada com a espada, mata-o e
diz Rui:*

Rui
Morto sou, valha-me o Céu
Que varou meu coração!

Mudarra
Assim pagas a traição
Duma vingança inclemente da tua vida.
Memória deste sangue inocente
Há-de ficar na história.

Vasco
Senhores, acudam todos
Que para ali se andam matando!

*Sai o conde e espera enquanto Celim e
Mudarra voltam ao tabuado e diz o conde:*

Conde
Que é isso, Mudarra honrado?

Mudarra
Inda mais que estão vingado.

Conde
É Rui Velasques esse.

Celim
Sim, senhor, é o traiçoeiro
Que lhe dava tantos mimos
Reconhecidos por mim.
Saiba que sou Celim
A quem entregou os sobrinhos
Na batalha. Causa horror
No comando do Almançor.
Eu mesmo lhe dei a morte
Por mando desse traidor.

Rui
Eu morro por justas leis
Que hoje o Céu em mim tocou.
Sem piedade nenhuma
Fui cruel contra meu sangue.

Deus Eterno, tende piedade
De mim nesta ocasião,

Virgem Sacra, protegei-me
Nesta última aflição;
Não vos lembreis do pecado
E dai-me o vosso perdão.

Morre e diz Vasco:

Vasco
Bem feito grande mariola!
Não foras tu lisonjeiro,
Viveras como Deus manda
Mas quiseste fazer gosto
A tua senhora Alambra.

Conde
Deus o castigo prevê
A quem comete o pecado.

Bustos
Dá-me os teus braços, filho,
Por tão grande regozijo.
Mas que é isto? Oh Céus!
A vista nos olhos meus!

Mudarra
Presságio que a vista
Vos veio do vosso Deus.
Agora é que eu confirmo,
É para que possais ver,
Receber o meu baptismo
E também o de Celim
Se me quer acompanhar.

Celim
Sim, quero-me baptizar
E seguir a vossa Lei.

Conde
Eu mui alegre e contente
De ambos padrinho serei.
Vamos, Gonçalo honrado!
Que alegria sem fim!
Vamos tu, nobre Mudarra!

Versão recolhida em Sendim. Manuscrito datado de 1923. O texto foi copiado pelo senhor Luy Maria de Castro Virez, de Sendim. O texto é baseado num romance ligado à tradição histórica de Espanha.

Ilusões Transmontanas

Figuras que representam este acto

Profecia
Vasco Gracioso
O Zé Pastor
O Francisco Cavador
Domingos Lavrador
António Comerciante
Manuel Taberneiro
João Carpinteiro
Pedro Mendigo
Américo Barbeiro
Casmiro Ferreiro
A tia Ana do Quintal

Profecia

Em nome de Deus do Céu
A nossa obra é começada
No mundo à primeira vez
Que vai ser representada.

Primeiro peço desculpa
Ao povo que está presente
Pela minha indigna voz
E eu não ser competente.

A respeito dos transmontanos
Vamos aqui representar
Com devoção vos pedimos
Que nos queiras escutar.

Esta província atrasada
Quase como não conhecida
Apresentamos os factos de outra hora
Tais como correrão na vida.

Mostramos a senceridade
Que o povo estava acreditado
Bruxedo espiritismo e fanatismo
Estava tudo amedrontado.

Primeiro representa o gracioso
Vasco por aqui conhecido
Tantas cousas atrasadas
Que por aqui tem sucedido.

A seguir o Zé Pastor
Das ovelhas se vem queixar
Que não pode com o bruxedo
Tantas coisas de lamentar.

Depois vem o Francisco Cavador
Com sua voz trémula e cansada
Queixando-se de inxorcismos
Que em a sua casa amedrontada.

Sua mulher diz que tem isfisetas
Do mundo que não conhecemos
Mas o que são os aspíretos
Mais adiante o diremos.

Segue Domingos Lavrador
Que estão todos embruxados
Morrendo-lhe todas as crias
Fugindo-lhe os seus criados.

O António Comerciante
Também se bem a queixar
E vai a tia Ana do Quintal
Para seu bruxedo curar.

A seguir Manuel Taberneiro
Diz que sua mulher está doente
Que é o Diabo ou bruxas
Que vê na figura de gente.

Logo depois o João Carpinteiro
As doenças são todas essas
Que risca e tira a plano das obras
E sai-lhe tudo às avessas.

Depois de este Pedro Mendigo
Afirma as pontas tão exactas
Que as bruxas nas pousadas
Lhe guardam sempre os sapatos.

E o Américo Barbeiro
Diz com um ar de infadado
Que corta todos os fregueses
Que deve estar embruxado.

Também o Casmiro Ferreiro
Traz os dedos martelados
Que são bruxas ou espíritos
Que lhe dão esses trabalhos.

Por fim bem a tia Ana do Quintal
Que no bruxedo tem mais experiência
Com uma camisa do doente
Descobre toda a doença.

Porém amados ouvintes
Prestai a vossa atenção
O que são esses bruxedos
Ideis ver nesta ocasião.

No tempo que isto se sucedia
Apareciam cousas fatais
O bruxedo e o espiritismo
Era sempre o Zé Vinhais.

A obra bai desenrolando
Como vos tenho anunciada
No mundo como vos disse
Primeira representada.

A todos peço desculpa
De esta obra começada
Com homelhação me retiro
Findei a minha jornada.

Música. Sai o Zé Pastor.

Zé Pastor
Meus sinhores vou-lhes contar
Minha vida desgostada
Todo quanto me sucede
Dentro desta temporada.

Eu gosto muito de vinho
Mesmo assim posso provar
Mas o ladrão do bruxedo
Que me quer atormentar.

Não tenho medo a ninguém
Sou forte como os canhões
Quando bebo bastante vinho
Estou cercado de visões.

Eu sento na minha frente
Umas certas ilusões
E na testa um calor
Que me causa inquietações.

Depois não tenho vontade
Do meu rebanho guardar
As ovelhas bam se morrendo
Sem eu as poder salvar.

Vou a tia Ana do Quintal
Para descobrir a bruxaria
Pois isto só pode ser bruxas
E toda a minha mania.

Bate à porta da tia Ana e diz:

Boa tarde sinhora tia Ana
Como está bona belhinha
Venho pedir um favor
A vossa santa casinha.

Eu durante minha vida
Sempre fui um bom pastor
Mas agora o bruxedo
Atormenta o meu valor.

Tia Ana
Diz-me então meu bom irmão
Como é esse bruxedo
Se é branco preto ou vermelho
Ou que é que tu tens medo.

ILUSÕES TRANSMONTANAS

Deixa-me ver a camisa
Para descobrir a brincadeira
Já vejo gotas de vinho
O bruxedo e bebedeira.

Não temas a coisa alguma
Irmão evita a bebida
E no fim não tenhas medo
Neste mundo à bruxaria.

Sai Vasco e diz:

Vasco
Bem grande bruxedo é o vinho
Que arma certas brincadeiras
Aos homens velhos e mulheris
E também às moças solteiras.

Já são crianças novinhas
E majestrados com mania
Empregados e padris
Todos com a mesma bruxaria.

Já são freiras e noviças
Estudantis a errar
O vinho tem tal força
Que se não pode aturar.

Homens que tenham profissão
Tudo trilha esse caminho
Por mais honesto que seja
Quem o estraga é o verde vinho.

Ninguém se conhece no mundo
Acusado de bebedeira
Mas se olharmos para nós
Sofremos da mesma maneira.

Toca Música. Sai o Francisco Cavador.

Francisco Cavador
Meus sinhoris em que trabalho
Neste ano estou metido
O bruxedo em minha casa
Traz-me tudo corrompido.

Minha mulher diz que tem espíritos
Os meus filhos estão embruxados

Ao aparecer as noites
Estamos todos zangados.

Ralhamos pintamos a breca
Ninguém de nos tem valor
Sofremos da mesma doença
Todos temos na testa calor.

Bou à tia Ana do Quintal
Para ser aconsilhado
Se é bruxedo ou espiritismo
Ou pode ser o Diabo.

Chega à porta e diz:

Boa tarde santa velhinha
Venho aqui consultar
O que passa em minha casa
Tenho vergonha de contar.

Diz tia Ana:

Tia Ana
Conte meu irmãozinho
Descubra lá o seu peito
Se for coisa que eu possa
A tudo lhe hei-de dar jeito.

Conte primeiro as colheitas
E gasto de sua casa
E depois o que sucede
Dentro de esta temporada.

Francisco Cavador
Vou-lhe contar então
Cereal um poucochinho
Vinho muito e já esta pronto
Já não leva outro caminho.

Tia Ana
Então já descobre
O fim da sua jornada
Evite mais a bebida
Se quer sua casa governada.

Vá para sua casa discansado
Não arrodei caminho
Não tenha medo a espíritos
Mas evite mais o vinho.

Vasco
Olhe o Francisco Cabador
Também veio dar maçada
Colhe tantíssimo vinho
E não lhe chega pra nada.

Também acredita em bruxas
Esta é sua cegueira
Em sua casa são todos
Uma completa bebedeira.

E depois sai Domingos Lavrador.

Domingos Lavrador
Eu venho todo chateado
De dentro de minha casa
Não sei o que sucede
Dentro da nossa morada.

Os criados fogem de casa
Diz que não podem aturar
É uma doença que tenho
Que a não posso evitar.

Eu julgo seja bruxedo
Dentro desta temporada
Não tenho gosto no trabalho
Trago a cabeça atardoada.

Vou à tia Ana do Quintal
Para tomar experiência
A ver se com suas palavras
Descubro a minha doença.

Chega à porta da tia Ana.

Olá ó sinhora Ana
Como está como passou
Vou-lhe contar uma dor
Que há pouco me transtornou.

Sento um espírito malvado
Que não conheço o que é
Estou de tal maneira
Que não me tenho em pé.

Diz a tia Ana:

Tia Ana
Meu homem não diga nada
Já cheguei à conclusão
Você não tem espíritos
O que é um borrachão.

Vasco diz:

Vasco
Também o grande aldrabão
Do lavrador afamado
Emborracha-se todos os dias
E depois é um trabalho.

Já vejo que todos sofrem
Dentro da mesma rota
Ofeciais e comandantes
Até ao pobre recruta.

Não se encontra quem beba vinho
Que não tenha essa doença
Pois tomai conta na obra
E vereis a experiência.

António Comerciante
Desculpem sinhoris minha impressão
Por me verdeis infadado
Não sei que raio me passa
Ou estou embriagado.

Sento dores de cabeça
Que me causam ilusões
Meu corpo está brutalmente
E na fala turbações.

Vou consultar a tia Ana
Por ver a minha mania
Que me diz que talvez seja
Prencípio duma palmonia.

Ou seja talvez uma ursa
Que tenha dentro do peito
Mas quando bebo bem vinho
Estou sempre um bom sujeito.

Chega a tia Ana e diz:

Sinhora Aninhas venha cá
Que me quero confessar
Sucedem-me casos tristes
São coisas de lamentar.

Nas contas faço gatadas
O meu sentido é um motor
Sento a fala atrapalhada
E na minha testa calor.

Tia Ana
Esse é o raio superior
Que tem você à sua frente
Como não bebe vinho
Mas enche-se de aguardente.

O sinhor vá para casa
Não pense nessa moléstia
Evite vinho e aguardente
E veba sempre água fresca.

Vasco
Ouve agora o comerciante
Que era homem intiligente
Mas está de tudo perdido
Por causa da aguardente.

O calor na testa e o motor
Não precisa de justiça
Quando sente estas coisas
Já tem uma boa pelhiça.

Mas então vou contar tudo
Encha a todos de canalha
Mas quando faz estas coisas
É porque tem a samarra.

*Música. [...] e depois sai Manuel Taberneiro
e diz:*

Manuel Taberneiro
Seja Deus do Céu louvado
Que sucede em minha casa
Não posso aturar a mulher
Tenho a vida atrapalhada.

Ralha escandaliza a gente
Que será essa mania

Por causa destes trabalhos
Foge-me toda a freguesia.

Tem uma certa mania
Que se queixa a toda gente
Que é bruxedo ou espíritos
Que vê na figura de gente.

Diz que vê uns bonecos
Na sua frente a dançar
Que talvez seja o demónio
Que a queira assustar.

De manhã está toda boa
Come e bebe brutalmente
Mas quando chega às tardinhas
Escandaliza toda a gente.

Vou vesitar a tia Ana
Tudo isto lhe contar
Para vermos o remédio
Que a isto devesse dar.

Chega à porta da tia Ana.

Ó boa e leal vezinha
Venho um assunto contar
O que minha mulher faz
São coisas de lamentar.

Às noites cai onde quer
Com o vestuário mal arranjado
Só diz que é espiritismo
Ou tentada toda pelo Diabo.

Diz a tia Ana:

Tia Ana
O sinhor não acredite
Nada de isso é, vezinho
Sua mulher o que tem
É que bebe muito vinho.

Eu encontrei-la ontem à tarde
Com asneiras no caminho
E logo reconhece tudo
Faz-lhe munto mal o vinho.

Vá o sinhor descansado
Que espíritos o Diabo não tem caminho
Tudo se combate na terra
Evitando sempre o vinho.

Sai Vasco e diz:

Vasco
Olha a mulher do taberneiro
Que também traz o bruxedo
Quando já não bebe mais
É porque já lhe chega com dedo.

Por causa disso tem medo
Mas não é fantasmaria
Não lhe aparecia nada disso
Se bebesse água fria.

Mas como a água fresca
Não é parecida ao vinho
Por isso sucedem coisas
Tudo leva esse caminho.

Isto é fruta do tempo
Todos damos um bocadinho
Todos eram fortes e sãos
Não sendo o raio do vinho.

Mas como este é taberneiro
Assim podemos dizer
Bebe vinho quando quer
É a doença da mulher.

Vou dar último disparo
Desculpem minha impressão
Tendo isto e bobodeira
Chegamos à conclusão.

Sai João Carpinteiro.

João Carpinteiro
Que doença será a minha
Tenho a vida atrapalhada
Esqueço-me logo tudo
Tenho a cabeça amalucada.

Quando apareço às obras
Não sei como raio é

Estou de tal maluqueira
Que não me tenho em pé.

Ao riscar as minhas obras
De minhas contas travessas
Tiro o risco e faço o plano
E sai-me tudo às avessas.

Eu vou ir consultar
A tia Ana do quintal
Para ver se é alguma coisa má
Que me pode fazer mal.

Chega à porta da tia Ana.

Boa tarde sinhora Ana
Um caso bou perguntar
Isto é que me sucede
Algum tempo sem cessar.

Sento-me perturbado
Do sentido um bocadinho
Não sei se será bruxedo
Que me leva a este caminho.

Erro todas as medidas
Quando chega às tardinhas
Por isso venho perguntar
A vós ó sinhora Aninhas.

Diz a tia Ana:

Tia Ana
Vou-te então preguntar
Não mentas João Carpinteiro
Tu bébis vinho ou água
Ou em que gastas o dinheiro?

Eu vejo-te ir à taberna
Tu só tens esse caminho
Deixa-te de loucuras
Isso tudo só é vinho.

Vai para a obra discansado
Não acredites em bruxaria
Quem estragou o mundo todo
Só é o álcool e a bebida.

Vasco

Essa também é minha mania
Tudo está o mesmo guisado
Pois como eu bebo vinho
Também ando embruxado.

Mas eu não bou à tia Ana
Não me agarre pela gola
Além de sofrer a doença
Bebo mais uma pingola.

Aparece Pedro Mendigo e diz:

Pedro Mendigo

Já conto sessenta anos
Pela rua mendigando
Só agora sento uma dor
Que me bai bem assustando.

Depois de dar minha volta
Pedindo minha esmolinha
Vendo tudo o que juntei
Para beber uma pinginha.

Ponho-me tão tareco
Quando vou para a dormida
Não sei nada do que faço
Tenho a cabeça perdida.

Quando tiro os sapatos
Para na palha me deitar
Depois no dia seguinte
Não os posso encontrar.

A cabeça está pesada
Sem de nada me lembrar
Não sei se serão as bruxas
Que lá mos vão a guardar.

Se a sinhora Ana quiser
Como tem tanta experiência
Podendo assim descobrir
Do que provém esta doença.

Tia Ana

Eu posso Pedro Mendigo
Que não é fantasmaria
Come mais e bebe menos
Que já não há bruxaria.

Vai-te com Deus irmão
Não penses nessa loucura
Se não evitares a bebida
Vais depressa à sepultura.

Diz Vasco:

Vasco

Até o pobre mendigo
Também se veio a queixar
Mas como é doença velha
Já não se pode curar.

Como ouvisteis há sessenta anos
Está muito dianteira
Tudo quanto lhe sucede
É uma crónica bebedeira.

Américo Barbeiro

Vou deixar a profissão
Porque me vejo obrigado
Vão-me fugindo ao fregueses
Não sei se é coisa do Diabo.

Eu era um bom barbeiro
Para todos barbear
Qualquer barba que fosse
Ninguém tinha que se queixar.

Hoje não sei que raio passa
Quem me deu estes trabalhos
Não me escapa um freguês
Que não leve os queixos cortados.

Outros rapo-lhe o nariz
Só com uma fouçada
Escapam fugindo a gritos
Enchendo-me de canalha.

Outros rapo-lhe as orelhas
Com a mesma prontidão
Escapam todos zangados
Enchendo-me de aldrabão.

Outros tiro-lhe o queixo de baixo
Só com uma nabalhada
Outros ficam sem os lábios
Outros com a cara desfolada.

Vou à tia Ana do Quintal
A contar os meus trabalhos
Para ver se dou remédio
Aos meus fregueses coitados.

Diz-lhe à tia Ana:

Sinhora Ana venha cá
Acudir um disvalido
Conheço eu próprio em mim
Que dentro tenho um metido.

Às vezes dá-me tanta guerra
Que turva minha alegria
Por causa desse sujeito
Perde minha freguesia.

Trago-lhe aqui uma camisa
Para fazer experiência
A ver se com suas rezas
Descobre minha doença.

A tia Ana responde:

Tia Ana
A camisa só cheira a vinho
É prova mais declarada
Toda pintada do vinho
Toda de vinho encharcada.

Essa é sua doença
Assim lho posso provar
O sinhor bibia bem
Mas tem que se evitar.

Vasco diz:

Vasco
Ouvisteis o pobre barbeiro
O que disse nada mente
Eu não ia a casa dele
Desfolando assim tanta gente.

Tudo o que disse é verdade
Quanto disse na primeira
Olhai que coisas fazia
Por causa da bebedeira.

Que pena eu tenho beber vinho
Diz que ouve as suas tretas
Os fregueses só escaparão
Com a ponta das cascanhetas.

E se se discuidam também ia
Os seus genetis rapar
Como não matava porco
Assim se queria governar.

Casmiro Ferreiro
Quem me dera descobrir
Uma melancolia
Tudo quando por mim passe
Toda noite e todo o dia.

Isto não é bizarria
O que vos vou a contar
São coisas muito de rir
Mas também são de chorar.

Eu tinha boa oficina
De serralheiro trabalhava
Se por causa desta cisma
Já tudo isto deixava.

Para mim só eram dores
E grandis irritações
Maçava todos os dedos
E queimava os meus calções.

Os dedos martelava-os todos
Parecia bruxaria
Com o calor da cabeça
Não bia onde batia.

Às vezes bato nos joelhos
Sofria mais que a breca
Inda me fugiu o martelo
A bater-me na bragueta.

Outra vez bateu-me na testa
Estremeceu meu coração
Outra vez fiquei sujeito
E capado de um pulmão.

Aos fregueses mostro má cara
Não me podem aturar

Já não tenho um deles
Que me queira acompanhar.

Vou à tia Ana do Quintal
Depressa numa carreira
Para se é coisa má
Ou alguma bebedeira.

Chega à porta da tia Ana.

Sinhora tia Ana aqui estou
Para um pouco vos chatear
Porém são casos da vida
Queira-me aqui desculpar.

Eu de isto tenho vergonha
De meu peito confessar
Porque julgo tudo isto
Que eu estou a pensar.

Eu bebo bastante vinho
Não saio desta carreira
Todos os dias um almude
Talvez seja bebedeira.

Responde a tia Ana:

Tia Ana
Inda não és muito tolo
Que conhecis a doença
Não precisamos camisa
Dás tu mesmo a experiência.

Mas deves conhecer mais
O bruxedo não te ilude
Não bebas tão brutalmente
É muito beber um almude.

*Retira-se Casmiro Ferreiro e fica dizendo a
tia Ana:*

Está-me a lembrar um caso
Vou mudar-me de morada
Trazem-me aqui consumida
Tanta gente embriagada.

Não há homem que não sofra
Todos da mesma moléstia

Até mulheris e crianças
Entram todos nesta festa.

Vou para onde não me conheçam
Para não me ver chateada
A viver muito sozinha
Que a bebedeira está aumentada.

Retira-se e vem Vasco e diz:

Vasco
Ora eu Vasco Boticário
Curo toda a enfermidade
Pois a rica bebedeira
Atrapalha a humanidade.

Eu estou pensando um remédio
Para evitar o vinho
Era pão presunto e queijo
Mas depois apetece o vinho.

Depois polvo, bacalhau e atum.
E azeitonas com fartura
Chouriço e bitela assada
E depois o sumo da uva.

Bem conheço que é brutal
Borracheira ou bebedeira
Mas como todos estamos
Metidos nesta carreira.

Beber vinho não custa nada
O pior é bebedeira
Pois que no dia seguinte
É uma doença certeira.

Doença fruta da terra
Isto já é muito velho
Como se costuma a dizer
Sabe a boca a chapéu velho.

Vou dar-vos a conclusão
Sinhores que aqui estais
Pensai bem no que mostremos
E evitai o Zé Vinhais.

Versão original recolhida em Cicouro. Manuscrito datado de 4 de Dezembro de 1956. O autor do texto é o senhor António Maria Delgado Raposo, de Cicouro.

O Amor Desgarrado ou O Desventurado Amor

A Desgarrada

Personagens

Casimiro
Maria
Roberto
Maria Pastora
Lúcifer
São Pedro

Casimiro
Detém-te astro divino,
Amor do meu coração
Encanto da minha alma
Serás a minha perdição!

Não me importa ser perdido,
Sou com toda a alegria.
Jurei lograr-te, meu amor!
Encanto da minha vida!

Maria
Não façais pouco de mim
Eu não me quero deter
Vós sois um homem casado
Ide para vossa mulher.

Se o mundo o chega a saber
Darei penas e ais
E será grande vergonha
Se o sabem os meus pais!

Casimiro
Cala-te, meu amor,
Tudo arranjarei por manha
Se chegar a descobrir
Fugiremos os dois para Espanha.

Anda e não te detenhas!
Ninguém nos vê, nem o rasto
Para brincar à vontade
Debaixo daquele carrasco.

E nos uniremos os dois
Como os anjos do Céu

Já está destinado
Por aquele supremo Deus!

Música. Depois de bailar fala Roberto:

Roberto
Sempre fui nobre no mundo
Mas tenho que arranjar que comer
Alguma coisa hei-de ganhar
Vou dizer-lho à mulher.

Ó senhora Maria...
Vou falar-vos ao ouvido
Aquela pastora que fia
Está com o vosso marido.

Maria
Hei-de-lhe dar o castigo
Tu testemunha hás-de ser
Essa sem vergonha
Fazer pouco de uma mulher!

Ensina-me o sítio
Eu com eles hei-de ir ter
Vão a saber quem eu sou
Pois não me importa morrer.

Roberto
Debaixo daquele carrasco!...
Não sei se rir ou chorar
Ele tem uma cajada
É capaz de com ela me dar!

Já me quero retirar
Não quero que desconfie
Que os estou a espreitar!...

Maria
Ah seu desgraçado!...
Por fim te encontrei
O dia que tu te casaste
Também eu me casei.

Fala para Maria Pastora:

E tu, ó desgarrada,
Abandonaste-me a mim!
És uma desgraçada
Triste será o teu fim.

Maria Pastora
Desculpai-me, tia Maria!...
Eu cá neste perigo
Estou mesmo envergonhada!
A culpa foi do seu marido.

Fala para o noivo:

Oh meu triste destino
Aonde me chegou
Oh desgraçada mãe
Para que é que me criou?!...

Chora. Fala Casimiro para Maria sua mulher:

Casimiro
Por Deus ou por o Diabo?...
Retira-te da minha vista
Antes que o nojo me creça
E me vingue em tua vida...

Maria
A morrer com alegria,
Oh amor de perdição!...

Chora.

Não és nada, somente um Judas
Que me juraste traição.

E diz-me pois então
Porque é que me trocaste?...

Agora queria saber
Quanto na troca ganhaste.

Casimiro
Agora o vais saber!...

Dá-lhe porrada com a cajada até cair no chão.
Depois para Maria Pastora diz:

Ó minha querida Maria!
Agora já não tenho mulher.

Roberto
A del rei batatas fritas
Tudo vai atrapalhada
Já matou a sua mulher!
Eu te vou dar a mocada...

Ó seu barbas de capuchino
A justiça vou chamar!...
Ele já fugiu com o medo
Com sua merenda vou jantar!

Quando Roberto se ia chegando a eles foge
Casimiro e a amante pastora e fala Roberto
para Maria:

Ó mulher estás morta ou viva?
Vais-te embora nem te vejo
Vou a ver o serrão
Que ainda está cheio.

Fala Maria indo embora:

Maria
Maldito seja esse homem
Que comigo casou
Sou a mulher mais desgraçada
Que no mundo se criou!...

Roberto pega no serrão examina e diz:

Roberto
É touchinho, é bom para engordar!
Tenho aqui uma boa pinga
Vou ir ter um bom jantar!

Come e bebe, de imediato começa a Música.
Roberto para o povo:

Roberto

Agora de barriga cheia
É que me vou entender
Todos e tais de boca aberto
Com vontade de comer.

*Ao começar a bailar saem os abismos infer-
nais deitando fogo.*

Lúcifer

Nestes dias de festa
Ah! Este mundo vim caçar!
Ainda hei-de apanhar mais
Por hoje já tenho um par.

Ao Inferno hão-de ir parar
Para conseguir meu intento
Porque pecaram
Lá no sexto mandamento.

Para o público:

Também o rico avarento e o enjurário
Pelos dois farão um par
Já os tenho cá escritos
Que ao Inferno hão-de ir parar.

Donzelas escandalosas,
O ladrão e o mexeriqueiro
Estes e muitos mais
Lá irão para o caldeiro...

E com isto vou-me embora
Não me quero mais deter
Atiçar mais o fogo
Para tudo estar a ferver!...

Roberto

Mal posso andar
De quanto vi o Diabo
Já me está a cheirar mal
Parece-me que estou borrado!

*De repente cantam e o doudo foge espavori-
do. Cantam dentro:*

Ó hino da vitória,
Cantamos com alegria

De uma mártir que há-de vir
Para nossa companhia.

São Pedro

Um anjo, meu mensageiro
Me veio avisar
Que no mundo estava uma mártir
Para um dia no Céu entrar.

Sai Maria.

Vistes no mundo
Esta mulher marterizada
É por isso que há-de vir
Para minha feliz morada.

Fala Maria de joelhos:

Maria

Abandonada no mundo
Me narrou a minha sina
Por isso vim enviada
Para vossa companhia.

Fala S. Pedro, dá-lhe a mão e levanta-a:

São Pedro

É com toda a alegria
Um dia no Céu hás-de entrar
A pagar o tributo cá na terra
Até que te venha chamar.

Por hoje me vou despedir
Vim dar ao mundo uma lição
Irei ao meu destino
Para o símbolo de Abraão.

Roberto

Eu também queria ir ao Céu
Mas estou todo esfarrapado
O que me resta é bailar
Depois que me leve o Diabo.

Música. Sai de novo Maria Pastora.

Maria Pastora

Bem desgraçada fui no mundo!...
Agora reconheço a verdade

Irei sofrer e penar
Para toda a eternidade!...

Tinha que ser meu destino!...
E por Deus foi decretado
Vou a penar para sempre
Por me namorar de um casado!...

Oh vaidades e ilusões
Deste desgraçado mundo
Pois irei a penar
Para o abismo profundo!...

Sai Lúcifer e diz:

Lúcifer
Pois ficas a saber
E nada de chorar
E o teu amante
Também te há-de acompanhar!...

Vai em busca do amante. Apareceu Casimiro e fala:

Casimiro
Pois de meu tempo passado
Já estava esquecido
Mais agora que velhinho
Já estou arrependido.

Lúcifer
Pois os dois ireis
Para o abismo profundo
A pagar o escândalo
Que fizestes neste mundo.

Lúcifer para o público:

Todos os que estais a ver
Nisto haveis de reparar
Não há-de ficar nem um só
Que ao Inferno não vá parar.

Por isso aqui me vedes
Dar-vos uma lição de moral
Para que haja respeito e ordem
Na Nação de Portugal!

Vai-se Lúcifer e sai o gracioso e diz:

Roberto
Aqui se acabou a história
Deste velho entremez
Se não foi a vossa vontade
Ele será para outra vez.

Ó senhores que viestes de fora
Também vos quero avisar
Não se vá ninguém embora
Sem primeiro cá jantar.

Se alguém de cá vos chama
Para casa do taberneiro
É de boa vontade
Se acaso leva dinheiro!

**Fim da obra do Auto da Pastora
Juntamente com A Desgarrada**

Versão recolhida em Constantim. Manuscrito datado de 1 de Março de 1974 e assinado pelo senhor Aureliano António Cristal Ribeiro, de Constantim.

Os Doze Pares de França

Personagens

Cristãos
Imperador Carlos Magno
Ricardo de Normandia
Roldão
Urgel
Gui de Bergonha
Oliveiros
Guarim
Galalão
Duque Regnier
Geraldo
Hoel
Tietri
Lamberto
Duque de Nemé
Jofre
Bufim
Auberim
Macaire
Arcebispo Turpim
Vozes

Mouros
Ferrabrás
Almirante Balão
Burlantes
Barbaças
Brutamontes
Floripes
Muradas
Brutantes
Galafre
Sortibão
Lucafre
Clarião
Um Turco
Escudeiro
Damas
Espolante
Mafoma

1.º Acto

Quadro I

*Sairá Ferrabrás a falar com o Almirante seu
pai e trazendo um memorando.*

Ferrabrás
Senhor, o imperador Carlos Magno
Com sua gente de guerra
Acampou em Marmionda
Para invadir a nossa terra.

Almirante
Filho, estranhas novas me trazes
Neste memorando dia
Pois que Alá seja por nós
E vele por toda a Turquia.

Ferrabrás
Senhor, antes de começar a luta
Se em mim tendes confiança
Desejo lançar um [...]
A todos os Pares de França.

Concedei-me pois licença
Para com eles pelejar
Pois com a graça de Mafoma
Vitórias hei-de alcançar.

Almirante
Ferrabrás,
Meu filho e meu amigo,
Que se cumpram teus desejos
E que Alá seja contigo.

Fala Ferrabrás direito a Carlos Magno:

Ferrabrás
Imperador Carlos Magno,
Rei cobarde e sem valor,
Manda-me um dos doze Pares
Espero ser vencedor.

Manda até mim Oliveiros
Ou o famoso Roldão.
Depois verás, ó cobarde,
Em rude e leal peleja
Que alcança o galardão.

E nota bem, ó rei soberbo,
Quem está na tua frente
É um cavaleiro sozinho
Bem longe da sua gente.

Se não mandas um vassalo
Para bater-se comigo
Direi alto a todo o mundo
Que és um rei cobarde indigno.

Fala Carlos Magno [...] com os Pares:

Carlos Magno
Quem será o atrevido
Que em seus estranhos lidares
Ousa pisar estas terras
Desafiando os meus Pares?

Ricardo de Normandia
Senhor, esse atrevido vilão
É o rei da Alexandria,
Destemido capitão
Que descende em linha recta
Do Almirante Balão.

Maneja todas as armas
Com destreza e galhardia.
É o mesmo que roubou
As venerandas relíquias
De Roma para a Turquia.

Carlos Magno
Ricardo, juro-te à face dos Céus
Que esse mouro atrevido
Pagará os insultos
Com que nos tem ofendido.

Vamos!
Qual dentre vós, cavaleiros,
Vencerá o galardão
De abater a soberbia
Daquele altivo vilão?

Parece que vejo temor
Nos vossos gestos guerreiros!
Por ventura é covardia,
Tereis medo de cavaleiros?

Tu, destemido Roldão,
Entre todos o primeiro
Também tu tremes de medo
Diante dum cavaleiro?

Monta já no teu cavalo
Pega na espada e na lança
Vai, salva a honra perdida
Dos altivos Pares de França.

Roldão
Senhor, nas batalhas sou o primeiro
[...] varrer minha testada.
Quem terá o atrevimento
De resistir um momento
Aos golpes da minha espada?

Que digam os infiéis
Não seja eu que o direi
Como corta a minha espada
Que o diga a honra da França
Que tantas vezes salvei.

Deixai, tio e senhor,
Que me negue ao desafio
Não por cobarde e temor
Nem por fraqueza de brio.

Carlos Magno
Que falar vem sendo esse?
Perdeste acaso a razão?
Pois antes pareces senhor
Do que vassalo Roldão.

Roldão
Se em mim há descortesia
É esta a primeira vez
Que falo com ousadia
Pois nunca fui descortês.

Mas eu dou-vos a razão
Do meu falar tão altivo.
Lembrai-vos, imperador,
Daquela grande batalha
Em que toda a nossa gente
Já encontrou a mortalha.

Carlos Magno
[...] ainda me lembro, Roldão,
Tenho-a aqui no coração.

Roldão
Eram cinquenta mil turcos
Numa cavalgada ingente
De bandeiras defraldadas
Ofuscando o Sol nascente.

Faiscavam as couraças,
Os elmos, as armaduras,
As lanças e as espadas...
Dos corcéis as ferraduras
Davam lume nas calçadas.
Era uma avalanche enorme
Que baixava de Roldão
Espectuosa e brutal
Sobre o exército cristão.

Carlos Magno
Eu ainda vos vi tremer
Com receio de perder
Aquele singular torneio
Mas passado um instante
Já bradáveis trovejante
Sem vestíjos de receio.

Por Cristo, nobres vassalos,
Batalhar até morrer!
Que não tremam vossos braços!
E contra a rude avalanche
Erguem-se no mesmo instante
Terrível muralha de aço!

Roldão
Formavam-na nossos peitos
De armaduras resistentes
E nossos braços jogando
Espadas nuas, luzentes
E o embate de abalanche
Parou no mesmo instante.

Nessa altura os doze Pares
Embrenhavam-se falais,
Formidáveis como hienas,

No cerrado matagal
Das fileiras agarenas.

Corria sangue em torrentes
À nossa volta, senhor!
Os mortos, juncando a terra,
Mostravam nosso valor.

Quantas dores, quantos gritos
Horripilantes, profundos,
Saíram com blasfémias
Dos peitos dos moribundos!

Só Deus e vós, imperador,
Comandando a soldadesca
Podíeis recordar bem
Essa luta gigantesca.

Aqui eram corcéis mortos
Além arneses partidos
Mais além as mãos erguidas
Dos que caíam vencidos!

E a vossa gente rompia,
Altiva, com galhardia,
Na grandeza do seu porte,
Despedindo cutiladas
Furibundas, desesperadas,
Desdenhando a própria morte!

Nesta altura o agareno
Começa a perder terreno
Ante a nossa galhardia.
Era bem nossa vitória!
Dela falará a história
Para recordar esse dia.

A batalha foi vencida,
Com muita morte sentida,
No exército cristão
Pois entre outros cavaleiros
O nobre conde Oliveiros
Jazia ferido no chão.

Eu também nessa peleja
Vi morrer o meu cavalo
Sob os golpes das espadas
Lá nas hostes avançadas
Sem que pudesse salvá-lo!

Batalhei no mesmo instante
Peito a peito qual gigante
Que visse morrer a esperança.
Batalhei como vencido
Levando a morte comigo
Na ponta da minha lança.

Nesse momento, as buzinas
Fizeram-se ouvir no ar
Rufaram tambores de guerra
A ordem de retirar.

Éreis vós, imperador,
Que altivo íeis falar
Do que dissestes então
Nem eu me quero lembrar.

Dissesteis que os velhos nessa peleja
Haviam sido os primeiros
Mostrando mais galhardia
Do que os moços cavaleiros.

E no entanto Oliveiros
Jazia no chão ferido
Banhado no próprio sangue
Trespassado com lançadas!

Eu perdia o meu corcel
Entre os risos da canalha
Cá nas hostes avançadas.
Era a paga que nos dáveis
Após a horrenda batalha!
Era esse o galardão!

Carlos Magno
Tu desvairas, ó Roldão!

Roldão
Senhor, mandai agora os velhos
Salvar a honra perdida
Do exército cristão.

Eu, se a isso fosse obrigado,
Quebraria a minha espada
Antes de seguir jornada.
Carlos Magno
Miserável!
Nem parece de fidalgo
Esse atrevido falar!

Arremessa-lhe uma luva à cara. Roldão crescendo para Carlos Magno e tira meia espada. Roldão com cólera:

Pois seja assim... Tem que ser!
Imperador Carlos Magno,
Um de nós há-de morrer.

Ricardo de Normandia
Detém-te, nobre Roldão!

Carlos Magno
Vede que [...] sorte
Ultrajar o seu senhor!
Vou condená-lo à morte,
Prendam já esse traidor!

Desenha-se um certo burburinho nos cavaleiros. Roldão recua dois passos e arranca a espada toda.

Roldão
Se tendes amor à vida,
Detende-vos, cavaleiros!

Urgel
Aquetai-vos, ó Roldão,
Isto não há-de ser nada!

Roldão
Já disse: o primeiro que avançar
Para mim em ar de guerra
Tombará logo por terra
Aos golpes da minha espada!

Urgel para Carlos Magno:

Urgel
Perdoai, real senhor,
As furezas da mocidade.
Vosso sobrinho Roldão
É cavaleiro mais nobre
Que há em toda a cristandade.

Gui de Bergonha
Andaste mal, nobre Roldão,
Ultrajando o imperador
Pois além de ser teu tio

Sempre te deu o valor.

Roldão
Tendes razão, meu amigo,
Fui bastante arrebatado
Mas já vou arrependido
Do meu gesto e moderado.

Quadro II

Oliveiros
Minhas chagas vão curadas
Já sou homem outra vez
Já posso ir ao torneio
De espada, lança e arnês.

Ferrabrás
Imperador Carlos Magno,
Causas-me nojo e dó!
Que guerreiros são os teus
Que tremem dum homem só?

Ó cobarde Carlos Magno,
Miserável impostor,
És indigno de trazeres
A coroa de imperador.

Carlos Magno
Já que nos meus cavaleiros
Existe falta de brio
Irei eu próprio, senhores,
Responder ao desafio.

Urgel
Aguardai, real senhor,
Que esse mouro atrevido
Não tarda que não receba
O verdadeiro castigo.

Oliveiros
Guarim!
Arreia já o meu cavalo,
Quero ir experimentá-lo.

Guarim
Que fazeis, nobre senhor?
Quem há aí que tanto mande?

Não vedes que as vossas chagas
Inda estão vertendo sangue?

Oliveiros
Faz o que mando, Guarim!
Não te importes mais por mim.

Guarim
Obedeço-vos já, senhor!
Mas onde ides assim ferido?

Oliveiros
Vou castigar a insolência
Daquele mouro atrevido!

Guarim vai pelo cavalo.

Ferrabrás
Porque mostras cobardia
Diante dum cavaleiro,
Tu que tiveste ousadia
Para vencer a Mauritânia,
Rei soberbo e altaneiro?

Vós, Roldão e Oliveiros
E tu Urgel de [...]
Vinde para mim sem tardança
Que haveis de experimentar o aço
Da minha invencível lança.

Vinde já todos os Pares
Vinde a mim de ânimo leve
Vinde todos juntamente
Já que um só se não atreve.

*Guarim traz o cavalo a Oliveiros. Oliveiros
monta a cavalo e Guarim dá-lhe a lança e fala
Guarim:*

Guarim
Correis para a morte certa!
Ides perder a vitória!

Oliveiros
Que importa morrer, Guarim,
Se na morte vive a vitória?

Fala Oliveiros para Carlos Magno:

Oliveiros
Altivo e nobre senhor,
Das Gálias imperador,
Escutai a minha voz
Pois hoje troveja nela,
Qual irado de sentinela,
A fala dos meus avós.

Há nove anos que vos sirvo
Com franqueza e lealdade
Se bem que seja humilde
Minha fraca hombridade.

Minha rude pertinácia
Entanto, real senhor,
Tem compensado a fraqueza
Que existe no meu valor.

São fracos os meus serviços
Em frente aos teus sonhos
Mas em paga deles te peço
Me concedas um favor.

Carlos Magno
Tu dirás, nobre Oliveiros,
Flor dos meus cavaleiros,
A mercê que te hei-de dar
Pois é tal o teu valor
Que não ta posso negar.

Oliveiros
Senhor, vosso louvor imerecido
Dá-me fé e merecimento
Para fazer meu pedido
Com mais vantagem e alento.

Ferrabrás de Alexandria,
Esse intrépido vilão,
Está chamando a terreiro
O mais bravo cavaleiro
Do exército cristão.

Permita, real senhor,
Que parta imediatamente
Castigar a rebeldia
Daquele monarca insolente.

Pois são tantos os insultos
Para toda a cristandade

OS DOZE PARES DE FRANÇA

E para vós, real senhor,
Que sois nobre Majestade.

Tem falado no meu nome
Com tão horrendo fastio
Que eu dou-me por ofendido
Não correndo ao desafio.

Carlos Magno
Oliveiros, se eu soubesse que o favor
Era dessa natureza
Ter-te-ia dito que não
Com a mais formal clareza.

Ferrabrás de Alexandria
É um bravo cavaleiro
Pois a fama do seu braço
Percorre o mundo inteiro.

Oliveiros
Senhor, tanto melhor para mim
Se conseguir a vitória
Passarei cheio de loiros
Os umbrais da nossa história.

Carlos Magno
Detém, ó nobre Oliveiros,
Tua fatal impaciência
Que chagado como estás
Não te concedo licença.

Galalão
O que está escrito inda vale,
Nobre imperador e rei,
Deixai partir Oliveiros
Para prestígio da Lei.

Carlos Magno
Pois seja assim, Galalão!
Que se cumpram meus decretos
Mas se Oliveiros morrer
Naqueles prédios ingentes
Por ele há-de responder
A tua falsa cabeça
E a vida dos teus parentes.

Ai Galalão! Galalão...
Quem sabe se por teu mal

Tem lavrado neste dia
Tua sentencia fatal.
Flor dos meus cavaleiros,
Aí tens minha licença,
Ó nobre conde Oliveiros.

Dá-lhe uma luva.

Roga a Deus que tudo pode
Em sua devina glória
Que te conceda a vitória.

Oliveiros
A vitória há-de ser minha!
Entretanto se morrer
Morro no campo da honra
Em holocausto dever.
Benditos os que assim morrem
Para tornar a nascer.

Duque Regnier sai. Aos pés do imperador:

Duque Regnier
Tende piedade de mim,
Nobre monarca e senhor,
Pois se meu filho morrer
Sucumbirei eu de dor.

Corre para a morte certa,
Tão chagado como vai!
Compadecei-vos, senhor;
Do meu coração de pai.

Carlos Magno
Licença já concedi
Não a posso retirar
Mas tende fé, duque amigo,
Que o nobre conde Oliveiros
Vencedor há-de voltar.

Duque Regnier
Pois que o mal se não atalha
Segue já o teu roteiro
Eu te lanço a minha benção
Faz por ser bom cavaleiro.

Vai. Oliveiros dirige-se a Ferrabrás.

Oliveiros
Põe-te em pé, mouro infiel,
Aqui me tens ao teu lado
Para castigar a ousadia
Que tanto tens apregoado.

Ferrabrás olha com desdém e não faz caso.

Pois tens brasoado tanto
Com tão audaz insolência
Quero ver se as tuas obras
São tão altivas e fortes
Como a tua competência.

Ferrabrás
Quem será este cavaleiro,
Farás favor de dizer?
Pois vem para mim tão sereno
Que não receias morrer!

Oliveiros
Pega já na tua lança,
Agareno, vil poltrão,
Pois não é de cavaleiros
Estar deitado no chão.

Ferrabrás
Se bem que sejas pequeno
No falar tens ousadia
Mas o meu braço guerreiro
Faz tremer toda a Turquia.

Por tal te quero pedir
Que me deixes à vontade
Se queres ter mais longa vida
Nos reinos da cristandade.

Mas se em meu rude falar
Te julgas por ofendido
Dirás primeiro o teu nome
Para bater-te comigo.

Oliveiros
O meu nome nada vale
Ergue-te já, agareno,
Só és forte nas palavras
Nas acções és bem pequeno!

Do imperador Carlos Magno
Sou aqui embaixador
Para te ensinar o caminho
Do verdadeiro Senhor.

Ferrabrás
Quem quera que és, cavaleiro,
Falas com bem presunção
Pois que importa o teu Deus
Nem tua fé de cristão?

Eu chamo-me Ferrabrás
E sou rei de Alexandria,
Aquele mesmo que levou,
As vossas falsas relíquias
De Roma para a Turquia.

Ora aí tens quem eu sou
Sem vislumbre de receio
Agora diz o teu nome
Se queres seguir torneio.

Oliveiros
Sou Guarim, pobre fidalgo,
Ao qual ninguém tem inveja
Pois é esta a vez primeira
Que vou entrar em peleja.

Ferrabrás
Em que ofendeste, Guarim,
O teu poderoso Senhor
Vindo procurar a morte
Com tão fatal dor?

Melhor andava o teu rei
Se tem mandado Oliveiros
Ou o soberbo Roldão
Pois segundo ouvi dizer
São os melhores cavaleiros
Do exército cristão.

Oliveiros
Roldão não te quis sair
Não por medo ou cobardia
Mas por julgar vergonhoso
Bater-se com um pobre mouro
Tão falto de galhardia.

Mas se um batalhão inteiro
Lhe caísse pela frente
Veríeis, pobre agareno,
Como a sua forte espada
Cortava certo e volante.

Vamos lá, mouro sem brio,
Pois tanto palavreado
Me está causando fastio!

*Oliveiros faz menção de atacar Ferrabrás mas
nesse momento abriu-se-lhe uma chaga na perna direita, lançando sangue com abundância.*

Ferrabrás
Vejo-te ferido, Guarim!
Vai ali ao meu cavalo
Que junto dessas adagas
Tem um bálsamo sagrado
Que cura todas as chagas.

Oliveiros
Teu bálsamo não preciso
Para me dar as milhoras
Pois o sangue que me vês
É dos peitos do cavalo
Que é mui duro das esporas.

Ferrabrás
Tu não falas a verdade!
Eu bem vejo que estás ferido
E por Mafoma te juro
Que inda te hás-de arrepender
De querer bater-te comigo.

Oliveiros
Deixa-te de palabreado!
Põe-te em pé, mouro vilão,
Senão cravo-te esta lança,
Mouro, deitado no chão.

Ferrabrás levanta-se dum pulo.

Ferrabrás
Por tua vida, Guarim,
Diz-me já sem impostura
Que espécie de cavaleiros
São Roldão e Oliveiros
E qual a sua estatura.

Oliveiros
Oliveiros, Ferrabrás,
É só da minha grandeza
Mas quanto ao nobre Roldão
É mais pequeno de corpo
O que não quer dizer nada!
É grande no coração
E nos manejos da espada!

Ferrabrás
Guarim, bem me custa acreditar
O que acabas de dizer
De Roldão e Oliveiros
Pois eu me sinto com forças
De vencer dez cavaleiros
Armado do teu poder!

Oliveiros
Falas muito, Ferrabrás,
Mas sai a campo e verás
Que não temo a tua espada
Pois antes me fazes crer
Que tens medo da batalha
Com receio de a perder!

Ferrabrás
Guarim, desce já do teu cavalo
Chega-te a mim sem receio
Vem-me ajudar a vestir
Meu saio de cavaleiro.

Oliveiros
Não queiras por tal maneira
Abater minha ousadia
Pois não caio no logro,
Ferrabrás de Alexandria.

Ferrabrás
Podes ter confiança em mim
Não sou traidor nem vilão
Pois no fundo do meu peito
Não há lugar para traição.

*Oliveiros desce do cavalo e ajuda a Ferrabrás
a vestir-se.*

Agora, nobre Guarim,
Mais te quero inda rogar

Que sejas sempre leal
[...] teu bravo pelejar.

Oliveiros
Essa promessa eu te faço,
Ferrabrás de Alexandria!
Ser desleal em combate
Seria desprimoroso
Para as leis da cavalaria.

Aqui montaram os dois a cavalo e preparam-
-se para o combate.

Ferrabrás, pensa em ser bom cavaleiro
Neste memorando dia
Pois tenho fé no meu Deus
Que o poder da minha espada
Te há-de roubar a Turquia.

Ferrabrás
Espanta-me o teu valor,
Ó cavaleiro cristão!
Por ventura és Oliveiros
Ou o famoso Roldão?

A tua nobre ousadia
Bem como tua confiança
Dizem que tenho na frente,
Formidável e patente,
Um dos dozes Pares de França!

Oliveiros
Ferrabrás, não te engana
Tua fidalga lembrança
Pois sou o conde Oliveiros
Um dos doze Pares de França.

Ferrabrás
Por certo bem conheci,
No teu modo e bizarria,
Que a tua nobre figura
Tinha bebido a origem
Na mais alta fidalguia.

Sendo assim, nobre Oliveiros,
Quero-te ainda rogar
Que tomes desta bebida
Para comigo batalhar.

Pois tenho por cobardia
O batalhar com um cristão
Ferido com golpes cruéis
Vibrados por outra mão.

Oliveiros
Agradeço os teus remédios
E tua preocupação
Mas não posso aceitá-los
Por não ter deles precisão!

Ó meu senhor Ferrabrás,
Dir-to-ei com lealdade
É que deixes os teus deuses
Para seguires a cristandade.

Ferrabrás
Não te maces, Oliveiros,
Que não me podes prender
Pois sou turco de nascença
E turco quero morrer.

Começam a peleja.

Oliveiros, já tens visto por teu mal
Como corta a minha espada
Pois vejo a cor do teu rosto
Tristemente demudada!

Por isso, nobre Oliveiros,
Tuas chagas vai curar
Manda-me em troca Roldão
Para com ele batalhar.

Oliveiros colérico:

Oliveiros
Ferrabrás, turco malvado,
Julgaras que sou canalha?
Pois à fé de Deus te juro
Que hei-de vencer a batalha!

E recomeçaram a peleja para suspender um
pouco depois.

Jesus, meu Deus e Senhor,
Dai-me forças e valor
Para vencer este malvado!

Ferrabrás rindo-se:

Ferrabrás
Por quem chamaste, Oliveiros,
Com tão viva devoção?
Porventura julgarás
Que do céu te há-de vir
Remédio e salvação?

Oliveiros
Provera ao Céu que tu creres
No Deus em que eu acredito
Naquele que formou o mundo
As almas e o infinito.

Ferrabrás
Nessas coisas não me fales
Que o teu deus não vale nada
Pois deixou-te abandonado
Às iras da minha espada.

Oliveiros
Deixemos nossas razões
Prossigamos o torneio
Pois que nas tuas palavras
Há só mentiras e receios.

Ferrabrás
Porfias em querer morrer
Às minhas mãos, vil cristão?
Pois defende a tua vida
Que não terei compaixão.

Lançaram-se novamente à peleja. A certa altura o cavalo de Oliveiros fugiu e Ferrabrás deu espora ao seu para o atalhar. Oliveiros vendo isto salta em terra e diz:

Oliveiros
Faz aquilo que puderes
Vantagens não te conheço
Se bem que estejas montado
E eu a pé não estremeço.

Um de nós há-de ficar
Nesta luta derrotado
E olha que eu não hei-de ser
Inda que esteja apeado.

Ferrabrás
Sossega, nobre cristão,
Sou turco mas não canalha
Monta pois no teu cavalo
E que prossiga a batalha.

Mas se por ventura queres
Deixá-la para outro dia
Segue já o teu destino
Que eu farei a mesma coisa
Sem quebra e galhardia.

Oliveiros
Ferrabrás,
Não terminará a batalha
Antes que a morte decida
Qual de nós há-de ficar
Ou convertido ou sem vida.

Oliveiros monta de novo no cavalo. Em certa altura o cavalo de Ferrabrás caiu e este foi cuspido no terreno. Oliveiros desce do seu cavalo e ajuda a levantar Ferrabrás.

Ferrabrás
Oh nobreza e galhardia
Que do teu gesto se espalha
Faz-me perder o ardor
Que punha nesta batalha!

Oliveiros
Nenhum de nós quer ceder
Nesta luta porfiada
Porém se tu, Ferrabrás,
Seguisses a minha Lei
Dar-te-ia a minha espada.

Ferrabrás
Também eu te dou a minha
Sem receio, cavaleiro,
Quando louves a Mafoma
Único deus verdadeiro.

Trava-se nova luta.

Reconheço o teu valor
O negá-lo era mentira
Mas como queres resistir
Aos golpes da minha espada?

Todo o campo está regado
Com o sangue do teu corpo,
Teu cavalo meio morto
Já fraqueja de cansado!

Oliveiros
Cavaleiro, acabemos este prélio
Tão rude e tão demorado
Sem que se note vantagem
Nem do meu nem do teu lado.

Ferrabrás
Ó nobre conde Oliveiros,
Com valor tens resistido
Aos golpes da minha espada
Sem que te dês por vencido.

Mas quanto milhor seria
Que bobesses um momento
Do meu bálsamo sagrado
Que dá forças e alento.

Oliveiros
Agradeço, Ferrabrás,
Tua nobreza real
Mas nada te aceitarei
Sem que o ganhe pelas armas
Neste combate infernal.

Neste momento Oliveiros atira um golpe a
Ferrabrás. A espada escorregou e veio cortar
os barris do bálsamo. O cabalo de Ferrabrás
espanta-se e retira-se um bocado. Oliveiros
desce do cavalo e apanha os barris e torna a
subir e depois de beber:

Um bom cavaleiro
De brios e pundonor
Devia entrar em combate
Com esperança neste licor.

Atira com os barris para longe.

Ferrabrás
Ó homem simples e louco,
Que acção vens de praticar?
Pois acabas de perder
O remédio mais profundo

Que todo o ouro do mundo
Não poderiam comprar.

Bem te podes defender
Com sabia sagacidade
Antes que de mim te apartes
Os teus ingenhos e artes
Terão dele necessidade.

Oliveiros atira tal golpe ao adversário que se
lhe escapa a espada da mão. Ferrabrás desce
de um pulo, o mesmo faz Oliveiros mas já
Ferrabrás tinha a espada de Oliveiros na mão.

Ó cavaleiro cristão,
Tua espada está perdida
Mas sobre uma condição
Pouparei a tua vida.

Pede perdão aos meus deuses
Por tanto os teres ofendido
E verás que são bem melhores
Que aqueles que andam contigo.

Depois disto quero dar-te,
Com a mais viva alegria,
A minha formosa irmã
Que é a rosa mais louçã
Que vive em toda a Turquia!

Oliveiros
Nem por todos os tesouros
Trocaria a minha Lei,
Os meus Pares e meus irmãos,
A minha pátria e meu rei.

E quando sentisse morta
A força da minha espada
Quando visse que o meu braço
Não valia para nada.

Antes que fosse entregar-me
Já vencido nos teus braços
Preferia ver meu corpo
Todo desfeito em pedaços.

Ferrabrás
Aí tens a tua espada,
Aceita-a pois sem receio.

Oliveiros
Não te canses, nobre turco,
Que nada te aceitarei
Sem que a ganhe em torneio.

Ferrabrás correu para Oliveiros mas Oliveiros arremessou-lhe à cara com o seu escudo com tal violência que o outro levou a mão aos olhos. Neste momento Oliveiros dá um salto e apanha a espada de Ferrabrás chamada Baptizo e diz:

Ferrabrás de Alexandria,
Defende-te com mestria
Que já tenho boa espada!

Ferrabrás
Ó minha valente espada,
Não te poderei esquecer
Pois nos combates que fizeste
Sempre soubeste vencer.

Ó nobre conde Oliveiros,
Sejamos sempre leais.
Em troca da minha espada
Tomarás conta da tua
Para ficarmos iguais.

Oliveiros
Não te apresses, cavaleiro,
Com ela te hei-de vencer
Se é tão boa como dizes
Prepara-te para morrer.

Renova-se a luta depois de lutarem um bocado. Ferrabrás tira a berreira para descansar.

Provera aos Céus que este mouro
Se convertesse em cristão
Porque eu e ele e Roldão
Conjugados à porfia
Tombaríamos por terra
Toda a gente da Turquia.

Ferrabrás
Deixa lá essas razões
Descabidas sem balia

Vê se queres seguir a luta
Ou deixá-la para outro dia.

Oliveiros
Sem mais detença o verás!

A peleja continua mas em certa altura Oliveiros dá uma pancada no adversário e caiu por terra.

Ferrabrás estás vencido
Pela tua própria espada
Pedirás perdão a Deus
E não te farei mais nada.

Ferrabrás
Sim, pedirei perdão a Deus
Pela minha rebeldia
Pois só hoje reconheço
O grande erro em que vivia.

Cuida pois da minha vida
Com amor e devoção
Senão morrerei aqui
Sem que me faça cristão.

Oliveiros
Não receies, Ferrabrás,
Que não te hei-de abandonar
Sem que te leve ao meu rei
Para te mandar baptizar.

Daqui montam a cavalo, mas vêm os turcos contra eles. Oliveiros deixa a Ferrabrás debaixo de uma árvore e sai-lhe à frente dos mouros. Matou o primeiro, saem mais quatro Pares em defesa de Oliveiros mas no final foi preso pelos mouros, Oliveiros e os quatro Pares que acudiram e vão-se. Ao outro dia encontra Carlos Magno a Ferrabrás que dizia:

Ferrabrás
Ó Jesus Crucificado,
Pelas dores que hás sofrido
Não deixes morrer assim
Este mouro convertido.

Carlos Magno

Ferrabrás, por tua causa
Vi cair prisioneiros
Qual deles melhor que tu
Cinco dos meus cavaleiros.

Ferrabrás

Milhores por serem cristãos
No resto não tenho inveja
Senão ao bravo Olíveiros
Que me venceu em peleja.
Eu sou rei de Alexandria
Filho do grande Roldão
A quem hoje abandonei
Para me fazer cristão.

Carlos Magno

Grande alegria me dás,
Ferrabrás de Alexandria,
Vendo-te assim afastado
Da falsa Lei da Turquia.

Parte já para Marmionda
Onde tenho o meu estado
Pois que ali entre mil festas
Se fará teu baptizado.

Entretanto eu seguirei
Para o campo da batalha
Antes que os meus cavaleiros
Nela achem a mortalha.

Ferrabrás

O meu parecer, meu senhor,
Desculpai a ousadia,
É que voltemos atrás
Pois que meu pai em armas traz
Toda a gente da Turquia.

Nisto chega da luta Roldão e fala para Carlos Magno:

Roldão

Senhor, é tão avultado o número
Da gente do Almirante
Que o melhor é retirar
Sem perdermos um instante.

Fim do 1.º Acto.

2.º Acto

Quadro I

Sairá Oliveiros de olhos vendados e algemado com mais quatro companheiros que os levam à presença do Almirante Balão.

Almirante

Burlantes, qual dentre estes cavaleiros
Teve a fatal ousadia
De vencer em rude luta
Ferrabrás de Alexandria?

Burlantes

Foi este, nobre Almirante!
Este dos olhos vendados!

Almirante

Tira-lhe a venda do rosto
Pois tem seus dias contados!

Burlantes tira-lhe a venda do rosto.

Não é feio o seu semblante?
Tez branca, cabelos louros!

Burlantes

Pois aí, tal qual o vedes,
Rachou mais de três mil turcos!
É um grande cavaleiro
De mui brava ousadia
Pois seu braço tem poder
Para esmagar e vencer
Toda a gente da Turquia.

Almirante

Muito me custa, Burlantes,
Deste malvado cristão.

Cavaleiro

Diz-me já o teu nome
E qual a tua Nação?

Oliveiros

Ouvi pois, nobre senhor,
Sou um pobre cavaleiro
Da província de Lorena
Sem prestígio nem valor!

Estes são meus companheiros
Também pobres cavaleiros
Mas vassalos mui leais.
Servimos o nosso rei
Pelo soldo e nada mais!

Almirante
Ó Mafoma,
Que falar à minha esperança!
Julguei que tinha na frente
Cinco desses cavaleiros
Dos altivos Pares de França.
Barbaças!

Barbaças
Pronto, novo Almirante,
Eis-me aqui a vosso lado
Para cumprir sem detença
O que me seja ordenado.

Almirante
Conduz já estes malvados
Ao meio daquele terreiro
Onde porás um madeiro
Para serem vergastados.

E em público despidos
Para exemplo universal
Lhe darás por tuas mãos
Horrível morte infernal.

Burlantes
É milhor, nobre senhor,
Que amanhã se lhe dê morte
Pois que os vossos cavaleiros
Andam por fora da corte.

Pois eu tenho a certeza
Se não me falha a razão
Que todos gostam de ver
Esta justa punição.

Além disso, meu senhor,
Mandareis sem mais detença
Embaixada a Carlos Magno
Antes de dar cumprimento
A vossa justa sentença.

E para essa embaixada
Mandai homens entendidos.
Talvez ele queira trocar
Vosso filho Ferrabrás
Por estes cinco bandidos.

Almirante
Burlantes, não dizes mal!
Entretanto vai chamar
O meu bravo carcereiro
Que numa escura prisão
Trate já de os encerrar.

Aparece o carcereiro. Diz Burlantes ao carcereiro:

Burlantes
O poderoso Almirante
Ordena sem mais detença
Que vás à sua presença.

Almirante
Conduz já esses malvados
À cadeia mais sombria
Que haja nos meus estados!

E nota bem, Brutamontes,
Que não fuja um sequer
Senão a tua cabeça
Por eles há-de responder!

Carlos Magno! Carlos Magno!
Qual será o derrotado
Nesta maldita batalha
Em que andas empenhado?

Recolhe-se ao seu trono e o carcereiro leva os presos à prisão. Oliveiros na prisão:

Oliveiros
Ó meu Deus Crucificado,
É bem triste a minha sorte
Vir morrer nesta masmorra
Com tão feia e negra morte.

Geraldo
Não tremas, conde Oliveiros,
O poder de Deus não falha

Pois do Céu nos virão forças
Para vencer esta canalha.

Floripes a Brutamontes:

Floripes
Que espécie de gente é essa
Que encerraste na prisão?

Brutamontes
Sabei, ilustre senhora,
Que são cinco cavaleiros
Do exército cristão.

Entre eles, nobre princesa,
Está um que é mui audaz
O que venceu em combate
O teu irmão Ferrabrás!

É gente mui destemida
Que morre pelo seu rei
Pois já levam destruído
O nosso Deus e nossa Lei!

Floripes
Abre a porta, Brutamontes,
Pois com eles quero falar
Para ver se como dizes
São bravos no pelejar.

Brutamontes
Senhora, se porventura faltasse
Às ordens do meu senhor
Sofreria dura morte
Por falsário e traidor.

Não queirais, nobre senhora,
Que quebre o meu juramento
E que só por vossa causa
Padeça horrível tormento.

Além disso esta enxovia
Tem um cheiro desgraçado
Que por certo anojaria
Vosso olfacto delicado.

Por isso, nobre senhora,
Demudai vossa tenção

Pois decerto morreríeis
De nojo nesta prisão.

Floripes
Minha tenção está formada
Não volto com ela atrás
Pois lhes quero perguntar
Por meu irmão Ferrabrás.

Brutamontes
Visto que não quereis ceder
Entrai com uma condição
Que se cifra eu ouvir
A vossa conversação.

Floripes
Abre essa porta, vilão!
Ouvirás a teu contento
Já que me impõem condições
O teu rude atrevimento.

Enquanto Brutamontes abre a porta e se aga-
cha para abrir o alçapão, Floripes descarrega-
-lhe uma pancada na cabeça que o tomba
morto no sobrado. Então o escudeiro de Flo-
ripes despeja na rua o corpo de Brutamontes,
e a um mandado da ama sai um momento e
volta com uma vela acesa. Entretanto Flori-
pes abre o alçapão da enxovia e diz:

Cavaleiros, dizei-me se pode ser
Vosso nome e apelidos
E o crime que tendes feito
Para estar aqui metidos.

Oliveiros
A generosa alegria
Que trazeis ao nosso meio
[...] obriga a que digamos
A verdade sem receio.

Geraldo
É tanta a vossa beleza
Tão grande a vossa bondade
Que no vosso nobre gesto
Só achamos lealdade.

Hoel

Por isso, nobre senhora,
Te rogamos em franqueza
Que alevies a nossa dor
Por tua grande beleza.

Floripes

Não há muito que fiar
Nos primeiros sentimentos
Pois que trarão muitas vezes
Desengano e sofrimentos.

Tietri

Vosso rosto não engana,
Altiva e nobre princesa,
Pois respira lealdade,
Galhardia e nobreza.

Floripes

Confundem-me os vossos gestos
Vossa altiva galhardia
Mas não vos fieis nos ditos
Desta filha da Turquia.

Não vedes que a loura rosa,
Se bem que seja formosa,
Tem espinhos traiçoeiros
Que nos podem enganar?
Quem sabe lá, cavaleiros,
Se eu vos quero atraiçoar!

Lamberto

Tenha espinhos ou não tenha
Confiamos no teu valor
Que já nos prestou serviços
Sem empenho de maior.

Floripes

Não sei qual seja o favor
Que de mim heis recevido
Sabeis lá mesmo se venho
Para dobrar vosso castigo.

Oliveiros

Por certo, nobre senhora,
Se vós fosseis carcereira
Podeis crer que gostaria
De estar preso a vida inteira!

Floripes

Cavaleiro, tu que falas tão honrado,
Diz-me já sem um olvido
O teu nome de guerreiro
Pois me tem maravilhado
O teu falar atrevido.

Oliveiros

Senhora, eu sou o conde Oliveiros,
Um dos doze cavaleiros
Dos altivos Pares de França.

Floripes

Eu vos tinha na lembrança
Por guerreiro nobre, audaz!
Fostes vós o que vencesteis
O meu irmão Ferrabrás?

Oliveiros

Eu o fui, senhora minha,
Venci-o com lealdade
Numa batalha legal
Sem traição ou falsidade.

Floripes

Que o venceste com nobreza
Bem o sabia, Oliveiros,
Agora resta que digas
Quem são estes cavaleiros.

Oliveiros

São dos doze Pares de França,
Cavaleiros de valor
Em quem o nobre imperador
Tem a mais cega confiança.

Floripes

Tenho muito prazer
Por travar conhecimento
Com tão nobre Jerarquia!

Geraldo por todos:

Geraldo

O mesmo, nobre princesa,
Pela vossa fidalguia
O mesmo se dá connosco
Neste memorando dia.

Inclinam-se com respeito.

Floripes
Vou já tirar-vos, senhores,
Desta prisão tam medonha!
Dizei-me antes se entre vós
Estará Gui de Bergonha?

Oliveiros
Não está, real senhora,
Ficou com o imperador
Mas jamais esquecerá
O teu profundo amor.

Floripes
Oh se eu tivesse a fortuna
De ganhar o seu amor!
Como seria feliz
Sendo escrava e ele senhor!

Geraldo
Tende fé em Deus, senhora,
Tudo se alcança no mundo
Pois eu tenho a certeza
Que ele vos traz amor profundo.

Floripes
Pois e sendo assim, cavaleiros,
Escutai com atenção
À noite vos tirarei
Desta horrorosa prisão!

Oliveiros
Altiva e nobre princesa,
Cumpriremos teus mandados
Pois se tu nos abandonas
Temos os dias contados.

*Sai Floripes da prisão. Toca música. Sai
Floripes com o seu escudeiro que traz um pau
e uma corda, abrem o alçapão. De aberto o
alçapão lançam a corda para a enxovia.*

Floripes
Cavaleiros!
Fazei favor de subir
Com destreza e valor
Sem receio de cair!

*Os cavaleiros sobem um a um e um a um os
vai abraçando Floripes. Em seguida, seguem
para os aposentos da princesa onde lhes é servida uma lauta ceia pelas aias de Floripes. Os
cavaleiros admiram-se da câmara de Floripes.
Oliveiros porém olha só para ela.*

Floripes
Oliveiros, dizei com toda a franqueza,
Não gostais de tudo isto,
Desta brilhante grandeza?

Oliveiros
Sim, altiva princesa,
Tudo isto me enamora
Mas há muito mais beleza
No vosso rosto, senhora!

*Floripes cora e não responde. Sentam-se à
mesa. Depois de comerem, os cavaleiros dão
graças a Deus.*

Geraldo
Graças vos dou, meu Deus,
Na alegria que nos dais
Bendito, sempre bendito
No Céu e Terra sejais!

Floripes
Oliveiros, que disse teu companheiro
Naquele estranho falar
E a quem vos deregis todos
De mãos erguidas para o ar?

Oliveiros
Dávamos graças a Deus
Pelo bem que nos tem feito
Como vós outros fazeis
A vosso modo e jeito.

Floripes
Pois franqueza, cavaleiros,
É bonita a vossa reza
Pois há nela tal dizer,
Tal respeito e singeleza
Que inda a quero aprender.

Mas agora, cavaleiros,
Fareis favor de atender

Apenas um só momento
Enquanto vou ali dentro.

Saiu Floripes e volta com um cofre trazendo
dentro iguaria estranha que dava forças e
vida.

Floripes

Tomai disto, cavaleiros,
Se quereis ter sempre alegria
Pois que dá vida dobrada
Coragem e valentia.

Oliveiros prova do estranho e maravilha-se.
Com os restantes dá-se o mesmo caso.

Oliveiros

Na verdade, nobre dama,
É um remédio sem igual
Pois já me sinto curado
Como se não tivesse mal.

Floripes

Ide agora descansar,
Meus fidalgos prisioneiros,
Pois deveis estar maçados
Disto tudo, cavaleiros.

Acompanham-nos cinco damas com velas
acesas. Música.

Quadro II

Carlos Magno

Ai meus bravos cavaleiros,
Que será feito de vós?
Pode ser que sejais mortos
Pela raiva desse algoz!

Para Roldão:

Prepara-te para ir,
Como meu embaixador,
Ao Almirante Balão.
Dir-lhe-ás de minha parte
Para encurtarmos razões
Que mande as tantas relíquias,

Solte os meus cavaleiros
Sem que imponha condições.
E que se isto não fizer
Se há-de ver arrependido
[...] seu reino o expulsarei
Com a minha gente de guerra
Até que o veja confundido.

Roldão

Como queres que vá, senhor,
Em busca de tão má sorte
Pois de certo o Almirante
Me há-de condenar à morte.

Carlos Magno

Não te escuses, ó Roldão,
A levar a embaixada
Se por ventura não queres
Desonrar a tua espada.

Gui de Bergonha

Senhor, vede bem o que fazeis
Pois não acho acertado
Que Roldão parta sozinho
A cumprir vosso mandado.

Carlos Magno

Prepara-te, nobre Gui,
Também tu irás com ele!

Gui de Bergonha

Partirei, real senhor,
Com nobreza e alegria
Pois o meu braço guerreiro
Não sabe o que é cobardia.

Ricardo de Normandia

Senhor, mandai outros cavaleiros
Do exército cristão
Dar vossa embaixada
Ao Almirante Balão.

Se mandais os sete Pares
Que vos restam, meu senhor,
Quem vos há-de defender
Com tão sereno valor?

Carlos Magno
Tendes dado mil desculpas
Para fugir à embaixada
Mas ela há-de fazer-se
Ou eu já não mando nada!

Duque de Nemé
Não julgueis, nobre senhor,
Que fugimos ao dever
Pois somente te mostramos
O nosso humilde parecer.

Carlos Magno
Também tu irás com eles,
Nobre duque de Nemé.

Urgel
Senhor,
Já mediste bem os perigos
Que daí nos podem vir?

Carlos Magno
Tenho tudo bem pensado!
Aprontai-vos, dama,
Que amanhã heis-de partir.

Música.

Quadro III

As damas de Floripes levam cinco vestidos mouriscos aos cavaleiros. Os vestidos vêm para a câmara de Floripes que os recebe alegremente.

Floripes
Esses fatos à mourisca
Dão-vos fidalgo aspecto
Formais um grupo de sala
Menos rude e mais discreto.

Oliveiros
Muito mais te sorririas
Se nos visses bem armados
Assim somos uns galãs
Dos teus olhos namorados.

Floripes
Cada coisa em seu lugar,
Ó nobre conde Oliveiros!
Agora estais entre damas,
Considerai-vos prisioneiros.

Oliveiros
Por tua grande virtude
Temos tido par contigo
Mas não esqueças, senhora,
Que estou em reino inemigo.

Floripes
Sossegai, nobre Oliveiros,
Que já tenho preparadas
Armas de grande valia
Entre elas cinco espadas.

E afastando um cortinado mostra-lhe o armamento. Diz Floripes:

Eis, aí estão as vossas armas
Tomai-as já, cavaleiros,
E de fidalgos de sala
Transformai-vos em guerreiros.

Enquanto os cavaleiros se armam, Floripes tem a seguinte conversa:

Cavalheiros,
Há já cerca de dez anos,
Com a graça de Mafoma,
Ferrabrás eu e meu pai
Fomos ver as armadilhas
Dos monumentos de Roma.

Foi então que tive a dita,
Digo isto sem vergonha,
De encontrar nessa cidade
Para minha felicidade
O nobre Gui de Bergonha.

Batalhava num torneio
Pelo seu Deus e pelo seu rei
E foi tanta a galhardia
Com que se houve naquele dia
Que por ele me apaixonei.

OS DOZE PARES DE FRANÇA

E foi tal o meu bem querer,
A minha ardente paixão,
Que esqueci a minha Lei,
Meu irmão e o meu rei
Só para o ter no coração!
Desta sorte, desprezei,
Vede que fraqueza minha,
Poderosos reis da Turquia
Que lutavam à porfia
Para que eu fosse rainha.

Ai, quando as vezes o sentia,
Era tal o meu rubor
Que era aquilo, cavaleiros,
Senão os raios primeiros
Do rubro sol do amor!

E foi assim que aprendi
Naquele reino estrangeiro
A pisar a minha Lei,
A minha pátria, o meu rei,
Por amor dum cavaleiro.

Aí tendes a razão
Que vos sustém a meu lado!
Quando a guerra terminar
Tudo isto heis-de contar
Ao meu bravo namorado.

Dizei-lhe que serei dele
Para a vida e para a morte,
Que a Turquia deixarei
Para abraçar a sua Lei
E seguir a sua sorte.

Oliveiros
Disso tendes a certeza,
Altiva e nobre princesa!

Geraldo
Mensageiros mais leais,
Não podeis encontrar
Para dar vossa embaixada
Custe aquilo que custar.

Música.

Quadro IV

Carlos Magno
Cavaleiros,
Parti já sem mais detença
Dar a minha embaixada
Ao Almirante Balão,
Que vos dê os cavaleiros
Que têm como prisioneiros
Do exército cristão.

E se acaso resistir,
Fazei certeficar,
Com suspensa galhardia,
Que eu próprio o hei-de incendiar,
Destruir e arrasar
As cidades da Turquia.

Gui de Bergonha
Não ficará por cumprir
A vossa nobre embaixada
Por nossa Lei vo-lo juro
Sobre a cruz da minha espada.

Partem. Entretanto o Almirante Balão manda os seus embaixadores a Carlos Magno. Os cristãos devem aguardar um pouco até que os mouros se metem a caminho.

Quadro V

Almirante
Segui já para Marmionda
Sem errar o vosso trilho
E dizei a Carlos Magno
Que vos entregue o meu filho.

E que em troca lhe darei
Os seus cinco cavaleiros
Que naquela escura torre
Tenho como prisioneiros.

Se depois de tudo isto
Tente ainda sossegá-lo,
Duzentos mil cavaleiros
Dos meus homens mais guerreiros
Marcharão a libertá-lo.

Muradas

Não convém, nobre senhor,
Falar com atrevimento
A tão nobre imperador
Porque seus homens de guerra
São mui bravos cavaleiros
Para que deixem impunes
Nossos ditos altaneiros.

Almirante

Não te acobardes, vilão,
Dirás tudo sem temor
Como nobre embaixador
Do Almirante Balão.

Brutantes

Não receio, nobre Almirante.
Faremos tudo o que dizes
Sem perdermos um instante.

*Partem. Depois de alguns momentos avistam
os sete Pares que param avistando-os por seu
turno.*

Muradas

Talvez que sejam cristãos
Aquela gente lá adiante!
Que bela presa, senhores,
Para levar ao Almirante!

Roldão para os Pares:

Roldão

Aguardai aqui um pouco
Té que eu veja, companheiros,
Que espécie de gente é aquela
Que traz modos tão guerreiros.

*Roldão adianta-se um pouco dos compa-
nheiros. Muradas avança para ele de lança
em riste. Roldão acena-lhe para que se detenha.*

Muradas

Ó quem sois vós, cavaleiro,
Mais a vossa companhia
E que andais a procurar
Nestes reinos da Turquia?

Roldão

Somos todos cavaleiros
Do exército cristão,
Vamos dar nobre embaixada
Da parte de Carlos Magno
Ao Almirante Balão.

Muradas

Vós outros sois quadrilheiros,
Malfeitores e assassinos,
Que andais roubando os incautos
À tradição pelos caminhos.

Mas daqui não passareis
Sem depor o armamento
Senão heis-de pagar caro
Vosso rude atrevimento.

Roldão

Dar-vos-ia as minhas armas
Sem receio nem protesto
Se os meus bravos companheiros
Se dessem pelos meus gestos.

Assim duvido, senhor,
Que vos queiram entregar
Suas armas com temor
Pois são todos Pares de França
Mui bravos no batalhar.

Muradas

Ainda que sejam dos Pares
Não seguirão seu destino
Sob pena de ficarem
Todos mortos no caminho.

Roldão

Quem sois vós, cavaleiros?
Desculpai o atrevimento
Que vindes acompanhados
Com tão luzido armamento.

Muradas

Somos todos reis coroados
Mas prestamos vassalagem
Ao Almirante Balão
Nos seus poderosos estados.

Roldão
Se tivésseis mais juízo
Seguiríeis vosso intento
Sem ter ultrajado os Pares
Com tão rude atrevimento.

No entanto se quisésseis
Seguir minha nobre Lei
Contra o falso Almirante
Pelo meu Deus e pelo meu rei...

Nesse caso passaríeis
Dar vossa embaixada
Sem receio de encontrar
As iras da minha espada.

Muradas
Cada qual tem seu destino.
Tirai-vos pois do caminho!

Roldão cresce para Muradas e travam comba-
te. E antes que os companheiros chegassem já
Muradas estava morto com mais cinco dos
seus. Nesta altura os outros Pares avançam e
entram na peleja.

Gui de Bergonha
Aguardai, nobre Roldão,
Até que cerque esta canalha
Pois num se há-de escapar
Desta horrenda batalha.

Nesta altura um dos seus escapa-se seguido
por Ricardo que o não pode apanhar. Entre-
tanto os outros reis são todos mortos.

Jofre
Destes pobres desgraçados
Já não há que recear
Estão mortos e bem mortos
Jamais hão-de batalhar.

Bufim
O receio para nós
Será só do que escapou
Pois dirá ao Almirante
Os casos que presenciou.

Gui de Bergonha
Deixai já este caminho
Onde faz muito calor!
À sombra resolveremos
Aquilo que for milhor.

Desmontam e prendem os cavalos. Duque de
Nemé depois de uma pausa:

Duque de Nemé
Eu entendo, cavaleiros,
Que o milhor é retirar
Sem temor que o imperador
Nos vá depois castigar.

Levamos as cabeças
Destes mortos cavaleiros
Para mais testemunho
Dos nossos feitos guerreiros.

Roldão
Não concordo, senhor duque,
É milhor seguir jornada
Sem receio de encontrar
No caminho outra emboscada.

Além disso o imperador
Ficaria contristado
Não levando até ao fim
Nosso feito arriscado.

Jofre
Também sou desse parecer,
Ó nobre conde Roldão,
Vamos pois [...] a embaixada
Ao Almirante Balão.

Bufim
Não há duvida, senhores,
Que é milhor seguir caminho
Sem que os nossos braços temam
Qual seja o nosso destino.

Urgel
Sigamos pois, cavaleiros,
Sem receio nem temor
Se quisermos obter
Galardão do imperador.

Ricardo de Normandia

Montemos pois, cavaleiros,
Prossigamos a jornada
E que os mouros tremam todos
Dos golpes da nossa espada.

Prosseguem a marcha.

Quadro VI

Urgel avistando a ponte de Montible:

Urgel

Eis aqui um obstáculo
Bem difícil de vencer!

Roldão

Passaremos combatendo
Se é esse o vosso parecer.

Duque de Nemé

Aguardai, nobre Roldão,
Eu conheço um outro meio
Será vencer essa ponte
Sem tributo nem receio.

Roldão

Nobre duque de Nemé,
Fazei o que melhor for
Pois aqui aguardaremos
Sem receio nem temor.

O duque de Nemé batendo à porta da ponte.

Galafre

Quem és tu, cavaleiro,
E os que contigo estão?

Duque de Nemé

Vassalos de Carlos Magno
E levamos mil presentes
Ao Almirante Balão!

Galafre

Vós outros não passareis
Sem que primeiro pagueis

O tributo competente
Que se paga nesta ponte.

Duque de Nemé

Tu dirás quanto monta
Esse tributo ingente
Pois tudo te pagaremos
À fé de homens lealmente.

Galafre

Pelo poder dos meus deuses
Vos quero notificar
Que é um tributo formidável
Aquele que heis-de pagar.

Dar-me-eis duzentos cães
Que sejam de boa raça
Para com eles andar
Por esses montes à caça.

Mais dareis inda além disso
Cem falcões e cem cavalos
Todos bem aparelhados
Para eu poder montá-los.

E por cada pé de todos
Me dareis honradamente
Reluzente marco de ouro
Nossa moeda corrente.

Aí tendes o tributo
Com que me haveis de pagar.

Duque de Nemé

Tudo isso te daremos
Caso nos deixes passar!

*Galafre abre a porta. Roldão não podia suster
o riso e chegando ao meio da ponte apeou-se
e agarrando o turco pela cintura despojou-o
no rio.*

Galafre

Louco, porque serei eu tão bruto?
Perros, porque aqui heis-de voltar?
Depois as vossas cabeças
Hão-de pagar o tributo.

Quadro VII

*Duque de Nemé ao pé do palácio
do Almirante Balão.*

Duque de Nemé
A teu mui nobre senhor,
O Almirante Balão,
Dirás que querem falar-lhe
Estes sete cavaleiros
Do exército cristão.

Burlantes para o Almirante:

Burlantes
Senhor, às portas deste palácio
Estão sete cavaleiros
Da parte de Carlos Magno
Que talvez queiram levar
Os que tendes prisioneiros.

Almirante
Pois diz-lhes da minha parte
Que amanhã lhes falarei
Se é que trazem embaixada
Do seu imperador e rei.

Entretanto recebei-os
Com nobreza e galhardia
Não digam que nos meus reinos
Há falta de cortesia.

Burlantes
Não vos pode receber
O meu rei neste momento
Entanto mandou dizer
Que vos desse acolhimento.

Subi pois, nobres senhores,
Tende a bondade de entrar
Que a vossa jornada é longa
Por certo quereis descansar.

*Os cavaleiros entram acompanhados por
Burlantes que lhes ensina os aposentos.*

Quadro VIII

Almirante
Tu já aqui, ó rei Brutantes?

Brutantes
É verdade, meu senhor,
Sabe-se que sou portador
De novas horripilantes!

Almirante
Por ventura a embaixada
Que mandei a Carlos Magno
Não cumpriu sua missão?

Brutantes
Por certo, nobre Almirante,
Foi vilmente assassinada
No caminho à traição.

Almirante
Maldição!

Brutantes
Eu lá consegui fugir
Por caminhos e atalhos
E para me librar deles
Passei mui duros trabalhos!

Almirante
Maldição!
Afinal quem são os réus
Dessa bárbara traição?

Brutantes
Sabei, ilustre senhor,
Que são esses cavaleiros
Do exército cristão!

Almirante
Quem?
Esses loucos Pares da França?!

Brutantes
Esses mesmo, meu senhor!

Almirante
Malvados!
E não tremem sequer
Da minha dura vingança!

Oh Mafoma,
Que assim me deixas perder!
Jamais hei-de acreditar
No teu velhaco poder!

Barbaças
Senhor, não maldigas os teus deuses
A quem deves mil favores
Pois se deixaram matar
Os reis teus embaixadores
Nas tuas mãos entregarão,
Para que lhe dês o castigo,
Esses falsos cavaleiros
Do exército inemigo!

Brutantes
Já que estão em teu poder
Esses falsos atrevidos
Manda-os já executar
Como falsários bandidos.

Barbaças
Não vos dê isso cuidado
Deixai-me essa incumbência
Que hoje os vereis presos
Na vossa real presença!

No dia seguinte os cavaleiros são trazidos à
presença do Almirante algemados e acorren-
tados.

Almirante
Malvados, pulhas, canalhas,
Assassinos, malfeitores,
Dizei já por que matastes
Os reis, meus embaixadores?

Roldão
Esses turcos que matámos
Não pareciam reis, senhores,
Pareciam antes vilões
Sem nobreza e sem valor!

Pois por mais que se lhes dissesse
Qual era a nossa missão
Determinaram matar-nos
Com rancor, sem compaixão.

Depois travou-se o combate
Com altivez e bravura
Té que os teus embaixadores
Morderam a terra dura.

Já vês pois, nobre Almirante,
Que os matamos com razão
Defendendo nossas vidas
Para cumprir nossa missão.

Almirante
[...] que demónio vos trouxe,
[...] mandou aos meus estados?

Jofre
Imperador Carlos Magno
De quem somos enviados!

Urgel
Aquele que há-de expulsar-te
Dos teus reinos sem temor
Aquele que nunca tremeu
Diante do teu valor.

Duque de Nemé
É aquele que por nós mesmos
Te manda agora dizer
Que lhe dês seus cavaleiros
E as veneradas relíquias
Que existem em teu poder.

Bufim
E que se isto não fizeres
Terás feia e negra sorte
Pois queimará teus estados
Depois de te dar a morte.

Almirante
Com maldito atrevimento
Vos tendes aqui portado
Mas atrás não voltareis
A dar vosso recado.

Pois que antes de jantar
Vos verei esquartejados
Ao pé dos outros que tenho
Naquela torre encerrados.

Ricardo de Normandia
O teu filho Ferrabrás
Tem mais entendimento
Do que aquele que tens mostrado
Ante nós neste momento.

Pois já deixou tua Lei
O teu Mafoma impostor
Para seguir o caminho
Do verdadeiro Senhor.

Almirante
Muito folgo, ó Ricardo,
Por te ver bem algemado
Como traidor ladrão
Para que pagues a morte
Que já deste a um irmão.

Gui de Bergonha
Bem se vê que és cobarde,
Ó Almirante Balão,
Pois só mostras valentia
Com homens que neste dia
Foram presos à traição!

Almirante
Por certo que os meus deuses
Não me têm abandonado
Também tu, Gui de Bergonha,
Também tu estás ao meu lado?!

Deixa estar, perro cristão,
Pelas barbas de Mafoma
Pagarás a ousadia
Com que me ofendeste em Roma.

Sortibão
Pronto, meu Almirante!

Almirante
Diz-me já, meu conselheiro,
Que farei destes bandidos
Que pisaram os meus estados
Com modos tam atrevidos?

Sortibão
No meu parecer, meu senhor,
Devem ser esquartejados

Por matarem os teus reis
E pisarem teus estados.

E depois de executados
Com seguinte crueldade
Mandareis pôr sem detença
As suas falsas cabeças
Sobre as portas da cidade.

Almirante
Acho justo o teu parecer,
Conselheiro Sortibão,
Que seja essa a sentença
E se lhe dê execução.

Floripes fala ao Almirante:

Floripes
Senhor, dizei-me que gente é esta
Que tendes ao vosso lado?
Por ventura são cristãos
Estes filhos do pecado?

Almirante
Desse falso Carlos Magno
São vassalos e parentes
E têm dado mil estragos
Em todas as nossas gentes.

Por isso quero e mando
Que sejam executados
Juntamente com os outros
Que tenho encarcerados.

Floripes
Também eu me dou, senhor,
Pela vossa openião
Pois que sendo inemigos
Merecem bem a punição.

Entanto quero pedir-vos
Para eu ser carcereira
Desta falsa e torpe gente
Que carpiu nossa bandeira.

E mesmo quero vingar-me
Porque me julgo capaz
As ofensas que fizeram
A meu irmão Ferrabrás.

Almirante
Acho nobre o teu parecer,
O teu gesto, o teu rancor
Tomarás pois conta deles
Aí estão ao teu dispor.

Floripes
Escudeiro,
Conduz já estes cristãos
À prisão daquela torre
Aonde estão os seus irmãos.

Sortibão
Pensa bem, nobre Almirante,
No que acabas de fazer
Pois bem vês que o mal da terra
Foi causado pela mulher!

Não te cegue o amor de pai
Que te pode ser fatal
Quem sabe lá se depois
Não podes sarar o mal.

Floripes
Sortibão, não julgues por ti os outros
Que eu bem sei que és atrevido
Mas juro que tuas falas
Não ficarão sem castigo!

Segue atrás dos prisioneiros para a torre. Fala
Oliveiros para Roldão:

Oliveiros
Em que estado nos puseram,
Ó meu valente Roldão?

Roldão
São assim esses vassalos
Do Almirante Balão!

Duque de Nemé
Só nos poderão vencer
Por cobardia e traição!

Ricardo de Normandia
Mas podem tremer de nós
Esses falsos atrevidos.

Gui de Bergonha
Pois jamais os deixaremos
Sem que fiquem destruídos!

Oliveiros com os outros Pares que estavam
armados tiram as algemas aos companheiros.
Floripes vai-os olhando um a um para ver se
reconhece a Gui de Bergonha. Oliveiros que
conhece a intenção dela exclama:

Oliveiros
Dizei lá, ó nobre Gui,
Meu prezado companheiro,
Que tal achais a prisão
E o seu belo carcereiro?

Gui de Bergonha
A prisão é só um encanto
Sem falar no carcereiro
Pois formosura maior
Não há no mundo inteiro!

Mas ainda que esta sala
Fosse um abismo profundo
Não me importava passar
Toda a vida dentro dela
Sem saudades do mundo!

Oliveiros
Pois só a vós, nobre Gui,
E ao amor desta senhora
Devemos a liberdade
Que nos vês gozando agora.

Esperançada no afecto
Que há muito sente por vós
Foi ela que nos roubou
Às mãos do nosso algoz!

Gui de Bergonha
Pois jamais esquecerei,
Minha galante princesa,
Aquilo que tendes feito
Por meus bravos companheiros
Nestas horas de incerteza.

Floripes
Obrigado, nobre Gui,
Meu adorado senhor,

Tudo quanto tenho feito
Foi só pelo teu amor.

Floripes corre para Gui e beija-o num ombro
à moda dos turcos. Gui ajoelha-se para lhe
beijar as mãos. Depois disto, Floripes o faz
levantar.

Roldão
Bem creio eu, nobre Gui,
Que não tereis castigo
Inda mesmo que passásseis
Toda a vida aqui metido.

Gui de Bergonha
Por certo, nobre Roldão,
[...] como cavaleiro
Que temo bem a saída
Só por ter de me apartar
De tão nobre carcereiro.

Floripes
Cavaleiros, deixemos para outra vez
Esses ditos lisonjeiros
Entretanto ide armar-vos,
Meus fidalgos prisioneiros.

Agarrando a Gui de Bergonha pela mão, se-
guida pelos cavaleiros que estavam desarma-
dos, entrou na sala do armamento.

Floripes
Cavaleiros, já que me couve a fortuna
De aqui vos poder servir
Em paga desses serviços
Um favor vos vou pedir.

Roldão
Nós nunca fomos ingratos
Bem podeis ter a certeza
Fazei pois vosso pedido,
Altiva e nobre princesa.

Floripes
Aquilo que mais desejo
É seguir a vossa Lei
Para casar com o nobre Gui
A quem sempre adorarei.

Gui de Bergonha
Por certo, nobre senhora,
Que não me queria prender
Sem que o grande imperador
Me escolhesse uma mulher,
Mas como vós pertenceis
À mais fidalga nobreza
Não tenho nenhum receio
De aceitar a vossa mão,
Real e nobre princesa.

Roldão faz abraçar os noivos. Depois Floripes
manda pôr a mesa.

Floripes
Tratai já de pôr a mesa
Para jantar num momento
Depois temos que fazer
Não podemos perder tempo.

Senhores, deveis saber que meu pai
Guiado por Sortibão
Resolveu dar-vos a morte
Sem temor nem compaixão.

Sentai-vos pois, cavaleiros,
Que são horas de comer
Mas conservai vossas armas
Para o que der e vier.

Sentam-se à mesa. Floripes toma lugar junto
de Gui. Depois do jantar:

Agora quero mostrar-vos
As relíquias veneradas
Que tenho há largo tempo
Neste meu cofre guardadas.

Mostra Floripes as relíquias. Os cavaleiros
ajoelham ante as santas relíquias. Entretanto
chega ao palácio do Almirante o sobrinho
Lucafre.

Lucafre
Eis-me aqui, poderoso tio,
Para assistir à execução
Desses falsos cavaleiros
Do exército cristão.

Dizei pois, nobre senhor,
Onde estão encarcerados
Pois quero ver as figuras
Desses bárbaros malvados.

Quero ver se entre eles conheço
Esse cavaleiro audaz
Que venceu em desafio
O meu primo Ferrabrás.

Almirante
Naquela torre que vês
Algemado o encontrarás
Esse falso atrevido
Que venceu a Ferrabrás.

Parte pois sem mais detença
Se com eles queres falar
Que depois da refeição
Mandá-los-ei justiçar.

*Lucafre encaminha-se para a torre. Bate à
porta e como a porta não lha abrem arromba-
-a com violência e entra na câmara de Floripes aonde estavam venerando as santas relíquias.*

Duque de Nemé
Quem vos deu o atrevimento
De penetrar nesta sala
Em tam solene momento?

Lucafre
Senhores,
Eu... eu... vinha chamar
Minha prima Floripes
Para que fosse jantar.

Duque de Nemé
E não sabeis, malvado,
Que estávamos nós cá dentro
Para violentares essas portas
Com tam rude atrevimento?

Lucafre
Senhores,
Eu... eu... queria...

Duque de Nemé
Tu querias ver as figuras
Destes guerreiros cristãos
Mas espera não te vás
Que hás-de experimentar a força
Das minhas poderosas mãos.

*Dá-lhe um murro na cabeça a Lucafre. Cai
por terra morto.*

Floripes
Com certeza, senhor duque,
Punhada assim nunca vi!

Duque de Nemé
Pois outras maiores vereis
Quando sairmos daqui!

Floripes
Daqui a pouco o verei!
Agora deixai, senhores,
Que a meu pai fale primeiro
Pois que deve estar à espera
Deste pobre cavaleiro.

Floripes vai à presença do Almirante.

Floripes
Senhor, o meu primo Lucafre
Por mim vos manda dizer
Que janteis sem o esperar
Pois ainda não quer comer!

Almirante
Pois vai dizer ao teu primo
Que venha à minha presença
Se quer ver executar
A minha real sentença.

Meus guerreiros estão prontos
Para fazer a execução
Desses falsos cavaleiros
Do exército cristão.

Floripes volta para a torre.

Floripes
Senhores, meu pai está preparado
Para executar a sentença

Que pronunciou Sortibão
Na vossa real presença.

Senhor duque de Nemé,
Eis aí a ocasião
De mostrar a grande força
Que existe na vossa mão.

Duque de Nemé
Eia bravos cavaleiros,
Parti já a combater
Pois aqui o que nos resta
É batalhar ou morrer.

*Os cavaleiros saíram da torre em tropel e
entraram no palácio do Almirante saqueando
o que puderam e depois de matarem alguns
turcos entram de novo na torre.*

Almirante
Cerquemos já essa torre
Que não fuja um sequer
Pois os quero queimar todos
Com tão maldita mulher!

Burlantes
Que faremos, meu senhor,
Desta gente endiabrada
E como entraremos na torre
Estando tão bem guardada?

Almirante
Não te aflijas, Burlantes,
Que eles virão ao meu poder
Pois que passados três dias
Já não terão que comer.

Sortibão
Eu bem vos disse, senhor,
Que as mulheres são o pecado
Mas não crestes nos meus ditos
Eis aí o resultado.

Almirante
Maldito sejam meus deuses
Esses velhos fementidos
Por me terem entregado
As mãos dos meus inemigos.

Sortibão
Não blasfemes, Almirante,
Contra os deuses da Turquia
Pois inda te hão-de ajudar
Neste malfadado dia.

Manda construir escadas
Para escalar a torre
Sem a mais leve detença.
Em um momento os traremos
À tua real presença.

Almirante
Pois seja assim como dizes
Arranjai os aparelhos
Pois não seriam precisos
Se cumprisse os teus conselhos.

*Turcos trazem escadas para escalar a torre.
Sobem cinco por um lado mas Floripes repe-
le-os. Dão todos mortos em terra.*

Maldita sejas, mulher,
Mais a hora em que nasceste!
Melhor te fora morrer,
Ó filha desnaturada!

Os teus dias vão contados!
Inda te hás-de arrepender
De seguires esses malvados!

Na torre cai uma dama com fome.

Roldão
Senhores, vamos já sem mais demora
Combater esses malvados
É milhor morrer na luta
Do que morrer encerrados.

Duque de Nemé
Pois vamos, nobre Roldão,
Abandonemos a torre
Pois já desmaiam as damas
Com as torturas da fome.

Oliveiros para duque de Nemé:

Oliveiros

Senhor, sede o guarda destas damas
Apenas por um instante
Enquanto nós combatemos
A gente do Almirante.

Duque de Nemé

Nem que soubesse por certo
Que na luta ia morrer
Não teria a cobardia
De fugir ao meu dever.

Roldão

Marchemos então para a luta
Sem receio nem temor
Mostremos aos agarenos
O nosso forte valor.

*Marcham para a luta. Depois de batalharem
um bocado, Urgel avista algumas cavalga-
duras carregadas de mantimentos. Urgel para
Roldão:*

Urgel

Vede que grande achado
Para matarmos a fome!

Roldão

Levemos os mantimentos
E voltemos para torre.

*Roldão, Oliveiros e Urgel carregam sobre a
gente que guardava os alimentos (ou mantimentos) e em pouco tempo estão senhores
deles. Encaminham-se em seguida para a
torre não dando pela falta de Gui de Bergonha que ainda batalhava desesperadamente.*

Gui de Bergonha

Ó cavaleiros cristãos,
Meus amados companheiros,
Fugis, deixais-me perdido
No meio destes guerreiros!

Clarião

Não te lamentes, cristão,
Vamos lá sem mais detença

Ao Almirante Balão
Que te há-de ler a sentença.

Gui de Bergonha

Turco, não te mostres arrogante
Que não te posso valer
Mas se não fossem os laços
Arriscavas-te a morrer.

Clarião

Não fales com ousadia,
Malvado perro cristão,
Senão corto-te a cabeça
Sem ter dó nem compaixão.

Gui de Bergonha

Cobarde!
Só és valente à traição!
Se não fora a tua espada
Dizia que eras vilão!

Clarião

Enganas-te, vil canalha,
Eu sou el-rei Clarião
E nunca tremi de susto
Ante a espada dum vilão!

*Agarra Gui de Bergonha e leva-o à presença
do Almirante.*

Almirante

Quem és tu, canalha vil?

Gui de Bergonha

Não julgues que hei-de mentir,
Ó Almirante Balão,
Pois que sou Gui de Bergonha,
Primo do conde Roldão.

Almirante

Se bem que te conhecesse
Acho-te bem demudado
Hão-de ser coisas da fome
Que na prisão tens passado.

Ah ladrão!... Ladrão!
Por teu amor se perdeu
Quem o havia de [...]

A minha malvada filha
A pontos de me atraiçoar.

Mas agora hás-de pagar
Tudo quanto me tens feito
Pois antes de vir a noite
Verei teu corpo desfeito.

Gui de Bergonha
Faz aquilo que puderes
Mas olha não vás errar
Pois cá ficará quem vingue
A morte que me vais dar!

Um Turco
Ladrão!
Eu te digo quem te vinga,
Malvado perro cristão!

*E faz menção de ferir a Gui de Bergonha mas
este agarra-o pelos cabelos, lança-o no chão e
afoga-o num momento.*

Almirante
Esta gente é endiabrada
Não tem medo nem respeito
Por suas mãos faz justiça
A seu belo prazer e jeito!

Gui de Bergonha
Pois se houve algum desacato
Aqui na tua presença
O teu vassalo o causou
Pois me quis esbofetear
Sem que lhe desse licença.
Querias que me ficasse
Como um cobarde calado?

Almirante
Prendei já este malvado
Pois há-de ser enforcado!

Floripes aos pés de Roldão:

Floripes
Ó nobre conde Roldão,
[...] salvar o meu noivo
Daquela infernal prisão.

Floripes com dor:

Pai, ó meu pai,
Não culpes a tua filha
Por te haver abandonado
Bem sabes o que é amor
Num coração desgraçado.

Não enforques o meu noivo!
De tudo quanto se deu
Sou a única culpada!
Quem deve morrer sou eu.

Roldão
Senhora, pelo amor de Deus vos peço
Que deixeis vosso chorar
O nobre Gui inda é vivo
Não tardará em voltar.

Almirante
Dizei que espécie de morte
Darei a este cristão
Já que o Deus Mafoma o trouxe
Morrerá como um vilão.

Burlantes
Para escarmento de todos
É bem mandar levantar
Naquele terreiro uma forca
Onde o mandes enforcar.

Barbaças
Deste modo ficareis
Bem vingado, meu senhor,
Deste vassalo maldito,
Desse falso imperador.

Almirante
Pois que se levante a forca
No meio daquele terreiro
E seja enforcado nela
Esse falso cavalheiro.

*Os turcos erguem a forca e trazem a Gui de
Bergonha.*

Ricardo de Normandia
Já lá vem o nobre Gui
Entre os risos da canalha.

Floripes
Salvai-o, ó cavaleiros!

Roldão
Aqui o tereis em pouco
Ou morremos na batalha!
Senhores, nesta hora de incerteza
Convém mostrar à Turquia
Que o nosso braço não treme
Com receio ou cobardia.

E sem temor bem unidos
Marchemos para a batalha
Como um ciclone gigante
Que trucede esse canalha.

Saem a pelejar. Os turcos fazem-lhes frente.
Em certa altura Roldão põe-se em pé nos
estribos e vê que já levam Gui à forca.

Gui de Bergonha
Ó cavaleiros cristãos!

Roldão
Companheiros,
Gui já vão a enforcar
Talhemos com as espadas
Caminho para o salvar.

Abrem caminho derrubando mouros até que
salvam Gui de Bergonha, o qual monta a
cavalo num cavalo que os turcos tinham
abandonado.

Roldão
Muito folgo, nobre Gui,
Vendo-te assim a meu lado
Com muito pesar dos turcos
De quem te achas vingado.

Gui de Bergonha
A vós o devo, Roldão,
E a todos os Pares da França
A minha morte era certa
Já tinha perdido a esperança.

Oliveiros
Já que a fortuna vos trouxe
Outra vez aos nossos braços

Corramos pois sobre os mouros
Desfazendo-os em pedaços.

Floripes
Ainda bem que voltaste,
Ó meu bravo namorado,
Pois sempre julguei perder-te
Neste dia malfadado.

Abraçam-se com alegria. Depois ajoelha-se
Floripes aos pés de Roldão tentando beijar-
-lhe as mãos.

Deixai beijar vossas mãos,
Valente e nobre Roldão,
Pois trouxestes alegria
De novo ao meu coração.

Roldão levantando-a:

Roldão
Senhora, levantai-vos, não consinto
Que beijeis as minhas mãos
Se livremos teu esposo
Isso é próprio de cristãos.

Floripes levanta-se e enquanto as damas põem
a mesa conversam todos em voz baixa:

Almirante
Ai de mim! Que farei eu
Destes guerreiros malvados
Que não se rendem à fome
Nem aos meus bravos soldados.

Burlantes
Senhor, tomai toda a nossa gente
Para combater os cristãos
Pois é impossível que fujam
Outra vez das nossas mãos.

Barbaças
E se por força das armas
Não os podemos vencer
Mandai incendiar a torre
Pois nela hão-de morrer.

Fim do 2.º Acto

3.º Acto

Carlos Magno
Oh que imensa tristeza
Me enegrece o coração
Por não saber onde param
Os meus bravos cavaleiros
Para lhes dar a salvação!

Galalão
Senhor, teus cavaleiros são mortos
Nada tens que duvidar
Que a gente do Almirante
Nunca soube perdoar!

O melhor é retirar
Sem demora num instante
Que o vil poder da Turquia
Está às ordens do Almirante.

Nenhum de nós fugirá
À sua cruel vingança
Nas terras da nossa França!

Carlos Magno
Que tal achais, cavaleiros,
O parecer de Galalão?

Auberim
Senhores,
Eu entendo que é bem justa
Sua nobre openião.

Macaire
Também acho razoável
O parecer de Galalão
Pois estamos enfraquecidos,
Não podemos resistir
Ao Almirante Balão.

Auberim
Eis aí, nobre imperador,
O nosso leal parecer
Se o tomares, como deves,
Não te hás-de arrepender.

Duque Regnier
Senhor,
Quem te dá esses conselhos
É cobarde ou vil traidor!

Auberim
Regnier, se não fosse na presença
Do augusto imperador
Pagarias a ousadia
De ultrajares o meu valor.

Já que o meu nobre conselho
Está longe da razão
Dá-lhe então o teu parecer
Pois mentes como vilão!

O duque Regnier dá-lhe uma bofetada e tomba-o em terra. Os amigos de Galalão desembainham as espadas para ferir Regnier, mas Ferrabrás cresce para eles de espada nua.

Ferrabrás
Quem ofende aqui
O nobre duque Regnier?

Carlos Magno
Fazei alto, cavaleiros,
Que nenhum de nós se corte
Senão condeno-vos já
À dura pena de morte.

Ferrabrás
Senhor, perdoai, eu vô-lo peço,
Tudo quanto se tem dado
E segui o meu conselho
Se vos parecer acertado.

Castigai os vossos homens
Mas de ora avante somente
Quando quebrem o respeito
Que vos deve toda a gente.

A mim sempre me tereis,
Digo isto com verdade,
Por coluna formidável
Da vossa dignidade.

Carlos Magno
Qual vos parece melhor,
Cavaleiro Ferrabrás,
Que marchemos para a frente
Ou que voltemos para trás?

Ferrabrás
Senhor, voltar a trás não é mal
Para a tua gente cansada
Mas quanto à tua honra
Essa não ganhará nada.

Carlos Magno
Senhor duque Regnier,
Aprontai-vos sem tardança
Pois heis-de ir buscar mais gente
Às nossas terras de França.

Música. Entretanto os turcos incendeiam a torre. El-rei Espolante durante o combate encontra-se com Roldão e travam combate.

Burlantes
Acudi, ó cavaleiros,
El-rei Espolante é ferido
Pois já caiu do cavalo!
Ajudemos a salvá-lo.

Roldão neste momento seguido pelos companheiros arrasta para a torre o rei Espolante.

[...]

Ricardo de Normandia
Senhores, tenho escutado em silêncio
O que acabais de dizer
Ouvi pois com detença
[...] humilde parecer.

Sabeis bem que tenho um filho
Mui destemido e forte
Que é bem capaz de vingar-me
Se os turcos me dessem morte.
Por essa mesma razão

Quem deve partir sou eu
A dar parte a Carlos Magno
Daquilo que sucedeu.

Duque de Nemé
É Ricardo quem deve ir
Bem haja a sua lembrança
Pois é o mais astucioso
De todos os Pares de França.

Ricardo de Normandia
Nobre duque de Nemé,
Fico-vos muito obrigado
Partirei pois esta noite
Que está tudo sossegado.

Roldão
Não julgues, nobre Ricardo,
Que os mouros estão descuidados
Pois que têm sentinelas
E vigias emboscados.

Sendo assim, acho milhor
Aguardar ao amanhecer
Para sairmos a campo
Dispostos a combater.

E quando tu vires a luta
Bem acesa e ateada
Seguirás o teu destino
Sem recear a jornada.

Chegada a manhã, Ricardo despede-se dos companheiros.

Gui de Bergonha
Saiamos então para a luta,
Não há tempo a perder!
E no mais aceso dela
Seguireis para Marmionda
Sem ninguém vos perceber.

Depois que os companheiros saíram a campo a pelejar, quando a luta era mais acesa, Ricardo desaparece seguido por el-rei Clarião.

Clarião
Cristão, pelos meus deuses te juro
Que não me hás-de escapar
Como aquele teu companheiro
Que levamos a enforcar.

Ricardo de Normandia
Pois com toda a tua gente
Não me pudeste prender
E queres prender-me tu só
Sem receio de morrer!

Clarião
Naquele posto que ali vês
Tenho quatro mil soldados
Que virão quando eu os chamar
Para te fazer em bocados.

Sendo assim, perro cristão,
Não te poderás escapar
Larga pois as tuas armas
Ninguém te pode salvar.

Ricardo de Normandia
Turco, por enquanto os teus soldados
Não chegam a este terreiro
Defende-te com mestria
Faz por ser bom cavaleiro.

E encaminham-se um para o outro de lanças
em riste. Passados instantes, Clarião estava
morto. Os mouros acodem. Ricardo monta
no cavalo de Clarião e foge perseguido pelos
turcos que não podem alcançá-lo. Nisto, en-
contram Clarião morto, pegam nele e levam-
-no ao Almirante por entre choros.

Almirante
Que desgraças temos mais?
Oh que negro o meu destino!
Por ventura hão matado
El-rei Clarião, meu sobrinho?

Um Turco
Senhor, tu perdeste um capitão
Defensor da nossa Lei
Nós perdemos neste dia
Um camarada e um rei.

O Almirante cai desfalecido. Os cavaleiros
cristãos, sentindo o alarido dos turcos, che-
gam às janelas da torre.

Floripes
Senhores, já sei qual seja o motivo
De tão forte gritaria
El-rei Clarião foi morto
Pelo duque de Normandia.

Os cavaleiros soltam vivas a Ricardo. Neste
entretanto acorda o Almirante.

Almirante
Burlantes, vai à fonte de Montible
E diz ao seu capitão
Que não deixe passar nela
Esse malvado cristão.

Não convém que passe o rio
Pois é bem fácil de ver
Que é mandado a Carlos Magno
Para que os venha socorrer.

Burlantes
Parto já, nobre Almirante,
Como um raio ao meu destino
Pois espero alcançá-lo
Inda a meio do caminho.

Parte Burlantes a cavalo e diz para o gigante
Galafre:

Sabei que sou mensageiro
Do Almirante Balão
Para que não deixes passar
Sobre esta ponte um cristão
Que há pouco tirou a vida
A nobre rei Clarião.

Além disso é portador
De cartas para o imperador
De uns cavaleiros cristãos
Que a nossa gente de guerra
Tem cercados numa torre.

Galafre [...] à mensagem. Toca uma buzina
ao som da qual acodem alguns turcos.

Galafre
Pois diz o grande senhor,
O Almirante Balão,

Que ninguém vencerá a ponte
A não ser que eu fique morto
Com a sua guarnição!

*Burlantes parte para um lado. Galafre com
alguns turcos percorrem os campos para ver
se encontram Ricardo e quando Galafre avis-
tou Ricardo disse-lhe:*

Espera ai, perro cristão!
Contigo quero falar!

Ricardo de Normandia
Falaremos dentro em pouco,
Hoje não tenho vagar!

E atravessa o rio desaparecendo depois.

Galafre
Ah, Malvado!

Duque Regnier a Carlos Magno:

Duque Regnier
Senhor,
Naquele caminho além
Vejo vir um cavaleiro
Que parece ser cristão!

Carlos Magno
Talvez seja mensageiro
Do Almirante Balão.

*Carlos Magno e a sua gente ficam a olhar o
caminho. Entretanto chega Ricardo. À pressa
beija as mãos de Carlos Magno e diz Carlos
Magno:*

Ricardo, diz-me já o que é feito
Dos meus bravos cavaleiros
Se são vivos ou são mortos
Ou caíram prisioneiros.

Ricardo de Normandia
Senhor, podeis dar graças a Deus
Pois que todos estão vivos
Se bem que tenham passado
Os mais desgraçados perigos!

Em grande torre cercados
Por cem mil turcos guerreiros
Habitam há longo tempo
Os teus bravos cavaleiros.

À virtude de uma filha
Do Almirante Balão
Devemos a liberdade
A vida e a salvação.

Mas para contar-vos tudo
Perderia muito tempo
Antes que pudesse expor-vos
Qual é o fim do meu intento.

Sabei que meus companheiros
Já não têm mantimentos
Para se aguentarem na torre
Durante muito mais tempo.

Urge pois ir socorrê-los
Sem perdermos um instante
Antes que sejam vencidos
Pelas tropas do Almirante.

Temos porém de vencer
Para chegar ao Almirante
Uma ponte formidável
Guardada por um gigante.

É o turco mais feroz
Que existe para estes lados
E comanda três mil turcos
Todos muito bem armados.

O rio é muito profundo
Ninguém o pode passar
Urge pois vencer a ponte
Custe aquilo que custar.

Carlos Magno
E por que meios, Ricardo,
Passaremos nós então?
Como venceremos a ponte
Mais o seu feroz guardião?

Ricardo de Normandia
Senhor, eu com vinte cavaleiros
Em mercadores disfarçados

Com outros tantos cavalos
De mercadorias carregados.

Marchemos sem receio
Disfarçando o nosso intento
Com grandes capas que escondam
O nosso forte armamento.

Depois chegamos à ponte
E dizemos ao gigante
Que queremos vender fazendas
Nas terras do Almirante.

Entretanto vós, senhor,
Ficareis trás daquele monte
Com essa gente formada
Para marchar sobre a ponte.

E quando ele abrir as portas
Entraremos de repente
Nessa altura acudireis
Com o poder da nossa gente.

Desta forma venceremos
Essa ponte gigantesca
Que está tão bem defendida
Pela mais feroz soldadesca.

Carlos Magno
Acho bem o teu conselho!
Vamos lá, meus cavaleiros,
Aprontar o armamento
E marchemos sobre a ponte
Sem que se perca um momento!

Música. Forma-se o exército.

Carlos Magno
Soldados, do vosso heróico esforço
Como da vossa união
Depende a morte ou a vida
Do exército cristão.
Marchemos pois para a luta
Com bravura e galhardia!
Mostremos mais uma vez
Que o nosso braço não treme
Ante o poder da Turquia.

*Rufam tambores de guerra. O exército cristão
põe-se em marcha.*

Ricardo de Normandia
Senhor, enquanto abro caminho
Ficareis trás deste monte
E a um sinal que eu faça
Marchai logo sobre a ponte.

Carlos Magno
Ricardo, pois aqui aguardaremos
O sinal para atacar
A ponte que há-de ser nossa
Custe aquilo que custar.

*Ricardo avança com sete companheiros a
cavalo e bate às portas da ponte.*

Galafre
Quem sois vós, ó cavaleiros?

Ricardo de Normandia
Nós somos todos mercadores
Duma terra mui distante
E queremos vender fazendas
Nas terras do Almirante.

E se nos deixar passar
Nada terás a perder
Dar-te-emos das fazendas
Que levamos para vender.

Galafre
Pois sabei que tenho o encargo
De bem guardar esta ponte
E tudo isto que vedes
A começar naquele monte.

Inda não há muito tempo
Sete malvados cristãos
Me enganaram à traição
Dizendo-se embaixadores
Para o Almirante Balão.

Mostrai pois vossas fazendas
Não me queirais enganar
E se fordes mercadores
Na ponte podeis passar.

Mas se acaso me enganardes
Vossas vidas pagarão
O tributo que aqui paga
Todo o súbdito cristão.

Ricardo de Normandia
É justo que queiras ver
As fazendas que trazemos
Abre pois já essa porta
E logo tas mostraremos.

Galafre abre a porta da ponte. Os cristãos entram rapidamente e travam combate com o gigante. Então acode Carlos Magno, o qual mata o gigante Galafre às lançadas mas os turcos resistem sempre. Antes porém do gigante cair morto deu tal pancada na ponte com a sua marra de armas que a fez estremecer. Neste momento acodem mais mouros.

Carlos Magno
Avançai, ó cavaleiros,
Pois são horas de mostrar
A estes malvados turcos
Que sabemos batalhar.

Depois de longo combate a ponte é tomada por completo.

Agora que a ponte é nossa
Tratemos de descansar
Refazendo as nossas forças
Tão gastas a batalhar.

O exército cristão descansa nas imediações da ponte estabelecendo-se serviço de segurança. Burlantes junto do Almirante:

Burlantes
Senhor, a ponte já foi tomada
Pelo exército cristão
Depois de ser trucidado
O seu bravo capitão.

A batalha foi tão dura
A golpes de ferro frio
Que o sangue dos combatentes
Tingiu as águas do rio.

O Almirante desfalece. Depois levanta-se e exclama:

Almirante
Maldito sejas, Mafoma,
Ó velho Deus sulezado!
Maldito sejas, maldito,
Que bem me tens enganado!

O Almirante derruba à pancada os seus deuses.

Sortibão
Não blasfemes, Almirante,
Pede aos teus deuses perdão
Se quiserdes ver destruído
Todo o exército cristão.

Almirante
Afasta-te, conselheiro,
Mafoma não tem poder
Eu não quero crer mais nele
Pois já me deixou perder.

Sortibão
Manda já sem mais detença
Espias bem disfarçados
Até junto dos cristãos
Ver onde estão acampados.

Entretanto nós daremos
Um combate a essa torre
Té que esses bravos cristãos
Sejam mortos pela fome.

Almirante
Pois fazei mais uma vez
O que acabas de dizer
Se bem que o velho Mafoma
Não tenha num poder.

Barbaças
Mafoma é o nosso Deus
Sempre nos tem ajudado
Se alguma vez te enganou
É pelo o teres ultrajado.

Diante de todos nós
Lhe pedirás já perdão

Para que te ajude na guerra
Contra o exército cristão.

Almirante ajoelhado:

Almirante
Oh, Mafoma!
Eis-me aqui arrependido
Por tanto te ter ultrajado
O teu altivo poder
Neste dia malfadado.

Mas prometo firmemente
Nunca mais te ultrajar
Se contra os deuses cristãos
Me queiras ainda auxiliar.

Mafoma
Teus erros são perdoados
Pelo grande arrependimento
Que leio na tua alma
Neste solene momento.

Manda combater a torre
Com todos os teus guerreiros
Comigo podes contar
Contra esses maus cavaleiros.

Almirante
Mafoma, leal Mafoma,
Grande é a minha alegria
Por ver que não me abandonas
Neste desgraçado dia.

Que a minha gente de guerra
Rompa como um furacão
Contra essa torre maldita
Sem ter dó nem compaixão.

Os turcos atacam a torre.

Floripes
Defendei-nos, cavaleiros,
Com ardor e valentia
Senão morremos aos golpes
Destes filhos da Turquia.

Floripes despede pedradas contra os mouros.

Almirante
Floripes, grande foi tua ousadia,
Tua malvada traição
Para seguires o amor
Desse malvado cristão.

Por ele deixaste teu pai,
Teus deuses e teus irmãos
Mas descansa, ó leviana,
Tu virás às minhas mãos.

Floripes
Pai, eu leviana nunca fui!
Tu bem sabes que é verdade
Amo é certo um cavaleiro
Por amor da cristandade.

Almirante
Malvada!
Em antes de vir a noite
Inda te hei-de ver queimada!

*Prossegue o combate à torre. O exército cris-
tão começa-se a pôr em marcha. Urgel sobe
ao cimo da torre e avista as bandeiras cristãs.*

Urgel
Amigos e companheiros,
Demos graças ao Senhor
Pois que vem em nosso auxílio
O poderoso imperador.

Já se avistam as bandeiras
Da gente da nossa França
Não desanimemos pois
Tenhamos nelas confiança.

Roldão
Viva Ricardo de Normandia!

Vozes
Viva! Viva!

Roldão
Viva o grande imperador!

Vozes
Viva! Viva!

Roldão
Viva o exército cristão!

Vozes
Viva! Viva!

Burlantes com o Almirante:

Burlantes
Senhor, o imperador Carlos Magno
Com sua gente de guerra
Avança como um tufão
A invadir a nossa terra.

Vai tudo a ferro e fogo
É impossível resistir
Aos golpes da sua gente
Que nunca soube fugir.

Almirante
Diz lá tu, ó rei Brutantes,
Que vamos aqui fazer?

Brutantes
Senhor,
Manda juntar tua gente
E vamo-los combater!

Rufam tambores no exército mouro, o qual se forma em linha de batalha. Ferrabrás para Carlos Magno:

Ferrabrás
Senhor, se os meus fracos serviços
Têm tido algum valor
Em troca deles vos peço
Me concedais um favor.

Carlos Magno
Cavaleiro Ferrabrás,
Faz lá o teu pedido
E tem a firme certeza
De que serás atendido.

Ferrabrás
Senhor, o vosso saber profundo
Bem sabe que obrigações
Devemos a nossos pais
Que nos trouxeram ao mundo.

Mandareis pois a meu pai
Embaixador bem armado
Para que deixe a Lei dos turcos
Em que vive enganado.

E se depois não quiser
Seguir a lei da verdade
Darei começo à batalha
Sem ter dele piedade.

Carlos Magno
Em te poder ser prestável
Tenho o máximo prazer
Vai pois cumprir-se o pedido
Que acabas de me fazer.
Galalão!

Galalão
Que desejais, imperador?

Carlos Magno
Tenho-vos escolhido
Para meu embaixador!
Vai dizer ao Almirante
Que eu e Ferrabrás seu filho
Lhe pedimos neste instante
Para seguir outro trilho.

Que mande os meus cavaleiros
E abandone o Islamismo
Por lei falsa e contrária
À lei do Cristianismo.

E que se isto fizer
O deixarei governar
Estas terras da Mourama
Que a mim terás de pagar.

Mas se quiser persistir
Na sua Lei mentirosa
Terá feia e cruel sorte
Pois o meu menor castigo
Será a pena de morte.

Ferrabrás beija as mãos do imperador en- quanto Galalão, armado com todas as armas, se encaminha para o exército do Almirante. Burlantes para Galalão:

Burlantes

A quem buscais, cavaleiro,
Nesta terras da Turquia?
Pois me espanta e me admira
A vossa louca ousadia!

Galalão

Sabei que sou enviado
Do exército cristão.
Quero dar nobre embaixada
Da parte de Carlos Magno
Ao Almirante Balão.

Burlantes

Sois então embaixador?!
Aguardai aí um pouco
Té que eu leve a notícia
Ao meu poderoso senhor.

Burlantes parte para a tenda do Almirante.

Senhor, junto das primeiras linhas
Aguarda um embaixador
Que para vós traz embaixada
Do seu alto imperador.

O Almirante a cavalo sai ao encontro de Galalão.

Almirante

Cristão,
Eis-me aqui ao teu dispor!
Podes dar tua embaixada
Se é que és embaixador!

Galalão

Do exército cristão
Escusais de duvidar
Mas, pelo que estou vendo,
Sois vós, o Almirante,
A quem pretendo falar!

Almirante

Sou eu mesmo!
Que quer a tua ousadia
Do governador supremo,
Do império da Turquia?

Galalão

O que quero, o que pretendo
Dir-vo-lo-ei num instante
Escutai pois com atenção
Já que sois o Almirante.

O mui alto e poderoso senhor,
Imperador Carlos Magno,
E teu filho Ferrabrás,
Que já renegou Mafoma,
Deus impostor e falaz,
Por mim te manda dizer
Que lhe dês seus cavaleiros
E as veneradas relíquias
Que existem no teu poder.
Que deixes o Islamismo
Para seguir a cristandade
Lei feita por Jesus Cristo
Em holocausto à verdade.

E que nestas condições
Ficarás a governar
Os teus vastos domínios
Que confinam com o mar.

Mas se não quiseres ceder
Às vantagens que te dão
Nos teus reinos morrerás
Como cobarde e vilão.

Almirante colérico:

Almirante

Com atrevimento fizeste
A tua rude embaixada
Mas podes seguir em paz
Que eu não te hei-de fazer nada.

E no entanto podia,
Digo-te isto em verdade,
Matar-te sem ter receio
Com toda a legalidade.

Mas és criado mandado
Podes partir e vai em paz
Mas nunca voltes cá mais
Com recado tão audaz.

Galalão
Almirante, é melhor dar-me a resposta
Que ao meu rei hei-de levar
Pois sabe que a nossa gente
Já está pronta a batalhar.

E se não me dás resposta
Aqui virão brevemente
Tomar bárbara vingança
De ti e da tua gente.

Um Turco
Porque o teu rude falar
É louco e demasiado
Não seguirás teu destino
Sem que sejas castigado.

*Levanta uma maça de ferro para ferir Gala-
lão, este porém furta o corpo e trespassa o
mouro com sua lança. Depois foge para o
exército de Carlos Magno. Galalão na presença do imperador:*

Galalão
Sabei, nobre imperador,
Que o Almirante Balão
Prefere morrer como mouro
Que converter-se em cristão.

A sua gente de guerra
Nem por Deus se quer render
Marchemos sem mais delongas
E vamo-los combater.

*Rufam tambores de guerra. O exército cristão
avança. O exército turco, os turcos formados
em ordem de batalha. Brutantes adiantando-
-se [...] mouro:*

Brutantes
Ó Carlos Magno, onde [...]!
Não fujas cobardemente
Vem a bater-te comigo
Para longe da tua gente.

Carlos Magno
Quem será o cavaleiro
Que mostra tal ousadia?

Por ventura é o Almirante
Governador da Turquia?

Ferrabrás
Na figura e nos gestos
Não parece o Almirante
Parece ser antes, senhor,
O famoso rei Brutantes!

Carlos Magno
Pois não há-de ser em balde
Que me chame ao desafio
Faltar a ele era impróprio
Do meu sangue e do meu brio.

*Carlos Magno avança para Brutantes e tra-
vam combate. Ao primeiro assalto, caem logo
dos cavalos. Vendo Carlos Magno que não
podia vencer o adversário pelas armas, confiado na força do seu braço, agarra o turco
pela cintura e prota-o em terra, morto às
punhaladas. Depois disto feito, volta a vitória
para o exército que o recebe por entre vivas e
aclamações. Após esta luta, dá-se começo à
batalha. Em certa altura, os Pares saem da
torre e prendem o Almirante Balão pondo os
mouros em fuga e desarmados.*

Carlos Magno
Senhor Almirante,
Todo o homem neste mundo,
Seja do que raça for,
Deve dar louvor a Deus
Que é da vida o Criador.

O que não siga a sua Lei
São tudo vãs imposturas
E o que nele não acredita
Anda na terra às escuras!

Por isso vos quero rogar
Que adoreis a Jesus Cristo
Rei dos Céus e da Terra
Criador de tudo isto.

Almirante
Prefiro ficar assim
Amarrado à minha Lei

Pois sou turco de nascença
Assim turco morrerei.

Carlos Magno
Imperador da Turquia,
Se não fosse o amor
Que dedico ao teu filho
Pagarias com a vida
Tua louca rebeldia.

Almirante
Carlos Magno,
Não é essa a Lei de Cristo
Pois a verdadeira crença
Não se incute pela força
Mas bebe-se de nascença.

Não teimes pois, Carlos Magno,
Que não me hei-de baptizar
Se bem que tenha a certeza
Que me vais mandar matar.

Ferrabrás ajoelha-se aos pés do Almirante:

Ferrabrás
Consenti, eu vo-lo peço,
Em vos fazerdes cristão
Se quereis trazer alegria
Ao meu pobre coração.

Pai, vede bem o que fazeis
Se persistir em não querer
E calculai a minha dor
Se vos vejo aqui morrer!

Almirante
Se a minha recusa e luto
É dor para o teu coração
Consinto neste momento
Em que me façais cristão.

*Carlos Magno alegra-se enquanto o Arcebis-
po Turpim prepara tudo para o baptizar.*

Turpim
Almirante,
Crês na Santíssima Trindade,
Padre Filho e Espírito Santo?

Negas todos os teus ídolos?
Crês em Deus, em Jesus Cristo,
Que nasceu da Santa Virgem
E é autor de tudo isto?

Almirante
Não, mil vezes não!
Eu só creio em Mafoma
Do fundo do coração.

*Cospe na pia baptismal e dá uma bofetada no
Arcebispo. Em seguida, pega-lhe pelos cabe-
los e mete-lhe a cabeça na pia da água benta.
Carlos Magno colérico:*

Carlos Magno
Vede, senhor Ferrabrás,
O que fez o vosso pai
Em tam solene momento!
Se não fosse por vossa causa
Pagaria o atrevimento!

Ferrabrás
Senhor, serenai, tende paciência
Até ao amanhecer
Se depois teimar na sua
Fazei o que vos parecer!

*Ferrabrás sai do tablado com seu pai. Nesta
altura Floripes, acompanhada pelas suas damas, vem cumprimentando a Carlos Magno.
Roldão apresenta [...].*

Roldão
Permiti, real senhor,
Que faça a apresentação
Desta virtuosa dama
Que nos deu a salvação!

Carlos Magno à parte:

Carlos Magno
Oh, que perigrina beleza!

Roldão
A princesa Floripes!

Carlos Magno

Senhora, o vosso gesto foi nobre
Nunca mais o esquecerei
Bem vinda sejas, princesa,
Para a nossa sagrada Lei.

Inclina-se. Floripes faz o mesmo.

Floripes

Agora quero entregar-vos
As relíquias veneradas
Que tenho neste meu cofre
Há largo tempo guardadas.

O Arcebispo toma o cofre e tira as relíquias uma a uma. Carlos Magno, bem como todos os presentes, ajoelham-se com respeito.

Carlos Magno

Senhor, vós que me destes forças
Para vencer a Turquia
Dai-me alento para louvar-vos
Neste memorando dia.

Meu Deus, agora que as relíquias
Já estão em nossas mãos
Dai-me forças para levá-las
Para a terra dos cristãos.

O Arcebispo abençoou-as e em seguida levantam-se todos. Carlos Magno beija a Floripes na face. Carlos Magno a Floripes:

Na sua infinita sabedoria
Deus te agradecerá
Quando para ti raiar
A luz do eterno dia.

Floripes

Senhores, agora que demonstrei
O quanto sou vossa amiga
São horas de se cumprir
A vossa promessa antiga.

Roldão

Primo Gui, é preciso que Floripes
Se baptize num momento

Para fazer-se em seguida
Vosso nobre casamento.

Gui de Bergonha

Eu me acho bem contente,
Primo Roldão, neste dia
Oferecendo a minha mão
A esta nobre senhora
Que vem de Jerarquia!

Carlos Magno

Senhor Arcebispo,
Tratemos sem mais delongas,
Com prestígio e grandeza,
De casar a Gui de Bergonha
Com esta nobre princesa.

Eu e Regnier e Tietri
Seremos neste momento
Os padrinhos escolhidos
Deste feliz casamento.

Faz-se o casamento com Gui e Floripes com o acompanhamento dos Pares e mais cristãos. Padrinhos, Carlos Magno, Regnier e Tietri, Roldão e Oliveiros [...]. As damas acompanham a Floripes. O Arcebispo, Turpim à frente [...] todos seguem pelo tablado adiante e recolhem noutra ponta e a acabar de recolher o acompanhamento aparece Ferrabrás e o Almirante.

Ferrabrás

Pai, atendei aos meus rogos
Por Deus fazei-me a vontade
Esquecei-vos de Mafoma
Segui a luz da verdade.

Almirante

Malvado, não me apoquentes mais
Nem me queiras vender
A esses perros cristãos
Como tu ousaste fazer.

Ferrabrás

Pai, eu nunca me vendi
Abandonei minha Lei
Por outra mais verdadeira
Que nunca esquecerei.

Almirante

Afasta-te, renegado,
Nem quero ver-te emendado.

Nesta altura sai o acompanhamento do casamento pelo tablado adiante na ordem que tinham entrado. Ferrabrás a Carlos Magno:

Ferrabrás

Senhor, não há forças que demovam
A meu pai, o Almirante,
A seguir à lei de Cristo
Neste supremo instante.

Carlos Magno

Senhor Almirante,
Fazei-vos cristão!

Almirante

Não, mil vezes não!
Isso não pode ser
Pois sou turco de nascença
Por Mafoma hei-de morrer.

Carlos Magno

Persistis na vossa teima
Preparai-vos para morrer!

Almirante

Embora!
Morrerei no meu posto
Preferindo a morte à vida
A ter de me converter!

Carlos Magno

Cumpra-se a vossa vontade!
Soldados,
Arrastai-o àquele terreiro
E matai-o sem piedade.

Os soldados levam o Almirante e matam-no às lançadas. Diz Carlos Magno:

Eis enfim pacificado
Esta luta gigantesca
Com a morte do Almirante
Que acaba de ser desfeita
Pela minha soldadesca.

Vós, senhor Ferrabrás,
[...] o nobre Gui de Bergonha
Neste Memorando
Ficareis a governar
Estas terras da Turquia.

Fareis com que a Mourama
Se converta ao Cristianismo
Deixando para sempre os deuses
Desse falso Islamismo.

Agora que a guerra é finda
Marchemos sem mais tardança
Para as terras de Marmionda
E dali para a nossa França.

Versão recolhida em S. Martinho. Manuscrito datado de 7 de Janeiro de 1933 e assinado pelo senhor Júlio Augusto Cordeiro, de S. Martinho. O texto baseia-se em velhos romances ligados ao ciclo Carolíngeo. Terá sido apresentado em Genísio por volta de 1964.

Verdadeira Tragédia do Marquez de Mântua e Imperador Carloto Magno

Personagens que falam

Profecia
Marquez de Mântua, tio de Valdevinos
Imperador Carloto Magno
Imperatriz, sua esposa
Príncipe Carloto, seu filho
Valdevinos
Conde Ganalão
Dois Embaixadores chamados:
Duque Amão e Beltrão
Ermelina, mãe
Sibilia, esposa de Valdevinos
Um pajem de Valdevinos
Um pajem do Imperador
Uma Dama de Sibilino
Escudeiro, doudo
Um Anjo
Um Ermitão
Morte
Satanás
Um carrasco
Reinaldos de Montalvão

1.ª Jornada

Sai a Profecia e diz:

Profecia
Depois deste mundo por Deus criado
Por Deus justo com tanto desvelo
Segundo Sagrada Escritura nos diz
Fez este mundo tão lindo e velo.

Passado o tempo que acabo de dizer
Veio a este mundo o Messias Redentor
Jesus Cristo, por nome chamado
Sacrificou seu sangue por nosso amor.

Para não viver em culpas mortais
Ele desceu para nos redemir
E nós pra não lhe obedecer
Pelo pecado nos deixámos iludir.

O inimigo que tento com tanto desvelo
Que a ninguém deixa de combater
Os casos que se dão neste mundo
Agora mesmo vamos ver.

Vede o que passa em esta tragédia
Que hoje aqui se vai representar
Não nos importa que Deus nos ensine
O verdadeiro caminho da verdade.

Levados pela fúria do dragão infernal
Todos caímos por sermos tentados
Vereis o que passou ao Príncipe Carloto
Assim tentou levá-los dos condenados.

Sairá Satanás com grande furor
Pedindo auxílio ao próprio Inferno
Para que ajude em este conflito
Pois a guerra que pretende lhe quer dar termo.

Sairá em seguida o Imperador
Com ele virá seu filho Carloto
Conde Ganalão e Valdevinos
Pois querem que o Príncipe seja devoto.

Seu pai lhe diz para o armar de guerra
Mas não aceita por ser ainda novo
Mas ainda consegui o armado
Para dar honras a seu grande povo.

O Príncipe virá muito enfurecido
Para isso pedirá a todos licença
Lhe a concedem com muito carinho
E ele se retira sem mais detença.

Aparece Sibilia em um jardim
Com ela uma Dama sua companheira
Quando as duas conversando estão
Aparece o Príncipe à sua beira.

Sibilia que conhece bem a sua maldade
O manda retirar dali em seguida
Pois sabe bem o que ele pretende
É sacrificar-lhe a honra e a vida.

O Príncipe se retira com grande raiva
Sibilia se assenta para descansar
Quando ela se deixa adormecer
Aparece-lhe um anjo para a auxiliar.

Este lhe diz que procure um ermitão
Que naquele bosque deverá encontrar
E ela o procura em seguida
Que à porta da ermida estará a rezar.

Ela lhe pedirá para confessar
De seus pecados muitos por inteiro
Ambos juntos na ermida entram
Pedindo perdão a Deus verdadeiro.

Aparece o Pajem e juntamente o Príncipe
Que este o andava ali procurando
Este lhe diz que não vá ao palácio
Sem falar com aquele homem que ali anda
   passeando.

O homem que passeia e tenho falado
É o Príncipe Lusbel que anda fingido,

Este o induz a matar Valdevinos
Em uma caçada no campo florido.

O Príncipe irá em seguida ao Palácio
Com Valdevinos determina a caçada
Nem da esposa o deixa despedir
Para do passado ela não saber nada.

Aparece Escudeiro e Dama
E Sibilia que procura seu marido
A Dama lhe diz que à caça se tem ido
E o Escudeiro afirma o dito da Dama.

Em seguida irão para o bosque
Onde o Diabo aparece também
Juntos o matam sem razão
Não o deixando despedir da esposa e mãe.

Quando esteja a ponto de expirar
Aparece ali o Marquez seu tio
O qual ficará de todo assombrado
Ao ver assim seu querido sobrinho.

Aparece em seguida um ermitão
Que pelo pajem mandou chamar
Ele se confessa das culpas e erros
E logo acaba de expirar.

Levam-o sem demora para a ermida
Para ali o embalsamar
O Marquez de Mântua se retirará
Sem nada mais poder falar.

Com isto termina a primeira jornada
Da obra que se vai representar
Peço aos ouvintes toda a atenção
Que o resto eu vo-lo virá explicar.

Música. Retira-se a Profecia e sai Satanás e diz:

Satanás
Tocai Infernos as armas
Em esta ocasião opertuna,
Vinde cavernas prefundas,
Vomitai chamas abrasadoras
De [...] fogo por este mundo.

Vinde sem demora alguma
Não desprezeis quem vos chama

É este general maldito
Que a conquistar almas anda.

Vinde sem demora e vereis
Que em batalha estou metido
Nesta cidade de Paris
Aonde não sou conhecido.

Vinde fúrias infernais
A vosso general acompanhar
Hoje mesmo aqui vereis
Grande batalha ganhar.

A todos os reis e príncipes
Hoje estimaria ver
E a esse Carloto Magno
Que há tanto desejo conhecer.

Esses não me fizeram penar
Como me fez o Redentor
Por não ter voto de castidade
Me quis lançar ao horror.

Esse que dos altos Céus
Dirige os astros, mar e terra
É quem me faz sofrer
Horríveis males e penas.

Tem o mundo de tal forma
Em tudo bem instruído
É quem tudo resplandece
Como um jardim bem florido.

Eu me opus contra ele
Formando batalha campal
Perdi quando já esforçado
Causando-me tanto mal.

Aterrando-me com outros
Horrível mando me deu
Para iludir a muitas almas
E conduzi-las ao Inferno.

Por isso vou tentando
A este mundo coitado
Farei-me tão horroroso
Como um leão danado.

Atravessarei rios e montes
E galgarei muralhas mesmo
Hei-de-os perseguir a todos
E lançá-los no Inferno.

Atravessei rios e serras
Em esta maldita nação
Também hei-de atravessar
A muitos o coração.

Quero ser valente e herói
Minha astúcia assim o prefere
Vencerei todos os cortesãos
Que se encontrem no poder.

Às donzelas suas honras
Também hei-de perseguir
Essas que sejam mais formosas
Mais as quero iludir.

Vinde fúrias infernais
Vinde dar-me valor
Quero levar a bandeira
De grande conquistador.

Devereis conhecer-me bem
Que sou um guerreiro esforçado
Como general valente
O mais que se tem encontrado.

Aqui me queria ver
Aqui me queria encontrar
Muita gente há-de morrer
Se soubermos pelejar.

Amigos eu buscarei
Que eles se hão-de manifestar
Tudo por mim hão-de fazer
Quanto lhe possa mandar.

Pois já me retiro
Aqui me ocultarei
Para formar grande guerra
A ocasião eu a buscarei.

*Música. Sai o Imperador, Príncipe, Conde
Ganalão e Valdevinos. Diz o Imperador:*

Imperador
Já é tempo, filho meu,
Como Príncipe educado
Que te armes de cavaleiro
Como valente soldado.

Hoje dia de Páscoa é
Do Divino Espírito Santo
Para aqueles que têm fé
É um dia feliz e Santo.

Dia que representa
A Divina Majestade
E com o Espírito Santo
O mistério da Trindade.

Como dia muito nomeado
Grandes festas se hão-de fazer
E tu como cavaleiro esforçado
Às ditas deves concorrer.

A ver guerreiros valentes
Que ali hão-de pelejar
Seus manejos em espadas
A muitos fazem admirar.

E para que depois
Lhe mostres teu valor
Quando com eles pelejes
Mostrará-lhe grande louvor.

Já sabes, filho querido,
Que há gente em esta nação
Em favor da Santa fé,
São valentes de coração.

Esse Roldão, Oliveiras,
Valdevinos e Ricardo,
Também Gui de Borgonha
É um valente soldado.

Todos desejam de vencer
Em o campo da batalha,
Matando e destroçando
A muita gente educada.

E tu filho, como Príncipe,
Também deves desejar

De seres valente guerreiro
E junto deles pelejar.

Príncipe
Ciente de tudo estou
De quanto me quer dizer
Serei muito incapaz
De sair a combater.

Pois bem me reconhecem
Que sou ainda muito novo
Não me posso comparar
Como guerreiro valoroso.

Portanto me retiro
A meu aposento sossegar
Cumprirei sua vontade
Não o pretendo desgostar.

Valdevinos
Senhores, vemos muito bem
O Príncipe bastante enfadado
Pois para algum de nós será
Que seu rosto está mudado?

Conde Ganalão
Pois estou bem entendido
Da sua maldade que mostrou
Pois decerto nos é falso
Que seu rosto o indicou.

Só para Valdevinos
Se deverte em olhar
Ou é que lhe quer muito bem
Ou traição lhe quer armar.

Príncipe
Valdevinos é um amigo
Dos milhores do meu condão
Para ele me sai a amizade
Espontânea do coração.

Nem o Imperador meu pai
Nem a minha geração
Estimarei como a Valdevinos
Na presente ocasião.

Imperador

Olha filho, o que dizes!
Teu pai é ilustre e honrado
Terás sempre em atenção
A estima em que foste criado.

Só eu desejava saber
De que forma teu peito está
E teu brabo coração
Sobre quem se lançará.

Desde já conheço bem
A tua cruel intenção
Talvez que a mim queiras
Armar alguma traição!

As traições para teus pais
Nunca podem resultar bem
Repara filho o que fazes
Não te enganes também!

Que sempre no mundo
O maldito tentador
Que sempre deseja embrulhar
[...]

Lusbel, como tentador,
Adão e Eva fez perder
Mostrando-lhe o fruto vedado
Que ambos foram comer.

Olha filho, que teu pai sou,
Dos guerreiros fui o horror
Que fico na história gravado
Como honrado Imperador.

Valdevinos

Senhor, não julgue mal
Que seu filho seu amigo é
Por isso desde hoje
Me humilho a vossos pés.

Tudo quanto ele mande
Logo será concedido
Falo de cheio coração
Que não me falta o sentido.

Príncipe

Valdevinos, com meu pai
Aqui deves ficar
Pois se me dão licença
Eu me quero retirar.

Vai-se.

Conde Ganalão

Ó Imperador famoso,
Que conselhos sabe dar
A um Príncipe educado
Mas não os quer tomar!

Valdevinos

Senhores, a mocidade
Devemos considerar.
Que faríamos nós-outros
No tempo da sua idade?

Imperador

Retireme-nos daqui
Vinde já a meu salão
Discutir de grandes honras
Em favor desta nação.

*Vão-se todos. Toca a Música e aparece Sibilia
e a Dama em um jardim e diz a Dama:*

Dama

Princesa, Real Senhora,
Não vê em este jardim
Lindas flores com lindos aromas
Sem nunca terem fim?

Vê a linda violeta
E a rosa com lindo brilho,
Flores lindas e brilhantes
As mais que tenho visto.

Os craveiros amarelinhos
E as restantes que se vêem
Com suas cores honestas
Que lindo aroma têm!

Isto é um paraíso
Da humanidade sem igual

Isto é uma formosura
Criada por Deus celestial!

Sibilia
Compreendo, Dama, muito bem
Quanto estás a dizer
Mas o meu pensar é só
Em que havemos de morrer.

Para contrair o Santo Matrimónio
E a benção do Eterno Padre
Sendo verdadeira Cristã
Assim conservei minha vergindade.

Com a água do Baptismo
Meu tenro rosto se lavou
Depois os Santos Óleos
Meu coração purificou.

Ficando tão pura e casta
Como no dia em que nasci
Recebendo por meu esposo
Quem tanto eu pretendi.

Dama
Princesa, em o jardim
Um homem me foi aparecido!

Sibilia
Acaso será por ventura
Meu estimado marido?
Retira-te que já chigou
Esse Carloto atrevido!!!

Dama
Senhora, em esta floresta
Eu me ocultarei.

Oculta-se.

Sibilia
Não te afastes do jardim
Que preste te chamarei.

*Aparece o Príncipe passando pelo jardim e
diz Sibilia:*

Estranho me é em ver
Um filho de grande Senhor

O mais ilustre que há em França
É filho do Imperador.

Príncipe
Não há que estranhar, Senhora!
Por acaso venho de passeio,
Estou muito admirado
Das lindas flores que aqui vejo.

Flores brilhantes e belas
E esplêndido aroma que há aqui
Tão lindas cores e honestas
No mundo eu nunca vi!

E em ver tal formosura
E um rosto tão delicado
Desde já lhe ofereço
Meu amor idolatrado!

Sibilia
Príncipe, estou casada
Não me deves assim brindar
Nem nunca pensar em isso
Nem queira para mim olhar.

Sabereis que em o templo sagrado
Com os Santos Óleos fui crismada
Para poder receber esposo
Como pessoa educada.

Sabereis que fui eu quem
A mão ditosa recebi
Do valoroso Valdevinos
Que muito me estima a mim.

No mundo não haverá
Quem me chame a essa tenção
Nem haverá homem algum
Que mova meu coração.

Príncipe
Ó brilhante Sibilia
Assim dás a conhecer
Sou um príncipe que te adoro
Por ti vou endoudecer!

Darás-me teu coração
A nada queiras reparar

Apreciarás minha pessoa
E teu esposo abandonar.

Pois sou de sangue Real
A tudo eu vencerei
Se me amares com amor
Grande estima te darei.

Sabes que tudo fazer posso
Que sou pessoa Real
Aos Céus te levarei
Se não me olhares mal.

Oculta, eu te terei
Que nunca ninguém te veja
Com teu esposo eu farei
Que minhas palavras creia.

Farei que venha guerra
Muita gente há-de morrer
E a ele lhe tirarei a vida
Antes de nada perceber.

Tudo quanto prometo
Ainda mais eu te farei
Mais que fosse teu esposo
Porque sempre te adorei.

Sibilia
Falando estás com malícia
Querendo-me lançar ou honrar.

Príncipe
Tudo que falo, Princesa,
É consagrar-te meu amor
Sabendo bem que sou honrado
E filho do Imperador.

Ao ver em este jardim
Uma dama tão formosa
Logo eu a comparei
Com o botão da linda rosa.

Teus olhos feiticeiros
Quando os vejo brilhar
A meu terno coração
De contíno estão a alegrar!

Esses lábios de carmim
Que muito bem sabem falar
Esses peitos desdenhosos
Meu coração estão a agravar!

Essa linda garganta
Que bem se sabe explicar
E essas mãos delicadas
Oh quem me as dera beijar!

Esse corpo lindo e formoso
Que é muito bem fadado
Te prometo desde já
Das damas ser invejado.

Enfim, linda Sibilia,
Aqui tens meu coração
Deixarás teu marido
E darás-me a tua mão.

Vês o Príncipe mais valoroso
Que no mundo foi criado
Dá-me a tua resolução
Que a teus pés estou prostrado.

Ajoelha-se e diz Sibilia:

Sibilia
Levanta-te que me tens
Posta em tal horror
Queres pisar minha honra
E vingar-te de meu amor.

Não queiras ser atrevido
Nem me faças mais penar
Que sou frágil mulher
Nem para mim devias olhar.

Para seres pessoa Real
Estás muito mal educado
Para seres Príncipe nobre
Vejo-te bem desvairado.

Retira-te já daqui
Não me faças mais penar
Minha paciência se horroriza
Não me queiras maltratar.

Se teu pai, Imperador,
Isto chigasse a saber
Atão, vil traidor,
Que querias depois fazer?

Retira-te, te repito,
Não me faças alterar
Meu esposo há-de saber
E de ti se há-de vingar.

Príncipe
Cala-te, mulher infame,
Que não sabes estimar
Este Príncipe que vês
A teus pés a suspirar!

Não uses de fantasia
Em me querer ameaçar
Se uma porta se fecha
Muitas abertas hei-de achar.

Até os astros e estrelas
Tudo te hão-de fazer ver
Que um príncipe não teme
Uma formosa mulher.

Tua veleza encantadora
Assim me tem enfeitiçado
Portanto eu desejaria
De estar sempre a teu lado.

Vem para meus braços
Formosa e linda Sibilia
Não queiras entristecer
Um príncipe que assim suspira!

Sibilia
Homem louco e atrevido
Que assim tenta em me ultrajar!
Retira-te já daqui
Não me faças mais penar!

Príncipe
Assim te-o farei
Mas traição te hei-de armar.

Vai-se o Príncipe e diz Sibilia só:

Sibilia
Oh meu Deus! Como me tendes
De vós tão esquecida?
Dais-me a mim a formosura
Para ser uma mulher perdida?

Senhor, olhai por mim
Que vossa escrava sou
O maldito Príncipe me persegue
Pois assim o demonstrou.

Dizei-me o que hei-de fazer
Não me queirais abandonar
Se vos esqueceis de mim
Minha alma não se pode salvar.

Com o susto que tenho
A dormir me vou ficar
Em este mesmo jardim
Quero um pouco sossegar.

Assenta-se e continua:

Senhor meu, guardai-me
Para minha alma não perder
Que desde já a ofereço
A vosso imenso poder!

Dorme e sai um Anjo e diz:

Anjo
Anjo sou, nos Céus criado
Pelo imenso poder
Para a ti te acompanhar
E a tudo resplandecer.

Cortando venho os ares
Com meu brilhante resplendor
Atravessando fortes nuvens
Por ordem de Deus Senhor.

Ouvido temos teus lamentos
E tudo quanto tens pedido
Por isso Deus ordenou
Que hoje falasse contigo.

Ó Princesa, não temas
A tua honra defender

VERDADEIRA TRAGÉDIA DO MARQUÊS DE MÂNTUA E IMPERADOR CARLOTO MAGNO

Nunca te darás por vencida
Farás-te forte mulher.

Em o reino de Deus Padre
Milhares de mulheres tem entrado
Por defender suas honras
Muito se tem premiado.

A honra em as mulheres
É a flor mais distinguida
Que se encontra no mundo
E no Céu a mais querida.

Não temas as ameaças
Que o Príncipe te tem dado
Brevemente verás o demónio
Como o traz enganado.

Tu agora buscarás
Um honrado confessor
Lhe dirás que o Príncipe
Te persegue com seu amor.

Pouco distante daqui
Um ermitão encontrarás
E sem demora alguma
A ele te confessarás.

Tudo que te mando fazer
Sem demora o farás
E se assim não fizeres
Tua alma perderás.

Pois já ficas entendida
De quanto tens a fazer,
Que eu me vou retirar
Não podendo mais aguardar,
Pois que assim o manda
Aquele imenso poder.

Vai-se o Anjo e esperta Sibilia e diz:

Sibilia
Divino Céu! Quem me falou,
Pois aqui não vejo ninguém?
Parecia um Anjo do Céu
Que a avisar-me aqui vem!

Tudo irei a fazer
Quanto ele me mandou
A meu esposo nada direi
De quanto aqui se passou.

Sai a Dama e diz:

Dama
Senhora, a tenho ouvido
Alguns momentos falar
Mas nada lhe pude entender
De quanto lhe pode passar.

Vejo-a muito entristecida
E sua cor tão desmaiada,
Sinto dor no coração
Por não saber o que lhe passa.

Oh quem pudesse remediar
As penas que tem sofrido!
Tudo isto acabaria
Por minha honra o afirmo.

Sibilia
Não te posso dizer nada
Porque fiquei adormecida
Por meio duma visão
Falou-me um Anjo da Corte Divina.

Retiremo-nos já daqui
Este assento deixarei
E este velho jardim
Na memória o levarei.

Vão-se e aparece um ermitão de joelhos à porta da ermida e diz:

Ermitão
Oh meu Deus, meu Redentor,
Em que deserto estou metido?
Hoje ofereço minha alma
Ao vosso Seio Divino.

Quero-me já separar
Desta vida de indignos
Porque o meu coração
Passa duros martírios.

Vejo homens infames
E mundanas mulheres
Que não posso aturar mais
Os seus maus procederes.

Sai um Anjo e diz:

Anjo
Ermitão que és honrado
Entre toda a cristandade
Mandado sou pelo Omnipotente
Declarar-te quanto verdade.

Por estares aqui solitário
Não te queiras enfadar
Apesar das companhias
Não serem do teu igual.

Hoje aqui virá
Uma princesa chorando
Para sua ditosa alma
A salvação anda procurando.

A confissão te pedirá
E tu a hás-de confessar
E depois de confessada
Penitência leve lhe hás-de dar.

Não temas nem te assustes
Ao inimigo ver
Tu sempre firme e forte
Nunca te deixes vencer.

Muito preste chigará o dia
Que em esta terra verás
Um homem inocente morrer
E antes disso o confessarás.

Adeus, honrado Ermitão,
Que me chama Deus Redentor
A quem não posso faltar
Que me criou com tanto amor.

Vai-se e diz o Ermitão levantando-se:

Ermitão
Oh espelho donde me via
Mas já de mim se afastou!

Faz oração e continua:

Oh Céus! Que vejo?
Uma mulher se aproxima?!

Diz Sibilia aproximando-se:

Sibilia
Ermitão venerado e santo
Pois se deve chamar
A seus pés me ajoelho
Para haver de me confessar.

Ermitão
Para isso, nobre Senhora,
Não me posso recusar
Pois as ordens que recebo
Não as posso abandonar.

Entre em meu templo sagrado
Verá que brilhante está
Também de mil resplendores
Sua alma se cercará.

Já sei quanto lhe passou
Pois já o tenho revelado
Pelo Criador dos Céus
Em este templo sagrado.

*Música. Ocultam-se em a capela. Sai o Prín-
cipe, Pajem e Satanás. Diz o Pajem:*

Pajem
Príncipe, seu pai manda
Que hoje se apresentará
Mui preste e sem demora
Não sei que lhe quererá.

Príncipe
Dirás-lhe que primeiro vou
Falar com este Senhor
Pois o que nele vejo
É segundo Imperador.

Pajem
Tudo isso lhe direi.

Vai-se. Diz Satanás:

Satanás

O célebro dia é chigado,
Jovem Príncipe atrevido,
Contigo quero falar
Aplicarás teu ouvido.

Príncipe

Primeiro queria saber
Quem aqui me vem falar
Se é para me dar valor
Ou se é para me enganar.

Satanás

Para te enganar não venho
Que sou honrado Senhor
Portanto venho aqui
Para em tudo te dar valor.

Pois saberás quem
Assim me tem criado
É um Senhor supremo
De alta linhagem e honrado.

Em os altos Céus
Com muito grande distinção
Assim me têm ensinado
Com rara profeição.

Recomendado venho já
Para esta terra desconhecido
Pois já tenho encontrado
Muita gente perdida.

Em França tenho amigos
De alta distinção
Que os tenho distinguido
Como muita rara gratidão.

O Duque Alberto e sua esposa
Lá na grande Normandia
Fiz logo que eles
Governassem com alegria.

E um chamado Roberto
Que sua mãe deu à luz
Por ter maus pensamentos
Em aprivá-los me opus.

A vida a muitas mulheres
Também lhe soube tirar
Desonraria as donzelas
E depois as queria matar.

Era homem tão maligno
Enfim era traidor
Tinha maus pensamentos
Era verdadeiro matador.

E pelos muitos conselhos
Que eu lhe soube dar
Chigou a ser um santo
E sua alma a Deus encomendar.

Também heróica Rainha,
Margarida de Borgonha,
Por imundas acções
Também perdeu sua coroa.

Depois de se ver perdida
Muitas coisas se sabem fazer
Que muito me custa explicar
Nem se devem saber.

O Rei muito entristecido
Depois de a ter encontrado
A muitos de morte perseguiu
E a ele bem o tem castigado.

Enfim eu a livrei
De horrorosas cadeias
Logo pretendi tirá-la
Daquelas tão cruas penas.

A muitos em este mundo
Eu já tenho livrado
Da morte como tu
Agora estás cercado.

Sei muito bem que tu
Andas certamente burlado
Duma inferior mulher
Que tanto te tem desprezado.

Se és amigo verdadeiro
E meus conselhos queres tomar
Esse que tem a culpa disto
Bem é que lho faças pagar.

Príncipe

Vejo no meu entender
Que minha fraqueza sabes,
Desde já me deves aconsilhar
E eu teus conselhos tomar
Se bem o quiseres explicar.

Satanás

Essa esposa de Valdevinos
Que teu amor desprezou
Para mais burlar de ti
Nem tua Alteza estimou.

Seu esposo teu amigo é,
O contrário não o posso dizer
O que deves logo fazer
Determina uma caçada
Sem mais tempo perder.

Com outros que te acompanhem
A vida lhe hás-de tirar
E logo à corte te retiras
Nunca tentes em te escapar.

Teu pai, o Imperador,
Nada disso há-de saber
Valdevinos morto será
Se tudo souberes fazer.

Príncipe

Vou já sem mais demora
Que se queiram preparar
E a vós também rogo
Para haver de me acompanhar.

*Retiram-se ambos e sai o Imperador, Ganalão
e um pajem e diz o Imperador:*

Imperador

Muito tarda meu filho em vir!

Pajem

Com um cavalheiro está
E me disse que preste viria
O cavalheiro pareceu-me inglês
Que pouco se lhe entendia.

Conde Ganalão

Senhor, vosso filho não é
Para seus suberdinados leal
Já nele tenho encontrado
Que nos pretende fazer mal.

Sai Valdevinos e diz:

Valdevinos

Senhor, lhe peço licença
Para seu filho acompanhar
A uma nobre caçada
Que acabou de ordenar.

Imperador

Para isso, valoroso Valdevinos
Não vos quero desgostar
Mas tende muito cuidado
Não vos deixeis enganar.

Meu filho tem má intenção
Que muito me faz penar
São casos extraordinários
Que eu não posso julgar.

Sai o Príncipe e diz:

Príncipe

Senhor, cansado estou
De procurar a Valdevinos
Pisando fragosas montanhas
E tão horrendos caminhos.

Valdevinos

Eu preparado estou
De minha esposa me vou despedir
Pois a demora será grande
Tardaremos muito em vir.

Príncipe

Para isso não há lugar
Marcharemos Valdevinos
Tratar já de nos preparar!

*Toca a Música e retiram-se ambos e sai
Sibilia, Dama, e Escudeiro segue atrás da
Dama e diz:*

Escudeiro

Oh Céus, que encontrei
A quem muito desejo ver
A mais formosa princesa
E mais bela mulher!

Sibilia

Dama venho somente
Em distracção a passear
Para haver de me distrair
E milhor tempo passar.

Em um deserto perdido
Um destes dias me achei
Oh que linda ermida
No deserto encontrei!

Dentro da dita estava
Um venerado ermitão
Logo a ele me confessei
Com amor de coração.

Agora estou tranquila
Minha alma está purificada
Quero ver meu esposo Valdevinos
Que de amor estou abrasada.

Escudeiro

Com o Príncipe marchou
Para essas montanhas caçar
Até à noite, Senhora,
Não o deve esperar.

Dama

Isso sei eu também
Pois o pajem assim o falou
E segundo diz Escudeiro
Também me-o declarou.

Sibilia

Dama, eu me retiro
Pois já não posso estar
Não sei que sinto em mim
Ir-me quero descansar.

Vai-se Sibilia e diz Escudeiro:

Escudeiro

Agora que sós estamos
De novo falar-te vou
Tu és a milhor planta
Que para mim se criou.

És a mulher mais bela
Que tenho visto por aqui
Olha, eu não te engano
Devias querer-me a mim.

Sou homem como vês
De muito rara distinção
Pois nem sequer trago
Botões no meu pantalão.

Eu ganho tanto que sempre
De fome estou a rebentar
Que nunca na minha vida
Soube o que era fartar.

Se comigo casares
Ao colo não te vou acostumar
Em estando para parir
A barriga te há-de enchar.

Eu mentiras não te digo
Se tu o souberes ganhar
Ambos juntos comeremos
Para delgados havemos estudar.

Querida Dama, chega-te a mim
Se me queres consolar
Hei-de dar-te um abraço
Pois as costas te hei-de rachar.

Faz que se abraça a ela e ela lhe dá um encontrão e sai o Pajem:

Pajem

Dama, este escudeiro quer
Tua honra defamar!

Dama

De tudo quanto ele fala
Nada me faz penar.

Vai-se.

Pajem
Já me tens desafiado
E ainda te não pude apanhar
Agora que sós estamos
Tudo te quero pagar.

Escudeiro
Pois boa a vou ter
Para trás não hei-de ficar
Nem que perca o tratado
A ele me vou a atirar.

*Batem-se e o Escudeiro cai de baixo e o Pajem
dá-lhe açoutes. Diz o Pajem:*

Pajem
Se não fosse por perder
O pão que tenho garantido
Reventava-te a golpes
Mas teu corpo não está frio.

Vai-se o Pajem e diz Escudeiro:

Escudeiro
Ai pobre de mim
Como eu pude resistir
Tanto açoute que me deu
Pois o caso não é para rir!

Ah nem me posso mexer
Nem daqui me posso levantar!
Só pela soba que levei
A Dama vai já deixar!

E sem me poder valer
Aqui me vejo estirado
Até me parece que estou
Cá por dentro todo borrado.

Mas a ninguém o direi
Que se não riam de mim!
Se me virem o traseiro enchado
Digo-lhe que caí
Nem que seja com trabalho
Quero-me tirar daqui.

*Toca a Música e vai-se Escudeiro e cantam
detrás do pano:*

Senhores, vejam agora
A traição pelo amor
Fica sempre logrado
O maldito tentador.

*Aparecem Satanás, o Príncipe, Valdevinos e
seu pajem a cavalo, e diz Valdevinos antes de
se apear:*

Valdevinos
Entremos já aqui
Não andemos mais jornada
Mesmo aqui podemos
Fazer boa caçada.

Apeiam-se e diz o Príncipe:

Príncipe
Vós, levai esta direcção
Eu por aqui vou seguir
Mesmo no alto da montanha
Ali havemos de reunir.

Se vir algum javali
Mesmo corça ou veado
Atire-lhe logo sem demora
Que eu pronto estou a seu lado.

Valdevinos
Tudo isso cumprirei
Quanto vós me dizeis
Se chigardes primeiro que eu
Ali mesmo esperareis.

*Aparece Satanás ao Príncipe e dão-lhe cada
um seu tiro a Valdevinos e meio caindo diz:*

Ó traidores assim me trazeis
A esta montanha enganado
Ai que me vejo perdido
Meu corpo tenho sefocado!

Satanás
Acaba-lo de o matar?

Príncipe
Este grande pelejador
Pouca guerra me há-de dar.

VERDADEIRA TRAGÉDIA DO MARQUÊS DE MÂNTUA E IMPERADOR CARLOTO MAGNO

Valdevinos no chão e diz o Príncipe:

Deixa-lo aqui estendido
Que segundo me parece
De ninguém fomos vistos.

Satanás
Vame-nos desta montanha
Ele aqui há-de ficar
Em vertendo todo sangue
Ele acabará de expirar.

*Querem retirar e sai o Pajem que tinha fica-
do com os cavalos e diz para o Príncipe:*

Pajem
D. Carloto, como assim
Deixastes vosso companheiro?!
Dizei-me o que há passado
Sem sair daqui primeiro.

Príncipe
Certamente se há perdido
Por essa montanha espessa
Ou talvez fosse ferido
Por alguma besta fera.

Vão-se e diz o Pajem só:

Pajem
Não me vou daqui embora
Sem saber aonde está
Meu cavalo aqui prendo
Que sem demora marcho já.

Valdevinos
Ó Virgem Santa Maria
Não me queirais abandonar!
A vós encomendo minha alma,
Recolhei-a por piedade.

A vosso piedoso filho
Por mim queira rogar
Que perdoe os meus pecados
Para minha alma salvar.

*Entra o Pajem pela montanha e ouvindo
falar dirigiu-se e diz:*

Pajem
Oh Céus! Que espanto é este
De ver a meu Senhor assim?!
Dizei-me quem tal fez
Que não me o fez a mim!

Para mim milhor seria
Ser bem maltratado
Que vir-vos encontrar
A vós, Senhor, neste estado.

Valdevinos
D. Carloto é traidor
Foi quem me tratou assim
À traição me deu a morte
Não tendo dor de mim.

Procura em toda a floresta
Até um confessor achar
Para confessar minhas culpas
Antes de eu expirar.

Faz que procura a ermida e diz:

Que farei nesta montanha
Sem saber por onde hei-de sair?
Mas Deus como é benigno
Algum caminho há-de abrir.

Volta-se e vê a ermida. Diz:

Oh Céus que já vejo
Além uma casinha!
Pode ser que por milagre
Seja alguma ermida.

*Vai-se o Pajem e toca a Música. Sai o Marquez
a cavalo fingindo andar perdido na caça e diz:*

Marquez
Fortunosa caçada esta
Que a fortuna me há mostrado
Pois que por ser manifesta
Minha e pena e grande cuidado
Me mostrou a esta floresta.

Nunca vi tão forte brenha
Desde que me acordo de mim.

Eu creio que Margassim
Fez esta serra desdenha,
Estes campos de Morlim.

Quero tocar a buzina
Por ver se alguém me ouvirá
Mas cuido que não será
Porque minha grande mofina
Comigo começou já.

Todavia quero ver
Se mora alguém nesta serra
Que me diga desta terra.
Já é para saber
Que quem pergunta não erra
Por demais é o tanger.

Toca a buzina.

Um lugar desabitado
Onde não há povoado
Nem quem possa responder
Ao que lhe for perguntado.

Apeia-se e continua:

Grande mal é o caminhar
Por tão fragosa montanha
Cansado assim sem companha
Nem tendo onde repousar
Nesta serra tão estranha.

Vejo o mato tão serrado
Que fiz bem de me apear
E meu cavalo deixar
Porque está tão cansado
Que já não podia andar.

Agora vejo-me aqui
Nesta grande espessura
Que nem eu me vejo a mim
Nem sei de minha ventura.

Nem menos será [...]
Repousar neste lugar
Nem sei onde possa achar
Descanso à minha tristura.

Diz Valdevinos ferido:

Valdevinos
Ó Virgem, minha Senhora,
Mãe do Rei da verdade
Por vossa grande piedade
Pode minha intercessora
Em tanta necessidade.

Ó Suma Regina Pia,
Rediante Luz fetua
Custódia animar [...]
Pois está na terra fria
A alma de prazer cheia.

Pois és amparo dos teus
Consola os desconsolados.
Rainha dos altos Céus,
Rogai a meu Senhor Deus
Que perdoe os meus pecados.

Marquez
Não sei quem ouço chorar
E quem de quando em quando
Alguém deve aqui estar,
Segundo se está queixando
Deve ter grande pesar!

Valdevinos
Domine mumento mei,
Lembrai-vos de mim, ó alma!
Pois sois da Glória Rei,
Nascido da flor da palma,
Remédio da vossa lei.

Marquez
Segundo dele se espera
Aquele homem anda perdido
Ou por ventura ferido
De alguma besta fera.

Quero ver este mistério
Quem fala me dá ousadia
Porque dais em companhia
Tem grande refrigério
Para qualquer agonia.

Valdevinos
Minha esposa e Senhora,
Já não tereis em poder

VERDADEIRA TRAGÉDIA DO MARQUÊS DE MÂNTUA E IMPERADOR CARLOTO MAGNO

Vosso esposo que assim chora
Pois a morte roubadora
Vos roubou todo o prazer.

Oh vida, meu viver,
Resplandecente Narciso,
Grande pena levo em saber
Que nunca vos hei-de ver
Até ao dia do juízo.

Oh esperança por quem
Tinha vitória vencida!
Ó minha glória, meu bem
Porque não partis também
Pois que sois a minha vida?

Se não for vossa vontade
De haver de mim compaixão
Mandai-me meu coração
Minha fé e liberdade
Que está em vossa prisão.

Minha mãe muito amada
Que é do filho que paristes?
De quem sereis consolada?
Como se há tornado nada
Quanta glória possuistes?

Já não me vereis reinar
Já não me dareis conselhos
Nem eu os posso tomar
Que quebrado é o espelho
Em que vós haveis de olhar.

Já nunca me haveis de ver
Fazer justas e torneios
Nem vestir nobres arreios
Nem cavalheiros vencer
Nem tomar bandos alheios.

Já não tomareis prazer
Quando me virdes armado
Já vos não virão dizer
A fama do meu poder
Nem louvar-me de esforçado.

Oh valentes cavalheiros!
Reinaldos de Montalvão!

Oh esforçado Roldão,
Dom Gaiferes, Dom Beltrão!
Oh grande Duque de Milão!

Que é de vossa companhia
Duque de Naime de Bebiera?
Que é do vosso Valdevinos?
Oh esforçado Guarinos
Quem consigo vos livera!

Meu amigo Montesinos
Já nunca mais nos vereis
Dom Alonso de Inglaterra.
Já não acompanharei
O Conde Dirlos na guerra.

Oh esforçado Marquez
De Mântua teu senhorio
Já não me poreis [...]
Gozar nosso senhorio.

Já não quero vosso estado
Já não quero ser pessoa
Nem mandar nem ter reinado
Já não quero ter cassoa
Nem quero ser venerado.

Ó Carloto Imperador,
Senhor de muita alta sorte
Como sentireis grande dor
Sabendo de minha morte
E quem dela é causador!

Bem sei se for informado
Do caso como se passou
Que serei bem vingado
Ainda que me matou
Vosso filho muito amado.

O Príncipe Dom Carloto
Que era tão desigual
Te moveu a fazer mal
Em um lugar tão remoto
A teu amigo leal!

Alto Deus Omnipotente,
Juiz direito sem par,
Sobre esta morte inocente

Justiça quereis mostrar
Pois morro tão cruelmente.

Oh Mãe de Deus benigna
E fonte de piedade
[...] da Santa Trindade!
Onde o Verbo Divino
Trouxe a sua humanidade.

Oh Santa Domina mea,
Oh Virgem gratia plena,
Em que minha alma se recreia,
Dai remédio à minha pena
Pois que morro em terra alheia.

Marquez
Senhor, porque vos queixais?
Quem vos tratou de tal sorte
E quem é que tal morte
Vos deu como publicais?
Que assaz é este mal forte?

Não me negueis a verdade
Contai-me vosso pesar
Que vos prometo ajudar
Com toda a força e vontade.

Valdevinos
Muito me ajusta, ó amigo,
Certamente o teu tardar
Diz-me se trazes contigo
Quem me haja de confessar.

Marquez
Eu não sou quem cuidais
Nunca comi vosso pão
Mas vossos gritos e ais
Me trouxeram aonde estais
Muito movido a compaixão!

Dizei-me vossa agonia
Que se remédio tiver
Eu vos prometo fazer
Com que tenhais alegria.

Valdevinos
Meu Senhor, muitas mercês
Por vossa boa vontade,

Bem creio que me fareis
Muito mais do que dizeis
Segundo vossa bondade.

Mas minha dor é mortal,
Meu remédio só é morte
Porque estou parado tal
Que nunca homem mortal
Foi tratado de tal sorte.

Tenho, Senhor, vinte e duas
Feridas todas mortais
As entranhas rotas e nuas.
Passo penas tão cruas
Que não poderão ser mais.

Há-me morto à traição
O filho do Imperador,
Carloto Grande, sem razão,
Mostrando-me todo o amor
Não o tendo no coração.

Matou-me com tal falsia
Trazendo cinco consigo
Sem eu trazer mais comigo
Que um pajem por companhia.

Assim chamam Valdevinos,
Sou filho de El-Rei da Fracia,
Primo de El-Rei da Grécia
E do forte Montesinos
Que é herdeiro de Fracia.

Dona Ermelina formosa
É minha mãe natural
E Sibilia minha esposa
De graças especial
Mas com primores famosa.

Esta nova contareis
À triste de minha mãe
Que em Mântua achareis
E ao honrado Marquez
Meu tio, irmão de meu pai.

Marquez
Oh desastrado viver!
Oh amargurosa ventura!

Oh ventura sem prazer
Prazer cheio de tristura
Tristura que não tem ser!

Oh desventurada sorte!
Oh sorte com sofrimento!
Desamparado tormento,
Dor muito pior que a morte!
Morte de desabrimento!

Oh meu sobrinho, meu bem,
Minha esperança perdida!
Oh glória que me sustem
Porque vós partis de quem
Sem vós não terá mais vida!

Oh desventurado velho,
Cativo sem liberdade!
Quem me pode dar conselho
Pois quebrado é o espelho
De minha grande claridade?

Oh minha luz verdadeira,
Trevas do meu coração,
Penas de minha paixão,
Cuidado que me marteriza,
Tristeza de tal traição!

Porque não quereis falar
A este Marquez coitado
Que tio habeis de chamar?
Falai-me sobrinho amado
Não me façais reventar.

Valdevinos
Meu tormento tão molesto
Me fez não vos conhecer
Nem na fala nem no gesto
Nem entendo vosso dizer
Se não for mais manifesto.

Estou tão posto no fim
Que não sei se sou alguém
Nem menos conheço a mim
Pois quem não conhece a si
Mal conhecerá a ninguém.

Marquez
Como não me conheceis
Meu sobrinho Valdevinos?
Eu sou o triste Marquez,
Irmão de El-Rei D. Salinos
Que era o pai que vos fez.

Eu sou o Marquez sem sorte
Que deverá arrebentar
Chorando a vossa morte
Por sua vida ficar
Neste mundo sem deporte.

Oh triste mundo coitado!
Ninguém deve em ti fiar,
Pois és tão desventurado,
Que o tens mais exaltado,
Maior queda lhe fazes dar.

Valdevinos
Perdoai-me, Senhor tio,
A minha descortesia
Que a minha grande agonia
Me faz em tanto desvio
Que já vos não conhecia.

Não me queira mais chorar
Deveis de considerar
Que para isso é o mundo
Que dobrais meu mal prefundo
Para bem e mal passar.

E bem sabeis que nascemos
Para ir a esta jornada
E quanto mais vivemos
Maior ofensa fazemos
A quem nos criou de nada.

Mas o que haveis de fazer
É por minha alma rogar
Porque o muito chorar
À alma não dá prazer
Mas antes grande pesar.

Quero-vos encomendar
Minha esposa e minha mãe
Pois que não têm outro pai
Que as haja de amparar
Senão vós como é verdade.

Mas o que me dá paixão
Em esta triste partida
É morrer sem confissão
Mas se parto desta vida
Deus receberá atenção.

Vem o Ermitão e o Pajem e diz o Ermitão:

Ermitão
A paz de Deus sempre eterno
Seja convosco irmão,
Lembrai-vos de sua paixão
Que por nos livrar do Inferno
Padeceu quanto haverão.

Valdevinos
Com coisa mais folgará
De que vê-lo aqui chigado,
Padre de Deus enviado,
Que se um pouco mais tardara
Não me achara neste estado.

Pajem
Oh que desastrada sorte
Meu Senhor Daniz Ogeiro!
Olhai vosso escudo farto,
Olhai, Senhor, vosso herdeiro
Em que extremo o pôs a morte.

Oh desditoso caminho,
Caça de tanto pesar
Que cuidando de caçar
A morte a vosso sobrinho
Vieste, Senhor, buscar!

Ermitão
A grande pressa que trazia
Não me deu, Senhor, lugar
De conhecer nem falar
A vossa grande Senhoria.

Nesse erro se há culpa
Peço-lhe dela perdão
Ainda que a discrição
Sua me dará desculpa.

Marquez
Rogai a Deus, padre honrado,
Que me queira dar paciência

Que o perdão é escusado
Por vossa diligência
Vos não deixa ser culpado.

Ermitão
O Filho de Deus Enviado
Vos mande consolação
E pois que aqui sou chigado
Quero ouvir de confissão
Este ferido e angustiado.

Causa é muito natural
A morte a toda a pessoa,
A todo o mundo em geral,
Pois que a nenhuma perdoa
Não a tenhamos por mal.

Porque o pecado de Adão
Foi tão fero e de tal sorte,
Que não só na geração,
Mas Deus, que é salvação
Quis também receber morte.

E portanto, filho meu,
Não se deve de espantar
Da morte que Deus lhe deu
Porque por provimento seu
Lha deu para o salvar.

Lembre-lhe sua paixão
Daqu'este mundo coitado,
Não o engode o malvado
Que não dá por galardão
Senão tristeza e cuidado.

Enquanto, filho, tem vida
Chame pela Mãe de Deus,
Aquela que foi nascida
Sem pecado concebida
E casada nos Céus.

Esta foi santificada
E visitada dos anjos
Em corpo e alma levada
À glória, onde exaltada
Está sobre os arcanjos.

Assim que ao Redentor
E a esta Virgem sem par

Se há, filho, de encomendar
Depois que os Santos for
Sua vontade chamar.

As mãos levante aos Céus
Faça confissão geral
Confessando-se a Deus
E à Virgem Celestial
E a todos os Santos seus.

Confessa a Valdevinos e diz o Marquez para o
Pajem:

Marquez
Oh bonança aborrecida!
Oh desastrada fortuna
De prazeres grande tribuna
Porque não desamparais
A quem tanto me opertuna?
Tristeza, desconfiança
Porque não me desamparais
A quem não tem confiança?

Contai-me pajem Burlor
O caso como se passou,
Quem foi aquele traidor
Que matou vosso Senhor
Ou porque causa o matou?

Pajem
Ser-me-ia muito mal contado
Se a sua grande Senhoria
Não contasse o passado
Eu sei certo que o faria
O que não é esperado.

Contra quem me deu estado
E feito a tantas mercês
Que nunca meu pai me fez
O que meu Senhor amado,
E mais vós, Senhor Marquez.

Estando pois em Paris
O filho do Imperador
Mandou chamar, meu Senhor
Nos paços da Imperatriz
Falaram muito a sabor.

O que falaram não sei
Senão que logo nessa hora
Sem fazer mais demora
Com quatro trás de si
Saíram da cidade fora.

Armados secretamente
Segundo depois ouvi
Partimos todos de aí
E D. Carloto presente,
Também armado outro ri.

E tanto que aqui chigaram
Neste vale de pesar,
Todos juntos se apearam
E fizeram-me ficar
Com os cavalos que deixaram.

Logo todos entraram
Em este esquivo lugar
Onde meu Senhor mataram
E depois de o matar
Nos cavalos se tornaram.

Como eu os vi tornar
Sentindo muito tal dor,
Temendo de lhe falar
Não ousei de perguntar
Onde estava meu Senhor?

Vendo-os assim caminhar
Porque nenhum me falava,
Quis a meu Senhor buscar
Porque o coração me dava
Sobressaltos de pesar.

Não o podia topar
Porque a grande espessura
E a noite modorosa e escura
Me fazia não o achar,
De que tenho grande tristura.

Buscando-o com grande paixão
Naquele lugar remoto
O achei desta feição.
Disse-me como à traição
O matara D. Carloto.

Perguntei porque razão
Triste e cheio de agonias,
Disse-me com aflição:
Vai-me buscar confissão
Já se acabaram meus dias.

Como tais novas ouvi
Com grande tribulação
E pesar de vê-lo assim,
Parti logo de aqui
A buscar este ermitão.

Isto é, Senhor, o que sei
Deste caso desastrado,
De quanto me há perguntado
Outra coisa não deve
Mais do que lhe hei contado.

Marquez
Quando sua Majestade
Justiça me não fizer,
Com toda a seguridade
À força do meu poder
Cumprirei minha vontade.

Ermitão
Já, Senhor, se há confessado
E fez actos de cristão,
Morreu com tal contrição,
Que eu estou maravilhado
Da sua grande descrição.

Não pode muito tardar
Segundo nele senti,
Acabai de lhe falar
Porque lhe quero rezar
Os salmos de El-Rei David.

Valdevinos
Não tomeis, tio, pesar
Que me parto de vos ver,
Para nunca mais tornar
Pois Deus me manda chamar
E não posso mais fazer.

Torno-vos a encomendar
Minha esposa e minha mãe
Que as queirais consolar

E ambas as amparar
Pois que não têm outro pai.

Oração de Valdevinos

Em tuas mãos, Senhor,
Encomendo meu espírito
Pois que és Salvador meu,
Meu Deus e meu Redentor.
Não me falte favor teu
Pois, Senhor, me redemiste
Como Deus que és de verdade.
Senhor de toda a piedade
Lembra-te desta alma triste
Cheia de toda a maldade.

Salve, Senhora benigna,
Mãe de toda a misericórdia,
Paz da nossa discórdia,
Dos pecadores mezinha,
Vida doçura e concórdia,
[...] nostra, a ti invocamos,
Salva-nos da escura treva.

A ti, Senhora, chamamos
Desterrados filhos de Eva,
A ti Virgem suspiramos,
A ti gemendo e chorando
Em aquestre lagrimoso
Vale sem nenhum repouso.
Sempre, Virgem, a ti chamamos
Que és nossa paz e gozo.

Ora pois, nossa advogada,
Emparo da cristandade,
Volve os olhos de piedade,
A mim, Virgem consagrada,
Pois que és nossa liberdade.
Dá-me, Senhora, virtude
Contra todos os meus inimigos
Pois que és nossa saúde.
Teu favor rogo, me ajude
Nos temores e perigos.

Roga tu por mim, Senhora,
Ó Santa Mãe de Deus,
Em quem a minha alma adora
Pois és Rainha dos Céus
E dos anjos superiora.

VERDADEIRA TRAGÉDIA DO MARQUÊS DE MÂNTUA E IMPERADOR CARLOTO MAGNO

Aqui expira Valdevinos e diz o Marquez:

Marquez
Oh triste velho, coitado!
Oh cãs cheias de tristura!
Oh deloroso cuidado!
Oh cuidado sem ventura,
Sem ventura desastrado!
Quebrem-se minhas entranhas,
Rompa-se meu coração
Com minha tribulação!

Chorem todas as campanhas
Minha grande perdição
Escureça-se o sol com dó,
Caiam estrelas do céu!
As trevas de Faraó
Venham já sobre mim só
Pois minha luz se perdeu.

Na luz do mais claro dia
Não posso encontrar clareza
Minha doce companhia.
Onde está vossa alegria
Que me deixa tal tristeza?

Oh velhice desastrada
Sem glória e sem prazer!
Para que me deixais ser
Para que sendo não sou nada
Nem desejo de viver?

Porque não vens padecer?
Porque não vindes tormentos?
Para que são sofrimentos
A quem os não quer já ter
Nem busca contentamentos?
Para que quero razão,
Para que quero prudência
Nem saber nem descrição?
Para que é paciência
Pois perdi consolação?

Pajem
Ó meu Senhor muito amado,
Porque vos tornastes pó,
Porque me deixaste só
Em este mundo coitado
Com tal tristeza e dor?

Levai-me em vossa companhia
Pois sempre vos tive vivo
Ó minha grande alegria,
Porque me deixais cativo
Metido em tanta agonia?

Meu Senhor, minha alegria,
Dizei porque me deixais
Com tanta pena notória?
Lembrai-vos tende memória
De quantos desamparais!

Ó sem ventura Burlor
De quem serás emparado?
De quem terás o favor
Que tinhas de teu Senhor
Pois que já te há faltado?

Ermitão
Não tomeis, filho, pesar
Pois claramente sabeis
Que pelo muito chorar
Não cobrais o que perdeis.

Deveis, filho, de cuidar
Que nossa vida é um vento
Tão legeiro de passar
Que passa em um momento
Por nós assim como o ar.

Quem viu o Senhor Infante
Tão pouco há, fazer guerra,
E ser nela tão possante
E agora em um instante
Ser tornado escura terra,
Diria com grande razão
Que este mundo, coitado,
Não dá outro galardão
Senão tristeza e paixão
Como a vós-outros foi dado.

Olhai El-Rei Salomão
O galardão que lhe deu
A Amon e Absalam
E ao valente Sansão
E ao forte Macabeu.

Em a Sagrada Escritura
Muitos mais podias achar

Se os quisesse contar
Mas vossa grande cordura
Suprirá donde faltar.

E pois que não tem já cura
O mal feito e o passado,
Acabe a vossa tristura
E demos à sepultura
Este corpo já finado.

Comece que logo levemos
Para que seja enterrado,
E pode bem ser guardado
Naquela ermidas que vemos
Até ser embalsamado.

*Aqui levam Valdevinos à ermida e o Marquez
e Pajem retiram, e toca a Música.*

2.º Jornada

Depois sai a Profecia e diz:

Profecia

Peço ouvintes, vossa atenção
Para escutar o que aqui vos direi
O resto da obra que se representa
O Marquez de Mântua que há pouco falei.

Quando o Marquez entra em seu aposento
Depois da caçada regressar
Contará tudo que nela sucedeu
E logo ao Imperador embaixada manda dar.

Aparece depois o Imperador
E com ele Ganalão, seu cunhado,
Dizendo que lhe faltam seus grandes guer-
reiros
O que lhe causa grande enfado.

Logo lhe aparece do Marquez a embaixada
Vestidos de dó, e com grande horror
O Imperador lhe pergunta qual o motivo
Em que vêm à corte cheios de pavor.

Eles lhe contam o que tem passado
Com grande tristeza e dor
Ele com isto ficará irritado
Enfurecido e com grande rancor.

Aparece o Príncipe muito humilhado
Dizendo a seu pai que seja justiceiro
Pensando que nada sabe do caso
E ele está informado já por inteiro.

Manda logo que seja metido
Em uma prisão e bem guardado
Dizendo-lhe que não será solto
Até não ser por ele determinado.

Virá em seguida Imperatriz
Cheia de mágoa e dor com muita decência
Dizendo ao Imperador
Que ele não lhe deve dar a sentença.

Também franca, esposa e mãe de Valdevinos
Chorando a muito sentida dor de seu filho
Com muita mágoa estará a esposa
Pesando a funesta morte de seu marido.

Entram na ermida sem detença
Lamentando a morte do filho e esposo
Pedindo a Deus verdadeiro
Por seu eterno repouso.

Em seguida vão ao Imperador
A pedir justiça do funesto reinado
Ele lhe diz que se há-de cumprir
Quanto por ele é ordenado.

O Príncipe que na prisão existe
Cheio de toda a consternação
Escreve uma carta confessando a maldade
A qual enviará ao Conde Roldão.

O Marquez que manda Reinaldos
A ver se algum caso se passa
Encontrou-se com um pajem
Que conduziu a dita carta.

O Marquez mandará Reinaldos
Para que seja o Imperador informado
O qual reaverá sentença rigorosa
E que seja logo executado.

No momento em que a carta foi lida
O Imperador afirma a sentença que deu
Mandando que brevemente se cumpra
O que Imperatriz também cedeu.

Virá o Marquez ao palácio Imperial
Mostrando satisfação de ouvir a sentença
O qual causará horror em todo o Império
De o pai dar castigo ao filho, de tal crença.

Manda que o filho seja despido
De todas as insígnias da corte Imperial
E para a forca logo conduzido
A cumprir a ofensa do pecado humano.

Ele obedece logo prontamente
A tudo que seu pai lhe tem ordenado
De joelhos lhe pede humildemente
Perdão de tão horrendo pecado.

O pai não concede perdão a seu filho
E manda que dali seja retirado
Aparece também um verdugo
Que por ele há-de ser degolado.

O Príncipe vê que escapar não pode
Pelo demónio chama a blasfemar
O qual prontamente lhe aparece
Para em tudo o ajudar.

Aparecerá a Morte a dar termo
À vida deste malfadado
Que de Deus perdão não alcança
E será no Inferno lançado.

Passado isto a obra termina
Peço a todos perdão em geral
Que nos desculpem todos os erros
Que em toda a obra possam encontrar.

Entra o Marquez em seu aposento e diz para
o Duque Amão e D. Beltrão:

Marquez
Venho tão fora de mim
Dos casos que tenho visto.
Oh que grandes calamidades
Pois não são por Jesus Cristo!

Em a minha caçada de hoje
Oh que caso mais triste se deu
Fui encontrar a Valdevinos
Quasi morto por um sandeu!

Quem o matou foi o Carloto
Aquele Príncipe atrevido
Picou-o a punhaladas
Que por Valdevinos me foi dito.

Ide vós sem mais detença,
Duque Amão e D. Beltrão,
Como meus embaixadores
Mandados por minha ordem
A casa do Imperador,
E este caso lhe contai
De tudo quanto se passou
Esta triste notícia lhe dai.

Dizei-lhe que se não faz
Justiça como merecer
Prometo por minha honra
Por minhas mãos o fazer.

D. Beltrão
Eu prometo desde já
De cumprir tudo fielmente
De quanto somos mandados
E depois viremos brevemente.

Marquez
Trazei logo a resposta
Sem tardar um só momento
Pois eu aqui esperarei
Dentro de meu aposento.

Duque Amão
Eu por minha vez cumprirei
E direi-lhe quanto há
A resposta também traremos
Seja boa seja má.

Entra o Imperador: e Conde Ganalão e diz
o Imperador:

Imperador
Certo Conde Ganalão,
Muito grandes perdas perdemos
Pesa-me no coração
Porque na corte não temos
Reinaldos de Montalvão.

Nem o Conde D. Roldão,
Nem o Marquez Oliveiros,

Nem o Duque Milão,
Nem o Infante de Gaifeiros,
Nem o forte Meredião.

Conde Ganalão
Muito alto Imperador,
Muito estou maravilhado
Porque mostrais tal favor
A quem nos há desonrado,
Com tanta ira e rigor.

Que chamando-se Almançor
Com o seu rosto mudado
Aquele falso traidor
Com mui grande desonor
Quis honrar vosso estado.

Porque, Senhor, não sentis
Que neste malvado ladrão
Vos prendeu de sua mão
Tomando-vos a Paris
Com muito grande traição?

Pondo-vos em Montalvão
Apesar do vosso império
Onde com grande vitupério
Estivestes em prisão
Sem ter nenhum refrigério.

Imperador
Verdade é isso, cunhado.
Parece, deveis de saber,
Que em Reinaldos me prender
Eu mesmo sou o culpado
Isto bem o podeis crer.

Se então me quis ofender
Não é muita maravilha
Pois já me quis escarnecer
Matando El-Rei Carmeser
Que me trouxe a sua filha.

Conde Ganalão
Vossa Real Majestade
Dirá mais o que quiser,
Mas eu espero a Beltrão
E se conheça a maldade
De quem se há-de conhecer.

Aqui se vai Ganalão e vêm dois embaixado-
res mandados pelo Marquez de Mântua, cha-
mados D. Beltrão e Duque Amão, e virão ves-
tidos de dó; e diz Beltrão:

D. Beltrão
Grande César Octaviano
Magno, Augusto, forte Rei,
Grande Imperador Romano,
Emparo da nossa lei.

Poderosa Majestade,
Senhor de toda a Magança,
De Gascunha e da França
Grande patrão da cristandade
Estais de segurança.

Pois sois Senhor dos Senhores,
Imperador dos cristãos,
Somos vossos servidores
Amigos leais e sãos.

Imperador
Eu me espanto D. Beltrão
De vos ver aqui desta sorte
E a vós forte Duque Amão
Não é esta desposição
E trajo da nossa corte.

Duque Amão
Muito mais será espantado
Da nossa triste embaixada,
E do caso desastrado
O qual lhe será contado
Se seguro nos é dada.

Imperador
Bem o podeis explicar
Sem ter medo nem temor;
Para que é assegurar,
Pois sabeis que o Embaixador
Tem licença de falar.

Diz o Duque à embaixada:

Duque Amão
Quis, Senhor, nossa mofina
Que o Infante Valdevinos,

Primo do forte Guarinos,
Filho da linda Ermelina
E do grande Rei Salinos
Fosse morto à traição
Na floresta sem ventura.
A tão grande desventura
Haverá quem não procure
De vingar tal perdição?

Imperador
É certo tão grande maldade
Que o sobrinho do Marquez
É morto como dizeis?

Duque Amão
Pela maior falsidade
Que nunca ninguém tal fez.

Imperador
Saibamos como passou
Este caso desastrado
Que, quem tal Senhor matou
E tal tirania obrou,
Merece bem castigado.

Duque Amão
Saberá Vossa Majestade
Que em dez dias pode haver,
Que o Marquez foi à cidade
De Mântua com grande vontade,
À caça como há-de saber.

Andando assim a caçar
Da companhia perdido
Foi por ventura topar
Com seu sobrinho ferido
Quasi a ponto de expirar.

Bem pode considerar
O grande pesar que teria
De se ver sem companhia
E morrer em tal lugar
A coisa que mais queria.

Perguntando-lhe a razão
Sendo dela muito ignoto
Disse com grande paixão
Que o matara à traição
Vosso filho D. Carloto.

O caso que o moveu
Dar morte tão delorosa
A tão grande amigo seu
Não foi outro, Senhor meu,
Salvo tomar-lhe a esposa.

Matou-o à falsa fé
Indo muito bem armado
Com quatro homens de pé
Quem mata tão sem porquê
Merece bem castigado.

O Marquez Daniz Ogeiro
Lho mando pedir, Senhor,
Justiça muito por inteiro,
Que ainda que perca herdeiro
Ele perde sucessor.

D. Beltrão
Não deve deixar passar
Tão grande mal sem o prover
Porque deve de cuidar
Se seu filho nos matar
Quem nos há-de defender.

E mais lhe faço saber
Porque esteja aparelhado
Se justiça não fizer
Que o Marquez tem jurado
De por armas o fazer.

O mui valente e temido
Reinaldos de Montalvão
Entre todos escolhido
Está bem apercebido
Como geral capitão.

D. Crisão e Aguilante
Com o forte D. Guarinos
E o valente Montesinos,
Primo do morto infante,
Filho de El-Rei D. Salinos,
E o grande Rei Jaião,
De D. Reinaldos cunhado,
E o esforçado Dudão
E o grande Duque de Milão
E D. Ricarte esforçado.

O Marquez D. Oliveiros
E o famoso Durandarte
E o infante D. Gaiferos
E o muito forte Ricardo
E outros fortes cavalheiros
Todos têm boa vontade
De ajudar ao Marquez
Em esta necessidade,
Porque foi grande crueldade
Que vosso filho fez.

Evitai, Senhor, tal dano
Pois que sois juiz sem par
Não vos mostreis inumano
[...] de Trajano
Em a justiça guardar.

Assim que alto e esclarecido
Poderoso sem igual
O que fez tão grande mal
Bem merece ser punido
Por seu mandado imperial.

E pois, Senhor, hei proposta
A causa porque viemos
E sabeis o que queremos,
Mandai-nos dar a resposta
Com que ao Marquez tornaremos.

Imperador
Ó poderoso Senhor,
Que grande é o vosso mistério
Pois para meu vitupério
Me deste tal sucessor
Que desonrasse este império!

Se o que dizeis é verdade
Como creio que será
Nunca Rei na cristandade
Faz tão grande crueldade
Como por mim se verá.

Por minha coroa juro
De cumprir e de mandar
Tudo o que digo e procuro.
Ao Marquez podeis dizer
Que ele pode vir seguro
E todos quantos tiver

Venham de guerra ou de paz.
Assim como ele quiser
E pois que justiça quer
Com ela muito me apraz.

Entra D. Carloto e diz o Príncipe:

Príncipe
Bem sei que com grande paixão
Está Vossa Majestade
Pela falsa informação
Que de mim contra razão
Deram com grande falsidade.

Porque um filho de tal homem
E tão grande geração
Não deve sujar seu nome
Em caso de tal traição.

Por vida de minha mãe
Que se tão grande desonor
Não castigar com rigor
Que me será cruel pai
E não fiel julgador.

Imperador
Não vos queirais desculpar
Pois que tendes tanta culpa
Que se o mundo vos desculpa
Eu não vos hei-de desculpar.

E por tanto mando logo
Que estejais posto em recado
Até ser determinado
Por conselho do meu povo
Se sois livre ou condenado.

Mando que sejais levado
À minha grande fortaleza
E que lá sejais guardado
De cem homens do estado
Até saber a certeza.

Príncipe
E como, Senhor, não quer
Vossa Real Majestade
Saber primeiro a verdade,
Senão mandar-me prender
Por tão grande falsidade.

VERDADEIRA TRAGÉDIA DO MARQUÊS DE MÂNTUA E IMPERADOR CARLOTO MAGNO

Imperador
Não vos quero mais ouvir!
Levem-no logo à prisão
Onde eu o mando ir
Porque tão grande traição
Não é para consentir.

Vós-outros podeis tornar
E contar-lhe o passado
A quem vos cá quis mandar
Que o seguro que lhe hei dado
Eu o torno a afirmar.

Vão-se os embaixadores e sai Imperatriz e diz:

Imperatriz
Dizei, grande Imperador,
Porque razão e motivo
Vos encontro tão irado
Pois de dentro estava ouvindo.

Senti-vos tão irritado
Como nunca vos ouvi
Dizei-me o que há passado
Pois estou fora de mim.

Imperador
Não vos posso explicar
Os casos que se têm dado
Dizem que Valdevinos é morto
E por vosso filho assassinado.

Que o matou à falsa fé
Chamando-o a uma caçada
E depois de lhe disparar dois tiros
Ainda o picou a punhaladas.

A sentença que lhe dou
Se o caso é verdadeiro
Mando que seja degolado
Por um verdugo sendeiro.

Pois quero dar um exemplo
A todo o meu império
E para que seja bem conhecido
Deixá-lo-ei na história gravado.

Imperatriz
Eu muito me maravilha
De vossa grande bondade
Que sem razão nem verdade
Trateis assim vosso filho
Com tão grande crueldade.

Olhe Vossa Majestade,
Que é herdeiro principal
E que toda a cristandade
Lhe-o tomará muito a mal.

Imperador
A mim, Senhora, convém
Ser contra toda a traição
E se vosso filho a tem
Castigá-lo-ei muito bem
E esta é minha tenção.

E mais vos certifico
Que com direito rigor
Hei-de castigar o único
Ora seja pobre ou rico
Ora servo ou grande Senhor.

Imperatriz
Como quer Vossa Grandeza
Informar o nosso estado
Sem causa, com tal certeza?

Imperador
Quem me cá mandou recado
Não foi senão com certeza.

Imperatriz
Por tal recado, Senhor,
Quereis tratar de tal sorte
Vosso filho e sucessor
Que depois da vossa morte
Há-de ser Imperador?

Imperador
Em eu o mandar prender
Não cuideis que o maltrato
Mas se ele o merecer
Eu espero de fazer
A justiça de Torquato.

Porque pai tão podoroso,
Sendo de tantos caudilhos
Se não for tão rigoroso
Nem ele será bom filho
Nem será Rei justiçoso.

Que agora mal pecado
Nenhum Rei nem julgador
Faz justiça do maior
Mas antes é desprezado
O pequeno com rigor.

Todo o mundo é à feição
Julgam com vária remissa
O nobre que tem razão,
Algum tem openião
De lhe trocar a justiça.

Que conta posso eu dar
Ao Senhor dos altos Céus
Se a meu filho não julgar
Como outro qualquer dos meus?

Assim que escusado é
Buscar este intercessor
Porque Deus de Nazaré
Não me fez tão grande Senhor
Para minha alma perder.

Imperatriz
Ai triste de mim coitada!
Para que quero viver
Pois que sempre hei-de ser
De meu filho tão penada
Como uma triste mulher?

Pois tão triste hei-de ser
Por meu filho muito amado,
Nunca tomarei prazer
Senão tristeza e cuidado.

Imperador
Não fazes tantos extremos
Pois dizeis que tem desculpa.
Antes que sentença demos
Primeiro todos veremos
Se tem culpa ou não tem culpa.

Mostrai maior sofrimento
Que o caso é desastrado
Ei-vos a vosso aposento
Que ele não será culpado.

*Vai-se Imperatriz e toca música e vem a mãe
e esposa de Valdevinos. Diz a mãe:*

Ermelina
Oh coração lastimado
Mais triste que a noite escura!
Oh delorosa tristura,
Cuidado desesperado
E fortunosa ventura!

Oh vida da minha vida,
Alma deste corpo meu!
Oh desditosa perdida!
Oh sem ventura nascida
A mais que nunca nasceu!

Oh filho meu, muito amado,
Minha doce companhia,
Meu prazer, minha alegria,
Minha tristeza e cuidado,
Minha saborosa lembrança!

Que serei eu sem os ver
Filho da minha alegria?
Oh meu descanso e prazer
Porque me deixais viver
Vida com tanta agonia!

Onde vós achareis
Consolo do meu pesar,
Onde vós irei buscar
Pois que perdido vos hei
Para jamais vos achar?

Filho desta alma mesquinha,
Dos meus olhos claridade!
Onde estais minha mesinha,
Filho da minha saudade,
Meu prazer e vida minha?

Diz a esposa:

Sibilia

Que é de vós, meu coração?
Que é da minha liberdade,
Espelho da Cristandade?
Quem vos matou sem razão
Com tão grande crueldade?

Quem vos apartou de mim,
Meu querido e meu esposo?
Porque me deixais assim
Com cuidado muito penoso?
Oh minha triste saudade!
Oh meu esposo e Senhor,
Minha alegria e vontade,
Escudo da Cristandade,
Dos tristes consolador!

Que farei, triste coitada,
Mais que nenhuma nascida?
Miserável, angustiada
Para que quero ter vida
Pois minha alma é apartada!

Oh fortuna variável,
Triste, cruel matadora,
De prazeres roubadora!
Inimiga perdurável
Mata-me se queres agora!

*Diz Ermelina para o Pajem quando já de
regresso da ermida:*

Ermelina

Dizei-me se o Imperador
Está em seu aposento
Se não estiver ocupado
Que chegue aqui num momento.

Pois desejam de lhe falar
Com grande tristeza e horror
Se nos quiser escutar
Lhe falaremos com muita dor.

Sibilia

Ide não vos detenhais
E dizei-lhe que saia fora
Se não estiver muito ocupado
Que venha sem mais demora.

*Sobe o Pajem ao palácio e diz para o
Imperador:*

Pajem

A Vossa Real Alteza
Lá fora o mandam chamar
Duas famosas Senhoras
Desejam de lhe falar.

Ambas vestidas de pesado luto
Mais tristes que a noite escura
Ambas a mim me disseram
Para vir em sua procura.

Imperador

Eu saio já sem demora
Sem um momento descansar!
Vai, diz-lhe que subam
Tristes novas virão dar!

Sai o Pajem e diz:

Pajem

Subam cá para cima
Sua Alteza as manda chamar.

Entram e diz o Imperador:

Imperador

Estranho me-é em ver
Entrar aqui a esta hora
Dizei-me pois o que quereis
Sem haver mais demora.

Ermelina para o Imperador:

Ermelina

Se vossa grande Majestade
Não der castigo direito
A quem tanto mal há feito,
Não sustentar a verdade
Não será juiz perfeito.

Não olhe, Vossa Grandeza,
Sua mãe delorosa
Nem sua tanta tristeza
Mas olhe tão nobre princesa
Como está sua esposa.

Imperador
Faz-me tanto entristecer
Este tão grande vitupério
Que mais quisera perder
Juntamente meu império
Que tal meu filho fazer.

Mas se tal verdade é
Como já sou informado
Que tal castigo lhe dê
Que seja bem castigado.

Sibilia
Seja justiça guardada
A esta órfã sem marido
Viúva desamparada
Tão triste e desconsolada
Mais que quantas têm nascido.

Olhai, Senhor, tão grande mal
Como vosso filho há feito
E não queirais ter respeito
Ao amor paternal
Pois que não é por direito.

Imperador
Senhora, não duvideis
Que eu farei o que hei jurado
Se é verdade o que dizeis
Porque cumpre a meu estado
De fazer o que quereis.

Pois mais quero ter comigo
Fama de rigoridade
Que deixar de dar castigo
A quem cometer tal maldade.

Para que é ser caudilho
De tanto povo e tão [...]
E Imperador chamado
Se não julgasse meu filho
Como qualquer estragado!

Não cuidem duques nem reis
Que por meu herdeiro ser
Que por isso há-de viver
Pois aquele que faz as leis
É obrigado a manter.

Assim que por bem querer
Amizade nem respeito
Como agora se ouve dizer
Não hei-de negar direito
A quem direito tiver.

E bem vos podeis tornar,
Fazei certo o que dissestes
E não torneis tal pesar
Porque o bem que já perdestes
Não o cobrais com chorar.

Ermelina
Senhor, nós-outras nos pomos
Em mãos de Vossa Grandeza.
Olhai bem, Senhor, quem fomos
E de que linhagem somos
Pois Deus nos deu tal nobreza.

Sibilia
Olhai os serviços dignos
Que tanto tempo vos fez
Meu esposo Valdevinos,
Também seu tio Marquez,
E como foram contínuos.

Vão-se mãe e esposa de Valdevinos. Toca a Música e diz o Marquez para Reinaldos:

Marquez
Reinaldos, sem mais demora
Ponde-vos já em vigia,
Talvez que mesmo apareçam
Grandes elementos neste dia.

Certamente que o Príncipe
Coisa há-de terminar
Sobre a sentença do pai
Para ver se pode escapar.

Reinaldos
Muito perto estarei
Mesmo da sua prisão
Tudo que mande em recado
Pronto virá à minha mão.

Vai com direcção à prisão, ocultando-se e diz o Príncipe para o Escudeiro:

Príncipe
Escudeiro, sem demora
Esta carta vais levar
Ao Conde D. Roldão
Que ele saberá estimar.

Não esperes por resposta
Pois isto é caso secreto,
A carta brevemente lhe entregas
Mas que seja caso certo.

Escudeiro
Já sem mais detença
Daqui marcho em seguida
Eu só temo encontrar
Qualquer alma perdida!

Oh! para esta viagem
Será bem ir prevenido
Com meu serrão bem atacado
E boa borracha de vinho.

Está um calor que racha
Nem se pode resistir
Se encontro uma boa sombra
Também me deito a dormir.

Até ao carnaval
Bastante tempo tenho
O diabo é se tens
Antes de eu vir algum cigano.

Se precisar alguma coisa
Que se arranje como puder
E com respeito ao recado
Cá farei o que entender.

Vai-se e sai-lhe Reinaldos ao encontro e diz:

Reinaldos
Onde vais, amigo escudeiro,
Dizer-me-ás o teu destino
Pois assim desta forma
Segue por este caminho.

Diz-me também o que levas
Em esse enorme serrão.

Escudeiro tremendo:

Escudeiro
Aqui, Senhor, só levo
Um pedaço de pão!

Reinaldos revista-o, encontra-lhe a carta e diz:

Reinaldos
Esta letra é de D. Carloto
Pois bem é de conhecer
Pois estou percebendo
Que tu és correio dele.

Escudeiro
Assim me deu esta carta
Para a ir intregar
Ao Conde D. Roldão
Sem mais nada me recomendar.

Mas se Vossa Excelência quer
E se for do seu agrado
Fica tu já com ela
E está o recado dado.

Reinaldos
Tu daqui não sairás
Sem a carta verificar
Sem ver o que ela contém
Não te deixo retirar.

*Entra para dentro e lê a carta e o Escudeiro
escapa-se e diz:*

Escudeiro
Safa, safa Escudeiro
Como te viste engasgado!
Que venha outro patife
Cá com outro recado.

Reinaldos depois de ler a carta sai e diz:

Reinaldos
Depois de ler a carta
Fiquei todo enfurecido
Como o caso se passou
Está aqui bem esclarecido.

O senhor Marquez de Mântua
Hoje mesmo me ordenou
Que ao Real Imperador
Esta carta lhe apresente
Pois que seu filho confessa
O caso como passou.

Vai Reinaldos ao palácio e diz:

O sumo Rei dos Senhores
Que morreu cruceficado
Em poder dos fariseus,
Acrescente nosso estado
E nos livre de traidores.

Imperador
Muito valente e esforçado,
Reinaldos de Montalvão,
Vós sejais também chigado
Como a sombra no verão.

Muito estou maravilhado
Invencível e mui forte
De vos ver assim armado
Sabendo que em minha corte
Nunca fostes maltratado.

Reinaldos
Senhor, não seja espantado
De ver-me assim desta sorte
Porque com todo o cuidado,
Ganalão vosso cunhado,
Sempre me procura a Morte.

Bem sabeis que sem razão
Com vontade maligna
Fez matar com grande traição
A Tiranes e Eurotina.

E a mim já quis matar
Muitas vezes com maldade
E para mais me danar
Fez sua Majestade
Mil vezes me desterrar.

O grande mal que me quer
De todo o mundo é sabido
E por isso quis trazer

Armas para ofender
Antes de ser ofendido.

Mas deixando este assim
Guardado para seu lugar
Onde se há-de vingar
Vos quero, Senhor, contar.

Notório a todo cristão
É o prazer lastimoso
Do Marquez Danis Ogeiro
Que tem com justa razão
Pela morte do herdeiro.

Nesta nobre corte estão
Muitos nobres Senhores
Que sabem que D. Beltrão
E o nobre Duque Amão
Foram seus embaixadores.

Também este é sabedor
Das respostas que lhes destes
E mais de como o prendestes
Vosso filho sucessor.

Do qual está muito contente
De tê-lo posto em prisão
Porque na carta presente
Confessa toda a traição
A qual fez da sua mão.

E Escudeiro a levava
Para o Conde D. Roldão
Que na cidade de Boava
Faz a sua habitação.

E como não há falsia
Que se possa esconder
Tinha o Marquez espia
Porque queria saber
O que D. Roldão faria.

Esse escudeiro embuçado
Sem suspeita nem revês
Já muito determinado
Onde logo foi tomado
E levado ao Marquez.

VERDADEIRA TRAGÉDIA DO MARQUÊS DE MÂNTUA E IMPERADOR CARLOTO MAGNO

Lendo a carta, D. Guarinos
Nela contava a tenção
Porque o matara à traição.
Isto é, Senhor, a verdade
O que vos manda dizer.
Se o que digo é falsidade
Que por isso quis trazer
A letra a bem conhecer,
Que é este o seu sinal
Pois quem faz tão grande mal
Bem merece padecer
Morte justa corporal.

Imperador
Se a tal carta disser
Não se há mister mais provar
Nem mais certeza fazer
Senão logo executar
A pena que merecer.

E portanto sem deter
Leia-se publicamente
Ante esta nobre gente
Porque todos possam ver
Vossa verdade evidente.

Carta de D. Carloto a D. Roldão

Caudilho de grande poder,
Capitão da Cristandade,
Esta vos quis escrever
Para vos fazer saber
Minha grande necessidade.

Porque o verdadeiro amigo
Há-de ser no coração
Assim como fiel irmão
E não há-de temer perigo
Por salvar quem tem razão.

Porque sabereis, Senhor,
Que me sinto muito culpado
Como quem foi matador
E temo ser condenado
De meu pai Imperador.

Eu confesso que pequei
Pois com vontade danosa

A Valdevinos matei,
Amor me fez com que errei
E o primor de sua esposa.

O Imperador meu pai
Me mandou preso guardar
E nunca quis atentar
Os rogos de minha mãe.

A ninguém quis escutar
Pois o Marquez tem jurado
De não vestir nem calçar
Nem entrar no povoado
Até me ver justiçar.

Tenho por acusadores
Reinaldos de Montalvão
E seu pai, o Duque Amão,
E muitos grandes Senhores.

E o grande Duque de Milão
E o forte Montesinos
Pois é primo de Valdevinos.
A mim todos me são
Acusadores de [...]

Todos contra mim são
Pois já não tenho nenhum amigo
Pois nenhum quer comigo
Senão vós, amigo Roldão,
Mas não tememos nenhum perigo.

Imperador depois de ler a carta:

Antes que algum mal creça
Façamos o que devemos
Pois o sinal conhecemos
E pois vemos que confessa
De mais prova não queremos.

Nem vós façais mais detença
E pois já tendes licença.
Podeis dizer ao Marquez
Que venha ouvir a sentença.

*Ir-se-á Reinaldos e vem Imperatriz vestida de
dó e diz o Imperador:*

Senhora, já não dirão
Que fui eu mal informado
Nem que o prendo sem razão
Pois por sua confissão
Vosso filho é condenado.

Vedes a carta presente
Que foi feita de sua mão
Para o Conde D. Roldão
Em a qual mui largamente
Declara toda a traição.

Imperatriz
Eu muito me maravilho
Do que, Senhor, me hás contado,
Mas ele há confessado
Melhor é morrer o filho
Que desonrar o estado.

Mas a dor do coração
Sempre me há-de ficar.
Peço-lhe com afeição
Que lhe busque salvação
E que o queira escutar.

Imperador
Melhor é que o sucessor
Padeça morte sentida
Que ficar o pai traidor
Que será tocar honor
Pela desonra crescida.

Também eu padeço dor,
Também eu sinto paixão,
Também eu lhe tenho amor!
Mas antes quero razão
Que amizade nem favor.

Imperatriz
Pois que não pode escapar
Eu não consinto nem quero
Que vós hajens de julgar
Porque vos podem chamar
Muito mais pior que Nero.

Imperador
Não vivais em tal engano
Que também foram caudilhos

O grande Torquato, o Trajano
E quiseram com grande dano
Ambos justiçar seus filhos.

Pois que menos farei eu
Tendo tão grande estado
A quem com razão culpado
E maior caso é que o seu.

E portanto eu vos rogo
Que não tomeis tal pesar
Porque com vos anojar
Dá-se grande tristeza ao povo.

Imperatriz
Eu cumprirei seu mandado
Porque vejo que é razão
Mas sempre meu coração
Terá tristeza e cuidado
E grande tribulação.

*Aqui vai-se Imperatriz e vem o Marquez de
Mântua e diz:*

Marquez
Bem parece, alto Senhor,
Que vos fez Deus um segundo
E de todos superior,
Dos maiores o milhor
Rei e monarca do mundo.

Porque vós, Senhor, sois tal
Que com razão e verdade
Sustentareis a cristandade
Em justiça universal.

A qual para a salvação
Vos é muito necessária
Porque convém ao cristão
Que use mais de razão
Que da feição veluntária.

Como faz, Vossa Grandeza,
Com seu filho sucessor?
Assim que digo, Senhor,
Que estimo mais a nobreza
Que amizade nem favor.

Imperador
Não curemos de falar
Em cousa tão conhecida
Porque nesta breve vida
Havemos de procurar
Pela eterna e comprida.

Para sentir grande pesar
Vós tendes razão infenita
E também de me vingar
Pois foi justa vossa vinda.

Bem vimos a vossa embaixada
E a causa dela proposta
Foi de nós mui bem olhada
E não menos foi mandada
Mui convencível resposta.

E vimos vossa tenção
E souvemos vosso voto
E vemos que tendes razão
Pela grande informação
Do Príncipe, Dom Carloto.

E vimos a confissão
De D. Carloto também
E soubemos a traição
Como na carta contém
Que mandava a D. Roldão
De tudo certificado.
Eu condeno a D. Carloto
Tudo o que tenho mandado.

Aqui vem o Pajem da Imperatriz dizendo:

Pajem
A Imperatriz, Senhor,
Está tão amortecida
De grande paixão e dor
Que não tem pulso nem cor
Nem nenhum sinal de vida.

Nenhum remédio lhe vem
Senão nela padecer
Sem lhe podermos valer
E segundo dela cremos
Mui pouco há-de viver.

Imperador
Eu muito me maravilho
De sua grande descrição
Mais sinto sua paixão
Do que morte do filho.

Não me quero mais deter,
Quero-a ir consolar
Pois tanto lhe faz mister.
Não sei porque é anojar
Por justiça se fazer.

*Vai-se o Imperador e o Marquez para o seu
aposento. Toca a Música. Diz o Imperador ao
Pajem:*

Imperador
Por mim é ordenado
Ide já a minha prisão
Dizei a D. Carloto
Que chigou o célebro dia
Para a sua execução.

Vai o Pajem à prisão e diz:

Pajem
Ó Príncipe D. Carloto,
De vosso pai venho mandado
Dar-vos a triste notícia
Que hoje sereis executado.

Por isso ele ordena
Vossas insígnas me entregueis
E que a estas ordens seguras
Escusar-vos não podeis.

Príncipe
Oh notícia desastrada!
Oh desastrada minha sorte
Por sentença de meu pai
Eu fui condenado à morte!

Tudo que meu pai ordena
Prontamente cumprirei,
Por minhas mãos vo-las entrego
E a nada me escusarei.

Portanto, a meu pai dezeis
Que antes de eu ser executado

Sua mão quero beijar
E que me deixe ver minha mãe
Para a ela me abraçar.

Pajem
Tudo eu lhe direi
Não sei se serei atendido
Porque está tão enfadado
E da cabeça tão perdido.
Vejo-o tão aborrecido
Como nunca eu pensei.

Príncipe
Ó pajem, meu amigo,
Olha a minha desventura
E as saudades que tenho
Do meu cavalo que montava
Em passeios de cordura.

Pajem
Tudo lhe apresentarei.

O Pajem conduz as insígnias do Príncipe ao palácio e diz para o Imperador:

O vosso mandado, Senhor,
Agora acabo de cumprir
Mas o Príncipe D. Carloto
De vós se quer despedir.

Imperador
Grandes prazeres malogrados
Metido em tantas fadigas
Pois mais queria que maus dias
Não fossem tão perlongados.

Oh Céus que conheço
De meu filho o terno amor
Antes queria mais nascer
Que ser Imperador!

Imperatriz
Contai-me, pajem fiel,
De que forma meu filho está
Se a sua cor está mudada
Que eu vê-lo quero já.

Pajem
Senhora, eu não tenho poder
Para tudo lhe explicar
Está tão entristecido
Que nem pode falar.

Venho tão comovido
Deste passeio tão remoto!
Achei-o tão demudado
Que não pode já ser chamado
Vosso filho, D. Carloto.

Para o Imperador:

Portanto, Real Senhor,
A vossos pés estou prostrado.

Ajoelha.

Peço que a vosso filho faleis
Antes de ser liquidado.

Imperador
Estou tão fora de mim,
Metido em tal confusão
Pois ainda que meu império
Lhe quisesse dar perdão
Eu não consentiria.

Que se queira convencer
E dizei-lhe sem detença
Que prefiro perder meu estado
Que revogar minha sentença.

Pajem
Tudo isso lhe direi.

Vai o Pajem à prisão e diz para D. Carloto:

Movido à compaixão,
Eu vos venho dizer
Que acabeis em vos convencer
Que não alcançais perdão.

As sentinelas abrem a prisão. Sai o Príncipe e diz exclamando:

Príncipe

Ó soldados, cumpridores
Das ordens de meu pai,
Daqui não me levareis
Sem que eu me despeça
Dos carinhos de minha mãe.

Diz um dos soldados:

Soldado

As ordens de vosso pai
Têm de ser já cumpridas
Portanto siga sem demora
Não lhe dobreis as fadigas.

Príncipe

Oh infelicidade minha!
Oh crime tão desastrado
Pois só vejo embaraço!
Permiti, pai honrado,
Entrada em vosso palácio.

Olhai vosso filho, Carloto,
Que a vós pede piedade
Olhai o meu arrependimento,
Lembrai-vos de minha idade.

Ajoelha.

Ó devina Corte do Céu,
A meu pai fazei sentir
Que seu filho D. Carloto
Dele se quer despedir!

Oh servos de meu pai,
Oh aias de minha mãe,
Oh peito carinhoso
Onde eu me amamentei!

Lembrai-vos, meu pai por extremoso,
De quando me daveis lições
Assentado à vossa mesa
Tomando minhas refeições.

*O Pajem sobe ao palácio, ajoelhando-se aos
pés do Imperador diz:*

Pajem

A vossos pés estou prostrado
Pois estou tão comovido!
Rogo-vos que vos digneis
Escutar a vosso filho.

Imperador

Oh bonança aborrecida
Que não me deixa sossegar!
Oh traidor de meu filho
Que tanto me faz penar!

A porta do meu palácio
Para ele está fechada
Pois aqui não tem entrada,
Um traidor de tal sorte
Que pela sentença que dei
Ele foi condenado à morte.

Príncipe

Ó Virgem Santa Maria,
Graças dou a Deus Senhor
Pois já ouço falar
A meu pai Imperador.

Adeus pajem companheiro
Por quem eu era acompanhado
Em meus brilhantes passeios,
Em caçadas e torneios,
E chiguei a ser desprezado.

Adeus duques e condes
A quem eu tanto queria
Adeus meu rico aposento
Adeus leito onde dormia.

Adeus meu cavalo branco
Que tanta vez te montei
Adeus trono de meu pai
Adeus minha doce mãe
Pois no coração vos levarei.

Adeus meu doce pai
Que não me dais consolação
Pordoai-me, Senhor Marquez,
Tende de mim compaixão.

Por todos sou censurado
Pois já não tenho amigos.
Perdoai-me, ó Sibilia,
Esposa de Valdevinos.

Imperador
Não sei quem ouço falar
Pois parece ser meu filho!
Mas para que é ser caudilho,
E ter vida atribuladora
Se eu não posso revogar
A sentença por mim dada.

Ainda que pudesse ser,
De acordo com meu povo,
Eu juro e hei jurado
Que antes queria perder
Juntamente meu império,
Que revogar o que hei mandado.
Tu sentes a tua traição
Eu sinto a minha dor
Tua mãe também sente
Tua maldade e horror.

Meu pajem, tem saudades
De quando te acompanhava.
Toda a corte está anojada
Da tua cruel intenção,
Na tua falsa caçada
Matando em a floresta
A Valdevinos com traição.

Quando do meu palácio
Saíste com Valdevinos
Reinava em teu coração
Grandes espíritos malignos.

Portanto mando já
E sem detença
Que sem mais tardar se dê
Execução à minha sentença.

Até já não reconheço
Digo isto sem remédio
Tu mesmo com tua mão
Desonraste meu império.

Contra ti te revoltes
Pela tua confissão

Na carta que mandaste
Para o Conde D. Roldão.

Antes de eu ler a carta
Tua traição não acreditei
Hoje digo que maldito seja
A hora quando te gerei.

*O Príncipe fica um pouco pensativo e
levanta-se horrorizado e diz:*

Príncipe
Oh palavras infames,
Oh vil pai tão tirano,
Oh verdugo carniceiro!
Se eu isto adivinhasse
A vós liquidava primeiro.
Onde está minha mãe
E essa maldita corte?
Oh quem isto souvesse
Que antes a vós devia a morte.

Eu renego de Deus
Mudo pela minha aflição
Maldito seja meu pai
E toda a minha geração.

Carrasco
Não estejas com mais demora
Pois não te vale o chorar,
Chigou a hora de cumprir
O mandado imperial.

Vai-te chigando, creminoso,
Que bem deves de saber
Quem com ferros mata
Com ferros terá de morrer.

Sobe, não te assustes!
Deste trono de horror
Pode ser que te agrade
Mais que o luxoso palácio
De teu pai Imperador.

Príncipe
Não me fales em meu pai
Que foi para mim um algoz.
Sendo eu de tenra idade

VERDADEIRA TRAGÉDIA DO MARQUÊS DE MÂNTUA E IMPERADOR CARLOTO MAGNO

Já nem vos vejo a vós,
De todos sou desprezado
Valha-me aqui Satanás.

*Sai Satanás saltando, e sai a Morte
aproximando-se da forca e diz:*

Morte
Sou a Morte triste e negra
Que a todos meto medo
Vivo de minha missão
E nunca tenho sossego.

Por muitos sou desejada
Por outros aborrecida
Com minha gadanha afiada
A muitos deixo sem vida.
Liquidei a Valdevinos
Quando lhe coube a vez
Hoje lhe cabe a outro
Que é filho do Imperador,
Que tem por nome Carloto,
Que a Valdevinos há morto,
Sobrinho de um Marquez.

Vou ver esse príncipe,
Carloto por nome chamado,
Hoje será liquidado
Sem nenhuma dilação
E mesmo para consolação
De quem se quer ver vingado.

Os Céus clamam vingança
Contra este vicioso
Com feitio enganoso.
Uma dama quis tomar
Que a outro pertencia.
Foi tão grande a cobardia
Que nem tece pensar
No defeito vicioso.

Anda cá, meu jovem Príncipe,
Que foste mal intencionado.
Muitos outros como tu
Eu já tenho liquidado.

Ó Infernos negros e medonhos
Acendei vossas fornalhas

Que vão cumpridos meus sonhos
Que há pouco vos revelava!

Oh diabrura infernal!
Acompanha-me Satanás
Traz toda a tua gente
E não olhes para trás.

O carrasco liquida o Príncipe.

Minha missão está cumprida
E a vós vo-lo entrego
No Inferno a lançar
Em terrível fogo ardendo.

*Vai-se Satanás junto da forca. Diz e vão
arrastando o Príncipe para o Inferno:*

Satanás
Já consegui, amigo meu,
Quanto de ti desejava!
A alma deste creminoso
Ao mundo já foi roubada.

E para que se cumpra
A sentença que lhe foi dada
Teu corpo será retalhado
Tua alma no fogo abrasada.

Ó Príncipe atrevido
Como soubeste ser traidor!
Como te fizeste maligno
Com tanta raiva e furor!

Francês no mundo foste
E Príncipe muito adorado
No meu reino tu serás
Um famoso condenado.

Fui eu quem te ensinei
E entesiasmei-te a pecar
Agora eu te ensinarei
Que de tudo hás-de renegar.

Quanta gente perdida
Há em esta nação!
Eles mesmos procuram
A sua condenação.

Anda bame-nos daqui
Eu mesmo te levarei
Para o Inferno em corpo e alma
Prontamente te lançarei.

Entra com ele para o Inferno e diz Reinaldos:

Reinaldos
Já agora senhor Marquez
Vos podeis chamar vingado
Porque o arsaz é castigado

O que tanto mal vos fez
Pois morreu degolado.

Fazei por vos alegrar
Dai graças ao Redentor
Pois assim nos quis vingar
Sem nenhum de nós perigar
E com mais nobre valor.

Fim

Versão recolhida em Avelanoso. Manuscrito datado de 1 de Julho de 1924 e assinado por Américo dos Santos Ferreira. Esta versão aproveita o texto de um folheto de cegos dos finais do séc. XVIII encontrando-se, no entanto, o manuscrito muito mais completo. Costuma designar--se em Trás-os-Montes por Tragédia de Valdevinos e do Imperador Carloto Magno e remonta ao séc. XVI ao texto de Baltazar Dias. Existe notícia da última representação por volta de 1949.

Verdadeira Tragédia do Roberto do Diabo

Personagens que falam

Profeta
Imperador
Imperatriz
Uma filha
Dama
Duque Alberto
Duquesa, mulher
Roberto, seu filho
Almirante
Dois Ministros
Embaixador
Frade
Professor
Primeiro Sargento
Segundo Sargento
Médico
Capitão General
Pastora
Jesus Cristo
Anjo
Padre Santo
Dois ladrões [...]
Marto e Foguete
Lusbel

Sai o Profeta e diz:

Profeta
Amados fieis ouvintes
Prestai-me vossa atenção
Para verdes atentamente
Esta obra em conclusão.

Esta famosa obra
Que vamos representar
É a vida do Roberto do Diabo
Que todos exemplo devemos tomar.

Havia em Normandia
Um Duque temente a Deus
Chamado Senhor Alberto
Que casou com desejo seu.

A Deus pediu de coração
Que um filho viesse [...]
Pois não queria que ficasse
Seu trono por outro herdado.

Sua mulher virtuosa
Não sabia que fazer
Obediente a seu marido
Não podia conceber.

Oferecia sempre a Deus
Tudo quanto ela ganhava
E muito de coração
Sempre a Deus adorava.

Ao ver que não podia
De nenhum modo conceber

Oferece-se ao Diabo
Que também tem poder.

Este exemplo, nobres Senhoras,
Vós haveis de tomar
Tende-o sempre em memória
Pois Deus vos há-de salvar.

Logo o Diabo tomou parte
Com essa boa mulher
E com sua sagacidade
Logo a fez conceber.

O Duque muito contente
Mandou fazer grandes festejos
Por saber que à Duquesa
Se lhe haviam cumprido os desejos.

Chigados noves meses
A mulher com grande travalho
Deu à luz um forte varão
Que parecia o Diabo.

Naquela mesma hora
O seu palácio tremeu
Caíram raios e centelhas
Que tudo escureceu.

Tudo ficou assombrado
Ao ver tão fortes sinais
E quando o foram baptizar
Tremiam todos os confradais.

Enfim se foi criando
Fazendo grande mortaldade
Chorava toda a gente
E também seu próprio padre.

Também matou seu mestre
Matando muitos rapazitos
E aos dezassete anos
Mostrava ter muitos brios.

Logo seu pai o armou
De cavaleiro forte
E no mesmo dia
A muitos deu a morte.

Fez muitos destroços
Em a nação de Normandia
Juntando-se com os ladrões
Para fazer quanto queria.

As donzelas desonrava
As casadas perseguia
E depois a todas elas
Seus corações lhe comia.

Os padres por suas mãos
Ele mesmo os matava
Os templos sagrados
Sem receio os roubaba.

Amaldiçoava seus pais
E também sua geração
Como adiante vereis
Prestando vossa atenção.

Mas como Deus do Céu
Nos está sempre a guardar
De ouvir lamentar seus pais
Seu filho lhe há-de salvar.

Atendendo às orações
O Divino Salvador
Para falar a Roberto
Há-de vir feito em pastor.

O Divino Salvador
Baixou sem temor
Assim que falou a Roberto
Começa logo a converter-se.

Vai-se logo a sua mãe
Quem lhe pedirá perdão
E sua mãe lhe dirá
Que foi uma maldição.

Logo Roberto marchará
Ao Padre Santo falar
E esse sem demora
O mandará ir confessar.

A um ermitão que haverá
Em um monte que ele há-de matar
A sete pobres Frades
E só este há-de deixar.

VERDADEIRA TRAGÉDIA DO ROBERTO DO DIABO

Agora vos peço licença
Pois me quero retirar
Na segunda jornada direi
Que mui bem a vereis passar.

Vai-se e fala no trono o Duque Alberto
e o Embaixador:

Alberto
Avençoado será o dia
Em que minha mulher
Tenha um filho em sucessão
Para herdar o meu poder.

Em companhia da esposa
Vivo catolicamente
Sendo querido de todos
O meu Senhorio e gente.

Vai fazer dezassete anos
Que contente me casei
Com a formosa Condessa
A quem amo e amarei.

É mulher admirável
Muito rica e vistosa
No condado de Borgonha
Foi nascida essa rosa.

Ó meu forte Embaixador,
Que bem soubeste escolher
Uma mulher vistosa
Qual de todas possa ser.

Como eu desconsolado
Está ela por não ter
Um filho que possa ser
Herdeiro do dito Ducado.

Oh meu Deus! Oh Santo Céu,
Que desconsolado me vejo
Por não se poder cumprir
O meu ardente desejo.

Por eu não ter algum dia
Uma festa santa e boa
Um filho por descendência
Herdeiro de minha coroa.

Senhor, Senhor, concedei
O que peço agora aqui
Sou verdadeiro cristão
Não vos esqueceis de mim.

Farei quanto puder
Com esforçado valor
Que saiba bem adorar
Aquele Supremo Senhor.

A guerra agora não mata
O reino está à vontade
Minha Duquesa formosa
Ficai-vos na solidade.

No meu jardim se recreia
No que eu falo está a pensar
Com desejos dela ter
Um filho para me agradar.

Sempre está a fazer festejos
Esmolas e orações
Com outras damas se junta
Para ir aos sermões.

O templo é seu recreio
É depois do seu amor
Cada dia duas vezes
Visita a Nosso Senhor.

Agora vou-lhe falar
No jardim que é seu passeio
Para que se não agonie
E que não lhe tenha receio.

À parte:

Ama-me, minha mulher,
Tanto de coração
Que me traz sempre sepultado
Em uma escura prisão.

Embaixador
Sinto muito a tristeza
Que Vossa Majestade tem
Mas eu não tenho a culpa
Nem sua mulher também.

Eu fui como me mandou
Quando a Borgonha chiguei
Recebeu-me muito bem
E com honra me falou.

Ofereceu-me o que ela tinha
Com muita sagacidade
Dei-lhe logo a embaixada
De sua Real Majestade.

Aceitou o meu pedido
E logo me vim contente
De Borgonha à nossa terra
A fazer-lhe este presente.

Vossa Majestade ficou
Muito bem engrandecido
Tanto que dos seus vassalos
Fui eu mui bem recebido.

E agora, meu Senhor,
Assim se me faz o cargo
Se não terem sucessão
Para o seu belo Ducado.

Eu não devo ser culpado
Nesse crime tão severo
Porque só pertence a Deus
O misterioso segredo.

Alberto
Eu não lhe tomo a culpa
Ao meu fiel Embaixador
Bem sei que esse mistério
Pertence a Nosso Senhor.

Ele pode muito bem
Fazer que minha mulher
Logo conceba um filho
Que herde o meu poder.

Embaixador
Razão certa é, Senhor,
E dezassete anos vão
De casados e sem terem
Indícios de sucessão.

Advirta-se, meu amigo,
Com seus vassalos velhos

Iremos fazer uma caçada
Estes são os meus conselhos.

Alberto
No jardim, minha mulher
Está sempre a considerar
O que poderá fazer
Para haver de fecundar.

Meu Embaixador juntai
Os cavaleiros de fama
Iremos logo à caçada
Confiai em minha palavra.

*Cobrem-se os dois e sai a Duquesa e a Dama
ao jardim.*

Duquesa
Considerando quem eu fui
E agora quem eu sou
Alembro-me muito de quanto
A minha mãe me falou.

Eu sou uma desgraçada
Que em Borgonha nasci
Agora estou aqui
Em Normandia casada.

Eu casei-me a Deus louvar
Mas qual outra luz de França
Conheço a desconfiança
Por não poder fecundar.

Mas eu não tenho a culpa
Que como qualquer mulher
Faço as obrigações
Como se devem fazer.

Chigado será o dia
Que eu me chegue a perder
Muitas outras Senhoras
Muito hão-de padecer.

Ó Borgonha, terra minha,
Vem e torna-me a levar
Que eu aqui em Normandia
Não poderei acabar.

Ó Borgonha de Nabarra
Na terra onde nasci
Leva-me outra vez a mim
Que eu aqui sou desprezada.

Nem sou filha de Roberto
O Rei da nossa Borgonha
Mas sim meu Ducado
Nasceu de sua coroa.

O meu soberano pai
Desde que viu a embaixada
Concedeu e disse: vai
Com esse Duque ser casada.

Sou muito temente a Deus
Como nosso Criador
Depois de ele a meu marido
Tenho-lhe muito temor.

As suas ordens eu cumpro
O seu coração adoro
Para mim não há riquezas
Nem quero outro tesouro.

Dama
Senhora, não tenha pena
Não se esteja a agoniar
Que eu a acompanharei
Vossa pessoa adorada.

Em esta formosa terra
Temos nós que recriar
Com o Senhor Alberto
Lhe tem muito que amar.

É Duque de Normandia
Representante primeiro
No palácio do Rei
É o milhor cavaleiro.

Eu como Dama imperiosa
Pela sua Majestade
Fui nomeada a acompanhar
Desde a minha tenra idade.

À câmara principal
Da corte de Normandia

Eu a passeio gostosa
Sem nenhuma covardia.

Enquanto fui à chigada
Do Duque para a mulher
Vossa pessoa adorada
Bem o soube receber.

Todos ficamos contentes
Ao ver Vossa Majestade
Eu vim ser a companheira
De pessoa tão amável.

Agora, minha Senhora,
Não deve desconfiar
Tenha sempre sua fé
Que ainda lhe pode dar.

Depois ele vos dará
Deus o que vós quereis
Cumprindo com suas leis
E contra ele não pecar.

Olhe bem, Senhora amada,
Quanto queria fazer
Seja em nome de Deus
É quem tem todo o poder.

Quando chigará o dia
De seu sangue conceber
Um herdeiro do Ducado
E da terra em que nascer.

Não há que desconfiar
Da divina pretensão
Que há-de vir satisfeita
Contente o seu coração.

Peça, peça a Deus do Céu
O que queira pedir
Que chigado será o dia
Que tudo lhe há-de vir.

Duquesa
Não desconfio jamais
Eu farei o que mandais.

Dama

Eu sou cristã verdadeira
E no palácio me criei
E nunca ao meu Ducado
Até agora lhe faltei.

Sempre fui muito querida
E em vossa protecção
Me mandam agora estar
Aqui tem meu coração.

Vejo que estás, Senhora,
Muito agoniada agora
Lá virá depois um dia
Que vos encha de glória.

Eu farei que o Senhor Duque
Sempre em vossa protecção
Ame muito contente
Vosso tenro coração.

Eu farei, minha Senhora,
Vossa pessoa guardar
E dos meus quereres sempre
Hei-de-lhos eu tirar.

Esmolas e orações
Sempre temos que fazer
Para que Nosso Senhor
Tenha que nos conceder.

O que é de todos desejado
E com o tempo virá
Um filho que mandará
Neste formoso Ducado.

Tenho, Senhora, pensado
Que Deus Nosso Senhor
Não faltará a ninguém
Ao que serve com amor.

Ele sempre sabedor
O prémio que mereçamos
Nesta e na outra vida
Segundo a honra que damos.

Sua Majestade Senhora
Sei que é muito honrada

E de seus vassalos todos
Sempre foi muito estimada.

Não foi como Margarida
A que acabo de falar
Pois aquela mulher, tudo
Ela fazia enraibar.

Duquesa

Muito honrada me criei
Lá na minha jubentude
E na minha vida achei
Até agora bem saúde.

Nesta terra bem estou
Fazendo-me bem as vontades
Até agora sou feliz
Até de nossa Majestade.

Se eu chego a conceber
Que fará o meu marido?
Muito me há-de querer
E sempre estará comigo.

*O Duque Alberto sai ao jardim e vai-se
a Dama.*

Alberto

Minha Duquesa formosa,
Querida muito adorável
Dos meus honrados vassalos
E de mim muito apreciável.

Soldado sou dos primeiros
E desta grande Senhoria
Sou o governador
Da formosa Normandia.

Senhora, grande pecado fez
O que a nós nos juntou
E decerto sem olhar
A quem logo vos amou.

Eu tenho por entendido
Que se com outra mulher
Eu me tivesse unido
Não tinha que suceder
Isto que há sucedido.

Eu tinha que ter filhos
Os mesmos teríeis vós
Juntando-vos com outro homem
E não nos juntarmos nós.

Mas, oh Céu, oh meu Deus, veja
Ainda que meu Ducado
Seja por estrangeiros
Em tempo assenhorado
E meus vassalos se vejam
Algum dia maltratados
De homens mais poderosos
Doutras nações armadas!

Nunca eu desprezarei
Tua formosa pessoa
Que como a Mãe de Deus
O meu coração te abençoa.

Sim, por isso mulher
Juro e não me juntarei
A outra mulher do mundo
Só a ti eu amarei.

E tu, consorte adorada,
Jamais me percas o amor
Que sou teu bom esposo
E feliz adorador.

Duquesa
Senhor, bem sabeis que eu
Em nada disso sou culpada
Desde que vos conheci
E por vós sou adorada.

Eu não fui quem causei
Este nosso casamento
Nem por si, oh meu Senhor,
Com grande consentimento.

Os vossos embaixadores
A meu pai é que falaram
Ele e os mais Senhores
Contentes logo ficaram.

Dizendo-me logo a mim
Se me queria casar
Eu lhe respondi que sim
Por obediência guardar.

E agora, ó Santo Céu?
Quem havia de pensar
Que seria desprezada
E não me haveis de amar?

Quem meu Deus soberano?
Mais queria reventar
E não me ver como me vejo
Neste desprezo mundano.

Alberto
Eu não desprezo, mulher,
Tua pessoa formosa
Sossega que deve ser
Isso sim a milhor coisa.

Escolhi-te para mulher
Eu te quero adorar
Vou a ceder meu poder
Só para contigo entrar.

Eu casei-me para ter
Uma vida santa e boa
E para ter sucessão
Que herde a minha coroa.

Mas se Deus o não quer
Ouvir a nossa oração
Quero-te, minha mulher,
Dá-me agora a tua mão.

Dão-se as mãos e continuam falando:

Deus assim o dispôs
E assim o quer fazer
Adoro-te, minha esposa,
Nunca te hei-de esquecer.

Pois que Deus Nosso Senhor
Assim nos o quer dar
Recria-me-nos e não
Tenhamos mais que penar.
Feliz sorte será a nossa
Se me souberes amar.

Duquesa
Eu amarei-te, ó Alberto,
Que é minha obrigação

Desde que meu pai querido
Me deitou sua benção.

Alberto
Fui a uma caçaria
E muito me adverti
Mas o meu coração
Sempre está pensando em ti.

Um veado achámos lá
Foi grande o contentamento
É para não travalhar mais
O meu forte pensamento.

Parti com meus camaradas
Sem mais eu poder caçar
E vim com muita pressa
Para agora te falar
E sem detenção alguma
É sem duvida nenhuma
Para mais deveras te amar.

Duquesa
Nunca eu quis desprezar
Tua palabra formosa.

Alberto
Pois ofereçamos a Deus,
Minha Duquesa famosa,
O que bamos a fazer
E se Deus for servido
Cumpra-se nosso pedido.

Duquesa
Conceba ainda que seja
Agora aqui o Diabo
E o que eu conceber
Tudo lhe ofereço ao cabo
Que também tem grande poder.

Alberto
Não faleis isso, mulher,
É um caso mui mal feito
Desesperação fatal
E tristeza no teu peito.

À parte:

O Diabo não fará
O que minha mulher pedia!
Ninguém o consentirá.

Duquesa
Isso nem o Diabo o ouviu
Quanto tenho falado
Que seja por ele aceite
Quero conceber o Diabo
E ao Diabo entrego o peito.

*Vão-se ambos ao palácio do monte e sai
Lusbel com seu aparato e diz:*

Lusbel
Grande festa tenho hoje
Pela Duquesa falar
Que me ofereceu seu peito
Para um filho gerar.

Eu lhe darei o poder
E ela um filho terá
Que será o terror de tudo
Quanto no mundo há.

Ele será meu servidor
E eu lhe darei o poder
Para conquistar o mundo
Ninguém o fará tremer.

Causará grande terror
Logo no seu nascimento
No palácio de Alberto
Dará o primeiro tromento.

Toda a nação de Normandia
Temerá o seu valor
Terão-lhe medo seus pais
E também seu professor.

Ele terá grande poder
Ajudado de meu valor
Por onde ele andar
Causará medo e pavor.

No mundo ele será
O homem de mais terror
Que tudo assombrará
Com esforçado temor.

Arranjei-lhe companhia
Muito do meu agrado
Por onde quer que forem
Ficará tudo atromentado.

Tudo quanto eu quiser
De mim será favorecido
Aos companheiros que tiver
Assim o tenho prometido.

Nos montes habitarão
Fazendo roubos e mortes
Tudo auxiliado por mim
E agrado das minhas cortes.

Favorecidos serão
E sempre os acompanharei
Porque muito me agradarão
Observando a minha lei.

Não amarão a seu Deus
No primeiro mandamento
No segundo não acompanharão
Para eu ficar mais satisfeito.

Abandonarão o terceiro
O quarto não honrarão
A seus pais e suas mães
No quinto matarão.

As desonras que fizerem
Muito me agradarão
Transgredindo assim o sexto
E os mais em preporção.

No sétimo cumprirão
Tudo quanto é proibido
Roubando jóias sagradas
Donde está seu Deus divino.

Esse é o maior gosto
Que a mim me podem dar
Essa companha agradável
E depois a Deus pisar.

Farão tudo o proibido
Do nono mandamento
No décimo cobiçarão
Causando medo e tromento.

Tudo se cumprirá
O que tenho anunciado
Brevemente se verá
E eu me vou para meu reinado.

Vai-se e sai o Embaixador e o Ministro
e o Almirante com espingardas e trazem um
veado vivo como quem vem da caça e diz
o Embaixador:

Embaixador
O Duque já se nos foi
Está muito desgostado
Por não ter sucessão
Depois de se ter casado.

Nós não tivemos a culpa
Nem lhe podemos fazer
Causa para que conceba
A sua boa mulher.

É formosa e deligente
E é cristã verdadeira
É uma boa pessoa
Não é nada feiteceira.

Tenho, tenho compaixão!
Se meu conselho tomasse
Que fosse para Borgonha
Seu coração não amasse.

Almirante
Eu esqueço-me bem disso
O Duque foi o culpado
Mulheres também havia
Formosas no seu Ducado.

Mas por ler na história
Dos reis mortos a memória
Mandou levar a embaixada
Para elegir a sua amada.

E nós o fizemos assim
Que a mulher boa é
Temente a Deus do Céu
E professa sua fé.

Ministro
Quem havia de pensar
Uma mulher como vemos
Não teria geração
Isso é que não sabemos.

Em Borgonha foi nascida
Na grande terra de Nabarra
Para Paris a levaram
E ali foi ensinada.

Lá no castelo do Norte
Por uma ribeira banhada
Saída da forte serra
E ali estava encerrada.

Trataba-se muito bem
Tinha padre confessor
E mestra que a ensinaba
Com muito perfeito amor.

Faziam-lhe referência
Da Rainha Margarida
Pondo-lhe sempre o exemplo
Da sua maldita vida.

Tão temerosa saiu
[...] tão amiga de Deus
É uma boa mulher
Cumpram-se os desejos seus.

Tomemos nova invenção
Façamos novo prazer
Façamos que o Duque queira
Sempre sua mulher.

Que não nos impute a culpa
Façamos se puder ser
Que com esforço e valor
Que conserve seu poder.

Levemos-lhe o veado
Formoso para seu recreio
E que se devirta com ele
E com ele dê seu passeio.

Embaixador
Entremos no gabinete
Com o formoso veado

E vejamos nosso Duque
Como está desconsolado.

Mas nós não temos a culpa
Da mulher não conceber
Peçamos todos a Deus
Que ele tem todo o poder.

Se algum dia é chigado
A Duquesa um filho ter
Tudo estará sossegado
Ninguém terá que sofrer.

Os desgostos que hoje tem
Sofrendo o coração
Vamos a confortá-lo
E tirar-lhe essa paixão.

*Vão-se ao palácio todos com o veado
e descobre-se o Duque Alberto.*

Alberto
Agora já estou contente
Porque tenho geração
Mandarei fazer festejos
Em nossa nobre nação.

Entreguemos o veado
Para que minha mulher
Se devirta como sempre
E não tenha que sofrer.

Ministro
Nós trazemos o veado
Que é de nossa devoção
É para vossa Senhora
Se é de sua intenção.

Almirante
Embaixador, faz o favor
De lho meter a recreio
De minha amada Senhora
Para que dê seu passeio.

Embaixador
Eu lho farei, meu Senhor.

*Recolhe o veado, o Embaixador e diz
o Ministro:*

Ministro

Agora estou eu contente
Não temos que duvidar
Ofereçamos-lhe tudo a Deus
Ele tem bem que nos dar.

Alberto

Já vai chigar o dia
Decorridos nove meses
E minha mulher doente
Tem estado muitas vezes.

Ministro

Atão peçamos a Deus
Que seja na boa hora
Que livre perigos seus
À nossa amada Senhora.

*Sai o Diabo e encobrem-se todos no palácio.
Faz-se noite e rogem trobões com multidão e
raios, que fica tudo aterrorizado e sai a Dama
muito agastada e fala para o Duque Alberto:*

Dama

Chigada já foi a hora
De ter um filho, Senhor,
E tem que o querer agora
Com todo carinho e amor.

Oh meu Deus, como poderia
Aquela mulher andar
Pois a criança é tão forte
Que já se quer deitar a andar!

É coisa de Deus do Céu
É uma tão grande acção
Tudo se estremeceu
Quando deu forte trovão.

Ficámos na escuridão
Vime-nos tão mal estar
A não ser por nosso Deus
Quem poderia ficar!

Mandou-me a minha Senhora
A vossa pessoa chamar
Para que disponha o milhor
Para haver de o baptizar.

Isso tem que o fazer,
Meu Senhor, não demorar
Olhe que o menino
Vai-se deitar a andar.

É coisa muito admirável
De tanta disposição
Fiquemos muito pasmados
E fez-nos admiração.
Eu não posso falar mais
Esta é minha razão.

Alberto

Vamos já sem demorar
A mandá-lo baptizar.

*Vão-se todos muito contentes, depois sai a
Dama e o Embaixador e levam o menino à
capela do Frade a baptizar. Diz a Dama:*

Dama

Aqui venho a caminhar,
Reverendo Senhor Frade,
A que haja de baptizar
Esta criança e não tarde.

Não demoreis, meu Senhor,
Em o baptismo lhe dar
Que a criança é tão forte
Que me custa a sujeitar.

Diz para o menino:

Está quedo, meu menino,
Não sejas desinquieto
Recebe o Santo Baptismo
Que é o dote mais perfeito.

Frade

Aquela Senhora
À porta da ermida
Para baptizar
Esta criança atrevida.

Receba, criança,
O Baptismo que dou
Que é o primeiro Sacramento
Que a Igreja deliberou.

Embaixador

Esteja quieto, menino,
Não seja tão desinquieto
Pois tem que ser baptizado
Por ordem de Deus Supremo.

O Frade bota-lhe a água e faz que o baptiza
e diz:

Frade

Em nome do Padre e Filho
E Espírito Santo Sagrado
Vá em paz, meu menino,
Que já está baptizado.

Vai-se a Dama com o menino para o palácio,
ficando o Frade e o Embaixador e diz o Frade:

Em minha vida olhei
Criança tão adiantada
Que não podia pensei
Ser por mim baptizada.

É como um homem, Senhor,
De tanta disposição
Que é como fera horrível
Tem instintos de cão.

Triste e mal aventurada
Foi a mãe que o pariu
Coisa tão mal formada
Nunca no mundo se viu.

Templos ele não quer
Quando aqui chigar a entrar
Destas portas para dentro
Parecia um cão a ladrar.

Parece uma horrível fera
Que no campo se gerou
Com um mau filho ao Duque
O Senhor o castigou.

Isto tenho eu pensado
Que sempre andava a falar
Que não tinha sucessão
Para seu mando deixar.

Não quero falar mais
Que se o chega a saber
O Duque castigará-me
Para isso tem poder.

Nove meses no seu ventre
A Duquesa o trazia
Senhor, estou a pensar
Não sei como ela pariria
Nem como teve poder
Nem valor para sofrer
Uma criança tão forte
Jesus não lhe deu poder.

Embaixador

A Borgonha quer que torne
O Duque de Normandia
A levar outra embaixada
De grande empenho e valia.

Um filho teve a Duquesa
Como o pariu não sei
Que eu fiquei pasmado
Quando para ele olhei.

Para quem tem seis anos
O diabo do rapaz
Já não quer o peito e faz
A criança muitos danos.

Ai, que lhe direi
Ao Senhor Imperador
Da traquina da criança
A esse grande Senhor!

Direi-lhe, não minto nada,
Que é tão forte a criança
De todo o mundo admirada
Como não há outra em França.

Até já quer pelejar
Com rapazitos pequenos
Até as amamentadeiras
E todos medo lhe temos.

Tem que ser como um leão
Para poder pelejar

VERDADEIRA TRAGÉDIA DO ROBERTO DO DIABO

Tem que ser como um Sansão
Sabendo-se bem armar.

Firma-se valor e medo
Para ser criança mete
Parece que já se contam
Em sua vida anos sete.

Eu engrandeço-me muito
Para o rapazito olhar
Que será quando eu o veja
Entre os fortes pelejar?

*Vão-se e sai Roberto correndo atrás de uma
partida [...] rapazito, e diante fugindo o Frade
e o Embaixador. Recolhem todos e sai o
Ministro e o Professor e diz o Ministro:*

Ministro
Deus o quer que assim seja
Pois encontrei-me agora
Com um professor honrado
[...] que buscava nesta hora.

Mandou-me o Senhor Duque
Da nossa grande Normandia
Que levasse a seu palácio
Um professor neste dia.

E Vossa Excelência é
Dos professores honrados
Agora me seguirá
Que há casos admirados.

O meu Senhor olhará
Criança muito pequena
De idade que fala já
Sem temor e sem ter pena.

E do dia em que nasceu
Até agora, meu Senhor,
O pai e sua mãe
Lhe têm muito temor.

Professor
Não tenho medo nenhum
Minha ciência transpassar
A criança como fala
Eu tenho que a ensinar.

Eu estudei para isso
E a ninguém tenho medo
Em que seja o mesmo Diabo
Logo eu o ponho cego.

Ministro
O que quer o nosso Duque
É que o rapaz ensine
A ler, escrever e contar
Para isso o fui chamar
E sempre com ele ficar.

Professor
Vamos lá, Senhor Ministro.

Ministro
Vamos lá, bom Professor,
A cumprir o ordenado
Como bom embaixador.

Descobre-se o Duque Alberto e Roberto.

Alberto
Está quieto meu filho aqui
Recebe o teu professor
Que vem a ensinar-te a ti
Com seu esforço e valor.

Ó meu filho, que feliz
Tu serás em algum dia
Quando educado estejas
Em minha companhia.

Quando gozes no jardim
Desta delícia nossa
Que alegria para mim
Quando sejas já homem,
Pessoa muito formosa
Como teu avô foi
Como teu pai é
Cristão e virtuoso
Que professa a Santa Fé.

Aqui tens teu professor
O que te há-de ensinar
A ler, escrever e contar
E a religião guardar
Com verdadeiro temor.

Roberto

Ó meu pai, será milhor
Que assim me deixar ficar
Eu não quero aprender
Tão pouco quero estudar.

O que eu quero seguir
É a minha intenção danada
Nem o mestre nem o pai
Não me importam para nada.

Professor

Fala milhor diante do pai
Que foi quem te deu o ser
Olha filho, está bem quiedo
E não te hás-de esquecer
Que teu pai e tua mãe
Foram quem te deram o ser.

Tu és ainda uma criança
Tens muito que aprender
A ler e escrever
Para reger teu Ducado
Falta te há-de fazer.

Roberto

Não me importa por meu pai
Nem tão pouco por você
Seguirei minha vontade
Minha opinião assim é.

Alberto

Meu filho, falta-te agora
No entanto essa razão
Olha que quem te fala
Fala-te ao coração.

Roberto

A você não contradigo
Não quero mais escutar
Vossa fala nem do mestre
Não me façam enraibar.

O mestre a mim não me faz
Ao Senhor obedecer
Enquanto ele falar
Não o torno a escutar.

Vou-me já daqui embora
Não me façam enraibar
Se me não engano agora
O mestre me as há-de pagar.

*Desaparece Roberto correndo e diz
o Professor:*

Professor

Deixai-o de minha mão
Que as crianças primeiras
Como não têm sentido
Fazem-se preguiceiras.

Eu darei-lhe educação
E darei-lhe que fazer
Logo ensino-lhe a lição
E há-de-me obedecer.

Alberto

Fica ao vosso cuidado
E à vossa disposição
Deixo a meu filho amado
Dê-lhe logo uma lição.

Eu tenho que reger
O meu Ducado inteiro
Para depois dar-lho a ele
Isso faço eu primeiro.
Pegue lá por seu travalho
Este pouco de dinheiro.

Dá-lhe o dinheiro e vão-se os dois, e saem sargentos da guarda correndo e diz o 1º Sargento:

1º Sargento

O diabo do rapaz
Faz na terra muito estrago
Deixa os filhos sem olhos
E sem pernas, é o Diabo.

Eu lhe quis fazer a frente
E com um pau que trazia
Deu-me uma grande estocada
Aqui no meio da barriga.

2º Sargento

Eu muito caladinho
Logo me deitei a andar

De tanto medo que tinha
Deixei-me todo ciscar.

Queria-lhe muito bem!
Como seu pai é Senhor
Das nossas fermosas terras
Eu tinha-lhe muito amor.

Agora que fez isso
Esse desavergonhado
Hei-de-lhe quebrar os queixos
Porque me tem agastado.

Vão-se e sai o Professor com Roberto garrado
pelas orelhas e ralhando-lhe:

Professor
Meu filho ser obediente
E temente a Deus do Céu
Olha que sou teu mestre
E sou segundo pai teu.

Eu quis tomar este cargo
De te ensinar vergonha
De te ensinar a ler
E a escrever que é grande honra.

E não queres respeitar
Nem a mim obedecer
Ó Roberto, és o Diabo
Assim tens que te perder.

Aprende a religião
E não sejas preguiceiro
Não sejas mandrião
Nem tão pouco caloteiro.

Sê um homem virtuoso
Tu não te queiras perder
Aprenderás, meu menino,
A ler e escrever.

Tuas riquezas não valem
Mais que para este mundo
Olha que há outra vida
Deixa esse sono prefundo.

Que Deus do Céu e da terra
Pode-nos castigar

Com um fogo abrasador
Em uma caverna infernal.

Tu és um rapaz sem dor
Que começas tua vida
Serás um grande Senhor
E pessoa muito querida.

Teu pai mandou a chamar
Homem que fosse honrado
Para em tudo te ensinar
Com amor e com agrado.

Mas tu não tens nenhum medo
De fazer tão grandes danos
Aos meninos e crianças
Fazes muitos desacatos.

Os pais todos se me queixam
A mim aqui bêm chorando
Em vez de te recriares
A todos os vais matando.

Trazes terra a tremer
De ti todos a fugir
Não podem de casa os pais
Seus filhos deixarem sair.

Não te querem fazer mal
Por filho do Duque ser
Tu não ouves a ninguém
Fazes o teu querer.

Tu não temes, meu rapaz,
O teu pai e tua mãe
Tu não temes a ninguém
Fazes o que o Diabo faz.

Não fazes caso, Roberto,
Por ser de alta hierarquia
Tu te alembrarás de mim
E do que falo neste dia.

Olha que eu não engano
Meus conselhos verdades são
Desejava que ficassem
Dentro do teu coração.

Escuta e não te esqueças
Olha que teu mestre sou
Alembra-te sempre, criança,
Dos conselhos que te dou.

Teu pai chamou-me a mim
Para em tudo te ensinar
Tu agora, como mestre,
Não me queres respeitar.

O que tu fazes agora
Sobre mim há-de carregar
Por isso agora te ralho
Porque te quero ensinar.

Se não fazes o que mando
Vai-te o Diabo a levar
E olha que te vou bater
Se não tratas de te emendar.

*Puxa Roberto por um punhal da cinta e
mata o Professor, caindo logo no chão.*

Roberto
Agora sim que fiquei
Dos conselhos satisfeito
Que meu punhal enterrei
No centro do teu peito.

Eu não quero mais conselhos
Nem tão pouco estudar
Quero fazer os males que posso
E a todos a morte dar.

Fala para os estudantes que fogem:

Escondam-se de mim todos
Que só eu quero fazer mal
Por donde quer que for
Sou uma fera infernal.

*Depois de fugirem os estudantes olha para o
Professor e diz:*

Tu o meu mestre foste
E eu como vil ladrão
Paguei-te quanto ensinaste
Ao meu engrato coração.

O que fui sou e serei
Uma carniceira fera
A todos quantos encontre
Darei com eles em terra.

Fica-te meu mestre aqui
Que eu me vou descansar
Olhando a ver se encontro
Quem possa a morte dar.

*Vai-se Roberto e sai o 1º Sargento e o segun-
do. Muito pasmados olham para o Professor e
diz o 1º Sargento:*

1º Sargento
Diabo do rapaz!
Faz mais mortes que eu sei lá
Por respeito do pai
Porradas ninguém lhe dá.

Ó Senhor Professor, vá
Já morreu! Foi boa estocada
Agora que o enterrem
Em boa terra sagrada.

E depois ao Senhor Duque
Lhe levarei a embaixada
O Diabo tem que ser
Segundo se vê em sua cara.

*Recolhem o Professor e descobre-se no palá-
cio assentados: Alberto, Roberto, Embaixador e Ministro e em pé fazendo guarda o
Sargento e Soldado.*

Alberto
No meu palácio estão
Os Senhores principais
Do meu formoso Ducado
Que amados de mim estais.

O dia de Páscoa é
O Sagrado Espírito Santo
Para os que temos fé
É um dia muito santo.

No palácio estamos juntos
Aonde havemos de falar

E a meu filho Roberto
De cavaleiro o quero armar.

Meu filho, por conselho
De meus vassalos a ti
Ordenam de te armar
Cavaleiro agora aqui.

Pois eu quero-te ensinar
A ordem de cavalaria
A ser cortês e político
Como eu sou hoje em dia.

Assim quero que deixes
As horrendas perversidades
Sem tornar a cometer
Nunca tais atrocidades.

A maligna condição
Que agora te rodeia
Aqui tens de a deixar
Que é coisa muito feia.

Roberto
Não há dúvida, Senhor,
Em cavaleiro me armar
Pois tenho muita vontade
De com os homens pelejar.

Mas enquanto eu andar
Assim nesta condição
Não respeitarei a meu pai
Nem a ninguém desta nação.

Eu tenho feito a propósito
Em seguir minha vontade
Farei mortes, farei roubos
Praticarei toda a maldade.

Desta sorte me armarei
Que tanto me dá ser
Cavaleiro como não
Faça lá o que fizer.

Alberto
Tu, filho, aqui agora
Tens que me obedecer
De criança como és
Nada te vejo aprender.

Agora mando-te eu
À igreja vai rezar
Pede-lhe a Deus do Céu
Que te haja de perdoar.

Roberto
Que perdoar nem que Diabo
À igreja vou a ir
Mas todos quantos lá estejam
Não tardarão em sair!

Vai-se à igreja, Roberto só.

Embaixador
A embaixada levei
O Duque de Borgonha
Ao vê-la logo disse:
Isto é uma má coisa.

Seu filho tinha que ser
Uma fera embrabecida
Tinha que fazer danos
Pelo descurso da vida.

Ministro
Já os faz agora
Que será vendo-se armado
De ser o terror de todos
Quantos vivem no Ducado?

1º Sargento
Menino! Já faz mortes
Como fera embrabecida
Matou a seu professor
Tirando-lhe a própria vida.

Depois que o matou
Começou a mim a procurar
O diabo do rapaz
Que medo me fez ganhar.

2º Sargento
Eu pensei que me faria
De uma chuçada rebentar
As pernas destorsilhei
Porque não pude voar.

O Professor lhe puxou
Por uma orelha, Senhor,

Mas ele preste o deixou
De boca fria e sem dor.

Ficou de boca aberta
Eu pus-me logo ao largo
E o rapaz com esta festa
Ficou muito descansado.

1º Sargento
Para que não me matasse
Fui-me a um canto esconder
Ficaram-me assim as pernas
E todo o corpo a tremer.

Treme.

Agora não posso andar
Que não me posso deter
Quando vejo o rapazinho
O meu desejo é correr.

Alberto
Quem cria filhos assim
Valha-me Nossa Senhora?!

2º Sargento
Ainda, Senhor Ministro,
Não lhe falei o milhor
Se não que fale também
O Senhor Embaixador.

Alberto
Pena meu coração sente
A morte do Professor.

Embaixador
Eu muito a sinto
Como sou Embaixador.

Sai o Frade muito agastado e diz:

Frade
Na igreja não se pára
Parece andar o Diabo
Roberto seu mau filho
Tudo traz atromentado.

Lá não param as belas
Nem tão pouco os candeeiros

Além disso ainda mais
Não se pára com os maus cheiros.

Coisa do Diabo será
Eu não o posso crer
Criança de tão pouca idade
É que tenha tanto poder.
Jesus, Jesus, meu Senhor,
Não sei o que possa ser?

Alberto
Oh meu Deus, todos os dias
Tenho queixas de meu filho.

Frade
Parece que o Diabo vivo
Que o traz sempre consigo.

Vai-se o Frade e diz Alberto:

Alberto
Sargento, chama meu filho
Que venha depressa a correr
Para o armar cavaleiro
Não o quero mais ver.

1º Sargento
Meu Senhor, agora
Eu daqui o vou chamar
Tenho-lhe medo ao mordo
Que esse cão me pode dar.

Chama:

Roberto do Diabo,
venha daí que o chama o [...]
Jesus que medo eu tenho
Que me morda e não me ladre!

*Sai Roberto muito contente olhando ao pai e
senta-se ao pé dele e fala:*

Roberto
Eu venho da igreja
E não quero lá mais entrar
Faça meu pai o que quiser
Veja se me quer armar
Que eu tenho muita vontade
De com os homens pelejar.

Alberto
Meu filho, vais ser armado
Mas olha o meu coração
Está muito agoniado
De ti espera traição.

Meu filho, tu não duvides
Que por morte tens de ser
Herdeiro de minha coroa
E não me queres obedecer.

Arma-te já cavaleiro
Arma-te, meu filho amado,
E seres homem virtuoso
Que pareces o Diabo.

*Arma-se Roberto com espada, pistolas e mais
armas de guerreiro e diz:*

Roberto
Já me armaram cavaleiro
Guardem-se de meu poder
A gente que os meus olhos
A que lhes alcança ver.

Alberto
Dezassete anos contas
Filho, na tua idade
Já fizestes tantas mortes
Não terás perdão do padre.

Roberto
O que me importa o perdão
De meu pai e mãe? Diz?
Se eu não os conheci
Senão pela tradição!

Eu o leite que mamei
Foi um pouco de veneno
Que fez feroz minha alma
E a ninguém tenho medo.

Daqui vou a pelejar
Com a gente tão armada
Que meu pai acompanhou
Não vale para mim de nada.

*Puxa pela espada e peleja com todos que
fogem e diz Alberto:*

Alberto
Detém-te, filho, que fazes?!

*Pelejando todos em pé vão-se menos o
Duque, e sai o Embaixador e o Ministro.*

Embaixador
Já não podemos com ele
É uma fera envenenada
Nosso poder todo junto
Para ele não vale nada.

Rompe, talha, queima e corta
Quem contra ele se puser
Ninguém pense de sair
Vencedor, tem que morrer.

Faz tremer os corações
[...] seu grande valor
Até os cães danados
Lhe têm grande temor.

A cidade de Ruão
Ficou toda destroçada
E a gente toda a tremer
Da sua intenção danada.

Ministro
Agora corre o Ducado
Da nossa grande Normandia
Matando e destroçando
Não pára noite nem dia.

Os homens e as mulheres
Todas tremem já de dor
Quando o virem logo fogem
Dizendo: morra o traidor!

As mulheres todas choram
Pelos homens que matou
Agora de Normandia
Dizem que já marchou.

Senhor Duque, é bem partir
E em seu filho tratar
Senão a Vossa Alteza
Também o pode matar.

Alberto
Chamareis a minha mulher
Que me quero despedir
De ela, deixar o Ducado
E para um deserto fugir.

Eu não quero saber mais
Dum filho que dei o ser
É matador dos homens
Um Diabo tem que ser.

Todos os dias estão
A dar queixas de meu filho
Não os posso remediar
Pesa-me imenso disso.

Senhor, Senhor Jesus meu,
Pois criei um ladrão
Socorrei nesta hora
O meu triste coração.

Pois eu não tive a culpa
Isso foi a minha mulher
Que chamou pelo Diabo
Ao tempo de conceber.

E o Diabo tomou parte
Estou a desconfiar
Venha aqui, minha mulher,
Que lhe quero perguntar.

*Sai a Duquesa muito chorosa e segue
o Duque Alberto:*

Mulher que concebeste
Uma fera embravecida
Um leão ensanguentado
Cá em nossa Normandia.

É qual outro Rei Saúl
De todos persiguidor
É um feroz Satanás
É de todos matador.

As donzelas desonra
As casadas persegue
E as viúvas as tropeja
Não há ninguém que nele pegue.

Duquesa
Detém-te, homem, não fales
Que eu não quero saber
Dessa fera embravecida
A quem lhe demos o ser.

Oh furiosa maldição,
Que ao conceber falou
A minha desgraçada língua
Como Deus me castigou!

Ó mulheres, já vedes
O que me aconteceu
Por dar gosto a meu corpo
Minha alma se perdeu.

Ministro
Não choreis mais, Senhora,
Pois não é tempo de chorar agora.

Embaixador
Nossa Senhora lhe dê
Algum dia boa hora.

Ministro
E perdoado será.

Alberto
Que farei, meus camaradas?
Que farei eu neste dia?

Duquesa
Iremos ao mosteiro
E deixar esta companhia.

Embaixador
O Ducado não se perca.

Alberto
Fica ao vosso cuidado
E vós não se vos esqueça
E ali o Senhor Ministro
Que fale com sua Alteza.

Ministro
Agora tem grande choro
Por eu sentir o que sinto.

Alberto
Eu de todos bem me finto.

Duquesa
Adeus meu jardim amado
Onde eu me recriei
Adeus palácio, adeus fontes
De vós não me esquecerei.

Adeus nobre Normandia
Adeus terra tão formosa
Adeus que me vou chorando
Já faleceu esta rosa.

Alberto
Adeus companhia adorada
Não vos esqueceis de mim
Que vos tive em companhia
Desde o dia em que nasci.

Adeus meus vassalos todos
Adeus grande Normandia
Vou-me fazer penitência
No resto de minha vida.

*Vão-se todos chorando. Da gruta que se for-
mará no monte saem de sachões, muitos armados. Roberto, Marto e Foguete com as espadas na mão. Diz Roberto:*

Roberto
Armas! Armas! Guerra! Guerra
Nos montes havemos de dar
Os homens que encontrarmos
Os havemos de matar.

Cinquenta e dois bem armados
São os homens que me seguem
E não teremos medo algum
Àqueles que encontremos.

Demos-lhe, meus camaradas,
Demos solta a nosso vício
Nosso valor arrogante
Nos homens faço exercício.

Sejamos nestes montes
Como lobos carniceiros

Não tememos a ninguém
Seremos fortes guerreiros.

O que aqui for encontrado
Tudo havemos de matar
E depois logo por paga
Os seus corações arrancar.

Roubar, matar e perseguir
Como os facinorosos
Não temamos a ninguém
Sejamos bem rancorosos.

Esforçar as casadas
E as viúvas que encontrarmos
E as solteiras que colhermos
Por nós serão desonradas.

E depois de fazer isto
Arrancar seus corações
E jantaremos com eles
Sem atender às razões.

Os padres persiguiremos
E nas igrejas entremos
E sem escutar a ninguém
Todas as coisas roubemos.

E o Senhor Sacramentado
Pelo chão arrastamos
E as hóstias que houver
Com elas nós jantaremos.

E nunca nos faltará
Quando quisermos comer
Se as coisas que eu falei
As soubermos bem fazer.

E qual outro Rei Saúl
O nosso valor seja tanto
Que façamos o pior
E sem sofrer nenhum quebranto.

Lobo eu fero embravecido
Eu serei nesta manobra
Oh que vontade eu tenho
De dar princípio à obra.

Faremos tremer a terra
E como o raio faremos
Que abrasa a todo o mundo
Nós também abrasaremos.

Os campos de Normandia
Os campos do meu Ducado
E depois os campos de Roma
E os campos de Íliano.

Sangue corra pela terra
De todos os corações
Que circulam essas veias
As nossas imaginações.

Fortes faremos aqui
Para que ninguém nos persiga
É razão que tenho em mim
Que ninguém me contradiga.

Das ordens que der meu pai
Sempre eu caçoarei
Também irei contra Deus
E contra toda a sua Lei.

Roberto do Diabo sou
Pois que assim meu pai me chama
Eu farei que em todo o mundo
Tenha eu terror e fama.

Das histórias que eu li
E das que tenho observado
A minha será a pior
Assim é meu agrado.

Serpente atraiçoadora
Foi quem a mim me criou
Maldita seja essa hora
Em que minha mãe me gerou.

Maldita sim, tão maldita
Que o Diabo deu-me o ser
Agora sim que eu tenho
Que ao Diabo obedecer.

Eu santuários não quero
Sacrários escalarei
E os Santos Sacramentos
Nunca eu receberei.

Olha para o Céu e diz:

Meu gosto será pisar
O Sagrado Sacramento
E amaldiçoado será
Ele e o seu portento.

Tudo o que é mau eu farei
Em mim não cabem razões
Mais que roubar e matar
E comer seus corações.

Guarde-se de meu poder
Toda e qualquer figura
Que se o colher nas mãos
Vai decerto à sepultura.

Os montes e os penedos
Será o nosso paradeiro
Tirar as honras às donzelas
Isso faremos primeiro.

Agora aqui me direis
O nosso nome honrado
E jurareis de fazer
O que vos tenho falado
Senão haveis de morrer
Assim o tenho pensado.

Marto
Eu, Senhor Roberto,
Ainda farei pior
Que do dia em que nasci
Sou agradável traidor.

Meu desejo é colher
Os homens e as mulheres
Tirando-lhe suas peles
Fazendo-os padecer.

Foguete
Eu juro-lhe, Senhor Roberto,
De a todos fazer mais mal
E os padres que colha
Seus corações hei-de picar.

Guerra daremos no mundo
De fogo faremos vulcões

VERDADEIRA TRAGÉDIA DO ROBERTO DO DIABO

E depois também seremos
Danados como leões.

Roberto
Vinde ao monte, Senhores.

Marto
A roubar os passageiros.

Roberto
A matar homens e mulheres.

Foguete
A fazer danos severos.

Roberto
A colher casadas e viúvas.

Marto
As solteiras desonremos.

Roberto
A picar seus corações.

Foguete
Para depois os trincar.

Escondem-se os três no monte e sai o Minis-
tro e o 1º Sargento, chigando ao monte com
muito medo. Sai Roberto, Marto e Foguete.
Fazem peleja e prendem o Ministro e o Sar-
gento.

Roberto
Bom lance! Vivam os Céus,
Estes são os que dão fama!
Oh que contente me vejo
Que triunfei na batalha.

Falai homens não dizeis
Que vindes aqui buscando
Pois segundo o que falais
Eu vos irei pagando.

Ministro
Cavaleiro, o Senhor Duque
Vosso pai manda chamar
Que venha a seu palácio
Para convosco falar.

Que deixeis de havitar
Em esta triste morada
Na terra dos malfeitores
Por escribas travalhadas.

Que venha a seu palácio
E que deixeis de fazer
Tantas mortes e desonras
Não vos queirais perder.

Pois todo o Ducado está
Contra Vossa Senhoria
Amaldiçoado será
Toda a sua companhia.

Roberto
Ah, meu pai! Ah, meu pai!
Que tenha tanta paciência
Em espreitar estes cães
Nisto faz-me grande ofensa.

Sou Roberto, vil traidor
A quem vindes espreitar
Sabeis o que é milhor?
Os olhos, meus camaradas,
Vamo-los já a tirar.

Tiram-lhe os olhos e gritando muito ficam
ensanguentados o Ministro e o Sargento.

Agora ficaste bem
Sem olhos hei-des voltar
Dizei-lhe lá a meu pai
Que me não queira encomodar.

Quero-lhe dar vida ao vício
E quero a todos roubar
Eu quero ser matador
E com armas pelejar.

Camaradas, vamos já
Ao nosso horrendo destino
Ido-vos Ministro embora
E graças que vos deixo vivo.

E tu, Sargento, também
Que sem olhos tens ficado
Vai-te embora antes que
Te veja mais desgraçado.

Vão-se os três ladrões e diz o 1º Sargento:

1º Sargento
Agora requiem eterno
Faz esse homem dizer
Sem olhos fiquei aqui
Já não voltarei a ver
Aqueles cães do Diabo
Que me puseram assim.

Senhor Ministro, vamos
Ao Senhor Duque falar
E a nós com embaixadas
Que não nos volte mandar.

Ministro
Sargento, vamos depressa
A que o Duque o mande curar
Tu não chores, meu amigo,
Que ele algo nos há-de dar.

1º Sargento
Ah, Senhor, meu camarada,
Eu sem olhos não chorar.

*Vão-se e sai o Capitão General e o
2º Sargento.*

Capitão General
Arborai bem as bandeiras
Nos campos de Normandia
Para se formar a guerra
Neste notável dia
Contra o filho do Duque.

Senhor Alberto é chamado
O que manda publicar
Contra seu filho malvado.

Eu, Capitão General,
Neste notável dia
A tropa hei-de comandar
Sem nenhuma covardia.

Meus soldados mandarei
Hoje mesmo a pelejar
Contra Roberto do Diabo
E com ele hei-de acabar.

Vossas armas carregai
Ide todos bem armados
Fogo contra ele dai
Cumprindo meu mandado.

A sua cabeça será
Exemplo de Normandia
E não vos acobardeis
Dessa fera embravecida.

Às armas, meus Capitães!
Força e fogo, meus Sargentos!
Soldados, nesses momentos
Prenderemos os ladrões.

Abrasemos esses montes
Aonde Roberto se acha
Como capitão valente
Derigerei esta marcha.

Que nos faz grande conta
Com essa gente acabar
Porque as donzelas desonram
E a morte lhes sabem dar.

Oh maldição da mulher!
Oh Duquesa desgraçada!
Que bem soubeste trazer
Uma fera envenenada.

É esse homem que foi
Concebido pelo amor
Do Diabo, segundo dizem,
Com poder encantador.

No dia em que nasceu
Houve no seu Ducado
Sinais tão admiráveis
Que ficou tudo atromentado.

A sua história será
No mundo a de mais horror
Mas brevemente morrerá
Se não fizer milhor.

Vamos começar a guerra
Fichemos esta bandeira
Nos campos de Normandia
Será o terror da terra.

2º Sargento
Eu farei o milhor que possa
Hei-de sempre obedecer
A mais nobre companhia
Hei-de-a eu reger.

Capitão General
Logo será bem premiado
Se seu esforço e valor
Pelejar contra Roberto
Com acertado terror.

2º Sargento
O outro meu camarada
Sargento de Normandia
Esse Roberto do Diabo
Arranjou neste dia.

Capitão General
Que lhe fez, meu Sargento?

2º Sargento
Tirou-lhe os olhos, não via,
Com mui grande sentimento.

Capitão General
A casa do nosso Duque
Temos bem que a guardar
Que se não o seu mau filho
Também o pode matar.

Morra, morra esse traidor
Esse monte nós cerquemos
Com esforço e com valor
A morte logo lhe demos.

*Vão-se e sai a Dama e o Duque Alberto e diz
a Dama:*

Dama
Senhor Duque, a Senhora
Me mandou aqui falar
Com Vossa Alteza, o milhor
O que tem de determinar
A morte a seu filho dar
Porque é grande traidor
É uma fera horrível
É um cruel matador.

Os Senhores que mandou
Ao monte para os chamar
Vosso maldito filho
A morte lhe queria dar.

Vivos, ainda os deixou
Mas os olhos lhes tirou
Isto me disse a Senhora
Que à pouco aqui me mandou.

*Vai-se a Dama e sai o Ministro e os Sargentos,
e vão-se chigando ao Duque e diz o 2.º Sargento:*

2º Sargento
Ó camaradas, quem foi
Que vos pôs neste estado?

1º Sargento
Foi Roberto do Diabo
Que os olhos me tirou
Quasi de mim deu cabo
Por pouco me não matou.

Anda lá fora nos montes
Matando os passageiros
Ele e mais os ladrões
Como lobos carniceiros.

Ministro
Senhor Duque, já feridos
Chigamos de ver Roberto
Todos muito ensanguentados
E sem olhos muito atentos.

Seu filho foi quem tirou
Nossos olhos por pagar
A embaixada que levemos
Não nos valeu o pelejar.

1º Sargento
Eu não volto, meu Senhor,
Com embaixada nenhuma
Agora sim que fiquei
Sem olhos e sem ver a lua.

Alberto
Grande sentimento tenho
Em agora vos olhar

Sem vista como vos vejo
E não vos posso remediar.

Chamarei o meu médico
Que ele vos há-de curar
Com doença não estejam
Nem estejais a chorar
Que o meu Ducado todo
Havemos bem manter.
Sargento, meu servidor
Toda a vida tens que ser.

Agora faremos logo
Minha ordem publicar
Para que seja alistado
O que quiser pelejar.

Contra meu filho Roberto
Vingança quero tomar
E meus soldados valentes
A morte lhe hão-de dar.

Sai o médico e a Duquesa e diz o médico:

Médico
O feroz de seu filho pois
Praticou bem má acção
Tirou-lhe os olhos aos dois
Sem ter dó de coração.

Se o Ministro coitado
Que tanta falta nos faz
Dou-lhe o remédio que traz
A saúde com cuidado.

E se voltar a ver bem
Que será grande milagre
Oferecemo-lo a Deus
Que dele tenha piedade.

E o Sargento também
Ofereço à Virgem Maria
Para que na batalha
Peleje com valentia.

A Vossa Majestade pedem
Por favor os corações
Que faça todo o esforço
Por prender esses ladrões.

Vai-se o médico e fala a Duquesa:

Duquesa
Faz o que hás-de fazer
Não deixes assim teu filho
Porque se assim vai
A todos traz em perigo.

Ordena de o mandar matar
Que merece seu proceder
Assim seja sem tardar
Que senão pode sofrer.

Sai o 1º Sargento e diz Alberto:

Alberto
Isso será o milhor
E o tempo não o perder.

1º Sargento
Tem que ir muita força
E toda muito bem armada
Para seu grande poder
Um cento não vale nada.

Ministro
Isso eu tenho pensado.

Duquesa
Vou-me para o castelo
De aqui por não saber
Mais do meu filho maldito
E não quero mais aparecer.

Alberto
Fica-te nele encerrada
E não o abras a ninguém.

1º Sargento
Olhem que é muito mau!

Ministro
Não é filho de tal mulher.

*Encobrem-se todos no palácio e sai Roberto
com a espada na mão e diz:*

Roberto

Sem temor a Deus estou
Seguindo todos os males
Cortei agora a cabeça
A sete Senhores Frades.

Como os meus desejos
São enclinados ao mal
E a todos quantos encontre
Morrerão do mesmo mal.

As mulheres que eu colha
Logo as hei-de desonrar
E depois em recompensa
Seus corações hei-de arrancar.

Sai a pastora Júlia com ovelhas e cordeiros cantando e diz Roberto:

Aqui vem uma mulher
Agora a vou espreitar
E para a minha cova
Tratarei de a levar.

Canta a pastora o seguinte:

Pastora

A vida de pastora
É uma vida muito triste
Por onde quera que anda
Nunca ninguém lhe assiste.

Pastai ovelhas
E também cordeirinhos
Breve ficareis
Sem meus doces carinhos.

Desgraçada da mulher
Que anda sempre pelo campo
Onde quera lhe sucede
Um grande desacato.

Assim acontece
À infeliz cotobia
Nas unhas do gabião
Fica logo sem a vida.

Fala:

Assim acontece à pomba
Nas unhas dos gabiões
Assim sucede às mulheres
Assaltadas pelos ladrões.

Oh triste de mim coitada
Que assim estou de aflita
Já vejo os malfeitores
Que me vão tirar a vida!

Sai Roberto e garra a pastora e diz a pastora:

Valha-me Nossa Senhora
E o Anjo da minha guarda
Que já me levam os ladrões
Deus recolha minha alma.

Roberto

Não te valerão os Santos
Nem pelo teu Deus chamar
Anda para a minha cova
Que lá te estão a esperar.

Marto

Camaradas, olhai nosso Roberto
Já caçou outra mulher
Vamos a coadjuvá-lo
E ajudemos-lhe, não a pode trazer.

Faz que lhe enterra a espada no peito e garram-se todos à pastora e diz Marto:

Agora sim que eu me vejo
De traições bem satisfeito
Pois crabei a minha espada
No centro do teu peito.

As mulheres que eu colha
Logo as hei-de desonrar
E depois em recompensa
Seus corações hei-de arrancar.

Quanto eu me regalo
Comer assim o coração
Das donzelas que eu colher
Esta é a minha opinião.

Foguete

Pica-la bem picadinha
E vamo-la já a guisar
Comeremos bons bocados
Logo à hora do jantar.

Levam a pastora à cova Marto e Foguete, e
fica Roberto e ouve cantar e ele escuta. Canta
a Música em sol fá e diz:

Já sai Jesus Cristo
Em figura de pastor
A falar a Roberto
Com grande excesso de amor.

Obedece, ó Roberto,
Aos conselhos que Deus dá
Fazendo o que te manda
À gloria te levará.

Sai Jesus Cristo em figura de pastar e diz
Roberto:

Roberto

Oh, quem poderá saber
O que isto virá a dar?
Um diabo de um pastor
Quero-o agora escutar.

Pastor

Roberto, meu camarada,
Aqui te venho falar.

Roberto

Defende-te, vou-te matar.

Saca a espada e diz o pastor:

Pastor

Ó Roberto, pelo amor
Te peço de coração
De nosso Deus Salvador
Não me toque tua mão.

Embainha e diz Roberto:

Roberto

Dou-te palabra, pastor,
De te não fazer maldade

Mas o que te pergunto
Hás-de-me dizer a verdade.

Diz-me agora já
Onde estará meu pai
Porque quero saber dele
E também de minha mãe.

Pastor

Teu pai está em França
Naquela corte metido
Pensando sempre e chorando
Pelo amor de seu filho.

Tua mãe, essa, a Duquesa
Está pertinho daqui
Ó Roberto, quanto choram
Ambos os dois por ti!

Tu não sabes, oh meu Deus,
Que têm que te castigar
Tuas acções mundanas
Te farão muito penar.

Eu sou um pobre pastor
Que por estes campos ando
Sem ovelhas, nada mais
Que a desgraçados buscando.

Falando a ovelhas perdidas
E a meu rebanho trazer
As ovelhas que se querem
A toda a hora arrepender.

Muito sangue me custa
Para bem as resgatar
Agora quero, Roberto,
Minhas ovelhas guardar.

Eu sou o profetizado
Desde o princípio do mundo
Que bem a descendência
Daquele varão sem segundo.

Eu sou, Roberto, quem posso
Sem ter armas pelejar
Mas olha tu és cristão
Eu te venho aqui falar.

Olha-me tu bem aqui
Ainda que me vês pastor
Sou o menino Jesus Cristo
Saí ao mesmo Salvador.

*Tira a capa e fica em Jesus de Nazareno
e continua:*

Olha bem estas feridas
Que por ti eu recebi
Por todos os pecadores
Vê-las-ás agora aqui.

De mim nunca desconfies
Volta-te à minha Lei
Que é cristã verdadeira
A milhor de toda a grei.

Tu sempre estás contra ela
Mas a Santa Religião
Ainda que seja combatida
É firme o nosso pendão.

Meu pai expulsou do Céu
Os Anjos todos malignos
Agora todos comandam
Os vossos torpes designos.

E como eles ficaram
Decendo no prefundo
Querem agora levar
As almas todas do mundo.

Cobre-se com a capa e diz:

Não duvides não, Roberto,
Olha-me já de pastor
Mas não esqueças que eu
Sou o mesmo Salvador.

Eu de ti tenho grande dó
E não quero que te percas
Tu não tiveste a culpa
De saíres como as feras.

Tua mãe é muito cristã
E é cristã verdadeira
Mas ao conceber-te a ti

Ao Diabo pediu ela
Que concebesse um filho
Que a ele se aparecera.

Eu lhe dei lugar ao vício
E esse castigo lhe dera
Pois que toda a maldição
Saída duma mulher
Por castigo quasi sempre
Eu tenho de conceder.

Parte daqui à tua mãe
Fala-lhe logo assim
E nunca te esqueças
Do que te falei a ti.

No castelo de teu pai
Lá está bem encerrada
Pedindo de coração
Pela tua infeliz alma.

Ela tem muitos desejos
De que tua Senhoria
Queira também ir morar
Lá na sua companhia.

Vai-se Jesus Cristo e diz Roberto:

Roberto
Não lhe fiz nenhum mal
E não matei o pastor, não
Um espírito imortal
Tocou em meu coração.

Agora vou ao castelo
A ver minha infeliz mãe
Para que ela me diga
Onde estará meu pai.

Dali irei ter à cova
A falar com os ladrões
Que se convertam também
À fé os seus corações.

*Vai ao castelo do Duque e fala para sua mãe,
diz:*

Abri-me a porta que já

Roberto não faz mal
No seu coração tocou
Um espírito imortal.

Duquesa
Ó meu filho, tu já bens
Ao castelo fazer mal?

Roberto
Abra a porta, minha mãe,
Que um fogo celestial
Sinto no meu coração
E não me deixa fazer tal.

Sai a Duquesa e põe-se de joelhos aos pés de
Roberto. Diz Roberto:

Levante-se, minha mãe,
E mais aqui não choreis
que não quero fazer mal
Sentindo-me vós o bereis.

Abraçai, minha mãe,
A este filho desgraçado
Envolto em tanta maldade
Cometeu tantos pecados.

Já chigou o feliz dia
De a seus pés vir humilhado.

Duquesa
Abençoo-te, meu filho,
Em nome do Criador
Não quero que faças mal
Peço-te isto com amor.

Olha as ruas sem gente
Todos a tremer de ti
Chorando pelas maldades
Que tens feito até aqui.

As mães ficaram sem filhos
E os homens sem as mulheres
Tu as roubas e as matas
Desde que cumpres teus prazeres.

Roubando, matando gente
E nos montes habitar

Como fera carniceira
Só pensando em matar.

Deixa, meu filho, essa vida
Vai-te já a confessar.

Roberto
Farei o que me mandais
Mas quero-lhe perguntar
E saber de meu bom pai
É o que acabo de pensar.

Saber se o Duque, meu pai,
Cooperou qualquer maldade
Para eu ser insolente
Que é um pecado mui grabe.

Pois que muitas vezes são
Culpados a mãe e pai
E quase sempre recai
Sobre a sua geração.

Desde que me conheci
Nunca tive um pensamento
Bom para fazer bem
Fui diabólico instrumento.

Eu desejara saber
Quem foi a causa disso
Para emendar minha vida
Que é o que mais preciso.

A Duquesa diz à parte:

Duquesa
Graças meu Deus vos dou
E meu filho o haveis de perdoar
A culpa dele ser mau
A ninguém tenho que a voltar.

Meu filho, atende agora
Quanto vou falar
Ao olhar teu pai que não
Tinha filhos para deixar
Herdeiro no seu Ducado
Não pára de ralhar.

Um dia estando os dois
Em acto matrimoniare

Ao tempo de conceber
Eu comecei a falar
Dizendo: concebera eu
ainda que seja o Diabo
E ao Diabo ofereci tudo
Se fosse de seu agrado.

Logo nisto concebia
E dentro o meu coração
Uma fera que conhecia
Tão forte como um leão.

E ao tempo de tu nascer
O meu palácio tremeu
E o dia se escureceu
É o que te queria dizer.

Agora, ó filho meu,
A ti eu peço perdão
E vós, ó Pai do Céu,
Deitai-nos vossa benção.

Graças dou à Mãe de Deus
E vós meu Salvador
Que meu filho convertestes
Sendo grande pecador.

Perdão peço à Mãe de Deus
E Santíssimo Sacramento
Que perdoeis a todo mundo
E ao meu grande atrevimento.

Roberto
Obrigado, minha mãe,
Pelo esclarecimento.

*Vai-se a Duquesa e Roberto dirige-se para o
vulcão. Sai Lusbel ao encontro de Roberto e
diz:*

Lusbel
Roberto, tão esforçado
E foste meu servidor
Como te deixastes vencer
De um tão pobre pastor?

Ele meteu-te medo
Ao ver-lhe pintas de sangue

Foi porque o mereceu
Cometendo grandes danos.

Quando em Jerusalém
Ele foi de lá expulsado
Por escribas e fariseus
Por querer-se fazer honrado.

Ele foi grande traidor
Contra a lei do Rei Herodes
Por isso saiu da cidade
Ao som de grandes tambores.

Agora bem eludir-te
Com palavra de lisonjeiro
Sendo um pobre pastor
Mostra ser Deus verdadeiro.

Nunca creias em pastores
Que são de fraca sabedoria
Porque são ignorantes
Mesmo em sua própria vida.

Abre os olhos e verás
Se o que eu te digo é verdade
A ti e aos companheiros
Sempre liguei amizade.

Desde o dia em que nasceste
Até agora sempre andei
Defendendo a tua pessoa
Opondo-me contra a Lei.

Que queriam dar-te a morte
Também queriam teus pais
E todos os da sua corte
De Normandia e os mais.

Como me queres deixar
Sendo tanto meu amigo
A quem te defendeu sempre
E tirou-te de tanto perigo?

Roberto
Tudo isso foi verdade
Mas estou de outro parecer
De fazer o que me manda
O que tem maior poder.

De sofrer todo o martírio
Que por Deus me for imposto
De sofrer com paciência
E o levar com grande gosto.

Lusbel
Como te atreves, traidor,
Diante de mim falar
Palavras de tanta ofensa
Juro que me-lo hás-de pagar.

Nas cavernas infernais
Pagarás o merecimento
Porque o deves por verdade
Sendo tão sanguinhento.

As desonras que fizestes
E homecídios cometidos
Juro que o pagarás
Ardendo nos fogos vivos.

Empurra-o para o vulcão e diz:

Entra para os salões
Que lá te estão preparados
Nos diliciosos assentos
Pagarás os teus pecados.

*Fundem-se. Representa-se no vulcão muito
fogo e pelo meio funde-se Roberto e cerra-se
o castelo ficando dentro a Duquesa oculta. O
fogo dura por um quarto de hora.*

Fim do Primeiro Acto

Sai o Profeta e diz:

Profeta
Já viram no primeiro acto
Os travalhos de Roberto
No segundo também vereis
Ainda com mais acerto.

Deus anunciará por um Anjo
A penitência a Roberto
O que fará de coração
Com muitíssimo acerto.

Manda-lhe que seja louco
E que coma nada mais
Que o que tire aos cães
E com eles durma mais.

Fortes prodígios obrou
Com ele Nosso Senhor
Quando defender mandou
Ao Romano Imperador.

Por um Anjo, levantou
Em cavalos boas armas
E sem o saber ninguém
Por Roberto manijadas.

Por um Anjo levantada
Foi a sua penitência
Ao olhar Nosso Senhor
Fazer com paciência.

O Imperador Romano
Sua filha quis dar
A Roberto desde que o viu
Por ele começa a falar.

É nomeado Imperador
Se partiu a Normandia
A pedir perdão a todos
O que antes ofendia.

Um filho teve depois
Como se lhe prometia
Dos doze pares de França
Ricardo de Normandia.

Meu Senhores, eu não posso
Falar todas suas acções
Minha língua se rendeu
Não falar muitas razões.

Se meu razoado está
Algo um tanto errado
Olhareis toda a sua vida
Com muitíssimo cuidado.

Canta a Música o seguinte e diz cantando:

Sai dessa gruta, Roberto,
Não sejas tão pecador

Que já nosso Deus te chama
Volve-te a seu amor.

Roberto do Diabo forte
Roberto de Deus serás
Sempre pela Lei de Deus
Aos hereges vencerás.

Um Anjo se apresenta apagando o fogo e fala
segundo vai Roberto saindo:

Anjo
Sai daí, ó pecador,
Desse fogo tão prefundo
Olha que te falou
Aquele varão sem segundo.

Pecador arrependido,
Tu, Roberto, tens que ser
Aqui me mandou falar
Aquele que tem mais poder.

Chora os teus pecados
E a todos pede perdão
Que pelo Diabo enganado
Assim pôs teu coração.

A maldição que a mãe
Sobre ti tem lançado
É a que te fez andar
Envolto em grande pecado.

Desaparece o fogo.

Aparta fogo daqui
Deixa sair a Roberto
Que daqui para diante
Não fará o que tem feito.

Vai-se o Anjo e diz Roberto:

Roberto
Deixai-me sair daqui
Que venho despavorido
Ao olhar quanto olhei
Estou muito arrependido.

Entre rodas de navalhas
Em um fogo, em um vulcão

Andei sofrendo e penando
Arrastado por um cão.

Eterno Deus, mesericordioso és
Como prometes que um filho pague
Com sua inocência o que fez
Sem saber nem pensar sua mãe?

Oh pecador de mim, por quanto tempo
Ao Diabo sem saber tenho servido
Com minha perversão e má vida
Sem nunca me ter arrependido?

Oh maldito Diabo, sejas maldito
Que com tuas cautelas e carapetão
Buscas privar-me da Glória Eterna
Cegando-me os olhos da razão
Para meter-me no fogo infernal.

Pelo poder sacrílego que minha mãe
Te deu que andasses sobre mim
Introduzindo no meu coração
Fazia sempre o mal guiado por ti.

Oh astuto enganador, como conheces
A fragilidade do sexo feminino
Obrando nele como o quinino
Num cão envenenado que fenece?

Oh poderoso e soberano Senhor,
Assim como vós perdoastes
Aqueles que vos crucificaram
Tantos insultos e vos maltrataram.

Perdoai-me, Senhor, a mim também
E à triste infeliz de minha mãe
Que tal pecado cometeu
Por lhe dar todos os gostos a meu pai.

E a mim como maior pecador
Que tenho sido neste mundo desastroso
Perdoai-me, Senhor, por vosso amor
Já que sois tão mesericordioso.

Ponde, Senhor, no meu coração
Um inteiro arrependimento
Dos meus pecados farei confissão
Sem ocultar um só pensamento.

Perdoai minha mãe, perdoai
A vosso filho ser tão desgraçado
Que foi concebido no pecado.

Perdoai-me e dizei-lhe a meu pai
Que tenha de mim compaixão
Que me perdoe a desobediência
E me lance a sua benção
Que eu me vou fazer penitência.

Parto para Roma já
Ao sumo pontífice fazer confissão
A ver se alcanço absolvição
Pois Roberto arrependido está.

Agora vou ao forte onde estão
Os meus companheiros de roubar
Para que deixem sua má vida
E se venham comigo confessar.

Vai-se Roberto e sai a Duquesa com o Duque
Alberto e fala o seguinte:

Duquesa
Alberto, já nosso filho
Se tornou à nossa Lei
A mim pediu-me perdão
E de sua boca sei
Que vai fazer confissão.

Alberto
Oh milagre verdadeiro!
Oh cordeiro celestial!
Sendo grande pecador
Como lhe quiseste perdoar?

Perdoai, meu Deus amado,
A meu filho com amor
Que andou tão desgarrado
Como ovelha sem pastor.

Pois ele foi nesta vida
Um herege matador
Recolhei, meu Deus amado,
Essa alma com amor.

Que das histórias passadas
A de meu filho é a pior

Por isso eu aqui peço
Por sua alma ao Senhor.

A Roma, ao Padre Santo,
Irá fazer confissão
E com sua mão direita
Lhe deite a absolvição.

Por nós foi a sua vida
Sempre má e desgraçada
Agora por Deus será
Sua alma perdoada.

E nós contentes regendo
Nosso formoso Ducado
Daremos graças a Deus
Por lhe haver perdoado.

Nós sempre com alegria
A Deus havemos de servir
Porque se dignou acompanhar
E vossas súplicas ouvir.

Em vosso venifício
Nomearemos daqui
Ao Capitão General
Que me serviu sempre assim.

A nossa força bem armada
Ele tem que a comandar
Em favor do Imperador
Romano, se pelejar.

Que tem uma filha muda
E creio que a quer levar
Um Almirante pagão
Para com ela casar.

Mas a guerra já formada
Contra ele vai estar
E o vosso filho Roberto
Nele tem que pelejar.

Creio que o Imperador
Não se deixará vencer
Ele tem mui grande força
E também muito poder.

Sai o General. Diz Alberto:

Ide Capitão valente
Defendei o Imperador
Que não venha esse pagão
A meter-lhe mais terror.

Capitão General
Eu farei quanto manda
Com esforçado valor
Defenderei a Lei Santa
Sem ter nenhum temor.

Meus soldados mandarei
E com esforçada mão
Minha espada esgrimarei
Como valente cristão.

Venha, siga-me, Sargento,
Para Roma a pelejar
Em favor do Imperador
E não se pode recusar.

Fique com Deus, Senhor Duque,
E vós Senhora Duquesa
Nós marchamos com a ordem
Que nos deu Vossa Alteza.

Alberto
Ide, Senhor Capitão,
Meu filho está em Roma
Fazendo a confissão
Esperando que meu Deus
Lhe mande o perdão.

Capitão General
Sua Alteza, faça que eu
Disponha do meu brasão.

*Vão-se todos e vai o Capitão General ao palácio
do Imperador e diz o Imperador:*

Imperador
Quem vos mandou aqui vir?

Capitão General
O Duque da Normandia
Me mandou com muito ardor
A defender a bandeira
Do Senhor Imperador.

Imperador
A guerra vai começar
Contra o Almirante judeu
Que minha filha quer levar
Sem consentimento meu.

A minha filha só conta
Doze anos de idade
E eu não a dou a ninguém
Será a Real Majestade.

Herdeira do meu império
Ela é que há-de ser
Por isso a querem todos
Pelo seu grande poder.

Agradeço a fineza
Do Duque de Normandia
Venha logo à minha armada
Com a sua companhia.

Temos que nos defender
Desse Almirante judeu
Que se tem muito poder
Muito mais tenho eu.

Roma, valuartes de Roma,
Portas dos fortes castelos
Praças, muralhas e fortes
Agora defenderemos.

É qual outro Desidério
Às portas escalarei
E com valentia imensa
Sempre me defenderei.

Façamos já sentinela,
Ó soldados de Normandia,
Se bem me defenderem
Premiá-lo-ei algum dia.

Capitão General
Ficai em vosso palácio,
Imperador soberano,
Que eu seguirei a gente
Cumprindo o vosso mandado.

*Encobre-se o Imperador e o Capitão General
e ficam fazendo guarda os soldados. Sai*

Roberto e vai à cova e encontra os ladrões a jantar e diz:

Roberto

A boa hora chiguei,
Meus camaradas antigos,
Jantai, jantai, comei
E atendei ao que vos digo.

Mas sentai-vos a jantar
Não estejeis desinquietos
Que eu quero-vos falar
Aqui casos muito certos.

Ouvi com muito atento
Prestai-me vossa atenção
Quero-vos aqui dizer
Uma mui certa razão.

Amigos, vós bem sabeis
Os pecados cometidos
Que contra Deus temos feito
Desde que fomos nascidos.

Peço-vos de coração
Que vos arrependeis
Dos pecados cometidos
E não volteis a fazer mais.

E fareis como eu quero
Uma inteira confissão
Para que Deus vos perdoe
Pedindo-lhe de coração.

Assim podemos lograr
Eterna glória e calma
E depois Nosso Senhor
Premiará nossa alma.

A nós chamaram-nos cristãos
E com o sangue de Jesus
Fomos todos redimidos
Naquela árvore da cruz.

Que só ela sabe dar
A quem o serve com amor
O seu verdadeiro prémio
Um eterno resplendor.

Deixai agora o Diabo
Que com astúcias que tem
Dirige-vos sempre ao mal
E não vos deixa fazer bem.

E com suas tentações
O fruto que haveis de colher
É meter-vos em um fogo
Para sempre, sempre arder.

Marto

Agora, Senhor Roberto,
Vejo que zombais de nós
Pois a fazer estes males
Não nos ensinasteis vós?

Não fostes vós que nos trouxesteis
Para esta forte montanha?
Nossas malignas pessoas
As que ensinastes com manha
A roubar e matar gente
E ensinar a má doutrina?
Agora falais assim
Fazendo de nós zombarias!

Não sois vós o capitão
Como forte temerário
Nos guiais nestas impresas
Porque dizeis é o Diabo?

Agora é que vos vindes
Com essa nova notícia
A dizer que nos apartemos
Desta tão forte malícia?

E depois por vosso amor
Adquerir neste mundo
Uma tão horrível fama
E nosso mal tão prefundo.

O mandar-nos apartar
Desta mundana vida
É travalho inútil,
Roberto, quer que lhe diga.

Eu nunca volto a apartar-me
Da vida que tenho agora
Nela protesto morrer
E fico aqui nesta hora.

Foguete

Eu tão pouco deixarei
A minha vida cruel
Cinquenta e um que somos
Nela havemos de morrer.

Escusamos bem que fales
Nesse Deus soberano e bom
Olhe que tenho o poder
Na minha furiosa mão.

Jantemos aqui, Roberto,
E quer que lhe diga
Roubar, matar e demais
Sempre será a nossa vida.

Roberto

Pois fichados ficareis
Enquanto vou a essa abadia
Agora aqui estareis
Até que seja dia.

Entram à cova e depois de pelejar fortemente, atirando Roberto dois tiros e saindo fora, fecha a porta e vai-se para a capela, onde fala Roberto, entregando as chaves ao Frade.

Roberto

Boa vontade eu tenho
De falar nesta abadia
Com o Frade e também
Com a Vossa Senhoria.

Fiz uma acção muito má
Mas ela foi do meu agrado
Matei todos os ladrões
Que eu tinha ensinado
A roubar e a matar
E a fazer todo o mal,
Que guiado pelo Diabo
Era uma fera infernal.

Agora afirmo, Senhor,
Que não torne a voltar
A fazer mal a ninguém
Pode bem acreditar.

Entrega as chaves ao Frade e diz:

Pegai nas chaves do forte
Porque lá há muita fazenda
E quero que o meu pai
Reparta pela pobreza.

Eu me vou daqui a Roma
Ao Padre Santo a falar
Que me dei-a a penitência
E me queira confessar.

Tomais conta dessas chaves
E dai-me o vosso perdão
E todos a quem fiz mal
Que vou com resignação.

Frade

Ó Roberto, que bem fazes
Ir-te agora confessar
Muito contente me deixas
Por te querer emendar.

Vai-se Roberto e o Frade fica na capela rezando. Na parte do nascente, junto ao palácio do Imperador, estará a capela do Padre Santo, e chigando Roberto a ela quer entrar e o guarda não o deixa e diz Roberto:

Roberto

Pregando está o Padre Santo
Na sua formosa capela
Valei-me, meu Senhor,
Quem poderia entrar nela.

À parte:

O meu coração agora
Está muito agoniado
Quando se puser diante
Do Senhor Sacramentado.

Descobre-se o Padre Santo e tocando os sinos na capela diz o Padre Santo:

Padre Santo

Quem é o que vem falando?

Roberto

É um pobre pecador
Que vem agora buscando

A saúde espiritual
Pelo que choro e ando.

Sou o Roberto do Diabo
O que ensinei o bando
A roubar a quanta gente
Passara no seu reinado.

Quem fez quatrocentas mortes
E em três meses fui gozando
Cento e cinquenta mulheres
E seus corações arrancando.

Sou quem entraba nos templos
E o Senhor Sacramentado
Pelo chão o atiraba
E por mim era pisado.

Roubava jóias de prata
Também as roubei de ouro
E fiz um forte no monte
Onde juntei um tesouro.

Muitos pobres afoguei
Muitos ricos persegui
E nunca pude encontrar
Quem me matasse a mim.

As solteiras eu gozei
As viúvas persegui
As casadas maltratei
Eu a ninguém lhe temi.

Roubei cálix e patenas
E muitas roupas de seda
E depois a todos os padres
Eu roubava sem ter pena.

Desde que encontrei em mim
A força e que pude andar
Sempre mal quis fazer
E a todos a morte dar.

Dentro do meu coração
Só se encontrava o mal
Fui pior que uma serpente
Ou uma fera infernal.

A minha mãe não conhecia
A meu pai não respeitei
E ao professor que eu ia
Foi o primeiro que matei.

Segundo diz minha mãe
O Diabo me deu o ser
Por isso eu tive sempre
Um maldito poder.

Minha mãe me entregou
Ao Diabo ao conceber
Amaldiçoando-me a mim
E a todo o meu poder.

Agora, meu Senhor, venho
A buscar a absolvição
Pois quero tirar as penas
Do meu triste coração.

Quero fazer penitência
Com a mais prefunda dor
Quero servir a meu Deus
E amá-lo com muito amor.

De joelhos no chão.

Meu Deus, eu pequei
Eu sou o mais pecador
Quero chorar meus pecados
Com um fogo abrasador.

Padre Santo
Ó Roberto, o sobrenome
Do Diabo és chamado
Tu sempre ao Diabo fizeste
O que foi do seu agrado.

És filho do grande Duque
Alberto de Normandia
A quem vi com muito gosto
No meu palácio algum dia.

O que professou na fé
Da Sacra Virgem Maria
A que sem tocar ninguém
Ao [...] Deus concebida.

E todos os pecadores
A chamam Virgem Maria
Rainha de mesericórdia
Amparo da alma nascida.

Encomendai-vos já
A Maria que há-de ser
Vosso amparo e advogada
Que ela tem todo o poder.

Ela não vos dará mais
Nem agonias, nem dores
Com seu amor muito puro
Vos fará grandes favores.

Eu nas minhas orações
Hei-de-lhe bem suplicar
Que olhe sempre por vós
Nunca vos deixe pecar.

Vejo-vos arrependido
Mas eu não posso perdoar
Vossos pecados agora
Não vos posso confessar.

Um ermitão no monte
Do Dasse está a morar
Ide e dizei-lhe que eu
Vos mando lá confessar.

Que sem receio nenhum
Haja de te confessar
Cumprindo a penitência
Que ele tem para te dar.

E perdoado serás
Dos pecados que tiver
E não voltes a pecar
Só farás o que ele te disser.

Roberto
Eu o farei, Santo Padre,
Ao monte me já ir
Como um verdadeiro fogo
Ao meu Deus quero servir.

*Levanta-se Roberto e vai-se e o Anjo aparece
na capela donde estará o Ermitão Frade, e sai
o Anjo e diz:*

Anjo
Oh Ermitão venerado,
És em toda a cristandade!
Aqui por Deus sou mandado
Pois é de sua vontade
Que absolvas o pecado
Dum homem que já virá
Verdadeiro penitente
A fazer sua confissão
Por ordem do Omonipotente.

Roberto do Diabo foi
Roberto de Deus se chama
Dos males que ele fez
Cobrou verdadeira fama.

Ao fazer sua confissão
Em penitência lhe dais
Que se faça logo louco
E não coma nada mais.

Que aquilo que ele puder
A todos os cães tirar
Caminhando para Roma
Mudo, sem poder falar.

Em Roma, ele andará
Até que Nosso Senhor
Lhe tire a penitência
E o colha a seu amor.

Vai-se o Anjo e diz o Frade:

Frade
Ó mensageiro divino
Da corte celestial
Sendo eu tão pecador
Como me vindes falar?

*Sai Roberto e apresenta-se na capela do Frade
e diz Roberto:*

Roberto
Eu prostrado de joelhos,
Ermitão, aqui me tens
Buscando para te dar
Aqui muitos parabéns.

Eu sou uma ovelha errante
Do teu revenho saído
Para sempre na maldade
Logo eu fui concebido.

Sou um grande pecador
E como fero atrevido
Fiz tantíssimos males
Que já não posso comigo.

O Padre Santo mandou-me
Aqui que me confessará
Publicamente a mim
E a penitência me dará.

Assim o quero fazer
Entremos nesta capela
Que me quero encomendar
A essa Senhora tão bela
Que sempre hei-de adorar.

Entram na capela e cantam dentro em sol fá o seguinte:

Confessa-te pecador
Não olhes para trás
A vida que tu tiveste
Olha que te salbarás.

Sai o Frade, o Roberto e diz o Frade:

Frade
A penitência, Roberto,
É que te faças louco
E para Roma te irás
Caminhando pouco a pouco.

Dos cães só comerás
O que lhe possas tirar
E não comas nada mais
Isso é o teu jantar.

Não te metas com ninguém
Em Roma tens que estar
Até que Nosso Senhor
Te haja de perdoar.

Roberto
Assim o farei agora
Ficai com Deus, Senhor Frade
Já Nosso Senhor não quer
Que eu fale aqui mais.

Cobrem-se na capela ficando dentro. Depois sai Roberto e trás dele uma partida de rapazes, atirando-lhe com pedras, até chigar ao palácio Romano; que sai um cão com um pão na boca e Roberto tira-lho e partiu ao meio e dá-lhe metade ao cão e ele come a outra metade e diz:

Roberto
Estai quedos, rapazinhos,
Deixai-me comer o pão
Eu tenho muita fome
E outra coisa não me dão.

Sai o Imperador e o Ministro.

Imperador
Está aqui este homem
É louco e quero saber
Se ele tem muita fome
E se não tem que comer.

Ministro
Milhor será recolhê-lo
Porque estes rapazitos
Andam a zombar dele
É tirá-lo destes conflitos.

Imperador
Entra, louco, para dentro
Não estejas aqui mais
Jantarás em companhia
Do cão e dos outros mais.

Entra Roberto para dentro fazendo loucuras que todos se riem e diz o Ministro:

Ministro
O Almirante pagão
Sua filha quer levar

E Vossa Alteza não quer dar
A ninguém a sua mão.

Agora vem pelas terras
Fazendo destruição
Sem atender a ninguém
Nem mesmo a sua razão.

Imperador
Vamos ao seu encontro
Com a gente que juntemos
E se puder ser a morte
Ao Almirante lhe demos.

*Vão-se os dois, fazendo forte ruído de espadas
e disparando tiros. Do jardim sai Roberto e o
Anjo num cavalo branco que entregará a Roberto, e diz o Anjo:*

Anjo
Roberto, servo de Deus,
Aqui me mandou que te armes
Com estas armas luzidas
E este formoso estandarte.

Que montes neste cavalo
Branco e vais socorrer
Ao Senhor Imperador
Não há tempo que perder.

Ouviu o teu pensamento
Disse-me que não temerás
Sempre ao Imperador
Com cautela defenderás.

Que ninguém conhecerá
Teu esforçado valor
Até que te perdoará
De tudo Nosso Senhor.

A ti, Roberto de Deus,
Muito bem te há-de premiar
Fazendo assim penitência
À glória te há-de levar.

Vem, pega no cavalo
Anda já a pelejar.

*Vai-se o Anjo. O cavalo fica oculto no jardim.
Roberto arma-se e sai correndo atrás do Almirante. Detrás deste o Imperador e o Ministro e o Embaixador, os sargentos ocultos disparando tiros. Depois sai o Imperador e o
Ministro e diz o Imperador:*

Imperador
Voltai para Roma triunfante
Agora é que eu vejo
Ao louco fizeram mal
Não lhe cumprir o desejo.

O louco a ninguém faz mal
Quando estamos a falar
Sempre está muito alerto
Com vontade de pelejar.

Quem seria, meu Senhor,
O do cavalo branco
Que me defendeu a mim
Com tanto valor e espanto?

Quem seria eu queria
Isto que digo saber
Grande prémio lhe daria
Se o chigasse a conhecer.

Ministro
Vossa filha observou
E está muito admirada
Sempre para o louco está
Ela muito agoniada.

Imperador
A minha filha é muda
Eu não posso compreender
Os sinais nem a mesura
Venha aqui outra mulher.

*Sai a Imperatriz e a Dama, e Roberto está fa-
zendo loucuras que todos se riem e segue o
Imperador:*

Minha filha tenho aqui
Não entendo seus sinais
Tu, Dama, que os entendes
Olhai lá se os explicais.

A filha faz muitos sinais para Roberto e diz a Dama:

Dama
Ó Senhor Imperador,
O que vossa filha fala
É coisa de grande valor
E não lhe entendem nada.

Diz que pela janela
Do seu jardim viu chigar
Um mensageiro de Deus
E ao louco lhe foi falar.

Um cavalo muito branco
Diz, também lhe entregou
E armas para pelejar
E logo se retirou.

O louco depois de armado
À guerra foi a guerrear
E logo com grande força
Começou a pelejar.

Diz que saiu triunfante
Em vossa protecção
Depois chigou ao jardim
Alegre do coração.

O cavalo, meu Senhor,
Logo desaparecia
E Roberto como sempre
Também louco se fazia.

A filha fazendo sempre sinais para Roberto.

Imperador
Em sinais, ó mulher,
Minha filha não é louca
Agora é que conheço
Que vergonha tens mui pouca.

Não é possível que o louco
Fizesse tantos prodígios
Na batalha como fez
Aquele homem, meus amigos.

As suas operações
Eram de mais entendido

Homem que no mundo
Até agora foi nascido.

Ministro
Não o podemos bem saber
Mas na terceira vez
Sua Majestade triunfou
E eu segui-lhe o seu revés
E minha lança espetada
Na sua perna ficou
Ele mostrará o sinal
Do ferro que lá ficou.

Imperador
Então o que mostre o ferro
E sua ferida mostrar
Minha filha Imperatriz
Lha darei para casar.

O mandarei publicar
Que estou muito desgostado
Não saber quem foi o homem
Que veio em meu amparo.

Fazem baile de contentes, dançando o Imperador, o Ministro, o Embaixador, o Almirante, o Capitão General e a Imperatriz, todas as Damas e encobrem-se. Depois sai o Almirante judeu e Embaixador e diz o Almirante:

Almirante
Um édito o Imperador
Sei que tem publicado
Eu me vou a apresentar
Na casa do seu reinado.

Com minha astúcia falo
E um embuste que inventar
Vou-lhe pedir a filha
Para com ela casar.

Embaixador
Eu em tudo o que quiser
Tenho de o acompanhar
Ao palácio do Imperador
Até com ele falar.

Almirante
Se me sai o que eu penso
Eu o saberei premiar.

Embaixador
Temos que ir com cuidado
Não nos venham a matar.

Almirante
Eu se vejo coisa má
As pernas farei voar.

Chigando ao palácio do Imperador, descobre-
-se todo o pessoal e diz o Almirante:

Senhor, Vossa Majestade,
Já mandou publicar
Um édito oferecendo
A sua filha para casar
Ao cavaleiro que veio
Em forte cavalo branco
E que em seu favor
Saiu sempre pelijando.

E como sou eu o mesmo
O Imperador me há-de dar
Sua filha para esposa
Em que não possa falar.

E se existe alguma dúvida
Ofereço-lhe esta verdade
Sirva aqui por testemunha
O forro e a lança, olhai.

Mostra a perna com a lança e continua:

Que metido nesta perna
O tenho com minha dor
Olhai o cavalo branco
Que se retirou a vapor.

Imperador
Almirante, não sereis vós
O que me pusesteis guerra
E com força contra mim
Levantasteis a bandeira?

Como é que será crível
Contra vós o pelejar

Respondei, ó Almirante,
Não me querais enganar.

Almirante
Tão grande é o amor
Que a Vossa Majestade tenho
Que me obrigou a fazer
Tudo isso com desejo.

O amor por vossa filha
Sempre tenho que temer
Obrigou-me a fazer flechas
Até eu mesmo morrer.

Imperador
Detém-te, ó Almirante,
Já aqui a ferida olhei
Entra que te quero dar
Minha filha para casar.

Ficam todos cobertos no palácio e o Anjo se
presenta na capela do Frade e diz:

Anjo
Aqui volto, ó Ermitão,
De parte de Deus venho
A dizer-te que cumpriu
A penitência Roberto.

E que mandes já a Roma
E a Roberto que lho digas
Que cumpriu a penitência
E não tenha mais fadigas.

Que ele não volte a fazer
Mais loucuras com o cão
Que já Deus o perdoou
E lhe deu absolvição.

E não te detenhas nada
Faz o que hás-de fazer
Olha, Frade, que te manda
Aquele imenso poder.

Vai-se o Anjo e diz o Frade:

Frade
Omnipotente Deus,
Eu não sou merecedor

De vos ouvir, mas o que
Farei com muito amor.

*Encobre-se na capela, o Frade. Na capela do
Padre Santo descobrem-se assentados o Padre
Santo, o Imperador e em pé estarão juntos o
Almirante e a Imperatriz, e à direita o Ministro e à esquerda o Embaixador e detrás Roberto muito enraibado com um pau na mão e
de fora virá o Frade devagar até chigar à capela do Padre Santo para falar a seu tempo e
diz o Imperador:*

Imperador
Santíssimo Padre Santo
Que a Cristo representais
Nesta formosa capela
E ao Senhor Deus adorais.

Diante de vós estão agora
Para pedir um favor
Depois da sua benção
Recebei com muito amor.

Venho a que me despenseis
Esta filha tão querida
Com este Senhor valente
De terra desconhecida.

Padre Santo
Farei-o muito contente
Depois de confessados
E com minha absolvição
Os seus pecados perdoados.

Imperatriz
Detenha meu pai a voz
Agora quero falar
Já que o Senhor concedeu
A mim fala me dar.

O que este louco fez
Que não é de creditar
Estando no meu jardim
Um Anjo eu vi baixar
Sobre Roberto e depois
Principiou a falar.

Trouxe-lhe um cavalo branco
E armas para pelejar
Sempre em nosso favor
O Anjo o mandou andar.

Quando chigou ao jardim
O Anjo lhe recolhia
O cavalo e as armas
Que do combate trazia.

Até à terceira vez
O louco chigou ferido
Um ferro tirou da perna
Que no jardim tem escondido.

O Almirante não foi
Que pelijou em seu favor
Embusteiro, mentiroso
Matai esse inganador.

*Vai-se correndo o Almirante arrancando mui-
tas jóias da capela e diz o Almirante:*

Almirante
Não me valeu o mentir
Que não os pude intrujar
Pela princesa falar
Tenho agora que fugir.

*Vem chigando o Frade muito apressado e diz
o Frade:*

Frade
Grande portento fez Deus,
Oh Padre Santo querido,
O louco já não é louco
É cristão arrependido.

Roberto, Nosso Senhor
Mandou-me para te falar
Que te deixes de loucuras
E não voltes a andar
Em companhia dos cães
Que já perdoado estás
De tuas culpas e pecados
E casado serás
De glória na outra vida
Agora e sempre jamais.

Vai-se o Frade e diz de [...]

Roberto
Oh meu Deus Soberano,
De que sou eu merecedor
Pois me tendes perdoado
Sendo eu grande pecador?

Oh Padre Santo querido
Oh Ermitão venerado
Como sabeis dar vida
A um homem agoniado!

Senhor Imperador, eu fui
Quem do perigo o tirei
Vossa honrada pessoa
Do Almirante o livrei.

E com rogos que eu fiz
Ao vosso Deus do coração
Falou aqui sua filha
Eu mereço sua mão.
Se fui grande pecador
Agora alcancei perdão.

Levanta-se Roberto e diz o Imperador:

Imperador
Em a mão de Deus o ponho
E de vós, meu Padre Santo,
Minha filha entregarei
A este homem que é santo.

Filha
Eu te quero, meu Roberto,
Eu te quero, meu amor,
Por ti a língua e ouvido
Me concedeu o Senhor.

Já que alcançaste o perdão
De nosso Deus Salvador
De hoje em diante serás
Meu feliz adorador.

Abraça a Roberto e diz:

Eu te quero para esposo
[...] império serás

Nomeado Imperador
E mui bem governarás.

Padre Santo
Grande milagre fez Deus
Agora diante de mim
Verdadeiro penitente
Como Roberto não vi.

Exemplo tomemos todos
Não queiramos ofender
A Virgem Nossa Senhora
É que tem de nos valer.

É a Mãe dos pecadores
E amparo dos aflitos
Guia muito venerada
De quantos somos nascidos.

Ela dá-nos protecção
Nos combates e nas guerras
Faz humilhar o sol
E esconder as estrelas.

E agora, meus irmãos,
Filhos do meu coração,
Em nome de Deus do Céu
Deito-vos minha benção.

De joelhos todos:

Em nome de Deus e do Padre
Filho, Espírito Santo
Ide em paz, meus irmãos,
E na glória nos juntemos.

*Ficam cobertos todos na capela do Padre Santo
e sai o Almirante pagão e diz:*

Almirante
Agora já não lhe vale
Ao Imperador falar
Com minha mão sebera
A morte lhe hei-de dar.

Sua filha não me deu
Para com ela casar
Mas agora, ó Imperador,
Tens muito que me pagar.

Guerra darei agora
Guerra darei aos Romãos
A todos quantos encontre
Morrerão nas minhas mãos.

Força, força, armas, armas
Aos Romanos perseguirei
Que sou infiel e não quero
Eu seguir a sua Lei.

Entra no palácio do Imperador e, depois de
muito pelejar e fogo, sai o Almirante e diz:

Almirante
Eu bem disse que tinha
O Imperador que morrer
Não te deu favor teu Deus
Não te veio a valer.

Morreu [...] e em Roma
Me hei-de logo introduzir
Com minha espada na mão
A todos hei-de ferir.

Não temerei a ninguém
De ninguém quero favor
Com todos pelejarei
Com arrogante valor.

Serei um forte guerreiro
Infiel sempre serei
Contra Deus e seus vassalos
A todos conquistarei.

De fora vem Roberto acompanhado de solda-
dos e gente a cavalo e no cavalo branco vem
Roberto em traje de general e diz do cavalo:

Roberto
Encontrei o que buscava
Depois de eu estar metido
No áspero deserto
Como sempre arrependido.

Agora, gente Romana,
Agora aqui encontrei
Um guerreiro, um infiel
Um contra da vossa Lei.

Venho de ver minha mãe
A que contente deixei
Governando o seu Ducado
Fazendo guardar a Lei.

Seu Ducado percorri
A todos pedi perdão
De quantos eles ofendi
De todo o meu coração.

Todos me estavam contentes
Ficando agradecidos
Ao ver que eu lhe falava
Com todos os meus sentidos.

Mas ao chigar o mandado
De meu sogro Imperador
Venho em defesa dele
Como um fogo abrasador.

Agora aqui me encontrei
[...] meu sogro sepultado
Por mão desse traidor
Sem nada ser reparado.

Tu pregar a lei infiel
Não te alembras que Roberto
Defenderia a Lei Santa
Com muito zelo e acerto.

Ao menijar tua espada
Com o sangue de cristãos
Alembra-te, ó traidor,
Das minhas furiosas mãos.

Nos desertos de Palestina
Formosos campos Romãos
Torres, praças e castelos
Defensores de cristãos.

Vinde, vinde agora aqui
Vassalos, vinde a ver
Este infiel, este pagão
Que agora vai morrer.

De joelhos no cavalo branco:

Sacra Santa Virgem pura,
Peço valor nesta hora

VERDADEIRA TRAGÉDIA DO ROBERTO DO DIABO

Vós me a podeis dar,
Oh virtuosa Senhora.

Vós sois Santíssima Virgem
Imperatriz soberana
Estrela resplandecente
Luzeiro da madrugada.

Guia dos marinheiros
Advogada dos cristãos
Dai esforço, dai valor
Às minhas humildes mãos.

Desce do cavalo e vai ao tabuado e fala ao
encontro do Almirante e diz Roberto:

Ímpio, ó vil traidor,
Com um embuste falaste
À Senhora Imperatriz
Com ela querias casar
Para depois, em Roma,
Introduzir falsa lei
Do estúpido Maoma
A pior de toda a grei.

Vem herege, vem a mim
Que não te vale de nada
Tua força nem valor
Nem a tua atrevida espada.

Recto, aqui tua pessoa
No campo te desafio
Que sairei vitorioso
Em meu coração confio.

Olha que já vejo vir
A tropa em meu favor
Defende-te, ó Almirante,
Com esforçado valor.

Pelejando, dão volta no tabuado. Depois cai
morto o Almirante e diz:

Almirante
Ó Roberto, que assim foste
O meu cruel matador
Morro aqui com sentimento
Morro como vil traidor.

Alá colha minha espada
A um fogo abrasador.

Roberto
Já ganhei esta batalha
E todas lhe hei-de ir ganhando
Graças lhe dou a Maria
Por ela fui imparado.

Graças, Senhora, vos dá
O meu coração deposito
Nas vossas divinas mãos
[...] também o meu espírito.

Guardai e recolhei agora
O meu formoso cavalo
Que eu me vou acabar
De cumprir o ordenado.

A fazer uma fogueira
Donde o corpo arderá
Desse ímpio Almirante
E o fogo o consumirá.

Sobe ao palácio do Imperador aonde estará
assentado o Padre Santo com uma coroa na
mão e junto a ele uma cadeira aonde se assen-
tará Roberto e a Imperatriz à sua direita, o
Ministro e o Embaixador à esquerda e por
fim o Sargento e soldados e diz o Padre Santo:

Padre Santo
Roberto, milagroso,
Defensor da nossa Lei
Recebe esta coroa
Que minhas mãos sustem.

Sua Majestade é
Da nossa corte herdeiro
Receba esta coroa
Penitente verdadeiro.

Roberto de joelhos diante do Padre Santo põe
a coroa na cabeça e assenta-se e diz:

Roberto
Oh Padre Santo querido,
Que por vossa Santidade
Sou nomeado Imperador
Sendo pecador tão grande.

Agora aqui eu prometo
Defender a nossa fé
Que é Santa e verdadeira
Posta por Deus é que é.

Meus vassalos regirei
Com a vossa protecção
A Santidade será
Triunfo no coração.

Padre Santo
Pois agora recolhemos
Todos os preparativos

Façamos que todos sejamos
Hoje aqui cristãos vivos.

É quanto pode pedir
O nosso bom coração
Peçamos que Deus do Céu
Nos deite sua benção.

Fim

Versão recolhida em Avelanoso. O Manuscrito é datado de 25 de Outubro de 1927, e assinado pelo senhor Américo dos Santos Ferreira. Existe notícia de uma representação em Vilar Seco por volta de 1934.

Verdadeira Tragédia Ilustrada ou Auto do Renegado de França

Personagens

Simão Ansa, renegado
Mus de Guiça, Vice-Rei
Laurato, Ermitão velho
Marco Marim
Duque Ussuma, Rei de Valença
Justiça Maior
São Miguel
Nossa Senhora
Marte
Lusbel
Abderramão, Rei mouro
Aliatar, capitão mouro
Amete, gracioso mouro
Cassandra, criada moura
Dalifa, Infanta moura
Dalife, soldado mouro
Padre redentor ou Jacinto
Um pajem de Mus de Guiça
Frederico II, Rei de Paris
Um pajem do Rei
Soberba
Avareza
Luxúria
Ira
Gula
Inveja
Preguiça
Soldado cristão
Soldado mouro
Três marinheiros
Outro

Sai Mus de Guiça e o Pajem e diz Mus de Guiça:

Mus de Guiça
Valha-me Deus que fui sempre
Do Rei vassalo fiel
E por aquele Simão cruel
Me desemparará brevemente.

Quantas vitórias eu dei
E nenhuma mercê me concedeu
Sem comparação de El-Rei
Seu muito valor me ofendeu.

Saibam que Simão Ansa
Presvitro, servo de Cristo,
Quer avassalhar minha pessoa
E o Rei apoia o seu dito.

Ainda que vou mandado
Que tenha que ir em pessoa
A agradecer sua coroa
Na eleição do senado.

Contra Simão inumano
Centelha e raio hei-de ser
O que vitória deixou de fazer
O há-de fazer Vespasiano.

Digo-lhe que me vou vingar
Contra Simão presvitário
Um alvará tão falsário
Ao Rei lhe vou enviar.

Direi-lhe que é um perverso
Que desampara as fronteiras
Que quer entregar-nos aos mouros
E arborar suas bandeiras.

E o Rei que tem neste Simão
Toda a confiança e esmero
Se lhe trocará em raiba
Com a viva fé que espero.

Com minhas trapaças e embustes
O Rei se irritará com ele
E o há-de mandar prisioneiro
Para os fortes de Argel.

E Simão que agora é
Vassalo e em sua corte reja
Não tardará em ser expulso
Ainda que suas armas maneja.

E depois se ele desvoca
Com seu horrível pé na areia
Ainda que protesto ponha
Morrerá em tenebrosa cadeia.

Sem mais demora, Pajem,
Traz-me tinta e papel
Que quero vingar minha ofensa
Contra esse Simão cruel.

Pajem
Com todo o contentamento
Cumprirei o seu mandado
Vou pelos objectos todos
Como o Senhor há ordenado.

Aqui tem, Senhor, a mesa
E tudo o mais que precisa
Falta a tinta e a caneta
Eu vou buscá-la em seguida.

Está tudo preparado
Faça agora o que quiser
Se quer mandar escrever
Eu escrevo seu ditado.

Mus de Guiça
Isso está bem determinado
Assenta-te nessa cadeira
Eu daqui te vou ditando
E escreve desta maneira.

Carta

Eu, Vice-Rei de Marselha,
Achando-me com toda a permanência
Vassalo fiel de Vossa Majestade
Fedelíssimo,
Participo-lhe que Simão Ansa,
Seu secretário e ministro,
Nos é traidor e falso à Nação
E com as suas traições
E libugias fingidas
Em breve estaremos sujeitos aos mouros.
E ele como tem o mando
De suas tropas
Desampara as fronteiras
E no que se ocupa
É em pretender jovens
Do sexo fiminio.
Dizem por termo e espero
Que faça justiça como merecedor é dela.
Dobra tu que eu assino.
Mus de Guiça, Vice-Rei de Marselha.
Sobrescrita-a assim Vossa Real
Majestade Fedelíssimo.
Fredrico II. Paris

Fim da carta

Sem demora parte a Paris
E El-Rei desta carta seja entregue
Para que expulse a Simão
De todo o cargo que exerce.

Pajem

Sem mais dilatar-me aqui
Partirei sem mais demora
Pois marcho já em seguida
Daqui mesmo nesta hora.

Mus de Guiça

Agora sim que com esta carta
Satisfarei o meu desejo
Que tanto rancor tenho
Contra esse Simão direito
Que só meu intento é vê-lo
Sem honras e seu valor
Sem crédito e sem fazendas.

*Vai-se e chega o Pajem ao palácio e entrega
a carta e diz:*

Pajem

Como pajem sou mandado
De Vossa Excelência Rei meu Senhor
Para entregar esta carta
Que contém grande valor.

Leia-a Vossa Majestade
Veja bem o que ela diz
E use com crueldade
Contra Simão infeliz.

Não deverá ter perdão
Perverso desta maneira
Nunca houve outro igual
Na província de Marselha.

Entrega a carta, o Rei lê-a e diz:

Rei

Só isso me faltava, oh Céus!
Que vejo com meus próprios olhos
A tirania mais vil
Que viram os humanos.

Não terei piedade nenhuma
Senão rancor e braveza
Tudo sejam crueldades
Contra Simão perverso.

Não fique deslumbre nem senha
Desse traidor Lineu

Para mim será mais cruel
E para mais afronta
Que o Cerineu fez ao Omnipotente.
Que entre a fidalga pleveia
Não haja espelho tão triste
Desta inlutada tragédia.

Pois tendo eu em Simão
Toda a minha confiança
E tendo-o eu nomeado
Conselheiro de minha fazenda,
O ministro das mais contas
Em minha corte real
Chigando eu a nomeá-lo
Mordomo da Rainha principal.

O comando de minhas tropas
Entreguei a seu dispor
Agora vejo que esta enigma
É um vassalo traidor.

Mas com raiba e indignação
Hei-de tomar vingança
A casa aonde habitar
Hei-de-a mandar queimar
Que arda lá esse tirano
Que eu vou lá e as portas
Eu mesmo as hei-de fichar.

E ele de este meu furor
Não poderá livertar-se
Mesmo com esta espada
As entranhas lhe hei-de arrancar.

*Dece do palácio e vai a casa de Simão
enraivecido e diz:*

Ó traidor, abri!
Fero inimigo que estás surdo,
Se me não franqueias as portas
Em breve verás incendiá-las
E reduzidas a cinzas
As pedras da tua casa.

Dentro:

Mesericórdia, piedade,
Tem de nós-outros climência.

Rei

Climência pedes, traidor!
Franquias-me já as portas?
Ah traidor! Não sois
O que te vejo, miserável!

Um Rei a buscar-te vem
Para te arrancar a alma.
Contra ti sou um dragão,
Um tigre, sou uma fera
Que só pretendo beber
O sangue das tuas veias.

Se não me abres as portas
Franquiando-me a casa
Verás a maior crueldade
Que tem gerado a natureza.

Pois abrasando tudo
Assegurarei a tua impresa
Que até não beber teu sangue
Não sossega a minha braveza.

Em breve meu furor
Que não há-de ficar em casa,
Arco, janela, nem pedra,
Que o meu furor não desfaça.

Tomei-me a fúria sangrenta,
Trazei valentes soldados,
Fogo de alcatrão se prevenha
E reduzam a cinzas
Esta monstruosa potência,
Que não te escaparás
Do rigor de meus soldados!

Arvorem-se minhas bandeiras,
Às armas guerreiros meus!
Caia o edifício à terra
Que morra esse alma do Breu.

Sai fumo e vai-se o Rei, e sai Simão e Mus de Guiça e diz Simão:

Simão

Seria conveniente
Sair os dois passear
Para destas delícias
Também podermos gozar.

Não achará bonito
Chigar até o arvoredo
Passeando e conversando?
Preciso falar-lhe em segredo.

Mus de Guiça

Aceitarei o seu convite
Pois deve ser muito lindo
O passear na montanha
Quando o sol está saindo.

E neste nosso passeio
Que tempo devemos demorar?
Não podemos tardar muito
Temos de vir a almoçar.

Simão

Uma hora pouco mais
Chega para distracção
E confessar-te o que quer
O meu fraco coração.

Pois tens-me tão abatido
Com a tua fantasia
Que hei-de vingar-me de ti
Na montanha neste dia.

Mus de Guiça

Ó traidor, Simão vilhaco,
Para isto me chamastes?
Se tentas vingar-te de mim
Belo sítio encontraste.

Simão

O traidor tu o tens sido
Mus de Guiça; o caso é sério,
Tua inveja prometeu matar-me
Com tua falsa mão.

É de peitos avarentos
Não de gente principal
Com o Rei me puseste a mal
Fingindo mil falsidades!

Avassalhando meu nome
Por vilas e cidades
Que me soubeste arruinar,
Teus perversos pensamentos,

Como me tenho informado
De teus depravados intentos.

Mus de Guiça
Que tu tenhas sido traidor
Todo o mundo o apregoa.
Saio pelo Rei, meu Senhor,
Que me salvou sua coroa,
Que tenho servido a Sua Alteza
Em que estou mui preferido.

Nunca mais hei pretendido
O derrubar tua cabeça
Em que devia ter feito
Vendo teu infame peito.

Simão
Que língua tão atrevida
E de tão baixo nome.
Para que não haja outro maior
Arrancar-lhe-ei com a vida.
Morre, traidor!

Dá-lhe com o florete.

Mus de Guiça
Ai de mim!
Como pago aqui meu pecado?

Simão dá-lhe com o florete.

Simão
Morre infame,
Que assim é justo que te chame
A quem tu tens tratado assim.

Dá-lhe com o florete.

Mus de Guiça
Não acabes de efectuar
Em mim o rigor de tua espada,
Deixa-me já confessar
De meus pecados a falta.

Simão
Se és nobre e cavalheiro
E chegas a confessar-te,
Antes que à Deusa dês contas,

Satisfaz neste lugar
Minha desonra
E minha afronta,
Se ao Céu tentas chigar.

Dirás-lhe a El-Rei que tenho sido
Sempre nobre e temido
Aos ofícios que me tem dado
Como eclisiástico honrado
E do reino bem querido.

Diz-lhe e não lhe digas mais
Que sou vassalo fiel.
Já que à morte estás,
Olha que há Deus!
E a ele dar-lhe contas vais.

Da França e do reino me ausento
Temendo um rigor sangrento
De sua poderosa mão.
Perdoa o ser tão tirano
Que o amor me deu a atrevenção.

Vai-se e diz Mus de Guiça:

Mus de Guiça
Volta! Escuta, já se foi!
Morto estou, traidor hei sido!
Oh Céus quando pensei
Vir o que tenho vindo
Nem chigar onde chiguei!

A alma se me vai arrancando
Quando estou mais esforçado
Para voltar a Marselha
A morte se vai cercando.

Traidor Simão tem sido
A culpa eu a tenho tido
Pois também quis vir aqui
Só e desapercebido.

Por esta montanha fora
Hão-de querer aqui que eu morra
Sem haver quem me confesse,
Desde o mundo conhecesse
O fim que o mau homem espera.

Sai Laurato, Ermitão velho, com uma cruz, cabelos e barbas brancas e diz:

Laurato
Quem entre estas espessuras
E em estas ocultas ramas
Dá vozes? Quem se lamenta
Com desesperadas ânsias?
Valha-me Deus!

Mus de Guiça
Meu Jesus,
Virgem Santa e Soberana,
Valei-me nesta hora!
Anjo Santo da minha guarda,
Não vos esqueceis, sede comigo!

Laurato
Segundo eco reclama!
Quem entre lástimas tantas
Assim se lamenta?

Mus de Guiça
A alma vos ofereço, redentor meu,
Recebei-a em vossas mãos
Pois por ela padecestes,
Em uma cruz cravado
Pelos homens estivestes.

Laurato
Não é má esta palavra
Sem dúvida é algum pastor
Que de alguma oculta fraga
Teve algum dessabor.

Mus de Guiça
Venha, amigo,
Valer-me aqui nesta hora!

Laurato
Quem tão delorido me chama,
Em tão fatais parasismos chegou?

Mus de Guiça
Aproxime-se, camarada,
E verá meu estado horrível.

Laurato
Dê-lhe, irmão, a Deus as graças
Pois me envia a consolá-lo.
Que é que tem?

Mus de Guiça
Na cara se vê a minha desdita,
Morto estou a punhaladas.
O Vice-Rei sou de Marselha
De descendência fidalga.
De Oliveiros, o valente,
Tão admirado na França,
Um sacerdote francês
Que se chama Simão Ansa
[...] de El-Rei Fredrico
Sobre seguro e palavra
À traição me deu a morte.

Laurato
Valha-me o Céu!
E que manda?

Mus de Guiça
Me traga um confessor!
Depressa a chamá-lo manda
Para confessar meus pecados
Porque a alma se me arranca.

Laurato
Sossega um pouco, amigo,
Que entre desventuras tantas,
Ao seu lado tem quem pode
Curar as chagas da alma.

Sacerdote, indigno sou
Da Igreja Sacrossanta.
Há muitos anos que havito
Nesta oculta montanha.

Diga-me pois que fadiga
Que sua conciência agrava?
Que quer que solicita?

Mus de Guiça
Que El-Rei, meu Senhor, saiba
A minha tão triste sorte

Para que justiça faça
A esse mau sacerdote.

Laurato
Olha, Vice-Rei, que profanas
A Lei de Cristo se intentas
E morres nesta vingança.

Imita a Cristo na cruz,
Se não mais lhe agravam
Seus inimigos por eles
Com maior intenção rogava.

Se tu não o perdoas
Irá ao Inferno a tua alma
Como foi a de Judas traidor.

Mus de Guiça
Sim, lhe perdoo.

Laurato
Isso basta para Deus te perdoar.

Mus de Guiça
Por Deus te peço que vás
A Paris e ao Rei lhe digas
Que as referidas cartas
Que contra Simão escrevi
Foram fingidas e falsas.

Que eu sou aquele traidor
Por ganhar a sua proibição
Imaginei estes embustes
Para o levar à perdição.

Que é um nobre cavalheiro
E de toda a confiança
Sem dobrar as libugias
Digno de quantas graças
Sua Majestade pode dar-lhe.
Adeus que a alma se me arranca!

Laurato
Diga Jesus.

Mus de Guiça
Jesus digo!
Virgem do Rosário Santa,

Valei-me nesta hora,
Sede na minha morte advogada!

Laurato
Adora a Cristo na cruz!

Mus de Guiça
Adoro-te Cruz Sagrada
Que és o alvo divino
Do resgate das almas.

Laurato
Diga creio em Deus.

Mus de Guiça
Sim creio.
E para esta jornada
Jesus me ampare e guie.

Morre e diz Laurato:

Laurato
Já inspirou o mundo todo,
Que pouca confiança há
Que ter em suas pompas,
Pois são sutis e vãs
Aprivanças dos reis
Que a veneno as matas,
Pois solicitando só
A grandes por jeitos acabas.

Vem a meus braços, amigo,
Corpo frio e sangue gelado,
A meu abrigo esta noite
A triste tumba vos aguarda.

*Vai-se e leva-o nos braços. Sai Simão Ansa
com espada desembainhada e batina ao
ombro e diz:*

Simão
Passos onde caminhais
Por estas brenhas escuras
Sem saber por espessuras
O caminho que levais.

Cansado de andar estais
De pisar feros abrolhos.

Estão sem conserto meus tinos
Que nem guia nem caminhos
Têm descoberto meus olhos.

Não acho por onde sair
Para poder-me escapar.
Lindas as margens do mar
Será força aqui morrer
Se não acho por onde fugir
Neste trajecto encoberto.

À Espanha segundo parto
Da ira do francês,
Segundo meu delito é,
Nas suas mãos serei morto.

Colga o manto duma árvore e continua:

Deixo neste deserto
O vestido que me tem honrado
Porque um traidor me há tirado
De andar com ele coberto.

Ficai vestidos colgados
Como [...] do cabelo
Se algum tempo foste belo
Hoje estás desfigurado.

Nasci para desditado
À força diz o ditado, rifam
Como tal ficou colgado
O mesmo sucedeu a Amão
Desventurado e privado.

Em confusão tão estranha
Está meu corpo feito em fel,
Aonde encontrarei batel
Que me conduza a Espanha?

Não acho nesta montanha
Para poder-me escapar
E um homem a quem perguntar,
Pois o Céu não me ajuda
Para que alguém me acuda.
Quero o Demónio embocar.

Sai Lusbel vestido de selvagem e diz à parte:

Lusbel
Se tu o Demónio chamas
Pronto a teu lado o verás
Acudirá a teus desejos.
Nisso enche a sua soberba
Para avassalhar uma alma
Soberana ocasião é esta.

Quero a este miserável
Que aflito se veja
Sujeitá-lo ao meu domínio
E retirá-lo da Igreja.

Fala direito a ele:

Quem nesta montanha dá vozes?
Quem se lamenta?
Quem desesperado pode
Penetrar tantos males?

Simão
Se o ouvido me não engana
Alguém de mim se aproxima.

Olha para ele e diz:

Céus que horrível visão,
Que monstro, que fera é esta?

Lusbel
Não temas, escuta amigo,
Homem sou que não sou fera,
Sossega e quebra o ânimo
E não te assombre e não temas.

Pastor sou que nestes campos
E nestas entrincadas bredas
Vivo com o exercício
De guardar cabras e ovelhas.

Filho sou de André Ursino,
Aquele que renegado era,
Terror de toda a França
E natural de Marselha.

Faltou meu pai e fiquei
Pela inimiga soberba,

Que a França teve abatido
Pobre e peregrino nela.

Vim a estas montanhas,
Ocultando-me se entendera
Que eu fosse filho dele
Para que a morte não me dera.

Haberá coisa de seis anos
Que havito nestas bredas
Sem que alguém a saber chegue
Minha origem descendência.

Porque se a saber se chigasse
O mundo me perseguia
Com tudo quanto pudessem
Até tirarem-me a vida.

Com forte miséria vivo
Mas altivo e de maneira
Que contra o Céu mesmo
Meus pensamentos se elevam.

Foi tão valente meu pai
Que casou com uma neta
E de ali Sultão, Vice-Rei
De Argel e todas suas forças
Foi temido por assombro,
Que afligiu toda a França
Nos mares e nas costas.

A Felipe, de Espanha Rei
Afligiu com grande guerra.
O Papa e a cristandade
Tremiam de sua soberba.

Ao último de sua vida
Se voltou à Lei Suprema
De Cristo e acabou nela
De sua salvação com mastros.

Mas de isso não me admiro
Porque de Deus há climência
E tanto que nesse lance
Se pode salvar qualquer.

Cheio de pesar estais
De não haver tido forças

Para seguir meu pai
Em todas essas coisas.

Certo é se me achasse
Em ocasião que pudesse
Vingar as suas ofensas
O mesmo em Argel fizesse.

Simão
E teu pai por que causa
E por crescida ofensa
Renegou da Lei de Cristo
E se separou da Igreja?

Lusbel
Se acaso o saber queres
Ouve quanto desejas!
Era meu pai, em Paris
Da França, corte suprema.

Em tempo d' El-Rei renegou
Conselheiro de sua fazenda
Simpatizou tanto com ele
Que lhe deu crescida renda
Pelo seu mericimento
Com todo o fausto e grandeza
E conselheiro da Rainha
Pela sua grande enteligência.

Mas invijoso, um Vice-Rei
Que era de Marselha
Alcançou os ofícios
De meu pai com grande cautela.

Fingindo cartas e embustes
E traições manifestas
Fez que El-Rei a meu pai
O proibisse de sua grandeza.
Em tanto perigo esteve
De ir à forca sua cabeça!

Simão
Grande desgraça!

Lusbel
Mas fingindo em tragédia,
Porque a Marselha vindo,
Meu pai um dia de festa

Com amorosas palavras,
O levou a um arvoredo
E o picou a punhaladas.

Simão
Fez muito bem.

Lusbel
Tomou esta afronta por sua
E El-Rei mandou
Que fossem por todas suas terras
Buscando a meu pai muita gente
Com a maior ligeireza.

Procurando-o por traidor,
Tirando-lhe toda a sua fazenda,
Oferecendo grande prémio
A quem preso lhe-o trouxera.

Em ausência à cruel morte
Em sentença o condena
Mas meu pai já em Argel
De tudo ele deu conta
E logo entra à França
Arborando sua bandeira.

Simão
Na história que tens contado
Parece que representa
O que sucidido me tem
Hoje a mim nesta selva.

Lusbel
De que sorte!

Simão
Escuta muito atento
Verás se a história é a mesma
O que tu tens referido
Sem faltar ponto nem letra.

Eu fui quem dei a morte
Ao Vice-Rei de Marselha
Com grande violência
Entre este verde bosque
Que as praias formoseiam.

O dar-lhe cruel morte foi,
Que sendo eu de El-Rei

Ministro em sua corte
Em Paris do reino todo
Pela minha louca sorte
Obedecido por todos,
Por eu ser sacerdote.

O Vice-Rei por inveja
Com relações sinistras
E lebugias fingidas
E traições manifestas
Com El-Rei me pôs a mal
E me tirou a grandeza.

E eu, por vingar minha injúria,
A morte lhe dei por pena.
Hoje determinado estou
De teu poder e senha
Caminhar e renegar
E pisar as ásperas areias
De Argel, fazer-me caudilho
De sua marítima ideia.

Ah, se encontrasse quem
Favorecesse esta empresa
Eu te afirmaria que seria
O terror da natureza!

Lusbel
Eu te ajudarei que sou
Mais poderoso que pensas.
E como uma vez renegue
De Cristo e tua alma ofereças
Ao serviço do Inferno
Lograrás quanto desejas.

Simão
Pois em ver que El-Rei
A traidores deu ouvidos
Por me vingar de sua acção
E que o mundo todo saiba
O valor de Simão Ansa,
De Deus, de Cristo e sua Igreja,
Como o Demónio me ajude,
Renegarei quando venho.

Lusbel
Perto está pois sou eu
Quem ajudar-te deseja.
Faz-me uma escritura aqui

VERDADEIRA TRAGÉDIA ILUSTRADA OU AUTO DO RENEGADO DE FRANÇA

Em que digas que renegas
De Deus e de Seu Baptismo
E verás com que ligeireza
Se executa tudo aquilo
Que imagina tua ideia;
Assinada com teu sangue
E tal escritura me entrega.

Simão

Aceito, e do peito papel tiro
E pico com a espada na veia.
Afirmo com meu coração,
Escrevo desta maneira!

*Tira papel do peito e com a espada pica a veia
no braço e solta sangue e escreve com ele.*

Escritura

Eu, Simão Ansa,
Protesto com vivas beras
Que renego do Baptismo
De Cristo e de sua Igreja.

E do soberbo Lusbel
Que é o príncipe das trevas
Desde hoje sou escravo seu
E lhe faço da alma entrega.

Reservando nesta ocasião
Por cláusula manifesto
Que da Mãe de Deus
Maria do Céu, Rainha,
Nem renego, nem me esqueço.

Lusbel

Isso é torpe empertinência,
Ser mais que o Filho
Redondamente renega,
De que pode servir a Mãe?
Fantástica tragédia!
Pensas que pode Maria
Sem Cristo fazer coisa certa?

Simão

Verdade é! Mas tenho-lhe
Tão natural detença
Que a Maria não posso
De tudo esquecer-me dela.

Lusbel

Simão, já que em meu poder
Tua alma me entregas
Dispõe de quanto quiseres
Que obrarei quanto desejas.

Simão

Parte voando a Paris
E no palácio, na porta
Desta escritura um traslado,
Afixa para que El-Rei saiba
Minha activa resolução
E de minha coragem trema.

Lusbel

Não posso levá-la eu
Que fizeste uma cruz nela.

Simão

Pois que importa?

Lusbel

Pois qualquer que a leia
Que há-de dizer?!
Que não renegaste deveras,
Se na escritura vê cruzes
Que é dos cristãos a senha?
E não andamos os demónios
Jamais com cruzes às costas
Porque vendo uma cruz
Arrodiamos trezentas léguas.
E toma tua escritura
Que este carácter me altera.

Entrega-lha e diz Simão:

Simão

Amigo Lusbel, por isso
Não tenhamos diferenças
Que desejo tua amizade
E amparo de tua potência.

Rasga a cruz.

Rasgo a cruz da escritura.
Vê aí te dou sem ela,
Faz-me assombro dos séculos
E contra a França te altera.

Lusbel

Enquanto afixá-la vou,
Aonde o Rei a ler possa,
Espera-me neste sítio
Que breve darei a volta.

Vai-se e diz Simão:

Simão

Virgem que no Céu estais,
Maria de graça cheia,
Sede meu amparo pois sabeis
Que minha alma vos receia.

Vai-se e Lusbel afixa a escritura na porta do palácio e vai dançando de contente para o Inferno. Sai o Ermitão e vai ao palácio do Rei a dar parte da morte de Mus de Guiça e toca uma campainha que está à porta. Sai o Rei e diz:

Rei

Diz quem és em hora boa!
Pois que assim tens ousadia
De chigar ao palácio real
Assim, sem mais cortesia!

Ermitão

Sou um ministro de Cristo,
De Marselha natural,
Enviado por um seu subalterno,
Mus de Guiça é chamado.
Que Simão lhe deu a morte
Em o áspero deserto.

E eu chigando a esse tempo
Me disse que a Paris viesse
E que lhe desse este aviso
E as repetidas cartas
Que contra Simão mandou
Foram fingidas e falsas.

Rei

Cinzas pálidas e frias
Do povo de Deus vamos ver
Tantos divinos favores
Se têm visto resplandecer.

Como primeiro me não importa
Dessas traições manifestas
Que o invijoso Vice-Rei
Me participou perversas.

Contra Simão Ansa,
Que injusto condenei,
Lhe tirei toda a grandeza
Que até a sua ligítima
Essa mesma lhe embarguei.

Vejo neles a malícia
E junto ao mesmo tempo
A impiedade vejo num
E noutro a piedade contemplo.

Mas como esperar posso
Do Céu um feliz sucesso
Se usei de crueldade
Contra quem estava inocente?

Mas não posso tomar vingança
Pois já pagou sua detença
Que se eu me vingasse dele
Não lhe daria outra sentença.

Que o próprio Simão inocente
A morte lhe deu por pena
Senão eu próprio iria
E executaria a mesma.

Porque esse meu aliado
Injusto, cruel e tirano
Bem foi que pagasse com a vida
Para que não fosse inumano.

Que escreverei sua vingança
Em folhas de bronze eterno
Para que todos a conheçam
Como a Deus supremo.
Diz-me tu, velho Ermitão,
Tudo quanto disseste
Foi dito em confissão?

Ermitão

Tudo quanto prenunciei
Diante de Vossa Alteza

VERDADEIRA TRAGÉDIA ILUSTRADA OU AUTO DO RENEGADO DE FRANÇA

Me foi dito em confissão
Em sua última tristeza.

Também me disse que perdoava
A quem lhe tirou a vida,
Aquele infeliz Simão
Que se marchou em seguida
E não demorou um instante
Para lhe pedir perdão.

*O Rei vê a escritura na porta do palácio
e todo enraivecido diz:*

Rei
Quem sem minha licença
Na porta veio a afinar
O édito que está posto
Nas portas do meu palácio?

Lê-me tu já esse papel
E diz-me o que ele contém
E também quem o escreveu
E assinado por quem.

O Pajem lê a escritura e diz:

Pajem
Feita está por Simão
A letra certo não mente
A tinta parece ser sangue
Muito se ignora esta traição.

Rei
Se a escritura é verdadeira
E a fez por sua mão
Quem a veio aqui trazer,
Seria o próprio Simão?

Certamente que não foi
Se viesse conhecia eu
Muito me admira Simão
Renegar e perder o Céu.

Seria o príncipe das trevas
Quem aqui a veio trazer?
Quantos enredos faria
Para essa alma convencer!

Pois um vassalo fiel
Que eu tinha com tanta conta

Maltratei-o em sua casa
E ameacei-o com afronta
A ponto de renegar
E da alma fazer escritura
Por invejas e traições.
Que lhe fez Mus de Guiça?

Bem merecia o vingar-se
Como certo se vingou
Simão perdeu sua alma
E Mus de Guiça se salvou.

Se eu agora soubesse
Onde era sua morada
Hoje mesmo lhe daria
Tudo quanto lhe tirara.

Estaria em meu palácio
Juntamente comigo
Viveríamos juntamente
Que sempre foi fiel amigo.

Quanto agora me custa
Dar-lhe tão terrível sentença
Que eu mesmo o fiz renegar
De Deus e de sua crença.

Serei eu talvez culpado
Desta alma se perder
Deus sabe que estou inocente
E tal crime não posso ter.

*Vai-se. Sai o Duque de Ussuma, Vice-Rei de
Valença e a Justiça Maior e Marco Marim negociante com um pajem detrás. Diz a Justiça:*

Justiça
Não estranheis, Marco Marim,
Do Vice-Rei esta visita
Que é forçoso e acredita
Com ela um ditoso fim.

Marco Marim
Assente-se Vossa Excelência
Se este favor me quer fazer
Nesta humilde e pobre casa
É o que se lhe pode oferecer.

Pajem trazei cadeiras
Para estes Senhores se assentarem
Já que fazem o favor
De nossa casa honrarem.

Pajem
Já estão prestes, Senhor,
Sem advertência alguma
Para a Justiça Maior
E o Senhor Duque de Ussuma.

Duque
Outra cadeira trazei
Para Marim que é a razão
Que se lhe faça todo o mercê,
Homem de tanta estimação.

Pagem
Aqui está, meu Senhor.

Marco Marim
Não, em boa fé
Vossa Excelência escusa isso
Que espera meu compremisso
E tenho que estar em pé.

Duque
Não tendes que profiar
Cortesão demasiado
Se vós não estais assentado
Eu tenho que me levantar.

Marco Marim
Obedeço a Vossa Excelência
Como sou menor criado.
Desta honra demasiada
Que dirá a toda Valença?

Duque
Dirá que veio um Vice-Rei
A casa de um mercador,
O que há grande precisão
Para serviço de El-Rei.

Mas um comprador que era
Tão honrado e principal
Que o mesmo Rei o fizera
Digno de corte real.

Marco Marim
Ainda que não cabem em mim
Tais honras, eu as venero,
Mas merecer-lhas espero
Se antes as não mereci.

Duque
Eu e a Justiça Maior
De El-Rei, meu Senhor, temos
Uma ordem que pretendemos
Executá-la com valor.

Por superiores motivos
Nosso Felipe Segundo,
Novo monarca do mundo,
Por seus conselhos altivos,
Ordena que saiam da França
Os mouros desterrados
E fiquem purificados
Seus reinos de gente estranha.

Nas costas de Alicante
Por falta de embarcação
Hoje desta geração
Há um exército valente.

Há grande falta de sustento
No reino de Valença
Também grande festa
Se nela forem assentes.

Se os navios tendes capaz
E vós embarcar quereis
E vê-los quer El-Rei prestar
Grande serviço fareis.

Marco Marim
Todas, Senhor, as cede
Se delas há mister.

Justiça
El-Rei saberá estimar
Esta galantaria.

Duque
E quem, senão vós, podia
Desta maneira obrar?
Ficai-vos Marco com Deus

VERDADEIRA TRAGÉDIA ILUSTRADA OU AUTO DO RENEGADO DE FRANÇA

Que eu me vou já retirar.
Se os prestais de bom gosto
Dois porei já a navegar.

Levantam-se e diz Marim:

Marco Marim
Guarde-o Deus Vossa Excelência
Muitos séculos sem fim
Tendo a Marco Marim
Por criado de nossa obediência.

Duque
Farei quanto me pedir
Sem deficuldade alguma,
O não ser Duque de Ussuma
Que toda a honra mereceis.

Marco Marim
Já que tanto favor
Vossa Excelência me assegura
Para tal travalho,
Peço licença, Senhor.

Duque
Dizei, com atenção vos escuto
Que quanto se vos oferecer
Se eu vos o não fizer
Dizei que não posso muito.

Marco Marim
Ser como um nobre cristão
Peço humilde a Vossa Excelência
Para ir ao reino Africano
Peço que me dê licença.

Duque
Ao reino de África, vós?

Marco Marim
A Argel pretendo chigar
Para o serviço de Deus.
Creio que há-de importar.

Duque
Pois a Argel
A que quereis vós ir?

Marco Marim
Pois o quero referir
Todos os anos, Senhor,
Neste nobre reino de Valença
Que da França
É o jardim mais amoroso
Entre a solenidade,
Que a Rainha dos Céus, Soberana
À Igreja toda,
Levava todos os desvelos
As nobres Valencianas;
O dia da Assunção
Da sua devoção eu venerava.

Eu, em virtude, o menor,
Avivado de seu exemplo,
Procurei favorecer-me
Como todos os do reino,
Porque me deu o Céu
Mais possíveis e esforços
Sobre as indulgências
Que requer o Jubileu.

De confessar os pecadores
E receber o cordeiro
Que procuro desejoso
De executar com respeito.

Da sua Santa Vigília
Toda tudo acharia sustento.
A sacerdotes e pobres
Em todo o reino achar quero
Vestidos honestamente,
Honrando a Deus com atento.

E sua alma cada dia
Toda a citava inteira
E receveu com devoção
Do altar o Sacramento.

Recebendo o Sagrado Corpo
Mesmo no oitavo dia
Ficou a alma purificada
Com celestial alegria.

Que perderam os sentidos
Seu notável desejo
Por ver um Deus divino
Fiquei absurdo e suspenso.

Vi a Cristo, Rei da Glória,
Que com celestial aspecto
Para mim olhava e dizia:
Marim que me sigas quero
Em uma piedosa acção
Que te revelarei preste.

Acordei e dando graças,
Fazendo em seguida oração,
Ofereci seu sacro objecto
Com católica devoção.

Repetia todas as horas
A alma desde seu centro
Com favorosa atenção,
Obedecendo a seu preceito
Esperando por instantes
Meu cuidadoso desvelo,
Da mão do Altíssimo
O divino manifesto.

Estando uma noite destas
Com vigilância e atento,
Do Senhor, que os sentidos
Tem natural direito
Vi esperta a razão,
Mais que quanto estou esperto,
Que a mim se chigava
E me dizia São Pedro:
Marco Marim, Cristo manda
Que embarques num momento,
A Argel vás, donde está
Um sacerdote perverso
A quem os rogos de Maria
Tem alcançado,
Volver da Igreja ao Grémio
E está em perigo de morte
E de ir sua alma ao Inferno.

Não te detenhas Marim
Que acudas a livrá-lo quero.
De sorte o coração
Me conturbou este desejo
Que impossível não será
Este empulsado medo.
Só o príncipe Galhardo
Disto peço segredo.

Aponta.

E vós, Justiça Maior
Vos peço humildemente o mesmo,
Pelo que Cristo nos manda
Em seu Sagrado Evangelho,
Quem da mão direita,
Dá esmolas e empregos,
A mão esquerda nunca
Deve chigar a sabê-lo.

Só para que me conceda
A licença que desejo
Contei a Vossa Excelência
O que referido tenho.

Só nisto me detenho
Desta matéria e conselho,
De poder executá-lo
Para o demais tenho alento.

Duque
Por isso eu me atrevia,
Marim, deixar de fazê-lo,
Que é o resgate duma alma
Dum sacerdote é exemplo
Digno de qualquer travalho
De um galardão eterno.

Só nisto faço reparo,
Não pode sair no Inverno,
Até pula este mar,
Receoso é por extremo.

Justiça
Eu sou de parecer
Que em sua guia vá Deus,
O livrará dos perigos
Pois que lhe manda os Céus.

E sendo a Nossa Senhora
A que esforço este intento,
Cinco estrelas do Norte
Humilhará o mar mais fero.

Marco Marim
É tanta a minha confiança
Ao lograr deste desejo

Que de todos os perigos
Vou já fazendo desprezo.

Duque

Pois encomende-se a Deus,
Marim, com grande zelo
Os navios que hão-de ir
Os mouros com desvelo.

Marco Marim

Não posso ir nestes navios
Que é força levar tempo
E com passaporte em Argel
Estar ali de assento.

Os mouriscos os hão-de levar
Com precipitado medo
De arrojá-los pelas praias
Pelas costas em segredo.

Duque

Pois quando pensa embarcar?

Marco Marim

Com os padres do remédio
Que vão daqui a quatro dias
Com grande soma de dinheiro
À redenção dos cativos,
E vou seguro com eles.

Duque

Diz bem, vá com tempo,
Assim confio e espero.
Trará esse sacerdote
Por quem a Rainha do Céu
Pede da cristandade o exemplo.

Marco Marim

Vá com Deus, Vossa Excelência,
E viva séculos eternos.

*Vai-se o Duque, a Justiça e o Pajem e diz
Marim:*

Sem dúvida este sacerdote
De Deus há-de ser grande servo
Pois Deus em tal providência
Faz por ele tanto empenho.

Mas se é de Maria devoto
Merece grande prémio
Devemos esforçar-nos por ele
Que volte à Igreja o Grémio
E com santa penitência
Chore os passados erros.
Guiai-me, Deus Soberano,
Auxiliai-me neste empenho!

*Vai-se e sai Abderramão, Rei mouro e Simão
Ansa vestido de General mouro, chama-se
Morato. Diz o Rei:*

Rei

Porque de Cristo deixaste
A Lei pela de Maoma?
Meu afecto real toma
Por ser principal privado.

Em fé dele és casado
Com a Dalifa, minha mana,
A mais formosa africana
Que criou a natureza
Pois de sua grande veleza
Está gloriosa e ufana.

Sós estamos, Francês,
Pois do meu coração
Roubaste a estimação,
Pois teu timbre glorioso é.

Razão será que me dês
Da tua pessoa aqui conta,
Por ver o que se alenta
Teu génio altivo e brioso,
Porque vivo ambicioso
Fazer-te do mundo afronta.

A quem tanto abona,
De nobre leal e fiel,
É justo que parta com ele
Do meu reino a coroa.

Portanto há-de tua pessoa
Satisfeito estou que sei-o,
Disse ao Francês por ti,
O que em seu reino a desprezes,
E fizer dele desprezo
Como de um maravedil.

Simão

Valoroso Rei de Argel
Cujas últimas proezas
Do orbe te tem merecido
A mais augusta diadema.

Eu sou natural de França
Da cidade de Marselha
E do mar Aldeterrânio
A mais ilustre fronteira.

A minha descendência ilustre
Já referida a tenho
A causa de me ausentar
Agora explicar-vos venho.

Em a cidade de Paris
De Henrique, corte suprema,
Empreguei minha juventude
Exercitando-me nas letras.

E por minha qualidade
E de nobre gentileza
Me ordenaram sacerdote
Da metrofilia igreja.

Garrou-me El-Rei afeição
Que me deu crescidas rendas
Fez-me conselheiro seu
E administrador de suas fazendas.

Eram tantas as finezas
E amizade que me tinha
Que me chigou a nomear
Mordomo-mor da Rainha.

Privado de El-Rei Fredrico
Por alguém que me queria mal,
Sem dúvida seria Arcebispo
Ou que chigasse a Cardeal.

Por inveja, um Vice-Rei,
Que era natural de Marselha,
Mus de Guiça, par de França
De ilustre sangue e nobreza.

Assim, com fingida [...]
E em traição bem recta

Com El-Rei me pôs a mal
Dizendo-lhe que traidor eu era.

Que com Roma e Espanha
Tinha eu correspondência,
Com Genebra e Saboia,
Com Alemanha e Venezia.

Solicitando que à França
Todos levantassem guerra,
Em fé deles que tinha
Desarmado as fronteiras,
Sem prevenção os castelos
E sem paga a soldadesca.

Isto fingia sua ambição
Com tão honrada tragédia
Que El-Rei se acreditou
E de sua corte me desterra.

Registou toda a minha casa
Embargando-me toda a fazenda
Formando um processo contra mim
De me cortar a cabeça.

Eu, sabendo que tal Mus de Guiça
Era o motim principal,
Mostrei-me alheio de tudo
A fim de pagar seu mal.

Em certo dia de festa
Chamei-o a passear
Falei-lhe muito afável
Que não houvesse de recear.

Vendo-me eu só com ele
Puxei por minha espada
E sem nenhum embaraço
O peito lhe atravessei.

Assim lhe acabei com a vida
Àquele rifinado traidor
Que não fosse com mais embustes
Contra outro de meu valor.

Fugi pela espessura
Dumas entricadas brenhas
Nela encontrei o favor

Dum amigo que me venera.
Meu coração desde então
Se me pôs cheio de pena.

Passei a Espanha, a porto seguro
Da nobreza contragena,
Donde deixei a Lei de Cristo.
Abracei a seta
Do grande profeta Maoma
Por parecer-me perfeita.

Desde renegado que
Promiditava minha ideia.
Antes de sair da França
Com o sangue de minha veia
Escrevi uma escritura
Com toda a deligência
E o Demónio a tomou por sua.

Aquele amigo que eu venero
Foi a afixá-la na porta
Do palácio do Rei mesmo
Em Paris sua corte regia.

Sendo sabedor de tudo,
Esta grande proivição nota
Que antes que eu renegasse
Te deu de tudo conta.

Fizeste apreço tão grande,
De minha nobreza a prenda,
Que por esposa me deste
Tua mana, de Argel princesa.

Favores são estes, Rei,
De tão superior esfera
Que só no peito activo
Tua Majestade encerra.

Não é de razão que ocioso viva
Quem de servir-te deseja,
Antes é bem que brioso
Da minha ousada ideia.

Assim peço que me dês
Algumas das tuas galeras
Para molestar as costas
Da cristandade as fronteiras.

Que a minha coragem é tão grande
Contra a romana Igreja
Que não posso sossegar
Até não acabar com ela.

Sujeitando vilas, lugares,
Cidades, povos e aldeias
Até enriquecer a Argel
Com escravos e riquezas.

A Dalifa, minha esposa,
Colocarei em sua cabeça,
De toda a cristandade,
A coroa de mais nobreza.

Rei
Muito galante Morato,
Gosto muito de saber
Tua história e proceder,
E em meus olhos sempre grato.

E com nobre vingança
Queres por terra e por mar
Tuas justas queixas vingar
De El-Rei e reino da França.

Estava muito desejoso
Vendo meu grande poder
Nas conquistas do caso,
Quem pudesse entender.

Porque eu, por terra, tenho
Muito por onde me alargar
E meu reino dilatar
E para isso me provenha.

Assim por teu grande cavedal
E porque logres teu anojo
Te deixo nome e ficarás
No mar meu General.

És General de meus navios
E a teu cargo fica
Arborar minhas bandeiras
Nos mais altos brios.

Simão
É tanto o cruel rumor
Que reina em meu peito altivo

Que contra a França hei-de ser
Afrontoso e vingativo.

Armas de ira e raiba
Escolta meu coração,
É sujeitar a França
Que nesta grande acção
É a obra de mais importância.

E sujeitar a Espanha
Que de mouros já foi ganhada,
Eu espero a Maoma;
Que hei-de oferecer a Roma
Todo o reino de Granada.

Tua obediência levantas
Contra toda a cristandade
Eu espero ajudar-te
Com a minha lealdade.

De França sou natural
Ansa foi meu apelido,
Espero, hei-de ser temido
Por Morato, o General.

Sair já ao mar queria
Quanto antes a dar a Argel
Que este serviço esmero
Nos traz vassalo fiel.
Quantos navios me dás?

Rei
Trinta sobre o mar tenho
E dezasseis levarás.
Se obrares como espero,
Valoroso e esforçado,
Todos trinta a teu mandado
Tê-los sujeitar quero.

*Dão vozes dentro. Amete gracioso e Outro
depois sai com um saião comprido que se veja
por baixo a camisa e diz dentro Amete:*

Amete
Ó Rei, meu Senhor!

Outro
Detenha-se o indecente
Em boa hora ou má.

Rei
Que vozes são estas
À porta da choça?

Amete
Senhor! Audiência pede Amete.

Outro
Não há-de entrar o indecente
Por mais esforços que faça
Sem que primeiramente
Vestisses as calças.

Amete
Sem calças hei-de entrar
A contar minha desgraça.

Rei
Deixem-no entrar como ele queira
Que tudo cabe na choça.

Sai Amete e diz ao sair:

Amete
Valha-me, Maoma, amém
Santo profeta da Arábia.

Simão
Amete, quem desse modo pôs
Tua pessoa anojada?

Rei
Quem te agravou, pobre Amete,
Que eu tomarei vingança?

Amete
Ouça Senhor, que é uma história
Que merece ser contada.
Atenção peço, que tem
Mais de espessas que de rara.

E eu estar vivo aqui
Com estas sapalendas
É pelo forte socorro
De uma forte escorribanda.

Senhor, eu amava uma moura
Destas da vida ligeira

VERDADEIRA TRAGÉDIA ILUSTRADA OU AUTO DO RENEGADO DE FRANÇA

Marota a todo o ser
E em tudo o ser rameira.

Sentiu a pobre em mim
Que eu tinha pouca prata
E com lindo intendimento
Ia vendo o que passava.

Oferecia-lhe montes de ouro
Para ver se a enganava
E ela respondeu-me
Que disso se aprendava.

Disse-lhe que faria por ela
Tudo quanto me mandasse
Admitiu a oferta e disse:
Não vi coisa que mais gostasse.

Que em prenda de seu amor,
Pois ela se acha prinhada,
Ao mar fosse e lhe caçasse
Sete dúzias de rãs bem fartas.

Que mandasse fazer
Das desfolhadas ancas,
Com salsa e cenoura,
Uma tegela bem atacada.

Eu, Amete, até aos olhos
Da moura farto estava
Dito e feito executei
Tudo quanto me mandava.

Bosquei um formoso redol,
Um anzol e uma cana
E um trapinho também
De fina seda incarnada.

Saí do amor levado a Argel
Pela formosa praia
Buscando sítio a prepósito
Para a minha réptil caçada.

E nas fraldas de uma fraga
Que as ondas açoutavam,
Fiz assento e deitei lances
Sem se chigar uma rã.

Estive no dito sítio
Algumas seis horas largas
Com o ouvido atento
A ver se acaso cantavam.

Quando Deus, em hora boa
Que para mim foi mui má,
Vi que a mim pouco a pouco
Um leão se aproximava.

Limpando os bigodes
E aguçando as garras
Com a cauda sobre o lombo
Fazia alegres mudanças.

Está feito disse Amete
Pois não tens quem te valha
O leão te meterá depressa
Entre o peito e a espádua.

Vinha-se o leão chigando
E eu que a tremer estava
E senti que os intestinos
De tudo se [...]

E um dilúvio merdal
Me baixava pelas calças
Cheirando cada vez mais
O ar livre se vedava.

Parou o leão com o ruído
Da secreta sonhada
Até que lhe deu o cheiro
Dum vento que apestava.

E dando quatro bufidos,
Com o nariz retorcido,
Com a maior brevidade
Voltou para trás de caminho.

Eu lhe fiz cortesia
Dizendo que lhe estimava
Muito a sua obediência
Com que minhas calças tratava.

Eu, recobrando do susto
E das minhas mortais ânsias
No mar entrei deligente
Emplastado de cascarias.

Dizendo eu: estou perdido
Com as calças cagadas
Outro remédio não tenho
Senão meter-me nas águas.

Lá deixei minhas calças
Atacadas de surrapas
Para que lhe lave o mar
Suas manchas amarelas.

Peço que me mande dar
Por esta suja acção
Umas novas peidorreiras
Forradas com fustão
Que de classe mais fina
Para Amete certo não são.

Rei
Que de soldado te vistam
Mando com toda a prontidão
Para que fujam de ti os contrários
Como fugiu o leão.

Diz Aliatar dentro:

Aliatar
Às armas, às armas!

Dalife dentro:

Dalife
Às armas, às armas!
Que da Espanha a potência
As costas da África assaltam!

Simão
Que gritaria é esta?

Rei
Que confusão tão estranha!

Amete
Serão as sentinelas
Que terão visto as minhas calças
Andarem à beira-mar
A ver quem entra a tirá-las!?

Não há que espantar disso
Mui bom proveito lhe faça

Que de palominas são
Gostosas as empanadas.

Sai Aliatar.

Aliatar
Rei, envio-te Abderramão,
Da África grande monarca,
Escutai para que saiba
E tenha notícia exacta
Do peito mais inumano
E a notícia mais estranha
Que tem feito admiração
Nas humanas entranhas.
Do orbe os arquivos
Publicam altivo a fama.

Rei
Diz, capitão valoroso,
Não tenhas suspeita a alma.

Aliatar
Em todo o mundo notório
São as mudanças estranhas
Que tem havido em todos os séculos
Da monarquia de Espanha.

Como opulenta e rica
Foi de muitos acobiçada
E avassalhada de estranhos,
Dormida de suas armas.

Entre outros em ele foram
Às conquistas africanas,
Ilustres a todo o ser
E a tudo ser celebradas.

Em elas o sacro Alcorão
De coração se observava,
A Lei de Cristo apenas
Se atreviam a nomeá-la.

Faltou o africano império
Das relíquias cristãs,
Alentando novo incêndio
Se inflamavam novos ecos.

Em tanto grau avivaram
A imaginação de suas chamas

Que esclarecidos triunfavam
Das armas africanas,
Mas, ficando em seu centro
Por suas províncias semeadas
De mouros muitas famílias
A quem mouriscas chamavam.

Gente humilde à lavoura,
Aos campos dedicada
E enquanto à religião
Nem bem mouro, nem cristã.

Destes em demasia
Por humilde se aumentava
Com o orgulho contínuo
Cheias tinham suas áreas.

Eu vejo o reino todo
Com Felipe trata,
Despendendo-os de seu reino
Toda a terra estranha.

Conseguiu este conselho,
Com deligência rara,
Um sem número de gente
Desamparou sua casa.

De Andaluzia as costas
Deixaram atropeladas,
De bergantim e justas
É que temem o tomá-las.

Com navios e fragatas,
Que os barcos cambaleavam
Deram com grande segredo,
Nas costas do mar africano,
Mas do Orão a Argel
No Mediterrâneo vinha.

Em uma noite atiraram
Com mais de duas mil almas,
Homens, mulheres e meninos.
Que crueldade tirana!
Que para um dia sustento
Nem sequer lhe deixaram.

Deram-me aviso, Senhor,
E fui logo com minha esquadra,

Procurei favorecê-los
Com os meios que me achava
E vindo-vos dar notícia
Para ver o que ordenava.

Gente agrícola são todos
E a África tem praias
Desertas aonde pode
Com grande utilidade ocupá-las.

Rei
Já minhas espias secretas
Notícias me anunciaram
Que o grande Felipe soberbo
Essa crueldade tentava.

Mas advertindo que era
Gente toda desterrada
Do campo à agricultura
De certo a cobiçava.

Por ver que meu reino tem
Terras muito abonadas,
Fortes que esta gente
Pode lavrá-las e povoá-las.

Assim ordeno que esta gente
Por meu reino se reparta
Socorrida de alimentos
E mais coisas necessárias.

Que ao fim são mouros e foram
Da descendência fidalga
De nobres africanos
Que ganharam a Espanha.

Eu me prezo de ser
Da inclinada profecia,
Desses miramolins
De Córdova e de Granada.

Aliatar
Senhor, as embarcações
Que trouxeram embarcados
Esta gente à nossa vista
Já estão descansados.

E se os nossos navios
Guerra a eles lhe causassem

Podia ser que alguns deles
Depressa se assombrassem.

Rei dirige-se para Morato:

Rei
Dizes bem. Esta é ocasião galharda,
Para que de teu valor
Sacrifício a Maoma faço,
Sem que seu Alcorão feroz,
Não deixes costas da Espanha sã,
Que de teu valor não sinta
A nobre e sangrenta acção.

Simão
Depressa vou embarcar
Com invencível arrogância
Para que conheça Felipe
O pouco que pode ou nada.

Amete vem comigo
Que quero que nesta jornada
Em Espanha aos leões
Dês também uma pitada.

Amete
Vou gostoso sumamente
Em que havendo batalhas
Amete força será
Ao primeiro tapão [...]

Simão
Dê-me, Vossa Majestade, os braços.

Rei
E toda a alma,
Fiado de teu valor
E crédito de minhas armas.

Simão
Espero corresponder
Às honras e mercês tantos.

Vai-se.

Amete
Vou a Espanha e pregue Deus
Em que vou buscar lã cardada
Não me tosquiem a minha
E me fique tosquiada.

Mas enfim, ali há bom vinho
E jóias que eu amava,
Em que Maoma [...]
Amete a dissimulada
Porque sempre entornarei
Um vasinho pela garganta.

Vai-se.

Segunda Jornada

Canta a Música o seguinte:

Com suaves atractivos
Trata o Demónio quando engana
É como fera estranha
Quando os tem já cativos.

Sai Lusbel vestido de galha e outras senhas de demónio com uma cabeça de dragão em cima do ombro e diz:

Lusbel
Do Inferno o tambor
[...] horrível assento
Publicando vingança
[...] a meu regor o firmamento.

Soa tempestade dentro e Lusbel atravessa o tabuado arrastando um véu preto com estrelas e continua falando:

As cavernas infernais
Com excomunhões e ecos
Contra Deus guerra publicam
Movendo os elementos.

Minhas bandeiras arborem
Os diabos do Inferno
E com diabólica raiva
Sai meu exército imenso.

Sai a minha soberba antiga,
Concentrada em meu peito
Para saltar as muralhas
Que Deus pôs em meu desprezo.

Soberba

Já que chigou a hora
De me chamar, meu Senhor,
Aqui mesmo vos direi
A quanto chega meu valor.

É tão grande e podoroso
Este meu poder ufano
Que resistiria a todo o mundo
Se não fosse Deus soberano.

Renego desse tal Deus
E do seu poder imenso
Renego da Virgem Maria
Que é Mãe desse Deus intenso.

Esse impossível será
Que não seja alguma feiteceira
E ainda há quem diga
Que é eterno verdadeiro.

Eu não quero acreditar
Que seja tal Deus verdadeiro
Que se assim fosse não consentia
Que lhe dessem morte no madeiro.

No tempo de André Ursino,
A mim me lançou no prefundo,
E desse tempo tenho
Acometido todo o mundo.

Dizem que é Deus soberano,
Comigo ousou de crueldade,
Que sou a Rainha Soberba
E não tenho liverdade.

Em tempo de André Ursino
Travalho com meu rigor
Abatendo a todo mundo
Fazendo estragos de horror.

Eu, com minhas manhas,
A todos hei-de enganar
A não ser os inocentes
Que tenho de os deixar.

Há beatas com meus ingenhos
Hei-de-as enganar de noite e dia

Que mesmo a sua soberba
As traz no rancor da pilia.

Vós que estais em vossas casas
Com vossa família inteira
Quereis uns filhos mais que os outros
Viveis assim desta maneira.

Estimar mais uns que outros
É o pecado mortal
Se assim usardes estais certos
Que ides ao fogo infernal.

Porque como sabeis
Sou a soberba de meu pai
E habito neste abismo
Dando suspiros e ais.

E vivo neste aposento
E ando pelo mundo inteiro
Espalhada por onde posso
Com meu intento grosseiro.

Pais e mães dos inocentes
Que viveis em meu poder
Não vos escapais de mim
Nem do astuto Lúcifer.

Já que viveis desta sorte
Acometo a todos por igual
Com o rancor que de mim nasce
Vos lanço no fogo infernal.

E ainda direis que eu
Não tenho poder nem brio
Sou podoroso e activo
Que vivo com meu alvedrio.

Como consentes que façam,
Meu amigo Lúcifer!
Com tantas calamidades
Avassalham teu poder.

Com teu poder e auxílio
Travalho de noite e dia
Sempre num contínuo rancor
Com minha feroz bizarria.

Assim como vos disse primeiro
Sou a soberba de meus pais,
E no palácio de Vulcano,
Onde tenho meu assento,
Naquele abismo prefundo,
Naquelas chamas infernais,
Naquele horrendo lugar,
E naquela triste caverna
Vivo eu e mais seis
Que atrás de mim seguem.

Passamos neste lugar
Mil tromentos e esquisitos,
Todos juntos habitamos
Pelos séculos infinitos.

Andamos pelo mundo inteiro
Dando horrível tromento
Para que no centro do Inferno
Todos tomem seu assento.

É naquele horrendo lugar
Onde estamos sepultados
Os sete pecados mortais
Para onde fomos condenados.

Baixei a este lugar
Pela soberba que eu tinha
E agora naquele centro
De todos sou a Rainha.

Vim a este lugar
Com raiva bebendo veneno
E não me posso mostrar
Com a raiva que a todos tenho.

Falo lá com vossos pais
Com vossas famílias inteiras
Ao que todos se lastimam
Com blasfémias e mil asneiras.

O mesmo vos farei a vós,
Com esquisitas baranhas
Vos lançarei igualmente
Lá nas prefundas entranhas,
Naquela obscura caverna
Ardendo em vulcões de fogo
Para sempre eternamente.

Lusbel

Sai a Avareza ingrata
Daquele mísero avarento,
Que a Lázaro lhe negou
As migalhas com desprezo.

Avareza

Veio do Inferno em brasa
Daquele abismo prefundo
Com o rancor de minha raiva
Acometo a todo o mundo.

Sou a temida Avareza
Com minha raivosa indignação
Os homens hei-de cegar
Até levá-los à perdição.

Pronta, Lúcifer, estou
A tudo quanto me mandais
E constante avarenta vou
A publicar teus editais.

Como Avareza me assino
E habito neste lugar
Dando tromentos aos homens
Que não se possam escapar.

Deste rancor que os cerca
Suas almas farei ir
Com mil enredos que lhe invento
No Inferno hão-de cair.

Oh que ricos aposentos
Há no lugar infernal
Para os que com meu rancor
Cometam pecado mortal!

Eu que sou invisível vos trago
A todos envencionados
Com o furor que sai de mim
Vos trago eu assombrados.

Para os avarentos tenho
Camas todas por igual
De sapos, tigres e feras
Naquele abismo infernal.

Eu que de noite e dia
Acometo a todo o mundo

Com isto vos hei-de lançar
Naquele abismo prefundo.

Ninguém se escapará
Do meu rancor que é tão feio,
Com ignorâncias e regores
Hei-de lançá-los no Inferno.

Lusbel
De Sedoma e de Gamorra
Fulminando horríveis incêndios
Venha a suja Luxúria
Com seus achaques grosseiros.

Luxúria
Sou a imperatriz Luxúria
Que venho a este lugar.
Fui em tempos e sou agora
O repouso de quantos luxos
Se sustenta cá no mundo,
Sou executora dos males
Praticados neste mundo.

Da Luxúria que tantos erros
Proporciona todo o mundo
Ocasionados pelos homens
Caíram no abismo prefundo.

Pois nenhum se escapará
Do meu rancor que é tão fero
Que a todos vós hei-de lançar
Nas prefundas do Inferno.

Que eu e mais com o auxílio
Do fero dragão infernal
Tantos enredos faremos
Até cairdes em pecado mortal.

Na minha infância era eu
Infante e jovem donzela
Por tanto luxo trajar.
E por pensar então que eu era
Mais que todos neste mundo
No abismo me desterra,
Em cujos aposentos eu passo
Tromentos de noite e dia.
Vivemos os sete pecados
No contínuo rancor da folia.

Aqui vos dou meu conselho
Que consigueis minha luxúria
E vós como estais inocentes
Caís no centro do Inferno
Aonde passareis vossos dias
Sempre naquele fogo eterno.

Em diversos teatros se encontram
Damas e seus cavalheiros
Que conseguem meu intento.
Eu atão com minha raiva
De viverem em seus folguedos
Os acometo com tal atento
Com injúrias e mil enredos.

Vós não vos alembrais de Deus
Nem lhe fazeis oração?
Caís como a toutinegra
Nas unhas do gabião.

O mesmo sucede a vós-outros
Que andais em pecado mortal
Não vos podeis livertar
De cair no fogo infernal.

Lusbel
Venha de Caim a Ira
Coberta de sangue e fogo
Mostrando minha fúria activa
Qual sargento valoroso.

Ira
Saio furiosa e activa
Com sangue e fogo infernal,
Largando de ira contra vós,
Que só intento meter-vos
No calabouço infernal.

Só é com o fim de vos ver
Lá em minha companhia
Sofrendo tudo que eu sofro
Enquanto isso não consiga.

Que para isso venho aqui
Com o fim de vos impedir
Vosso caminho verdadeiro
E não para o meu furor.

Enquanto não vos veja a todos
Sepultados neste abismo

Sofrendo juntamente comigo
Grande parte do cristianismo.

Se não conseguir meu intento
Renegarei de quantos diabos
Há no fogo infernal
Que é seu poder limitado
E são a causa de todo o mal,
São a causa de o mundo cair
Para sempre em pecado mortal.

Lusbel
Do maldito Baltazar
A Gula venha bebendo veneno
Com muita prefundidade
Nos próprios cálix do templo.

Gula
Aquela, bebendo veneno
Sou, e venho aqui parar
A ver a quanto chegam
Aqueles que com a gula
Cometem pecado mortal.

Comendo demasiado
Me gostava a mim em tempos,
Não pensava em economizar
Tudo quanto via comia.
Não me satisfazia com os olhos,
Só tinha eu por estilo
Devorar quanto via.

E por isso executou Deus
Em mim o golpe temível
Que me lançou no abismo
Neste palácio terrível.

Com ignominias tantas
Vos tratarei a vós-outros
Só com o fim de vos ver
Nos escuros calabouços.

Para sempre penareis
Por causa da maldita gula
Com alguns meus companheiros
Que se seguem depois de mim,
Nas cavernas infernais
Para um século sem fim.

Lusbel
Venha a Inveja furiosa
Motivo do meu desempenho
Fazendo ofício de alferes
Na guerra que eu pretendo.

Inveja
Como alferes fui chamado
E venho com toda a deligência
Obedecendo o mandado
De meu Senhor com urgência.

Com a inveja que tive
No meu tempo de viver
Agora quero que todos
Tenham o mesmo proceder.

A Inveja é o que mata
Essas almas furiosas
Que todas vêm caindo
Nestas chamas abrasadoras.

Como eu estou sofrendo
Que sofram todos por igual
Mil tromentos esquisitos
No abismo infernal.

Por isso tu, Lúcifer,
Olha bem para estes laços
Pois tenho levado muitos
A cair sem embaraços.

Aqueles que têm inveja
Do que Deus faz aos outros
Hei-de-os fazer cair
Nos tremendos calabouços.

Quando eu vejo cair
Alguém nestes meus enredos
Travalho ainda com mais fúria
Nos mais altos segredos,
Dizendo que fazem bem
Obrar desta forma assim
Para que Deus os leve
Onde me levou a mim.

Pois é tão grande o desvelo
Com que eu tenho travalhado

Só por vos ver todos juntos
Donde eu estou sepultada.

Aqueles que teve os filhos
Com alegância e formosura
Todos cheios de inveja
Caíram na caverna escura.

Saíram todos deligentes
À primeira chamada
Sai tu, Preguiça infernal,
Dessa obscura morada.

Lusbel
E por cabo principal
Do meu exército sangrento
Venha a Preguiça vil,
Pirata e soldado velho.

Preguiça
Como último fui chamado
E pronto estou a obedecer
Estava enredando uma alma
Mais cedo não pude aparecer.

Não há ninguém neste mundo
Que eu não tenha acometido
Travalhando e enredando
Até os meter no abismo.

Quando às vezes toca o sino
Para ir à oração
Muito ficam em seus leitos.
Oh que grande perdição!

Outros dizem que ainda é cedo
E deixam-se estar descansados
Com mil enredos e manhas
Assim os tenho enganado.

Até mesmo os fariseus
Que gastam o seu jornal
Quando o patrão se vai embora
Acometo por igual.

Eles não se podem escapar
Do meu rancor que é tão fero
Enquanto os não veja sepultados

Nas prefundas do Inferno.
Por isso vós, preguiçosos,
Atendei ao que vos digo.

Ao povo:

Lembrai-vos do meu nome
E nele andai sempre pensando
Que eu hei-de chigar
Sem saber como nem quando.

Ó avarentos do mundo
Que bem buscais vossa sorte
Só pensais em juntar bens
E não pensais em a morte!

Lembrai-vos que em um dia
Com minha gadanha afiada
Vos hei-de tirar a vida
E a riqueza não vale nada.

Eu virei em certa hora
Em que vós não me esperais
Do golpe desta gadanha
Não escaparão filhos nem pais.

E vós homens de dinheiro
Que com usura o levais
Roubando o suor aos pobres
Por portas os lançais.

Lembrai-vos que o Demónio
Vos espera no Inferno
Para vos dar o castigo
Com um tromento eterno.

E vós pobres que viveis
Em este mundo aflitos
Em morrendo ireis ao Céu
E depois já sereis ricos.

Ricos e pobres do mundo
Papas, Bispos e Monarcas,
Pais, filhos e crianças
De qualquer idade em questão,
Do golpe desta gadanha
Nunca escaparão.

Vai-se e acorda Simão.

Simão

Que sonho tão sombroso
Tenho tido. Alá me valha!
Que me assaltava a morte
Distintamente sonhava.

E para acabar comigo
Levantava a gadanha
E ao descarregar o golpe fatal
Logo Miguel o retiraba,
Dizendo que Maria
Por sua intercessão sagrada
Em paga daquele rosário
Que cada dia lhe rezava.

Minha morte alcança trevas,
Para mim a morte é cumprida.
Pois será verdade isto?
Algum encanto ou fantasma
Da minha coragem activa.

Reformar quero a senha
E primeiramente meu amor
Nos ecos das famas
Publicarei meu valor.

Fará o meu rancor
Temer a Espanha e a França
E para molestar as costas
Tenho pronta a minha espada,
Desprezando fantasias
E suspeitas várias.

Maoma me dê sua ajuda
Que espero nesta jornada
Deixar esculpido o nome
De Simão Ansa, o pirata.

Vai-se embarcar com os mouros e sai El-Rei,
Dalifa e Cassandra. Diz o Rei:

Rei

Não sintas, Dalifa, tanto
A ausência do teu amor
Faz ao valor empenho
Que invijoso é o honor.

Às costas de Valença
Vai com a armada direito
A dar saque de improviso
A uma vila daquele reino.

Conforme ele vai animado
De tal afeição e empenho
Há-de ficar Argel rico
De escravas e dinheiro.

Dalifa

Tenho-lhe grande amor
E ao vê-lo assim deserto
Mil imaginações
Tenho dentro do meu peito.

Rei

Que é o que tens, Dalifa,
Que tanto te desassossega?

Dalifa

Sinto, Senhor, o temer
Ciúmes é o principal
Que meu marido me deixe por outra
Que esta a mim não seja igual.

Temo uma fatalidade
Do que lhe pode acontecer
Dos bélicos encontros
E nestes pode morrer.

Vendo-vos tão esforçado
Em seus arrojos tremendos
E temo que a fortuna
Inveje o bem que nós temos.

Por outra parte suas prendas
Por este galante despejo
Não queria que outro amor
Dele fizesse estropejo.

Suponho que meu grande amor
Finge este desveneio
São jóias de amor
E ciúmes de receio.

Cassandra

Senhora, aprendei de mim
Em que meu Amete lá tenho.

VERDADEIRA TRAGÉDIA ILUSTRADA OU AUTO DO RENEGADO DE FRANÇA

Nada me importa
Dizendo, se este me falta
Me amará outro milhor.

Que ele me queira, me regozijo
Amete com grande ansa,
Ele solicita meu amor
E eu lhe quero por chalaça.

Não há mulher que não goste
Namorar o seu bocado
A qualquer homem que seja
E trazê-lo enganado.

Mas somos vasos vazios
E é mui natural enchê-los
E sem qualquer vaso ter
Os côncavos bem repletos.

Dalifa
Em que tua graça me alegra
Não me alevia o tromento.

Desparam tiros dentro.

Rei
É sinal que entrou
Embarcação no porto.

Cassandra
Sim, Real Senhor,
Que chigou ontem à noite
De Espanha uma embarcação
Que lhe chamam o remédio
E dos cativos redenção.

Haverá duas horas que espera
Um Barbão mui reverendo
Para falar a Vossa Alteza
E mete aos meninos medo.

Dalifa
São antigos tributários
Dos africanos raianos
E trazem para nossa casa
A prata que não temos.

Rei
Se redenção não houvesse,
Dalifa, eu te confesso
Que não podia no mar
Sustentar o que sustento.

Cassandra
Amete prometeu-me
Uma escrava e eu espero
De ter muito dinheiro
De Espanha se chega a tempo.

*Sai Padre Redentor com barba branca
e Marco Marim, mercador, e diz:*

Frade
Dai-me, Vossa Majestade,
Os pés, Senhor, a beijar...

Ajoelha-se.

Rei
Do chão vos levantai.

Frade
Em vista do passaporte
E trato que temos feito,
A resgatar os cristãos
Que tendes em vosso reino,
Viemos com quantidade
Bastante de dinheiro
Para comprar os escravos
Que tendes no cativeiro.

Já o dinheiro manifestamos
Na alfândega da entrada
E a Vossa Alteza pedimos
A licença assinada.

A liverdade para o trato
Somente é o que espero
E também para achar
Convosco e reconhecê-lo.

Rei
Com todo o gosto e licença
Para tudo vos concedo

Mandando que se publique
Vossa chigada e momento
Com buzinas e tambores
E bélicos instrumentos.

Para os que tenham escravos
Apareçam num momento
No porto donde passais
A fazer vendas e consertos.

Tanto a vós, nobre cristão,
Como a vosso companheiro,
Em todos vossos negócios
Espero favorecê-los.

Frade
Dar a Vossa Majestade gosto
Em tudo pretendemos
Ajoelhados a vossos pés,
Humildemente oferecemos.

Rei
Donde sois?

Frade
De Valença e me prezo de ser
Por ser a cidade mais nobre
Que em meu reino pode haver.

Rei indica para Marim.

Rei
E vós?

Marco Marim
Certo mercador
Que a vender botões venho
Com desejo de trocar
Por escravos o dinheiro.

Rei
Está bem!
E de que cor os trazeis?

Marco Marim
Todos vermelhos
Em quantidade grande, Senhor,
Até cinco mil e quinhentos.

Rei
Finos, de seda brilhante
É como os eu pretendo
Que tenham lindo lustre
Fabricado em Toledo.

Marco Marim
A vista é que faz fé
É o que assegurar vos posso
Que não vi outros iguais
Desde que ando neste negócio.

Rei
Pois que livremente os vendas
Logo que avantajados.
Como te chamas?

Marco Marim
Meu nome é Marco Marim
E venho com grande desejo
De levar prata cristã
E deixar cá o dinheiro
Porque meu Deus é grande
E ele nos dará o prémio.

Rei
Para tudo dou licença,
Ide com Deus.

Frade
Deus guarde Vossa Alteza!

Vai-se o Frade e Marim.

Rei
Infanta, se tu queres
Que à praia baixemos
A ver suas lindas vistas
Para vaziar teus pensamentos...

Dalifa
Vamos Senhor, por se acaso
No vento vem algum suspiro
Que venha da França aqui
Enviado por meu marido.

Vai-se Dalifa e El-Rei.

Cassandra
Eu de Amete só espero
Que acobardado e com medo
Solte apertando os ventos
Algum pastinalgo preso.

Vai-se. Tocam caixas e desparam tiros dentro
fazendo ruído de espadas e diz dentro Dalife:

Dalife
Ao mouro, valentes mouros,
Tomai todas as portas
Fazendo neles destroço
Nossas serão as vitórias.

Dentro Aliatar:

Aliatar
Já está dentro e é
A guarda avançada.
Todo aquele que resestir
Arrancarão sua alma.

Soldado cristão
Ó Virgem Santa, ajudai-me
Contra estes malditos mouros
Pois nos querem roubar
De nossa igreja os tesouros!

Prestai-me, Senhora, vosso auxílio
E força à minha espada
A ver se posso vingar
Desta maldita canalha
Pois em vosso templo
Não querem deixar nada.

Sai Simão Ansa com a espada na mão desem-
bainhada e bastão na mão e diz:

Simão
Já penetraram o mouro
E dentro a caixa toca
A Península já temos
Bem segura por nossa.

Antes que os comarcanos
Acudam a socorrê-la
Em meus navios porei
Toda a sua gente e riqueza.

Sai Aliatar e Dalife perseguindo o soldado
cristão.

Aliatar
Rende a vida, cristão,
De Maoma a potência.

Soldado cristão
Mais quero a vida deixar
E por minha Lei a potência.

Simão
Matais se não se rende.

Soldado cristão
Pero antes que eu morra
Hei-de cortar com minha espada
A mil mouros a cabeça
Para ela ficar vingada.

Vão-se e fica Simão e diz:

Simão
Notável valor oferece
Que a nobreza se alenta
Mas os mouros são tantos
Que têm a vida cheia,
Pois façam em talhadas
A menor resistência.

Sai Amete com a espada desembainhada e diz:

Amete
Alvíssaras, Senhor, meu amo,
Que são grandes e bem certas
Pois todos os cristãos
Soltaram suas prendas.

Com o furor desta espada,
Com brio e gentileza,
Cada passo que eu dava
Embrulhava uma dezena.

Quando a sentinela bradou
Estavam todos dormidos
Saltamos-lhe logo em cima
Toda a gente de teus navios.

Com grande arrogância,
Mas mais medo que vergonha,
Em camisa para a igreja
Corria a gente toda.

Não lhe valeu o fugir
Nem meterem-se nas tocas
Com as armas que levávamos
Logo arrombábamos as portas.

Ficaram pasmados os homens
E juntamente as mulheres
Em camisa e em manto
Tornaram-se todas trémulas.

Este gado fiminino
Ao ver tal tragédia
Encomendavam-se ferozes
A Deus e sua potência.

Como estavam em camisa
Que medo tinha ao vê-las
Representava-se ali
As almas feitas em penas.

As jovens se desmaiavam
E ficavam macilentas
Mas como eram bruxas
Já todas pareciam velhas.

Levaram-as pelas ruas
A gente de teus navios
Dentro em pouco tempo
Acabaram-lhe com os brios
Pois tinham o caramboliz
E as nádegas descobertas.
Eu como sou vizarrete
Tive piedade e climência.

E uma velha dentilhuda
Sabendo que era tabarneira
Encaixei-me logo em casa
Eu sozinho e mais ela
Pois sou algo afeiçoado
Ao sumo da parreira.

Minha sede é muito grande
E sequer fazer obra

Que eu gosto muito dela.
Encha-me esta barriga
Com o leite da sua adega.
Antes que sou mouro,
De vinho a sede me apertava.

Bem escusava Maoma
Em sua Lei dar tal borrasca.
Deu-me piedosa a beber
E juntamente ela bebia.
Saquei-a fora da vila,
Escapa-te como puderes.

Juntámos soma grande
De ouro, prata e riquezas
Das casas que derruímos
De conventos e igrejas.

Homens, mulheres e crianças
Grandes números dão alaridos
Amarrados vão chorando
A embarcar em teus navios.

Roupas, alfaias e armas,
Quantidade grande tem achado,
Jaez, peças de seda,
Parte delas tem deixado.

E para mais arrogância
Da Lei que eles lá têm
Um Cristo crucificado
Em teus navios vem.

E a Mãe deste Cristo
Que no altar se alumia
Em uma a querem levar,
Que é mui formosa e bela,
Para que em Argel os mouros
Façam uma festa com ela.

Simão
Que dizes, infame?
Não promaneças tal blasfémia!

Amete
Olhe que o acontecido
É verdade com certeza.

VERDADEIRA TRAGÉDIA ILUSTRADA OU AUTO DO RENEGADO DE FRANÇA

Simão
A Imagem Soberana
De Maria e quem se atreva,
Por vida de El-Rei, meu mano,
Que o mouro que tal tente
Em tremenda prisão será metido,
Dar-lhe-ei grandes tromentos.

Amete
Juro a Deus.

Simão
Deita, infame,
Uma peste a tua língua!
Maria, Sacro Santa,
Sendo dos Céus Rainha,
Nem sua imagem nem sombra
Nem quem tenha alguma profia.

Vai diz-lhe a Aliatar
Que de nenhum modo
E com tal reverência
A deixe posta em seu altar
E duas velas lhe acenda.

Embora vá cativo
O Cristo para nossa terra
Fazendo-lhe ao mundo mais paixão
Mais ao vivo representa.

Amete
Já, Senhor, vem aqui
A dar-te de tudo contas
Que desta vez também os mouros
Andamos com cristos às costas.

E eu com o odre de vinho
Escondido na fragata...
E à saúde de Maoma
Vai mais uma litrada!

Sai Aliatar e Dalife com um Santo Cristo
metido em uma caixa e diz Aliatar:

Aliatar
Sacro Senhor do império.

Dalife
Tem sido a maior prenda
Que nós pudemos apanhar
Em a vila de Valença.
Sem faltar mouro algum
Na vila toda inteira
Temos ganho e levado
Toda a gente e fazenda
Sem morrer; e sem conta,
Sedas, peças e alfaias,
E as embarcações levam
Mais de duas mil almas.

Simão
Este Cristo com que fim
E que ganância esperais
Levais a barbaria
Essa barba lhe tirai.

Dalife
É para alegrar a festa
Com gosto e reverência
Que em mofa dos cristãos
Hoje em Argel estão à espera.

Simão
Levais cativo a Argel
Mas a imagem que embeleza
Que pariu e ficou virgem
De nenhum modo e maneira
Lhe toqueis nem a agrabeis
Que tenho grande fé com ela.

Aliatar
Fará-se como mandais.

Simão
Para que embarquem os cativos
Faço toda a deligência
Levando tudo quanto possam
As embarcações de guerra.

A vela e remo, caminhar
Antes que Valença venha
Armada contra nós,
Que lhe fique bem que chorar.

Se o Céu me dá vida
E o grande Maoma me alenta
À França eu lhe afirmo
Que não será a derradeira.

É esta vez que o grande Morato,
Renegado de Marselha,
Molesta todo o marítimo,
As costas e a fronteira.

Amete
Não será a última que Amete
Se embebeda em suas tavernas.

Vão-se, sai o Rei, a Infanta e Cassandra criada.

Rei
Esperando estou por hora
De teu esposo a chigada
Da sua nobre fortuna
Alguma impresa galharda.

Dalifa
Tanto a alma me atromenta
Esta ausência tão amarga
Que se dilata muito
Morrerei desesperada.

Que a ausência do amor
Foi sempre cruel madrasta
E eu o amo ternamente
Feroz tenho a alma.

Cassandra
Pois eu, Senhora, queria
Que meu Amete se ausentasse,
Muitas vezes pelo gosto
Que em vindo não me acha
A uma mulher que seu esposo
Não deixa sair de casa.

Abram-lhe a sepultura
E prevenha-lhe a mortalha.
Se eu com um tecelão
Por desdita me casava
É certo que não viveria
Nem tão pouco uma semana.

Desparam tiros dentro.

Rei
Nos castelos do mouro
Deram agora salvas.

Dalife
Alvíssaras, meu coração,
Que já vem tua esperança.

Sai Simão de General, Aliatar, Dalife e Amete.

Simão
Dai-me a beijar, grande Senhor,
Milhares de vezes vossos pés.

Rei
Os braços, meu irmão,
Te darei de milhor vontade.

Simão
E vós, belíssima esposa,
Festijai a quem vos ama.

Dalifa
Carinhoso um coração.

Abraçam-se.

De novo vos ofereço a alma.

Simão
Atendei, amada esposa,
De minha feliz jornada
O mais venturoso acerto
Que cabe em vossa esperança.

Saí deste nobre porto
Governando as esquadras
Hoje faz quatro dias
Contra as costas da França,
Tão activo e tão furioso
Que o mar mesmo se assombra
De ver sobre suas ondas
Uma esquadra tão galharda.

Em fé de sua admiração
Suas ondas purificadas

Favoráveis favoreceram
À minha ordem as espadas.

Avistei ao terceiro dia
De Catalunha as praias
Reconhecida de longe
Suas eminências altas.

Segui pelo meio do Golfo
Minha derrota com bonança
Até achar paragem
Nas costas do reino da França.

Ordenei logo ao escurecer,
Com salva-vidas e lancha,
Com o selêncio possível,
Que entrasse a gente armada.

Indo no escuro da noite
Com boa ordem formada
Toda a artilharia
Posta na retaguarda.

No porto da Península
Sua vila situada
Sobre um redondo pinhão
Que na praia se avistava.

Entramos tanto em selêncio,
Antes de uma hora estava
Cercada toda a vila
E postos as entradas.

Ao ponto que o Sol deu luz,
A brilhar principiava,
Já estava nosso estandarte
Nas muralhas, até brilhava.

A porta mais terreira
Estava bem fortalicida
Atiramos com ela abaixo
Com um tiro de artilharia.

Alvorotou-se o povo todo,
Mas tarde, porque estava
A raia cheia de mouros,
Gente muito bem armada.

E os que resestirem
Se façam em talhadas
Quasi se venderam
Mui perto de mil almas.

Em minhas fragatas cativos
Vêm de todas as casas,
Igrejas, capelas e conventos
Vêm sedas, ouro e prata,
Vestidos, metais e chalupas,
Grande número de alfaias.
Penso que em todo o Argel
Não se achará outras tantas.

Tudo ponho a vossos pés
E de minha esposa Infanta
Até uma imagem de Cristo
De luzes bem adornada.

Do reino toda a gente
Devotamente adorava,
Para Argel o trago cativo,
Do cristianismo a vingança.

Vendo-o em nosso poder
Se abrasam em viva ânsia
Não ficou na vila toda
Por arruinar uma casa.

Só na igreja maior
Ficou uma virgem entacta,
Aquela donzela formosa,
Que Lei cristã chamava
Maria, Mãe de Cristo
Concebido sem mácula.

Esta foi por afeição
Que lhe tenho demasiada,
Por sua grande formosura
É justo reverenciá-la.

Rei
Em prémio de teu valor
Por tão ilustre acção formosa
Quero que dês metade
À Infanta, tua esposa.

Outra metade quero
Pelos soldados as repartas
Para que vivam gostosos
E obedientes às nossas armas.

Para mim a vitória só
Desta impresa me basta
Por saber que de minhas forças
Ficou pavorosa a França.

Dalifa
Pelas referidas honras
Que Vossa Alteza levanta,
A meu esposo, os meus carinhos
De novo se consagram.
Minha vida aos vossos obséquios
Estará sempre prostrada.

Vão-se e fica Amete e Cassandra.

Cassandra
Amete, sejas mui bem vindo.
Como te foi na jornada?

Amete
Cassandra, divinamente,
Porque eu lá passava
Milhor que todos os mouros
E nunca me atragantava.

Em que virgem como fui vim.
Cassandra, minha espada
Matava mais que todos
Os mouros em batalha.

Cassandra
E que matavas?

Amete
Com muito cuidado a sede,
Que não ficou tinalha,
A que um tento não desse.

Cassandra
E de mim não te alembrava?

Amete
Sim, algumas e quantas vezes
Cada dia te brindava

Com um vaso de meio canto
À tua saúde me embebedava.
Em teu nome, à razão
Fazia com tanta gala
Que sempre sem razão ficava.

Cassandra
Segundo isso, entre ambos,
Amete, te embebedavas.

Amete
Por ti perdi o juízo
Não é grande fineza, Cassandra?

Cassandra
Muito milhor seria
Que agora me apresentasse
Alguma curiosidade
Para adornar minha cara.

Amete
Meu gosto é pouco careiro
Gosto de fruta barata,
Em me vendo em ocasião
Fazemos boa selada.

Cassandra
Pois saiba, Senhor Amete,
Que não havendo dinheiro
Acabaram-se os tratos
E beija-me no traseiro.

*Deita a mão atrás e vai-se. Amete alarga-lhe
um pontapé e diz:*

Amete
Toda a mulher que não é
Obediente a seu marido...
Santo sobreiro de garrote,
Lenha do Vervo Divino,
Viva Alá, que se me caiem
Pelas traseiras as babas,
As mulheres não lhe dando tudo
Logo nos voltam as espáduas.

*Vai-se. Sai Lusbel vestido de anjo e asas, mas
com senhas de demónio e diz:*

Lusbel

A eterno e feroz tromento
Me tem Deus condenado
Porque quis estar assentado
Sublime com seu acatamento.

Como hei-de estar contente
Em tão eterno penar,
Mais que gemer e chorar
E blasfemar contra o firmamento?

Que me tem sem cuidado
Sem me querer perdoar.
Uma soberba intenção
Foi meu pecado tão justo,
O castigo que já injusto
Fosse longe em Deus meu perdão.

Não pode ser sua redenção
Voltar-me o que perdi
Pois não me vale a mim.
Não é justo que um renegado
Goze aquele feliz estado
Onde eu criado fui.

A Lei de Cristo trocou
Pela seta de Maoma
E da Igreja de Roma
Sacerdote renegou.

Mas de Maria não
Por ser com ela fiel
Está empinhado Miguel
Contra meu sumo desvelo
Que o há-de levar ao Céu
Fazendo um Santo dele.

Oferecerei montes de ouro
Porque de Maria o decoro
Perca nesta devoção
Se não há estimação.

Depressa o farei cair
E tão cruel penso ser
Com este desventurado
Que de Maria retirado
De mim se venha a valer.

Nesta glória,
Com grande segredo e recato,
Mil vezes entra Morato
A rezar a ave-maria.

Algum quer minha ousadia
Se com medo pode ser,
Arrancar esta devoção sagrada,
Que dela desarraigada
O traga ao meu poder.

*Retira-se a um lado do cortinado e sai Simão
e tira um rosário do peito e põe-se a rezar.*

Simão

Quero por ser hoje o dia
Da gloriosa Assunção
Rezar com devoção
O rosário de Maria.

Deus vos salve Maria,
Morte da alma minha,
Concebida sem culpa,
Mancha ou pena,
Da graça e de virtude cheia.

De que Deus foi servido
De estar sempre contigo,
Entre as mulheres todas,
Só vós fosteis às eternas bodas.
E por este bendito Fruto
Do Vosso Ventre acredita.

Rogai por nós, Senhora,
Agora e na hora da morte
Para ver se alcançamos
Os pecadores o que desejamos.

Que eu, vil renegado
Da vossa protecção,
Pergunto vosso sagrado coração.
Muito tenho ofendido a Deus,
Mais que minha malícia valeis vós
Por mim, filha e esposa
E vossa intercessão mui piedosa.

Em que a Cristo neguei
No renego, a vós vos reservei,
Em que me volvi mouro

Vos tenho sempre este fiel decoro
Pagando-vos em rezar o rosário
Sendo eu a Deus adversário.

Não me esqueçais, Senhora,
Norte do mundo, Bela Aurora.
A Igreja tenho perseguido
Mas deste pecado estou arrependido.

Mas a vossa imagem guardado
De vida, doçura e reverência
Como salve ó Rainha de Valença
Em que a Deus não o mereço
Em vossa atenção humilde ofereço.

Fica-se rezando de joelhos e sai Lusbel e diz:

Lusbel
Não sei como sofrer pode
Minha infernal obstinação
Que com vida Simão fique
Por esta grande devoção.

Eu farei que se inrede
Em vícios com tal ousadia
Que duma e doutra maneira
Esqueça sua fantasia
Olvidando-se de Maria,
Morrerá com fatal agonia.

A Dalifa, farei ciúmes
A El-Rei, cruéis traições
Fazendo-lhe mil turbações
Para que em seu peito tenha
Horrendas aflições
E às minhas garras venha.

Em meio destes desvelos
De temor e confusão
Tratando sua perdição
Executarei como a Judas
Tão fatal desesperação.

Vou ao Inferno chamar
Os espíritos ferozes
Que em entrar são mais atrozes
Para meu intento tratar.

E não penso sossegar
De dia e noite, até não ter,
A Simão em meu poder
Pois mediante minha descórdia,
De Deus a mesericórdia,
Pouco lhe pode valer.

Vai-se e diz Simão:

Simão
Virgem de Deus, Relicário,
Recebi de meu afecto este rosário
Em cuja devoção serei inotável
Enquanto durar esta vida miserável.

Em todas as ocasiões
Serei defesa de vossas perseguições
Em que a Deus tenho ofendido
Tenho esperança de vós ser atendido.

Minha perversa sorte
Peço que se faça boa
Como sois Mãe de climência
Tende o mando e a potência
Pois quero venerar vossa coroa.

Sai Nossa Senhora com Música. Cantam:

Aurora de sol, Divina,
Cercada de resplendor
Baixou ensinar o caminho
A um errado pecador.

Nossa Senhora
Simão, errado pecador,
Abre os olhos com calma
Olha que teu benigno Deus
À penitência te chama.

Porque todos os dias
O rosário me rezavas
Encontras piedade sã em Deus
De minhas súplicas rogadas.

Não persigas mais sua Igreja
Deixa essa seta malvada
Pois Deus abrindo os braços
À penitência te manda.

Em Valença onde foste
De sua Igreja pirata
Para emendar teus erros
Já tens escolhida morada.

Não deixes minha devoção
Pois dela de Deus alcanças
Vida para te arrepender
E recolher-te em sua casa.

Vai-se a Virgem e canta a Música:

Salvé Rainha dos Céus
Que a seus devotos adora
De Deus alcançou vitória
Dos erros que cometeu.

Levanta-se Simão e diz:

Simão
Divina Aurora do Céu,
Mãe de Deus Soberana,
Infenitas graças vos dou
Por essa intercessão tamanha!

Oh Celestial Alegria!
Vemos aleluia tanta
Para este pecador
Que de Deus vive em desgraça.

E vós, Miguel benigno,
Como anjo de minha guarda,
A Lusbel inimigo
Impedi-lhe sua raiba.

Ordenai brevemente
Que de Argel e de mouro saia
Para onde disponha Deus
Que minhas culpas satisfaça.

Dai-me conselho fiel
Em que tenha confiança
Para executar veloz
O que a Virgem Mãe me manda.

Vai-se.

Terceira jornada

Canta a Música o seguinte:

Glorifiquem teu nome
A Jesus todos os Santos
Para salvar uma alma
Sofre travalho e espanto.

Sai Marco Marim e diz:

Marco Marim
Bendito sejais, Senhor das Alturas
Que assim honrais as humanas criaturas
Pois do meu grande cuidado
Em sonho me tendes anunciado.

Vim desde Valença
A Argel gostoso,
Por vossa obediência
A resgatar um sacerdote infiel
E condenado às instâncias de Lusbel.

Não saber quem seria
A hora continua e moléstia minha,
Procurei descobri-lo,
Mas era impossível consegui-lo.

Em Argel, todos os renegados
Dos cristãos andam retirados.
Voltei-me as vós, Senhor,
Que condoído de grande dor
Me revelasteis que era
Morato, o General
Nobre e principal
E do mesmo Rei cunhado.

Com a Infanta Dalifa já casado
Mas estava já condoído
E de suas culpas arrependido.
Suplico-vos, pelo sangue que vertesteis,
Para acertar em tudo.

Mandai um anjo que me ensine
Buscando pois ocasião
Em que lhe possa livrar o coração.
A Vossa Soberana Providência
Peço acerto em esta deligência.

*Sai Amete, Aliatar e Dalife com uma caixa e
dentro um Santo Cristo, e cantam o seguinte:*

O Cristo que os cristãos
Reverenciavam lá
Cativo aos mouros veio
E cativo ficará.

Amete

Lá em cortinas de seda
De ouro e tapetão
Mui devoto o punham
Mas hoje cativo o verão.

Cantam todos três:

A redenção de cativos
Nem sequer o livrará
Pois preso o trouxemos
E cativo ficará.

Amete

Lâmpadas de fina prata
Te alumiavam no altar
E punham-se de joelhos
Para assim o adorar.
Outra vez a seus países
Por força o hão-de levar.

Aliatar

Por lá a gente chora
Com toda a calamidade,
E como bons cristãos
Se é que o adoram deveras
De certo o comprarão.

Marco Marim

Nobres mouros,
Para onde caminhais
Com esse Cristo Santo
Que seu nome profanais
Com solene e alegre cântico?

Aliatar

Vem cristão connosco
Verás como se riem as mouras
Vendo que cativo vai
O Deus que tu adoras.

Dalife

Na Península adorado
Era de toda a gente
E por isso somente
Em Argel é cativado.

Marco Marim

Deus Eterno, eu padeço
Em vista de tanto mal
Para vos livrar meu capital
E minha porção vos ofereço.

Mouros, eu sou mercador
Para a França quero voltar
Se o Cristo levais a vender
Eu vo-lo quero comprar.

Aliatar

Se nos dás boa porção de prata,
Está feito.
E faça-te bom proveito
O Cristo e sua devoção.
Diz quanto nos hás-de dar
Se contigo o queres levar.

Marco Marim

Mouros, eu não sou amigo
De me cansar em resgatear.

Amete

Dás-nos quatro mil ducados!

Marco Marim

Sim, os dava se os tivesse
Que em que o Cristo é de madeira
Eram mui bem empregados.
Vamos já a contar
Se vós quereis mil ducados.

Amete

Não te-o queremos dar,
Deixai-o não o escuteis.

Marco Marim

Quanto há-de ser o último africano.

Aliatar

Três mil pesos em dinheiro
Ou em botões te-lo damos.

Marco Marim

Já os botões vendi
Dois mil pesos vos darei
E o Cristo levarei.

Dalife

Como é um Cristo tão pesado
Deu-nos muito travalho
Para ver de o aqui trazer,
E menos de três mil
Não te-o podemos vender.

Amete

Fica-te com Deus, Barrabás,
Cristãosinho palavreiro,
Queres muito ao dinheiro
Mas o Cristo não levarás.

*Fazem que se vão com o Cristo e Marco
Marim os detém e cantam o seguinte:*

O Cristo que os cristãos
Reverenciavam lá
Cativo aos mouros veio
E cativo ficará.

Marco Marim

Não hei-de passar daqui
Com o Cristo que eu quero
Que sobre este dinheiro
Ficar-me cativo aqui.

Aliatar

Não fazemos com isso nada
Se os três mil não nos dás
Para o levar contigo
Se ficará cativo.

Marco Marim

Não ficará.

Todos três:

Sim, ficará
Que é nosso cativo.

Marco Marim

Também vos pesará
Meter-vos em tão grande perigo.

Sai Simão e diz:

Simão

Que é isto?

Marco Marim

Nobre General,
Meu Cristo cativo está
E eu o quero resgatar,
Pago resgate dobrado
E não me-o querem dar.

Simão

Quanto te pedem por ele?

Marco Marim

Pedem-me três mil ducados.

Simão

Não te pedem demasiado
Que muito mais vale ele.
És miserável ou louco
A não lhe-os ofereceres.
Dás com isso a entender
Que estimas a teu Deus mui pouco.
Quanto dás tu?

Marco Marim

Dois mil eu dou
Que é todo o cabedal que eu tenho
E por ele me queimem hoje
Juntamente convenho.

Diz Marim à parte:

Suposto, grande Morato,
Que foste e és cristão,
Se me ajudas com tua mão
O Cristo terás grato.

Simão à parte:

Simão

Sem dúvida este mercador
O deve Deus enviar
Do poder de Lúcifer
A minha alma livrar.

Para Marim:

Cristão, eles têm gosto
De que fique em cativeiro,
O Cristo, se tu prisioneiro
Não dás o que for de justo.

Pedem três mil e tu dás dois!
Interesseiro quero ser
Nesta venda por fazer
Que leves o teu Deus.

Os três:

Em vossa mão o deixemos,
O que fizerdes acataremos.

Marco Marim
Digo que mui bem está
E nisto nos ajustemos.

Simão
Pois cristão que resgata
O Cristo do cativeiro
É de justo que pagues
O que o Cristo pese em prata.

Marco Marim
Com muito gosto aceitarei o trato.

Amete
Eu também, porque os três
Segundo ele é de pesado
Mui mal podemos movê-lo
Este Cristo desventurado.

Simão
Já que aceitais o trato
Todos quatro por inteiro
Eles que vão pelo peso
E tu vai pelo dinheiro.

Amete
Vamos correndo buscá-lo
Que segundo é de pesado
Muitíssimo há-de de pesar
O Cristo desventurado.

Vão-se os três mouros e diz Marco Marim:

Marco Marim
Não trates o Cristo mal
Que nele pretendo e desejo
Em tão justo emprego
Consumir meu capital.

Vai-se. Deixam o Santo Cristo com a caixa aberta em cima duma almofada, e Simão põe-se de joelhos diante dele e diz com devoção:

Simão
Imagem trazem-te verdadeira
Do Verbo Eterno,
Que no traje humano,
Para remir o homem do pecado
Em uma cruz de madeira
Fosteis crucificado,
E por franquiar o Céu aos mortais
Vos oferecesteis a padecer injúrias tais,
Por saber, Grande Senhor,
Que é imenso e eterno
O vosso grande amor.

Além que para minhas
Culpas tão abomináveis
Não haverá desculpas.
Desejo, meu Deus, em fazer
Uma rigorosa penitência
Peço que me auxilieis
Com o poder da vossa climência.

E me recolha ao sagrado
Dessa preciosa chaga do lado
Esses braços abertos
Com que vós me esperais
São indícios certos.

Filho pródigo tenho sido.
A Vós e a Vossa Igreja
Eu tenho perseguido,
Mas vós como Rei
Da instância de Maria,
Vossa Piedosa Mãe,
Me chamais e me alentais,
A nova vida que vos ofereço.

Senhor, arrependido
Vos suplico, humilde,

VERDADEIRA TRAGÉDIA ILUSTRADA OU AUTO DO RENEGADO DE FRANÇA

A vossos preciosos pés,
Que à terra de cristãos
Me leveis outra vez.

Levanta-se e sai Marco Marim com uma bolsa de dinheiro e os mouros com uma valança grande e diz Amete:

Amete
O peso aqui está, Senhor,
O maior que em Argel
Que se tem pesado com ele,
Jóias de grande valor.

É dum judeu malvado
Que me-o ofereceu mui lesto
Para que pesasse o Cristo
Para quem ele está agravado.

Simão
O Cristo é evidente
Que dobrado há-de pesar
Será para esta gente
Caso de admirar.

Marco Marim
Antes julgo que por isso
Há-de pesar quasi nada
É Cristo de pouco peso
Para a gente malvada.

Amete
Colgado o peso está já,
Venha o Cristo à valança
Ponha do outro lado
Oito bolsas bem cheias.

Marco Marim
Penso que desta sobejará.

Aliatar
Bem pode pôr seguida
Que o Cristo pesa um mundo.

Marco Marim
Deixem o peso igualar
Vejam que pesa tanto!
O Cristo nem metade!!

Amete
Viva Deus que é verdade!
Parece coisa de encanto.

Marco Marim
Tiro mais dinheiro dele
Que mais preciso tirar
Para chigar a igualar
E deixar o peso em fiel.

Em fiel está, tendes visto
Isso que a bolsa tem
É o que por preço vem
E não pesa mais o Cristo.

Amete
Apenas tem a bolsa
Dinheiro bom por certo
Eu desfaço do contrato
E de teu Cristo renego.

Dalife
Parece milagre!

Aliatar
Parece por certo ...

Amete
Milagre seria eu ficar
Sem dinheiro, isso não!
Fiquem-se vocês os dois
Que eu renuncio do contrato.

Marco Marim
Avista-se primeiro, Amete,
Que quando se compremete
Entre dois é justo o trato.

Amete
A mim não me convém isso,
E juro pelo Alcorão.

Marco Marim
Pois juro que em Argel
Justiça farão.

Amete
Porque obra com engano
Eu penso deixar o Cristo.

Prova esta é mui certa
Que Cristo comigo tem obrado
Contra justiça e direito
De que eu estou agravado.

Eu andei sempre carregado
De França para Argel,
Como é notório, com ele
E agora aqui me tem deixado.

Pois podendo eu ter
Embolsado o meu dinheiro
Fico-me só a cheirar
Como um cão perdigueiro.

Em que é milagre não creio
Nem tal dirá minha boca
E pelo que a mim me toca
Inveja disso não tenho.

Pois é coisa extraordinária
Em que eu pobre me achava.
Um pobre tão sempre fui
E agora fiquei-me assim
Como estou já estava.

Pelo que em boa Lei
Para mim obrou como estranho
O Cristo por este dano
Me vou queixar a El-Rei.

Vai-se e diz Simão:

Simão
Pelos orbes celestiais,
É caso de admirar,
Quero o dinheiro contar.

Aliatar
Quanto pesou?

Simão aponta.

Simão
Trinta dinheiros.
O mistério me tem admirado,
Cristo meu mui querido,
Pelo que fosteis vendido
Vindes ser resgatado.

*Dalife e Aliatar falam ambos o seguinte. Diz
Dalife:*

Dalife
Vamos dar conta a El-Rei
Que Amete foi lá com máscara
E seja tudo para ele
E nós fiquemos sem nada.

Aliatar
Dizes muito bem
Que ele é algo focinhudo
Que a nós nos deixe sem nada
E ele arrecade tudo.

Simão
Ide os dois
E contai-lhe a verdade
Que eu neste sítio
Espero sua Majestade.

Vão-se os dois e diz Marco Marim:

Marco Marim
Adverte, Morato, aqui
O poder que Deus encerra
Que veio Cristo a esta terra
A obrar milagres por ti.

Sacerdote és, confessa
Os erros que tens cometido,
Publica o que te passa
E deles arrependido.

Por ti me enviou Deus
Do reino de Valença
Depressa iremos os dois
Para onde faças penitência.

Deus me revelou teu estado,
Delitos e atrocidades,
Sobre estas maldades,
Escritura que a Lusbel lhe hás dado.

Escrita com teu sangue
Que foi grande loucura
Mas como humilde te arrependas
Eu farei que te a restitua.

Muitas vezes ele levar-te quis
Às chamas do Inferno
Mas lhe estorbaba de impreviso
O poder do Padre Eterno.

Porque sua Celestial Mãe
Do Sol, da Justiça, Aurora,
Filha do Eterno Pai,
Do Céu e Terra Senhora,
Por ti é piedosa e advogada
Pois quando renegaste
A ela fora a deixaste,
E assim te quer em sua morada.

Essa devoção tanto agrada
Aos seus divinos olhos
Que faz render os nojos
De Deus a indignação.

Simão, este é negócio
Em que vás ao descanso eterno
Se não irás ao Inferno
Sem te valer o sacerdócio.

Simão
Sacerdote, de nenhum modo
Eu sim o podia ser
Depois da Lei de Cristo ser
Entreguei tudo ao Demónio.

Marco Marim
O carácter servido
Quando a ti te baptizou
E o dia em que te ordenou
Em tua alma está esculpido.

Simão
Eu não acabo de entender
Que isso possa ser assim
Pois se eu de Deus fugi
Que caso de mim há-de fazer?

Cristo, filho de Deus Eterno,
Havia de estar sujeito
A um sacerdote indiscreto
Condenado já ao Inferno.

Marco Marim
Cristo de Deus palavra é
Pois é eterna verdade
Antes, agora, e depois,
Sua promessa em realidade.

O filho que em sua memória
Se o sacerdote dissesse,
Este é meu corpo, entendesse,
É verdade perantória;
Ele às tuas mãos viesse,
O mesmo é coisa evidente.

Simão
Por gozar da sua presença
Se houvesse pão, o intentava
Para pedir cara a cara
Lugar para a penitência.

Marco Marim
Pão? Aqui o tenho, amigo,
Se com Deus queres falar.

Dá-lhe um pão redondo e segue:

A este pão farás baixar
Fazendo o que te digo.

Simão
Pois digo com intenção
Que ele disse a quem promete
Viver sempre sujeito
Com humilde devoção.

Consagra o pão e diz:

Hoc est emim corpos meuns.

Marco Marim
Suposto que fé devemos
Será bem que o adoremos
Entre ambos com o Te Deum.

*Cantam ambos o Te Deum postos de joelhos
e Simão tem o pão nas mãos.*

Bendito e louvado seja
O meu Jesus Adorado
Bendito seja para sempre
O meu Deus Sacramentado.

Ó coração abrasado
De Jesus e de Maria,
Abençoai por quem sois
Meu corpo e alma minha.

Simão
Eu confesso, Redentor,
Pecados tão malignos
Que nas mãos do mais indigno
Pecador estais, Senhor.

Sacrilégio vos profanei.
De joelhos, Senhor, vos peço
Que me redemistes,
Recolhei-me à vossa grei.

Levai-me aonde eu possa
Com penitência feroz
Na vida que me fica
Chorar minhas culpas atrozes.

Este sagrado culto
De Cristo posto na cruz
Consagro perpétuo culto
Que me tem dado tanta luz.

Marco Marim
Este Pão Soberano,
Viático é seu nome,
É nosso amparo seguro
Pois a Lusbel assombra.

Divido por nós dois
No peito o metamos
E seguros partiremos.

Levantam-se os dois.

Simão
Dizes bem, parti-lo por nós
Que ele quando se consagrou
Que para todos fosse
Que lhe frangissem mandou.

Parte o pão Simão e diz:

Divino Senhor, que é isto?
Sangue de novo verteis,
Deitar hoje comigo o resto
São indícios de que quereis.

Marco Marim
Clara demonstração,
O que alcanço e entendo
Que amante está vertendo
Sangue, hoje dia de sua paixão.

Pois que este assombro se infira
Que Cristo no Sacramento
Publica em divino assento
Que pelos homens se esmera.

Simão
El-Rei vem, recolhamos
Ao peito com grande decoro
Este celestial tesouro
Com que tanto interessamos.

*Ambos recolhem o pão no peito e sai El-Rei,
Aliatar, Dalife e Amete, e diz o Rei:*

Rei
Que é isto, amigo Morato?

Simão
Uma civil competência
Que pede real sentença
Duma venda no contrato.

Rei
Diz-me o que tem passado.

Simão
Eles o referiram
Como acontecido e visto o hão.
Eu testemunha tenho sido.

Amete
Vossa Majestade atenda
Que eu quero referi-lo
Ouvindo os que aqui estão
Num timbrato mourisco

Com algazarra festiva,
Festa e grande regozijo.

Em Argel, por todas as ruas
O povo nos foi seguindo
Publicando que cativo
Trazíamos este Cristo.

De França esta presa
Os três tínhamos colhido
Quando com ele carregados
Chigámos a este sítio.

Este comprador cristão
Que a vender botões veio
Nos-lo fez e contradisse
Como bruxo ou feiticeiro.

Com uma cara de sexto
Mudado de cor nos disse
Que resgatá-lo queria,
Que era seu cavedal rico.

Nós com grande cobiça
Do seu dinheiro ouvindo
Que em conta de sete ou oito
Se enterneceu o ouvido.

Em venda como outro Judas
Logo o Cristo passámos,
Pedimos quatro mil ducados
Que era preço dos nazareneos.

Logo à primeira palavra
Que mil nos daria disse
E nós por nos parecer pouco
Dissemos-lhe não fazemos nada.

Soltame-lo em três mil
E ele dava mil mais
Dizendo que era preço divido.
Considerávamos já
O comprador despedido.

Pedei-nos com muita ânsia
Agarrando-se ao Cristo
Que se desse mais dos dois mil,
A ele o queimassem vivo

Antes que visse a seu Deus
Em nossas terras cativo.

A este tempo chega Morato,
E conformando-se do dito,
Parecendo-lhe que nos
Milhorava o partido.

Vendo que o Cristo era grande
E que ficava um prodígio
Disse que se pesasse a prata
Se aceitais esconvénio está dito.

O cristão logo mui pronto
E nós três aceitámos
Esta é a verdade do caso
E assim nos ajustámos.

Até que buscamos peso
Que um judeu nos imprestou
E posto na valança o Cristo
Se aligeirou.

Que nós ficámos corridos
E apelando do contrato
E foi dar-vos aviso
Da venda e do trato.

Rei
Quanto pagou?

Simão
Trinta reais que eu contei.

Rei
Grande prodígio!
Vendo um Cristo tão pesado
Que mais não pese, admiro.

Amete
Asseguro-vos, Senhor,
Que os três que o trouxemos,
Vínhamos reventando
Como puxam os camelos;
Que me parece ser encanto
Ou haver grande bruxedo.

Simão
Eu creio que foi milagre!

Rei
O meu parecer é o mesmo
E é coisa evidente
O que pesou em fiel o Cristo
E o que pagou somente.

Amete
Que faremos com trinta meios
Que a ducado não saímos
Quando podíamos ter
Dois mil em nossos bolsinhos.

Rei
Não se fale no ponto mais
Que o que tenho mandado e dito.

Marco Marim
A fama pública activa
Do orbe pelos arquivos,
A justiça e ratidão,
Que eu serei seu ministro.

Rei
Sai depressa da cidade
Leva o Cristo escondido,
Sem dar entender ninguém
Porque se chegam a ouvi-lo,
Os mouros se passarão
Não poucos ao cristianismo.

Dalife
Desejava, Senhor, saber
Em que fundais vossos juízos
Que favorece um cristão
E vossos vassalos perdidos.

Rei
Escutai-me a razão
E assim o tenho entendido
Se o Cristo o tivesse pesado
Num peso tão excessivo.

Se o Cristo tivesse pesado
Tanto como esperáveis
Então muito contentes
De vossa apreensão estáveis.

Mediante o trato ao cristão
Eu o quero convinado
O que para vós não quereis
Seguido o natural tratado.

Igualmente há-de querer
Que se abrase contigo
Pesasse muito ou pouco
E o seu preço fixo.

O querer cobrar de mais
Seria grave e conhecido
Só em mim consentiria
Um gravíssimo delito.

Aliatar
E se há engano ou malícia,
Como temos entendido?

Rei
Se no cristão estiver
Vereis como eu o castigo.

Marco Marim
Meu tratado, Senhor, é legal.
Desde já os previno
Se eu com malícia obrei
Em Argel fique cativo.

Rei
Dizei-me em que esteve o dolo.

Dalife
O cristão não teve culpa
Nem malícia tem brado
A culpa é toda do Cristo
Que se fez ligeiro sendo pesado.

Rei
E eu que lhe hei-de fazer ao Cristo?

Amete
Deixá-lo cativo
Que não possua os intuitos
Por fazer bem a um
A três deixa perdidos.

Rei
Em que Cristo foi homem humano
Em opinião divina
Todo o cristão lhe teme
Em que eu não o confirmo.

Bem pode ser que o seja
E por ser podorosíssimo
Obrasse esta maravilha
Que vós aqui tendes visto.

Portanto, bom mercador,
Leva o teu Cristo ao navio
Em tudo te recomendo
Que o leves escondido.

Marco Marim
Com todo o segredo irá
Sem algazarra nem gritos
Em um navio cristão
Onde embarcam cativos.

Gostoso carrego com ele.
Mas que é isto?
Deus infinito!
Levantá-lo, Senhor, não posso
Sequer um pouco do sítio.

Agarra-o e não o move.

Rei
Que é o que dizes?

Marco Marim
Por mais esforços que faça
O não posso mover
Que é milagre e se me engano
Vós também o podeis querer.

Amete
Deixai-me a mim, madraços,
Que eu tenho mais brio.

Faz que o levanta.

Parem lá que o não levanto
Nem sequer um pouco do sítio
Sendo eu homem que levanto
Qualquer odre de vinho.

Rei
Puxai todos três.

Aliatar
Lá vamos.

Puxam todos três.

Aliatar
Nem que fossemos mineiros
Nem que venha todo o Argel
Seria impossível, Senhor,
Que não pudéssemos com ele.

Amete
Se isto fizesse no peso
Estaríamos mais ricos
Bem merece que o cativem
Quem obra tantos feitiços.

Dalife
Não há que profiar, Senhor,
Que isto são segundos prodígios.

Vai-se e diz o Rei:

Rei
Cheguemos todos, Morato,
Sejamos disto testemunhas.

Simão
Se quinhentos se juntassem
Seria o mesmo que nenhum.

Rei
Que levantá-lo não podemos
Puxando por ele todos cinco.

Puxam todos cinco.

Rei
Deixai-o que as humanas forças
Não podem com o Divino
Sem dúvida que Cristo é Deus
Que isto dele é indício.

Simão
E se acaso ele quer ficar
E ser de Argel vizinho?!

Amete
Isso não, que é milagroso
E andaremos aturdidos.
Vá à França onde creiam
Que o seu poder é infinito.

Marco Marim
Eu, Senhor, a entender chego.
Este prodígio que temos visto
É que lhe falta um dedo
Dum pé e há-de ser preciso.

Que se lhe busque e se lhe ponha
Verão como de improviso
Se deixa levar
Como um cordeirinho.

Amete
O dedo tenho-o eu
Que ao desembarcar o Cristo
Se lhe soltou duma pancada
Que numa fraga bateu.

Rei
Pois vai correndo por ele.
Trazei-o depressa, Ametinho.

Amete
Com mais medo que vergonha
Vou buscá-lo de um brinco.

Rei
Digo que estou assombrado
De um caso tão preguesino.

Simão
Eu confesso que fiquei
Deste prutento aturdido.

Sai Amete com o dedo e diz:

Amete
Aqui está o dedo, Senhor.

Rei
Cristão, põe-o ao Cristo.

Dá-lhe o dedo a Marco Marim e diz Marco Marim:

Marco Marim
Quando Cristo, real Senhor,
Foi morto pelos assassinos,
Que de seu precioso sangue
Fizeram mil desperdícios,
Ressuscitou glorioso
Tudo quanto estava unido,
Com seu corpo e alma
No sepulcro divino;
A recolhê-lo voltou
Outra vez a reuni-lo.

A esta imitação sua Igreja
Hoje recupera o perdido
Para o dar a entender
Obrou este nobre prodígio.
Ponho-lho em seu pé sagrado
Já encaixou, já está unido.

Aliatar
De prutentos
São estes indícios.

Rei
Ide com Deus,
Nobre cristão,
Já podeis mover o Cristo!

Marco Marim
Mais ligeiro que o pensamento
Se deixa levar o Cristo.
Lá vos guarde, grande Rei,
Muitos e felizes anos.

Simão
Adeus, galhardo cristão!

Marco Marim
Morato, o dito é bem cumprido.

Vai-se e diz o Rei:

Rei
Com pena de morte se alguém
Do que aqui temos visto
Se atreva a dizer palavra
Em Argel nem no distrito.

Porque temo que se saiba
Este prodígio e meu dito,
Que todo o meu reino inteiro
Desampare o Maometismo,
Dizendo que Cristo é Deus
E o seu poder é infinito.

Vai-se o Rei Aliatar e Amete e diz Simão:

Simão
O que aos mouros dá pena
É para o Cristo alívio.
Seguir-vos quero, meu Deus,
Humilde e arrependido.

*Vai-se e sai Lusbel com uma escritura na
mão e diz:*

Lusbel
Saí infernais dragões,
Alborotai os Infernos,
Tocai destemperadas caixas,
Tangei medonhos instrumentos.

Colhei desgrenhadas fúrias,
Raiva de uns pensamentos
Cuja senha e furor
Pasmai os elementos.

Atorrorizai o mundo,
Arda tudo em vivos incêndios,
Embrabeça-se o mar,
Forme bravos tromentos.

Cubram-se suas furiosas ondas
Todos dilatados soalhões,
Brame o vento, brame o orbes
Com relistros e trovões.

Cais da eterna noite,
Arroja desde teus seios
Todos os tigres ferozes
E os dragões vermelhos.

Os que moram entre as sombras
Dos teus negros aposentos
Saltai num instante em terra
Com diabólicos tromentos

Que está vosso capitão
Fulminando vias e incêndios.
Injusto contra mim foi Deus
Que reformou os seus decretos.

Tirou-me o que era meu
E conta neste instrumento,
A alma de Simão Ansa
Proferido, em cio e blasfémia,
Depois que obrou maus instintos
Que estrelas no céu temos.

Depois de ter renegado
De Cristo e seus sacramentos,
Abraçado de Maoma
Os infaustos documentos.

Casando-se Sacerdote
Com altiva memória
Contra a Igreja cristã
Alcançou grande vitória.

Porque a Maria, sua Mãe,
Não tem perdido o respeito
E dela a devoção
Tem conservado em seu peito.

Com o auxílio de sua graça
O está agora socorrendo
Para que com penitência
Chore o passado erro.

Contra injusta piedade
Põe contradição o Inferno,
A todo o seu poder
Alista para o seu intento.

Vinde, horríveis espíritos,
Contra este infernal empenho
Que o Céu me quer tirar
Um malvado que é meu por direito.

Com ele penso acometer
Com sacrílego esforço
Pois que é minha a todo o ser
Hei-de sair-lhe a alma do corpo.

Aqui vem pensativo
Ser aprazível não posso
Reduzi-lo a meu serviço
O acometarei a sangue e fogo.

*Retira-se sobre as cortinas escondido e sai
Simão muito pensativo e diz:*

Simão
A vossos pés, humilhado,
Meu Deus, eu vos emboco
Para confessar meus erros,
Peço favor e esforço.

São horríveis minhas culpas
Meu escândalo e erro
Mas a vossa climência
Me recolha a seu seio.

Confessando arrependido
Em vosso lado aberto
Para recolher pecadores
Tendes piedoso peito.

Livrai-me de Lúcifer
A quem somente temo
Que em sabendo que vos sigo
Me há-de acometer sobervo.

Descobre-se Lusbel e diz:

Lusbel
Morato, Simão amigo,
Como te encontro tão suspenso,
Que te falta que aqui estou
Obediente a teu preceito.

Quanto o orbe encerra:
Honra, gostos e passatempos,
Sabes que eu pago pontual
Tudo aquilo que prometo.

Simão
Não sei se me poderás dar
Uma coisa que desejo.

Lusbel
Pede e verás com que ligeireza
A ponho em tuas mãos.

Simão
Dá-me pois podoroso és
E te tens por perfeito
De minhas culpas e pecados
Um grande arrependimento.

Lusbel
Infame, louco e atrevido,
Inconstante, injusto, preferido,
Como contras tuas ofertas
Te atreves a dizer isso?

Vivem os Céus que aqui
Hei-de arrancar teu peito
Esse espírito infame
De que instrumento me tens feito.

*Descobre o peito Simão e mostra o pão ensan-
guentado e cai Lusbel em terra, e depois se levanta tremendo, e diz Simão:*

Simão
Se podes fazer Lusbel
Mas adverte-te que tenho
Feito custódia daquele
Que te expulsou do Céu.

Lusbel
Que é isto, infernais fúrias?
Desmaiaram meus alentos.
Porque me atormentais tanto?
Desse pão os reflexos
Nem nas chamas do abismo
Me dão tanto tromento.

Vou-me, que a ele meu furor
Seu sacramental respeito,
Mas vingar-me de ti
Com crueldade te prometo.

Vai-se Lusbel e diz Simão:

Simão
Sem que Deus Sacramentado
Contra o Inferno severo
Que em sua boca não ache
E de sua ousadia o freio.
É pois triunfar dele
Com este Rei no corpo.

Venho pois esta noite
Para os cristãos disposto
A embarcar-me em seu navio
E fazer-lhe à Virgem logo
Peço ao Senhor a quem busco
Nos dê um favorável golfo.

Para que [...] em Argel
Me cheguem a achar menos
Estejamos já em Valença
Seguros como queremos.

Isto a Cristo e sua Mãe
Com humildade peço e espero
Para que com reverência
Não padeça o sacramento.
Recebê-lo por viático
Antes de me embarcar quero.

Sai Dalifa e Cassandra.

Cassandra
Só está bem pensativo
É certo que vossos ciúmes
De que outro amar lhe afeiçoa
Com pensamento mais vivo.

Dalifa
Eu, como mulher ardil,
Quis pôr corpete e trunfas.
Descobri-lo, pretendo em breve
Se são certos meus ciúmes.

Simão
Infanta, Senhora minha?

Dalifa
Esposo, querido Senhor,
Para quê, tão cuidadoso,
Demasiadamente vos vejo,
Pois um carinho, meu amo,
Não vos devo há muito tempo.

Simão
Confesso que seja assim
Pois por isso mesmo
Recuso a que o saibas
Por esquecer o sentimento.

Dalifa
Outra coisa há-de ser
Segundo entendido tenho
Penso que é amoroso
Muitíssimo esse desvelo.

Simão
E para o fundar assim
Tendes algum fundamento?

Dalifa
Tenho uma suspeita grande
De um indício manifesto
Fundado em certas palavras
Que prenunciastes vós mesmo.

Simão
Saber quando e que palavras,
Bela Infanta, é o que quero.

Dalifa
Quando da França chigastes
Com aquela bela vitória
Que de Valença e nas costas
Aderisteis com muita força.

A referir-lhe a meu irmão
A vitória e o sucesso
Dissesteis advertindo
Que tratasteis com respeito,
Duma mulher um retrato,
Uma imagem por ser tão bela,
Que vos rouba a afeição
Por ser mais bela que a açucena.

Eu que advertida o honrei
São tantos os pensamentos,
Disse: nunca o amor pode
Encoultar seus movimentos.

Suposto que em presença
Te ama com sossego
Gava-lhe mais a formosura
Que seu amor o tem cego.

Simão
Bela Infanta quanto dizes,
Ingenuamente confesso

Que a este retrato sempre tive
E terei grande respeito.

Porque estou favorecido
Dela mesmo com excesso
Não há mulher no orbe
Como ela, bem por certo.

Entre as mulheres todas
É da formosura espelho
Para comparar com ela
Todas as do universo
São um pouco de lixo
São moradais de esterco.

Dalifa
Estando eu presente
Vos atreveis a dizer isso!
Que a África fará notório
Pois para me criar a mim
Deitou a formosura o resto.

Simão
Se vos digo quem é
Também direis o mesmo.

Dalifa
Pois haveis de me-o dizer!

Simão
Entremos para dentro
Pois quero que o saiba.
Com grandíssimo segredo
Espero que lhe haveis de querer
Tanto como eu lhe quero.

Vão-se e diz Cassandra:

Cassandra
A Infanta leva uma purga
De veneno peçonhoso
Que lhe há-de fazer sair
Até a alma do corpo.

Que não há para uma mulher
Veneno mais cruel
Que dizer-lhe o seu marido
Que outra mulher tem boa pele.

Vai-se e sai Simão oculto para o navio com os padres redentores e Marco Marim. Sai El-Rei, Aliatar e Dalife.

Aliatar
Depois, Senhor, que passou
Com o Cristo aquele prutento
Está Morato mui triste
Pensativo e macilento.

Rei
Assim me admira o modo dele
Soubesse eu peregrino
Por mais que faça travalhos
Não me posso esquecer disso.

Dalife
Como Morato é cristão
Foi causar-lhe mais afecto
Em ver que o Cristo se fez leve
Quando foi posto no peso.

Rei
A Infanta adverti-a,
Ao campo a sacaremos.

Vão-se os redentores.

Rei
Já se foram os redentores?

Aliatar
Ontem à noite fora do porto
Estaria um navio à espera
Do vento favorável
Para marchar a sua terra.

Dalife
Quando a aurora rompeu
De vista se ia perdendo
Com uma velocidade
Que corria mais que o vento.

Vão-se Aliatar e Dalife. Dentro Dalifa mui queixosa:

Dalifa
Ai desditosa de mim,
Que se escapou em segredo!

VERDADEIRA TRAGÉDIA ILUSTRADA OU AUTO DO RENEGADO DE FRANÇA

De pena de alma morro
Em não ver quem mais desejo.

Dentro Cassandra:

Cassandra
Amete, traidor infame,
Casaste-te para isso!
Ficando-me em este estado
E de ninguém ter alívio.

Rei
Saí depressa e contai-me
Porque são esses lamentos.

Sai a Infanta e Cassandra.

Dalifa
Eu lhe direi, grande Senhor,
Cujo estão os sentimentos.
Morato, Rei de Argel,
A quem fiastes vossas armas
E comigo casastes
Esse nobre Francês
A quem vosso peito
Tão pago vivia satisfeito.

A esse vil cristão renegado
Com quem tão carinhoso
Vos tendes mostrado,
Confirma carinho e afagos,
Tem andado estes dias,
Feito um arquivo de melancolia,
Fulminando anojos;
Só no Céu cravava seus olhos.

Eu que eternamente o amava
Saber disso a causa desejava
Vendo que tanto se afligia
Com soluços e lágrimas que vertia.

Carinhosa, lhe disse: esposo,
Que é o que te aflige
Olha que tenho aí a alma
Em te ver triste em perpétua calma.

E comunicando-se um cuidado,
Se alevia um coração mais desvelado
E sendo assim, em outras ocasiões,

De seu peito sabia os rancores
Mas com desvios seus
Menos aprazava meu amor.

Mas tanto lhe profiei
Que sua queixa a saber alcancei
Sendo a causa de seu triste excesso
O milagre que obrou Cristo no peso.

Pois vendo admirar tal prutento
Ficou cativo de seu sentimento
Por ter renegado de um Deus
Que tais prodígios tinha obrado.

Sua alma já estava resolta
A dar ao cristianismo a volta.
Procurei carinhosa dissuadi-lo
Mas vi que era impossível reduzi-lo.

Antes reconheci
Que procurava reduzir-me a mim
A que minha Lei deixasse
A cristã humilde me passasse
Porque em ela acharia
Por advogada uma Maria.

Mãe de Cristo, soberana e bela,
Por cuja podorosa intenção
Esperava conseguir o perdão
Pois dela não tinha renegado
Antes sua imagem venerado.

Vendo que seu rogo aceso
Nela não faziam seu sossego,
Pressundiu que lhe considerasse,
E a manhã, por hoje a meu dia
Com resolução responderia.

Retirei-me assustada
Desta novidade sobressaltada
Mas vi que já sua ida
Sagazmente tinha pensado.

Para a França esta noite tem partido
Deixando-me em tão fatal alívio
Destroçam o manifesto de vosso honor,
E candilho que um renegado,
Vosso poder e meu honor deixe afrontado.

Só eu com pena tanta
Um laço deitarei à garganta
Se vingança Vossa Majestade não toma,
De minha desonra, o grande Maoma.

Rei
Sairá num instante uma galeota
Seguindo do navio a derrota
E eu mesmo em pessoa
Se o alcançam
O seguirei a sangue e fogo.

Que é vaso mui pesado
Um navio no mar andar carregado,
É forçoso alcançá-lo
Ao meio do golfo e capturá-lo.
Em Argel arderão vivos.

Cassandra
Amete comigo casado
Não tem que vos dar muito cuidado
Que eu de estar casada
Dizendo a verdade estou cansada.

Pois todo o marido
Que dura mais de um mês
Para uma mulher pesado é
Em que ao morrer se faça espanto
É porque os maridos durem tanto.

Rei
Uma esquadra geral se toque
E toda a música se comboque
Que de minha cólera e acção
O farei vir à minha mão.
E tu, Infanta, para te vingar
Expõe fogo de alcatrão.

Dalifa
Se não há vingança para ele
À minha garganta deitai um cordel.

*Vão-se todos, vê-se ruído de tempestade, o na-
vio a cambalear no mar tocado por Lusbel e diz:*

Lusbel
Vinde à pressa, infernais fúrias,
Embravecei essas ondas,

Venham furiosos ventos,
E não chegue o navio à costa.

1º marinheiro
Já contra nós se vê
Uma grande tempestade
Pelas furiosas ondas
Que mostra o grande mar.

2º Marinheiro
Que horrível tempestade
Se vê no mar sagrado.
Secorro vos peço, Deus Soberano,
E a vós Virgem do rosário!

3º Marinheiro
Valei-nos do Céu, Aurora,
Socorro dos aflitos
Não queirais que fiquemos
No mar dando altos gritos.

Simão
Por mim é esta tempestade
De minhas maldades notórias
Do mais atroz castigo
Conheço serem merecedoras.

1º Marinheiro
Vá ao mar esse pirata
Em castigo de suas obras.

Simão
Deitai-me ao mar, amigos,
Que assim fizeram a Jonas.

2º Marinheiro
Vá ao mar o renegado
Que por ele se alborota.

Deitam-no ao mar e diz Simão:

Simão
Ó meu Deus e Santo Céu,
Piedade e mesericórdia,
Virgem Santa do Rosário!
Favorecei-me, Senhora!
Eu contra as ondas luto!
Em minha morte sede protectora.

VERDADEIRA TRAGÉDIA ILUSTRADA OU AUTO DO RENEGADO DE FRANÇA

Cessa a tempestade.

3º Marinheiro
Já o mar está sossegado,
Acalmou a tormenta toda
Algum justo aqui vai
Ou o enviou Nossa Senhora.

Simão
Maria, Mãe de Deus,
Favorecei-me nesta hora!

Lusbel
Não te livrará de mim,
Em que seja tua devota.

Simão
Ai que me afogo!

Sai Nossa Senhora de uma nuvem e Simão é auxiliado pelo rosário que a Virgem traz, e virá acima com insignas de andar na água e Lusbel o trará garrado a um pé, virá vestido de escamas de serpente.

Nossa Senhora
Simão, toma alento
Que eu te acompanho,
Benigna, afável e piedosa.
Garra-te ao meu rosário
Que para te livrar saberá.

Simão
Quem sois, excelente mulher?

Nossa Senhora
Sou o Norte de tua dita
De tua conversão aurora,
Mãe de teu redentor,
Da Santa Trindade esposa.

Simão
Beijo indigno vossos pés,
Mãe de Misericórdia.

Lusbel
Quem, senão vós, poderia
Tirá-lo destas minhas corvas?

A alma deste sacrílego
Que com seu próprio sangue
Me entregou por esta cédula
A escritura percutória...

Nossa Senhora
Essa escritura em que a mim
Por advogada me nomeia
Tem sido de seu remédio
E celestial defesa.
Entrega-lha depressa
Para que a rasgue num instante.

Lusbel
Toma que meu poder
À tua obediência se prostra.

Entrega-lhe a escritura e rasga e diz Nossa Senhora:

Nossa Senhora
Isto é o que te afogava
Se minha mão não lhe estroba
Para levar-te consigo
A sua instância tenebrosa.

Desta maneira tens prémio
De Deus e mesericórdia
Os que são meus devotos
E com reverência me embocam.

Rezando-me a mim o rosário
Com suas ofertas devotas,
Dessa fera infernal,
Ficavas livre agora.

Lusbel
Não me ponha
Obediência tão penosa
Que é insofrível tromento.

Nossa Senhora
Vai-te, espírito infernal,
À tua escura mansão
Em nenhum tempo ponhas
Impedimento a Simão.

Lusbel

Obedeço a vosso mandado
Cheio de raiva e veneno
Pois a retirar me obrigais
Aos lugares do Inferno.

A essa obscura caverna
Piálago prifrido negro
Depósito dos males
Que de ti o bem é alheio.

*Funde-se e sai fumo por onde entrou e diz
Nossa Senhora:*

Nossa Senhora

Vês Simão o que tem passado
Pois de todas estas glórias
A Deus as graças lhe dá
E muito tuas culpas chora.

Trata de servir constante
E não vires mais as folhas
Que recaídas em culpas
Sempre são mais perigosas.

Vai-se e toca Música dentro.

Simão

Virgem e Mãe de Deus,
Do Céu Divina Aurora,
Por tão grandes benifícios,
Como a este pecador fazeis.

Peço que vos louvem
Os anjos na glória
E o mesmo Deus abençoe
Vossa perfeição piedosa
Pois tirando-me do mar
Me pôs na amena costa.

Vou publicar meus pecados
De minha vida a história
Vou dizer que Maria
Seus devotos sempre adora.

Vai-se. Sai Lusbel e diz:

Lusbel

Tristes fúrias infernais
Oh que lago tão prefundo
Quem com minhas chamas pudesse
Abrasar a todo mundo!

Minha raiva não ficou cumprida
Oh mal lograda ocasião
De meus rancores e pesares
E minha danosa intenção!

Em vão tenho travalhado
Com minha raiva e meu intento
Sem conseguir o destroçar
A invenção do sacramento.

Em que lograr não tenho podido
A destruição que desejava
Nova invenção formarei
Que não me há-de escapar nada.

Pouco a pouco ireis indo
Enredados com minhas manhas
Caindo em meus fortes laços
Como as moscas nas aranhas.

Se Deus com dez mandamentos
A Igreja tem favorecido
Armarei laços que cada um
Sejam mui bem preferidos.

Esse de amar a Deus
Para mim é aborrecido
Eu farei que quantos o amem
Seja tudo bem fingido.

Em juramentos falsos
Garatusas e enredos
Que todos quantos se deiam
Poucos sejam verdadeiros.

Santificar os dias santos
Não consinto por nenhuma via
Em jogos e divertimentos
Eu farei que passem os dias
E não o tenhais por pecado
E escutar as missas.

VERDADEIRA TRAGÉDIA ILUSTRADA OU AUTO DO RENEGADO DE FRANÇA

Nesses dias colherei
Almas com tanto afão
Que a Deus não hão-de servir
E só a mim servirão
Que caídos em meus laços
A seu Deus desprezarão.

Isto de amar pai e mãe
Causará mui pouco efeito
Que os filhos desde meninos
Lhes perderão o respeito
Até bater a seus pais
E desprezar seus conselhos.

Assim como há muitos mais
Para encobrir seus abortos
Sem ser de ninguém vistos
Dão à luz seus filhos mortos.

E quando com vida nenhum
Eles farão seus enterros
Faltando-lhe com o Baptismo
Para encobrir seus erros.

Tanto homens como mulheres
Muitos virão ao Inferno
Que ao mundo deitam seus filhos
Desprezando seu sangue mesmo
Jurando que seus filhos não são.
Olhai se isto é bem certo.

O quinto de não matar
Bem claras são minhas ideias
Que abra mortes sem conta
Com traições e com guerras.

Com astúcias que arranjaram
Os homens de grande talento
Haverá homicídios tantos
Desprezando o sacramento
Que o não poderão receber
Nem para isso terão tempo.

Falando da cristandade
Que tanto manda o sexto
Farei com que se abandone
Tão importante preceito.

Tanto nisto tenho travalhado
Desde o pecado de Adão
Até ao fim do mundo
Mui pouco me escaparão
Que por mais ou menos seja
No fatal pecado cairão.

Por causa disso já o mundo
Cheio de tanto mal
Prometeu Deus dar-lhe fim
Com um dilúvio universal.

Baixando almas ao Inferno
Que se não poderão contar
Até outro fim de mundo
Muitas mais hão-de baixar
Que encherão minhas cavernas,
Meus assentos e lugares
Mandados pelo mesmo Deus
Naquele juízo final.

O sétimo que proive
O roubar, que boa acção,
Onde poderei vingar-me
Quando chegue a ocasião.

Já que esta confraria
Com tanto valor aumentarão
Sacrilégios e horrores
Eu farei que se cometam.

Quando este sacramento
Se ache em basos sagrados
Até mesmo no sacrário
Eu farei que sejam roubados.

E a ele sem respeito algum
Serão na terra arrojados
Por esses mesmos ladrões
Que já estão bem do meu lado.

Todas as pessoas do mundo
Que bem poucas escaparão
Cada qual um seu ofício
Creio bem que roubarão.

Poucos se alembrarão
Em restituir o malvado

Até mesmo ao confessar
Hão-de calar seu pecado.

E logo receberão
Esse Deus sacramentado
Cometendo o sacrilégio
Que para mim é um regalo
E Deus por tal ofensa
Os sentence de condenado.

Em quanto aos testemunhos
Serão de tanta maneira
Que se condenarão mais atrozes
Que esses céus têm de estrelas.

Desejar a mulher alheia
Isso é de meu cuidado
Enganar e com pensamentos
A todo o género humano
Seja padre ou seja jovem
Com o qual que for casado.

O levar coisas alheias
Já no sétimo dito está
Em que vos pareça pouco
Para mim bem chigará.

Estes dez mandamentos
Se encerram em dois divinos
Igualmente os cristãos
Só temem dois caminhos.

Que é amar a esse Deus
E ao seu próximo mesmo
E quando isto não façam
São herdeiros do Inferno.

Mais podia anunciar-vos
Dobrando em grandes males
Que por eles hei-de usar
Desses pecados mortais.
Com Soberba e Avareza,
Luxúria, Ira e Gula,
Inveja e Preguiça
Causarei bastante ruína.

Todo o dito é tão certo
Como Deus é verdadeiro

Faltará o céu à terra
Mas não faltará o Evangelho.

A verdade devo dizer-vos
Que de Deus fui anjo velho
Por minha tanta soberba
Baixei Demónio ao Inferno
E todo o que em mim confie
Virá a ser meu companheiro.

Todos os pecados do mundo
Em que sejam bem esquisitos
Juro que hão-de ficar
Em meu livro bem escritos.

Já não posso dizer mais
Que o passo me é impedido
Desculpem todas as faltas
E segui por meus caminhos.

Seguindo por minhas veredas
Todos vamos ao Inferno
E eu sem mais me deter
Me retiro a minhas cavernas.

Aponta para terra.

Abre tuas fundas entranhas
E sorbe este horrendo monstro
Que é a matéria infeliz
Que abrase a teu infernal fogo.

Donde para sempre sem fim
Cheio de raiba e veneno
Ardendo em chamas furiosas
No calabouço eterno.

*Funde-se e sai fogo e fumo. Sai o Duque de
Ussuma e Marco Marim de caminho e diz o
Duque:*

Duque
Assombrado estou, Marim,
Dessas maravilhas tão certas
Que para o orbe cristão
Devem ser eternas.

O que me admira mais
E lastimo de tal maneira
Do pobre renegado
A inesperada tragédia
Ele arrojado no mar
E aplacou logo a tormenta.

Marco Marim
Eu tenho firme esperança
No Céu por sua climência
Que o havemos de achar vivo
No reino de Valença.

Duque
Em que fundais vossa esperança?

Marco Marim
Esta é, Senhor, a minha ideia.
Eu fui a Argel
Por Deus mandado
Como soube Vossa Excelência
A resgatar um cativo
Sacerdote de sua Igreja.

E chigando lá o espírito
Com ilustração prefeita

Me disse que o renegado
O tal sacerdote era.

A quem a Rainha do Céu
Maria, Senhora Nossa
Amava por sua advogada
Era seu Norte e defesa.
Depois com viva instância
Por meio desta rainha
Supliquei que se me desse
Indícios de senha minha.

Em um misterioso sonho
De toda sua vida eterna
De sujeito do escudo
Tive revelação certa
Que era cunhado de El-Rei,
General de suas bandeiras,
Inimigo capital
Das cristãs fronteiras,
Que à Península deu saque
Com tão soberba ideia.

Fim

Versão recolhida em Avelanoso. Manuscrito datado de 10 de Julho de 1928 e assinado pelo senhor Américo dos Santos Ferreira.

APÊNDICE

APÊNDICE

Casamento de Dois Príncipes

Figuras que apresentam

Profecia

Reinado da Sicília
D. Fernando, Rei
D.ª Helena, Rainha
D. Luís, Príncipe
Alda, Aia
Benjamim, Ajudante de Campo
Nicolau, Guarda-Selos
Jorge, Pajem
Bernardino, Pajem
Plínio, Embaixador
Cúrcio, Alcaide
Pedro, Caçador
Ataúlfo, Porteiro
Crato, Comandante da Força
Juliano, Imediato
Ricardo, 1.º Cabo
Pinto, 2.º Cabo
Jaime, Soldado

Reinado da Sardenha
D. Júlio, Rei
D.ª Guiomar, Rainha
D.ª Bernardina, Infanta
Júlia, Aia
Joana, Aia
Malco, Porteiro
Saúl, Secretário
Mário, Guarda-Selos
D. Venâncio, Bispo
Américo, Comandante da Força
Saulo, Imediato
Miguel, 1.º Cabo
Joaquim, 2.º Cabo
Lourenço, Soldado
Justo, Pastor
Lima, Profecia

Casas que são precisas
Uma para o palácio dos reis da Sicília
Uma para os seus vassalos

Uma para os soldados
Uma ermida
Uma para o palácio dos reis da Sardenha
Uma para os seus vassalos
Uma para os soldados

Profecia

Ó povo ilustre e nobre
Que me ides a escutar
Peço-vos toda a atenção
Para o que se vai representar.

Todos vós a prestareis
Disso estou eu certificado
Que respeitosamente ouvireis
Vós, ó povo educado.

Trata-se de um casamento
De dois príncipes a saber
Um filho de D. Fernando
E de D.ª Helena sua mulher.

Foi um dia que tratou
De uma caçada realizar
Ele e outros da sua corte
Que o foram acompanhar.

É D. Luís o nome seu
De sua mãe muito estimada
E a caçar não quer que vá
Por o ter sempre a seu lado.

Vão-lhe pedir licença
Ela não a quer conceder
Porque indo para o mato
Julga que se vai perder.

Mas enfim é concedida
A licença desejada
Sai ele e seus companheiros
Vão todos para a caçada.

Encontram-se com uns soldados
Que a todos querem prender
Mas por fim são estimados
Logo depois de os conhecer.

São soldados do rei da Sardenha
Que as fronteiras estão a guardar
Mas tomaram-nos por espiões
Não os querendo deixar passar.

O príncipe falou-lhes então
Dando-se mesmo a conhecer
Não me tomeis por ladrão
Eu digo o que ando a fazer.

Sou filho do rei da Sicília
Monarca muito nomeado
Estes todos são meus soldados
Que aqui vedes a meu lado.

Vai o comandante da força
Adianta-se para lhe falar
Pedindo-lhe muita desculpa
E se os quer acompanhar.

Grande gosto nós fazemos
Se Vossa Alteza assim deseja
De irmos todos ao palácio
Para que o nosso rei vos veja.

Pois vamos em boa companhia
Disse o príncipe a seus vassalos
O palácio e seus soberanos
Vamos todos visitá-los.

O rei D. Júlio os recebeu
Com grande contentamento
E com eles permaneceu
No palácio muito tempo.

Sua esposa D.ª Guiomar
E sua filha Bernardina
A todos quiseram honrar
Com grande afecto e estima.

Logo a princesa se enamorou
Do príncipe assim que o viu
E ele esquecendo já tudo
Com grande pena dali saiu.

Regressaram para a Sicília
Mais não podiam demorar
A princesa ficou penosa
Por os não poder acompanhar.

O príncipe então prometeu-lhe
De ali tornar a seu lado
Com licença de sua mãe
Para ser mais demorado.

Seu pai manda em busca dele
Soldados para a montanha
A mãe não pode estar sem ele
E a demora já é tamanha.

Já no caminho foi encontrado
De regresso da jornada
Com os pajens a seu lado
Sem lhes houver passado nada.

Logo que foram chegados
Houve grande contentamento
Sua mãe se vai abraçar
Ao filho naquele momento.

Mas ele está muito triste
E anda cheio de paixão
Só se lembra da princesa
Que a traz no coração.

D. Fernando lhe pergunta
Se casar com ela queria
Ele ficou cheio de contentamento
E logo tomou de alegria.

É mandado um embaixador
Com o rei D. Júlio a tratar
Para ver se sua filha
Com o príncipe queria casar.

Logo todos concordaram
Em se fazer o casamento
E a resposta lhe mandaram
Com grande contentamento.

A princesa tinha uma carta
Que ninguém lha pode ver
Mandou-a em particular
Ao príncipe para lhe ler.

Veio então o embaixador
Todo cheio de alegria
Por trazer a boa nova
E o príncipe bem a merecia.

Ficou tudo muito contente
No palácio da Sicília
E alegre se vê a gente
Já só falta saber o dia.

Outros dois serão mandados
Para a data então marcar
Dizendo que na santa ermida
É ali que se vão juntar.

Que mandem dizer o dia
Para tudo estar preparado
O Bispo ainda o não sabia
É preciso ser avisado.

Dia 28 de Maio
Mandaram então dizer
Já fica tudo combinado
Para todos ali comparecer.

Logo vem trazer a resposta
Novamente a D. Fernando
Os dois pajens que mandou
Para saber o dia quando.

Outro então será mandado
Para o Bispo avisar
Que o dia já foi marcado
Que ali os esteja a esperar.

O Bispo responde assim:
Eu às suas ordens estou
E a falta não será por mim
Que eu daqui nunca me vou.

Mesmo sendo ordem real
Também guardo acatamento
Dizei-lhe: que este seu servo
Os recebe em todo o tempo.

TEATRO POPULAR MIRANDÊS

Vai depressa o enviado
A dar parte lá na corte
E do Bispo fica encantado
Pelo seu airoso porte.

Logo todos se põem em marcha
A caminho da jornada
Para ninguém ali faltar
À hora que está marcada.

Chegam de um e outro lado
Recebem-se as duas cortes
Para num laço mais apertado
Se tornarem os dois mais fortes.

Recebeu-os com grande afecto
O Prelado lá na ermida
E com todos eles é correcto
Por ser gente distinta.

Respeitosamente chegam ali
Prestam todos obediência
Ajoelhando ao mesmo tempo
Junto de sua Reverência.

Ele pela mão os levanta
Com grande carinho e amor
Com grande fé os alimenta
Que é a doutrina do Senhor.

Realiza-se o casamento
Dos filhos dos dois reinados
E é então nesse momento
Que do Bispo são aconselhados.

Instruindo-os nos seus deveres
Que os dois devem praticar
Que sejam bons e caritativos
Para assim bem governar.

Que não esqueçam a Doutrina
Daquele que por nós morreu
Praticando o que Deus ensina
Foi o conselho que lhes deu.

É assim que há-de acabar
A jornada deste dia
Depois do Bispo os casar
Tudo então é alegria.

Dou fim à minha expressão
Sem merecer nenhum louvor
E todos me desculparão
Por não ter sido melhor.

Respeito e toda a atenção
Meus senhores é o que vos peço
Já cumpri a minha missão
E de vós já me despeço.

Sai o rei D. Fernando e diz:

Rei Fernando
Será possível haver outro homem
Mais afortunado e poderoso
Que eu? – Não
Eu vou expor as minha razões.

O reino que estou possuindo
É o mais rico do mundo
De todos os reis que há
Sou o primeiro, sem segundo.

Tenho vastos territórios
Que produzem cereais
Para alimentar o meu povo
E aumentar meus capitais.

Tenho exércitos numerosos
Para defender meu estado
E vigiar minhas fronteiras
Para não ser atacado.

Tenho uma esposa querida
Que é bem dedicada
Na qual tenho todo cuidado
Que não seja desgostada.

E um filho a quem dedico
Amor fundo a valer
Esse quero que seja rei
Mesmo antes de eu morrer.

Vou chamar meu guarda-selos
Para lhe expor minhas razões
Quero que diga se tenho
Nisto algumas ilusões.

Chama-o e diz Nicolau:

Nicolau

Real Senhor?

Rei

Vem cá.

Vai Nicolau, faz a vénia e diz:

Nicolau

Aqui estou Real Senhor
Às ordens de Vossa Majestade
Mandai que pronto estou
Para cumprir vossa vontade.

Rei Fernando

Não serei eu por acaso
Do mundo o maior soberano
E que tem mais valimento
Entre todo o género humano?

Nicolau

Pois quem pode duvidar
Do vosso grande poder
Nem se explica que no mundo
Igual outro possa haver!

Tendes forças sem igual
Tendes grande valimento
Sois senhor de grande poder
Debaixo do firmamento.

Grande reino que tem ruínas
Grandes territórios enfim
Um rei poderoso e forte
Aonde pode haver assim?!...

Todos vos guardam respeito
E à vossa família ilustrada
Não há quem tenha dúvida
Que por todos é venerada.

Rei Fernando

Dizes bem e eu me ufano
De me ver assim respeitado
Por todo esse meu povo
Que por mim é adorado.

Cuidar-lhe-ei do futuro
Para mais o engrandecer

Em mim terão um protector
Que os hei-de proteger.

Vai-se. Sai Benjamim e diz para o príncipe:

Benjamim

E vós senhor príncipe real
A quem nós dedicamos amor
Terminamos uma caçada
Se Vossa Alteza quer, meu senhor.

Podíamos ir para o mato
Um dia para entreter
E caçar por lá um bocado
Se Vossa Alteza assim quiser.

Príncipe

Pois é claro que queria ir
Por esses bosques além
E instruir-me em caçar
É disto que eu gosto bem.

Já vou dar minhas ordens
Para tudo se aprontar
Armas, merendas e cães
O que é preciso levar.

Diz para Jorge:

Escuta o que te digo
E toma bem atenção
Para sairmos brevemente
Põe tudo já em condição.

Arranja pois tudo isso
Que precisamos levar
Com cuidado prepara tudo
Não te estejas a demorar.

Jorge

As suas ordens reais
Executá-las-ei com cuidado
Para quando quiser sair
Estar tudo preparado.

Nada há-de faltar, senhor,
Do que Vossa Alteza me encarregou
Tudo pronto e o melhor
A cumprir suas ordens já vou.

Vai-se. Diz o príncipe para Bernardino:

Príncipe
E tu, Bernardino, toma sentido
Do que te vou encarregar
E prepara-te para sair
Que nos vais acompanhar.

Bernardino
Eu estou pronto, senhor,
Para tudo o que quiser
Eu acompanho-vos pois
Esse é todo o meu prazer.

Diga Vossa Real Alteza
Que tem para me dar
Vou cumprir já sem demora
Tudo quanto me mandar.

Príncipe
Arraçoa esses meus cães
Que estejam bem preparados
Dá-lhes a todos de comer
Para irem bem alimentados.

Vai-se. Vem Benjamim e diz para o príncipe:

Benjamim
Mas é preciso pedir licença
A vosso augusto pai
Não vos há-de deixar ir
E até se há-de opor vossa mãe.

Porque decerto terão medo
Que não torneis a voltar
Temos de lhes pedir licença
Para nos podermos ausentar.

Eu para vos auxiliar
No pedido a fazer
Irei em vossa companhia
Para melhor vo-lo conceder.

Príncipe
Pois então vamos já
Não estejamos a demorar
Para nos pormos a caminho
Que é tempo para marchar.

*Vão falar com o rei. Fazem a vénia e diz
Benjamim:*

Benjamim
Perante Vossa Real Alteza
Vimos com grande respeito
Pedir-lhe uma mercê
Para vosso filho eleito.

Rei Fernando
Fala! Diz o que queres
Em que te posso servir
Visto ser para meu filho
O favor que vens pedir?

Pois será muito custoso
Para eu não te atender
A mercê que tu me pedes
Desde já podes dizer.

Benjamim
Se nos concedeis licença
A vosso filho e a mim
Para fazer uma caçada
Lá para os lados do Bonfim.

Príncipe
Grande gosto fazia eu
Em nós irmos caçar
Levando os pajens também
Para nos irem acompanhar.

Volta-se para a mãe e diz:

E a vós, minha doce mãe,
Também vos quero pedir
Nos concedeis vossa licença
Para podermos partir.

Rainha Helena
Eu licença te concedo
Para vos poderdes ausentar
Isto sendo por pouco tempo
Que muito não podeis demorar.

Porque estando tu ausente
Já não tenho alegria
Vais para não demorar
Lá por fora mais de um dia.

E a ti, meu leal Benjamim,
Também te quero dizer
Para teres cuidado nele
E não me fazeres sofrer.

Benjamim
Esse cuidado terei eu
Em tudo vos quero agradar
Lá para o fim deste dia
Aqui havemos de voltar.

Príncipe
Já que tenho vossa licença
Querida mãe do coração
Partiremos com alegria
E cheios de consolação.

Sai Jorge e diz:

Jorge
Alteza, tudo está preparado
Pode sair quando quiser
E eu estou aqui a seu lado
Para tudo o que lhe aprouver!

Príncipe
Muito bem e agradeço
Toda a tua lealdade
Por seres pronto e ligeiro
Tenho-te grande amizade.

Vai dizer ao alcaide
Que nós vamos sair
Que tome a guarda do palácio
Até nós tornarmos a vir.

Vai onde está o alcaide e diz Jorge:

Jorge
Cúrso alcaide real
A ti venho enviado
E Sua Alteza o senhor príncipe
Te manda este recado.

Que nós vamos a sair
Para o mato a caçar
E a guarda deste palácio
A ti a venho entregar.

Cúrcio
Com toda a minha atenção
E este meu grande cuidado
Podeis ir em satisfação
Que isto fica bem guardado.

Redobrarei de vigilância
Para não haver dissabores
Tudo guardaremos com cuidado
Isto que me encarregais, senhores.

Preciso ter grande cuidado
Andarei muito diligente
Vigiarei noite a dia
Eu e toda a minha gente.

Não venha alguém que queira
Para o palácio entrar
Com pretexto de visita
Depois que queira roubar.

Soldados, ponde atenção
Em tudo o que aqui vier
Não entre ninguém dentro
Sem primeiro se conhecer.

Crato
Todos aqui, soldados meus,
Prestai a vossa atenção
Às ordens que eu vos vou dar
Nenhum faltará sem razão.

Nós precisamos de cumprir
As ordens que nos são dadas
E cumpriremos fielmente
Que não podem ser revogadas.

Juliano
Creio que ninguém faltará
A cumprir o seu dever
Isto bem guardado será
Segundo o meu parecer.

E bem castigado será
Se a isso alguém faltar
Que nós temos a obedecer
Quem manda pode mandar.

Pinto

Devemos ser cumpridores
Das ordens que mandais vós
Mas se alguém se opuser
Comandante, aqui estamos nós.

Para as forças cumprir
À força se preciso for
Soldados mais obedientes não há
Para cumprir com rigor.

Jaime

Eu também sou obediente
Naquilo que for mandado
Mandai vós e eu obedeço
Como faz o bom soldado.

Já destes as vossas ordens
E receio nenhum deveis ter
No fim podeis vós castigar
Todo aquele que merecer.

Sai o príncipe e seus pajens com cães e espingardas e diz o príncipe para a mãe:

Príncipe

Minha mãe, abençoai-me
Para sermos afortunados
Na caçada que vamos fazer
Eu e os vossos criados.

Eu creio que nós faremos
Todos uma grande caçada
Para que a fortuna nos proteja
Pedi vós, mãe aventurada.

Rainha Helena

Recebe pois a minha benção,
Filho querido e adorado,
Que eu hei-de pedir a Deus
Para que sejas afortunado.

E fareis a vossa caçada
Todos juntos em campanha
Só vos peço que não tardeis
Muito tempo na montanha.

*Sai o príncipe e os companheiros e diz
o príncipe para Pedro:*

Príncipe

Pedro como caçador de prova
Que o és eu bem o sei
Espero que dês batalha
Nesta caçada que arranjei!

Pedro

Eu espero que hei-de cumprir
Em tudo com o meu dever
Seremos todos diligentes
Segundo o meu parecer.

Nenhum deixará de fazer
Pela obrigação como deve
Ninguém ficará para trás
Toda a gente vá alegre.

E eu mais que outro qualquer
Tenho vontade de atirar
Toda a caça que me sair
Me parece que devo matar.

Benjamim

Senhor príncipe, eu também digo
Que podeis ter confiança
A gente que vos acompanha
Vai toda cheia de esperança.

Devemos fazer boa caçada
Segundo o meu entender
Vamos todos com vontade
De nessa montanha nos meter.

Vão andando até se encontrarem com os soldados do rei da Sardenha e diz Américo:

Américo

Façam alto! Quem vem lá?
Ninguém seja tão ousado
De entrar neste território
Sem primeiro ser autorizado.

Assim todos os meus soldados
Tudo esteja vigilante
Vamos ver quem vem aí
E quem é toda essa gente.

Se for gente de mau viver
Vamos nós arreatá-los

CASAMENTO DE DOIS PRÍNCIPES

Pois ainda que seja por mal
Presos havemos de levá-los.

À presença do nosso rei
E se forem malfeitores
Bom castigo vão levar
Todos juntos esses senhores.

Saulo
Senhor, contai connosco
Para o que preciso for
Estamos todos bem armados
E levaremos a melhor!

Se forem alguns bandoleiros
Que não queiram obedecer
Não estejamos aí com demoras
Mas tratemos de os prender.

Miguel
Alto aqui, meus camaradas!
Unidos todos ao comandante
E que se não façam muito finos
Para passar daqui para diante.

Mas noto nesses personagens
Que não serão perigosos
Pois não têm aparência
De montanheses tenebrosos.

Joaquim
Eu também já notei isso
Até já vos queria dizer
Para lhes irmos falar
Antes de nada resolver.

Pergunta-lhes quem é que são
E de que parte eles vêm
E eles alguma coisa dirão
Pois há-de ser gente de bem.

Lourenço
Eu vejo no traje daquele
Que deve ser ilustrado
E se parece Américo
Seja o primeiro interrogado.

Há-de expor suas razões
Dirá de que anda a tratar
Que gente é essa que traz
Pode até vir caçar.

Falai-lhe pois, comandante,
Sem primeiro nada tratar
Podem ser boas criaturas
E nós podemo-nos enganar.

Américo
Ó homens que aí estais
Ou senhores pois eu não sei
Venho-vos interrogar
Quem sois vós o direis.

Dizei se sois gente de paz
Ou por acaso espiões
Se sois de alta hierarquia
Ou por acaso ladrões.

Mas eu vejo no vosso traje
Alguma coisa de gentileza
Não me quero adiantar mais
Quero primeiro ter a certeza.

Adianta-se o príncipe e diz:

Príncipe
Sou filho do rei da Sicília
Dom Fernando é o nome seu
Sou o seu único herdeiro
Pois o trono dele é meu.

Minha mãe é D.ª Helena
A quem amo com afecto
Tenho per ela um terno amor
Que não a esqueço de certo.

E este é o meu ajudante de campo
Que se chama Benjamim
Estes dois são meus pajens
Que vós bem vedes aqui.

E Pedro o meu caçador
Que trago aqui a meu lado
Para fazermos uma caçada
Nestas matas ao veado.

Benjamim

Oh que mal fizestes vós
Não pensar doutra maneira!
Não vistes sua Real Alteza
Que vinha na dianteira?

Nunca devíeis ter feito
Desta gente uns espiões
Nem pensar que nós fossemos
Por acaso alguns ladrões.

Nós vínhamos todos caçar
Somente para entreter
Por estes bosques além
Nada mais queremos fazer.

Jorge

É este o nosso soberano
Príncipe de grande valor
A quem todos respeitamos
Como a Deus Nosso Senhor.

Como não foi conhecido
Pelo vestido que traz
Pois até no andar dele
Bem conhecido se faz!

Bernardino

O poder do nosso rei
Não pode ser deslustrado
Que diria seu pai se soubesse
O seu filho assim tratado?

A quem tem tanto afecto
A quem ama do coração
Mas para vos desculpar
Eu por vós peço perdão.

Pedro

Bem se podem desculpar
Que decerto não sabiam
Que as pessoas pelo trajo
Como é que se conheciam.

Vejo eu nestes senhores
Alguma sinceridade
Agora sabeis quem somos
Podeis falar à vontade.

Américo

O pesar que temos nós
Das faltas que tem havido
Não imaginais a pena nossa
De vos não ter conhecido.

Quem diria que neste mato
Havia gente real!...
Mas nós agora arrependidos
Tendes de nos desculpar.

Saulo

Estando nós arrependidos
Dessa maneira pensar
Perdoai-nos por quem sois
Pois bem nos podeis perdoar.

Nós temos ordens severas
Que procuramos cumprir
E são dadas por quem pode
Delas não podemos fugir.

Manda o nosso soberano
E temos que obedecer
Quem aqui for encontrado
A todos devemos prender.

Miguel

Ai de nós se não cumprimos
Com as ordens que nos dão
Depressa seríamos metidos
Talvez numa prisão.

Isto é para elas exemplo
A quem por aqui passar
Que estas fronteiras estão guardadas
E não se podem violar.

Joaquim

Mas como é gente de paz
Eu a todos vos direi
Se acaso quereis ir connosco
A visitar o nosso rei.

Que ele também há-de gostar
Deste príncipe conhecer
Dizei vós, senhor soberano,
Se tendes vontade de o ver?

Príncipe

Eu nisso até faço gosto
Imenso de vos acompanhar
Se nos fazeis essa honra
De nos ir apresentar.

Lourenço

Oh que grande alegria
Todos nós vamos ter!
Grandes festas no palácio
A todos vos vão fazer!

Então vamos a marchar
Todos em boa companhia
Que se não faça de noite
Para chegarmos pelo dia.

Benjamim

Pois seja como dizeis
Vamos nós todos a ver
Esse poderoso soberano
Para nós o conhecer.

Vamos todos a caminho
Já que temos a certeza
De sermos bem recebidos
Que diz vossa Real Alteza?

Príncipe

Eu algo que gosto bem
De fazer esta visita
E à volta nós caçaremos
Isso à nossa conta fica.

Tenho até muita vontade
Desta corte ir conhecer
Mas nunca se deu o caso
Como agora pode ser.

Vamos, caminhemos depressa
Se temos muito que andar
Porque se assim continuamos
Quando vamos a chegar?

Américo

Já perto estamos, senhor,
Já se avistam as muralhas
Altas e maravilhosas
Que não podem ser tomadas.

Já me vou adiantar
Para dar a boa nova
E que venham a esperar
A Vossa Real pessoa.

Adianta-se e diz para Malco:

Malco, faz saber lá no palácio
Que há visitas a receber
E que é de real família
O senhor que aqui vem a ter.

Malco entra dentro e diz:

Malco

Real senhor, peço licença
Para vos vir anunciar
Umas visitas importantes
Que vos desejam falar.

Rei Júlio

Que entrem esses senhores
Para eu aqui os ver
Pois eu não lhes posso falar
Sem ao pé de mim os ter.

Malco

Cheguem-se para cá, meus senhores,
E para dentro podem entrar
Que eu já lhes trago licença
Depois de vos anunciar.

Entram e diz Américo:

Américo

A Vossa Real Alteza
Apresento esta gente
Para tomar conhecimento
Com pessoa muito decente.

Este que vedes, senhor,
Vir aqui na dianteira
É filho do rei da Sicília
Veio a caçar para a fronteira.

O outro que está ao lado
E o que vem mais adiante

Também faz parte da corte
Por ser o seu ajudante.

E também estes outros dois
São pajens de acompanhar
E o outro que vem do lado
Este só vem para caçar.

Rei Júlio

Sentai-vos, ilustre príncipe,
E fazei entrar vossa gente
Que eu dessa vossa visita
Já vos digo estar contente.

Quero que me digais vós
Como aqui viestes parar
Tão distante da vossa corte
Para me vir a visitar.

Pois eu tenho grande empenho
De conhecer isso a fundo
Porque sei que vosso pai
É o mais poderoso do mundo.

Vou chamar minha mulher
E também a minha filha
Para ouvir essa história
Que quero que o príncipe nos diga.

Guiomar, peço que venhas
Quero que prestes atenção
Traz Bernardina tua filha
Para ouvir esta narração.

*Vem a rainha e a filha e a rainha Guiomar
diz:*

Rainha Guiomar

Aqui estamos presentes
Dizei agora que pretendeis
Se precisais de nos falar
Alguma coisa direis!

Rei Júlio

Digo que vos apresento
A uma pessoa real
Ao príncipe do rei da Sicília
Com quem vamos a falar.

Fazem uma vénia.

Rainha Guiomar

Com grande satisfação
Assim me cumpre dizer
Que desejo imensamente
Esse príncipe conhecer.

Podeis falar, senhor príncipe,
Em nada tenhais temor
O que houver na minha corte
De tudo podeis dispor.

Príncipe

Senhora, agradeço imenso
Vossa gentileza demonstrada
Para vos falar peço licença
Que por vós me será dada.

Eu já disse a um vosso servo
Toda a minha geração
Mas vou repeti-lo agora
Para vos dar satisfação.

Sou filho do rei D. Fernando
Dona Helena minha mãe
A quem amo com ternura
Pois ela me ama também.

Encontro-me aqui por acaso
Não foi propositadamente
Só foi por nos divertir
Eu e esta minha gente.

Rainha Guiomar

Foi Deus que assim o quis
Para nós vos conhecer
Pois com esta vossa vinda
Só nos viestes dar prazer.

Infanta

Eu também folgo bastante
De ter esta visita hoje
Mas será pouco demorada
Porque depressa nos foge.

Eu gostaria bastante
Que demorassem mais aqui

Uma grande temporada
Pois todos gostamos de si.

Príncipe
Isso não podia ser
Nem nisso posso pensar
Por causa de minha mãe
Que se estava a agoniar.

Ela nunca pode estar
Um só dia sem me ver
Se eu agora me demorasse
Era capaz de morrer.

Infanta
E se lhe mandarmos dizer
Que quereis aqui demorar
E que não há novidade alguma
Para ela se agoniar.

Príncipe
Eu disso gostava bastante
De fazer-vos companhia
Mas por não poder ser agora
Há-de poder ser outro dia.

Eu vou pedir a minha mãe
Que me conceda licença
Para poder estar uns dias
Sem ir à sua presença.

Infanta
Logo que saís daqui
Já vos não tornais a lembrar
Da promessa que fazeis
Para um dia aqui voltar.

Príncipe
Ah! Eu dou a minha palavra
E de cedo a hei-de cumprir
Podeis ter bem a certeza
Que eu aqui torno a vir.

Vou a pedir licença
Para nos irmos embora
Já devíamos ter voltado
Já é comprida a demora.

Dom Júlio, rei da Sardenha,
Monarca de grande valor,
Vou-vos pedir uma mercê
Para me ausentar, senhor.

A mim e a meus companheiros
Que nos andam buscando
Os servos da minha corte
E minha mãe está chorando.

Depois de nos não achar
Nos bosques por nós pisados
Todos voltarão com certeza
Para o palácio contristados.

Benjamim
Já deveis ter mandado
Pelo menos avisar
Que estivessem descansados
Que não nos andassem a buscar.

Jorge
Eu digo que é já marchar
Sem ter nenhuma demora
Não estejamos aqui mais
Vamo-nos daqui embora.

Pedro
Amigos meus que pressa tenho
De no mato me encontrar
Eu não vim a outra coisa
Vim somente para caçar.

Ainda nada fizemos
Com respeito à caçada
Vimos logo aqui a ter
Sem fazermos então nada.

Príncipe
Adeus senhores todos
Adeus ó nobre rei
Adeus rainha e filha
Que eu depressa voltarei.

Rei Júlio
O senhor seja convosco
Para vos acompanhar
Ide com Deus, senhor,
Já que tendes de partir.

Rainha Guiomar
Sede bem aventurados
No caminho a seguir
Ide com Deus, senhor,
Já que tendes de partir.

Infanta
Lembrai-vos que prometestes
De outra vez aqui voltar
Os anjos vos acompanharão
Que eu por vós vou a rezar.

Faça preces ao Senhor
E também a sua Mãe
Aos santos todos em caso
A todos peço também.

*Vão-se. Sai a rainha Helena com uma aia
e diz:*

Rainha Helena
Oh que dor tenho em meu peito
Que me faz afligir
De eu ter sido a culpada
De meu filho partir.

Se te aconteceu algum mal
Filho meu tão dedicado
Já me parece que assim seja
Pois tanto tens demorado.

Ó Senhor Deus da piedade
A santos todos Amém
A quem rogo que meu filho
Aqui me tragam em bem!

Ó Sagrada Virgem Maria!
Mãe de Deus, eterna luz,
Protege meu filho, Senhora,
Vós que sois Mãe de Jesus!...

Sois a Senhora dos Anjos
Astro brilhante iluminador
Atendeis todos os rogos
De qualquer pecador.

Ó Estrela Matutina
Que em ti os olhos pus

Pelas lágrimas que chorastes
No calvário ao pé da cruz.

Por tudo isto vos peço
Mãe de todos os pecadores
Que atendais as minhas súplicas
Pelas vossas sete dores.

Aia Alda
Augusta rainha e senhora
Não vos estejais agoniar
Que vosso filho há-de vir
Que eu por ele hei-de rogar.

Que busquem tudo em volta
Para os lados do nascente
Vou mandar meu guarda-selos
Para comandar essa gente.

Rei diz:

Rei
Nicolau!

Nicolau
Real senhor?

Rei Fernando
Apresenta-te e vem já
Não te faças demorar
Apronta-me esses soldados
Para que te vão acompanhar.

Sabeis que o príncipe partiu
Para o mato a caçar
Já tempo não volta
O que me faz admirar!

Muito mais a sua mãe
Que vê-lo pronto deseja
E não se pode consolar
Sem que o seu filho veja.

Nicolau
Senhor, partiremos já
Podeis estar descansados
Que todos o vão buscar
Eu e os vossos soldados!

E se no mato estiver
Não tenhais dúvida, senhor,
Que o havemos de encontrar
Seja ele aonde for.

Crato, prepara essa gente
E que se armem todos bem
Porque vamos a marchar
Por esses bosques além.

Crato
Essas ordens cumprirei
Com grande cuidado, senhor,
Para todos nós partir
Seja ele para onde for.

Soldados, todos alerta!
Preparai-vos vós e eu
Para ir buscar o senhor príncipe
Que dizem que se perdeu.

Juliano
Prontos estamos, senhor,
Para partir se é preciso
Logo que é de grande urgência
O fazer esse serviço.

Eu por mim já estou
Com grande vontade de ver
O nosso príncipe real
Que a todos muito bem quer.

Ricardo
E quem é que não há-de estar
Eu até sou o primeiro
Pois ele tem pelos soldados
Um grande amor verdadeiro.

E nós para bem lhe pagar
Vamos ver o que lhe aconteceu
Preparemos para sair
Que na frente até vou eu!

Pinto
Pois eu estou a teu lado
Sempre para te acompanhar
Busquemos todos amigos
Até nós o encontrar.

Podia-lhe suceder mal
A ele ou algum companheiro
Não devemos descansar
Sem o encontrarmos primeiro.

Juliano
Se estamos com estas razões
Quando vamos sair?!
Não demoremos aqui mais
Pois são horas de partir.

Cada um veja bem
O que lhe pode faltar
E se todos estão prontos
Vamos lá, toca a marchar!

Vão-se. Sai a infanta e diz:

Infanta
Eu acordei sobressaltada
Não sei que sinto em mim
Os meus olhos só voltam
Para os bosques do Bonfim.

Saem as duas aias para junto dela.

Infanta
Foi por onde ele partiu
Com andar tão decisivo
Porque é que penso nele
Sendo para mim desconhecido!

Decerto estou enamorada
Outra coisa não pode ser
Dormindo vejo-o em sonhos
Acordada só o queria ver.

Ó Virgem Santa Maria
Fazei um milagre vós
Que alguém se possa lembrar
Para nos unir a nós!

Vou pedir em oração
À eterna Mãe do Senhor
Para revelar a meu pai
Que lhe tenho tanto amor.

Aia Júlia

Se eu vos pudesse valer
Até vos dava o coração
Porque ver-vos assim sofrer
Estou cheia de paixão.

Vede que quereis que vos faça
Não vos estejais a afligir
Podeis ter alguma esperança
Pois ele prometeu de vir.

Aia Joana

Isso foi quanto partiu
Bem vos podeis recordar
Que disse que brevemente
Aqui havia de voltar.

Eu decerto notei nele
Que a palavra cumpriria
Pois não a querendo cumprir
Bem de certo não a prometia.

Infanta

Com isto me dais alento
Mesmo até tenho esperança
Logo que ele prometa de vir
Eu faço nele confiança.

Vou pedir a Nossa Senhora
Dentro dos meus aposentos
Que o torne aqui a trazer
Para fim dos meus tormentos.

Aia Júlia

Pois vamos, senhora minha,
Vosso espírito sossegai
Não podeis falar altamente
Que pode ouvir vosso pai.

Vão-se e diz Nicolau:

Nicolau

Andemos mais apressados
Meus senhores, para a frente
Para encontrar o senhor príncipe
A ele e toda a sua gente.

Sem o encontrar, amigos,
Não podemos descansar

Ainda que nós não saibamos
Para que lados o buscar.

Busquemos o mato todo
Sem deixarmos um bocado
Porque se ele cá estiver
Deve ser por nós encontrado.

Crato

Este serviço, meus amigos,
Deve ser feito com rigor
Para cumprir as ordens dadas
Do nosso rei e senhor.

A ele obedecemos todos
Com amor e com respeito
E bem lhe devemos obedecer
Pois que a isso tem direito.

Juliano

E quem assim não fizer
Por um rei tão sábio e forte
Mandando buscar o filho
Não cumprindo merece a morte.

Vamos pois sem descansar
Todos juntos, companheiros,
Busquemos sem desanimar
Por estes montes e outeiros!

Vão-se andando e diz Ricardo:

Ricardo

Oh quem me dera eu de ser
O primeiro a encontrá-lo
Depois de tantos espaços
Que fazemos a buscá-lo?

Vamos andando, amigos,
Que a esperança não perdi
De todos nós o encontrar
Nestes bosques por aqui.

Pinto

Eu parece que senti ruído
Lá no centro da montanha
Se nós os encontrarmos aí
Oh que alegria tamanha!...

CASAMENTO DE DOIS PRÍNCIPES

Escutai todos, não sentis?
Parece que ladra um cão
Suponho eu que sejam eles
E bem decerto que serão!

Dão um tiro e diz Jaime:

Jaime
Não sentistes agora um tiro?
E não foi muito distante
Vamos já todos sem demora
Cheguemos mais para diante.

Já vejo bulir o mato
E decerto não nos enganamos
Vamos nós a conhecê-los
Se é a gente que nós buscamos.

Nicolau
Soldados, tende cuidado!
Todos bem vos colocai
Ninguém passe mais adiante
Vamos ver quem é que sai.

Sai o príncipe e diz:

Príncipe
Nicolau, meu grande amigo,
Quem foi que aqui vos mandou
Ver-vos aqui com tanta gente
Muito admirado estou!

Nicolau
Foi vosso pai, meu senhor,
Que vos mandou a buscar
Por causa de vossa mãe
Que se estava agoniar.

Pensando que teríeis sofrido
Algum desastre na caçada
Há tanto que tínheis saído
E sem de vós saber mais nada.

Príncipe
Oh que descuidado fui eu!
Já conheço que nada fiz bem
Em demorar tanto tempo
Sem avisar minha mãe!

Benjamim
Ai meu Deus que mal fizemos
Em ter tamanha demora
Vossa mãe vai-me a culpar
E que hei-de dizer-lhe agora?!...

Pois fui eu que lhe pedi
Para vos deixar sair
Que desculpa lhe vou a dar
Das contas que vai pedir?

Jorge
Todos nós vamos sofrer
Porque todos fomos culpados
Ai de nós se não nos perdoa
Que vamos a ser castigados.

Ela recomendou a todos
Quando saímos a caçar
Que demorássemos pouco tempo
E não a fizéssemos esperar!

Bernardino
Eu vou-lhe pedir de joelhos
A que me queira dar perdão
E bem sei que me perdoa
Porque tem bom coração.

Pedro
E eu também sofrerei
Sem em nada ser culpado
Certo é que fui convosco
Mas por vós fui convidado!

Nicolau
Vamos, senhores, sem demorar
Que nos esperam ansiosos
Pois lá dentro do palácio
Todos estão muito penosos.

Príncipe
Vamos nós, ó meus amigos,
Todos juntos de companhia
Em nos vendo ali chegar
Ficam cheios de alegria.

Benjamim
Isso queria eu
Pois tenho desejo ardente

E terei mui grande alegria
Em vendo tudo contente.

Nicolau
Que estamos aqui a fazer?
Que demora tão comprida
Vamos já para contentar
A quem está entristecida!

Chegam ao palácio e o príncipe diz a Cúrcio:

Príncipe
O que há de novo no palácio
Alguém morreu por aí?!
Vejo tudo tão mudado
Do dia em que parti!

Cúrcio
Só tem havido aqui penas
E muito até tem chorado
Vossa mãe que julgou perdido
O seu filho muito amado.

Mas já vou a dar notícia
Para que vos venha abraçar
Que se ponha tudo alegre
E não tornem mais a chorar.

Chega-se Ataúlfo ao pé do príncipe e diz:

Ataúlfo
Deixai-me beijar a mão,
Príncipe de todos nós querido,
Já que Deus aqui vos trouxe
Todos vos julgavam perdido.

Faz a vénia para lhe beijar a mão.

Já tenho grande alegria
Daqui vos tornar a ver
E todo o povo está contente
Este é o meu parecer.

Cúrcio entra e diz:

Cúrcio
Dai licença, senhora,
Que vos quero consolar
Vem aí uma visita
Que deseja de vos falar.

Rainha Helena
Tu que me dizes Cúrcio?!
Não será isso uma ilusão
Será meu filho por acaso
Que me vem tirar esta paixão?

Fala, diz-me isso já
Para eu ficar descansada
Se meu filho está aí
De regresso da jornada?!

Cúrcio
Senhora, vinde a ver depressa
E deixai-vos de chorar
Vosso filho aí está
Que acaba de chegar!

Sai para fora e diz a rainha:

Rainha
Ó filho da minha vida!
Que muito quisestes tardar
Chega-te aqui para tua mãe
Que te quero abraçar.

Abraça-o e diz a rainha:

Rainha
Diz-me, filho, por Deus te peço
A que é devida esta demora?
Depois de ausente tanto tempo
Como é que chegaste agora?

Príncipe
Minha ausência não foi tanta
Para me lastimar dessa maneira
E nós muito não demoramos
Porque passamos a fronteira.

Encontrámos uns soldados
Do grande rei da Sardenha
E com eles fomos levados
Não por força nem por manha.

Quando fomos encontrados
Tomaram-nos por espiões
E a todos quiseram prender
Julgando-nos uns ladrões.

Mas eu disse-lhes quem era
E que andávamos a fazer
Ficaram muito arrependidos
Depois de nos conhecer.

Fizeram-nos muitas honras
E ao rei deles nos levaram
Desde que chegámos ao palácio
Muito bem nos estimaram.

E não deixaram sair
Sempre adiando a partida
E mais teríamos demorado
Se vós não fosseis mãe querida.

Rainha Helena
Então ficaste gostando
Desse palácio encantado?
Segundo o que eu estou a ver
Vens todo maravilhado!...

Príncipe
De certo que gostei muito
Da gente tão dedicada
Logo que nós lá chegámos
Ali não nos faltou nada.

Rainha Helena
Ainda nada dissestes
Com respeito à família
E os que eram no palácio
Quantas filhas é que tinha?

Príncipe
A família é constituída
Por três pessoas a saber:
Dom Júlio, rei da Sardenha,
Sua filha e a mulher.

Tem uma filha que bela
Por quem fiquei apaixonado
É um modelo de menina
Que me deixou encantado.

O seu nome é Bernardina
Guiomar se chama a mãe
Em bondade são iguais
Nenhuma diferença têm.

Rei Fernando
Oh quanto estou satisfeito
Nisso que te ouvi contar
Por dizer que nessa corte
Também te quiseram estimar.

Quero-te lembrar uma coisa
Se for do teu contentamento
Gostando dessa princesa
Pede-a em casamento.

Príncipe
Isso era o meu desejo
Já nisso tinha pensado
Desde a hora em que a vi
Fiquei dela enamorado.

Rei Fernando
Visto a tua resolução
O meu parecer vou a dar
Vou chamar os vassalos
Que os quero consultar.

E tu que dizes, Helena,
Com respeito ao casamento?
Diz se devemos fazer isto
Que deve ser de grande proveito.

Rainha Helena
Eu digo que podeis fazê-lo
Se o rei Dom Júlio quiser
Vantagens para a nossa corte
Feito isso deve-as haver.

Rei Fernando diz para Cúrcio:

Rei
Cúrcio, reúne o conselho
Num momento sem tardar
É caso de grande urgência
Que eu preciso de tratar.

Cúrcio
Crato e mais Nicolau
E também o Benjamim
À ordem do nosso soberano
Temos de reunir ali.

Reúnem Crato, Nicolau, Benjamim, Cúrcio,
rei, rainha e diz o rei:

Rei
Eu aqui vos mandei vir
Que preciso de vos falar
É negócio mui importante
Que precisamos de tratar.

Tu, Benjamim, podes dizer
Alguma coisa a este respeito
E a isso que dizes Crato?
Vê se é coisa que tenha gosto.

Pois como estivestes lá
Com meu filho há poucos dias
Se ele casasse com essa princesa
A esse respeito que dirias?

Benjamim
Parece-me de grande vantagem
Esse casamento realizado
Vosso filho nessa corte
Seria bem afortunado.

Vós não vedes que a fronteira
Por aí fica guardada
No caso de haver guerra
Daí não era atacada.

Nicolau
Isso é de grande vantagem
Para vós estardes descansado
Porque esse reino é poderoso
É tê-lo como aliado.

Depois vosso filho vem a ser
O primeiro rei do Mundo
Porque em territórios e forças
Não creis que haja segundo!

Crato
Grande gosto podeis ter
Em tudo estando realizado
Haveis de estar bem satisfeito
Tendo esse rei a vosso lado.

Com as forças que ele tem
Juntas às vossas vos digo

Sossegai bem à vontade
Que de guerras não há perigo

Cúrcio
Senhor, tratai isso a tempo
Não o deixeis esquecer
Visto haver grande vantagem
Nisso que se quer fazer.

Podeis mandar embaixada
Ao rei e senhor da Sardenha
E com a resposta que lhe for dada
Que depressa aqui venha.

Rei Fernando
Visto que vós concordais
Com este meu parecer
Um embaixador vou mandar
Vede vós quem há-de ser?

Dize lá vós, ó Nicolau,
Se vos parece acertado
Escolher o nosso Plínio
Para que seja mandado?

Nicolau
A mim parece-me competente
Para esse cargo desempenhar
Ele é muito inteligente
Senhor, bem o podeis mandar.

Rei Fernando
Vai então chamá-lo depressa
E que venha brevemente
Que não esteja a demorar
Que é caso muito urgente.

Vai-se Nicolau e diz:

Nicolau
Plínio, apresenta-te e já
Sem demorares mais nada
Porque o nosso rei e senhor
Te vai mandar como embaixada.

Plínio
Eu estou às suas ordens
Para tudo o que quiser

É rei e pode mandar
E eu estou pronto a obedecer.

Chegam junto do rei e diz Plínio:

Plínio
As vossas vontades, senhor,
Eu as cumprirei com respeito
Vossa Alteza é quem manda
E eu lhe darei cumprimento.

Rei Fernando
Vai ser bem custoso
O que te vou a mandar
Porque serras e montanhas
Tudo tens que atravessar.

Plínio
Eu a nada tenho medo
Que ainda me sinto forte
Para cumprir vosso querer
Até desafio a morte.

Rei Fernando
Vais partir para a Sardenha
Com embaixada a esse rei
Tens que trazer as respostas
Às perguntas que eu farei.

Bem sei que te custará
O partires tu sozinho
Por essas serras fora
Sem saberes o caminho.

Plínio
Eu vou muito satisfeito
As dificuldades vencerei
Ainda que seja custoso
É vontade do meu rei.

Se tudo está preparado
Pronto estou para marchar
A jornada é comprida
E preciso de caminhar.

Rei Fernando
Pois então toma lá
Esta carta entregarás

A esse rei e senhor
A quem eu te mando que vás.

Plínio
Eu tudo isso farei
Com grande prazer, senhor,
Hei-de cumprir vossa vontade
Da maneira que melhor for.

Vai-se. Sai o príncipe e diz:

Príncipe
Ó Maria, doce Mãe
Amparo de todos nós
Sois doce consoladora
Dos que recorrem a vós.

Pedi a vosso filho, Deus,
Vós que sois Mãe de Jesus
Pelos tormentos passados
Que por nós sofreu na cruz.

Que queira levar a cabo
Esta obra começada
Para o pai lhe dar licença
Que comigo seja casada.

Das deusas tem o cabelo
E das virgens o olhar
Segundo a mim me parece
Em todo o mundo não tem par.

Amando-a eu com desvelo
E por ela sentir amor forte
E para eu não ser dela
Melhor seria levar-me a morte.

Ah, mas não há-de ser assim
Pois então de mim que seria
Se os meus rogos não chegam
Junto da Virgem Maria?

Vai-se. Plínio vai andando e diz:

Plínio
Oh que custosa viagem!
Como eu hei-de cumprir
Sem saber nenhum caminho
Por onde eu possa seguir?

Irei por este lado não sei
Irei por aquele a mesma sorte
Ó Deus, iluminai minha mente
E fazei que eu seja forte.

Para trás não volto eu
Sou mandado pelo meu rei
Ainda que seja custoso
Todo o esforço eu farei.

Vamos seguir o caminho
Não pensemos em mais nada
Pois não há outro remédio
Senão fazer esta jornada.

Vai andando.

E como eu atravessarei
Estes bosques e montanhas
Mas como é que eu vencerei
Umas dificuldades tamanhas?

Com coragem e arrojo
Que sempre eu tenho mostrado
Porque não me achando capaz
El-rei não me tinha mandado.

Eu alguém hei-de encontrar
Caminhemos mais adiante
Mais aqui ou mais além
Nos caminhos sempre há gente.

Aparece Justo e diz:

Justo
Olá! Que buscais por aqui?
Parece-me uma coisa estranha
Olha que a este meu cacete
Não te escapais nem por manha!

Mostra-lhe o pau.

Chega-te cá para mim
Que te quero convidar
Nem que sejas do outro mundo
Para a frente vou passar.

Plínio
Ó homem, eu sou de paz
E podes-me tratar melhor
Pois se não sabem quem sou
Sou Plínio embaixador.

Justo
Passa-me lá de longe
Que melhor será para ti!
Tu não vês este bordão?
Não te chegues muito a mim!

Plínio
Espera aí um pouco
Que te quero perguntar
O caminho do palácio
Se nos podes ensinar.

Justo
Que palácio nem outra coisa
Que me estás a perguntar?
Eu conheço lá nada disso
E não estou para te aturar!

Palácio e que vem a ser
Foi coisa que nunca ouvi
Não sei se é morto ou vivo
Que coisa que anda por aqui!

Fala-me em gado que conheço
Escuta o que te digo
Tu pareces que estás lembrado
Não brinques muito comigo.

Tu falas muito ousado
Pareces muito pimpão
Eu estou capaz de te medir
As costas com este bordão.

Plínio
Alto lá! Ó meu amigo!
Até me faz admirar
Não responderes ao que te digo
Para eu me poder guiar.

Que é o povo mais perto
Que nós temos aqui agora?

Ensina-me esse caminho
Para sair daqui para fora.

Justo
O caminho é aquele
E um povo além está
Eu não sei como se chama
Porque eu nunca estive lá.

Vai-se. Diz Plínio:

Plínio
Ainda é melhor que te vás
Eu de ti não tiro nada
Parece uma besta fera
Por estes bosques criada.

Vou com pressa a caminhar
Que muito estou demorando
E já muito estou tardando
E lá me estão a esperar.

Chega-se ao pé do palácio e diz Malco:

Malco
Quem vem lá? Pergunto eu
Depressa tem que falar
Porque sendo desconhecido
Aqui não pode chegar.

Fale já sem mais demora
E não se adiante senhor
Daqui não pode passar
Seja ele quem for.

Sabei que este é o palácio
Do grande rei da Sardenha
E quem quiser aqui chegar
E preciso que licença tenha.

Plínio
Pois é a esse grande rei
Que eu preciso de falar
Dizei-lhe da minha parte
Que tenho carta que lhe dar.

Venho da corte de Sicília
Trago aqui uma embaixada

É coisa muito urgente
Para hoje ser tratada.

Malco entra dentro e diz:

Malco
Senhor, sabei que está lá fora
Quem deseja de vos falar
Segundo eu lhe entendi
Traz uma carta para vos dar!

Rei Júlio
Diz-lhe então que pode entrar
Que eu não sei quem possa ser
Porque mesmo eu agora
Quem é que me pode escrever!

Malco
El-rei vos manda licença
Já agora podeis entrar
Ide para ele saber quem sois
Logo que lhe quereis falar.

Chega-se Plínio e diz:

Plínio
Meu alto senhor da Sardenha
Sois poderoso rei da terra
Deus vos dê muita ventura
Assim na paz como na guerra.

E por serdes merecedor
Deus vos dê mui longa vida
Por vossa grande bondade
Assim a tendes merecida.

Sois senhor de vastos domínios
E tendes mui grande poder
Mas peço-vos senhor licença
Se me podeis atender.

Pois eu sou um mensageiro
Para uma carta vos entregar
Do rei e senhor da Sicília
Que por mim vos quis mandar.

Dá-lhe a carta e diz o rei Júlio:

Rei Júlio
Vamos ver a que ele diz!
Nesta carta que trazeis
Depois de eu a ter lido
Minha resposta levareis.

Faz que lê a carta e diz:

Ah coma é bela a proposta
Que aqui me manda dizer
É questão de alto interesse
Que aos dois tronos vem trazer!

Pede a mão da minha filha
Que seu filho assim deseja
Para todos ficarmos unidos
Queira Deus que assim seja.

Vou chamar os meus vassalos
Para isto ficar tratado
Por eu gostar muito do príncipe
Que é um homem ilustrado.

Vou consultar Mário e Saúl
E também minha mulher
Assim como a minha filha
Para saber se ela quer.

Malco, vem cá
Tu que és muito diligente
Chama todos os meus vassalos
Que venham aqui brevemente.

Sai Malco, vai e chama os vassalos:

Malco
El-rei vos manda chamar
Que vindes ali sem detença
Para todos consultar
Comparecei em sua presença.

Nós todos aqui reunidos
Vamos ver o que dizeis
Para casar minha filha
Com aquele príncipe que conheceis.

Eu por mim gosto bastante
E até me parece bem

Dizei vós agora todos
Se vos parece que convém.

Saúl
Eu digo que é acertado
Que se faça isso, senhor,
Para interesse do estado
Não há outra coisa melhor.

Já perguntasteis à infanta
Se ela está resolvida
A dar a mão a esse príncipe
Que por ele é pedida?

Rei Júlio
Ela aí está presente
Que o diga se quiser
Se está resolvida a casar
Para eu lho mandar dizer.

Mário
Falai, senhora princesa,
Dai a vossa opinião
Se é da vossa vontade
Dizei se sim ou não.

Porque de certo há-de ser
Feita a vossa vontade
Podeis ou não aceitar
Tendes toda a liberdade.

Rainha Guiomar
Filha minha, responde agora
Ao que te estão a perguntar
Eu gosto muito do príncipe
Tu agora tens de falar.

Infanta
Vós que quereis que diga eu,
Ó minha doce e boa mãe,
Eu para quê dizer que não
Pois desse príncipe gosto bem.

Ele é todo o meu desvelo
A todos os intentos me sorri
Fiquei dele enamorada
Nesse dia em que o vi.

CASAMENTO DE DOIS PRÍNCIPES

Eu até o vejo em sonhos
E a toda a hora do dia
Só em estar junta a ele
É que terei alegria.

Se ele pede a minha mão
Eu vos rogo que aceiteis
Logo que para o estado é proveito
Grande mercê me fazeis.

Rainha Guiomar
Eu também estou conforme
Para a resposta lhe mandar
Que todos somos de acordo
Da união se realizar.

É homem de meu grado
Para esposo de minha filha
Tem porte muito elegante
Ninguém há que o contradiga.

Rei Júlio
Visto que todos concordam
E a todos parece bem
Tratemos então da resposta
Que temos de mandar além.

Mário
Pois vamos tratemos disso
Que estamos a demorar
O homem está à espera
E precisa de marchar.

Vamos lá ter, ó Saúl,
Pois que és o secretário
Redija-lhe aí a resposta
Tens de ter esse trabalho.

Saúl
Para mim não é trabalho
Mesmo não me custa nada
A resposta que temos a dar
Ao portador da embaixada.

Já que tudo está de acordo
O que temos a fazer
É terminar então as bodas
Para quando há-de ser.

Rei Júlio
Visto minha filha ter vontade
Do casamento realizado
Diz-lhe ao embaixador
Que tudo fica tratado.

Que disponham as suas coisas
Para realizar o casamento
Nós vamos fazer o mesmo
Visto de todos ser contento.

Saúl
Aqui tendes a resposta
Nesta carta vai escrita
Para tudo se fazer
Segundo ela lhe dita.

Mário
Já podeis partir, senhor,
A levar essa embaixada
À corte de vosso soberano
Pois já deve ser esperada.

Nós decerto fomos demorados
Em a resposta vos apresentar
Mas isto precisa de tempo
Por ser preciso combinar.

Para tudo ficar acertado
Não precisa pouco tempo
Principalmente quando se trata
De fazer um casamento.

Ide em paz e Deus vos dê
Muita saúde, senhor,
Tratem lá de fazer isso
Tudo como seja melhor.

Plínio
Soberano, dai-me licença
Que me quero despedir
Eu já fui bem demorado
Mas forçoso é partir.

E vós, infanta tão bela,
A Deus já queirais rogar
Que na minha longa jornada
Ele me queira acompanhar.

A infanta chega-se e diz meio detrás:

Infanta
Levai-me lá esta carta
Que julgo nada direis
Depois de a levar guardada
Ao príncipe lha entregareis.

Plínio
Tudo isso eu farei
Com muito gosto, senhora,
Já não posso demorar mais
Peço desculpa vou-me embora.

Vai-se e diz:

Oh que jornada comprida
Com trabalho a farei
Mas agora não custa tanto
Que o caminho já o sei.

Vai andando e diz a infanta:

Infanta
Já vou pedir a Deus
Que o queria acompanhar
Por esse caminho comprido
Para depressa lá chegar.

Oh que grande prazer terei eu
Em vendo tudo realizado
Todas as coisas já feitas
E o príncipe aqui a meu lado.

Seremos felizes ambos juntos
Deus assim o há-de querer
A quem nós faremos preces
Toda a vida até morrer.

Vai-se. Plínio vai andando e sai Justo e diz:

Justo
Quem é que vem aí?
Parece o mesmo freguês
Vais apanhar umas ventosas
Com este tu não o vês!

Deixa-o chegar cá para diante
Que ele o vai sentir

Que grande vontade tenho
Das costelas lhe medir.

Caminho atrás caminho adiante
Então ele que anda a fazer
Terá vontade de comer
Cá da fruta o tratante.

Mostra-lhe o pau.

Pois olha podes cá vir
Que não ficas mal arranjado
Não creias que o que comer
Fica então mal convidado.

Já me vou chegando a ti
A ver por aqui que faz
Se me fala em palácio
Então logo lhe faço trás!

Faz que lhe bate.

Plínio
Ó homem tonto de todo
Retire-se lá da estrada
Eu em vendo um maluco
Com ele já não quero nada.

Justo
Não te queres divertir
Lá com este companheiro?
Olha lá o que te pariu,
Ó meu grande cavalheiro!

Plínio
Já disse que deixes livre
O caminho para passar
Quando não vais-te a ver mal
Que eu não estou para te aturar.

Mostra-lhe a pistola e diz Justo:

Justo
Foge, Justo, não demores
Tu não vês o que aí traz
Eu em vendo essas coisas
Logo me parecem todas más.

Vai-se e diz Plínio:

Plínio

Ora este grande mariola
Só me anda aqui a tentar
Retirou-se porque teve medo
E não me deixava passar.

Vai andando e diz:

Enfim cá estou de regresso
Porque isto tinha de ser
Bem sei que tive trabalho
Mas cumpri o meu dever.

Chega e diz para Jorge:

Pajem do vosso soberano,
Vai-me já anunciar
Se me pode receber
Que acabo de chegar.

Jorge vai dentro e diz:

Jorge

Alto soberano que Deus guarde,
Peço a vossa atenção
Chegou Plínio, o embaixador,
De cumprir sua missão.

Rei Fernando

Manda-o que entre para aqui
Eu quero que ele aqui venha
A trazer essas resposta
Que manda o rei da Sardenha.

Jorge

El-rei te manda entrar
Para te ouvir a seu lado
Quer saber como te arranjaste
Para cumprir o seu mandado.

Plínio entra e diz:

Plínio

Rei poderoso da Sicília
Já tudo ficou assente
Podeis tratar já das bodas
Que são a gosto de toda a gente.

Aqui tendes a resposta
Do que mandasteis dizer
E quando tiverdes lido
Já sabeis que deveis fazer.

Dá-lhe uma carta e diz D. Fernando:

Rei Fernando

Fostes um fiel servidor
Das ordens que eu te dei
Mas para não ficares sem prémio
Hei-de-te recompensar bem.

Retira-te quando quiseres
Podes ir a descansar
A jornada foi bem comprida
E precisas de repousar.

Plínio

Se me dais vossa licença
Bem de certo me retiro
Para descansar um pouco
Das fadigas do caminho.

Tira a carta e dá-lhe ao príncipe e diz:

Aqui tenho esta carta
Que ma deu sem ninguém ver
E eu de parte vo-la entrego
Para cumprir o meu dever.

*Mete a carta no bolso. Sai o rei D. Fernando
e diz:*

Rei Fernando

Helena, minha esposa,
Luís, meu filho querido,
Vou chamar os meus vassalos
Todos aqui quero reunidos.

Nicolau e Benjamim
E os mais altos desta corte
A todos quero mostrar
Esta resposta de grande importe.

Hei-la aqui, está presente
Que a trouxe o embaixador
E o pedido foi bem aceite
Com grande gosto e louvor.

Diz aqui na embaixada
Para as coisas preparar
Tudo muito depressa
Sem nada se demorar.

Nicolau
Então vamos a dar princípio
Ao que temos a tratar
Para tudo estar em ordem
O que se vá a precisar.

Bernardino
Grandes festas se vão fazer
Em honra do nosso soberano
Como outras não pode haver
Entre tudo o que é humano.

Rainha Helena
Pois é isso o que eu quero
Que seja bem festejado
O casamento de meu filho
É por todo o mundo falado.

Não quero que haja igual
Entre todos os viventes
Festejos tão arrojados
E em tudo resplandecente.

Rei Fernando
Justo é que assim seja
Que não possa haver melhor
Bodas bem festejadas
Que meu filho é merecedor.

Hei-de mandar uns arautos
Por esse reino fora
A publicar em toda a parte
As festas da grande boda.

E a todos os concorrentes
Que quiserem assistir
A todos comer e beber
E cama aonde dormir.

Vai-se e sai o príncipe e lê a carta.

Príncipe
A carta que ela me manda
Diz assim desta maneira:

Estou pronta para te rever
O grande Deus assim o queira.

Ó príncipe muito adorado
Tenho-vos no coração
Foi Deus que assim o quis
Para pedir a minha mão.

Eu não vejo outro ser
Com a vista dos meus olhos
A toda a hora vos vejo
Tanto de dia como em sonhos.

Sois o meu bem amado
Que o meu coração deseja
Quero-vos ver a meu lado
Deus queira que assim seja.

Espero com tanta alegria
Esse dia de tanto prazer
Para ficarmos unidos
Assim creio que há-de ser.

Vinde pois e não tardeis,
Ó príncipe muito amado,
É tudo quanto desejo
Ver meu sonho realizado.

Dobra a carta e mete-a no bolso e diz:

É a flor de um jardim belo
O teu aroma me seduz
Só de eu pensar em ti
Já meus olhos têm luz.

Mas já se aproxima a hora
Por nós tanto desejada
Para ambos juntos fazer
A nossa linda e feliz morada.

Vai-se. Sai o rei Fernando e diz:

Rei Fernando
Venha o Jorge e Bernardino
Ambos juntos devem ir
Ao palácio da Sardenha
Para então os prevenir.

Que tudo está preparado
Todos nos devemos juntar
Na ermida de D.ª Bernardina
A quem eu mando avisar.

Já os dois podem partir
E seguir o seu destino
Ambos já lá estiveram
Devem saber o caminho.

Bernardino
Com grande gosto, senhor,
Nós iremos à Sardenha
Basta agora nós sabermos
Quando quereis que dali venha.

Rei Fernando
Podem vir quando quiserem
O dia que o marquem lá
Quando tudo tenham preparado
Nós aqui preparado está.

Vão-se andando e diz Jorge:

Jorge
Oh que grande caminhada
Nós os dois vamos trazer
É verdade que já lá estivemos
E não nos devemos perder.

É pelo mesmo caminho
De quando fomos a caçar
Vamos andando, amigo,
Que temos muito que andar.

Bernardino
Era bom nós encontrarmos
Os soldados do outro dia
Para ir junto a eles
E servirem-nos de guia.

Vão andando.

E não nos renderia tanto
A passar estas montanhas
Conversávamos todos juntos
Porque eram boas companhias.

Jorge
Respeitadores é que eles eram
Nunca vi gente melhor
Nós temos bem só que dizer
Seja ele aonde for.

Bernardino
Creio que já vamos chegando
Ao grande palácio del-rei
Tu não vês suas muralhas
Olha é ali eu bem o sei.

Chegam ao pé. Sai Malco e diz:

Malco
Digam lá, ó meus senhores,
Que é que fazem por aqui?
Eu sou o porteiro real
Não se adiantem porém aí.

Bernardino
Somos da corte da Sicília
El-rei aqui nos quis mandar
A falar com o vosso soberano
E com ele temos de tratar.

Ide-lhe dizer da nossa parte
Que é negócio muito urgente
Que nos queira receber
Para partir brevemente.

Malco entra e diz:

Malco
Real Senhor, estão ali
Dois homens a esperar
Que vêm de longas terras
Para convosco falar!

São da corte da Sicília
E vêm com toda a certeza
Tratar das bodas de vossa filha
Que manda agora, Vossa Alteza?

Rei Júlio
Diz-lhe que venham aqui
A falar comigo então

E o que quiserem tratar
Esses homens o dirão.

Sai Malco e diz:

Malco
Vós, ó nobres cavalheiros,
El-rei vos espera já
Ide expor vossas razões
Que ele a ambos escutará.

Entram e diz Jorge:

Jorge
Deus vos salve, ilustre monarca,
E longa vida vos dê
Vamos dar nossa embaixada
Dai-nos licença, vossa mercê.

Nós aqui viemos mandados
Para cumprir um dever
Foi el-rei nosso soberano
Que por nós vos manda dizer.

Se tendo já tudo pronto
Para a boda se realizar
E que marqueis então o dia
Para lá vos esperar.

Na ermida de Dom Venâncio
Que também deve ser avisado
Falta agora dizer o dia
Para estar tudo tratado.

Rei Júlio
Visto tudo estar pronto
Sei da parte do vosso rei
Nós aqui prontos estamos
E eu o dia vos marcarei.

No dia 28 de Maio
Há-de ser festa nacional
No vosso reino e no meu
Como nunca houve igual.

À ermida iremos ter
Para ali nos ajuntar
Logo que tudo está tratado
Ninguém lá pode faltar.

Ide a dar esta notícia
Não vos façais demorados
Porque o dia já esta próximo
Não vamos nós enganados.

Bernardino
Ah senhor! Não duvideis
De toda a nossa ligeireza
Por a jornada ser comprida
Depressa chegaremos com certeza.

Licença nos dai senhor
Para a viagem empreender
Até ao dia marcado
Que lá nos tornaremos a ver.

Vão-se e diz Jorge:

Jorge
Retiremo-nos deste lugar
A cumprir a nossa missão
As ordens já estão dadas
E a cumpri-las não faltarão.

Vão andando e diz Bernardino:

Bernardino
Grandes festas se vão fazer
Tudo ficará deslumbrado
Pelos preparos que já vistes
Segundo nós temos notado.

Jorge
Eu também digo assim
E bem se pode dizer
Segundo me parece a mim
Outras iguais não pode haver.

Bernardino
Esse dia vamos ter
Grande jantar melhorado
Dentro e fora da corte
Até também o soldado.

Jorge
Não é muito nem é nada
Isso assim suceder
Pois a gente nesse dia
Grande trabalho vamos ter.

Bernardino

Já vamos chegando ao fim
De cumprir nossa missão
Pusemos termo à jornada
Os soldados já ali estão.

Chegam e diz Jorge:

Jorge

Senhor, já estamos aqui
De satisfazer vosso mandado
Mandai tudo pôr em ordem
Porque o dia é chegado.

Bernardino

El-rei D. Júlio manda dizer
Que já não faltava nada
E no dia 28 de Maio
Na ermida vos esperava.

Ele e sua comitiva
Todos ali devem estar
Devemos ser muito diligentes
Para os não fazer esperar.

Rei Fernando

Ó que gente tenho eu
Muito cumpridores que são
Preciso de a todos deixar
A cada um sua pensão.

Ide em paz e repousai
Das fadigas do caminho
Isso falta vos fará
Por ele ser muito comprido.

Retiram-se e diz o rei D. Fernando:

Preciso já de mandar
Um portador à ermida
Para que no dia marcado
A gente possa ser recebida.

Cúrcio!

Cúrcio

Majestade?

Rei Fernando

Vou-te dar uma missão
Que tu tens de desempenhar
Para ir à santa ermida
Com o Bispo a tratar.

Para meu filho casar
Com a princesa da Sardenha
Que nos queria ali esperar
Porque a todos assim convenha.

Cúrcio

Grande mercê me fazeis
Eu ser por vós mandado
A cumprir essa missão
De ir falar ao Prelado.

Porque é todo o meu desejo
De vos poder agradar
E as ordens que vós me dais
Cumpri-las-ei sem faltar.

Vou-me já sem mais demora
Parto cheio de alegria
Para que tudo esteja preparado
Em chegando esse dia.

Rei Fernando

Eu bem conheço em ti
Que és um fiel cumpridor
Vai então e não demores
Dispõe as coisas o melhor.

Sai Cúrcio, vai andando e diz:

Cúrcio

Vamos a caminho depressa
E dar satisfação ao que é mandado
Pois o dia próximo está
Não posso ser mais demorado.

Chega à ermida e diz Cúrcio:

Salve Deus, ó grande Bispo,
Que de Deus sois servidor
Eu peço-vos humildemente
Que me abençoes por favor.

Bispo

Abençoado sejais então
Em nome de Deus Amém
E da Virgem Santa Maria
A quem rogo por vós também.

Basta agora que me digais
Que vindes aqui a fazer
Junto desta igreja sagrada
Sem eu nunca vos aqui ver.

Cúrcio

El-rei D. Fernando, meu senhor,
Convosco me manda falar
Para que no dia 28 de Maio
Aqui o estivésseis a esperar.

Vem o rei Júlio da Sardenha
E toda a família real
A juntar-se com a da Sicília
Para um casamento se realizar.

É a princesa da Sardenha
E o príncipe da Sicília
Que aqui se vêm unir
Pelo matrimónio nesse dia.

Agora dizei-me, senhor,
Se vós nisto sois contentes
Para a resposta eu levar
E partir neste momento.

Bispo

Oh quanto gostoso eu fico
Da honra que me vem fazer
Dizei ao vosso soberano
Que só nisso me dá prazer.

Aqui estou ao seu dispor
Para tudo quanto prestar
Em mim tem um servidor
Comigo pode ele contar.

Podeis dizer a D. Fernando
Que aqui estarei nesta ermida
Com toda a satisfação
Esperando por sua vinda.

Cúrcio

Já agora fico contente
Por tudo ficar tratado
E el-rei da mesma forma
Há-de ficar descansado.

Com licença, meu senhor,
Eu já me vou a retirar
Depois de tudo estar certo
Preciso de ir avisar.

Vai-se andando e diz:

Que homem tanto de paz
E sozinho aqui retirado
Sem tratar com mais ninguém
Nem ao menos ter criado.

Chega e diz para rei D. Fernando:

Se Vossa Alteza dá licença
Vou-lhe dizer o que há
Podeis partir para a ermida
Que o bispo esperando está.

Rei Fernando

Recebemos com afecto
Logo assim que fostes chegado
Ou mostrou descontentamento
Por serdes meu enviado.

Cúrcio

Nem em tal pensar, senhor,
Recebeu-me com alegria
E por ir da vossa parte
Diz que pronto estaria.

Rei Fernando

Vai dizer ao Nicolau
Que venha aqui a meu lado
Recomenda-lhe que o espero
E que não seja demorado.

Cúrcio vai dizer a Nicolau:

Cúrcio

Nicolau, meu bom amigo,
El-rei vos manda chamar

CASAMENTO DE DOIS PRÍNCIPES

Ide muito diligente
Que precisa de vos falar!

Vai-se Nicolau chega e diz:

Nicolau
Vossa Real Majestade,
Aqui me tem ao seu dispor
Pode mandar o que quiser
Que eu irei aonde for.

Rei Fernando
Tu para tudo estás pronto
Disso não há que duvidar
Mas prepara todas as coisas
Que precisamos de levar.

Tu vês que nós precisamos
De ir à ermida neste dia
Vai reunir toda essa tropa
Para nos fazer companhia.

Vai Nicolau e diz a Crato:

Nicolau
Manda dizer o nosso rei
Para a tropa estar reunida
Porque uma viagem vamos fazer
Estejam prontos para a partida.

Vai Nicolau e diz para Ataúlfo:

Também tu meu servidor
Quero-te ver com alegria
Está pronto que vais comigo
E partiremos neste dia.

Ataúlfo
Isso para mim é alegria
De vos ir acompanhar
Vós mandai e eu obedeço
Estou pronto sem faltar.

Vão-se. Crato diz para os soldados:

Crato
Ó meus valentes soldados,
Estai todos com atenção

Nós vamos a ser mandados
Para cumprir uma missão.

Seja de onde for
Todos temos que obedecer
Quem manda pode mandar
Só isto vos posso dizer.

Juliano
Por nós estai à vontade
Vossa ordem se cumprirá
E dúvida não tenhais
Basta dizer saímos já.

Ricardo
Pois sendo ordem real
Como não se há-de cumprir
Todos nós temos vontade
E estamos prontos para sair.

Pinto
E tu que dizes, Juliano,
Nós devemos concordar
Para estarmos prontos a partir
Para el-rei acompanhar?

Juliano
Nem só devemos acompanhar
Muito mais nos merece ele
Devemos sacrificar
Até dar a vida por ele.

Rainha Helena
Alda, minha companheira,
Apronta-me os meus vestidos
Que na boda de meu filho
Quero-os todos bem luzidos.

Aia Alda
Esse cuidado é meu
Senhora não diga mais
Tudo há-de estar preparado
Aquilo que vós precisais.

Vestidos e mais arranjos
Que pertencem à senhora
Prontos vós encontrareis
Para não haver demora.

Eu hei-de ter multo cuidado
De meter tudo na mala
Da maior à menor coisa
Tudo eu hei-de levá-la.

Rainha Helena
Já sei que és cuidadosa
Por isso vou descansada
Eu bem sei que em lá chegando
Não me há-de faltar nada.

Rei Júlio
Guiomar, minha doce companheira,
E tu querida filha Bernardina
O dia já é chegado
Estejam prontas para a partida.

Rainha Guiomar
É claro que prontas estamos
Esperando ordens vossas
Tende o resto tudo pronto
Que a demora não é nossa.

Infanta Bernardina para as aias:

Infanta Bernardina
Vinde cá, minhas amigas,
Chegai-vos junto a mim
Uma de vós irá comigo
E a outra ficará aqui.

Aia Júlia
Ó minha linda princesa,
Eu nunca vos pedi nada
Só quero que me deixeis ir
Senão fico desconsolada.

Joana
Eu também fazia gosto
De a ir acompanhar
Mas as duas não podemos
Que alguma terá de ficar.

Infanta Bernardina
Visto terem grande empenho
E ficarem com paixão
Estejam ambas com sentido
Que juntas me acompanharão.

Rei Júlio
Saúl, Mário, estai atentos
Lembrai-vos que dia é
E o que hoje temos a trazer
Isto se lhe pusestes fé.

Mário
Bem lembrados estamos nós
De cumprir nosso dever
Nós prontos aqui estamos
Para tudo bem podeis saber.

E nós seremos os primeiros
Que iremos na dianteira
Obedecemos e vós mandeis
No que Vossa Majestade queira.

Saúl
Vamos buscar outro soberano
Hoje mesmo neste dia
Que nos há-de acompanhar
Como esposo de vossa filha.

Grande gosto todos teremos
Nisto que eu agora digo
Todos somos amigos dele
Que já é nosso conhecido.

Rei Júlio para Américo:

Rei Júlio
Américo, meu valente servidor,
Em ti não há hesitação
Prepara toda essa gente
Que esteja com atenção.

Américo
A vossa ordem com rigor
Hei-de executar fielmente
E não hei-de ser eu
Mas sim toda a vossa gente.

Já todos vou a pôr juntos
Para nos pormos a caminhar
Vós haveis de estar atentos
Para quando eu mandar.

Saúl
Bem podeis ter confiança
Na gente que comandais
A todos nós achareis prontos
E vós disso não duvidais.

Miguel
Nós somos todos unidos
Para a paz e para a guerra
E valentes todos são eles
Os rapazes desta terra.

Joaquim
Deixa-te lá agora de guerra
Nem nisso deves falar
Tomaremos nós tudo já pronto
Para irmos a jantar.

Lourenço
E hoje que há-de ser bom
Até já me está a apetecer
Serão muitas coisas variadas
Que nós temos de comer.

De patos, perus e galinhas
Isso há-de ser grande fartura
Vinho de todas as qualidades
E há-de haver muita doçura.

Oh que grande festa faremos
Em tendo a pança bem cheia
Comeremos até de mais
Logo que é à conta alheia.

Temperai todos bem o relógio
Eu também tempero o meu
O soldado também é povo
E algum dia terá o seu!

Saúl
Como se pintem em nós
Não há-de haver novidade
Escolheremos o que for melhor
Para comer mais à vontade!

Miguel
Creio que não faltará
Tudo com grande fartura

Não comeremos só de uma coisa
Depois de haver tanta mistura.

Joaquim
Vamo-nos todos a preparar
Que a gente tem de sair
Não nos venham a encontrar
Sem estar prontos a partir.

Rei Júlio
Américo põe tudo em movimento
Do sinal para a partida
Vamos já sem mais demora
Todos nós para a ermida.

Américo
Vossas ordens executarei
Neste momento sem demora
Está tudo pronto a marchar
Se Vossa Alteza quer agora.

Rei Júlio
Sairemos agora mesmo
Não podemos demorar
Para chegarmos bem a tempo
Que não estejam a esperar.

Tu, Malco, aqui ficarás
E o palácio deves guardar
Ainda que venha quem for
A dentro não deixes entrar.

Malco
Esse cuidado será meu
Podeis ir bem descansado
Não tenhais dúvida, senhor,
Que isto há-de ser bem guardado.

Saem para a ermida e diz o rei Júlio:

Rei Júlio
Toca a sair já daqui
Não demoremos um momento
A caminho todos e já
Sem perdermos nenhum tempo.

Diz o rei Fernando:

Rei Fernando
Ataúlfo, chega-te aqui
Que te quero aconselhar
Guardarás este palácio
Que o não venham roubar.

Ficas aqui de vigia
E não te deixes adormecer
Sê em tudo vigilante
Que eu creio que hás-de ser.

Ataúlfo
Senhor, podeis ir em paz
Que eu terei esse cuidado
Em tudo serei vigilante
Cumprirei vosso mandado.

Até que torneis a voltar
Isto guardareis com rigor
E nada aqui há-de faltar
Tende a certeza, meu senhor.

Vão-se todos para a ermida, chegam e diz
o rei D. Fernando para os outros:

Rei Fernando
Bem-vindos sejais, senhores,
E todo o acompanhamento
Nós aqui vos esperávamos
Para entrar no Santo Templo.

Rei Júlio
Se nós fomos demorados
E vos fizemos esperar
Desde já vos peço desculpa
Por a tempo não chegar.

Rei Fernando
Desculpa não precisais, amigo,
Que nós agora aqui chegamos
Entremos na santa ermida
E com o senhor Bispo falemos.

Entram e diz o rei Fernando:

Todos com grande respeito
Cheguemos a este lugar
E vós que de Deus fostes eleito
Vossa mão queremos beijar.

Ajoelham e o Bispo dá-lhe a mão a beijar
e diz:

Bispo
Levantai-vos, poderosos monarcas,
Que vindes cheios de fé
Que eu por vós peço a Deus
E a salvação vossa é.

Entrai neste santo lugar
Que disso sois merecedores
Deus vos há-de recompensar
Lá no Céu cheio de flores.

Rei Júlio
Os nossos dois primogénitos
Aqui vimos acompanhar
E o sacramento do matrimónio
Vós lhe haveis de ministrar.

Eles juntos a vós estão
Com fé ardente e cristã
E o nosso exemplo seguirão
Praticando obra santa e sã.

Rainha Guiomar
Nós fazemos ardentes votos
À Virgem Santa Maria
Para que os proteja sempre
E que seja a sua guia.

Por ser amparo de todos nós
E a vossa protectora
Por isso rogamos a vós
Ó Virgem Nossa Senhora!

Rainha Helena
Padre Eterno iluminai
E vossos servos protegei
Ó Deus por eles olhai
Que não fujam da vossa Lei.

Ó Bispo santo e bondoso
E que de Deus sois servidor
Instrui os nossos filhos
Na Lei de Nosso Senhor.

Que os encha de sua graça
Pois ele que por nós morreu

CASAMENTO DE DOIS PRÍNCIPES

E em findando a vossa vida
Que a todos nos leva ao Céu.

Rei Júlio
Príncipe e princesa, chegai-vos
Aqui juntos ao prelado
Pois para ambos chegou
O momento desejado.

Para unidos ficardes
Por laço seguro e forte
Que sempre haveis de respeitar
Durante a vida até à morte.

Bispo
Ó reis em tudo poderosos
De Deus sereis abençoados
E vossos filhos o mesmo serão
Que por vós estão educados.

Vós sois tementes a Deus
E mandais os seus preceitos
E para esses o reino dos Céus
Porque de Deus são os eleitos.

Vossos filhos também seguem
O caminho da verdade
Os que o seguem soam ditosos
Por toda a eternidade.

Lembrai-vos do que Deus disse
Um dia aos discípulos seus
Os que seguirem a minha doutrina
Esses são os filhos meus!

A quem hei-de reservar
O reino de meu pai
E bem ditoso se pode julgar
Todo aquele que lá vai.

Vamos realizar o enlace
Destes mui nobres barões
Para continuarem na fé
De Cristo e seus peões.

Chegam-se e diz o Bispo:

Chegai-vos para fazer
Esta santa união

Porque ambos sois católicos
E respeitais a religião.

Mas quero-vos instruir
Nos deveres de casados
Que é estimar-vos mutuamente
E sereis bem afortunados.

Depois de ficardes unidos
Por esse laço matrimonial
Deveis amar-vos com afecto
Com amor firme e leal.

Tendo em conta o que eu digo
É doutrina de Deus
Executai os mandamentos
Para poder entrar no Céu.

O caminho que eu ensino
É o caminho da verdade
Sereis escolhidos de Deus
Se praticardes a caridade.

É uma santa virtude
Que todos devemos praticar
Dá remédio para a saúde
E para a gente se salvar.

Podeis fazer um reinado
Dos mais fortes deste mundo
Se por Deus ele olhado
E o obedecerdes em tudo.

Não vedes os estados mais fortes
E os que têm maior valia
É mão poderosa do Eterno
Que o seu caminho lhes guia.

Vede como são derrotados
Todos os estados pagãos
Pela mão poderosa e forte
Dos valorosos cristãos.

Vós também praticareis
Feita de grande valor
Se seguindo o caminho
Que manda Nosso Senhor.

Ide em paz e Deus vos dê
A salvação por esmola
É o que desejo a todo o povo
Que me está ouvindo agora.

Rei Fernando
Nós fazemos gosto, senhor,
Que possais acompanhar
Hoje em dia de boda
Deve haver um bom jantar.

Bispo
Eu aqui me ficarei
Sair daqui não pode ser
Ide e que Deus vos dê a todos
Sempre paz e bom viver.

Príncipe ao Bispo:

Príncipe
Vós sereis no meu reinado
Tido em primeiro lugar
Sempre muito, muito estimado
Que nada vos há-de faltar.

Pois de tudo sois merecedor
Pelos serviços prestados

Mas tende a certeza, senhor,
Que eles vos serão pagos.

Se precisais alguma coisa
Aqui para a santa ermida
Podeis pedi-la na certeza
De logo vos ser atendida.

Bispo
Visto o vosso oferecimento
E isso que dizeis, senhor,
Não fica no esquecimento
Para pôr isto melhor.

Eu aceito as esmolas
Que são dadas de coração
As que receber aqui vou pô-las
Conheço vossa intenção.

Assim Deus vos há-de guiar
Pelo caminho da vida além
E de vós se há-de lembrar
Para sempre sem fim, Amém.

Fim

Versão recolhida em Algoso. Manuscrito datado de 1 de Março de 1935 e assinado pelo senhor Sebastião dos Anjos Pardal, de Algoso.

Entremez de Jacobino

Personagens

Profecia
Jacobino
Marçalo Lopes
Lumédia, mulher de Marçalo
Lorem, Juiz de Paz
Jurão, escrivão
Feliz Simão, mercador
Jacinto, lojista de peso
Sortivão, regedor
Alfredo, cabo da polícia
Doutor

Profecia
Que lindo congresso vejo
Mais luzente que o cristal
Cuja ciência é brilho
É a flor de Portugal.

Que bem parece aos meus olhos
O jardim mais florido
Ver um povo discreto
Neste lugar reunido.

Altos senhores e senhoras
Mancebos e raparigas
Mas tudo isto pessoas
De ciência e instruídas.

Com tantas diversidades
De bairros e freguesias
Como no céu se devisam
As casas das hierarquias.

Assim como flores vejo
De tantas variedades
Não só pessoas dos campos
Como de vilas e cidades.

E todos aqui vieram
Com eficaz devoção
Para adorno e glória

Desta vistosa função.
Por isso quisera a todos
Mil vezes agradecer
O favor que nos fizeram
Em nos vir engrandecer.

Eu que nada conheço
Como sou de ciência pobre
Devia pagar a ouro
O que não posso pagar a cobre.

Pois se eu não fora rude
E de obscuro talento
Então poderia dar-lhe
Algum entretimento.

Porque era o meu desejo
Dar a todos um recreio
Que dissesse à voz geral
Bem empregado passeio.

Assim peço por esmola
A um povo tão constante
Que desculpem as fraquezas
Deste frágil ignorante.

E somente mais direi
Do que o baile vai constar
Antes que ouçam dizer
Que vieste cá buscar.

É o drama de tragédia
Que vai ser representada
A casa de caloteiros
Cuja é intitulada.

O que consta de seis cenas
Só de roubos e calotes
Forjadas por Jacobino
Junto a Marçalo Lopes.

Mostrando claramente
Em um ponto resumido
As causas de um caloteiro
Por verdades fingido.

Assim reflectir devemos
No fundo do seu moral
Para que todos se livrem
De sofrer tão grande mal.

Por causa das trapacices
Dum portento caloteiro
Que de tão vasto receio
Que até faz nevoeiro.

Como logo hão-de ouvir
De mentiras mais de mil
E tais que em seus comprimentos
Chegam daqui ao Brasil.

E com isto remato
A outro deixo lugar
Para que as minhas verdades
Logo se possam provar.

E assim peço perdão
Ao generoso congresso
E a Deus que abençoem
Quanto há no universo.

Para que gozem a doce paz
Anos, meses, noites e dias
E no céu cantem com os anjos
Dos coros das hierarquias.

Cena 1ª

Sairá à cena Jacobino e depois de ter falado
três quadras sairá Marçalo, Lumédia e Lau-

rina e Juíz Lorem e andarão passeando em
observação do que disser Jacobino para fala-
rem quando convier.

Jacobino

Guarde-os Deus meus senhores
Eu lhes vou dizer o fim
Quem me obrigou aqui vir
Venho ver se acho um amo
Que sou moço de servir.

Há justamente três dias
Que estou desapatroado
Que me morreu o meu amo
E fiquei desarranjado.

Mas sendo isto sabido
Amos não me faltarão
Que moço como eu sou
Muito raro se acharão.

Sai Marçalo e cercando-se fala Jacobino:

Até para me ajustarem
Muitas vezes me têm em empenho
Mas são aqueles que sabem
A habilidade que eu tenho.

Pois sei da arte de ferreiro
E de alfaiate também
Ninguém sabe a habilidade
Que este meu corpinho tem.

A mais é sabedoria
Que tenho de natural
Porque nunca dei a mestres
A valia dum real.

Mas fui a casa do ferreiro
Joaquim da Costa Prado
Querendo eu com brevidade
Que me fizesse um machado.

Bem ele me respondeu:
Eu não tenho cá mais ferro
Que a perna duma sertã
E já por ela está esperando
A mulher do campanhã.

Mas venha cá outro dia
Que assim que o ferro vier
Não só lhe faço um machado
Mas até mais se quiser.

Então eu lhe respondi:
Pois dê-me o ferro que aí tem
Para a perna da sertã
Que eu mesmo faço o machado
E com muita perfeiçã.

Disse-me ele com má cara:
Vá-se daqui seu sendeiro
Pois um moço de servir
Que saberá de ferreiro?

Basta para lhe provar
Que não há donde igual
Não haver quem faça obra
Sem que tenha cabedal.

Tornei-lhe eu: dê-me esse ferro
E não se esteja a gastar
Que eu sem ser ferreiro sou
Capaz de o ensinar.

E se disto duvidar
Para mais lhe faço ver
O ferro na minha mão
Em lugar de mingar há-de crescer.

Que do ferro que aí tem
Para a perna da sertã
Não só lhe faço um machado
Mas até uma porção.

Disse-me ele embravecido
Com cara de remeter
Que se eu fosse assustadiço
Até ficava a tremer.

Pois aí tem esse ferro
Seu cabeça de martelo
E se não como disse
Há-de levar com um martelo.

Logo eu peguei no ferro
E com duas marteladas

Fiz dezanove machados
E vinte e cinco enxadas.

Ele assim que isto viu
Todo cheio de espanto
Me veio pedir a bênção
E disse: você é santo.

Assim peço que me perdoe
Por alguma má palavra
Atendendo a que falei
Sem saber o que falava.

Disse-lhe eu: nunca se atreva
A prezar o seu valor
Porque aonde se não pensa
Se encontra superior.

E tudo quanto tinha feito
Lhe deixei de boa mente
Assim ficou o ferreiro
Até a dançar de contente.

Mas logo que me havia
Despedido do ferreiro
Encontrei o alfaiate
José Luís Castanheiro.

Como o vi na sua marcha
Que ia muito apressado
Disse-lhe: onde vai mestre
Que vai tão afadigado?

Logo ele me respondeu
Desta forma que lhes digo:
É tanta a obra que tenho
Que me vejo confundido.

E vou ver se acho um mestre
Para me vir ajudar
Porque eu só com tanta obra
Não sei que conta hei-de dar.

Que até me causa tristeza
Se me há-de dar alegria
Porque esta minha obra
Veio encher-me de frenezia.

Que mais de trinta fregueses
Têm de ficar por servir
E é isto meu senhor
O que me faz afligir.

Porque todos querem fatos
Para irem à romaria
E eu para tanta obra
Não tenho mais que um dia.

Disse-lhe eu: se essa é a causa
Do senhor se afligir
Então esteja descansado
Que todos se hão-de servir.

Que eu vou já em seu socorro
E em antes de meio-dia
Se hão-de aprontar as galas
Que são para a romaria.

Disse-me ele de contente
Franqueando-me o rapé:
Venha a mais eu meu amigo
Pois conheço que o é.

Entrando na sua casa
Sentei-me numa cadeira
Cá de minha perna alçada
Trabalhando com canseira.

Fiz logo doze casacos
E quarenta pantalonas
E dez vestidos de seda
Para damas chibantonas.

Pois eram bem nove horas
Sem eu um ponto ter dado
E ao dar as onze e meia
Já tudo estava arranjado.

Ainda fiz um albernó
E um colete de cetim
Mas não foi para fregueses
Foi cá mesmo para mim.

E tudo isto eu fiz
Antes de dar meio dia
Ainda fiz mais duas saias
À moça da minha tia.

E também fiz um relógio
Ao Francisco das Amoras
Sem ter mostrador nem ponteiros
E regula e dá horas.

Marçalo torcendo-se falará:

Marçalo
De tantas habilidades
Como o senhor tem mostrado
É crer que em Portugal
Segundo se não tem criado.

Jacobino
Sim senhor diz muito bem
Como eu não há segundo
E não só em Portugal
Mas até em todo o mundo.

Lumédia
Quem tem tão raras finezas
Assim como o senhor tem
Se tocar um instrumento
Há-de tocar muito bem.

Jacobino
Sim senhora muito bem!...
Isso lá como eu não há ninguém!
Basta que quando eu toco
Quantos me ouvem se encantam
Que ao som do meu instrumento
Ainda que não queiram dançam.

Lumédia
Eu tal não quero crer
Nem devo acreditar
Porque se eu não quiser
Ninguém me obriga a dançar.

Jacobino
Não duvide a senhora
E pode acreditar
Que o mesmo encanto
A obriga a dançar!...

Lumédia
Que diz a isto Marçalo
Deverei crer ou não crer?

Marçalo
Não porque coisas impossíveis
Não há quem as possa fazer.

Jacobino
Queiram apostar comigo
Que eu já lhes faço ver.

Marçalo
Ao que disse Jacobino
Queira-me dizer compadre
Se devo ter por mentira
Ou aceitar por verdade.

Jurão
É uma grande mentira
Verdade não pode ser
Porque ninguém me obriga
A que eu dance sem eu querer.

*Jurão sai junto com os outros em observação
de Jacobino.*

Jacobino
Já disse apostem comigo
Que eu logo lhes faço ver.

Lumédia
Aposto vinte libras
Se meu marido quiser.

Marçalo
E eu com gosto concordo
No que disseste mulher.

Lumédia
Esta aposta efectuada
Sem demora quero ver
Já que exponho vinte libras
A ganhar ou a perder.

Jacobino
Deposite-as na mão
Do senhor Juiz Lorem
Que eu as minhas vinte libras
Já lhas entrego também.

Lumédia
Queira o senhor por favor
Vinte libras receber
Que eu exponho por aposta
A ganhar ou a perder.

Jacobino
Aqui tem as minhas vinte
Também já depositadas
Que da sua mão espero
Logo receber dobradas.

Fazendo que lhe dá o dinheiro também.

Laurina
Tudo está concluído
Apareça o instrumento
Para ganhar a aposta
E termos um passatempo.

Jacobino puxará dum assobio e dirá:

Jacobino
Eis aqui o instrumento
Com que já lhes faço ver
Que hão-de perder a aposta
Por dançar aqui sem querer.

Laurina rindo-se:

Laurina
Olha que grande instrumento
Agora é que me eu rio
Apostar que nos encanta
Com o toque dum assobio.

Agora é que eu digo
Que é homem falta de tino
Porque só sabe tocar
Instrumento de menino.

Jacobino
Isto é o tira teimas
E para as teimas acabar
Sem que haja mais demora
Já os vou fazer dançar.

Laurina
Eu não danço nem que se vire o mundo
Não senhor padrinho!

Marçalo
Não dances mulher.

Lumédia
Não dances marido
Senão ficamos com o dinheiro perdido.
Aqui ninguém dance!

*Dito isto Jacobino toca o assobio. Principiam
a bulir as pernas fazendo que dançam obrigados e batem as pernas para se suster de dançar dizendo uns aos outros: não dancem; mas
principiando a dançar e também o Juiz Lorem o qual dirá:*

Juiz
Mau, a festa não é comigo.

*Jacobino assobiando sempre e dançando. To-
dos se recolherão às arrecuas.*

Cena 2ª

*Sairá Marçalo, andará passeando e depois sai-
rá Jurão e dirá:*

Jurão
Senhor compadre!

Marçalo
Que me quer meu compadre.

Jurão
Passei agora na quinta
Do morgado da Tutela
E lá vi num cobertão
Um cortiço de barrela.

Com um enorme peso dentro
Porque eu o encontrei
E ele não deu movimento
Do encontro que lhe dei.

Em vista deste peso
Sabe que a mim me lembrou
Que ainda pode Jacobino
Perder quanto lhe ganhou.

Se cair na carriola
De querer tornar a apostar
Eu lhe vou dizer o modo
Como lhe havemos ganhar.

Imos pegar no cortiço
Que tem dentro uma barrela
E faz muito bem pegar
Por estar numa carrela.

Depois disto Jacobino
Que toque e torne a tocar
Que o peso nos faz estar firmes
E nunca nos faz dançar.

Marçalo
Mas pode ser que esse peso
Que seja algum bicho bravo
Como está longe de casa
Bem pode lá ter entrado.

Jurão
É uma grande barrela
Está ao pé dum palheiro
Basta o ver que até por cima
Está coberto com um liteiro.

Mas nem se diz nada ao morgado
No caso de se apostar
Depois desta parte feita
Torna-se lá ir levar.

Ainda mesmo que um dia
Ele isto chegue a saber
Como não tem prejuízo
Nada nos tem a dizer.

Além disso ele é um pandego
Até quando o souber
É um pagode de rir
Que tem ele e a mulher.

Marçalo

Assim ele Jacobino
Outra vez queira apostar
Para ver se as vinte libras
Tornarei a resgatar.

Mas decerto Jacobino
Que apostar não há-de querer
Porque assim como ganhou
Há-de recear de perder.

Jurão

Diga que lhe deu as libras
Muito porque lhas quis dar
Que não foi porque o toque
O obrigou a dançar.

Que dançou mas porque quis
Por querer ter um passatempo
Que preferiu perder as libras
Para lhe dar contentamento.

Que ele com isto irado
Há-de tornar a apostar
E depois como já disse
Nós havemos de ganhar.

Marçalo

Apoiado meu compadre
Isso foi muito bem lembrado
Que ele assim há-de apostar
Por não querer ficar baixado.

E sem que haja mais demora
Assim já lhe vou falar
Para ver por esta forma
Se ele tornará a apostar.

Dito isto sairá Jacobino. Marçalo dirá:

Marçalo

Então está satisfeito
Com noventa mil réis que lhe dei?

Jacobino

Como noventa mil réis que te dei!
Não!... Deu-mos porque os ganhei!

Olhe que assim me desse
Vinte libras esterlinas
Como quem dava
Bonequinhos a meninas!

E quem!... Noventa mil réis
Como que fosse um vintém
Isso nem um abastado
Quanto mais quem o não tem.

Marçalo

Pois saiba que lhas dei
Muito porque lhas quis dar
Porque se eu não quisesse
Não me fazia dançar.

E se nisto não quer crer
Queira tornar a apostar
Depois verá que há-de perder
E eu que hei-de ganhar.

Jacobino

Sim senhor está apostado
A outra igual quantia
E fosse seu depositário
O João José Maria.

E as minhas vinte libras
Até já lhe vou levar
E você querendo faça o mesmo
Isto se quer apostar.

Marçalo

Até já sem mais demora
Porque logo há-de ver
Eu que hei-de ganhar
E você que há-de perder.

Recolhem-se ambos ficando Jurão na cena,
saindo depois Jacobino com o assobio na mão
e Jurão recolhe ao mesmo tempo, e Jacobino
olhando para o assobio dirá:

Jacobino

Ó rico meu assobio
Que tu és o meu tesouro
Que já contigo ganhei
Noventa mil réis em ouro.

E outro tanto contigo
Logo espero de ganhar
E ainda mais havendo doidos
Que as queiram apostar.

*Dito isto sai Jurão e Marçalo da cena pegando
numa carrela com um cortiço no qual virá um
homem vestido de fera e chegando à cena
Marçalo dirá:*

Marçalo
Ora agora Jacobino
Podes tocar e tornar a tocar
Que por força hás-de perder
E nós havemos de ganhar.

*Jacobino assobia. Principiam todos a bulir as
pernas fazendo que dançam obrigados, mostrando que não se podem suster sem dançar.
Pousam a carrela e dançam com franqueza. A
fera salta do cortiço investe contra todos sem
tocar em nenhum. Recolhem fugindo,
seguindo-os a fera.*

Cena 3ª

*Sairá Jacobino passeando e depois Marçalo ao
encontro e dirá:*

Marçalo
Não há outro Jacobino
De tantas habilidades
Nem de pessoas do campo
Nem de vilas nem cidades.

Mas eu não me admirava
Se você fosse um antigo
Porque por muitos estudos
Podia ser instruído.

Mas eu vejo que é moderno
Pouco estudo pode ter
O senhor que anos conta
Se é que o sabe dizer?

Jacobino
Eu certo, certo não sei
Somente lhe sei dizer

Eu que tinha doze anos
Antes do meu pai nascer.

Marçalo
É mentira!

Jacobino
É verdade.

Marçalo
Verdade não pode ser
Porque nunca pudesse o filho
Em antes do pai nascer
Por isso digo que é mentira.

Jacobino
É verdade!

Marçalo
Que é uma grande mentira
Eu aposto a uma libra.

Jacobino
Temos apostado.

Marçalo
Mas eu digo que é mentira.

Jacobino
É verdade!

Marçalo
Pois nós temos apostado
E entre nós não há questão
Vamos ter com um advogado
Para saber quem tem razão.

E conforme ele disser
Assim se há-de cumprir
Sem perdermos amizade
Nem termos coisa a seguir.

Jacobino
Vamos lá que as boas falas
Eu sempre prezei de ouvir.

*Quando estiverem com isso sairá Alfredo
com a cadeira na mão, deixa-a na cena e reco-*

ENTREMEZ DE JACOBINO

lhe-se logo. Sairá o Dr. Lorem, senta-se nela, depois Marçalo e Jacobino direitos a ele com o chapéu na mão.

Marçalo
Guarde-o Deus senhor Doutor.

Doutor
Deus os guarde também
Meus ilustres senhores
Queiram-se cobrir
Estejam à vontade.

Eles pediram licença e se cobriram.

Doutor
Que pretendem?

Marçalo
Há entre nós uma aposta
Do importe de uma libra
É para saber se ganhei
Ou se a tenho perdida.

Como foi formada a aposta
Até aqui lhe direi
Para que possa dar razão
A quem a tiver por lei.

Doutor
Falem aqui um e outro
Como falaram então
E depois de os ouvir
Lhes darei a solução.

Marçalo
Bem disposto meu senhor
Louvo a sua razão
E assim vamos falar
Como falamos então.

Diz Marçalo para Jacobino:

Marçalo
O senhor que anos conta
Se é que sabe dizer?

Jacobino
Em certo, certo não sei
Somente lhe sei dizer
Eu que tinha doze anos
Antes de meu pai nascer.

Marçalo
É mentira!

Jacobino
É verdade.

Marçalo
Verdade não pode ser
Porque nunca pode o filho
Em antes do pai nascer
Por isso digo que é mentira.

Jacobino
É verdade!

Marçalo
Que é uma grande mentira
Aposto eu a uma libra.

Jacobino
Temos apostado.

Marçalo
Mas eu digo que é mentira.

Jacobino
É verdade!

Marçalo
Pois nós temos apostado
Entre nós não há questão
Vamos ter com um advogado
Para saber quem tem razão.

E conforme ele disser
Assim se há-de cumprir
Sem perdermos amizade
Nem termos coisas a seguir.

Jacobino
Vamos lá que as boas falas
Eu sempre prezei de ouvir.

Marçalo

Temos dito meu senhor
O que entre nós se passou
Sem mais nem menos palavras
Como quando se apostou.

Doutor

Segundo o que me há proposto
A razão está entendida
Ele diz que é verdade
E é verdade o ser mentira.
Quinhentos réis de consulta
E a ele dê-lhe uma libra.

Marçalo faz que dá a esportela ao Doutor e ele se recolhe. E fazendo que dá a libra a Jacobino diz:

Marçalo

Ora o senhor muita habilidade tem
Para dizer uma mentira.

Jacobino

Pois senhores verdades
Nunca eu disse uma
Em toda a minha vida.

Marçalo

Pois senhor além da minha paga
Por favor lhe peço
Que me diga aí já
Uma rusga de mentiras.

Jacobino

Olhe senhor agora vou dizer verdades
E muito bem esclarecidas
E depois das verdades
Lhe direi as mentiras.

Ora diga-me o senhor
O senhor semeando trigo
Que espera colher?

Marçalo

Trigo!...

Jacobino

Pois o contrário aconteceu comigo
Porque semeando mostarda

Esperando colher mostarda
Que me havia de nascer?
Nasceram-me vinte burros
E vinte e uma albarda.

E olhe que isto são verdades
Que por muitos foram vistas
E também nasceu um galo
Que tem vinte e cinco asas
E tem trinta mil cristas.

Ainda lhe noto mais outra
Que tenho em minha casa
Um cachorrinho bravo
Que tem dezoito orelhas
Todas em volta do rabo.

E para mais se admirar
É filho duma cadela
Que tem pés como jumento
E chifres como vitela.

Marçalo

Todas elas são grandes
Nem ele há quem creia nessas.

Jacobino

É verdade senhor
Ainda lhe digo mais outra
Que vi ontem um boi
Com trinta cabeças.

Marçalo

Entre tantas não disse uma
Que se possa acreditar
Pois para trinta cabeças
Não tem um boi lugar.

Jacobino

Eu vi senhor
Tinha cinco de cada lado
E doze na frente
E oito no rabo.

Marçalo

Basta ... Basta ... Está bem!

Abraçando a Jacobino dirá:

Vem cá um abraço
E saiba que hei-de ser
Seu amigo verdadeiro
Mas quero que você já desde hoje
Seja sempre meu companheiro.

Porque sempre fiz grande estima
Dum homem que seja trampolineiro
Porque é o maior dote
Que pode ter um homem caloteiro.

Olhe cá meu amigo cá lhe vou
Notar a minha biografia
Em toda a minha vida
Tenho vivido a calote
E comido e bebido do melhor
E juntado doze contos de réis
Para dar a filha de dote
E tudo isto adquerido
Por meio de calote.

Olhe cá meu amigo
Não há melhor modo de vida
Que comer e beber do melhor
E andar asseado
Tudo à custa de quem fica logrado
Olhe que é melhor que ser morgado.

Assim quero que seja meu genro
Se você quiser também
Tudo isto em virtude
Da grande ideia que tem.

Mas antes disso pretendo
Que me diga algumas mentiras
Com que eu faça um calote
De arranjar bastantes libras.

Jacobino
Como você me promete
Ser meu sogro e amigo
Como se hão-de arranjar
Escute que já lhe digo.

Voltemos para Lisboa
E eu como seu criado
Fingindo que sou o moço
E você que é um morgado.

Andaremos na cidade
De passeio em passeio
E você como morgado
Que anda no seu recreio.

Encontrando um cidadão
Que lhe pareça abastado
Há-de o ir a reverenciar
E muito bem reverenciado.

E dizer-lhe que é morgado
Natural de Leiria
Mas que está em Lisboa
Ainda há muito poucos dias.

E pergunte quem é ele
Qual é a sua ocupação
Isto com boas palavras
Que até lhe há-de chamar Dom.

E se ele lhe responder
Que é mercador de fazenda
Pergunte que objectos
São os que ele tem à venda.

Se disser que são vestidos
E outras coisas de importe
Então lhe há-de dizer
Assim mesmo desta sorte.

Se o senhor não duvidasse
Eu seria um seu freguês
Mas que é o seu costume
Pagar só de mês a mês.

Ainda que tenha dinheiro
Nunca costuma pagar
Qualquer coisa que queira
Quando manda ou vai comprar.

Só por ter doze caseiros
E com todos contratados
De lhe pagarem por mês
Cada um mil cruzados.

E por honra do tratado
Que com os seus caseiros fez
Também faz seus pagamentos
Somente de mês em mês.

E que esteja na presença
Quando você lho disser
Eu e mais a sua filha
E também sua mulher.

Para que assim lhe ponha
Os sentidos verdadeiros
Nunca querendo que os quatro
Sejam todos caloteiros.

E se ele franquear
Você tome bem sentido
Que lhe há-de dar estes nomes
Para o assento no livro.

Eu que sou o Nunca Veio
E você o Já Pagou
Não se esqueça de lhe dar
Estes nomes que lhe dou.

A mulher que é a Não Deve
A sua filha Ninguém
Porque são estes os nomes
Que a sua gente tem.

Tudo por estes nomes
Sem receio pode dar
Que quando for no fim do mês
De pronto lhe vai pagar.

Que ele com os nomes trocados
Faz um assento errado
E vai ser por esta forma
Que ele fica bem logrado.

Se ele cair na caramenha
Que creia nestas palavras
Depois hão-de-lhe sair
As continhas bem furadas.

Ora vamos e não se esqueça
Nem sequer duma palavra
E se precisar de mais
Também lhe deve pôr de casa.

Mas também é bem que tire
Da mona dessa cabeça
Porque eu só basta que urda
E você depois que teça.

Marçalo
Marchemos já sem demora
Que se me ajudar a sorte
Hei-de fazer um calote
Que seja de grande importe.

*Recolhem-se ambos, saindo logo Lumédia e
Laurina andando a passear na cena fingindo
estar em Lisboa. Sairá Feliz Simão e Marçalo
dirá:*

Marçalo
Ora aí vem um senhor
Que mostra ser cavaleiro
Pois no seu gesto conheço
Que é homem verdadeiro.

E até vou ter com ele
Se me prestar atenção
De falar com ele quero
Gozar a consolação.

Lumédia
Estás bem doudo ó Já Pagou
Pois um senhor de alta escala
Ainda que lhe vá falar
Não lhe dá nem uma fala.

Marçalo
Tu é que estás pateta
Pois tu não sabes Não Deve
Que um senhor civilizado
Que fala a um almocreve?

Só não querem falar aqueles
Que pensam que são alguém
Os que não sabem dizer
Que réis tem um vintém.

Laurina
É mesmo como o pai disse
O paizinho tem razão
Porque aqueles que são menos
É que pensam que mais são.

Marçalo
Tu ouviste bem Não Deve
O que respondeu Ninguém

Ora já sei que a filha
Mais entendimento tem.

Virando-se Marçalo para Jacobino dirá:

Ora diz Nunca Veio
Quem é que tem mais razão
E tu diz o que entenderes
Fala livre de paixão.

Jacobino
Olhe senhor Já Pagou
Eu até nada lhe digo
Que se eu disser o que entender
A um posso agradar
A outro aborrecer
E assim somente digo
Deixe lá as cabras beber.

Marçalo
Se tu estás para graças
Eu para graças não estou
E para saber se sim ou não
Já falar com ele vou.

*Tira o chapéu, vai direito a Feliz Simão que
anda passeando e diz:*

Digníssimo cavalheiro
Desculpem a ousadia
Para que diga o que pretendo
Para com vossa senhoria.

*Feliz Simão tira-lhe o chapéu da mão põe-lho
na cabeça e diz:*

Feliz Simão
Fale senhor com franqueza
Mas antes queira-se cobrir
Depois diga o que pretende
Que eu me presto para o ouvir.

Marçalo
Mais lhe devo meu senhor
Já que me presta atenção
Vou dizer quanto pretendo
Isto sem adulação.

Quando ao longe o vi
Na sua fisionomia
Logo vi que era senhor
De alta categoria.

Como sempre fiz estima
De quem sabe bem tratar
Motivou-se isto um desejo
De com o senhor falar.

E disse para Não Deve
E minha filha Ninguém
Porque são estes nomes
Que a mulher e filha têm.

Também estava presente
Aqui o meu Nunca Veio
Estávamos estes quatro
Que andamos no passeio.

E disse eu: ora aí vem um senhor
Que é de alto espavento
E eu com ele desejo
Ir tomar conhecimento.

Respondeu minha Não Deve:
Senhor de alta escala
Ainda que vás falar
Não te dará nem uma fala.

Disse-lhe eu: tu estás pateta
Ou mostras ter falta de tino
Que um senhor civilizado
Até fala a um menino.

Feliz Simão
Respondeu bem meu senhor
Falando com a verdade
Porque eu sempre fui amante
Da bela sociedade.

Até que muito prezo
A nossa nova amizade
Que eu andava passeando
Com um modo disfarçado.
Compreendi bem por mudo
Quanto o senhor tem notado.

Marçalo
Mais estimo meu senhor
O senhor ter compreendido
Porque assim sabe ao certo
Que nada demais lhe digo.

Feliz Simão
É senhor o meu desejo
Igual ao senhor também
Mas só sinto estar falando
E sem conhecer com quem.

Marçalo
Com o morgado Já Pagou
Natural de Leiria
Que do nosso continente
Sou da maior morgadia.

Feliz Simão
Pois eu sou Feliz Simão
Aqui mesmo de Lisboa
Sou mercador assistente
Na rua da Madragoa.

Marçalo
Não conheço por pessoa
Mas sim por ouvir notar
Que anda sua heróica fama
Por toda a terra e mar.

Feliz Simão
Enquanto de mercador
Nem houve nem há segundo
Na cidade de Lisboa
Nem talvez em todo o mundo.

Marçalo
Na sua constante loja
De importante fazenda
De que objectos consta
Que o senhor lá tem à venda?

Feliz Simão
Vários vestidos riquíssimos
De homem e de mulher
E muitos mais objectos
Lá há tudo o que quiser.

Marçalo
Se o senhor não duvidasse
Eu seria um seu freguês
Porém é o meu costume
Pagar só de mês em mês.

Ainda que eu tenha dinheiro
Nunca costumo pagar
Um objecto que eu queira
Quando mando ou vou comprar.

Só por ter doze caseiros
E com todos contratados
De me pagarem por mês
Cada um mil cruzados.

Assim mesmo para firma
E honra do meu tratado
Também as minhas despesas
Só de mês em mês as pago.

Feliz Simão
Tem senhor às suas ordens
O que em minha casa houver
Ou vá ou mande o criado
Ou a filha ou a mulher.

Marçalo
Aceito o seu favor
E para o que prestar me ofereço
Pois a honra que me faz
É digna de alto preço.

Feliz Simão
Adeus senhores e senhoras
Até outro dia mais cedo
Pois não posso ter demora
Que vou para o meu emprego.

Marçalo
Adeus senhor até breve
Eu logo o vou visitar
Para que os meus sentimentos
Melhor possam disfarçar.

*Vai-se Feliz Simão ficando os quatro na cena
e Jacobino dirá:*

Jacobino

Está bem caído na ratoeira
Olhe que a nossa felicidade
Está em saber dizer uma mentira
Que parece uma verdade.

Mas agora vamos a toda a pressa
Cuidar em nos enfardelar
Antes que saibam a nossa honra
E comecem a desconfiar.

Marçalo

Vou já comprar um casaco
Dos de mais alto estado
Como pago com palavras
Posso andar bem asseado.

*Entra e torna a sair com alguma coisa no bra-
ço e chegando aos outros dirá:*

Ora aqui trago um casaco
Que é dos melhores que lá havia
Que não há-de haver outro
Lá na nossa freguesia.

Laurina

Vou já buscar um vestido
Mas do mais rico cetim
Que não quero que ande outra
Asseada igual a mim.

*Entra ficando os três e depois sai com alguma
coisa no lenço e dirá:*

Já aqui trago o meu vestido
Para levar à romaria
Mas enquanto ao cetim
É dos melhores que lá havia.

Lumédia

Também vou já buscar um
Escolhido da melhor seda
Pois quero que todos digam
Que pareço uma princesa.

*Entra e depois sai com alguma coisa no lenço
virando-se para os três dirá:*

Aqui trago o meu vestido
Dos melhores que lá achei
Que é de seda tão rica
Como ainda não encontrei.

Jacobino

Pois eu vou buscar um xaile
Mas é para guardar
É o que hei-de dar de prenda
À moça com quem casar.

Mas ainda hei-de trazer
Mais diferentes cangalhadas
Para dar depois de prenda
A cunhados e cunhadas.

*Entra e depois sai com alguma coisa no lenço
e depois virando-se para os três dirá:*

Trago um riquíssimo xaile
Mas nada mais me quis dar
Está com as mãos na cabeça
E olhe que já está a cismar.

E por mais que eu lhe pedisse
Sempre a coçar na cabeça
Quer que eu lhe diga
Não tarda que endoideça.

E depois que eu vim embora
Veio falar-me ao caminho
E falou-me ao ouvido
Mas isto muito baixinho.

Disse: diga ao seu patrão
Que há viver e morrer
E assim que quero logo
Com ele contas fazer.

Que vá logo ter a casa
Do senhor Juiz Lorem
Que eu a mais o escrivão
Que lá vamos ter também.

O que é como amigos
Porque não é estimado
Que até nem o seu nome
Ao Juiz eu tinha dado.

Que somente lhe falará
Perante ele e o escrivão
Fazer duma certa conta
Uma declaração.

E que assim o seu nome
Só ao escrever se daria
Mas que não era baixado
Porque ele o não conhecia.

Mas você vá lá depressa
Não tenha que recear
Com o nome de Já Pagou
Nada lhe tem a pagar.

Marçalo
Isso não me dá fadiga
Nem me motiva suor
Que eu por quem sou lhe protesto
Que hei-de ficar por melhor.

Jacobino
Sim senhor você está
Um lindo caloteiro
Como você não há segundo
Fica sempre sendo o primeiro.

Ora vá lá depressa
Não convém mais demorar
Pois vejo que já está mestre
Até capaz de me ensinar.

*Vão-se todos. Depois sai o Juiz Lorem, senta-
-se na cadeira que ficou onde fez de doutor.
Estando sentado, sai Feliz Simão trazendo o
livro das contas e Jurão pela esquerda com o
livro das consultas, e um tinteiro. E chegando
ao Juiz dirão:*

Jurão
Viva o senhor Juiz Lorem!

Juiz
Ora vivam os senhores também.

Sairá Marçalo e dirá:

Marçalo
Viva o senhor Juiz e a companhia.

Juiz
Viva meu senhor! Cubra-se e esteja à vontade.

Marçalo
Com licença meu senhor.

Feliz Simão
Quero aqui com o senhor
Certas contas fazer.

Marçalo
Sim senhor ouvirei.

Feliz Simão
Um vestido de seda
Dos do mais alto espavento
Importa em trinta e um mil e cento
A senhora Não o Deve.

Vinte e oito mil e quinhentos
Dum vestido de cetim
Com crochets d' ouro a brochar
Que Ninguém o veio buscar.

Três mil réis de um xaile
Com a estampa do mar
Que o senhor Nunca Veio buscar.
Vinte mil e quinhentos
Dum casaco de pano preto
Já Pagou.

Marçalo
Já, já meu senhor
É aquilo que é verdade
Nunca faltei nem falto
Adeus meus senhores.

*Retirando-se um pouco, Feliz Simão dirá em
voz alta:*

Feliz Simão
Ó senhor Já Pagou! Ó senhor Já Pagou!

O Juiz furioso dirá:

Juiz
Você que quer ao homem?

Feliz Simão
Que me pague!

Juiz
Que casta de homem é você
Que quer que lhe pague
O que ninguém veio buscar
E que a senhora não deve
Porque já lhe pagou!

Feliz Simão
Olhe cá senhor Juiz
Está aqui assento
Trinta e um mil e cento
A senhora Não Deve.

Juiz
Ponha-se já daqui para fora
Seu pedaço de mandrião
Pensa que estou aqui para me divertir!

Dá-lhe duas bofetadas e Jurão dá-lhe com o livro dizendo:

Jurão
Eu também quero que me pague
De me mandar aqui vir.

Marçalo está desviado. Chega-se a Feliz Simão quando lhe estão a bater, dá-lhe também duas bofetadas e Feliz Simão foge. Eles o seguem. Cai o pano e toca a Música.

Cena 4.ª

Sairá Feliz Simão com um bordão na mão passeando, depois sairá Jacinto e dirá:

Jacinto
Ora viva senhor Feliz Simão!

Feliz Simão
Ora viva senhor Jacinto.

Jacinto
Não sabe quanto estimo
Daqui o vir encontrar

Porque ia com destino
De lhe ir a casa falar.

Feliz Simão
Já que o senhor está disposto
Queira seguir seu destino
Pois lhe quero dar em casa
Uma garrafa do fino.

Jacinto
Mais estimo meu senhor
Se a jornada me acatar
Se aqui me quiser dizer
O que lhe vou perguntar.

Feliz Simão
Se for coisa que eu saiba
Dizer-lhe nada duvido
Porque sempre costumei
Ser leal a um amigo.

Jacinto
Disseram-me que Marçalo
O tinha caloteado
É o que eu quero saber
Porque também estou logrado.

Feliz Simão
É verdade meu senhor
Porque eu não o conhecia
E disse-me que era
Senhor duma morgadia.

Eu vi-o feito lorde
E mais um feito criado
Finalmente parecia
Que era um grande morgado.

E com duas senhoritas
Que eu aqui as pilhava
Só com este meu bordão
É que eu delas me vingava.

Porque ele assim que me viu
Disse para me iludir
E olhe que isto são verdades
Que eu em nada costumo mentir.

Ora aí vem um senhor
Que é de alto espavento
E eu com ele desejo
Ir tomar conhecimento.

Disse uma das senhoritas:
É senhor de alta escala
Ainda que lhe vá falar
Não lhe dá nem uma fala.

Mas isto já com malícia
Para forjar o calote
Que se eu bem adivinhara
Derretia com um chicote.

E a outra senhorita
Também a imposturar
Finalmente eram quatro
Todos a querer-me lograr.

Que eu assim julguei que estava
Com gente civilizada
E que havia de fazer
Franqueei-lhe a minha casa.

Pois assim que isto ouviram
Foi um tal acarretar
Como costuma fazer
Quem não faz conta de pagar.

Depois suspendi-lhe a ordem
Que se eu não a suspendia
Em menos de duas horas
Ficava a loja vazia.

Nem um lenço tabaqueiro
Me deixavam lá ficar
Com que eu estando suado
Me pudesse bem limpar.

E mandei-lhe assim dizer
Com muita moderação
Que queria das nossas contas
Uma conciliação.

E que ao depois lhe dava
Tudo mais que ele quisesse
Até com a condição
De pagar quando pudesse.

E ele não recusou
Foi com toda a prontidão
Ter a casa do Juíz
E fui eu e o escrivão.

Mas tinha-me dado uns nomes
Para fazer o assento
Mas nomes de que não há
O menor conhecimento.

E aí com tais nomes
Pensou que era mangação
Passou até desfeitear-me
E mais o escrivão.

E aquele mandrião
Se me havia de acudir
Fez-se a mim junto a eles
Que me valeu o fugir.

Mas se um dia o encontro
Em um lugar desgarrado
Hei-de com este bordão
Pô-lo mesmo num moado.

Pois as duas pelintronas
Não me saem do sentido
Que o meu gosto era dar-lhe
Como se dá a malhar o trigo.

Por ela ser em ajuda
Da grande asneira que eu fiz
Aonde quer que as tope
Até lhes quebro o nariz.

Jacinto
Eu bem sei que o senhor
Tem razão em se queixar
Porque isso não é gente
Que se possa tolerar.

Que da casa do Marçalo
É tudo uma canalhada
Porque deve a meio mundo
E ninguém de lá vê a paga.

Pois também me está a dever
Que lá fui buscar um dia

ENTREMEZ DE JACOBINO

Seis mil e quinhentos réis
Só de açúcar e de aletria.

Que no prazo de oito dias
Havia de aparecer
E já há muito fez dois anos
Que ainda o não tornei a ver.

Foi ontem a primeira vez
Que eu lhe mandei pedir
E ele pôs-se caçoando
Isto sem se afligir.

Diz que se eu não tinha
Outro para me reunir
Que fosse dar uma volta
Com os alforges pedir.

Ora veja que resposta
Me deu aquele brejeiro
Que eu somente me vingava
Em lhe dar com um jordeiro.

E mais mandou-me uma carta
Para mais me escarnecer
Cuja carta aqui a tenho
E até que lha vou ler.

Tira uma carta do bolso, a lerá desta forma:

Amigo Jacinto
O eu dever-te pouco é que eu mais sinto
Mas nunca te pago e nisso não minto.
Mas que me apoquentes isso não consinto.
Se quiseres penhora-me os meus bens
Que valem por alto trinta réis ou dois vinténs.
Se quiseres que eu torne a ser teu freguês
Irei a tua casa cada dia mais de vinte e uma vez
Mas não me fales em paga
Tu não sejas descortês.
E para isso aqui tens de pronto
Um teu amigo, Marçalo Lopes,
Que come e bebe por seus calotes.

Ora ora que grande desavergonhado
Que tem tanta vergonha na cara
Como o meu cão tem no rabo.

Rasga a carta e deita-a no chão e continua:

Mas eu um dia vou
Lá mesmo a casa dele
Com um cajado que lhe hei-de dar
Como quem dá num cão danado
De forma que ele e a todos
Os hei-de pôr mesmo num moado.

E se o senhor quiser
Queira-me acompanhar
Que este é o melhor meio
De nos podermos vingar.

Senão ainda além
De estarmos lesados
Seremos por ele toda a vida
Chincalhados.

Feliz Simão
Muito pronto meu senhor
E pegamos já a marchar
Que o mais breve que possa
Deles me quero vingar.

Mas é justo que levemos
Cada um seu mangual
E que entremos pela porta
Da traseira do quintal.

Isto na própria hora
Sem mais vamos preparar
Para que estejam juntos
Comecemos a marchar.

*Entram ambos. Sai depois Marçalo, Jacobino
e Lumédia e esta dirá:*

Lumédia
Vou ordenar uma janta
Pois há tanto que comer
Que já tantas coisas vejo
Em risco de se perder.

Marçalo
Pois vai que eu e Jacobino
Vamos já buscar a mesa
E quero que todos comam
Até a barriga estar tesa.

Entra Lumédia, Marçalo e Jacobino e sairão com uma mesa colocando-a na plateia. Vão buscar quatro cadeiras, sentando-se logo Jacobino e Marçalo à sua direita. Depois sai Lumédia e Laurina pela sua esquerda com um açafate cada uma. Depois Lumédia tira uma toalha da gaveta da mesa, estende-a sobre a mesa, coloca os açafates e sentam-se. Lumédia em frente de Marçalo e Laurina em frente de Jacobino. Lumédia dirá:

Lumédia
Em antes de pôr a mesa
Uma ária vou cantar
Só pelo prazer que tenho
De termos um bom jantar.

Cantará a ária seguinte:

Viva, viva quem tem arte
Que do melhor come e bebe
Viva quem sem ter pago
Tem o nome de Não Deve.

Laurina cantará o seguinte:

Laurina
Viva quem compra vestidos
Sem lhe custar um vintém
Que para comprar é gente
E para pagar Ninguém.

Marçalo cantará o seguinte:

Marçalo
Viva quem tem bom casaco
E que nada lhe custou
Que mesmo sem ter pago
Tem o nome de Já Pagou.

Saem Feliz Simão e Jacinto com um mangual cada um, com batedores de palha. Simão dará uma pancada em Marçalo, dizendo:

Feliz Simão
Já pagou ou há-de pagar?

Dará em Lumédia, dizendo:

Não deve ou deve?

Dará em Laurina, dizendo:

É ninguém ou alguém?

Dará em Jacobino, dizendo:

É nunca veio ou veio?

Jacinto e Simão cercam a entrada para baterem. Gritam:

Aqui-del-rei.

Recolhem-se os quatro. Simão e Jacinto seguem-nos. Cai o pano e toca a Música.

Cena 5ª

Sairá Jacobino e depois Marçalo dirá:

Marçalo
Jacobino!...

Jacobino
Senhor!...

Marçalo
Ando agora cismando
Não sei como há-de ser
Porque trabalhar não quero
E não temos que comer.

Por calote não podemos
Tirar mais nem um real
Porque Simão e Jacinto
Nos deitaram ao jornal.

Jacobino
Cuidei que era outra coisa
Olha porque anda cismar
Isso tem bom remédio
Você vote-se a roubar.

Marçalo
Isso já a mim me lembrou
Mas lembrou-me ao mesmo tempo
Que posso achar encontro
Ao fazer arrombamento.

Jacobino

Pois não se aponha a risco
As mulheres que vão roubar
E você pode estar em casa
A comer sem trabalhar.

Marçalo

Nisso não disseste mal
Mas devemo-nos lembrar
Que as mulheres sós de noite
Vão ter medo de andar.

Jacobino

Basta que andem de dia
A mira pelos quintais
Que não falta que roubar
Em eiras e em nogais.

Marçalo

De dia podem ser vistas
Que se alguém as vir roubar
Podem vir dar busca a casa
E o roubo encontrar.

Jacobino

Roubem elas quanto poder
E assim venham entregar
Que por buscas que cá venham
Nem um sinal hão-de achar.

Marçalo

Pois assim lhe vou dizer
Se elas quiserem ir roubar.

Jacobino

Para isso estão elas prontas
Que até são capazes de ir
Mesmo sem você mandar.

Marçalo

Talvez não tenham essa habilidade.

Jacobino

Então você não sabe
As mulheres que nós temos
São umas mulheres muito aprendadas
Você não vê que são duas arreguiladas?

Olhe bem para aquelas caras
Que têm mesmo caras de ladras
Mas das mais finas ladras.

*Entra Marçalo. Sai Laurina com um objecto
na mão e dirá:*

Laurina

Esconda bem o que lhe entrego
Que depois de eu ter roubado
É que avistei dois trolhas
Em cima dum telhado.

E por isso deve haver
Nisto muita precaução
Porque me falta saber
Se me veriam ou não.

Jacobino

Tem tu sempre bem cautela
Que te não chegue a prender
Que roubo que tu trouxeres
Não têm eles mais de ver.

E vai depressa buscar mais
Que se vós muito trouxéreis
Nunca deixou de dizer
Que temos boas mulheres.

*Laurina vai-se. Jacobino pousa o roubo na
mesa, vai buscar um berço, coloca-o ao pé da
mesa, mete o roubo no berço, começa a embalar, cantando:*

Nana, nana, meu menino
Que a mãezinha logo vem
Foi lavar os cueirinhos
Ao rio de Santarém.

*Sai Sortivão e Alfredo pela sua direita. Che-
gando a casa de Jacobino, Sortivão dirá:*

Sortivão

Ó patrão!

Jacobino

Senhor!...

Sortivão
Nós vimos procurar um roubo
Que para aqui entrou.

Jacobino
Oh senhor! Só se foi
Algum tufão que o deitou
Não porque disso saiba eu
Porque só quero que Deus me dê saúde
Com aquilo que é meu.
Porque as minhas mãozinhas
Nunca se apegaram ao alheio
Porque nunca me esqueceu
A boa educação
Que meu paizinho me deu.

Mas os senhores
Procurem à vontade.
Só pelas alminhas lhes peço
Que façam pouco rugido
Para não acordarem o menino
Que me tem afligido
Porque a minha mulher foi ao rio
E eu queria ver se o conservava a dormir
Até a mulher vir
Para não tornar a afligir
Que ele anda muito impertinentinho.
Estando acordado
Ninguém o pode aturar.
Eu até desconfio que anda
Com os dentinhos a furar.

Embalando sempre, Sortivão e Alfredo procuram por toda a casa. Depois Sortivão dirá:

Sortivão
Temos visto e revisto
Não há mais que procurar
E assim vamos embora
Você há-de perdoar
Que se nós aqui viemos
Foi por alguém nos mandar.

Jacobino
Não tenho que perdoar
Porque bem sei que os senhores
Não vinham sem mandar
Santo António milagroso

Os livre de testemunhos falsos
Aos senhores a mim e a todos.

Sortivão
Tenha paciência
E adeus meu patrãozinho.

Alfredo
Fiquem com Deus.

Jacobino
Ora vão, vão na graça de Deus e
Nosso Senhor e da Virgem Nossa Senhora.

Fora de casa de Jacobino, Sortivão dirá:

Sortivão
Quem alcança má crença
Muito um justo padece
Pois que ele é bom homem
Isto é ao que parece.

Alfredo responde:

Alfredo
Basta vê-lo com o menino
Coberto de paciência
Que nenhum de nós sofria
Aquela empertinência.

Entram. Fica Jacobino e saindo Marçalo, dirá:

Marçalo
Então escapou?!...

Jacobino
Ora escapou sem duvidar
E escapa tudo mais
Que se me entregar.

Eles depois de ter procurado
E de nada encontrar
Julgando que eu estava inocente
Tiveram de mim tanta paixão
Que com as lágrimas nos olhos
Saíram pedindo perdão.

Entregando-lhe o roubo dirá:

Mas agora tomem conta
Com franqueza o podem guardar
Olhem que agora isto
Não tornam a procurar.

Marçalo toma o roubo e recolhe-se. Sai Lumé-
dia toda atrapalhada com outro roubo, dizendo:

Lumédia
Guarde isto bem guardado
Que eu levei uma corrida
E só me falta saber
Se fui ou não conhecida.

Que se eu fosse conhecida
Isto está de supor
Que não tarda aqui vir
O cabo e o regedor.

Foge Lumédia e Jacobino mete o roubo à
pressa no berço e mexendo-o a embalar. Sai
Sortivão e Alfredo fazendo barulho em casa
de Jacobino sem pedir licença. Sortivão dirá
com aspereza:

Sortivão
Nunca pensei que houvesse
Nesta nossa freguesia
Quem tanto me inquietasse
Na minha regedoria.

Jacobino com moderação:

Jacobino
O senhor está tão queixoso
Quem foi que o ofendeu?

Sortivão
Ninguém!...
Foi um roubo
Que para aqui se recolheu.

Jacobino
Os senhores procurem à vontade
Que se cá estiver o roubo
Ande-o encontrar.

Embalando sempre:

Mas a mim até me fez admirar
Porque eu não vi roubo
Nem aqui ninguém entrar
Mas peço façam pouco rugido
Para não acordar o meu menino
Que me tem muito afligido.

Sortivão e Alfredo procuram outra vez na
casa de Jacobino e não encontrando nada
Sortivão dirá retirado de Jacobino:

Sortivão
A mim parece que o homem
Tem tratado de nos enganar.

Alfredo
Pode ser que o roubo o tenha lá no berço
Escondido e diga que é o menino
Que o tem ali dormido.

Chegando-se para o berço, Sortivão dirá:

Sortivão
Descubra a cara ao menino
Que o pretendemos ver.

Jacobino
Não, não que o meu menino
Está muito doentinho e pode morrer.

Alfredo
Descubra a cara ao menino
Que se não morre de abafo.

Jacobino
Não meus senhores
Que o meu menino tem sete folgos de
Gato e por isso é que não morre de abafo.

Sortivão
Descubra a cara ao menino
Que nós pretendemos vê-lo.

Jacobino
Não que o meu menino está com sarampelo
E disse-me o senhor doutor
Que não lhe desse o vento
Nem nas pontas dos cabelos

Porque depois pode morrer
Sem a minha mulher o ver.

*Embalando sempre fazendo que chora e tem
pena.*

Sortivão
Não estamos para mais demorar
Vamos ver o seu menino.

*Metem as mãos no berço. Jacobino chora em-
baraçado nas mãos, dizendo:*

Jacobino
Ai senhor que morre o menino
Sem a mulher cá estar
E ela depois vem para casa a ralhar
Porque eu o deixei tomar ar.

*Depois de ele ver que lhe pode embaraçar
mais as mãos deita a fugir. Seguem-no,
gritando:*

Cerquem o ladrão.

Toca a Música. Sairá Jacobino e dirá:

Jacobino
Irra... Irra... Irra...
Olhem do que eu escapei
Mais me valera beber uma do fino
E comer um prato de geleia
Do que ir para costas de África
Depois de estar na cadeia.

*Sai Alfredo com um chapéu, faz que o perde.
Alfredo encolhe-se, fingindo que não sabe
que o perdeu. Depois sai Jacobino. Logo sairá
Alfredo e lhe dirá:*

Alfredo
O senhor achou alguma coisa?

Jacobino
Sim senhor é verdade que achei
E se me der os sinais certos do que perdeu

De pronto lho entrego.
Mas é objecto ou dinheiro?

Alfredo
Objecto.

Jacobino
Objecto de vestir ou calçar?

Alfredo
Nem foi de vestir nem de calçar.

Jacobino
Pelos sinais que me dá
A coisa que eu achei
Decerto há-de ser sua.
Ora diga-me senhor
Perdeu só um objecto ou mais algum?

Alfredo
Foi um chapéu e um lenço.

Jacobino
Basta! Decerto é seu
Pois esse esclarecimento
Mas eu vou-lhe buscar
E ponho-lo na cabeça
E se lhe servir
É claro que o senhor
Não têm mais que pagar e sair.

*Jacobino recolhe-se voltando com um chapéu
com um chifre e põe-no na retaguarda na
cabeça de Alfredo e deixando-o ficar e dirá:*

É seu o senhor até se parece com ele
Um grande cavalheiro
Só pode haver dúvida
De faltar o companheiro.

Alfredo
Pois um chapéu também costuma
Trazer companheiro?!

*Nisto leva a mão à cabeça e vendo o chifre
dá-lhe uma bofetada dizendo:*

Alfredo
Marche daqui
Pedaço de mandrião
Que o mando capturar
E metê-lo na prisão.

Jacobino foge e Alfredo a dar-lhe
bofetadas e recolhem-se a fugir.

Versão recolhida em Angueira. Manuscrito datado de 1927.

O Emigrante

Personagens

Profecia
Vasco, o tonto
Homem, o emigrante
Rosalina, mulher
Alfredo, filho
Aninhas, filha
Tia Maria, vizinha
Tio Joaquim, taberneiro
Sr. Manel, passador
Carteiro

Profecia
Senhoras e senhores
Boas tardes venho dar
Peço-vos muita atenção
Ao acto que vamos realizar

Não tenho voz de profeta
Nem grande sabedoria
Apenas venho aqui
Para dizer a profecia

Ó povo que escutais
Eu vos conto num instante
A vida que passou
Um pobre emigrante

Vós depois ireis ver
A miséria que ele tinha
Apenas a pequena casa
E mais uma cortinha

Trabalhava noite e dia
Já não podia suportar
A miséria era tanta
Foi obrigado a emigrar

Ele queria emigrar
Só que dinheiro não tinha
Para pagar ao passador
Foi pedi-lo à vizinha

Viu-se tão envergonhado
Para pedir o dinheiro
Foi falar com o passador
A casa do taberneiro

Da família se despediu
E foi ao encontro do passador
Como tinha já combinado
No dia anterior

E nele confiou
Por lhe parecer muito honrado
O que ele nunca pensou
Foi de ser trafulhado

Quando chegaram à França
Lhe disse e fez ver
Pois não lhe deu o dinheiro
Mandou-o ter com a mulher

A mulher não lhe pagou
Sem resposta do marido ter
Resolveu ir-se embora
Pois nada tinha a fazer

O emigrante lá ficou
Para algum dinheiro ganhar
Que tanta falta fazia
Para os seus filhos criar

E quando regressou
Já cheio de alegria
Ao ver a sua família
Que já quase não conhecia

Mandou fazer um jantar
E a vizinha convidou
Ele quase não comia
Dos tormentos que passou

E depois já no fim
Ele próprio irá contar
Os trabalhos que passou
Até dá vontade de chorar

Música.

Vasco
Aqui está mais um tonto
Que pela primeira vez ides ver
Alguns que estão aí
Não deixam já de o conhecer

Eu sou tonto
Mas tonto a valer
Não podemos ser todos iguais
Que vamos a fazer

Vós ides a ver
O que aqui se vai passar
Um homem foi-se para França
E eu com a mulher me vou juntar

Homem
Mulher faz a ceia

Que eu quero comer

Mulher
Oh homem não tenho que te dar!
O que hei-de fazer?

Homem
Manda o Alfredo
Se não manda a Aninhas
A casa do Sr. Albino
Que lhes dê duas sardinhas

Dinheiro não temos
Batatas também não
Aqui estamos todos juntos
Sem ganhar um tostão

Mulher
E não só isso
Isto está muito mal
Azeite não temos
E também não temos sal

Vamos então homem
Comer as duas sardinhas
Uma para mim e para o Alfredo
Outra para ti e para a Aninhas

Filho
Mãe com metade desta sardinha
Me deu mais alegria
Mas eu ainda comia outra
Pois tenho a barriga vazia

Filha
E eu também mãe!

Homem
Olha mulher estive hoje a pensar
Isto está tão mau por cá
Na França ganha-se bom dinheiro
Porque eu não vou até lá?

Mulher
Antes de ires marido
Tu pensa bem primeiro
Como queres ir para a França
Se nós não temos dinheiro?

Homem
Pedimo-lo emprestado
À nossa vizinha
Se não lho pudermos dar
Teremos de lhe dar a cortinha

O primeiro dinheiro que ganhar
Por uma carta to mandarei
Para dares à tia Maria
Que em grande favor lhe ficarei

O EMIGRANTE

Mulher
Então vou falar com ela
Mas como hei-de fazer?

Homem
Vais muito descontraída
Para ninguém perceber

Mulher
Bom dia tia Maria

Vizinha
Bom dia vizinha

Mulher
Venho pedir-lhe um grande favor

Vizinha
Eu a remediarei naquilo que puder

Mulher
Trata-se de um assunto
De muito segredo
Veja lá se não descobre
Que eu já tenho medo

Vizinha
Então diga lá o que quer?

Mulher
Pois bem eu vou contar
Precisava algum dinheiro
Para o meu homem emigrar

Vizinha
Então diga quanto quer
Vou ver se a posso remediar
Cá eu não tenho muito
Mas algum lhe posso arranjar

Mulher
Precisava nove mil escudos
Talvez me possa chegar

Entra para casa.

Vizinha
Essa quantia sim lha posso arranjar

Se precisar mais algum
Ainda o pode vir buscar

Entrega algum dinheiro.

Mulher
Agora muito obrigada
Até que eu possa pagar

Vizinha
Não tem nada a agradecer

Mulher
O dinheiro já aqui está
Nada tens a recear
Olha pela vida dos nossos filhos
Que ainda estão por criar

Homem
Então vou já falar
Com esse tal passador
Para resolver a viagem
O mais depressa melhor

Vasco
Olhai com quem vai falar
Não podia arranjar melhor
Vai levar-lhe o dinheiro
E não o há-de passar

E a ele não digo nada
Porque somos meio compadres
Eu o que quero é que vá embora
Para fazer como os padres

Música.

Passador
Bom dia tio Joaquim
Hoje está frio a valer
Deite-me um copo de vinho
Para ver se me faz aquecer

Taberneiro
Eu lho deito já depressa
Mas ainda tem que esperar
Para lhe dar do bom vinho
Da pipa o vou tirar

Sai a buscar o vinho, passador pegando num copo.

Homem
Bom dia Sr. Manel
Consigo queria falar
Tem de ser os dois sozinhos
Para ninguém escutar

Taberneiro
Espere Sr. Manel
Pois tem que me desculpar
Mas antes de ir embora
O vinho tem a pagar

Com estes tipos é preciso
Um pândego pôr-se a pau
É rápido que as pregam
Pois andam tesos como um carapau

Passador
Então diga lá o que quer
Que é para eu resolver

Homem
Eu queria ir para a França
Mas sem ninguém saber

Passador
Muito bem meu caro amigo
Tudo isso se pode arranjar
Mas só por sete mil escudos
Para eu te poder passar

Homem
Então ficamos tratados
Para o Sr. me levar
Diga-me o dia certo
E onde nos havemos de encontrar

Passador
Nós saímos amanhã
Se não houver azar
Às duas da madrugada
No Nazo nos havemos de encontrar

Homem
Mulher já falei com o passador
E a viagem combinámos

Leva-me sete mil escudos
Menos do que nós arranjámos

Mulher
E aonde vais tu homem?
À procura de sarilhos
Deixas a quem te ama
E os nossos queridos filhos!

Vasco
Por acabar de criar
Dando suspiros e ais
Chora a mulher pelo marido
E os filhos pelos pais

Ele agora vai-se embora
Quem vai tratar a horta?
Terei que ser eu
Pois ele era burro como uma porta

Música.

Homem
É bem triste nesta vida
Mas são coisas que se dão
Ser obrigado a emigrar
Para os meus filhos comerem pão

Chegou a hora da partida
Mulher e filhos vou deixar
Vinde cá junto a mim
Que vos quero abraçar

Filha
Para onde ides meu pai
Que hoje nos quereis deixar
Tão sozinhos nesta casa
Onde tanto vamos chorar

Homem
Não quero que choreis meus filhos
Por eu ter de vos deixar
Se tiver sorte e saúde
Dinheiro vos hei-de mandar

Eu bem sei meus queridos filhos
Que muitos trabalhos vou passar
Mas é só por vossa causa
Que eu tenho que emigrar

Filha
Pois então ide meu pai
Mas não vos esqueçais de nós
Que somos tão pequeninos
E o nosso futuro está em vós

Mulher
Repara bem ó homem
E vê lá o que vais fazer
Não abandones os nossos filhos
Nem a mim que sou tua mulher

Homem
Descansa querida mulher
Que mal não há-de acontecer
Sei bem onde ficais
E aquilo que tenho a fazer

E agora vos digo adeus
Mas um adeus com tristeza
Vou ver se no futuro
Não vos falta o pão na mesa

Mulher
Adeus homem e que Deus te ajude

Chorando:

Homem
Sem saber para onde vou
Nem onde irei parar
Por esses montes fora
Nesta noite sem luar

Sai chorando. Passador entra em palco depois de ter saído o emigrante, esperando por este com ar de aborrecido. Finalmente entra em cena o emigrante.

Boa noite Sr. Manel
Já me estava a demorar
Estive a despedir-me da família
Que muito me custou a deixar

Passador
Já estava chateado
Por tanto tempo esperar
Porque a viagem é muito longa
E temos muito que andar

Agora vamos por este caminho
Que nos fica à mão direita
Quando chegarmos a Ciadeia
Já lá temos a ceia feita

Vasco
A semente já lá está
Enquanto na França há-de nascer
E vós se também os quereis
Tem-nos a minha mulher a vender
Tem uma leira deles
Que lhos pus eu

Onde irá aquele triste
Com guerrilha acompanhado?
Ele não se virará a casa
Quando estiver cansado

Ele quase não levava merenda
E os sapatos todos esfarrapados
E parece que não se lavou
Levava os bigodes todos cagados

Escusais de vos estar a rir
E tão pouco a falar
Se não vos calais
Tenho uma chupeta para vos dar

Esta não é para todas
Só é para quem a vou dar
Vou dar aquela mais guapa
Que bem a deve precisar

Música.

Passador
Já estamos em França
Agora vou-te deixar
Já fiz o meu trabalho
Agora tens de me pagar

Anda cá meu caro amigo
Não te estejas a atrapalhar
Tu bem sabes que te passei
E de que estás a esperar

Homem
Escuta lá meu trafulha
Eu não estou atrapalhado

Sei bem que me passaste
Mas não te pago adiantado

Passador
Já tenho passado muitos
E nunca tive arrelias
Para que a tua mulher me pague
Vou mostrar-lhe metade da tua fotografia

Tonto a dançar e a comer a merenda.

Vasco
Eu oferecia-vos um cachico
Mas sois capazes de pegar
Quem me manda ser burro
É capaz de não me chegar

Agora que estou a comer
Vou dizer-vos uma coisa
Vós ides gostar de ouvir
É lá de cima do cobridoura

Malhadas é pequenina
Mas tem bom pai
Tem três máquinas de fazer vitelo
Que na nossa terra não hai

Passador
Ó senhora Rosalina!

Mulher
Ah! É o senhor!
Diga-me Sr. Manel
Como correu a viagem
Pois eu muito chorei
E muito pedi à Virgem

Passador
Tudo correu muito bem
E o trago em lembrança
Agora quero o dinheirinho
Pois ele já está em França

Mulher
Oh! Sr. Manel
E como lhe vou pagar
Se eu vejo tudo tão torto?
Eu sei lá se o meu marido
Estará vivo ou morto?

Passador
Pode acreditar em mim
E também pode crer
Aqui tem metade da fotografia
Para a senhora o reconhecer

O seu marido lá ficou
Graças a Deus sem azar
O que ele precisa agora
É patrão para trabalhar

Mulher
Então deixou o meu marido
Ainda sem trabalhar
Pois eu não vos pago
Sem resposta ele me dar

Sai.

Passador
Nunca assim me tinha passado
E até me custa a crer
E agora só me paga
Mas é se ela quiser

Sai o tonto e recita versos.

Vasco
Eu logo disse
Que ele não recebia nada
Andou a semana inteira
E não há-de ganhar nada

Mas aonde o tem ele?
Mas quem lhe deu?
Aquele que lhe deu a vizinha
Comigo e com outros o gastou

Ao passador é bem feita
Para que não seja aldrabão
Vinha para receber o dinheiro
E não lhe deram um tostão

Vós ides a ver al que fizo
De tão auraibado que ficou
Comprou umas vacas
E nem com o amo falou

Esta profissão é muito boa
Mas nenhum de vós a queira
Se o amo o apanha naquela altura
Bem o tinha mandado para a salgadeira

Carteiro
Ó senhora Rosalina! Correio!
Tem carta do seu marido
Já talvez bem desejada
Agora sábado e domingo
Não volta a receber mais nada

Vinde cá meus filhos
Já bem tempo que lá vai
Vamos ler notícias
Que manda o vosso pai

A mulher lê a carta.

Filho
Então nosso pai ainda não manda dinheiro?

Filha
E tu não sabes que tem de o ganhar primeiro

Sai o tonto a ler a carta. Música. Batem à porta.

Passador
Bom dia Sra. Rosalina

Mulher
Bom dia Sr. Manel

Passador
Já não vejo com bons olhos
Esta grande confusão
Diga lá Senhora Rosalina
Se me quer pagar ou não?

Mulher
Tive carta do meu marido
Na qual tudo me contou
Onde ele me dizia
Que o Sr. o trafulhou

Mesmo assim lhe vou pagar
Mas não com muita alegria

Mas antes de lhe dar o dinheiro
Bem sei o que merecia

Entrega o dinheiro.

Passador
Eu já me vou embora
E já levo meu dinheiro
Eu tenho trafulhado muitos
Já não foi este o primeiro

Chega outra carta do marido.

Carteiro
Correio!
Tome a Senhora Rosalina
Mais uma carta lhe vou dar
Deus queira que seja a última
Antes do seu marido voltar

Mulher
Não sabeis meus filhos
Já vos podeis alegrar
Daqui a poucos dias
Vosso pai está a chegar

Música acaba lentamente.

Homem
Agora vou regressar
À minha terra natal
Depois destes dois anos
Sem ver o meu querido Portugal

Dança o tonto. Música lenta.

Mulher
Ai quem vem ali é o meu marido
Que está a chegar...

Filhos
É o nosso paizinho? Nós o vamos abraçar

Mulher
Depois de dois anos passados
Até que enfim chegaste
Conta-me lá ó homem
Os trabalhos que passaste?

Homem
Não é para contar agora
Os trabalhos que passei
São muitos mesmo muitos
Eu depois tos contarei

Mulher
Agora que estamos todos juntos
Radiantes de alegria
Vou fazer uma boa ceia
E chamar a vizinha Maria

Faz tudo isso mulher
Que agora já podemos
Para hoje estarmos assim
Muitos favores lhe devemos

Música. Sai o tonto com versos e anedotas.

Vasco
Que festa haverá hoje
Em casa daquele emigrante?
Para hoje não falta nada
Mas veremos lá para diante

Olha quanto tempo esteve em França
Como há-de trazer dinheiro
Ele por fora vem muito guapo
Mas por dentro sujo como um azeiteiro

Eles vão ser cinco a comer
Mas não contam comigo
Eu hei-de entrar
Nem que rebente o postigo

Mulher
Ó graças a Deus
A quem eu tanto pedi
Pelo meu querido marido
Que hoje tenho aqui

Homem
Mas lembras-te bem ó mulher
Do dia em que eu parti
Que tanto choramos os dois
Tu por mim e eu por ti

E vós meus queridos filhos
Das vossas palavras não me esqueci
Muitas noites se passaram
Em que eu não adormeci

Filho
Eu nunca pensei meu pai
A esta vida chegar
Éramos tão pobrezinhos
E agora já vamos estudar

Vizinha
Eu muito gosto tenho
Por isto ouvir dizer
E por sermos tão amigos
Nada tem que agradecer

Mulher
E a vós tia Maria
Eu vos quero recompensar
O favor que me fizestes
Não sei como vos pagar

Homem
Agora em duas palavras
A minha vida vou contar
Para que toda a gente saiba
Aquilo que é emigrar

Eu saí de minha casa
Sem saber como é
Pensava ir de carro
Mas tive que ir a pé

Passando montes e montanhas
Eu nunca me assustei
Mas a merenda que se acabou
Ai as fomes que passei!

Andei por tantos caminhos
Que eu já ia cansado
Dizia-me o passador
Aguenta-te mais um bocado

Passando ribeiros e rios
E já cheio de cansaço
Romperam-se-me os sapatos
E tive que ir descalço

Os pés escorriam sangue
Dos poros saía suor
Dos olhos corriam-me lágrimas
Pelos filhos que tenho amor

O passador se apercebeu
Do que me estava a passar
E diz: Aguenta-te ó emigrante
Estas fadigas te hão-de salvar

Passei tantos martírios
Que nem me quero relembrar
Assim é a vida dum pobre
Neste país que nada se pode ganhar

Quando cheguei a França
Sem falar nem perceber
Parecia uma criança
Acabada de nascer

Tudo quanto o passador me disse
Foi isso mesmo que eu fiz
Tirei logo o bilhete
Directamente a Paris

A viagem correu mal
Mas não foi só esse o azar
Estive ainda três meses
Sem poder trabalhar

Estive mesmo tentado
Para minha casa vir
Mas a miséria era tanta
Não podia consentir

E lá arranjei patrão
Eu já cheio de alegria
Falava para ele
Mas ele não me percebia

Ao patrão eu lhe dizia
Que não falava Francês
Para ele me compreender
Fui chamar um português

O primeiro trabalho que fiz
Ninguém o queria fazer
Mandou-me limpar esgotos
Que cheiravam mal a valer

Destes trabalhos todos
Não estou arrependido
Hoje tenho que comer e beber
E ando bem vestido

Senhoras e senhores
Agora para terminar
Os trabalhos que passei
Ninguém os queira passar

Agora já acabou
Bem ou mal este já está
Se por acaso não gostou
Ninguém vos mandou vir cá

Se por acaso está mal
Tendes que desculpar
Hoje é dia de Carnaval
E portanto deixai passar

Não escolhemos isto por livros
Nem ninguém nos ensinou
Tiramos de nossas cabeças
Que muito trabalho nos deu

Para ser o primeiro
Parece-me que não esteve do pior
Mas para o ano se Deus quiser
Há-de sair melhor

Para fazer isto
Uns diziam que sim e outros que não
E depois fomos a votos
Mas claro que não está muito bom
Porque foi feito por garotos

E vós povo de fora
Muito vos queremos agradecer
Pela vossa visita
Não nos havemos de esquecer

E agora não vos vades embora
Sem mais os alegrar
Porque a festa continua
Para toda a gente bailar

Fim

Versão recolhida em Cicouro. Texto original composto por Humberto Augusto Pires, de Malhadas.

Verdadeira Tragédia Ilustrada de Lionido das Traições que Fez a Seus Pais

Personagens

Gonçalo
Florência
Lionido
Marcela
Dionis
César, Demónio
Cristo
Anjo
Morte
João Gracioso
Rei Mouro
Tolemo, soldado
Ali, soldado
Lidora
Conde
Verdugo
Copeiro

1ª Cena

Sai César e diz:

César
Ó cavernas infernais
Que me dais valor
E sempre ressuscitais
Vosso tremendo horror.

Sou grande pelejador
Como não há outro igual
Roubando almas a Deus
Ver o dragão infernal.

Todos de mim dizem mal
E bem pretendem defender-se
Para meu serviço
Ninguém ousa oferecer-se.

Mas com minhas trapaças
A todos vou tentando

Que ao fim disto tudo
Eles cá vão entrando.

Não lhes vale recusar
Meu apreciável intento
Em sua companhia
Ando sem perda de tempo.

É de tal sorte meu poder
Que não há quem me resista
Mesmo em sonhos dourados
Lhes faço perigar a vida.

A uns lhe invento fadigas
E a outros mil turbações
Depois a seus pais
Arrancam seus corações.

Depois andam pensativos
Não sabendo o que hão-de fazer
E outros logo o praticam
Para mim é grande mister.

Assim vão caindo no laço
Como a mosca na aranha
Não escapará ninguém
Desta maldita façanha.

E eu cada vez
Sinto mais alegria
Em ver que eles renegam
A Deus e à Virgem Maria.

Ó infelizes humanos
Que assim vos deixais iludir
Deixai-vos cair no laço
Sem deles poderdes fugir.

Para que mais acrediteis
Na minha intenção malvada
Hoje mesmo aqui vereis
Que me não escapa nada.

Entrarei neste hotel
Sem mais tempo perder
Pedindo logo um baralho
Para um pouco nos entreter.

Depois chegará a ocasião
De sua paciência ali perder
Que para meu serviço
Isto é do grande mister.

*Entra para dentro, onde estarão os seguintes
personagens: Dionis, Lionido, João Gracioso
e César. Começam a jogar às cartas. César e
Dionis, contra Lionido e João. Cantam o se-)
guinte atrás da cortina:*

César enganador
Que anda tentando as almas
No jogo a Lionido
Meteu uma carta falsa.

César
Joga, companheiro!

Dionis
Não jogo mais!!

César
E a razão...

Dionis
Porque Lionido tem cartas a mais.

*Lionido levanta-se arreliado e arroja as cartas
e dá um encontrão à mesa e diz:*

Lionido
Homem falso e traidor
Como te engana a fantasia
Em minhas mãos horrorosas
Me hás-de pagar com a vida.

Dionis
Pagarás teu atrevimento.

Lionido
Engole, traidor, a frase
Nem tentes em me inquietar
Se meu pai não estivesse presente
Aqui o havias de pagar.

João
Saí todos para fora
Infames de má raça
Patifes tão mal educados
Nunca vi como esta canalha.

Sai o Copeiro e diz:

Copeiro
Oh que gente mais rebelde
Como isto se há-de aturar
Melhor era que nunca aparecessem
Burgueses de tal pensar.

Estou tão arreliado
Nem mesmo estou em mim
Que diria meu patrão
Se visse isto assim?

Vão-se já para fora
Não sejam mal educados
Reparem bem, senhores,
Como deixaram tudo em pedaços.

*Vão andando e sai Gonçalo e Florência ao
encontro e diz:*

Florência

Homens loucos e atrevidos,
Suspendei vossas espadas!

João

Se o Diabo não os deixa
Como os hão-de suspender?

Vai-se João e diz Gonçalo:

Gonçalo

Detém-te, filho Lionido,
Atende teu pai primeiro
Não sejas mal educado
Perdendo-me assim o respeito.

Florência

É impossível, filho querido,
Que tenhas tal atrevimento
Inquietando-nos desta sorte
Podendo estar com sossego.

Vai-se Lionido e diz Gonçalo:

Gonçalo

Não creio que ele tenha
Toda a culpa disto
Mas eu como não posso
Certamente distingui-lo
Quero César que me digas
Quem causou tal desafio.

César

Saberá D. Gonçalo
Que no hotel brasileiro
Estando eu e Dionis
A jogar de companheiros.

Eram nossos adversários
Lionido e também João
Isto em bela harmonia
Sem haver inquietação.

Depois Dionis a Lionido
Quatro cartas lhe enxergou
Discutiram insidiosos
Tudo ali se inquietou.

É o que sei, D. Gonçalo,
No meu fraco entender

Se mais me quiser procurar
Não lhe sei responder.

Gonçalo

Já vejo que Dionis
Tem imensa razão
Tenho de repreender meu filho
Em esta oportuna ocasião.

Se lhe oculto esta maldade
De Deus não terei perdão
Que da sua cruel condição
Nada podemos adiantar.

Ó meu Deus, queira-me ajudar
Para o pôr na minha mão
Só o vejo no horror
E em má vida metido.

Só lhe apraz o fazer mal
Este meu filho maldito
Se não comoves teu coração
Certamente estás perdido.

Fica um pouco pensativo e diz para Dionis:

E vós, Dionis,
Podeis ir sossegado!

Dionis

Obedecendo a D. Gonçalo
O conselho que me dá
A Lionido lhe dirá
Que na serra o aguardo.

*Vai-se Dionis, Gonçalo e Florência e sai
Lionido e diz para César:*

Lionido

César, tudo quanto mandes
Te faço com grande empenho
A ninguém temerei
E farei tudo sem ter medo.

César

Não há horror nem malícia
Que a mim me faça render
Sem dúvida deves entender
Que minha palavra o afirma.

Lionido

Amigo César,
Digo-te de cheio coração
Afirmo-te que arrastarei
Minha infame geração.

Não temo nenhum perigo
Horrendos males hei-de praticar
Nem minha própria mãe
De mim se há-de livrar.

César

Se praticas essa acção
Notável gosto me darás
Em sabendo quem eu sou
Muito melhor o farás.

Vão-se. Sai Gonçalo e Florência diz:

Florência

Ó meu filho querido,
Dessa má vida te queria tirar
Se quisesses, Lionido,
Sair comigo passear.

Oh que infâmias, filho,
Teu coração procedeu
Respeita sempre tua mãe
Pelo leite que te deu.

César escutando, diz Gonçalo:

Gonçalo

Já vês, esposa amada,
Não podes ir à quinta
Pois que andas em perigo
E ao parto muito cercada.

Florência

Adeus serra montanhosa
Pouco te hei-de passear.

Gonçalo

Querida esposa,
Onde querias chegar?

Florência

A nossa famosa quinta
E às lindas praias do mar.

Vão-se e descobre-se César e diz para Lionido:

César

Se da tua mãe
Te quiseres vingar
Sairás com ela a passear
Para as margens do rio
Que lá vai parar.

Farás isso bem feito
Eu irei em tua companhia
Enquanto obras esse efeito
Sempre firme e duro peito
E não tenhas cobardia.

Lionido

Farás meu nome eterno
Nesta famosa ocasião
Hei-de lograr minha tenção
Nem que trema todo o Inferno.

César

Eternamente serás.

Vai-se César e diz Lionido:

Lionido

Amigo, se és verdadeiro
Diz-me onde está meu pai
E esse atrevido Dionis
E também minha cruel mãe.

Sai Gonçalo e Florência, vão-se aproximando de Lionido e diz Gonçalo:

Gonçalo

Vem cá, Lionido,
E tomarás educação
Que é o ente mais brilhante
Que pode ter um cristão.

Não estou muito apaixonado
Por esse teu mau proceder
Se te não arrependeres
Serás infeliz e desgraçado.

Lionido

Perdoa em te dizer
Se te apraz o perdoar

Seguirei sempre assim
Digo-te pai aqui
Assim me hei-de conservar.

Gonçalo
O sacro autor se refere!!

Lionido
Que quer com isso dizer?

Gonçalo
Filho, que te queiras converter!

Lionido
Deus fará o que quiser.

Gonçalo
Tua mãe, filho meu,
Sair quer a passear
Tu a irás acompanhar
Logo que te mando eu.

Lionido
Eu, pai, sim to concedo
E farei grande gosto.

À parte:

A ocasião vem a propósito
Para lograr meu intento.

Gonçalo
Primeiro, querida esposa,
Farás pelo repreender
E ele que seu bravo coração
Também queira comover.

Florência
Com esse cuidado vou.

Gonçalo
Isto alguém no-lo causou.

Florência
Filho, virás brevemente.

Lionido
Sim, mãe, logo vou.

Vai-se Gonçalo e Florência e sai João e diz Lionido:

Que dizes, amigo João?

João
Digo que brevemente
Do Inferno serás tição.

Lionido
Cala-te, louco,
Que Deus por tudo passou
Porque além de ser mau
Para o Céu sempre vou.

Triunfo minha ideia assim
Por meio deste desvelo
Que o pague Deus por mim
E eu sempre serei o mesmo.

Vai-se e diz João:

João
Sem freio este cavalo
De certo se não pode montar
É conveniente um forte tronco
Para haver de o amarrar.

Vai-se João. Sai César e diz:

César
Tocai, Infernos, às armas
Vinde, raios abrasadores,
Vinde, espíritos malditos,
Persegui a Lionido
Com grandes males e horrores.

Venham muitos às minhas mãos
Dirigidos à gruta infernal
Ali acabarão de cumprir
A ofensa do pecado humanal.

Andam muito enganados
Com a vida que lhes ordeno
O meu pensar é só
Conduzi-los ao Inferno.

Sendo eu o príncipe
Daquelas tremendas cavernas

Inventando-lhe só ilusões
E muitas crescidas penas.

Estando no hotel brasileiro
Lembrou-me a maldita ideia
Metendo tal carta no meio
Que ninguém desse por ela.

Logo foi à mão de Lionido
Que não sonhe fazê-la
Revelando-lhe a ideia
Que só ele desse por ela.

Falando-lhe com voz cavernosa
Que a paciência ali perdesse
Ralhando a princípio com ele
Mostrando-lhe falsa pena.

Fazendo assim penoso
Que não entendessem minha soberba
Hoje lhe pus em seu peito
A fazer uma cruel traição
Até os mortais hão-de tremer
Com dor de coração.

Aparece Lionido e Florência, passeando.
Continua César:

Ali vem com sua mãe
Vou retirar-me que me não veja
Não seja que à minha vista
Se lhe tire aquela ideia
Que traz em seu coração
Mais gravada que uma fera.

Vai-se sempre oculto e Lionido e Florência
passeando.

Florência
Olha, querido Lionido,
Não queiras ser traidor
Assim ofendes a Deus
E dele não receberás seu amor.

Lionido
Já no peito gravado tenho
Essa frase que me dizeis
Usais de grande fantasia
Logo que assim respondeis.

Florência
Filho louco e tirano,
Assim me respondes! Ó Céus!
Fé verdadeira tenho em Deus
Que te há-de pôr de sua mão.

Lionido
Logo que burlais de mim
Para mais vos afrontar
Sem que saias daqui
Formo tenção de vos gozar.

Florência
Ó cego e vil traidor,
Assim tentas tua alma perder
Divino Deus, perdoai meus pecados
Por vosso imenso poder.

Primeiro verás, traidor,
Meu sangue aqui derramar
Com crua morte afrontada
Que vingar-te de meu amor.

Lionido
Já meu peito se horroriza
Pela jura que acaba de fazer
Estou ardendo em vivo fogo
Que nem me posso deter.

Descobre-se César e diz:

César
Só por essa acção
Te castigará teu pai.

Lionido
Por isso será minha mãe
A causa da minha perdição.

César
Dá-lhe morte cruel
Que a teu pai lhe vá dizer.

Vai-se César e diz Lionido:

Lionido
Já não me posso deter
Da grande cólera oprimido

Morte cruel lhe darei
Para meu grande regozijo.

Que fúrias! Oh valor estreito!
Coração de que te estremeces
Morra, morra mil vezes
A mãe que me deu o peito.

*Tira um punhal e fere a Florência que caindo
diz:*

Florência

Céus, valei-me! Ai de mim!
Filho, porque me maltratas?
Outra criatura matas
Se a morte me dás a mim!

Lionido

Então fatal extremo
Não há perdão em mim
Dar-te-ei a morte a ti
Resgatando a vida dele.

Dá-lhe a morte.

Florência

Morta sou, Deus eterno!
Em vossa mãos, Senhor,
Meu espírito encomendo!
Perdoai se vos apraz
Este meu filho atrevido
Que não sabe o que faz.

Morreu e diz Lionido:

Lionido

Já expirou e convém
Levá-la para a montanha
E com minhas sangrentas mãos
Abrir-lhe o ventre para ver
Se a criança está viva
Que não expirem ambas.

*Leva-a para a montanha e faz a operação. De-
pois sai com uma criança nos braços e diz:*

Duas crianças tirei do ventre
Dessa mãe tão maldita

Oh causa de meus horrores
Pois estais ambas com vida!

Ao ver estas irmãs tão belas
Movido pela compaixão
Já remédio não tem
Esta cruel ingratidão.

Aqui ficarás, inocente,
Sobre este meu roupão
Vou buscar nossa irmã
Com grande satisfação.

*Põe a criança no roupão e vai buscar a outra
e dizem de dentro os mouros:*

Mouros

Avançai, avançai, soldados,
Baixai a toda a pressa
Batendo por todos os lados.

*Sai uma leoa e Lionido atrás dela com outra
criança e a leoa agarra a que estava no roupão
e marcha com ela e diz Lionido:*

Lionido

Já me acordo tarde
Valei-me do Céu estrelas
Dei a morte a minha mãe
E tirei-lhe estas crianças tão belas.

Aguarda, bruto animal!
Ó Céus, que vejo?!
Não te atrevas a roubar
A prenda que mais desejo.

Atrás dela vou correndo
E alcançá-la não consigo
Que curto é o meu poder
Aguarda que vou contigo.

Vai-se e sai Ali e Tolemo e diz Ali:

Ali

Por esta fechada montanha
Vai um enorme leão
Causou-me tal horror
Que me salta o coração.

Tolemo
Aqui vem com grande ruído
E julgo que traz pressa.

Ali
Afirmo bem a pontaria
E vamos de encontro a ela.

Tolemo
Retiremo-nos para um lado
Pois aqui há-de passar
Atirando-lhe ao mesmo tempo
Certo a havemos de matar.

Ali
Ó Céus, que vejo?!

Tolemo
Uma criança traz.

Ali
Alto! Não lhe atiremos
Saímos de encontro a ela
A ver se solta a presa
Que louco com ela vai.

Deitam-se de encontro a ela e a leoa vai correndo e larga a presa e dizem ambos:

Larga, bruto animal!

Ali
Oh que criança mais bela!

Tolemo
Ao palácio a levemos
Para ver de a criar.

Vão-se e sai Gonçalo e diz:

Gonçalo
Muito tarda, minha Florência
Sobressaltos me dá o coração
Ó Virgem da Conceição,
Dai-me resignação
Por vossa piedade imensa.

Porventura serás morta,
Minha esposa adorada?

Ó Céus, que dizeis
A esta alma desconsolada?

Oh que viagem tão prolongada
Que me causa grande horror
Se tiveste algum perigo
Que será de mim, Senhor?

Sai Lionido com uma criança e diz:

Lionido
Deus vos salve, pai amado,
Por sua imensa piedade
Tristes novas lhe trago
Que eu nem me atrevo a contar.

Gonçalo
Que foi isso, Lionido?
Conta-me o passado
Que de certo estás aflito.

Lionido à parte:

Lionido
Ó coração danado
Fulminado de ira e rancor
Como me hei-de defender
Deste avarento horror?

Gonçalo
Conta-me, filho, a verdade
Não me tenhas em tal calma
Que está para rebentar
Dentro de meu peito a alma.

Lionido
Sereis bem informado
De quanto se passou
A alegria que se levava
Em cruas penas se tornou.

Estava minha mãe fatigada
Do grande calor que fazia
Deu à luz e eu presente
Esta brilhante menina.

Gonçalo
Ó Céu!!
E tua mãe onde ficou?

Lionido

Na mesma montanha ficou
No meio daquele arvoredo
De cruas dores trespassada
E todo seu corpo tremendo.

Assim que acabou
Esta criança de nascer
Vi um leão romper
E logo a nós se aproximou.

Com o susto que recebi
Daquela fera soberba
E vendo que não a resgatava
Fugi sem mais detença.

De longe ouvi gritar
Juntamente dolorosos gemidos
Pois eram de minha mãe
Que detonavam em meus ouvidos.

Ao ponto me aproximei
A qual vi despedaçada.

À parte:

Só eu fui uma fera
Que cruel morte lhe dei!

Gonçalo

Ai de mim, triste coitado!
Olhos como não cegais
Vem, morte, tira-me a vida
E não me aguardes mais.

Vinde, feras, a toda a pressa
Vinde sem demora aqui
Vinde, duros rochedos,
Caí todos sobre mim.

Se soubesse, esposa minha,
Que tua vida resgatava
Meu sangue derramava
E a valer-te logo ia.

Quem tivesse mil vidas
Para as perder por ti
Bem sei que eu fui
Causador de tuas fadigas.

Pois vejo que era indigno
Da companhia que perdi
Quem me desse a morte a mim
Para caminhar contigo.

Bem cruel foi o efeito
E grande horror praticaram
Antes me arrancassem o coração
Que vertesse o sangue do peito.

Vem, filho, comigo
Para ver de me ensinar
Eu quero ir buscar
O ente que tenho perdido.

Agarra a criança e diz:

Gozar destes carinhos famosos
Vem prenda do meu coração
Já me falta a luz dos olhos
E as asas do coração.

Vai-se e diz Lionido:

Lionido

Soberbo avarento que me irritas
Não me deixas sossegar
Estou para rebentar
Deixa-me não me persigas!

Onde estará meu valor
E minha forte valentia?
Oh louca fantasia
Que me lança ao horror!

Que vá meu pai se quiser
Onde quer que eu vá
A mim não me vê lá
E ele que faça o que lhe aprouver

Vai-se e sai João e diz:

João

Onde irás parar,
Infeliz desalmado,
Andas só na maroteira
Por maus caminhos errado.

Já estou farto de correr
À cata deste tratante
Sem o poder topar
Este pobre mal andante.

De nada se alembra
É um mouro sem governo
Parece-me que só tem
Paragem no Inferno.

Só tem jeito o malvado
Para boas donzelas esforçar
As mais formosas e belas
Que se podem encontrar.

Seu pai não o castiga
Porque lhe tem medo
Vive sem lei de Deus
É um grande estafermo.

Sai César e diz:

César
João! Ó João! Onde Lionido está?

João
Para que o queres saber
Grande cuidado te dá?

César
Diz-me onde o deixaste
Quando foste à ribeira!

João
A mim já me lembrou
Que andais ambos na brincadeira.

César
Não é isso o que pergunto
Onde está quero saber.

João
Desde que andais juntos
O tens deitado a perder.

César
Já me estás enfadando
No que estou a perceber.

Bate-lhe e diz João:

João
Por Deus, senhor Lúcifer,
Que eu pague esses danos?

César
Falando estás com malícia
Não te rales de aventuras.

Vai-se e diz João:

João
Vai-te em hora má,
Filho da grande puta.

*Vai-se cada um por sua porta. Sai Gonçalo
muito triste e diz:*

Gonçalo
Este é o sítio nocturno
Onde minha esposa perdi
Se a encontrasse agora
Muito folgaria aqui.

Segundo Lionido me disse
Por aqui tenho de procurar
Cheio de penas e chorando
A ver se a posso encontrar.

Muito tarda em vir
Disse-me que vinha já
A ele pouco se lhe dá
Pelo bem que tem perdido.

Pouco te importas, Lionido,
Pela mãe que te criou
Foi quem te deu o ser
Como também te gerou.

Mas que vejo! Ai de mim!
O chão todo ensanguentado
Será porventura, meu Deus,
O doce bem que perdi?

Por este campo adiante
Sem que Lionido apareça
Hei-de seguir isto à pressa

Pelo rasto deste sangue.
Ai de mim que já
Encontrei meu tormento!

*Encontra Florência defunta e sustem-na nos
braços e diz:*

Ó Céus que grande temor
Aqui morro de tristeza!
Oh que cruel furor
Que rebenta meu coração
Com tão bárbara pena.

Ó luz dos meus olhos
Espelho donde me via
A ti deram-te a morte
E a mim roubaram-me a vida.

Quem pôs assim teu cabelo
Já o seu brilho perdeu
Deus queira que viva penando
Que sofra como sofro eu.

Este ensanguentado corpo
Colocado nos meus braços
Penoso tem meu coração
Em ver estes ternos laços.

Estes lábios de cristal
Estas mãos tão delicadas
Este corpo airoso
A alma me tem abrasado.

Quem pudesse hoje aqui
Mil penas por ti padecer
Morrer penando e chorando
E dar-te a vida a ti.

Quem morresse como digo
E acabar com esta pena
A qual só terá fim
Quando for para a vida eterna.

Sai João e diz:

João
Surdo, mudo e cansado
Me tens já de o procurar

Logo que o encontre
Dou o tempo bem empregado.

Que é isto que vejo?
Senhor, que te aconteceu?
Já me treme todo o corpo
Em ver este fariseu.

Gonçalo
Ó João! João!
Já me chegou o tormento.

João
Mas que foi, senhor?
Valha-me Quirieleisão.

Gonçalo
E Lionido onde ficou?

João
Eu não lhe posso dizer
Por onde tem andado
César o tem de sua mão
Já está endiabrado.

Gonçalo
Não digas de César mal
Que é o fidalgo mui soberano
E pelo seu grande valor
Cavalheiro principal.

João
Senhor, eu suspeito
E quase também juro
Ele tem arte de demónio
Segundo nele vejo.
Ora diz-me se te apraz
Quem matou esta senhora.

Gonçalo
Não te o posso explicar
Só Deus é que o sabe
Valha-me Virgem Santa
Por sua imensa piedade.
Quem te disse onde eu estava
Pois comigo vieste dar?

João
Foi Lionido que me ensinou
E ele marchou com tua comadre.

Gonçalo
Pouco caso ele fez
De quanto lhe tinha mandado.

João
O que é mais recomendado
É sempre mais esquecido
Vamos, senhor, marchar
Com este corpo já finado.

Gonçalo
Ó João, aqui com ele
Me haveis de enterrar.

João
Tu falas ao desdém
Estás dormindo ou sonhando?
Eu entendo que esperto estás
Mas teu corpo se vai mirrando.

Gonçalo
Morto e vivo a penar
Aqui me vês, João,
Meu corpo esflagelado
E dor de alma no coração.

João
Com minha pouca cordura
Penso dar-te uma troça
Se estás vivo vamos embora
Se morto estás à sepultura.

Vamos, senhor, enterrar
O corpo desta senhora
Agora é boa hora
E logo não haverá lugar.

Gonçalo
Ó maldito leão,
Quem te pôs em tal estado?

João
Sr. Julião e santo clero
Queira este coração comover
Se queres dou-te sepultura
Sem ninguém perceber.

Se te apanha a justiça
Com a defunta nos braços

Sobem por ti acima
Como leões danados.

Não haverá letrado nem escrivão
Que em ti não empregue as unhas
Picam como moscas no Verão
E engatam como gardunhas.

Deixemo-nos de brincadeiras
Este corpo vou carregar
Com ele irei a cantar
Queiras tu ou não queiras.

Põe a defunta às costas e marcha com ela e diz Gonçalo:

Gonçalo
Não sei como hei-de pagar
O favor que me concedeu
Devo-te mais favores a ti
Que a meu filho que Deus me deu.

Mas este sangue que fica
No chão derramado
No meu coração ficará
Para sempre bem gravado.

Chorai, olhos, à porfia
Trazei dores ao sentido
Que triste e aborrecido
Para mim é este dia.

Vão-se e Gonçalo vai chorando. Sai Lionido e César. Diz Lionido:

Lionido
Saberás, César amigo,
Que minha palavra cumpri
Pois confio em ti
Que não tenho outro amigo.

César
De teus males e horrores
Capa serei que te cubra
Não temas que te descubra
Que demonstre teus furores.

Lionido
Se desta cruel cobardia
Meu pai o chega a saber
Que dei a morte a minha mãe
Brevemente me manda prender.

César
Dá-lhe cruel castigo
Antes de nada perceber.

Lionido
O conselho que me dás
Podes nele acreditar
Se isto se chega a dar
Brevemente o verás.

César
Em chegando a ocasião
Dá-lhe cruel castigo.

À parte:

Ó cruel traidor,
Melhor o fazes que o dizes.

Vão-se e diz o rei para o conde:

Rei
Que vos parece, conde,
Desta cativa famosa
É brilhante como as orlas
No apreciável horizonte.

No mundo nunca vi
Mulher tão linda e bela
A seus olhos me rendi
E abrasado estou por ela.

Com a grande alegria que tenho
Como rainha a quero tratar
Que seja senhora do meu reino
Pois merece lealdade.

Oh grande serviço prestado
Que grande alegria me deu
Muito mais a estimo eu
Que propriamente meu reinado.

Conde
Atende, grande rei,
Que essa cristã humilde
Não será muito maravilha
O voltar-se à sua lei.

Rei
Isso sucede com aqueles
Que a doutrina cristã têm ouvido
Com essa não haverá isso
Que não conhece seus deuses.

Conde
Essas são depois a ruína
Que vós mui bem entendeis
Projectam decretos cruéis
E se voltam à sua doutrina.

Rei
Para que não haja intriga
Será bem que se encubra
E para que ninguém o descubra
Mando por pena de vida.

Conde
Eu disso palavra dou
E cumprirei esse mandado
Que ninguém mais o saiba
Isto lhe será afirmado.

Rei
Ficará já em vigor
Este decreto afirmado
Ponde severas penalidades
Que seja bem executado.

Vão-se e sai Gonçalo e diz:

Gonçalo
O Sol vejo grisado
A Lua não tem resplendor
Está tudo para mim mudado
Valei-me, divino Senhor.

Que vida tão prolongada
Cheia de tanta agonia
Peço a Deus de coração
Que eu findasse neste dia.

Se Vossa Majestade
Permite que eu pene assim
Venham trabalhos sobre mim
Cumpra-se sua vontade.

Desde que minha esposa
Se apartou de minha companhia
Vivo na maior escuridão
Sem nunca mais ter alegria.

Sai Dionis e diz:

Dionis
Deus vos guarde,
Nobre e senhor D. Gonçalo.

Gonçalo
Da mesma sorte sejais
Guardado por Deus soberano.

Dionis
Honrado ilustre cavalheiro,
Sinto muito vosso desamparo
De quanto lhe posso valer
Estarei a seu mandado.

Gonçalo
Muito honrado és, Dionis,
Prudente e educado
De quanto te posso valer
Também estou a teu mandado.

Dionis
Se de vossa vontade for
Muito me podeis valer
De um mister que em vosso mando
Tendes em grande poder.

Gonçalo
Se na minha mão está
E dele te posso ceder
De cheio coração
Te darei todo o merecer.

Dionis
Quanto me cumpre dizer
Prontamente lhe vou explicar
No entanto que vos ofenda
Me haveis de perdoar.

Sabereis D. Gonçalo
Que tendes em vosso mando
Vossa filha Marcela
Que Deus guarde muitos anos.

A quem adoro e estimo
Com todo o meu coração
Eu muito estimaria
De receber sua mão.

Se de vossa vontade for
Por esposa a queria tomar
E muito brevemente
O casamento realizar.

Gonçalo
Eu não mereço Dionis
Benefícios tão elevados
Como me fazes de contínuo
Não podendo por mim ser pagos.

Temos dois mistérios
Para cumprir esses tratos
O primeiro é que Marcela
Tem mui poucos anos.

E não poderá corresponder
Com vosso estilo galhardo
Como vistes que sua mãe
Infelizmente morreu de parto.

Portanto podeis ver
Que de cheio coração falo
Será difícil como vedes
De cumprir vosso recado.

O segundo se encerra
Como bem podeis ver
É de famílias pobres
Não vos pode corresponder.
Que se é vossa vontade
Eu a posso conceder.

Dionis
Da minha vontade é
Não tenhais que duvidar
Brevemente iremos
Este enlace realizar.

Gonçalo
Ficará em vossa mão.

Dionis
Podeis estar sossegado.

Gonçalo
Adeus, Dionis!

Dionis
Adeus, D. Gonçalo.

Vão-se e sai César e diz:

César
Cruel rancor tenho em meu peito
Duma vingança adquirida
Quem a pudesse vingar
Ao igual da minha ira.

Esse Dionis e Marcela
Que nunca fossem nascidos
Ao jugo do matrimónio
Um ao outro são unidos.

É tão grande o rancor que tenho
É tão crescido na minha pena
Estou tão desesperado
Que me abrasa a maldita soberba.

Se juntam estes dois
Já não posso ir tentá-los
São mui devotos de Maria
E também do seu rosário.

E da paixão de Cristo
Não se podem esquecer
Têm livrado muitos
De cair no Inferno a arder.

Tenho uma traição pensada
Fulminada de meu furor
Que Lionido a sua irmã
Arranque o seu amor.

Empregarei meu pavor
Junto ao pecado da avareza
Para praticar tal traição
Contra sua irmã Marcela.

É o pecado mais maldito
Que pode haver na cristandade
Farei tal atrevimento
Sem deles ter piedade.

Os humildes são entusiasmados
Ao grande serviço de Deus
Ao Inferno peço auxílio
Guerra, guerra contra os Céus.

Vai-se César. Sai Lionido e João diz:

João
Eu não sigo tua viagem!

Lionido
A porta me há-de guardar
Não temas nenhuma crueldade
Só quero desonrar minha linhagem.

João
E não pensas, animal,
Que é tua irmã!

Lionido
Atende, amigo João,
Que por essa mesma razão
Assim me provoca e ofende.

Nisto tenho imenso prazer
Em haver de a gozar
Com esta bárbara ofensa
Meu peito quer agravar.

João
Assim tenta fazê-lo
E não lhe fica interesse.

Lionido
Pois assim
Que o pague Deus por mim
E depois me o peça.

Tenho rancor no coração
Para ver de a gozar
Pois em a maltratar
Sinto grande satisfação.

Tenho imenso prazer
Em visitar esta gente nobre
E daqui não sairás
Enquanto eu não volte.

João
Não sei se voltarás!

Lionido
Espera aqui por mim
Que pouco vou demorar
Não temas que haja perigo
Que nunca possa voltar.

Nem todo o império junto
Tomarei seu embaraço
Nem Deus da eterna corte
Fará render meu braço.

João
Deus te converta, blasfémia.
Ele fará quanto quiser
Eu cumpro minha ideia tirana
Que homem sou como ele
Para satisfazer qualquer vingança.

Deus te converta turco-mor
E te queira perdoar
Senão mudares de ideia
Fraco pago vais levar.

Lionido
Nem toda a tua corte junta
Fará render meu braço.

Entra para dentro e diz João:

João
Já entrou e não pediu licença
Que turco mais maldito
Se fosses mais cortês
Não serias mais bonito?

Ontem pela tarde
Um padre o repreendeu
E o maldito sem embaraço
Grande tareia lhe deu.

O padre atrapalhado
Não sabia o que havia de fazer

Já dali para fora
O pobre se queria ver.

Diz de dentro, Marcela:

Marcela
Torpe, ingrato, tirano,
Cruel traidor e atrevido.

João
Já andam na brincadeira...

Diz de dentro, Dionis:

Dionis
Bem mostras ser o que és
Traidor que imaginaste?

Lionido
Só matar-te!

João
Este é Lionido
Depressa o encontras-te
Hoje já o tenho calculado
O Diabo é quem te ilude
Depois dar-te-á pago.

Sai Lionido de espada na mão e diz:

Lionido
Já vou mais satisfeito
Em lhe dar tão cruas penas
Agora marcharemos
João, não te detenhas!

João
Eu não te acompanho
És muito mal educado
E eu pretendo mijar claro.
Nunca gostei de acompanhar
Homem assim desastrado
Maltrataste tua irmã
Com esse cutelo pesado.

Lionido
Cala-te, louco, não temas
Nem tal queiras acreditar

O EMIGRANTE

Em me ver assim a espada
Dirás logo que a fui matar?

João
Então que lhe fizeste
Ou foi só para a visitar?!
Se não mudares de vida
Não sei onde irás parar
Converte-te fariseu
Que Deus te há-de salvar.

Lionido
Que o pague ele por mim
Que tem bastante lugar.

Vai-se e diz João:

João
Sim paga-lo Deus
Ele boa paga tem
Em caminho nos caldeirões
Tu chamarás por sua mãe.

*Vai-se João e sai D. Gonçalo e Dionis, todo
ensanguentado, diz:*

Dionis
Senhor, esse vosso filho
Que é a sua perdição
Entrou hoje em minha casa
Mais furioso que um leão.

Vinha tão desconhecido
E seu rosto desfigurado
Entrou sem mais detença
De infame espada ao lado.

Quando acabou de entrar
Cheio de fúria e rancor
Procura logo sua irmã
Pretende vingar-se de seu amor.

Não se travando de razões
Começa logo o conflito
Descarregando muitos golpes
Que me vi ali perdido.

Lionido escutando. Continua Dionis:

Entrou com tanta arrogância
Cheio de pensamentos malignos
Sendo Marcela sua irmã
E não repara tal caudilho.

Vós, senhor, tendes a culpa
Destes enormes delitos
Se não amparasse sua soberba
Não tinha tanto sofrido.

Furioso se deita à sua irmã
Ela em seguida exclamou
Queria manchar e tirar-lhe
A honra que tanto estimou.

Ela muito aflita
Resistência quis fazer
Procura todos os meios
Pra ver de se defender.

Mas o traidor indomado
Como um leão furioso
Puxa pelo seu alfange
E lhe fracturou todo o corpo.

Logo que ferida se viu
Às vozes se quis defender
E ele como um leão
Não a deixava mexer.

Logo que suas vozes
Chegaram a meus ouvidos
Acudi e fiquei pesaroso
Do rumor dos seus gemidos.

Quando entro e encontrei
Aquele corpo tão aflito
Soltando brados de horror
E dolorosos gemidos.

Ele puxa pelo alfange
Sem desfazer tal conflito
Fez em meu rosto o que vê
Esse cunhado maldito.

Não reparando em mais nada
Praticou tal delito
Isto vai-lhe servir de exemplo
Que já o andam perseguindo.

Sai Lionido e diz:

Lionido

Não temo tuas ameaças
Nem a captura que me há-de dar
Estou ansioso por ver
A valentia que de ti sai.

Estou furioso em ver-te unido
Com o sangue de minha irmã
Não por ser ela vilã
Mas por ti que és indigno.

É tão grande o horror
Tão cruel o aborrecimento
Com esta horrível espada
Tirar-te-ei a vida que te prometi.

É de tal sorte o meu poder
Que mesmo assim te afirmo
É tão cruel o ser que tenho
Que desde já te previno.

Já sabes, pai, quanto passa
Com esse que tens protegido
Que contas te veio dar
Pois que estás tão aflito.

Se o tomaste por ofensa
Sinto grande contentamento
Eu dele me hei-de vingar
Nem que trema todo o Inferno.

Gonçalo

Filho louco, quando viste
Em dias da tua criação
Nunca viste tais exemplos
Como fazes por tua mão.

Quando comigo aprendeste
Dos meus costumes ancianos
Para assim praticares
Esses casos tão tiranos.

Quando em mim achaste
Em dias de minha vida
Metido em tais intrigas
Como cruel te tornaste.

Que homem tão desordeiro
Com tua ideia cruel
És soberbo Lusbel
És um lobo carniceiro.

Dessa maldade tão fera
Deus soberano e eterno
Castigará tua inocência
Em as chamas do Inferno.

Deus tomará por sua conta
O castigo de tal tirania
Que de uma vez pagues tudo
E queira Deus que eu minta.

Lionido

Isso pouco me importa
Que já o delito cometi
Que o pague Deus por mim
E tu, pai, essa razão acorda.

Dionis

Ó infame desastrado,
Tira cobarde tua espada
Estás tão exaltado
Segundo vejo em tua cara.

Detém-te, louco atrevido,
Mete a espada na bainha
Respeita sempre teu pai
Não te mostres tão altivo.

Dionis

Ó traidor que assim tentas
Vingar-te da minha pessoa!

Gonçalo

Louca fantasia é a tua
Que dum velho te queres vingar
Olha que o teu pai
Nunca o deves maltratar.

Lionido dá-lhe um encontrão e diz:

Lionido

Retira-te, velho, diante
Que assim tentas defender
Este maldito Dionis

Que jamais eu posso ver.
Leva tu o castigo
Que será melhor mister

Bate-lhe e arroja-o pelo chão e diz Gonçalo:

Gonçalo
Justiça, Deus piedoso,
Contra este vil traidor!

Dionis
Levanta-te, pai, do chão
Pretende vingar-se de teu amor.

Gonçalo
Ó Céus que grandes delitos
Pratica este traidor.

Lionido
Já que tanto renegas
Deste meu proceder
Levarás tu o castigo
Sem que te possas defender.

Bate-lhe.

Em teu corpo empregarei
O vigor de meu braço
E tu Dionis se me aprouver
Da mesma sorte serás pago.

Vai-se Lionido e diz Gonçalo:

Gonçalo
Permita Deus, ingrato filho,
Que de ti tome vingança
Que seja teu coração
Varado com uma lança.

Seja tão bravo o castigo
Em teu corpo malogrado
Ao pescoço com uma corda
Sejas também arrastado.

E para dar cumprimento
A teu pensamento maligno
Numa coluna de madeira
Fim de teu horrendo martírio.

Dionis
As maldições que alongas
Deves, senhor, abrandar
Quem comete tal pecado
Nunca se pode salvar.

Tende paciência, senhor,
Para aliviar seu mal
Foi-se-lhe um filho traidor
Aqui tem um genro leal.

Gonçalo
Ó meu Deus, que tanto vos ofendo
Mas meu filho me faz traidor
Dai a paga, Deus Senhor,
A cada um como o merece.

Vão-se e sai Lionido e João e diz Lionido:

Lionido
Hei-de matar a Dionis
Nem que o Inferno trema
Hei-de castigar meu pai
Que tanto o aconselha.

João
Dizes bem! Viva Cristo!

Lionido
Porque dizes isso?

João
Porque a razão é clara
Encontro graça a teu aplauso
Que besta criou teu pai
À custa de tanto trabalho?

Que fariseu mais infame
É este infeliz desalmado
Só pretende dar a morte
A Dionis seu cunhado?!

Lionido
Eu o quero perseguir
Que a fúria me abrasa
Hei-de-lhe dar cruel morte
Com o rigor de minha espada.

João
Apanha, bruto animal,
Bem se vê que estás sem juízo
Quem assim te sujeita
É Lusbel por ele vencido.

Só te apraz o fazer mal,
Blasfémio sem segundo,
Queres matar todos os teus
Para os tirar do mundo.

Lionido
Hei-de-os enforcar!

João
E há-de ser por um calcanhar.

Lionido
Não tenhas que duvidar.

João
És o vivo retrato
Do grande maldito César.

Lionido
Hei-de matar a Dionis
Sem que tenha resistência
Meu coração é maligno
Não permite sua soberba
Evitar tal cadilho.

João
Santo é senha, senhor meu,
Só a Dionis matar ele tenta
Ah senhor! Espera um pouco
Ali um vulto se me representa.

Lionido
E só de um vulto tens medo?

João
Ah senhor que já são trinta
Valha-me S. Nicodemos
Que é o concílio da paciência.
Se os fantasmas me agarram
Logo à cadeia me levam!

Ai que já estou preso
Mesmo de saco às costas

Já vejo vir o Cristo
Que já o sino encorda.

Já me vejo perdido
Com esta gente de má raça
Já avisto o patíbulo
Já vou subindo a escada!

Ó maldito verdugo
Que ao pescoço a corda me deita
Já lá vem o religioso
Com o credo na boca.

Ai que me matam
Que já a corda me apertam
Valei-me, senhor meu,
Sede minha defesa!

Solta-se.

Lionido
Maldito! De quem tens medo?

João
Senhor, que aflição
Ao pescoço uma corda me apertam!

Lionido
Olha que é ilusão
Fulminada por tua ideia.

João
Será? Mas não posso acreditar
Pois me vejo em tanto afronto
Que me não posso retirar.

Lionido
Será espia secreta
Mesmo da justiça maior
Será bem que não vos veja
Que passe sem haver temor.

João
Que passe até que queira!

*Vão-se esconder e sai César ao encontro e diz
Lionido:*

Lionido
Quem vem lá?

César
Quem de mim se aproxima?

Lionido
Quem prontamente deseja
Aqui tirar-lhe a vida!

César
Quem pretende embaraçar
Minha viagem sem razão
O fio da minha espada
Há-de penetrar em seu coração.

João
Não ouviste?

Lionido
Que grande valor!

César
Que grande fortaleza!

Lionido
Que tanto tarda meu furor.

João tremendo:

João
Escapamos, Lionido,
Que isto vai para pior.

César
Que ouço, Lionido?

Lionido
E se mesmo agora
Te tivesse dado a morte?

César
Muito eu sentiria
Em fazer-te o mesmo dano.

À parte:

Se licença tivesse
Para te tirar a vida
Da forma que eu quisesse.

Diz João, tirando a espada:

João
Eu não o conhecia
Mas já as devia ter gramadas
Dúzia e meia de pontapés
E outras tantas bofetadas.

Minha espada, punhal e cutelo
Trabuco, pistola e revólver
E outras armas que tenho
Aos primeiros encontros
Dava contigo em terra.

Lionido
Engole a frase, traidor!

João
Volta a bainha morena
Não podes mostrar teu valor
Julguei ter certa a presa
Deste César turco-mor.

Lionido
Não te calas?

João
Não me deixa sossegar
Esta cólera que sinto
Que demasiado me aperta.

O que eu mais estranho
É o dizeres-me isso
Que o queria deitar por terra.

Fala César e Lionido a sós e diz César:

César
Dá-lhe morte cruel e não temas
Que certamente tens razão
Das queixas que apresentas.

Lionido
Aqui com João
Aguarda enquanto venho.

César
Pois Lionido
Sem algum receio entra
Guardando sempre teu segredo.

Lionido
Muito estimo tua lembrança.

Vai-se Lionido e diz João:

João
Onde vais, Lionido
Só com este turco me deixas?

César
Cala-te, João,
Não queiras agora gritar
Que ambos de sentinela
Aqui havemos de ficar.

João
Vigiando de continuo a rua
A ver quem nela quer passar!

Diz César só:

César
Onde estará meu valor?

João
Então quem te o tirou?

César
O Demónio.

João
Que te leve...

César
Muito tarde já Lionido
Não sei que lhe passaria.

À parte:

Oh que grande prazer
Se lhe tirassem a vida!

João
Da forma que reza
Parece estar enfurecido.

Sai ralhando Lionido, Gonçalo, Dionis e Marcela e diz Lionido:

Lionido
Morre, Dionis traidor,
Ao rigor da minha soberba.

Gonçalo
Ó infame vil tirano
Assim pretendes dar-lhe ofensa.

César à parte:

César
Vinde, fúrias infernais,
Fazer aqui crua guerra
A teu lado, Lionido,
Estou em tua defesa.

Gonçalo
Como te arrojas, César,
A amparar tão grande maldade
Como assim te manifestas
Para crua morte lhe dar.

Diz João, fazendo que endoidece:

João
A coisa já vai torta
Que meu corpo está tremendo
Já me encosto a esta porta.

César
Vinde, fúrias, sem demora
A valer-me! Ai de mim!

Cai como morto e diz João:

João
Deus te perdoe, fariseu.

Lionido
Qual foi o atrevido
Que cruel morte lhe deu?

Vai-se Gonçalo, Dionis, Marcela e Lionido e diz João:

João
Deixai-me aqui com ele
Que não lhe tenho medo
Vou-lhe atar um foguete ao rabo
Que vai para a casa do Diabo
Que entre no Inferno ardendo.

João anda em volta dele e César levanta-se e diz:

César
Ó infernal dragão,
Hoje a cólera me seduz.

João assustado:

João
Valei-me, Santa Quitéria!
Jesus, mil vezes, Jesus.

César
Cala-te, homem infame!

À parte:

Sempre és muito acautelado
Isto fiz por Lionido
Que a morte lhe tivessem dado.
Ao ver-me assim fingindo
Lhe dobrariam as penas
E eu desejando que o matassem
Para o levar às chamas eternas.

Mas ele que resistiu
A este laço enganoso
Hei-de-o sempre iludir
Que não poderá fugir
Do meu pranto cavernoso.

A meu reino o levarei
Que de tudo há-de renegar

Já o Inferno o espera
Para o seu corpo e alma abrasar.

João
Esta alma está condenada
Às chamas do fogo infernal.

César
Vinde, fúrias infernais,
Sem um momento descansar
Empregai vossas armadilhas
Que se não possa escapar.

Voltam saindo, ralhando Gonçalo, Lionido Dionis e Marcela e diz João:

João
Aqui voltam outra vez!
Valei-me, Santa Teresa.

Dionis
Pretendes dar-me a morte
Ao rigor de tua soberba
Mas este meu alfange
Dará contigo em terra.

Lionido
Primeiro verás, traidor,
Meu sangue aqui correr
A vida te hei-de arrancar
Sem que te possas defender.

César
Aqui estou a teu lado
Para em tudo te valer.

Gonçalo
Ó César malvado,
Como és dele tão ignoto
Quando te vi desfalecido
Já pensei que eras morto.

João
Vou-me já daqui embora
Pois me falta a paciência
Estou tão fora de mim
Que nunca me vi assim.
Valha-me, Santa Madalena!

Vai-se João e diz César:

César
Onde estará meu valor
Que meu corpo está tremendo?
Não sei que sinto em mim
Valha-me todo o Inferno!

Aparece um Anjo e diz Lionido:

Lionido
Oh que grande resplendor
A meus olhos foi lançado
Põe-me em tal extremo
Que por ele estou abrasado.

César
Meu sangue tenho gelado
Em ver este clarão
Como assim subjugou
Este infernal dragão.

Lionido
Não me posso mexer.

César
Da mesma sorte me tem a mim.

Anjo
Aparta, maldito, daqui
Sem haver mais dilação
Mandado sou pelo Omnipotente
A salvar estes cristãos.

Não uses de tanta falsidade
Para uma alma a Deus roubar
Em cumprindo sua missão
Também se há-de salvar.

Inimigo da verdade
Vai-te já para o Inferno
Que eu me vou retirar
Não podendo mais aguardar
Porque assim o manda
O poder de Deus Padre.

*Vai-se o anjo, Gonçalo, Dionis e Marcela,
e diz César:*

César
Ó Inferno maldito e negro,
Que infame é a tua geração
Venha toda a corte junta
Em minha protecção.

Lionido
Eu a Deus quero seguir.

César
Deixa-me, não me persigas
Que se vá sem dilação
E nós outros marcharemos
Para uma estranha nação.

Lionido
Sabes, amigo César,
Que isso tenho no pensamento
Marchemos sem demora
Sem haver perda de tempo.

César
Eu me vou prevenir
Sem dar tempo ao tempo
E tu junto à praia
Aguardas em quanto venho.

Lionido
Vai e vem não demores
Que eu também vou chamar
A João para nosso companheiro
Será mister levar.

Prevenido tem um barco
Onde nós embarcaremos
Que marchando todos juntos
A ninguém temeremos.

Vai-se Lionido e diz César:

César
Já contigo vou mui preste!
Aos mouros ensinarei
Como hão-de prender-te
Eu só atraiçoar-te penso
E grande traição te farei!
Guerra, guerra! Homens, guerra!
Venham almas ao Inferno.

Vai-se.

2ª Cena

*Sai Lionido e João de saco às costas
e diz Lionido:*

Lionido
João, dirás a César
Que junto à praia o espero.

João
Tu vem sem demora
Que eu é grande o susto que tenho.
É impossível apartar-me
De ti só um momento.
Aqui me vou esconder
Enquanto se espanta o medo.

Faz que se esconde e diz Lionido:

Lionido
Ó que bela sombra
Para nela repousar
Estou tão sufocado
Quero um pouco descansar.

Empresta-me tua sombra
Árvore brilhante e bela
Como foste assim criada
Em esta fragosa terra!

Vós, folhas lindas e verdes,
Sereis a minha companhia
Livrai-me de algum traidor
Que apareça nesta montanha.

Se me negais vosso abrigo
Livrai-vos de meu rigor
Abrasai toda a montanha
Com meu ardente furor.

*Dorme-se e sai a Morte, aproximando-se
de Lionido, e diz:*

Morte
Sou a Morte negra e medonha
Que a todos hei-de liquidar

Vivo só desta missão
Sem momento descansar.

De contínuo ando pelo mundo
Aparecendo em horas mortas
Batendo em cantos e esquinas
A saber quais são suas portas.

A todos vou encontrando
Em seus leitos a descansar
Não pensam um momento
Que a morte os há-de levar.

Não haverá rei nem príncipe
Nem duque nem cortesão
Não haverá humano algum
Que se livre de minha mão.

Muitos se acautelam
Seus cirurgiões mandam chamar
Pensando que as medicinas
De mim os hão-de livrar.

Quando entro em qualquer casa
A visitar um enfermo
Corto-lho logo a garganta
E logo vai ao repouso eterno.

Chega-se a Lionido e diz:

Oh que dormido estás
Nunca em mim pensaste um momento
Comigo hoje caminharás
Para as penas do Fogo Eterno.

Mandado sou por Lusbel
Para a vida te tirar
Já te está esperando
Toda a corte infernal.

Corta firme, gadanha,
Não erres tua pancada
Não haverá quem se livre
De tua tremenda cutilada.

*Vai descarregar e sai o Anjo e impede-lhe
o golpe e diz:*

Anjo
Retira-te, morte atrevida,
Deixa-o algum tempo viver
Que cumpra as promessas
Que Deus lhe dá para seu mister.

Vá andando pelo mundo
Cumprindo tua missão
A outros que tu ordenes
Arrancarás seu coração.

Não queiras ser atrevida
Nem usar de tanta maldade
Mandada foste por Lusbel
Para a vida lhe vires tirar.

Mas Deus Omnipotente
Aqui me quis mandar
Que das tuas horrorosas mãos
O viesse resgatar.

Já ficas entendida
De quanto tens a fazer
Eu me vou retirar
Porque assim o manda
Aquele imenso poder.

Vai-se o Anjo e diz a Morte:

Morte
Estou mui fora de mim
Pois me falta esta presa
Comigo a quero levar
E no Inferno a sepultar.

Para toda a vida eterna
Já era tempo que pagasse
Os delitos que tem feito
Tirou a vida a sua mãe
Sem ter lei nem direito.

Ó vaidosos do mundo,
Só pensais em fazer mal
Sem vos lembrar que sois lançados
No duro fogo infernal.

Lembrai-vos que sois
Neste mundo como o vento

Vossa vida é um fumo
Que se passa num momento.

Quando vos apareço
De vós não sou esperada
A todos hei-de liquidar
Com esta gadanha afiada.

Estai sempre aparelhados
Para a primeira invasão
A todos hei-de arrancar
Vosso infame coração.

E Lusbel vos levará
Para o Inferno arrastados
Sereis em corpo a alma
Em duro fogo abrasados.

Vai-se. Sai Ali e Tolemo e diz:

Tolemo
Graças a Maomé que achamos
O mar muito sereno.

Ali
Reparai bem e vereis
O que Maomé ordena.

Tolemo
Não tenhamos que duvidar
Da sua grande nobreza.

Ali
Não sei que vejo além
À sombra da árvore do Verão
Está um homem dormindo
Talvez seja algum cristão.

Tolemo
Creio que é esforçado
Segundo vejo em seu aspecto.

Ali
Não tenhamos que temer
De seu esforçado aspecto
Será grande cobardia
Só de um homem termos medo.

Chegam a ele e diz João:

João
Agora sim creio em Deus
Que já vejo na cara o medo.

*Vai-se João, Ali e Tolemo. Tiram-lhe a espada
e fogem com ela. Esperta Lionido e diz:*

Lionido
Não sei que estava sonhando
Em este lugar remoto
Que a morte tão horrorosa
Me cortava a pescoço.

Morte horrível que me queres
Que assim me sobressaltas
Deixa-me viver que já
Eternamente me aguardas.

Levanta-se e continua:

Mas que é isto, ó Céus?
Onde está minha espada?
Algum traidor se aproximou
E certamente foi roubada.

Não useis de fantasia
Em me quererdes roubar
Ao rancor de minha ira
Com a vida haveis de pagar.

Que grande atrevimento
Que não reparam a minha fama
Roubaram-me a espada
Árvore, empresta-me uma rama.

Sem mais tempo perder
Sem os deixar descansar
Mesmo com esta rama
A vida lhes hei-de tirar.

*Entra para dentro às pancadas e sai João
e diz:*

João
Valei-me, Santa Maria,
S. Gil, S. Brás e St. Antão.

Como te puseram João
Esses turcos e mais espias!

Mal haja Belzebu
Pois não me deixe mexer
Já me vem a prender
E me levam a casa de Gadambú.
Para ver se posso escapar
Vou-me aqui esconder.

Esconde-se e sai Ali assustado e diz:

Ali
Quem pudesse colher
A Maomé soberano
Que me desse sua mão
Para ver de o prender.

É tão valente o cristão
Que a todos dá que fazer
É perverso e cruel
Que ninguém pode com ele.
Quero deixar seu bando
E vou-me aqui esconder.

Esconde-se onde está João e diz:

João
Seja bem chegado
Eu já cá o esperava!

Ali assustado:

Ali
Maomé a quem vejo
Com quem me vim topar?

João
Não te assustes que sou eu
Não há que espantar
Dou-te um pouco de toucinho
Que muito vais gostar.

Ali
Não posso chegar à boca.

João metendo-lhe na boca:

João
Come-o, estupor,
Já te espera a minha bota.

Ali
Também não posso beber!
Que castigo, Maomé,
E grande atrevimento.

João
Queira que não queira, Maomé,
Quero eu e quero.

Vão-se cada um por sua porta e sai Ali e Tolemo diante de Lionido, o qual traz as espadas dos dois mouros. Diz Tolemo:

Tolemo
Já estamos a teu mandado
À tua força me rendi
No mundo nunca vi
Tão grande valor em soldado.

Nunca encontrei
Quem me pudesse vencer
Só tu como é verdade
Tiveste mais poder.

Grande alegria sentia
Que me quisesses acompanhar
À presença del-rei
Para teu nome admirar.

Não temas o embaraço
Nem o seres maltratado
Entrarás mui respeitoso
Como heróico soldado.

Lionido
Não tenhas que duvidar
Que el-rei estimo conhecer
Se auxílio me dá
Prestarei-lhe grande mister.

Entra no palácio. Diz Tolemo:

Tolemo
Dá-me licença, grande rei,
Para este cristão apresentar

Sendo valente e temido
O mais que se pode encontrar.

Rei
Sejas bem chegado
Como a sombra do Verão
Muito estimo conhecer
Este esforçado cristão.

Ali
Por ele fomos vencidos
Sem haver mais resistência
Homem mais valente e esforçado
Nunca viu Vossa Alteza.

Rei
Pois se nele encontrar
Grande esforço e seriedade
Ficará de meu vassalo
Sem mais tempo passar.

Dirás-me se te apraz
O que te vou perguntar
Qual é tua pátria e nome
O que nunca deves negar?

Lionido
Licença peço, grande rei,
Para tudo lhe explicar
E quanto me tem passado
Sem um ponto faltar.

Rei
Tens licença concedida
Para contares a verdade.

Lionido
Estareis um pouco atento
Para ouvirdes meu razoado
Sou natural de Alicante
E Lionido sou chamado.

Na província Sansilia
Que bem deve conhecer
Em Alicante terra remota
Foi onde eu vim nascer.

Numa horrorosa noite
Minha mãe à luz me deu

Tremia a terra, bradava o mar
E caíam raios do Céu.

Era tão grande o espanto
Que toda a gente tremia
Vinham chamas de duro fogo
Que Alicante em vivo ardia.

Foi tão forte a bateria
De relâmpagos e trovões
Eram tão espessos os raios
Que vinham aos milhões.

Quando ao mundo fui lançado
E da mãe recebi o alento
Eram tantos os vulcões de fogo
Que vinham a mais de um cento.

Com grande trabalho e custo
Minha mãe me foi criando
E eu ingrato lhe pagava
Sem amor, com grande dano.

A seu famoso peito
Minha mãe me amamentava
Eu furioso como um leão
Seu peito lhe arrancava.

Ela dava-me seu doce carinho
Ao som das lágrimas que ia vertendo
O sangue que dela saía
Me servia de alimento.

Enfim ia crescendo
E sempre com má intenção
Os que mais me advertiam
A morte lhe dava em galardão.

Ao ter dezasseis anos
Mais me crescia a maldade
Esforçava boas donzelas
Depois tentava de as matar.

Metiam-me em prisões
A ver se me emendavam
Eu nunca obedecia
Aos conselhos que me davam.

Minha mãe para me rebater
Ordenou dar um passeio
Chamando-me logo à pressa
Para lhe servir de companheiro.

Fomos sempre discutindo
E eu pensando em outra matéria
Já sempre meditando
Em ver que estava tão bela.

Só me dava bons conselhos
Num grande espaço de tempo
E eu em outro assunto
Tinha meu infame pensamento.

A seus religiosos conselhos
Nunca lhe dei atenção
Só reinava maldade
Dentro do meu coração.

Depois de um vil pensamento
Saio cheio de maldade
Pensando só de que forma
Eu havia de a gozar.

Atentei-a o mais que pude
Ao desejo de minha ideia
Até que pretendi gozá-la
À força de minha soberba.

Chegando-me a cruel fúria
Abrasado em vivo fogo
Num momento lhe dei morte
Naquele lugar remoto.

E com um fero punhal
Abri seu corpo famoso
Duas crianças lhe tiro do ventre
Como um leão furioso.

Eram brilhantes e belas
Suas faces até brilhavam
Elas inocentinhas
Com seus olhos me fitavam.

Com uma segui ligeiro
Movido pela compaixão
Deixando-a depois ficar
Em cima do meu roupão.

A poucos passos distante
Quando eu já me retirava
Ouvi grande ruído na floresta
Que meu corpo se gelava.

Voltei sem mais detença
Quase sem animação
Resgatar a outra inocente
Das garras de algum dragão.

Qual foi o meu espanto
Que deparo com um leão
Com a criança nas garras
Marchava com satisfação.

Corri logo em seguida
Para ver se a alcançava
Mas foi inútil meu esforço
Que já a força me faltava.

Vendo que a não alcançava
A casa corri ligeiro
A meu pai fingindo-lhe disse
Os pormenores do passeio.

Contando-lhe alguns casos
Com crueldade e falsia
Dizendo-lhe que minha mãe
Deu à luz aquela menina.

Depois uma fera soberba
De nós se aproximou
Eu fugi sem mais detença
E a ela num momento a estrangulou.

Ao dar-lhe tal notícia
Ficou muito apaixonado
Ficou tão desvanecido
Quase cai no chão desmaiado.

Em seguida me tirou
A criança que eu levava
Chorando e lamentando
Sua vida mal fadada.

Ainda hoje não sabe
Esta cruel cilada
Eu jurei e protestei
Que nunca havia de saber nada.

A custo de muito trabalho
A infanta se foi criando
Até que chegou a ponto
De realizar seu casamento.

Com esse infame Dionis
Que de contínuo aborreço
Tenho-lhe tal rancor
Que meu corpo está tremendo.

Ele tem-me tal temor
E vive em tal cordura
Nem sequer se atreve
A por seus pés na rua.

A nada guardei respeito
Nunca obedeci a ninguém
Nunca acatei os conselhos
De meu pai e minha mãe.

Deixei a meu pai pobre
Sendo rico e abastado
Que é o maior pesar
Que no coração tenho gravado.

Agora me perseguem
Com justiça e crueldade
A ver se conseguem prender-me
E nas masmorras me lançar.

Nem que venha todo o império
A ninguém temerei
Não temo do Céu suas iras
Que sempre delas reneguei.

Vinham bem acompanhados
Dum esquadrão mui soberbo
Tentavam dar-me a morte
E foi em vão seu desejo.

Vinham ministros e presidentes
Também verdugos sendeiros
Assim queriam liquidar-me
Como lobos carniceiros.

Se não fosse o auxílio
De César meu companheiro
Certamente me degolavam
Como um manso cordeiro.

E valente e temido
E gigante esforçado
E o melhor pelejador
Que no mundo foi criado.

Por ele estou esperando
Com grande feição e desejo
Não deve muito tardar
Que não entre em teu reino.

A buscar o Alcorão
De Maomé seus preceitos
Sua Lei manda que se guarde
Com grande vontade e desejo.

É grande o contentamento
Que meu coração recebeu
Se me der seu auxílio
Hei-de pôr guerra ao Céu.

Causarei espanto às feras
E terror ao mundo todo
Dominando Sol, Lua e Estrelas
Terra, Mar, Vento e Fogo.

Rei
Chega-te, jovem, a meus braços
Conserva sempre esse afecto
Seguindo a Lei de Maomé
Será teu nome eterno.

Conde
São de grande importância
Os prodígios que vos faz.

Lionido
Se Vossa Alteza me dá licença
Lhe quero beijar os pés.

Sai César falando à porta:

César
Já tenho boa esperança
De suas almas eu ser dono
No Inferno as lançarei
Naquele tremendo fogo.

Entra no palácio e diz:

Os prodígios de Maomé
Vos guardem, rei soberano.

Rei
Quem é este cavalheiro?

Lionido
É César meu companheiro.

César
Sou um turco mais rebelde
Que um lobo carniceiro
Contra a lei que professam
Os cristãos em seu reino.

Rei
Mouro sereis de verdade.

César
Eu renego a cristandade.

Conde
Segundo seus procederes
São guerreiros esforçados
E deve Vossa Alteza
Tê-los sempre a seu lado.

Rei
Sem demora alguma sereis
Do meu lugar presidente
Cumpri bem vossa missão
Perante esta nobre gente.

Conde
Bom lugar vos é oferecido
Dele não tenhais que duvidar
Nunca a nenhum cativo
Lhe foi dado tal lugar.

Lionido
Não temos que duvidar
Que seu mando guardaremos
Toma, rei, estas armas
Que aos mouros apreendemos.

Rei
Trazei roupa sem demora
A que haveis de vestir logo

Pois com isto darei
Grande alegria a meu povo.

*Trazem-lhe os fatos e vestem-se de mouros
e diz o rei:*

Rei
Estimo que gozeis
Esses fatos por muitos anos.

César
E a Vossa Alteza
Também nós estimamos.

Rei
É tão grande a alegria que tenho
De vos ter em minha presença
Sempre estarei a vosso lado
Com toda a minha realeza.

*Retiram-se do palácio. César e Lionido
seguem ambos e diz César:*

César
Vinde, fúrias infernais,
Vinde aqui sem mais detença
Trazei vulcões de fogo
Que arda o mar e trema a terra.

*Vão-se e sai Gonçalo, Dionis e Marcela e diz
Gonçalo:*

Gonçalo
Apartai, filhos queridos,
Esses cruéis anojos.

Marcela
Estimamos vossa vida
Como a luz dos nossos olhos.

Gonçalo
Não sei como hei-de pagar
O amor que me concedeis
Filhos, vós bem sabeis
Que não vos posso pagar.

Todos nossos haveres
Deus nos quis tirar

E vós, filhos, já vedes
Que não tenho que vos dar.

Fui rico, hoje sou pobre
Como vós mui bem sabeis
Mas os mereceres de Deus
Nunca os abandonarei.

O rico devido aos seres que tem
E duvidosa a sua salvação
Pois está seu coração
Acompanhado de seus bens.

É um vaso seu coração
Todo cheio de maldade
Nele não cabe bondade
Senão má intenção.

Marcela
Vossos conselhos, senhor,
São escudos da salvação.

Dionis
Em vossa doutrina se vê
Que lhe guarde grande afeição.

Dizem de dentro os mouros:

Cercai a toda a pressa
Esta praia, soldados!

Ali
Se aparecer algum cristão
É prendê-lo ou matá-lo.

Dionis
Parece que ouço vozes
No meio deste arvoredo.

Gonçalo
Isso são pescadores
Que andam deitando redes.

Marcela
Marchando a toda a pressa
Deixemos, senhor, a praia
Antes que Lionido apareça
Pois nos tem grande raiva.

Gonçalo
Quanto eu estimaria
Em vê-lo agora aqui
Eu nunca o repreendi
E agora a culpa é só minha.

E desde aquele primeiro dia
Eu te dei o criar
Começou a desenrolar
Sua desventura e mais a minha.

Em mim só crescem penas
Dentro do meu coração
Que Deus me dá por castigo
E para mim serve de galardão.

Dionis
Deixai, senhor, os lamentos
Espalhe as mágoas que tem
Encomendemo-nos a Deus
E à Virgem sua Mãe.

Que remédio não há
Para seu mal recuperar
Soframos tudo com paciência
Que Deus nos há-de salvar.

Gonçalo
Deus fez-nos cristãos
Não é para abandonar sua crença
Diz-nos em sua doutrina
Que soframos tudo com paciência.

Marcela
Por Lionido ser cruel
Não tenha, pai, pesar
Que Deus por sua vez
Um por um há-de julgar.

Gonçalo
Quando será o dia
Desse juízo universal
Que Deus nos há-de julgar
Que contas eu darei de meu mal?

Já minha alma se estremece
De pensar em tal dia

Ao ver Lusbel presente
Com grande força e tirania.

Não haverá humano algum
Que aprenda a santa doutrina
Que não pense um momento
Em esse célebre dia.

Não haverá coração algum
Que não tenha seu temor
Em receber o castigo
Que será dado com rigor.

Mui recto se fará o juiz poderoso
Naquela tremenda guerra
Com o aspecto de seu rosto
Fará tremer a terra.

Diz de dentro César:

César
Alerta, nobres soldados,
Vigiai toda a fronteira.

Gonçalo
Vozes de mouros são estas
Não tenhamos que duvidar
Já por eles estamos cercados
Sem nos podermos salvar.

Dionis
Ó meu Deus, como havemos
Agora aqui de defender-nos?

Vão entrando e sai ao encontro, César, Ali e Tolemo e diz Ali:

Ali
Daremos-lhe a prisão
Sem momento descansar.

Dionis ralhando:

Dionis
Antes me darás a morte
Que obedecer a teu mandado.

Gonçalo
Oh infame tirania!
Que assim tentam prender-nos.

Marcela
Morram esses piratas
Que pretendem ofender-nos
E Deus lhe dê o castigo
Nas chamas do Fogo Eterno.

César
Guerra, guerra contra os cristãos!

Tolemo
É prendê-los ou matá-los!

Ali
Vamos já a decepá-los
Com nossas sangrentas mãos.

Vão-se os mouros e deixam os cristãos feridos. Sai César de espada na mão e diz:

César
Morram, morram os cristãos
À força do meu poder
E juntamente suas almas
Caiam no Inferno a arder.

Vinde, fúrias infernais,
Vinde já sem dilação
Para levar suas almas
Àquele infernal dragão.

Ó mouros esforçados
Que me dais tanto contentamento
No Inferno vos guardarei
Um apreciável aposento.

Fazei que se rendam de Maria
E também do Padre Eterno
Pedindo aos Céus grande guerra
Venham almas ao Inferno.

Sai Dionis ensanguentado e cai junto ao pano e diz:

Dionis
Valei-me, corte do Céu,
Que me vejo em tal horror
É grande meu pavor
Com esta gente do breu.

Ó rainhas dos altos Céus,
Não me desampareis na verdade
Olhai por este escravo
Tende dele piedade.

Rogai por mim, Senhora,
A vosso Filho bendito
Que não castigue mais
Este corpo tão aflito.

Retira-se. Cai como morto e diz César:

César
Caiam raios e centelhas
E do Inferno duros vulcões
Venham chamas de duro fogo
Que abrasem seus corações.

Vinde, fúrias infernais,
A cativar os cristãos
Trazei correntes de duro ferro
E amarrai-os de pés e mãos.

Vinde, serpentes malignas,
Acompanhadas de vis dragões
A cativar suas almas
E lançá-las nos caldeirões.

Fazei por vos vingar
Da grande Madre de Deus
Roubando-lhe seus devotos
Fazendo guerra contra os Céus.

Vai-se. Sai Lionido e senta-se e cantam o seguinte:

Atende, Lionido, atende
E verás quem te adora
Por ti vai endoidecer
Esta formosa Lidora.

Lionido
Ó cântico amoroso
Que me dás tanta satisfação
Ó garganta desdenhada
Que enfeitiças meu coração.

Mas em vão me persegues,
Linda e formosa Lidora,
Não posso aceitar teu amor
Que espanta teus lábios de rosa!

Sai Lidora dizendo:

Lidora
Atende, Lionido, atende
Vem gozar estes meus afagos
Dar-me-ás teu coração
Para enlaçar em meus braços.

Lionido
Vai-te, Lidora, vai-te
Não me queiras perseguir
Prescindo de teus amores
Não te queiras iludir.

Lidora
Vem, Lionido, para meus braços
Por ti estou a suspirar
Para mim és uma flor
Que criou a humanidade.

Lionido
Não posso, Lidora querida,
Aceitar o teu amor
És mulher muito vaidosa
Que de ti eu tenho dor.

Lidora
Vem, Lionido do coração,
Não me faças mais penar
Dá-me a tua resolução
Por ti estou a suspirar.

Lionido
Que mulher mais vaidosa
Que me fazes arrojar
Vai-te de minha presença
Se não cumpro minha vontade.

Lidora
Mas o amor me flagela
E não me posso de ti esquecer
Em mim só sinto alegria
Quando tu me apareces.

Lionido
Não posso, não posso, Lidora,
Amar um ente desta sorte
Que brevemente os mouros
Tentavam dar-me a morte.

Não posso, Lidora, amar-te
Porque a outras tenho amado
Não posso consagrar-te o amor
Que no peito tenho gravado.

Afirmo-te de coração
Que és formosa e bela
Mas consagrar-te meu amor
Não posso, minha estrela.

Lidora
Meu peito será para ti
Segredo de grandes tesouros
Não temas as ameaças
Que te fazem esses mouros.

Já vejo que não mereço
Os favores que me tens feito
Não sei que sinto em teu peito
Que de contínuo te aborreço.

Vendo, Lionido, que eu tenho
Dos mouros grande estimação
E de contínuo os aborreço
Com todo o meu coração.

Entra Lionido no palácio e diz o rei:

Rei
Bem chegado sejas, Lionido,
Nesta famosa ocasião
Terás em meu reino
Grande estima e aceitação.

Digo que mando e ordeno
A seres meu braço direito
E toda a minha corte
Te dará grande respeito.

Lionido
Em seu reino serei contente
E sempre em vossa companhia

Se for preciso se verá
Minha forte valentia.

Se um dia me aprouver
Vingar minha ideia tirana
Arrancarei seu coração
Com esta forte durindana.

Rei
Alto forte cavalheiro
Aplaca a tua bravura
Se não mandarei dar
Castigo a tua rasura.

Serás de ideia tirana
Serás maldito e grosseiro
Tua soberba te domina
Como um pesado morteiro.

Lionido
Chama todo teu exército
E juntamente Maomé
Farei que minha soberba os trague
E os vomite no Inferno.

Diz para o rei:

Desembainha, mouro, a espada!

Rei de espada na mão:

Rei
Venha todo meu exército!

Sai Lidora e diz:

Lidora
Quem altera meu aposento?

Lionido
Eu, Lidora, o altero
E ofendo a teu rei
Com esta tremenda espada
Cruel morte lhe darei.

Até mesmo me acobardo
De só a ti mostrar meu valor
Chama toda a tua gente
Que de ti eu tenho dor.

Escolhe, mouro, para onde
Havemos de ir pelejar
Leva contigo Maomé
Que também hei-de abrasar.

Vai-se e diz o rei:

Rei
Ó infame Lionido,
Que tudo hás-de pagar
Com esta espada horrorosa
A vida te hei-de tirar.

Lidora
Detém-te, grande rei,
Monarca de todo o império
Perdoa ao forte Lionido
Que é de grande vitupério.

Rei
Tu que dizes?

Lidora
Digo que desta vez
A Lionido queiras perdoar
E cesse essa cólera
Que te está a provocar.

Rei
Se é da tua vontade
Eu o posso perdoar
Mas estou tão irritado
Que nem me posso suportar.

Estou tão furioso
De rancor e raiva oprimido
Em me tratar assim
Esse infame Lionido.

Lidora
De Maomé tem o castigo
Que te pode dar de galardão
Depois terá sempre consigo
Dor de alma no coração.

*Sai César, Tolemo e Ali trazendo D. Gonçalo
e Marcela prisioneiros e diz César:*

O EMIGRANTE

César
Alvíssaras, grande rei,
E toda a gente da corte
Aqui tem estes prisioneiros
Queira-os condenar à morte.

Estes rebeldes cristãos
A Vossa Alteza apresento
Ponha-os de sua mão
E dá-lhe grande tormento.

Mandá-los para a montanha
Acompanhados de guarda e espia
Prendê-los a uma charrua
Fazendo-os lavrar todo a dia.

De noite que estejam ao relento
Dando-lhe bastante que fazer
Que não lhe falte surrago
E bem pouco que comer.

Que depressa se enfadarão
E perderão sua paciência
E logo renegarão
Da sua maldita crença.

À parte:

Oh quem pudesse já
Levá-los ao Fogo Eterno
Lançá-los em corpo e alma
Nas duras chamas do Inferno.

Para eles estão reservados
Apreciáveis aposentos
Nas últimas cavernas
Lhe darei duros tormentos.

Haveis de ver, grande rei,
Que são de má intenção
Cometem a muitos guerras
Em sua própria Nação.

Gonçalo
Deus te castigará, traidor,
Da forma que o mereceres.

Lidora
Sossegai vossa opinião
Quem pretende ofender!

Rei
Chega-lhe a discrição
Para Maomé ofender.

César
Bons afectos tens mostrado
Em tuas obrigações
Com tuas discretas razões
Por elas ficas bem pago.

Rei
Não sei como hei-de pagar
As condolências que me ofereces
Perguntarei se as mereces
De algum modo a premiar-te.

César
Escusado é engrandecer
Benefícios que me fazeis
Vós melhor o sabeis
Quais posso agradecer.

Rei
A alma e o coração
O ofereço a vosso serviço
Não para ser pago disto
Mas em sinal de galardão.

César
Aceito com amabilidade
As prendas que me ofereceis
Que palavra de rei
Merece toda a lealdade.

Sou grato da vossa amizade
Pois com prendas me honrais
Prometo-vos ainda mais
De vos amar com lealdade.

Lidora
Fatigado vireis, senhor.
Quereis um pouco descansar?

César
Este serviço, senhora,
Dá-me sobressaltos de alegria
Que não posso descansar
Nem de noite nem de dia.

Lidora
Dai-me licença, senhor,
Para chamar Lionido.

Vai-se e diz o rei:

Rei
Tudo quanto pretendes
Por mim está concedido.

César
Que venha logo a conhecer
Os cristãos da sua província.

Rei
Grande alegria sinto em mim
Que me é impossível apreciar
E para mais prazer
Vão-no logo chamar.

César
Eu senhor pretendo ir.

Rei
Cumpra-se vossa vontade.

César
Fazei tudo por lhe agradar.

Vai-se César e diz o rei:

Rei
Eu saberei pagar
Famoso Tolemo e Ali
Sois mouros esforçados
Do meu reino sem rival.

Tolemo
Com todo o coração
Estimamos de vos agradar.

Rei
Será bem que Lidora
Com eles queira ficar
É conveniente que ninguém
Disto se queira informar.

Ali
Tudo o que manda faremos.

*Vão-se todos e fica Lidora com os cristãos
e diz:*

Lidora
Maomé vos guarde, cristãos!
Que tendes que tanto chorais?
Vós a ninguém conheceis
Em grande flagelo estais
Porque assim vos afligis
Dizei ambos o que quereis.

Marcela
Nobre e famosa moura,
A nossa desdita reparai
Que somos teus escravos.
Peço-te, nobre senhora,
Que auxílio nos seja dado.

Reparai por este velho
Cativo sem liberdade
Só dele recebo conselho
Mas já se quebrou o espelho
Da minha grande claridade.

Gonçalo
Meu Deus, queira-me ajudar
Por vossa piedade imensa
Dai-me resignação
Que sofra tudo com paciência.

Que vida mais prolongada
Que de viver estou aborrecido
Vem, morte, tirar a vida
A este corpo mesquinho
Que quer caminhar contigo.

Marcela
Se algum desgosto vier
Que o vir será mais certo

Antes venha sobre mim
Que a vós tal desacerto.

Não me importa ser sacrificada
Por meu pai que aflito está
Mas Deus omnipotente
Algum remédio nos dará.

Lidora
Deixa os tristes lamentos
Que tristemente exclamas
Algum remédio há-de haver
Diz-me como te chamas?

Marcela
A mim me chamam Marcela!

Lidora
Pois Marcela não te aflijas
Por ver teu pai cativo
Eu sempre a vosso lado
Prestarei todo o auxílio.

Gonçalo
Valei-me, moura formosa,
Tende de nós compaixão
E deste velho desventurado
Tende dor de coração.

Lidora
Senhor, vos guardo tal afeição
Que de vós não me posso apartar
Dai-me, senhor, vossos braços
Que vos quero abraçar.

Gonçalo
Senhora, eu não sou digno
Desse vosso abraçar
Se me quereis dar licença
Os pés vos quero beijar.

Lidora abraçando-o:

Lidora
Este abraço confirma
O grande amor que lhe tenho.

Gonçalo
Eu, senhora, venho
A servir e não que me sirva.

Lidora
Apertai os trémulos braços
Sem temer algum cadilho
Tenho dor de coração
Em vos ver assim cativo.

E tu, Marcela querida,
Por irmã te quero tratar
E vós, velho honrado,
Sempre pai vos hei-de chamar.

Vão-se e sai Lionido e César diz:

César
Sabes bem quanto te disse
Nunca temas algum perigo
São teu pai e tua irmã
Teus maiores inimigos.

Que foram causadores
De te ausentares de tua terra
Agora não tenhas deles temor
Dá-lhes forte e crua guerra.

E para gozar tua irmã
Tens ocasião a preceito
Não temas algum horror
Satisfaz teu duro peito.

Se é teu pai vil traidor
Que lhe causes grande anojo
Para o livrar de tais casos
Tira-lhe também os olhos.

Não queiras mover teu coração
Por ter idade avançada
Arrastarás-o pelo chão
Dá-lhe vida amargurada.

Lionido
Não tenhas que duvidar
De quanto tenho a meu cargo

Nunca queiras recear
Do que está determinado.

César
Vou a avisar Lidora
Que por mim está esperando.

Lionido
Farás tua vontade
Mas não demores meia hora.

Entra César no aposento de Lidora e Lionido
fica esperando e diz César:

César
Com grande espanto estás, Lidora!
Diz-me o que te tem passado.

Lidora
Não tenha dor de meu mal
Que dele não há que espantar
Quem é que está à porta
Que tem tão forte pisar?

César
É Lionido, senhora,
Que me está a esperar.

Lidora
Então que novas há
Para virdes aqui agora?

César
Abrasado estou de ira
Que mal de mim próprio digo
Lionido a seu pai
Quer-lhe dar cruel castigo.

Deles se quer vingar
Sem ter alguma compaixão
Tu não os queiras avisar
Desta cruel intenção.

Vai-se e diz Lionido:

Lionido
A inveja me horroriza
Contra esse rei traidor

Hei-de-lhe dar cruel morte
À força do meu rigor.

Sai Gonçalo, Marcela, Lidora. Lionido vai-se
aproximando dela e diz Gonçalo:

Gonçalo
Atende, Marcela querida,
Não é este teu irmão?

Marcela
Pois é sem duvidar
Meu irmão Lionido
Está bem desfigurado
Que nem parece ser seu filho.

Gonçalo
Alguma afronta temos
Que eu já desconfio.

Lidora
Mas há que desconfiar,
Marcela e querido Gonçalo,
Ele também é cristão
Eu o porei do meu lado.

Não tenham que recear
Que ele me serve a mim
Com a grande afeição que lhe guardo
Havemos de rebatê-lo aqui.

Diz Lionido espantado quando chega a eles:

Lionido
Que é isto Santo Profeta?
Este velho aqui se apresenta?

Gonçalo
Sou teu pai como vês
Não te queiras espantar
Ando fazendo penitência
Para haver de te salvar.

Lidora
Pedi a Deus que se queira emendar.

Lionido
Boa ocasião me aparece
Para haver de me vingar!

Lidora
Nobre e forte Lionido,
Não queiras ser traidor.
Mereceu-te algum castigo?

Lionido
Não merecem poucos
Que me têm sido daninhos
Agora considerá-los-ei
Como tremendos castigos.

Logo que aqui vieram
Hão-de ser bem castigados
Hão-de renegar de Deus
E dos mandamentos sagrados.

Levantai-vos desse assento
Onde estais descansado
Para mim tendes sido traidor
Mas hoje levais o pago.

Atira com ele ao chão.

Já que a meus pés vos baixais
Debaixo deles haveis de estar
Levando assim o pago
Do vosso triste penar.

A vossa arrogância louca
Aqui mesmo castigarei
Darei fim a seu viver
O qual sempre aspirei.

Pisa-o.

Hoje aqui vai findar
Vossa infame imprudência
Levantai-vos já do chão
Senão perco minha paciência.

Gonçalo
Não sei o que me passou
Valei-me, divino senhor!
Quem tanto poderá sofrer
De um filho tão traidor?!

Diz Lidora, levantando-o:

Lidora
Levantai-vos, pai honrado,
Sofrei tudo com paciência
E a vosso filho tirano
Perdoai sua imprudência.

Diz Gonçalo, levantando-se:

Gonçalo
Ó mau filho,
Como tratas a teu pai!

Lionido
Ó grande impostor
Formulado de tal cadilho
Daqui em diante
Nunca mais serei teu filho.

Lidora
Que grande dissabor
Aqui haveis levado
Para ser vosso filho
Bem mal vos tem tratado.

Lionido
Não conheço por meu pai
Este velho malfadado.

Marcela
Infame, não digas tal
Assim mostras seres traidor
Essa frase malvada
Te há-de lançar ao horror.

Lionido
Eu mesmo pretendo
A meu sangue dar afronta
A este velho cristão
Não por ser vilão
O hei-de arrastar agora.

Aqui mostrarei meu intento
Seguirei minha intenção
Hoje pretendo acabar
Com esta maldita geração.

Lidora
Sentai-vos nessa cadeira
Que me salta o coração

Em ver-vos assim chorando
Aos pés de vosso filho dragão.

Marcela
Tende, moura, compaixão
Deste velho sem prazer
Deus nos deite a sua benção
Por seu imenso poder.

Lidora
Quem pudesse meter-vos
Dentro de meu coração.

Lionido
Não estejas com lamentos
Que nada te há-de valer
Hei-de gozar tua honra
E pede a Deus nessa hora
Que te venha defender.

Marcela
Oh infame que assim pretendes
Teu sangue arrastar.

Lionido
Não darei fim a meu rancor
Sem a ti me abraçar.

Deita-lhe a mão e diz Marcela:

Marcela
Retira-te, infame atrevido,
Serás traidor e cobarde.

Gonçalo
Ó filho tirano,
Tua irmã pretendes gozar!

Lidora
Não teme o castigo
Que Deus lhe pode dar.

Gonçalo
A mim só desgostos
Me pretende dar.

Senta-se Gonçalo e diz Lionido:

Lionido
Já vês, querida Marcela,
Que hoje dono de ti sou
A tua formosura bela
Esta afronta ainda dou.

Deita-lhe a mão e diz Marcela:

Marcela
Retira, infame, de ti
Esse pensamento traidor
Repara quem está presente
Não lhe causes mais horror.

Lionido
Não tenhas dúvida, Marcela,
Que esse pai se queira enfadar
Com este duro punhal
Os olhos lhe hei-de tirar.

Puxa pelo punhal e diz Marcela:

Marcela
Detém-te, maldito! Ai de mim!!!

Lionido
Ó velho vil traidor,
Tua infâmia vais pagar
Com este fero punhal
Os olhos te vou arrancar.

Tira-lhe os olhos e diz:

Agora já não verás
O horror que vou praticar.

Gonçalo
Ó Deus da Eterna Corte,
Tende de mim misericórdia
Oh que duros martírios
Meu filho me deu agora.

Ó filho cruel,
Eu nunca te ofendi
Para me roubares tiranamente
À luz dos olhos assim.

Ó meu Deus, já cego me vejo
Meu tormento se vai cercando

Recebei com piedade
O sangue que estou derramando.

Deus de ti terá atenção
Pelas dores que estou sofrendo
Mas aquele infernal dragão
Assim tenta trazer-te cego.

Assim pretende levar-te
Às chamas do Fogo Eterno
Por todos os séculos sem fim
Ali estarás gemendo.

Ó meu Deus, perdoai
A este meu filho inocente
Fazei que se emende
Das cruéis traições que traz.

Ai de mim que já o sentido
Me quer desaparecer
É tão duro o meu penar
Que só Deus me pode valer!

Lidora
Que tristeza meu peito encerra
Em ver a tirania que nele obrou
Olha que é teu pai
E com seu sangue te gerou.

Lionido
Não me importa por meu pai
Nem por minha geração
Hei-de-lhe dar duros tormentos
Que morra com aflição.

E tu, Marcela, se queres
Ver a morte deste traidor
Não te queiras ausentar
Se queres ver penetrar
Meu alfange com rigor.

Marcela
Já meu abrigo desaparece
Será-me impossível viver
Deus tenha de mim piedade
Por seu imenso poder.

Gonçalo
Atende, Marcela querida,
Não tenhas dor de meu mal
Que se parto desta vida
Deus me leve à Corte Celestial.

Mas esse lobo carniceiro
Que assim me tem tratado
O Céu dele tome vingança
Que de tudo seja bem pago.

Assim que Deus me chame
Para minhas contas lhe dar
Peço-vos por caridade
Para Deus minha alma encomendar.

Marcela
Apartai esses lamentos
Não me faça mais penar.

Lionido
Deixa-o, Marcela,
Que acabe de falar
A minha infame espada
Já o está a esperar.

Gonçalo
Infame, cruel traidor,
Assim tentas teu pai tratar!

Lionido
Que dizes, velho atrevido,
Já estou para rebentar.

Bate-lhe e diz Marcela:

Marcela
Dá-lhe, lobo carniceiro,
Já entendes de o matar
Assim degolas o manso cordeiro
Com tanta crueldade.

Gonçalo
Ó querida filha Marcela,
Brevemente te vou deixar
Já as forças me vão faltando
Estou a ponto de expirar.

Marcela
Ó pai honrado e belo,
Tenha fé verdadeira em Deus
Que o queira estabelecer
Com vivos pensamentos seus.

E tu, irmão traidor,
Pede a Deus perdão
Que queira comover
Teu infame coração.

Lionido vai-lhe a bater e sai-lhe Lidora ao
encontro e diz:

Lidora
Detém, Lionido, teu braço
Repara bem o que fazes
Não queiras ser atrevido
Em teu pai maltratar.

Lionido
Sempre sais ao encontro
Para este velho guardar
Nada vale teu esforço
Para de mim o livrar.

Tens-lhe grande amizade
A este canalha perra
Farei neles tal destroço
Que há-de tremer a terra.

A el-rei e sua linhagem
Soldados e também cativos
Farei neles tal carnificina
Que os hei-de abrasar vivos.

Vai-se Lionido e diz Lidora espantada:

Lidora
Vinde, mouros, a toda a presa
A defender-me nesta hora
Que este infame Lionido
Pretende abrasar Maomé.

Corre ligeira ao palácio e diz o rei:

Rei
A meus ouvidos chegaram
Teus alaridos, Lidora,

Quem é que te ofende
Diz-me já sem demora.

Lidora
Esse horroroso Lionido
Anda furioso como um leão
Pretende fazer-nos guerra
Foi mobilizar um esquadrão.

Rei
Não tenhas dúvida no caso
Lionido não é ele quem
Fará destruir nosso exército
Com a gente que ele tem.

Vai, conde, a prevenir
E nosso esquadrão aparelhar
Para prender a Lionido
Onde se possa topar.

Trazei-o bem amarrado
Morto ou vivo de qualquer forma
Jurar-vos-ei por minha coroa
Que sereis bem premiados.

Conde
Vou já executar
As ordens de Vossa Alteza
Que se não possa escapar
Esta famosa presa.

Pondo tudo em prevenção
E vigias rigorosas
Será difícil escapar
De nossas filas famosas.

Vai-se o conde e diz Lidora aos cativos:

Lidora
Vinde, cativos honrados,
Que não havemos de perigar
Tende fé em vossa crença
Para haver de nos salvar.

Gonçalo
O coração me sobressalta
Com este tremendo pesar.

Lidora
Por ser de vós estranha
Bem podeis em mim fiar.

Gonçalo
Ó moura tão famosa,
Que bem nos tens estimado
Para nós és sem segunda
A Virgem Mãe de amparo.

Vão-se. Sai Lionido, César e João e diz Lionido para César:

Lionido
Estou muito descontente
De viver na crueldade
Estou muito aborrecido
Desta vida de falsidade.

João
Por pouco já não vale a pena
Querer-se viver na seriedade
Se farto estás desta vida
Outra podes arranjar.

Vou-te dar um conselho
O qual deves tomar
Se por ele quiseres seguir
Já não vives na crueldade.

Pede a Deus que te dê sarna
Mas que seja bem temperada
Passas todo o tempo a coçar-te
E tens vida regalada.

E só assim deixarás
Essa manha desgraçada
Que tens na cachimónia
Muito bem encasquetada.

Lionido
Como te atreves, traidor,
Burlar de minha pessoa
A morte te vou dar
Mesmo aqui nesta hora.

Puxa pela espada e ameaça João. César põe-lhe a mão na boca e diz João:

João
Valha-me Santa Quitéria,
S. Miguel e Sto. Agostinho.

César
Cala-te, cobarde!
Deixa-o, deixa-o, Lionido!

Lionido
Mesmo nesta árvore
O havemos de enforcar.

César
Meu corpo se estremece
Só em o ouvir falar.

João
Que grande espanto fez
Em Maria lhe falar
És diabo como um cão
Não tenhamos que duvidar.

Em ver que assim renegas
Deste belo nome santo
Maria foi concebida
Por obra do Espírito Santo.

César
Ó traidor infame!
Solta-lhe, Lionido, esse grilhão.

João
Agora é que eu vejo
Que és demónio como um cão.

César
Vinde, fúrias infernais,
A defender esta batalha
Que me vejo atacado
Com esta vil canalha.

Nunca te fies, Lionido,
Nessa mulher para nada
Ela não é quem te livra
Desta grande embrulhada.

Nunca terá poder
Nem a mãe nem o filho

O meu poder engenhoso
Te há-de armar fatal cadilho.

César passeando. Diz João para Lionido:

João
Anda, Diabo maioral,
Invoca o nome de Jesus
Alembra-te que foi pregado
Em uma tremenda cruz.

Lionido
Apreciando estou tuas palavras
Que estás a transmitir
Essa lei que professas
Também eu quero seguir.

É tanto o que tenho
Tal devoção e amor
A essa imaculada
Virgem e Mãe do Senhor.

Em me alembrar seu santo nome
Meu sentido se torna privado
Livra logo minha soberba
De praticar infames pecados.

João
Isso sim, Lionido,
Não dês entrada ao Diabo.

Lionido
Aqui te afirmo, João,
Que a lei de Cristo vou seguir
Abandonarei todos os males
Que deles pretendo fugir.

Tenho dor fatal no coração
Da má vida que ei trazido
A Deus peço perdão
De meus pecados cometidos.

Nunca descubras, João,
Este meu novo pensar
De César continuamente
Eu estou a renegar.

Só adoro em Maria
Que meu coração embaraça

Dai-me vós, Mãe divina,
O auxílio da vossa graça.

Vai-se Lionido e diz João:

João
Queira Deus que assim o faças.

César
A meu tormento eterno
Venha esta vil canalha.

João
A ira de Deus supremo
Venha sobre ti, maldito,
E acabe com tua raça.

César
Pretende burlar de mim
Este traidor de má intenção
Hei-de vingar teu poder
Naquele infernal dragão.

Maltrata-o e diz João:

João
Ai que me abrasa este bruxo
Valei-me, Santa Susana,
S. Cosme, S. Cerilo,
Santa Inês e Santa Joana.

Ai que me afoga este maldito
Que tanto me aperta a goela
Valei-me, S. Nicodemos,
Jesus e Santa Madalena.

César
Cala-te, infame,
Que ardo em viva chama.

João
Livrai-me, Mãe de Deus,
Das garras desta maldita fera.

César
A cólera me fatiga
Em ouvir este traidor
Vai-te de minha presença
Que me causas grande horror.

João
Sempre falando em Jesus
Além de azougado estar
Deus seja em meu auxílio
E a Virgem Mãe celestial.

Viva mil vezes Maria
E também o seu rosário
E a ti, fero Lusbel,
Que te leve o Diabo.

César
Ai de mim que raivoso estou
Num vulcão meu peito abraso.

João
Se fosses homem galhardo
Que tomasses meu conselho
Ensinava-te onde passavas
Todo o teu tempo ameno.

Em casa dum barbeiro
Aprendias a barbear
E sem perca de tempo
Também aprendes a tocar.

Tem lá boas guitarras
Violões, bandurras e violinos
Instrumentos de toda a classe
E também lá tem pífaros.

E mesmo na cantoria
Davas um mestre de estalo
Chegavas a fazer afronta
Ao cantor do mês de Maio.

César
Melhor seria para mim
Acabar com meu trabalho.

João
Mas que furioso está
Este corpo desalmado
Se não és o Demónio
És o retrato do Diabo.

César
Vou ranger meu furor
Junto às chamas infernais

Pesando em funestos laços
Para almas a Deus roubar.

Vai-se César e diz João:

João
Vai-te com mil demónios
Turco mor de má raça
Deixou-me o corpo de tal forma
Moído como a salada.

3ª Cena

*Sai João trazendo D. Gonçalo pela mão
e diz João:*

João
Já lhe disse, senhor,
Que tem feito grandes delitos
Todo o povo dá gritos
Nunca se viu homem pior.

Ontem um frade encontrou
O qual de gente honrada
Prega-lhe tal bofetada
Que logo em terra o lançou.

Gonçalo
Ó divino Senhor,
Que nos dais vida humana
Por vossa paixão soberana
Perdoai tão grande horror.

João
Como o há-de perdoar
Esse infame cruel
Eu antes quero ter contas
Com o Diabo e não com ele.

Gonçalo
Meu Deus tende piedade
Dessa fera soberbal
Abrasai seu coração
Em o fogo celestial.

João
Senhor fala sem governo
Que Deus aplaque seu coração

Deixa-o que morra depressa
Que caia no grande caldeirão.

Eu já me retiro
Não posso mais aguardar
Pode vir esse tratante
E meu corpo o vai pagar.

*Vai-se João e cantam o seguinte e Gonçalo
chora:*

Chora, chora, nobre Gonçalo,
Chora e não te cause espanto
Teu filho Lionido
Brevemente o verás santo.

Gonçalo

Não choreis mais, olhos meus,
Cessem de correr vossos fios
Segundo a vossa continuação
Dareis abundância aos rios.

Essas águas que verteis
Para Deus é grande serviço
Eu lhe ofereço este sacrifício
E de chorar não cesseis.

Rogo-vos por caridade
Pelo que passastes na cruz
A quem roubou minha luz
O perdoeis por piedade.

Fazei, Senhor, que se emende
De delitos tão atrozes
Chorando peço em vozes
Perdão daquele que o ofende.

Bem sei que Deus eterno
Justiça fará por inteiro
Livrai-o do fero morteiro
E não o lanceis no Inferno.

A alma se me estremece
Por vosso divino amor
Não castigueis, Senhor,
Cada um como merece.

Dores, trabalhos peço eu
Ate findarem meus dias

Que eu pague as avarias
Quantas ele cometeu.

Meu Deus não queira castigar
Um povo por um rebelde
Dai-me a mim por ele
A pena que merece.

Em esta vida mortal
A Deus devemos rogar
Que nos recolhe por piedade
Na Corte Celestial.

Antes que meu peito fatigue
Não posso mais lamentar
Só a Deus quero rogar
Que por mim não o castigue.

Basta-lhe o ingrato peito
E a cruel pena mortal
Que é tão desigual
Que não pensa o que tem feito.

É contrário a mim, Senhor,
Sem nenhuma causa haver
Passo humilde a dizer
Que lhe perdoe por seu amor.

Isto é o galardão
Que recebem os pais dos filhos
E nos maiores cadilhos
Roubam as asas ao coração.

Sinto muito não ter vista
Para meu pranto admirar
Mas espero de vós, Senhor,
Vossa grande claridade.

Ó cristãos, que vista tendes
Adorai o Cristo na cruz
Chorai em clara luz
Algum pecado que cometerdes.

Sai João e diz:

João

Vinde, senhor, meu amo,
Não esteja aqui só

Se vos apanham os mouros
Vos levam ao chilindró.

*Vai Gonçalo e João e diz o rei para Tolemo
e Ali:*

Rei

Já tendes bem entendido
O que na corte há ordenado
Trazer-me-eis a Lionido
Em custódia ou matado.

Tolemo

Se o chego a prender
A cabeça lhe trago para regalo.

Ali

Não tenhamos que duvidar
Que ele aqui não aborde
Talvez ele venha
Em algum barco pobre.

Conde

Tenho visto em seu idioma
E em seu louco proceder
Que tem pouca inteligência
Mas tudo quer saber.

Rei

Não há coisa que bem acabe
Quem desta forma proceder
Sendo vil e traidor
Não será grande mister.

Tende vós em atenção
A sua loucura vã
Propôs factos de força altiva
Para desonrar sua irmã.

Nem os turcos em ser turcos
Espantam esta opinião
Nem o maior assassino
Mostra tão má intenção.

Sua ideia é tirana
Como nós estamos vendo
Mal dele se não tem
Algum arrependimento.

Vai-se Ali e Tolemo ao seu destino e diz Ali:

Ali

É tão grande o temor
Que não sei que sinto em mim.

Tolemo

Entre estas fortes brenhas
Podemos estar seguros
Nem que venha algum traidor
Faremos do peito muros.

Ali

Tomaremos boas precauções
E quando ouvirmos ruído
Já temos as instruções
Tomando em seguida o apito.

Ocultam-se. Sai César e diz:

César

A estes duros tormentos
Me tem Deus condenado
Quis estar sossegado
Foi em vão meu intento.

Como pode haver contestação
Em todo o eterno penar
Mais que gemer e chorar
E blasfemar contra Adão.

Grande castigo me deu injusto
Sem ter de mim compaixão
Não pode sua redenção
Aqui valer-me e perco tudo.

Perdi o grande império
Aonde fui criado
Agora vivo em penas eternas
Cada vez mais renegado.

Porém a Maria não
Poderei ser infiel
Mas esse traidor Miguel
Contra mim usou traição.

Usa de grande fantasia
Que na corte lhe foi dada

Pensa ser segundo Messias
De toda aquela canalha.

Se conhecem sua maldade
Maria perde sua devoção
Lá vem cair nas garras
Deste infernal dragão.

E Lionido desventurado
A Maria guarda devoção
Hei-de fazer que el-rei
Lhe faça grande traição.

Para que mil turbações
Tenha em seu coração
Em meio deste desvelo
Grande temor e confusão.

Se ele careceu de ajudas
Para mais animação
Ao Inferno irei buscar
Espíritos de má atrição.

Não posso sossegar
Dia e noite sem temer
Se Lionido vem a meu poder
Nunca mais se há-de escapar.

Nem Deus nem Maria
O livram de meu poder
Nem todos os santos seus
Lhe há-de valer seu mister.

Vai-se César. Sai Lionido penoso e diz:

Lionido
Furioso sinto meu peito
Do ardor que sinto em mim
Ó Deus como consentis
Que não acabe hoje aqui?

Ó irmã traidora
Que de mim te queres vingar
Nem que eu enfade Lidora
Crua morte te hei-de dar.

E a esse rei tirano
Que tanto me ameaça

Assim cumprirei meu gosto
Com o fio desta espada.

Grande dor me desespera
Fulminada de tal canalha
Brevemente acabarei
Com essa vil e tirana raça.

*Sai Cristo vestido de pastor e ensanguentado
com um surrão que adiante se verá e diz:*

Cristo
Ó grande Padre Eterno
Cheio de graça plena
Triunfando seu amor
Por toda a Corte Eterna.

A resgatar-vos do abismo
Que por ele sois tentado
Sempre está em vossa defesa
A defender-vos do pecado.

Ponde as mãos, fazei penitência
Resignai vosso coração
Fitai vosso pensamento
Em o seio de Abraão.

Ponde os olhos em mim por ver
Como ando martirizado
Fazendo por vós penitência
E livrar-vos do fero pecado.

Não vos deixeis iludir
Daquele infernal dragão
Que vos anda sempre tentando
E desesperando vosso coração.

Eu tenho um cordeiro
Que se ausentou do meu rebanho
Custa-me o amor e a vida
Se o não meto no meu bando.

Vinde, ovelhas perdidas,
Deixai o maldito pastor
Que vos traz iludidas
E lançar-vos-á ao horror.

Olhai o vosso pastor
Que sempre anda ao rigor do tempo

A ver se pode acumular
Vosso altivo pensamento.

Desprezai o maldito pecado
Que sempre trazeis na companhia
Rezai o glorioso rosário
Da Imaculada Virgem Maria.

Lionido
Quem és, pastor? Quem és
E diz-me o que hás?
Aonde queres chegar
No estado em que estás?

Cristo
Eu sou o que à morte
Imito em força e poder.

Lionido
Onde vais tão ensanguentado
E qual é o teu mister?

Cristo
Em cata duma ovelha
Que me custa a alma e a vida
Ausentou-se-me do rebanho
Há muito tempo que anda perdida.

Lionido
E só por uma ovelha
Andas assim sacrificado
Talvez alguma fera
Já a tenha devorado.

Cristo
Que tal digas me espanta
E me ofende a pena eterna
Como a hei-de deixar perdida
Tendo grande amor por ela?

Lionido
E já a tens chamado?

Cristo
Mil vezes minhas vozes
A seus ouvidos têm chegado.

Lionido
E não te responde?

Cristo
Nem de mim faz caso.

Lionido
Pois dá-a por perdida!

Cristo
Não que me custe o sangue e a vida
Mas os danos que me tem feito
Merece que uma fera
Devore seu bravo peito.

Lionido
Tu és inocente
Se essa ovelha minha fosse
Às feras a lançava
Que lhe dessem cruel morte.

Cristo
Homem que enganado vives
Olha por ti a sentença
Algum dia há-de vir
Que te mude tal cadência.

Faz que se vai e Lionido detém-no e diz:

Lionido
Detém-te, pastor! Quem és
Que assim mostras teu vil ultraje?
Quem és? Responde, fala
Dás-me furor em falar.

Cristo
Nem que este trajo envergue
Acabará com tua vida danada
Sendo tu vil e traidor
Deves-me muito e não me dás nada.

Lionido
A fúria me provoca
Diz-me quanto te devo?
Não queiras ser atrevido
Se eu a ti não conheço.

Cristo
Em isso consiste
Quanto estás a falar
Tua vida me deves
E me a hás-de pagar.

Lionido
Vai-te, vilão, que me espanta
Não provoques a minha cólera
Como eu posso sofrer tanto.

Cristo
Muito mais eu tenho sofrido
Por teu amor e mal agradecido.

Lionido ameaça-o e diz:

Lionido
Vai-te, louco inocente,
Não me enfades mais com isso.

Cristo
Detém-te, Lionido,
Pois com tal desdém
Aqui me tens tratado
Que já chegou o tempo
Que de tudo seja pago.

Lionido
Ó gracioso louco!

Cristo
Em este pobre surrão
Está tudo quanto me deves
Será bem que agora pagues
Todos estes misteres.

Lionido
Deixa ver tal surrão
Já que tentas em me burlar
Sem que saias daqui
A morte te hei-de dar.

Para que te não escapes
A esta coluna te vou atar
Enquanto vejo o que contém
Este surrão de falsidade.

Ata-o à coluna e diz Cristo:

Cristo
Com outro laço maior
Por ti estou atado.

Lionido tira-lhe o surrão e diz:

Lionido
Oh que surrão tão pesado!

Cristo
Que te pese tanto
Só em tocá-lo.

Lionido
Algum tesouro escondido
Sem dúvida deve estar
E ele como bandido
Se quer escapar.

Com meu modo fingido
E seu ar de vilão
Tentava pôr-se em fuga
Ele e mais o surrão.

Por acaso nada virá
Em que me posso fiar
Mas a ver vou já
O que posso aproveitar.

Não julgues que de mim burlas
Com teu ar de gracioso
Não pense tua ideia tirana
Iludir meu aspecto rigoroso.

Boa é a prenda primeira
Pois achei uma coroa
Para mim será mister
A adorar minha pessoa.

Porém antes que eu fosse
Descendido de algum império
Não veria com facilidade
Agora este mistério.

Mas que grande é o arrojo
Emburlar do meu encargo
Coroa só a tem Cristo
E também o rei Torcato.

Arroja-a.

Ver esta vil judaica
O que tem por grande senha
Honram a coroa de espinhos
E também o ceptro de cana.

Passaremos adiante
Com minha fúria evidente
Vejamos este surrão
Deste pastor inocente.

Linda jóia é esta
Uma túnica se vê
E traz dela os açoutes
Açoutes eu para quê?

A cólera me provoca
De tal forma que rebento
Pois se é esta a dívida
Vós a pagareis, mancebo.

Uma corda também se vê
De tudo quanto tenha tirado
Não acho satisfação
De quanto me haveis encarregado.

Estes vestidos são
De homem crucificado
Uma cruz preciosa
Sai com grande rigor.

Pretende burlar de mim
Este inocente pastor
No meio deste arvoredo
Mostras tal fantasia?

Pois estes instrumentos
Pertencem ao grande Messias
A eles pretendes imitar
Com tão torpe perturbação.

Aqui irás pagar
Essa vil contrição.
Ó vilão de má raça,
Que grande é o teu mal forte
Com o fio desta espada
Aqui mesmo te vou dar a morte.

Ameaça-o e diz Cristo:

Cristo
Detém, Lionido, teu braço.

*Cerra-se a cortina e aparece um crucifixo e
Cristo esconde-se perto dele e diz Lionido:*

Lionido
Que é isto, divinos Céus?!

Cai.

Cristo
Não te espantes, Lionido.

Lionido
Quem se não há-de espantar?

Cristo
Levanta-te, jovem Lionido,
Deixa a tua ideia malvada
Tomarás novo alento
Por outra nobre jornada.

Já é chegado o tempo
Que tudo me hás-de pagar
Acalmando teu coração
Para haver de te salvar.

Considera que tens usado
Contra Deus grande maldade
E seus santos merecimentos
Nunca se devem abandonar.

Olha meu corpo e verás
Quanto por ti tem sofrido
Dizendo que eu pagasse
Teu rancor violento altivo.

A um sacerdote lhe deste
Uma cruel bofetada
No meu rosto estará
Para sempre gravada.

Olha que eu sou Cristo
E não te deixes enganar
E nunca pretendas quebrar
O espelho da tua claridade.

Muitas donzelas ilustres
Nobres, prudentes e honradas
Por ti deixaram de o ser
E agora estão desprezadas.

Muita gente maltrataste
E a outra vida lhe roubaste
Cada vez mais infame
Sempre te conservaste.

Repara, Lionido, também
Para teu pai D. Gonçalo
As infâmias que nele praticaste
Dando-lhe sempre mau trato.

Olha estas mãos, Lionido,
Com dois cravos trespassadas
E as tuas em rosto
De teu pai foram gravadas.

Olha tua mãe, Lionido,
Quando foste a passear
Junto às margens do rio
Tentaste de a gozar.

Com um fero punhal
Seu corpo esfacelaste
E de seu estimado ventre
Duas crianças arrancaste.

Uma delas é Marcela
Que bem deves conhecer
A outra é Lidora
Que el-rei tem em seu poder.

Esta foi a que deixaste
Em cima do teu roupão
Passados poucos momentos
Marchava nas garras dum leão.

Por dois soldados mouros
O leão foi surpreendido
Largando em seguida a presa
Assim que se viu ferido.

Ao palácio foi levada
Com grande contentamento
Enfim foi-se criando
Com muito carinho e segredo.

Quantas infâmias praticaste
Sem ter dor de coração
Cada vez eras mais maligno
E furioso como um leão.

Olha meu peito também
Trespassado com uma lança
E o teu sempre altivo
De tua irmã quis tomar vingança.

Olha para ti, Lionido,
Que contas me queres dar
Perto virá o dia
Que tudo vais liquidar.

Grandes infâmias e calúnias
Por ti foram executadas
Eu por ti tudo paguei
A mim não me foram pagas.

Lionido
Confesso, Deus omnipotente,
Que é tão grande minha crueldade
Até me parece impossível
Que um justo a satisfaça.

Confesso por Deus Eterno
Cuja bondade soberana
Se vem em a íntima pessoa
Duma ausência tamanha.

Confesso por Deus Sacramentado
Que me pesa na alma
Que o ofendi tantas vezes
E na salvação nunca pensava.

Sendo vós quem sois
Não ousando em me condenar
Em minha vida malvada
Proponho de não pecar.

Humildemente proponho
Desde já emendar-me
E a confessar-me prometo
Para haver de me salvar.

Esta confissão que faço
Humilhando a vossos pés

Vós sois o sumo Sacerdote
Dai-me a absolvição por minha fé.

Todos meus vícios confesso
A meus contrários perdoo
A vida de outro tempo
Com satisfação a revogo.

Se é confissão que chegue
Como eu vos peço, Senhor,
Espero de vosso poder
O auxílio de todo o amor.

Dai-me, Senhor, poder
Para lograr vossa graça
Que morrendo por ela
Merece minha alma
Gozar de vossa presença
Em a Celestial Morada.

Cristo
Hoje tens ocasião
Lionido, os vícios abandona
Se quiseres a salvação
Farás penitência rigorosa.

Se o Céu pretendes conseguir
Põe renda e mão ao gozo
Não te enganes em ser novo
Não te deixes iludir.

Vim aqui a resgatar-te
Das cruéis garras do Demónio
Pisando fragosas montanhas
E passando duros decoros.

Para livrar os pecadores
Em uma cruz fui cravado
E meu famoso peito
Com uma lança trespassado.

Lionido
Oh quem o meu trespassasse
Por vosso eterno amor
E quem alcançasse a graça
De vós meu Deus salvador.

Será em vão meu pranto
Que de coração vos ofereço

Prometo-vos desde já
Que de viver me aborreço.

Oh quem pudesse hoje
Seguir para a eterna glória
E junto a vosso lado
Imitar a sagrada memória.

Se Deus omnipotente
De mim não tem compaixão
Que será de mim coitado
Em aquele infernal dragão?

Meu Deus eu vos peço
Que me queira dar auxílio
Força e grande poder
Para combater o inimigo.

Tende, Senhor, compaixão
De quem tanto vos tem ofendido
Hoje me vedes a vossos pés
De todo meu mal arrependido.

Cristo
Se assim o cumprires
Auxílio te não há-de faltar
Não temas o inimigo
Que não deixará de te tentar.

Encobre-se Cristo e diz Lionido:

Lionido
Já de mim se afastou
O Espelho Celestial
Quem pudesse hoje aqui
Carpir todo o meu mal.

Arroja as armas que trazia e diz:

Aparta de mim, fero punhal,
Bem traidor me tens sido
E tu, fero alfange,
Leva o mesmo caminho.

O sentido turbado me trazeis
Só guiando-me por maus caminhos
Como Deus sofreria
Tão terrível desatino.

Que contas eu hei-de dar
Àquele Juiz sem igual
Quando por mim chamar
Desta vida mortal.

Agarra a túnica e diz:

Vem, túnica amada,
A ser defesa deste corpo enorme
No mundo se viu a derrota
Mas a lei divina foi desconforme.

Servi-me de forte muralha
Para que meu viver se transforme
Guarda-me dessas ilusões
E dessa horrível canalha.

Agarra a coroa e diz:

Vinde, coroa adorada,
A trespassar meus sentidos
Recuperai o idioma religioso
Que de mim anda fugido.

Agarra a corda e diz:

Vem, corda, a enlaçar
Meu tremendo coração
Também a Cristo enlaçaste
No calvário da salvação.

Agarra a cruz e diz:

Vem, cruz, para meus braços
Que nunca te hei-de abandonar
Livrar-me-ás de Lusbel
Que comigo não possa entrar.

Sai César furioso e diz:

César
Vinde, fúrias infernais,
Vinde aqui um momento
Está vosso capitão
Fulminado em grande incêndio.

Injusto contra mim é Deus
Roubando todo o meu segredo

Tira-me tudo o que é meu
E dá-me grande desassossego.

Roubou-me a alma de Lionido
Sendo dele grande blasfémio
Sendo tantas as avarias que fez
Que estrelas no Céu temos.

Ele tem renegado
De Cristo e seus sacramentos
E sempre abrasado por Maomé
E seus dignos merecimentos.

Mas a Maria
Nunca lhe perdeu o afecto
Com o auxílio de sua graça
Sempre os vai recolhendo.

Empregarei todo o esforço
Juntamente meu império
Vinde, espíritos malignos,
A conduzi-los ao Inferno.

Aproxima-se de Lionido e diz:

Que fazes, Lionido?
Não sei, como não rebento
Como sacrilégio ofendes
A Argolão soberbo.

De Maomé, Senhor nosso,
Assim te atreves, cobarde,
A quebrar seus preceitos
Que de contínuo lhe guardaste.

Prometeste-me que farias
Tudo quanto eu mandasse
E desses santos sacramentos
Tu sempre renegaste.

Abre os olhos, Lionido,
E deixa esses pensamentos
Olha que é fantasia
Que priva teu entendimento.

Maomé e Deus não duvides
Ambos seu rito guardaremos
Que nos há-de premiar
Da forma que o merecermos.

Lionido
Só César te digo
Pela amizade que te tenho
Que sigas a lei de Cristo
Se queres ser meu companheiro.

César
Cala-te, não me persigas
Aparta Lionido esse intento
Como o hei-de seguir
Sendo de Maomé tão afecto.

A esse que os cristãos
Adoram com tanto desvelo
Como eu hei-de humilhar
Meu activo pensamento.

Primeiro verás, Lionido,
Faltar os quatro elementos
Sol, Lua, Estrelas
E Astros atmosféricos.

Abrasando em vivo fogo
Rios, montes e veredas
Caindo raios aos milhões
Sobre quem tal Lei professa.

Lionido
Olha, César, que te enganam
Teus altivos pensamentos
O Demónio é quem te traz
Iludido em tal afecto.

Se tocasses, César,
Estes santos instrumentos
Logo amadureciam
Teus cruéis intentos.

Toca só por ver
Esta túnica como amigo?

César
Tira que só em vê-la
Eu rebento, Lionido.

Lionido
Toca César esta cruz
Somente com um dedo.

César
Arreda-a de minha presença
Que me dobras o tormento.

Lionido
Olha, César, que te perdes.

César
Assim me trague o Inferno.

Lionido
A cruz te abrirá os olhos.

César
Essa me tem já cego.

Lionido
Muito sinto que te percas.

César
Mais eu sinto tua fraqueza
Arroja essa cruz, Lionido,
E esses vis instrumentos
Que te têm tão oprimido.

El-rei te busca soberbo
E se te chega a encontrar
Pode seu rigor infame
Cruel castigo te dar.

Dará eco no universo
Tão cruel desatino
Até os mortais tremem
Arroja essa cruz, Lionido

Lionido
Deixa-te, César, disso.

César
Olha que a prender-te vêm.

Lionido
Isso mesmo eu desejo.

César
Desde hoje para teu castigo
À cata de verdugos me imponho.

Lionido

Pois, César, esse favor
Desde já te agradeço.

César à parte:

César

Renego de mim próprio
E do filho do Padre Eterno
Por ele me vejo atacado
Ir-me quero ao Inferno.

Volta e diz:

Que resolves, Lionido?

Lionido

Só na lei de Cristo.

César

Tocai, Infernos, às armas
Guerra, guerra contra Cristo.

Vai-se César e diz Lionido:

Lionido

Valei-me, divina cruz,
Que sois cheia de graça plena
Livrai-me do inimigo
Sede sempre minha defesa.

Chorai, olhos, à porfia
Lágrimas e sentimento
Que Deus vos há-de dar
Algum contentamento.

Quando chegará o dia
Do fatal juízo tremendo
Oh que contas mais estreitas
Tomará Deus de meus erros.

Eu que o vi tão piedoso
Cravado num madeiro
Ali eu o verei
Rigoroso e justiceiro.

Ali serei condenado
Pelo Juiz sempre eterno

Para o seio de Abraão
Ou às penas do Inferno.

Lionido faz oração e sai um anjo e diz:

Anjo

Não temas as ameaças
Daquele infernal dragão
Deus te dará por conta
A divina salvação.

Tu agora serás preso
E bem martirizado
E depois por um verdugo
Serás também degolado.

Nunca temas tal horror
Assim o manda Deus ordenar
A fazer crua penitência
Para haver de te salvar.

Já ficas entendido
De quanto vais sofrer
Faz Deus da Eterna Corte
Isto para teu mister.

E não temas que o inimigo
Contigo queira entrar
Eu de ti perto estarei
Para em tudo te auxiliar.

Vai-se o Anjo e diz o rei para Ali e Tolemo:

Rei

Vós outros vigiai a praia
E a Lionido procurai
E sem mais dilação
Vós mesmo o amarrai.

Não tenhamos que duvidar
Que se voltou a sua Lei
Ele ao que prometeu
Nunca devia faltar.

Pois ele nunca
Nossos interesses zelou
Ofendeu sempre a Maomé
E nunca se importou.

O EMIGRANTE

Ali
Verdade é o que dizeis
Que sempre foi traidor
Agora está muito atrito
Com tais prendas sem valor.

*Vão-se Ali e Tolemo à cata de Lionido, o qual
o encontram fazendo penitência. Diz Tolemo
para Ali:*

Tolemo
Vamos já sem demora
Sem haver mais dilação
Vamos sem perda de tempo
A prender este cristão.

Aproximam-se dele e diz Lionido:

Lionido
Vinde, ministros do Demónio,
Chegai-vos a esta ovelha
Não tenhais receio algum
Em vir à minha presença.

Não duvideis de mim
Nem do meu cruel intento
Chegai-vos que Lionido
Já não é quem era em tempo.

Amaldiçoado, furioso e destemido
E perverso por inteiro
Chegai-vos, mouros rendidos,
Aqui tendes a Lionido
Feito em manso cordeiro.

Tolemo
Já te não opões
Contra nosso valor soberbo
Já se encontra rendido
Teu coração severo.

Entrega-te à prisão
Outro remédio já não vês
Mesmo com este grilhão
Que te chega até aos pés.

Lionido
Não tenho receio, Tolemo,
Em me entregar à prisão

A corda que de mim pende
Pode servir de grilhão.

Levam Lionido à presença do rei e diz Ali:

Ali
Aqui vem, senhor,
Este verdugo sendeiro
Vem tão humilhado
Que parece um cordeiro.

Rei
Seja muito bem chegado
Este infame cristão
Ide-o pôr em recado
Até ser dada a resolução.

Na cruel masmorra
Lá deve ser encerrado
Ponde-lhe pesadas algemas
Que esteja bem amarrado.

Lionido
Muito estimo, senhor,
Até ser bem martirizado.

Rei
Levem-no aonde mando
Sem haver perda de tempo
Não seja que se lhe dobre
Seu altivo pensamento.

Levam-no à prisão e diz Lionido:

Lionido
Com vossa cruz, Senhor,
Vou carregado e oprimido
Os meus pecados são tantos
Que merecem mais castigo.

Entra na prisão. Sai Gonçalo e Lidora diz:

Lidora
Ensinai-me a oração
De ontem de tarde e seu exemplo
Agora é boa ocasião
Aproveitemo-nos do tempo.

Gonçalo
Já sabes os artigos da fé
Padre Nosso e o Credo
Também a Avé-Maria
E todo o seu mistério.

Lidora
Isso tudo já eu sei.

Gonçalo
Pois escuta, Lidora,
Quero ensinar-te os preceitos
Para gozar a Eterna Glória
Manda Deus que os guardemos.

Lidora
E quantos são?

Gonçalo
Pois são dez.

Lidora
Pois em dez mandamentos
Consiste a salvação
E se pode salvar
Qualquer teimoso cristão.

Gonçalo
Só em esses.

Lidora
Dizei-me, senhor, quais são
Porém escutai-me primeiro
Porque razão se diz
Cristo morreu sendo Deus verdadeiro?

Gonçalo
Dizes bem mas escuta
Pelo primeiro pecado vemos
Que contra Deus cometeu
Adão e Eva o fruto comendo.

Ficámos sem descendentes
E condenados ao Inferno
Sem esperar que o mundo
Nos poderia dar remédio.

Foi tão grande o delito
Que contra Deus cometeram

Nem no Céu haveria
Quem revogasse tal mistério.

O pecado de Adão
Foi tão fero e desigual
Pelo Padre Eterno foi ordenado
A receber morte justa corporal.

E para redimir
Nossos horrendos pecados
Quis Deus receber morte
Em uma cruz cravado.

Lidora
Dizei-me, senhor,
Não poderei eu ver a Deus?

Gonçalo
Não, Lidora,
Não o podes ver.

Lidora
Pois só queria
Um retrato dele.

Gonçalo
Eu o tenho aqui
Daquele feliz tempo
Quando ele discutia
Com os doutores no templo.

Mostra-lhe o retrato e diz:

Este é o espelho
Que a todo o mundo dá brilho
Sempre minha alma suspira
Quando vejo este menino.

Em ele tudo se encerra
Não tenhamos que duvidar
Sem ele o próprio Céu
Perderia seu brilhar.

Lidora
Menino formoso e belo
Dos meus olhos sois a luz
Guardai-me em vosso divino seio
Meu adorado Jesus.

Em vossas mãos, Senhor,
Entrego meu coração
Sede meu protector
Para a minha salvação.

Sai Marcela e Dionis. Diz Marcela:

Marcela
Deus vos guarde famosa Lidora
A vossos pés me quero prostrar
Pois sois rainha nova
Tende de nós piedade.

Dionis
Vem, senhora, a vossos pés
Um escravo que o não nega
É indigno meu poder
Para me baixar a Vossa Alteza.

Ajoelham ambos e diz Lidora:

Lidora
Levantai-vos do chão
Não queirais tanta cortesia
Que somos todos irmãos
E filhos da Virgem Maria.

Se vindes fatigados
E faltos de alimentos
Vinde um pouco sossegar
Entrai em meu aposento.

*Entram todos para dentro. O rei dá a senten-
ça a Lionido o qual condena à morte. Diz o
rei:*

Rei
Já é chegado o dia
De cumprir meu mandado
Esse infame Lionido
Hoje será liquidado.

Mando que seja levado
Ao patíbulo horroroso
Ali será executado
Dando alegria a meu povo.

Que tanto tem aterrado
A Maomé verdadeiro

Que de tudo seja pago
Esse Lionido grosseiro.

Ide já a prevenir
Um verdugo sendeiro
Que de morte cruel
A esse infame carniceiro.

Que tenha morte afrontosa
Sem haver compaixão
Com um cutelo pesado
Arrancai seu coração.

Conde
Vou já sem demora
Dar cumprimento a seu mandado
Para que brevemente
Ele seja executado.

Não tenha dúvida, senhor,
Que tudo será cumprido
Morte horrível terá
Esse tal Lionido.

Diz o rei para Lidora:

Rei
Hoje, Lidora, é cumprido
Tudo quanto foi ordenado
Na prisão foi metido
Esse infame malvado.

Os delitos que tem feito
Deles vai ser bem pago
À morte foi sentenciado
E logo a meu mandado
Tem sentença de Torcato.

Lidora
Grande rei a Vossa Alteza
Não me posso recusar
A sentença que lhe deu
Eu a volto a afirmar.

*Vão dois soldados à prisão e trazem a Lionido
a despedir-se de seu pai e diz Lidora:*

Anda, Lionido,
A teu pai pede perdão
Das ofensas que tem feito
Teu infame coração.

Diz Lionido diante do pai:

Lionido

A vossos pés está
Um filho que vos ofendeu
Homem perverso e maligno
O mais que nunca nasceu.

Já a Deus ofendi
E a todo o seu poder
Hoje estou arrependido
De todo o meu proceder.

A vossos pés estou
Pedindo perdão em brados
Rogai a Deus por mim
Que perdoe meus pecados.

Já foi lavrada a sentença
E à morte fui condenado
Antes de ir morrer
Perdão vos peço de todo o passado.

A vossos pés rendido
Estou agora a chorar
Que dei a morte a minha mãe
Quando usei de a gozar.

Disto não sabeis vós
Mas agora vos confesso
Foi grande meu arrojo
Mas de tudo perdão vos peço.

Duas crianças tirei do ventre
Com um fero punhal
Brilhavam seus lindos olhos
Como o precioso cristal.

Choravam as inocentinhas
Quando a luz do mundo viram
Com seus olhos fitavam
Este meu rosto maligno.

Uma é Marcela
Que sempre vos acompanhou
E a outra um leão
Em seguida a levou.

Mas Deus omnipotente
Sempre seus devotos ampara
Não consentiu que a criança
Pelo leão fosse devorada.

Em seguida apareceram
Dois heróicos soldados
Que o leão furioso
Por eles foi atacado.

Fazendo-lhe largar a presa
Com o detonar de suas armas
E ao palácio a levam
Para que el-rei a criara.

Já vês, pai honrado,
Quanto explico agora
Que também é sua filha
Esta formosa Lidora.

Deus da Eterna Corte
Me revelou esta visão
Quando eu muito atrito
Lhe fazia minha confissão.

Já vedes, pai honrado,
Quanto vos tenho ofendido
Agora vos peço perdão
De todos estes delitos.

Gonçalo

Basta, filho, que me matas.

Lionido

Perdão vos peço, meu pai,
De todo o meu coração
Peço-vos que me deiteis
A vossa santa benção.

Não me posso deter
Que me já estão aguardando
Em o patíbulo horroroso
Darão fim a meu pranto.

Gonçalo
Tua vida se desvia
Com honesta atrição
E para a glória guia
Deus te dá sua benção
E se junte com a minha.

Deita-lhe a benção e diz Lionido:

Lionido
Não choreis, meu pai,
Que o chorar é em vão
Rogai a Deus por mim
Em a santa oração.

Adeus velho pai honrado
Adeus Marcela e Dionis
Perdoai todos meus pecados
Que contra vós cometi.

Despede-se de todos e diz para Lidora:

Adeus querida irmã Lidora
Que estas prendas te encomendo
Repara por teu pai e irmãos
Em teu luxuoso aposento.

Lidora
Adeus querido irmão
Perdão te peço em brados
Se eu soubesse o que havia
Não serias liquidado.

Lionido
De receber morte afrontosa
Não se pode escusar meu coração
Por Deus foi ordenada
Para obter a salvação.

Levam-no ao patíbulo e diz o verdugo:

Verdugo
Venha já sem demora
Esse infame dragão
Hoje há-de renegar
Da sua cruel geração.

Anda sobe não te assustes
Que não te vale o temer

Hoje finda tua vida amarga
Em este engenho cruel.

Findaram aqui teus delitos
Que contra Maomé cometeste
E contra el-rei soberano
Vil traidor te fizeste.

Agora recebe a paga
Que te é dada por minha mão
Com este cutelo pesado
Arranco teu coração.

Lionido
Em vossas mãos, Senhor,
Meu espírito encomendo
Recolhei-o por piedade
Em vosso seio eterno.

*Executam a Lionido e desaparece. Sai César
e diz:*

César
Vinde, fúrias infernais,
A defender este dragão
Já é chegada a hora
De minha desesperação.

Raivoso de inveja estou
Pois a Lionido perdi
Estou gelado e sem sentido
Que nem mesmo sei de mim.

Vinde, vulcões abrasadores,
Fazei chamas infernais
Fazei fortes armadilhas
E cativai os mortais.

Furioso estou por uma alma
Que Deus me quis roubar
Vamos formar grande guerra
Contra toda a cristandade.

Seja cumprida minha opinião
Com força demasiada
Uma serpente danada
Lhe arranque o coração.

Vou-me já sepultar
Em as cavernas infernais
Dando força aos caldeirões
Serpentes e tudo mais.

*Vai-se retirando e sai João ao encontro
e diz:*

João
Boas tardes, senhor Diabo!
Cata a cruz diabitarum.

César
Retira-te, infame malvado.

Vai-se César e diz João:

João
Cata a cruz chamuscado
Vai-te em hora má
Para o buraco mais escuro
E não voltes a sair de lá.

Fim

Versão recolhida em S. Martinho de Angueira.